MATERIELLES STRAFRECHT IN DER ASSESSORKLAUSUR

2025

Das Autorenteam

VRiLG Dirk Reitzig

war zunächst in den Jahren 2008/ 2009 als Staatsanwalt tätig und wechselte im Anschluss in den richterlichen Dienst. Dort war er mit Strafsachen sowohl am Amtsgericht als auch am Landgericht und am Oberlandesgericht befasst.

Herr Reitzig hat bereits etliche Jahre bei der Justiz als Dozent Lehrveranstaltungen geleitet und im Referendariat ausgebildet. Er verfasst Beiträge für die RÜ2, deren Schriftleitung er inne hat, erstellt Klausuren im K1/K2-Klausurenkurs und erteilt Unterricht im E2-Kurs Westfalen. Seine langjährige Justiz- und Ausbildungserfahrung im Strafrecht bringt er in das vorliegende Skript ein.

Rechtsanwalt Dr. Wilhelm-Friedrich Schneider

leitet seit fast 40 Jahren die Kleingruppenkurse Münster und seit 35 Jahren die Kurse in Bielefeld im Strafrecht sowie 30 Jahre Assessorkurse in Münster und Bielefeld im Strafrecht. Ferner ist er seit über 30 Jahren als Autor für Strafrecht in der RÜ tätig.

Zitiervorschlag: Reitzig/Schneider, Materielles Strafrecht in der Assessorklausur, Rn.

Reitzig, Dirk
Dr. Schneider, Wilhelm-Friedrich
Materielles Strafrecht in der Assessorklausur
6. Auflage 2025
ISBN: 978-3-86752-945-7

Verlag: Alpmann und Schmidt Juristische Lehrgänge
Verlagsgesellschaft mbH & Co. KG, Münster

Unterstützen Sie uns bei der Weiterentwicklung unserer Produkte.
Wir freuen uns über Anregungen, Wünsche, Lob oder Kritik an:
feedback@alpmann-schmidt.de

Verweise in den Fußnoten auf „RÜ" und „RÜ2" beziehen sich auf die Ausbildungszeitschriften von Alpmann Schmidt. Dort werden Urteile so dargestellt, wie sie in den Examensklausuren geprüft werden: in der RechtsprechungsÜbersicht als Gutachten und in der RechtsprechungsÜbersicht 2 als Urteil/Behördenbescheid/Anwaltsschriftsatz etc.

INHALTSVERZEICHNIS

1. Teil: Einleitung

1. Abschnitt: Bedeutung des materiellen Rechts im Assessorexamen

„In der Pflichtfachprüfung zum 1. Examen spielt das Strafrecht im Vergleich zum Zivilrecht und zum öffentlichen Recht eine nur untergeordnete Rolle. Deshalb kannst Du beim Strafrecht gleich auf Lücke setzen. Hast Du die erste Staatsprüfung erstmal hinter dir, brauchst du den ganzen Theoriekram sowieso nicht mehr. In der Praxis geht es meist um Prozessrecht und für das materielle Recht kannst Du im Fischer nachschlagen." Das sind Sätze, die man häufig von frisch gebackenen Referendaren zum Strafrecht hört oder in Blogs liest. – Leider alles falsch: 1

Assessorklausuren kann man nicht ohne solide materiell-rechtliche Basis schreiben.

- In den meisten Bundesländern steht das Strafrecht nach Zahl und Bewertungsanteil der Klausuren an der Gesamtnote **auf derselben Stufe wie das öffentliche Recht**.
- Die Klausuren im Assessorexamen betreffen – unabhängig davon, ob es sich um staatsanwaltliche, richterliche oder anwaltliche Aufgabenstellungen handelt – zu **mehr als 50 % das materielle Recht**! Wie wollen Sie auch eine Anklageschrift oder ein Strafurteil ohne die vorherige Prüfung der einschlägigen Straftatbestände verfassen? Selbst in der anwaltlichen Revisionsklausur müssen Sie bei der Sachrüge die richtige Anwendung des materiellen Rechts untersuchen.

  Zur Prüfung zugelassene Kommentare wie **„der Fischer"** sind nur hilfreich, wenn man Grundwissen hat und weiß, wo man nachschlagen soll. Denken Sie außerdem an die Zeit! In fünf Stunden müssen Sie einen mit prozessualen und materiellrechtlichen Problemen gespickten Sachverhalt – unter Berücksichtigung von Beweisverboten und Beweiswürdigung – aus einem Aktenstück ermitteln, strafrechtlich begutachten und eine Abschlussentscheidung oder einen Schriftsatz formulieren. Da ist es unmöglich, jedes Rechtsproblem in der Kommentierung nachzuschlagen.

> Um auf dem Laufenden zu bleiben, empfehlen wir Ihnen unsere monatlich erscheinende und speziell für das Referendariat zugeschnittene RechtsprechungsÜbersicht2 (RÜ2)! Auch die ebenfalls monatlich erscheinende RechtsprechungsÜbersicht (RÜ) bereitet klausurmäßig aktuelle Entscheidungen auf, die nicht nur im 1. Examen relevant sind, sondern häufig auch im Assessorexamen geprüft werden.

Nicht alles kommt in der Prüfung dran

Die Juristenausbildungsgesetze (JAG) bzw. Ausbildungs- und Prüfungsordnungen für Juristen (JAPO) der einzelnen Bundesländer lassen nur bedingt Begrenzungen des Prüfungsstoffes erkennen. Sie verweisen zur Beschreibung des Pflichtfachstoffs entweder auf das gesamte StGB bzw. die „Kernbereiche des Strafrechts", was von vornherein keine Einschränkung beinhaltet, oder sie enthalten eine „Öffnungsklausel", die ein Aufgreifen von Delikten ermöglicht, die nicht zum eigentlichen Pflichtfachstoff gehören. Wird von einer solchen „Öffnungsklausel" Gebrauch gemacht, verlangt man von Ihnen jedoch nur die korrekte Anwendung des Gesetzes.

Eine punktgenaue Liste der Vorschriften, die Sie in der Klausur beherrschen müssen, kann man seriöserweise nicht aufstellen, da die Auswertung vieler Original-Examensklausuren und Prüfervermerke sowie die Protokolle mündlicher Prüfungen offenbart haben, dass immer wieder „Exoten" auftauchen. Trotzdem lassen sich **Schwerpunkte** in der Prüfungspraxis erkennen:

Aus dem **Allgemeinen Teil** geht es häufig um Versuchs- und Rücktrittskonstellationen sowie um die Rechtfertigung einer Tat – vor allem nach § 32[1] oder nach § 127 StPO. Ferner kann auch die Schuldunfähigkeit infolge Alkoholisierung ein Problem sein, was dann häufig mit dem Straßenverkehrsrecht kombiniert wird.

Von den **Vermögensdelikten** tauchen schwerpunktmäßig Diebstahl (§§ 242 ff.), Raub (§§ 249, 250), Erpressung (§§ 253, 255) – jeweils mit den dazugehörigen Qualifikationen – sowie Betrug (§ 263) in den Klausuren auf. Aber auch die Anschlussdelikte der §§ 257–259 spielen eine Rolle.

Aus dem Bereich der **Nichtvermögensdelikte** erweisen sich die **Tötungsdelikte** (§§ 211 ff.) und die Straßenverkehrsdelikte (§§ 315b, 315c, 316), meist in Kombination mit dem unerlaubten Entfernen vom Unfallort (§ 142), als „Klausurklassiker". Aber auch die Körperverletzungsdelikte (§§ 223 ff.) und die Urkundsdelikte (§§ 267 ff.) stellen ein immer wiederkehrendes Klausurmotiv dar. Nicht zu vergessen sind auch Delikte, die Amtsträger schützen (Widerstand gegen Vollstreckungsbeamte, § 113, und tätlicher Angriff auf Vollstreckungsbeamte, § 114) oder die Amtsträger begehen (Körperverletzung im Amt, § 340, und Falschbeurkundung im Amt, § 348).

Straftatbestände aus dem **Nebenstrafrecht** sowie Bußgeldtatbestände können Sie vernachlässigen, obwohl sie theoretisch zum Gegenstand der Prüfung gemacht werden können. In den meisten Fällen werden die Normen des Nebenstrafrechts (z.B. Straftatbestände des WaffG) durch den Bearbeitervermerk ausgeschlossen. Lesen Sie also den Bearbeitervermerk genau!

2 Die lästigen Meinungsstreitigkeiten:

Viele Prüfer beklagen, dass die Klausurlösungen den Fall rechtlich nicht ausreichend durchdringen, weil juristische Meinungsstreitigkeiten nicht oder nur unzureichend dargestellt werden. Achten Sie bei der Lektüre einer Originalentscheidung – unabhängig davon, ob es sich um eine der Instanzgerichte oder des BGH handelt – einmal darauf, wie dort unterschiedliche Rechtsauffassungen dargestellt werden: Abweichende Auffassungen anderer Gerichte oder der Lit. werden mit Zitaten belegt, sauber referiert und mit befürwortenden oder ablehnenden Argumenten auf den Fall angewandt!

Für Assessorklausuren gilt: Meinungsstreitigkeiten müssen zwar knapper als zum 1. Examen, aber präzise und nach gutachtlichen Regeln dargestellt werden.

Hier (zur Wiederholung) die Kardinalprinzipien:

- Wirkt sich ein Meinungsstreit **nicht auf das Ergebnis aus**, weil die Strafbarkeit nach allen Ansichten zu verneinen ist (z.B. Tatbestands- oder Konkurrenzlösung bei der Unterschlagung, § 246, im Fall der Zweitzueignung), sind verschiedene Rechtsmeinungen nur kurz darzustellen und können gemeinsam subsumiert werden. Jegliche Stellungnahme ist überflüssig.

1 §§ ohne nähere Bezeichnung sind solche des StGB.

- Wirkt sich der Meinungsstreit **auf das Ergebnis aus**, ist jede Auffassung für sich wiederzugeben und kurz zu subsumieren. In der dann erforderlichen Stellungnahme sollten Sie der Rspr. folgen, da auch der Prüfervermerk diese praktische Ausrichtung hat. Begründen Sie Ihre Ansicht mit ein bis zwei kurzen und prägnanten Argumenten.

2. Abschnitt: Häufige Fehler in der Klausurbearbeitung – und wie man sie vermeidet

Die richtige Technik der Klausurbearbeitung ist noch wichtiger als materielles oder prozessuales Detailwissen! Und sagen Sie nicht: „Das kenne ich alles schon!" Die simpelsten Fehler macht man in der Hektik der Niederschrift. Kontrollieren Sie einmal Ihre eigenen Übungsklausuren aus den Arbeitsgemeinschaften nach den vorerwähnten Regeln oder lassen Sie sie gegenlesen. Sie werden sich wundern! **3**

A. Falsche Zeiteinteilung

Das ist die Hauptfehlerquelle. Wird ein vorbereitendes Gutachten verlangt – wie bei den meisten StA-Klausuren –, legen die Bearbeiter dieses zu ausführlich an oder verlieren wegen Unsicherheiten im materiellen und Prozessrecht kostbare Minuten durch Nachschlagen im Kommentar. So bleibt zu wenig Zeit für den praktischen Teil (z.B. Entwurf einer Anklageschrift). Wegen des Zeitdrucks achtet man nicht mehr genügend auf die wichtigen Formalien. Im schlimmsten Fall wird eine unfertige Entschließung abgeliefert. Solche Arbeiten sind der Regel mangelhaft. Der Referendar und die Referendarin sollen schließlich unter Beweis stellen, dass sie in der Lage sind, innerhalb der vorgegebenen Zeit eine für die Praxis brauchbare Lösung zu erstellen. **4**

> Hier hilft nur Training: Bearbeiten Sie während der Referendarzeit möglichst viele Klausuren (im Rahmen der Arbeitsgemeinschaft oder durch Teilnahme am AS-Fernklausurenkurs für das 2. Examen).

B. Fehler im Gutachtenstil

Verstärkt wird das Zeitproblem durch **falsche Handhabung des Gutachtenstils**. Manche Klausuren lesen sich wie Definitionskalender und Lehrbuchauszüge. Natürlich sind eine saubere Gliederung und überzeugende Gedankenführung für jedes Gutachten unverzichtbar. Aber dort, wo der Korrektor Subsumtion und Argumente erwartet, wird er oft enttäuscht. Dort, wo Selbstverständlichkeiten abzuhandeln sind, wird er gelangweilt. **5**

> Gestalten Sie stattdessen Ihr Gutachten abwechslungsreich und akzentuiert durch eine Mischung von Urteilsstil, verkürztem Gutachtenstil und ausführlichem Gutachtenstil!

C. Mangelnde Schwerpunktbildung

6 **Randdelikte oder gar abwegige Tatbestände** werden mit demselben Argumentationsaufwand dargestellt wie die eigentlichen Zentralnormen des Falles.

> So machen Sie es richtig: Lassen Sie offensichtlich nicht verwirklichte Delikte weg und stellen Sie bei gesetzeskonkurrierenden Delikten im Urteilsstil fest, dass diese mitverwirklicht sind, aber zurücktreten.

Deliktsschemata werden stur in der vorgegebenen Reihenfolge durchgeprüft, obwohl ersichtlich ist, dass ein späteres Merkmal nicht vorliegt (z.B. fehlender Tötungsvorsatz bei einem Autounfall).

> Um überflüssige Ausführungen zu vermeiden, können Sie in solchen Evidenzfällen ausnahmsweise direkt zu dem späteren offensichtlich nicht erfüllten Merkmal springen.

D. Unnötige sprachliche Längen

7 Nach Benennung der zu prüfenden Strafvorschrift wird der **gesamte Gesetzestext rezitiert**, bevor auf Definitionen und Subsumtion eingegangen wird. Das ist überflüssig – der Gesetzeswortlaut ist den Prüfern bekannt!

> Besser: Gehen Sie bei der Prüfung unverzüglich auf die einzelnen Deliktsmerkmale ein.

Es werden **zu viele Überschriften** gebildet, deren Inhalt in der weiteren Prüfung wiederholt wird.

> Bilden Sie stattdessen nur Überschriften für die einzelnen Beteiligten und Tatkomplexe, sofern vorhanden. Im Übrigen ergibt sich die innere Ordnung Ihres Gutachtens bereits aus der Gliederung!

E. Ungenaue Obersätze, fehlende Begründungen

8 Die Prüfung der materiell-rechtlichen Vorschriften ist auf die **falsche Verdachtsstufe** ausgerichtet (Hauptfall: Bei der Frage, ob Anklage zu erheben ist, wird geprüft: *„Der Beschuldigte könnte sich strafbar gemacht haben ...“*).

> Richtig ist beim StA-Gutachten: *„Der Beschuldigte könnte hinreichend verdächtig sein ...“*

Die Deliktsprüfung wird keiner bestimmten **Handlung** zugeordnet.

> Wenn die Handlung nicht bereits in der Überschrift des Handlungskomplexes genannt ist, gilt: In jedem Obersatz muss die Handlung des Tatverdächtigen/Angeklagten genannt sein, durch die er das jeweilige Delikt verwirklicht haben soll:
>
> *„Der Beschuldigte könnte hinreichend verdächtig sein, durch die Bestellung der Waren trotz Zahlungsunfähigkeit einen Betrug gemäß § 263 Abs. 1 begangen zu haben."*
>
> Voraussetzung ist natürlich die hinreichende Sicherheit, dass der oder die Beschuldigte die fragliche Handlung auch vorgenommen hat. Sonst muss dies im Rahmen der Deliktsprüfung an frühester Stelle geklärt werden.

Juristische Auslegungs- und Abgrenzungsfragen werden unvermittelt und ohne Anknüpfung an einen bestimmten Tatbestand oder ein konkretes Deliktsmerkmal eingeleitet, etwa mit dem Satz: *„Hier kommt es darauf an, ...".* 9

> Richtig ist, so weit wie möglich vom Gesetz bzw. gesetzlichen Merkmal hin zum Problem:
>
> „A müsste gemäß § 25 Abs. 1 Alt. 2 die Tathandlung ‚durch einen anderen' verwirklicht haben."

Die Subsumtion sowie die Feststellung evident vorliegender Merkmale werden häufig durch **Negativformeln** ersetzt wie: *„Rechtfertigungsgründe sind nicht ersichtlich."* 10

> Besser: Formulieren Sie positiv! *„Der Beschuldigte handelte rechtswidrig."*

2. Teil: Strafrecht Allgemeiner Teil

1. Abschnitt: Deliktsübergreifende Fragen

11 Der grundlegende Aufbau der Strafbarkeitsprüfung wird Ihnen aus dem Studium und dem 1. Examen noch geläufig sein. Bevor wir uns mit den Schwerpunkten der jeweiligen Deliktsarten befassen, sollen hier einige deliktsübergreifende Strafbarkeitsvoraussetzungen angesprochen werden.

A. Tathandlung

12 Jede Strafbarkeitsprüfung knüpft an ein **bestimmtes Verhalten** einer Person an. Das muss **im Eingangssatz** der Prüfung **benannt** werden. Damit legt man im Hinblick auf das Simultanprinzip den Bezugspunkt von Vorsatz und Schuld (vgl. §§ 8, 16 und 20: „bei Begehung der Tat") und beim Versuch den des Tatentschlusses fest. Der von den sog. **Handlungslehren** geführte Streit um die Mindestanforderungen an ein solches Verhalten ist für eine praktische Falllösung **unergiebig**. Insoweit besteht Einigkeit darüber, dass nur ein **menschliches, äußeres, vom Willen steuerbares Verhalten** strafrechtlich relevant ist.

Hiernach sind juristische Personen nicht handlungsfähig, vielmehr handeln sie durch ihre Organe. Auch tierisches Verhalten und Naturereignisse können nicht Gegenstand eines strafrechtlichen Vorwurfs sein. Es wirkt daher fragwürdig zu behaupten, jemand habe „durch seine Schafe" fremdes Gras weggenommen,[2] indem er sie auf fremdem Grund weiden ließ. Ebenso wenig sind bloß gedankliche Vorgänge, wie Absichten oder Wünsche, strafrechtlich erheblich, solange sie nicht in die Tat umgesetzt werden. Keine Handlungen sind ferner Reflexe und Verhaltensweisen im Schlaf oder Bewusstlosigkeit sowie Verhalten, das durch unwiderstehliche Gewalt (vis absoluta) erzwungen ist. Problematisch kann jedoch die Abgrenzung der Reflexe von Automatismen und Affekt- und Kurzschlusshandlungen sein, die, weil vom Unterbewusstsein gesteuert, noch Handlungsqualität haben.

> Vermeiden Sie insoweit irgendwelche „Vorprüfungen" und knüpfen Sie ihre Prüfung gleich an ein Verhalten, das diese Anforderungen entweder zweifelsfrei erfüllt, oder – falls erforderlich – prüfen Sie die Handlungsqualität bei der Tatbestandsmäßigkeit der Handlung.
>
> Vermeiden Sie aber auch die einseitige Vorwegnahme eines noch zu begründenden Beweisergebnisses durch die Unterstellung der jeweiligen Tathandlung.

Daher wäre es ungeschickt zu formulieren: „Indem der Beschuldigte mit dem Motorrad von A nach B fuhr, könnte er sich einer fahrlässigen Trunkenheit im Verkehr gemäß § 316 Abs. 2 hinreichend verdächtig gemacht haben", wo dies noch einer Beweiswürdigung bedürfte. Besser formuliert heißt es:

> „Der Beschuldigte könnte hinreichend verdächtig sein, mit dem Motorrad von A nach B gefahren und dadurch eine fahrlässige Trunkenheit im Verkehr gemäß § 316 Abs. 2 begangen zu haben."

B. Strafverfolgungsvoraussetzungen und -hindernisse

13 Diese haben prozessualen Charakter und betreffen die Zulässigkeit der Strafverfolgung. Ihr Fehlen führt daher im gerichtlichen Verfahren nicht zum Freispruch, sondern zur Einstellung des Verfahrens gemäß § 206a bzw. § 260 Abs. 3 StPO. Der Praktiker prüft sie **vor den materiellen Voraussetzungen** der Strafbarkeit. Ein besonderes öffentliches Verfolgungsinteresse bei relativen Antragsdelikten ist jedoch zweck-

2 LG Karlsruhe NStZ 1993, 543.

mäßigerweise im B-Gutachten zu prüfen.[3] Im Urteils- und Revisionsgutachten gilt aufgrund der weiter gehenden Rechtskraftwirkung jedoch der Grundsatz **„Freispruch vor Einstellung“**, es sei denn, es fehlt schon an einer wirksamen Anklage[4] oder es liegt ein anderes „Befassungsverbot“ vor.[5]

> Daher ist – wo es in Betracht kommt – im Urteils- oder Revisionsgutachten auch bei Feststellung eines Verfahrenshindernisses zu prüfen, ob zum Zeitpunkt der Entscheidungsfindung bereits feststeht, dass ein Schuldspruch am Fehlen seiner materiellen Voraussetzungen scheitert. Denn in diesem Fall muss, soweit dieser Anklagepunkt einer Entscheidung im Urteil bedarf, freigesprochen werden!

C. Kausalität

Die vom Tatbestand eines **Erfolgsdelikts** vorausgesetzte **Kausalität** wird nach st.Rspr. nach der sog. **Bedingungstheorie** festgestellt.[6] Hiernach ist für einen Erfolg jede Handlung ursächlich, die **nicht hinweggedacht werden kann, ohne dass der Erfolg entfiele**. Dass sich hiernach in der Regel mehrere Ursachen für einen Erfolg ergeben, ist rechtlich ohne Bedeutung, da alle Bedingungen in diesem Sinne rechtlich gleichwertig sind. Daher hat sich auch der Begriff **Äquivalenztheorie** eingebürgert. Eine Relativierung der rechtlichen Bedeutung verschiedener Ursachen, etwa danach, dass nur die unmittelbar vor dem Erfolg liegende Handlung ursächlich im Rechtssinne sei (so die frühere Lehre vom Regressverbot), wird heute nicht mehr vertreten. **14**

Ergänzend ist Folgendes zu beachten: **15**

Es ist nur auf den **konkret eingetretenen Erfolg** abzustellen. Der hypothetische Eintritt ähnlicher, ebenfalls tatbestandsmäßiger Folgen spielt keine Rolle.

Anstelle der weggedachten Handlung dürfen keine hypothetischen Kausalverläufe hinzugedacht werden, **Reserveursachen sind unbeachtlich**. Die Kausalität entfällt nur, wenn aufgrund der tatsächlich gegebenen Umstände derselbe Erfolg auch ohne die Handlung eingetreten wäre.[7]

Das **Hinzutreten weiteren Handelns** des Täters, des Opfers oder Dritter **unterbricht den Ursachenzusammenhang** nur dann, **wenn dieses** Handeln nicht seinerseits durch das vorherige bedingt ist, sondern **eine völlig neue Kausalreihe eröffnet**.[8]

Von mehreren Bedingungen, die zwar alternativ, nicht aber kumulativ hinweggedacht werden können, ohne dass der Erfolg entfällt, ist jede kausal **(alternative Kausalität)**.

Beispiel: Werden dem Opfer also gleichzeitig, aber unabhängig voneinander, mehrere für sich tödlich wirkende Giftmengen beigebracht, so ist jede Handlung ursächlich für den Tod.

Um einen Fall **kumulativer Kausalität** handelt es sich dagegen, wenn erst das Zusammenwirken mehrerer Handlungen den Erfolg verursacht. Die Ursachenermittlung bereitet in diesen Fällen nach der Bedingungstheorie keine Schwierigkeiten.

Beispiel: Gibt der Täter auf das durch einen ersten Schuss bereits tödlich verletzte Opfer einen weiteren Schuss ab und stirbt das Opfer an dem Zusammenwirken der beiden durch die Schüsse verursachten tödlichen Verletzungen, so sind beide Handlungen für den Tod ursächlich.[9]

---

3 Siehe im Einzelnen AS-Skript Die staatsanwaltliche Assessorklausur (2023), Rn. 25.

4 BGHSt 46, 130.

5 Vgl. Meyer-Goßner/Schmitt Einl. Rn. 143 ff.; siehe hierzu im Einzelnen AS-Skript Strafurteil und Revisionsrecht in der Assessorklausur (2025), Rn. 21 ff.

6 BGH NJW 2024, 2856.

7 BGH RÜ 2004, 34.

8 Vgl. BGH NStZ 2001, 29; BGH RÜ 2016, 163.

9 BGH NJW 1993, 1723.

D. Objektive Strafbarkeitsbedingungen

16 Einzelne Straftatbestände enthalten Strafbarkeitsvoraussetzungen, die weder zum Tatbestand gehören, weil sie das jeweilige Unrecht nicht typisieren, noch zur Schuld, weil sie die Vorwerfbarkeit der Tatbegehung nicht betreffen. Da aus diesem Grunde der Vorsatz sich nicht auf die für ihr Vorliegen relevanten Umstände zu erstrecken braucht, spricht man von objektiven Strafbarkeitsbedingungen.

Um objektive Strafbarkeitsbedingungen handelt es sich nach h.M. bei

- der Nichterweislichkeit der Wahrheit gemäß § 186,
- der Verursachung schwerer Tatfolgen gemäß § 231,
- der Begehung einer rechtswidrigen Tat im Zustande des Vollrausches gemäß § 323a sowie
- der Rechtmäßigkeit der Diensthandlung gemäß § 113 Abs. 3 S. 1.

Im Falle ihres Fehlens kann keiner der an der Tat Beteiligten bestraft werden. Es handelt sich also auch um objektive Bedingungen der Teilnahmestrafbarkeit.

> Im strafrechtlichen Gutachten kann man dem Umstand, dass objektive Strafbarkeitsvoraussetzungen weder zum Tatbestand noch zur Schuld gehören, dadurch Rechnung tragen, dass man sie erst im Anschluss an die Schuld prüft. Aus Gründen der Arbeitsökonomie ist es jedoch sinnvoll, sie als Annex des Tatbestandes (ggf. nach dem subjektiven Tatbestand) vor der Rechtswidrigkeit zu erörtern.

2. Abschnitt: Die verschiedenen Deliktsarten

17 Achten Sie auf die richtige Schwerpunktsetzung! Nur die Tatbestandsmäßigkeit der fraglichen Handlung bedarf in der Regel einer Begründung. Rechtswidrigkeit und Schuld bedürfen mangels gegenteiliger Anhaltspunkte nur einer einfachen Feststellung. Zur Erörterung von Strafausschließungs- oder -aufhebungsgründen und Strafzumessungsregeln besteht nur Veranlassung, wenn das Aktenstück Anhaltspunkte dafür bietet.

A. Das vorsätzliche Begehungsdelikt

I. Der Tatbestand des Vorsatzdelikts

18 Im Tatbestand des Vorsatzdelikts sind die Voraussetzungen des objektiven und des subjektiven Tatbestandes zu unterscheiden.

1. Objektiver Tatbestand

19 **a)** Die in der Lit. herrschende **Lehre von der objektiven Zurechnung**[10] hat sich für das vorsätzliche Begehungsdelikt **in der Rspr.** bisher **nicht durchgesetzt**. Jedoch ist auch beim Vorsatzdelikt aus Akzessorietätsgründen ein Tatbestandsausschluss bei **Beteiligung an eigenverantwortlicher Selbstschädigung und -gefährdung** anerkannt (s.u. Rn. 50).[11] Die fehlende Adäquanz des Kausalverlaufs löst die Rspr. durch die Verneinung des Vorsatzes bei **wesentlichen Abweichungen des Kausalverlaufs** von der Tätervorstellung (s.u. Rn. 31).

---

10 Greco JuS 2023, 993.

11 BGH RÜ 2014, 301: Eigenverantwortlicher Missbrauch von Betäubungsmitteln; AG Torgau JA 2021, 692: Eigenverantwortliche Selbstschädigung, wenn sich Fußgänger auf die Motorhaube eines Kfz wirft.

b) Setzt der Tatbestand ein Handeln gegen oder ohne den Willen des Rechtsgutträgers voraus, so schließt dessen **Einverständnis** bereits den Tatbestand aus. Dies ist bei der Nötigung sowie bei allen Delikten der Fall, die Nötigungsbestandteile enthalten (§§ 240, 177, 239 ff. etc.). Bei einigen Tatbeständen ergibt sich das Erfordernis eines entgegenstehenden Willens schon aus dem Wortlaut (z.B. § 248b), in anderen Tatbeständen ergibt es sich aus der Auslegung des jeweiligen Tatbestandes. 20

So setzt der Begriff des Eindringens bei § 123 Abs. 1 ein Handeln gegen den Willen des Hausrechtsinhabers voraus. Die Wegnahme gemäß § 242 setzt einen Bruch fremden Gewahrsams, also eine Gewahrsamsverschiebung gegen oder ohne den Willen des bisherigen Inhabers voraus. Die Rechtswidrigkeit der Zueignung hängt bei den §§ 242, 246 vom Widerspruch der Zueignung zur bürgerlich-rechtlichen Vermögensordnung ab, der bei einem Einverständnis des Eigentümers entfällt.

aa) Soweit der Tatbestand ein Handeln gegen oder ohne den **tatsächlichen Willen** des Berechtigten voraussetzt, braucht dieser Wille nicht erklärt zu werden. Daher reicht das Vorliegen einer **bewussten inneren Zustimmung** bei Begehung der Tat aus. In diesem Falle sind auch keine besonderen Anforderungen an die Einsichtsfähigkeit des Verfügungsberechtigten zu stellen. Die **natürliche** Fähigkeit einer entsprechenden **Willensbildung** genügt daher. **Irrtümer** oder das Erschleichen der Zustimmung durch **Täuschung schließen die Wirksamkeit** des Einverständnisses unter dieser Voraussetzung **nicht aus.**[12] Die mit Nötigungsmitteln **erzwungene Zustimmung** ist dagegen **unbeachtlich.**

In vielen Fällen enthält das Einverständnis aber eine **Verfügung über eine Rechtsposition**, die nach den Regeln des bürgerlichen oder öffentlichen Rechts nur unter einschränkenden Voraussetzungen wirksam ist (z.B. Einverständnis des Eigentümers mit der Zueignung bei § 242 oder des Vermögensträgers bei § 266). Diese Schranken sind dann auch für das tatbestandsausschließende Einverständnisses von Bedeutung,[13] sodass hier die Wirksamkeitsvoraussetzungen der rechtfertigenden Einwilligung gelten.

bb) Schließlich hängt die tatbestandsausschließende Wirkung des Einverständnisses auch **nicht von der Kenntnis** des Täters von ihrem Vorliegen ab. Die **Unkenntnis** des Täters kann lediglich zu der Annahme eines die **Versuchsstrafbarkeit** begründenden Tatentschlusses führen.

2. Subjektiver Tatbestand

Im subjektiven Tatbestand ist vor den spezifisch vorausgesetzten subjektiven Merkmalen (Absichten, Beweggründe oder Gesinnungen) der **Vorsatz** festzustellen. 21

a) Vorsatzbegriff

Für den **Vorsatzbegriff** sind bekanntlich drei Stufen zu unterscheiden, nämlich 22

- Absicht (dolus directus ersten Grades),
- direkter Vorsatz (dolus directus zweiten Grades) und
- bedingter Vorsatz (dolus eventualis).

aa) Unter **Absicht** ist das zielgerichtete Handeln zu verstehen, dem Täter muss es also auf die Folgen, die Gegenstand seiner Absicht sein müssen, gerade ankommen. 23

12 Eine Ausnahme gilt für § 239 Abs. 1 StGB, da hier nach h.Lit. und Rspr. die List taugliches Tatmittel ist, vgl. BGH NJW 2022, 2422.

13 Vgl. OLG Düsseldorf NZV 1991, 77: Verzicht auf Feststellungsinteresse nach Verkehrsunfall.

Für das Wissenselement genügt hier das Für-möglich-Halten. Das Gesetz verwendet statt des Absichtsbegriffs auch die Formulierung „Handeln um zu ..." oder „zur". In jedem Falle ist jedoch zu ermitteln, ob das Gesetz den fraglichen Begriff im technischen Sinne oder auch im Sinne des direkten Vorsatzes meint. Dies ist eine Frage der jeweiligen Auslegung und daher vielfach umstritten.

Als **Faustformel** kann man von folgender Regel ausgehen:[14] Setzt das Gesetz die Absicht einer Fremdschädigung voraus, so ist mit dem Absichtsbegriff auch direkter Vorsatz gemeint. Dies gilt z.B. für die §§ 164, 267, 274. Setzt dagegen das Gesetz die Absicht einer Selbst- oder Drittbegünstigung voraus, so ist zielgerichtetes Handeln erforderlich. Dies gilt etwa für die §§ 253, 263. Eine Ausnahme macht insoweit § 315 Abs. 3 Nr. 1a, der hinsichtlich der Herbeiführung eines Unglücksfalles Absicht im technischen Sinne, also zielgerichtetes Handeln voraussetzt, da dieses Tatbestandsmerkmal sonst keine wirkliche, die Strafbarkeit einschränkende Funktion hätte. Diese Faustformel gehört natürlich nicht als Begründung in ein Gutachten!

24 **bb) Direkter Vorsatz** setzt das sichere Wissen oder Für-sicher-Halten der jeweils maßgeblichen Umstände voraus. Der Wille zur Tatbestandsverwirklichung ist hier ohne Bedeutung. Das Gesetz verwendet den Begriff des wissentlichen Handelns meist im Unterschied zur Absicht (vgl. §§ 226 Abs. 2, 258 Abs. 1).

Das sichere Voraussehen bzw. das Für-sicher-Halten kann auch irrtumsbedingt sein und begründet dann den Tatentschluss für einen untauglichen Versuch. Des Weiteren genügt es, wenn der Täter bestimmte Umstände für den Fall des Eintritts einer Bedingung als sicher ansieht. Dies ist nicht mit dem bedingten Vorsatz zu verwechseln.

Soweit das Gesetz nicht Wissentlichkeit oder Absicht verlangt, ist der Unterschied zwischen den Vorsatzformen nicht für die Tatbestandsmäßigkeit selbst, sondern nur für das Maß der Schuld, also die Strafzumessung von Bedeutung. Dementsprechend kann Tötungsabsicht als Strafschärfungsgrund gewertet werden.[15]

25 **cc) Bedingter Vorsatz** setzt nach allgemeiner Ansicht mindestens voraus, dass der Täter das Vorliegen der tatbestandlichen Umstände und den Eintritt der tatbestandlichen Folgen **für möglich hält**. Da sich hierdurch auch die bewusste Fahrlässigkeit auszeichnet, bedarf es nach h.M. zusätzlich eines **voluntativen Vorsatzelements**. Nach **st.Rspr.** setzt bedingter Vorsatz voraus, dass der Täter den **Eintritt des tatbestandlichen Erfolges als möglich und nicht ganz fernliegend erkennt** (Wissenselement), **ferner dass er ihn billigt oder sich um des erstrebten Zieles willen zumindest mit der Tatbestandsverwirklichung abfindet** (Willenselement),[16] mag er ihm auch gleichgültig[17] oder unerwünscht sein.[18] Fahrlässig handele dagegen, wer angesichts des Risikos – ernsthaft, und nicht nur vage – pflichtwidrig darauf vertraue, dass der Erfolg nicht eintreten werde.[19] Ein solches Vertrauen müsse jedoch tatsachenbasiert sein.[20]

26 Ob dies der Fall ist, lässt sich nach st.Rspr. nur in **wertender Betrachtung aller objektiven und subjektiven Umstände** feststellen und muss durch die tatsächlichen Feststellungen belegt werden.[21]

So ist anerkannt, dass umso eher von vorsätzlicher Begehung auszugehen ist, je größer das erkannte **Risiko der Tatbestandserfüllung** ist. Je nahe liegender der Eintritt tatbestandsmäßiger Folgen ist, umso eher ist davon auszugehen, dass der Täter sich mit ihrem Eintritt abgefunden hat. Daher stellt die offensichtliche Gefährlichkeit ei-

14 Sch/Sch/Sternberg-Lieben/Schuster § 15 Rn. 70.
15 BGH RÜ 2018, 161.
16 BGH HRRS 2012 Nr. 780; BGH NStZ 2016, 25; BGH HRRS 2019 Nr. 15.
17 BGH NStZ 2022, 40; BGH NStZ 2022, 224.
18 BGH NStZ 2020, 288; BGH NStZ 2020, 618; BGH RÜ 2021, 299.
19 BGHSt 36, 1, 9 ff., „AIDS"-Fall; BGH RÜ 2021, 95; BGH RÜ 2021, 299.
20 BGH NStZ 2022, 40; BGH NStZ 2022, 224.
21 BGH NStZ 2019, 276; NStZ 2019, 468; NStZ 2020, 288; BGH RÜ 2021, 299; BGH NStZ 2024, 542.

ner Gewalthandlung einen Umstand von derartigem Gewicht dar, dass der subjektive Tatbestand eines vorsätzlichen Tötungsdelikts nahe liegt.[22]

Andererseits kann der Täter auch bei einem hohen Risiko des Erfolgseintritts auf sein Ausbleiben vertraut haben.[23] Daher ist auch unter Berücksichtigung der **Täterpersönlichkeit** und aller anderen Tatumstände, z.B. **affektbedingte Erregung**,[24] erhebliche **Alkoholisierung**,[25] **provozierendes Verhalten des Opfers**, der **konkreten Angriffsweise**,[26] einer **möglichen Eigengefährdung**[27] und des **Nachtatverhaltens**,[28] sorgfältig zu prüfen, ob der Täter die möglichen Folgen seiner Handlung erkannt und diese billigend in Kauf genommen hat.

Dass die vor einer Rechtsgutverletzung liegende Hemmschwelle bei der Verwirklichung von Körperverletzungs- oder Vermögensdelikten niedriger anzusetzen ist als bei Tötungsdelikten, liegt auf der Hand. Andererseits stellt die **„Hemmschwelle"** in der Rspr. des BGH lediglich einen **Maßstab für die Beweiswürdigung** gemäß § 261 StPO dar,[29] der nicht geeignet ist, die von einer äußerst gefährlichen Tathandlung ausgehende Indizwirkung zu relativieren. Zudem haben Alkohol, Affekt und Nachtatverhalten durchaus eine ambivalente Bedeutung, da eine erhebliche Alkoholisierung und ein Affekt einerseits die Einsichtsfähigkeit, andererseits das Hemmungsvermögen beeinträchtigen können. Ein Bemühen um die Rettung des Opfers kann einerseits auf fehlenden Tötungsvorsatz, andererseits auf ein Zurückschrecken vor der eigenen Entschlossenheit bei der Tat schließen lassen.[30] Nach Ansicht des BGH kann die Hemmschwelle im Falle der Tötung durch Unterlassen als geringer angesehen werden als im Falle des Begehungsdelikts.[31]

Schließlich spricht es umso eher für vorsätzliches Handeln, je gewichtiger die vom Täter **mit der Tat verfolgten Interessen** sind,[32] jedoch gegen den Tötungsvorsatz, wenn der Täter ein Interesse am Überleben des Opfers hat.[33]

Diese Grundsätze gelten selbstverständlich nicht nur für Erfolgsdelikte, sondern auch für schlichte Tätigkeitsdelikte, wie die Vorsatzfeststellung hinsichtlich der alkoholbedingten Fahruntauglichkeit bei einer Trunkenheitsfahrt.[34]

> Die Abgrenzung von Vorsatz und bewusster Fahrlässigkeit ist ein in Klausuren häufig auftauchender „Klassiker". Hier wird eine ausführliche Argumentation unter sorgfältiger Auswertung des Akteninhalts erwartet. Diskutieren Sie dabei keine Theorien, sondern belegen Sie ihr Ergebnis mit Fakten!

Beispiel:[35] Die Ermittlungen haben mit hinreichender Sicherheit ergeben, dass die Beschuldigten B und S zusammen mit dem späteren Opfer O in der Wohnung des S erhebliche Mengen Alkohol getrunken hatten, als es mit O zum Streit kam, weil B seit geraumer Zeit bei O wohnte, ohne sich an der Miete zu beteiligen, und auch S, dessen Mietvertrag gekündigt worden war, bei O einziehen wollte. Nachdem B den O über die Balkonbrüstung gehalten und S dem O einen Faustschlag in das Gesicht versetzt hatte, kamen die Beschuldigten spontan überein, den O in Brand zu setzen. B übergoss den auf einem Stuhl sitzenden O mit einem halben Liter Grillanzünder, den S mit einem Feuerzeug in Brand setzte. Als O sofort lichterloh brannte, erschraken die Beschuldigten und versuch-

22 BGH NStZ 2020, 288; BGH NStZ 2022, 224; BGH NStZ 2022, 101; BGH NStZ 2023, 160; BGH NStZ 2023, 234; BGH NStZ 2024, 481.

23 BGH NStZ 2022, 549; BGH NStZ 2024, 737.

24 BGH NJW 2014, 3382.

25 BGH NStZ 2020, 288; BGH NStZ 2022, 40; BGH NStZ 2024, 676.

26 BGH NStZ 2021, 605; BGH NStZ 2024, 676.

27 BGH RÜ 2020, 409 (Berliner Raser-Fall); BGH NStZ 2018, 460; BGH NStZ 2019, 276 (Hamburger Raser-Fall); BGH NJW 2023, 2291.

28 BGH HRRS 2012 Nr. 780; BGH NStZ 2016, 25.

29 BGH RÜ 2012, 369; BGH NStZ 2018, 205; BGH NStZ 2020, 349.

30 Edlbauer JA 2008, 725; BGH NStZ 2012, 443.

31 BGH NStZ 1992, 125.

32 BGH NStZ 2020, 288

33 Vgl. BGH NStZ 2013, 159, 160 f.

34 BGH RÜ2 2015, 89.

35 Nach BGH NStZ 2013, 159.

ten sogleich, O mit Hilfe einer Tischdecke zu löschen. Als dies erfolglos blieb, holte S aus dem Badezimmer einen Eimer mit zehn Litern Wasser, übergoss damit den O und löschte so das Feuer. Während er O in die Wohnung brachte und in eine feuchte Decke wickelte, suchte B einen Nachbarn auf, der Rettungskräfte alarmierte. O verstarb jedoch etwa einen Monat später an Verbrennungen dritten Grades an 60 % seines Körpers.

„Fraglich ist, ob die Beschuldigten mit Tötungsvorsatz handelten. Anhaltspunkte für einen direkten Tötungsvorsatz liegen nicht vor. In Betracht kommt danach nur ein bedingter Vorsatz.

Das setzt zunächst voraus, dass sie bei Begehung der Tat zumindest mit der Möglichkeit tödlicher Folgen für O rechneten. Dafür spricht, dass das Inbrandsetzen des Grillanzünders objektiv mit dem hochgradigen Risiko tödlicher Folgen für O verbunden war. Zwar waren die Beschuldigten in nicht mehr näher feststellbarem Ausmaß betrunken und nach dem Anzünden über das Ausmaß des Feuers erschrocken, sodass sie sich möglicherweise der tatsächlichen Höhe des Risikos tödlicher Folgen nicht bewusst waren. Dies begründet jedoch keine durchgreifenden Zweifel an dem erforderlichen Wissenselement des bedingten Vorsatzes.

Darüber hinaus setzt bedingter Vorsatz nach st.Rspr. als Willenselement voraus, dass der Täter den Erfolg billigt oder sich um des erstrebten Zieles willen zumindest mit der Tatbestandsverwirklichung abfindet. Fahrlässig handelt dagegen, wer angesichts des Risikos – ernsthaft, und nicht nur vage – pflichtwidrig darauf vertraut, dass der Erfolg nicht eintreten werde.

Ob dies der Fall ist, ist in wertender Betrachtung aller objektiven und subjektiven Umstände festzustellen. Bei äußerst gefährlichen Gewalthandlungen liegt es nahe, dass der Täter mit dem Eintritt des Todes rechnet; indem er gleichwohl sein gefährliches Handeln beginnt oder fortsetzt, nimmt er einen solchen Erfolg billigend in Kauf. Daher spricht hier das hochgradige Risiko, das mit der Tathandlung für das Leben des O verbunden war, für bedingten Tötungsvorsatz. Jedoch wird nicht auszuschließen sein, dass die Beschuldigten alkoholbedingt die Gefährlichkeit und die Unbeherrschbarkeit ihres Handelns unterschätzt haben. Andererseits spricht der hohe Alkoholisierungsgrad dafür, dass sie die Hemmschwelle vor der Tötung des O überwunden hatten. Jedoch hätte es in diesem Falle nahe gelegen, den O bereits im Zusammenhang mit den vorausgegangenen Gewalthandlungen zu töten. Dass die Beschuldigten dies nicht taten, lässt darauf schließen, dass es ihnen möglicherweise auch nur darum ging, O zu quälen und zu demütigen. Angesichts des mehraktigen Geschehens erscheint auch eine in spontaner Wut mit Tötungsvorsatz begangene Kurzschlusshandlung unwahrscheinlich. Gegen einen Tötungsvorsatz der Beschuldigten spricht schließlich, dass sie sofort, als es richtig brannte, mit allen Mitteln versuchten, das Feuer wieder zu löschen, und nach der Tat sich sofort um die Rettung des O bemühten, obgleich dies auch als Ausdruck ihrer plötzlichen Ernüchterung oder der Sorge um die eigene Verantwortung für die Folgen der Tat gedeutet werden könnte. Schließlich erscheint die Annahme eines Tötungsvorsatzes auch deshalb nicht plausibel, weil der Beschuldigte B bereits in der Wohnung des O lebte und S die Absicht hatte, dort einzuziehen.

Hiernach werden, nachdem mit einem Geständnis der Beschuldigten in einer Hauptverhandlung nicht zu rechnen ist, durchgreifende Zweifel an einem bedingten Tötungsvorsatz der Beschuldigten verbleiben. Ein hinreichender Tatverdacht für eine vorsätzliche Tötung des O besteht gegen die Beschuldigten daher nicht."

Im Anschluss daran ist zu prüfen, ob ein hinreichender Tatverdacht wegen gemeinschaftlicher Körperverletzung mit Todesfolge gemäß §§ 227, 25 Abs. 2 vorliegt.

b) Vorsatzzeitpunkt

Gemäß § 16 Abs. 1 S. 1 muss der Vorsatz **bei Begehung der Tat**, d.h. gemäß § 8 bei der Vornahme der Tathandlung, und zwar ab Versuchsbeginn während der gesamten Ausführungshandlung, vorliegen. 27

Spiegelt das Opfer dem Täter während der Begehung ein Einverständnis vor, kann daher die Vorsätzlichkeit der Vollendung entfallen, sodass nur noch wegen Versuchs bestraft werden kann.[36]

Der lediglich vor Beginn der Tatbegehung vorliegende (dolus antecedens) oder ihr nachfolgende Vorsatz (dolus subsequens) ist irrelevant.[37] Entsteht der Vorsatz erst zu einem Zeitpunkt, in dem die Rechtsgutverletzung für den Täter nicht mehr vermeidbar war, begründet dies keine vorsätzliche Begehung.[38] Irrelevant ist auch, ob der Vorsatz noch bei Eintritt des tatbestandlichen Erfolges vorliegt (§ 8).

Setzt der Täter nur fahrlässig die Todesursache und misshandelt das Opfer danach mit Tötungsvorsatz, kann das Geschehen nicht als eine Handlung zusammengefasst werden. Vielmehr handelt es sich um eine fahrlässige Tötung oder Körperverletzung mit Todesfolge in Tatmehrheit mit einem versuchten Tötungsdelikt.[39]

Verursacht der Täter den vom Tatentschluss umfassten tatbestandsmäßigen Erfolg bereits im Vorbereitungsstadium, **bevor** er überhaupt **unmittelbar angesetzt** hatte (Vollendung vor Versuchsbeginn), so kann die Tat nicht als vorsätzlich vollendete bestraft werden.[40] Daher muss spätestens in der für den Erfolg ursächlichen Handlung das unmittelbare Ansetzen zu sehen sein, um wegen vorsätzlich vollendeter Begehung bestrafen zu können.

Fälle, in denen der Täter den Erfolg **erst durch eine weitere Handlung** verursacht, nachdem er ihn bereits verursacht zu haben glaubt, werden in st.Rspr. nach den Regeln der Kausalabweichung behandelt (s.u. Rn. 31).

c) Vorsatzgegenstand

Da gemäß § 16 Abs. 1 S. 1 nur die Unkenntnis derjenigen Umstände den Vorsatz ausschließt, die zum gesetzlichen Tatbestand gehören, muss sich der **Vorsatz** nur **auf die tatbestandsrelevanten Umstände** beziehen. Deren Unkenntnis schließt gemäß § 16 Abs. 1 S. 1 den Vorsatz aus. 28

Der Vorsatz muss sich aber nicht nur auf die Umstände beziehen, die die Strafbarkeit **begründen**, sondern auch auf die **qualifizierenden** Umstände. Die Unkenntnis eines qualifizierenden Tatumstandes schließt also die Anwendung des Qualifikationstatbestandes aus. Es bleibt ggf. die Anwendbarkeit des Grunddelikts. Dasselbe gilt analog § 16 auch für andere straferhöhende Umstände, namentlich die Voraussetzungen von Regelbeispielen für besonders schwere Fälle, jedoch gemäß § 18 nicht für Erfolgsqualifikationen, da hier Fahrlässigkeit bzw. Leichtfertigkeit ausreichen.

Vorsatzbedürftig sind auch **privilegierende** Tatumstände, deren Vorliegen die Strafe mildert. Deren irrige Annahme ist gesetzlich in § 16 Abs. 2 geregelt. Danach ist in diesen Fällen (z.B. § 216) nur aus dem milderen Tatbestand zu bestrafen. Ungeregelt ist dagegen der Fall der Unkenntnis privilegierender Tatumstände. Der einzige praktisch relevante Fall ist der des § 216: Der Täter weiß nicht, dass das Verlangen des Opfers ernstlich ist. Hier besteht Einigkeit darüber, dass die privilegierende Wirkung entfällt. 29

---

36 BGH NStZ 1993, 581 (vorgespiegeltes Einverständnis bei Vergewaltigung).

37 BGH NStZ 2019, 468; BGH RÜ 2022, 709.

38 BGH NStZ 2018, 409 (Berliner Raser-Fall); BGH NStZ 2022, 30.

39 BGH NStZ 2018, 27 m. Anm. Engländer.

40 BGH NJW 2002, 1057 (Vollendung vor Versuchsbeginn); BGH NStZ 2002, 475.

d) Abgrenzung Tatumstands-/Subsumtionsirrtum

30 Die Einsicht, Unrecht zu tun, ist dagegen keine Voraussetzung des Vorsatzes, sondern der Schuld.[41] Die Folgen fehlender Unrechtseinsicht (Verbotsirrtum) sind in § 17 geregelt.

Hieraus ergibt sich die Frage, wie der gemäß § 16 Abs. 1 S. 1 vorsatzausschließende Tatumstandsirrtum vom Verbotsirrtum gemäß § 17 abzugrenzen ist.

Die Notwendigkeit der Abgrenzung von Tatumstands- und Verbotsirrtum ergibt sich aus den unterschiedlichen Rechtsfolgen der §§ 16 und 17 für diese Fälle. Wer im Tatumstandsirrtum handelt, kann gemäß § 16 Abs. 1 S. 2 allenfalls wegen fahrlässiger Begehung bestraft werden, wenn diese mit Strafe bedroht ist (§ 15). Fehlt dem Täter jedoch wegen eines Verbotsirrtums das Unrechtsbewusstsein, so schließt dies gemäß § 17 S. 1 seine Strafbarkeit nur aus, wenn er den Irrtum nicht vermeiden konnte. Andernfalls besteht gemäß § 17 S. 2 nur die Möglichkeit der Strafmilderung.

Auch demjenigen, der in Unkenntnis der tatbestandsrelevanten Umstände handelt, wird vielfach das Unrechtsbewusstsein fehlen. Für diese Fälle geht die Regelung des § 16 derjenigen des § 17 als speziellere vor. Die Strafbarkeit wegen vorsätzlicher Begehung ist daher ausgeschlossen.

Jedoch haben alle Voraussetzungen der für die Strafbarkeit maßgebenden Normen nicht nur deskriptiven, sondern auch mehr oder weniger normativen Charakter. Da dies auch für die Tatbestandsmerkmale gilt, hat sich die Unterscheidung von **deskriptiven und normativen Merkmalen** durchgesetzt.

So hängen die Fremdheit einer Sache und die Rechtswidrigkeit ihrer Zueignung gemäß § 242 von bürgerlich-rechtlichen Vorfragen ab. Das Bestehen eines Berufsverbots gemäß § 145c hängt von seinen strafprozessualen Wirksamkeitsvoraussetzungen ab. Ob jemand dem Wilde unter Verletzung fremden Jagdrechts gemäß § 292 nachstellt, hängt von öffentlich-rechtlichen Vorfragen des Jagdrechts ab. Die Arbeitgeber- oder Arbeitnehmereigenschaft gemäß § 266a hängt von sozialrechtlichen Vorfragen ab.

Aus diesem Grunde setzt die Feststellung eines vorsatzausschließenden Tatumstandsirrtums stets die Feststellung voraus, ob der Täter sich über die für den Tatbestand relevanten **Umstände** der Tat oder lediglich deren für die **Subsumtion** unter die Strafnorm maßgebenden Wertungen geirrt hat. Der gesamten Irrtumslehre liegt die Unterscheidung des **Tatumstandsirrtums** vom **Subsumtionsirrtum** zugrunde. Der verbreitet auch sog. Tatbestandsirrtum ist ein Unterfall des Tatumstandsirrtums. Der Subsumtionsirrtum führt dagegen nur, wenn seinetwegen das Unrechtsbewusstsein fehlt, zur Anwendung des § 17.

Die Abgrenzung des Tatumstandsirrtums von dem für den Vorsatz unbedeutenden Subsumtionsirrtum ist heftig umstritten und auch in der Rspr. nicht abschließend geklärt. Einigkeit besteht nur darüber, dass der Vorsatz mindestens die **tatsächlichen Umstände der Tat** erfassen muss.

Rspr. und h.Lit. differenzieren darüber hinaus – mit unterschiedlichen Formulierungen und Nuancen im Einzelnen – wie folgt: Soweit die Tatbestandsmerkmale deskriptiver Art sind, ist die Faktenkenntnis für den Vorsatz erforderlich und ausreichend. Soweit sie normativer Art sind, setzt der Vorsatz weiter voraus, dass der Täter auch die **rechtlich-soziale Bedeutung der Tatsachen**, soweit sie nach dem juristischen Sinngehalt der Strafnorm relevant ist, nach Laienart zutreffend erfasst hat (sog. **Parallelwertung in der Laiensphäre**). Dabei behandelt die Rspr. Irrtümer über die bürgerlich-rechtlichen oder öffentlich-rechtlichen Vorfragen der Strafbarkeit einer Hand-

41 Grundlegend BGH GSSt 2, 194.

lung im Regelfall als Tatumstandsirrtum.[42] Kennt der Täter die bestehende Strafnorm nicht, legt er sie falsch aus oder verkennt aus anderen Gründen den strafrechtlichen Unrechtsgehalt seines Tuns, so liegt kein Tatumstandsirrtum, sondern ein bloßer Subsumtionsirrtum, bei fehlendem Unrechtsbewusstsein ein Verbotsirrtum vor.

Danach handelt z.B., wer

- infolge Unkenntnis des zivilrechtlichen Abstraktionsprinzips die Fremdheit der Sache verkennt, im Tatumstandsirrtum gemäß § 16 Abs. 1 S. 1,
- ein zutreffend erkanntes Unfallgeschehen nicht für einen „Unfall im Straßenverkehr" gemäß § 142 Abs. 1 hält, vorsätzlich, aber möglicherweise ohne Unrechtsbewusstsein,[43]
- infolge Unkenntnis des § 307 StPO das angeordnete Berufsverbot (§ 145c) wegen seiner dagegen eingelegten Beschwerde für unwirksam hält, im Tatumstandsirrtum gemäß § 16 Abs. 1 S. 1,[44]
- sich eine nicht existierende Anspruchsgrundlage vorstellt, im Tatumstandsirrtum über die Rechtswidrigkeit der Bereicherung,[45]
- sich einen Anspruch auf Übereignung der weggenommenen Sache vorstellt, im Tatumstandsirrtum über die Rechtswidrigkeit der Zueignung gemäß § 249; dies gilt aber nur dann, wenn der Anspruch nach seiner Vorstellung auch gerichtlich durchsetzbar wäre,[46]
- sich einen Anspruch auf Schadensersatz vorstellt, der auch gerichtlich durchsetzbar wäre, im Tatumstandsirrtum über die Rechtswidrigkeit der Bereicherung gemäß § 253 nur dann, wenn der vorgestellte Anspruch nach Grund und Höhe hinreichend konkretisiert ist.[47]

e) Vorsatzkonkretisierung

Der Vorsatz braucht sich **nur auf die wesentlichen** für den Tatbestand maßgeblichen **Umstände** zu erstrecken. Insbesondere für den Kausalverlauf nimmt die h.M. an, dass der Täter ihn nicht in allen Einzelheiten vorausgesehen haben muss. Ausreichend ist vielmehr, dass das weitere Geschehen im Wesentlichen von der Tätervorstellung bei Vornahme der Tathandlung umfasst war. **Unwesentliche Abweichungen des Kausalverlaufs**, die nach der Lebenserfahrung **objektiv voraussehbar** waren und **keine andere Bewertung** der Tat **rechtfertigen**, schließen danach den Vorsatz nicht aus.[48] 31

Mit der Figur der Kausalabweichung werden in der Rspr. auch diejenigen Fälle gelöst, in denen der Täter den tatbestandsmäßigen Erfolg durch sein Handeln zu verwirklichen glaubt, dieser tatsächlich jedoch erst durch eine nachfolgende Handlung eintritt.

Während hier zum Teil nur Versuch in Tateinheit mit fahrlässiger bzw. vorsätzlicher Vollendung angenommen wird,[49] stellt die h.M. auf die Regeln über die Kausalabweichung ab. Hiernach ist wegen unwesentlicher Kausalabweichung in der Regel wegen vorsätzlicher Vollendung zu bestrafen. Stets ist jedoch zu prüfen, ob die Abweichung des tatsächlichen Kausalverlaufs von dem, den sich der Täter bei der Tathandlung vorgestellt hat, unwesentlich oder wesentlich ist.

Klassisches **Beispiel** ist der Jauchegruben-Fall:[50] Die Täterin stopfte dem Opfer mit Tötungsvorsatz zwei Hände voll Sand in den Mund und warf die vermeintliche Leiche, um sie zu beseitigen, in die Jauchegrube, wo das Opfer ertrank.

---

42 So jetzt auch BGH RÜ 2020, 370 für die Arbeitgebereigenschaft gemäß § 266a StGB; BGH NStZ 2021, 301 und NStZ 2022, 418 für das Bestehen eines Steueranspruchs gemäß § 370 AO; anders OLG Celle RÜ 2024, 275, 276 für die Reichweite einer Offenbarungspflicht gemäß § 156 StGB.

43 Unzutreffend daher LG Aachen JuS 2013, 851.

44 BGH NStZ 1989, 475.

45 BGH JuS 2014, 366; BGH NStZ 2024, 169.

46 BGH HRRS 2008 Nr. 789.

47 BGH HRRS 2012 Nr. 475; BGH JA 2014, 947.

48 Umfassend zu Kausalabweichungen Bechtel JA 2016, 906; Hehr/Scharbius HRRS 2016, 550.

49 Eisele JuS 2016, 368.

50 BGHSt 14, 193.

Das gilt nach der Rspr. selbst dann, wenn der Täter bei der zweiten Handlung erkennt, dass das Opfer noch lebt und daher auch bei der zweiten Handlung mit Tötungsvorsatz handelt.[51]

Das Gleiche gilt für die Fälle, in denen der Tatbestand nach der Tätervorstellung erst durch einen zweiten Teilakt verwirklicht werden sollte, tatsächlich aber bereits durch einen ersten Teilakt erfüllt wird, falls darin bereits der Versuch liegt.

Beispiele: Das sich gegen seine Hinrichtung sträubende Opfer kommt schon bei dem dadurch entstehenden Handgemenge ums Leben.[52] Das Opfer stirbt an den Folgen von Schlägen, die der Beseitigung des Widerstandes gegen eine tödliche Injektion dienen sollten.[53]

Voraussetzung ist jedoch, dass die den Erfolg verursachende Handlung bereits als Versuch anzusehen ist. Tritt die Tatbestandserfüllung bereits aufgrund von Vorbereitungshandlungen ein, so ist sie vom Vorsatz nicht mehr gedeckt (s.o. Rn. 27).

f) Dolus cumulativus/alternativus

32 Verwirklicht der Täter durch sein Handeln objektiv mehrere Tatbestände oder denselben Tatbestand mehrfach, so muss der Vorsatz sich auf sämtliche Umstände erstrecken, die für den jeweiligen Tatbestand von Bedeutung sind. Der Vorsatz ist also tatbestandsbezogen.

33 **aa)** Ist der Vorsatz auf die Verwirklichung mehrerer Tatbestände oder die mehrfache Verwirklichung desselben Tatbestandes gerichtet, verwirklicht der Täter aber nur einen, so kommt in dieser Hinsicht Vollendungsstrafbarkeit, im übrigen Versuch in Betracht. Man spricht hier von **dolus cumulativus**.

34 **bb)** Umstritten ist jedoch der Fall, dass der Täter die Verwirklichung mehrerer sich objektiv ausschließender Tatbestände für möglich hält. Hier spricht man von **dolus alternativus**.

Mit Rücksicht darauf, dass der Täter hier nur einen Tatbestand verwirklichen will, wird zum Teil angenommen, dass nur aus einem Tatbestand bestraft werden solle, und zwar zum Teil aus demjenigen, der auch objektiv erfüllt sei, zum Teil aus dem jeweils am schwersten wiegenden, wobei dann u.U. sogar die vollendete Tat außer Betracht bleibt. Nach a.A. soll Gesetzeskonkurrenz anzunehmen sein.

Nach h.Lit. und Rspr.[54] ist bei der Verletzung höchstpersönlicher Rechtsgüter aus beiden Tatbeständen zu bestrafen, und zwar ggf. wegen Vollendung in Tateinheit mit Versuch (soweit strafbar) oder wegen zweier tateinheitlicher Versuche.

Dafür spricht, dass die Gegenauffassung letztlich keinen Grund dafür angeben kann, welcher der beiden alternativen Vorsätze für die Strafbarkeit letztlich entscheidet. Die Annahme zweier tateinheitlich zusammentreffender Taten enthält auch keinen Widerspruch, da dolus cumulativus nur dann auftritt, wenn der Täter zumindest hinsichtlich eines der Delikte nur bedingt vorsätzlich handelt, und bei Tateinheit ohnehin nur der höhere Strafrahmen zur Anwendung kommt. Im Übrigen kann der Alternativität des Vorsatzes bei der Strafzumessung Rechnung getragen werden.

Richtet sich die Tat gegen Vermögenswerte,[55] soll dagegen nur wegen des vollendeten Delikts zu bestrafen sein.

Vorsätzlich handelt demnach auch, wer die mehrfache Verwirklichung desselben Tatbestandes in seinen Vorsatz aufgenommen hat, sei es **alternativ** als dolus eventualis,

(der Täter schießt in die Menschenmenge und es kommt ihm nicht darauf an, wer getroffen wird),

sei es **kumulativ** in jeder Vorsatzform

(der Täter wirft eine Handgranate in die Menschenmenge, um möglichst viele Opfer zu töten).

---

51 BGH RÜ 2016, 163 (Scheunenmord).

52 BGH GA 1955, 123.

53 BGH NStZ 2002, 475.

54 BGH HRRS 2005 Nr. 847; BGH RÜ 2008, 778; BGH RÜ 2021, 165.

55 BGH NStZ 2024, 437: Alternativer Vorsatz, dieselbe Beute durch Diebstahl oder Betrug zu erlangen.

g) Zielverfehlung

Die Vorstellung des Täters braucht daher nicht auf ein bestimmtes Tatobjekt oder -opfer konkretisiert zu sein. Eine andere Frage ist dagegen, welche Folge es hat, wenn der Vorsatz sich auf ein konkretes Tatobjekt oder -opfer bezog, aber ein anderes verletzt wurde. Insofern sind folgende Fallgestaltungen zu unterscheiden. 35

aa) Im Falle des **error in obiecto vel persona** handelt es sich um eine Fehlindividualisierung in Folge einer Verwechslung oder eines Irrtums über Eigenschaften des Tatobjekts oder -opfers. Die rechtliche Konsequenz derartiger Irrtümer richtet sich nach § 16. Sind die Identität des Opfers oder seine Eigenschaften, auf die der Irrtum des Täters sich bezieht, für den gesetzlichen Tatbestand von Bedeutung, so ist der Vorsatz ausgeschlossen. Andernfalls bleibt der Vorsatz unberührt. 36

Beispiele: Spricht der Barbesucher eine andere Besucherin auf den Preis für sexuelle Dienstleistungen an, so hat diese Äußerung objektiv beleidigenden Charakter. Glaubte er jedoch, es handele sich um eine Prostituierte, so ist der Vorsatz bzgl. § 185 ausgeschlossen, da dieser Umstand für den beleidigenden Charakter der Äußerung von Bedeutung ist.

Erschießt jemand seinen Nachbarn, weil er ihn irrig für denjenigen hält, mit dem seine Frau fremdgeht, so berührt der Irrtum den Vorsatz nicht.

bb) Im Falle der **aberratio ictus** handelt es sich um ein Fehlgehen des Kausalverlaufs außerhalb der Herrschaftssphäre des Täters mit der Folge, dass ein anderes als das anvisierte Objekt bzw. Opfer verletzt wird.[56] 37

(1) In diesen Fällen ist nach h.M. Vorsatz anzunehmen, wenn auch die Verletzung des anderen Rechtsguts alternativ[57] oder kumulativ vom bedingten Vorsatz des Täters umfasst war. Dagegen ist Vorsatz ausgeschlossen, wenn ein tatbestandlich nicht gleichwertiges Opfer bzw. Objekt verletzt wird.

(2) Streitig sind die Fälle, in denen ein tatbestandlich gleichwertiges Objekt objektiv zurechenbar verletzt wird, ohne dass der bedingte Vorsatz des Täters sich darauf erstreckt.

Beispiel: Der Beschuldigte B ist hinreichend verdächtig, nach einer zunächst verbalen Auseinandersetzung eine leere Bierflasche nach seinem Kontrahenten K geworfen zu haben. Da dieser sich rechtzeitig duckte, traf die Flasche den Unbeteiligten U, der am Kopf verletzt wurde.

„I. Der B könnte hinreichend verdächtig sein, durch den Wurf mit der Bierflasche eine gefährliche Körperverletzung gemäß § 224 Abs. 1 Nr. 2 und 5 zum Nachteil des U begangen zu haben.

... 3. Fraglich erscheint, ob B auch vorsätzlich handelte, da er die Absicht hatte, den K mit der Flasche zu treffen. Dass der Beschuldigte daneben alternativ auch eine Verletzung des U für möglich gehalten und billigend in Kauf genommen hätte, ist nicht mit hinreichender Sicherheit anzunehmen. Danach handelt es sich hier um den Fall einer „aberratio ictus", deren Folgen umstritten sind.

Nach einer Ansicht setzt der Vorsatz keine Konkretisierung auf ein bestimmtes Opfer voraus. Daher könne das Fehlgehen der Tat den Vorsatz auch nicht ausschließen. Der Vorsatz brauche sich auf die Umstände der Tat nur ihren gattungsbestimmenden Merkmalen nach zu erstrecken (sog. Gleichwertigkeitstheorie). Hiernach sind die Fälle der aberratio ictus nicht anders zu behandeln, als die Fälle des error in persona. Bei tatbestandlicher Gleichwertigkeit der Opfer, wie hier, ist daher Vorsatz anzunehmen.

56 Vgl. BGHSt 34, 53.

57 Vgl. BGH HRRS 2005 Nr. 847; BGH RÜ 2008, 778.

Nach h.Lit. u. Rspr. (sog. Konkretisierungstheorie) schließt die Konkretisierung des Vorsatzes auf ein bestimmtes Tatopfer den Vorsatz aus, wenn stattdessen ein anderes verletzt wird. Hiernach kommt es auf die tatbestandliche Gleichwertigkeit der Opfer, anders als in den Fällen des error in persona, nicht an. Danach war die Verletzung des U hier nicht vom Vorsatz des Beschuldigten umfasst.

Hierfür spricht, dass sich der Vorsatz gemäß § 16 auf die Umstände der Tat und nicht auf die gattungsbestimmenden Merkmale richten muss. Die tatbestandliche Gleichwertigkeit der Objekte schließt nicht aus, dass der Wille zur Rechtsgutverletzung sich nur auf das anvisierte Objekt richtete. Daher scheidet eine vorsätzliche Vollendung hier aus."

Im Anschluss daran ist zu erörtern, ob hinsichtlich des anvisierten Opfers ein Versuch und hinsichtlich des getroffenen Opfers eine fahrlässige Vollendung vorliegt.

38 **cc)** Umstritten ist die Einordnung der Fälle, in denen der Vorsatz des Täters sich zwar auf ein konkretes Opfer bezog, er dieses jedoch mangels sinnlicher Wahrnehmung **nicht unmittelbar individualisiert** hatte (sog. „Distanz-Fälle").[58]

Ist die Identität des Opfers kein für den Tatbestand wesentlicher Umstand, so liegt die Annahme eines gemäß § 16 unbeachtlichen error in persona nahe. Misst man der Konkretisierung der Tätervorstellung auf ein bestimmtes Tatopfer dagegen Bedeutung bei, so handelt es sich um einen Fall der aberratio ictus, sodass vorsätzliche Vollendung ausgeschlossen ist. Danach kommt ggf. nur Versuch in Tateinheit mit fahrlässiger Vollendung in Betracht.

Beispiel: Der Täter installiert im Auto seines Nachbarn eine Bombe, die bei Betätigung der Zündung explodiert. Entgegen seiner Erwartung besteigt jedoch des Nachbarn Frau das Auto und kommt zu Tode. – Hat der Täter hiermit nicht gerechnet, so handelt es sich um Versuch des Totschlags am Nachbarn in Tateinheit mit fahrlässiger Tötung der Frau. Hierfür spricht, dass in diesen Fällen keine Fehlindividualisierung infolge einer Verwechslung vorliegt, sondern ein Fehlgehen des Kausalverlaufs außerhalb der Herrschaftssphäre des Täters.

Anders liegt es in Fällen einer **mittelbaren Fehlindividualisierung**, z.B. durch die unrichtige Zuordnung von Sachen.

Beispiel: Der Täter verwechselt das Auto des vorgesehenen Opfers mit demjenigen seines Nachbarn.

Hier ist nach der Rspr. ein Fall des error in persona vel obiecto anzunehmen.[59]

39 **dd)** Streitig sind die **Folgen eines error in obiecto des Täters für andere Tatbeteiligte**, wie Mittäter, Anstifter und Gehilfen, sowie des Tatmittlers für den mittelbaren Täter.[60]

Die Rspr.[61] hat in diesen Fällen den unbeachtlichen error in persona des Täters auch für den Anstifter bzw. Mittäter für irrelevant erklärt und wegen Anstiftung bzw. gemeinschaftlicher Begehung bestraft. Ein gleich gelagerter Fall mittelbarer Täterschaft war noch nicht Entscheidungsgegenstand.

Insoweit bietet sich an, Parallelen zu den vorgenannten Konstellationen zu ziehen.

(1) Liegt in diesen Fällen eine **Fehlindividualisierung** bereits **durch den nicht handelnden Mittäter bzw. Teilnehmer** vor, so sind die für den **error in persona vel obiecto** geltenden Regeln anzuwenden.

(2) Unterläuft der Irrtum dem handelnden Täter, ist die Rechtslage streitig.

Beispiel: Der Beschuldigte ist hinreichend verdächtig, den anderweitig verfolgten T gegen Belohnung beauftragt zu haben, die Prostituierte I zu verprügeln. Hierzu hatte er dem T den Standplatz

58 Hierzu im Einzelnen Lichtenthäler JuS 2020, 211.

59 BGH NStZ 1998, 294.

60 Umfassend dazu El Ghazi AL 2022, 56.

61 Preuß. Obertribunal GA 7 (1859), 332 (Rose/Rosahl); BGHSt 11, 268 (Verfolger-Fall); BGHSt 37, 214 (Hoferben-Fall); BGH RÜ 2019, 170.

des Wohnwagens der I näher beschrieben, in dem I zur vereinbarten Zeit ihrer Beschäftigung nachgehe. Infolge einer Verwechslung der Wohnwagen hielt T, der die I nicht kannte, die P für die I und führte den Auftrag aus.

„3. Fraglich ist, ob der Vorsatz des Beschuldigten darauf gerichtet war, dass T die P verprügeln werde, da der Auftrag dahin ging, dass er die Tat zum Nachteil der I begehen sollte. Für den T handelt es sich, wie ausgeführt, bei der Verwechslung von I und P um einen seinen Vorsatz nicht ausschließenden error in persona. Wie sich dies für den Vorsatz des Anstifters auswirkt, ist umstritten.

Nach verbreiteter Lehrmeinung schließt die Konkretisierung des Anstiftervorsatzes auf ein bestimmtes Opfer den Vorsatz hinsichtlich des tatsächlich verletzten Opfers aus. Strukturell liege ein Fall der aberratio ictus vor, da das Fehlgehen der Tat aus der Sicht des Tatveranlassers seine Ursache außerhalb des eigenen Herrschaftsbereiches habe. Hinzu komme, dass es unhaltbar erscheint, dem Tatveranlasser das ganze ‚Gemetzel' des Handelnden als vorsätzlich verursacht zuzurechnen, wenn dieser nach der Ausführung am falschen Objekt in Erkenntnis seines Irrtums nun auch noch das ‚richtige' verletzt. Daher sei allenfalls wegen fahrlässiger Vollendung in Tateinheit mit versuchter Anstiftung zu bestrafen. Ein hinreichender Tatverdacht wegen vollendeter Anstiftung scheidet danach hier aus. Der Versuch der Anstiftung zu einer Körperverletzung ist jedoch gemäß § 30 Abs. 1 nicht mit Strafe bedroht.

Nach der Rspr. sind in solchen Fällen die Regeln über die Kausalabweichung anzuwenden. Hiernach kommt vorsätzliche Anstiftung dann in Betracht, wenn die Abweichung unwesentlich ist, weil nach der Lebenserfahrung mit einem derartigen Fehlgehen unter den gegebenen Umständen zu rechnen war und die Tat keine andere Bewertung verdient. Vorliegend war das Opfer dem T persönlich nicht bekannt. Die Individualisierung des Opfers durch den Beschuldigten nur anhand der Beschreibung des Wohnwagens ließ es von vornherein als möglich erscheinen, dass T das falsche Opfer aussuchen werde. Danach verdient die Anstiftung als vorsätzlich vollendet bewertet zu werden.

Für die Rspr. spricht, dass der error in obiecto eines Mittäters auch für die Strafbarkeit des anderen Mittäters irrelevant ist, solange sich das Handeln subjektiv im Rahmen des gemeinsamen Tatplans hält, und wegen der Gleichbehandlung von Täterschaft und Anstiftung daher bei Anstiftung keine andere Bewertung gerechtfertigt ist. Dafür spricht auch, dass die Identität des Tatopfers für den gesetzlichen Tatbestand bei Körperverletzungsdelikten genauso ohne Bedeutung ist, wie der konkrete Kausalverlauf. Daher erscheint die Annahme vorsätzlicher Begehung in den Fällen, in denen mit einem Fehlgehen der konkreten Art zu rechnen war, als sachgerecht."

Handelt es sich bei der Tat um ein Verbrechen, so muss noch der Frage nachgegangen werden, ob neben vollendeter Anstiftung eine versuchte Anstiftung am vorgesehenen Opfer anzunehmen ist. Das ist richtigerweise abzulehnen, da man dem Anstifter andernfalls einen doppelten Vorsatz zur Last legen müsste.

In Fällen der Mittäterschaft kommt es nach der Rspr.[62] auf die Vorhersehbarkeit des Fehlgehens nicht an. Die Strafbarkeit des Mittäters ergebe sich vielmehr schon daraus, dass die irrtumsbedingte Ausführung am falschen Opfer bereits ein gemeinschaftlicher Versuch sei. Dies müsse auch für die Vollendungsstrafbarkeit gelten.

> Irrtumsfragen, insbesondere im Zusammenhang mit mehreren Beteiligten, stellen ein beliebtes Klausurproblem dar!

62 BGH RÜ 2019, 170.

II. Rechtswidrigkeit und Schuld

40 Die Prüfung von Rechtswidrigkeit und Schuld sowie der sonstigen Strafbarkeitsvoraussetzungen richtet sich nach den allgemeinen, in den nachfolgenden Abschnitten dargestellten Regeln.

B. Das fahrlässige Begehungsdelikt

I. Der Tatbestand

Aufbauschema: Fahrlässigkeitsdelikt

- Strafverfolgungsvoraussetzungen und -hindernisse
- Tatbestand
  - Sonderdeliktseigenschaften und besondere Umstände
  - Tatbestandsmäßige Handlung
    bzw. Eintritt und Verursachung des tatbestandsmäßigen Erfolgs
  - Fahrlässigkeit
    - Verletzung der objektiv gebotenen Sorgfalt
    - Objektive Vorhersehbarkeit der Folgen
  - Objektive Zurechnung
    - Schutzzweckzusammenhang
    - Pflichtwidrigkeitszusammenhang
    - Ausschließliche Eigen- oder Drittverantwortung
- Objektive Bedingungen der Strafbarkeit
- Rechtswidrigkeit
- Schuld, insbesondere Fahrlässigkeitsschuldvorwurf

1. Fahrlässigkeit

41 Fahrlässig handelt, wer die im Verkehr objektiv gebotene Sorgfalt missachtet, obwohl die Folgen objektiv vorhersehbar waren.[63]

a) Verletzung der objektiv gebotenen Sorgfalt

42 Ob der Täter die im Verkehr **objektiv erforderliche Sorgfalt verletzt** hat, richtet sich nach den Anforderungen, die nach der konkreten Gefahrenlage ex ante an einen besonnenen und gewissenhaften Menschen in der sozialen Rolle des Täters zu stellen sind. Obwohl der Sorgfaltsmaßstab ein objektiver ist, sind nach h.M. Sonderwissen und Sonderfähigkeiten des Täters mit zu berücksichtigen.

Hiernach ist die **konkrete Gefahrenlage** Grundlage jeder Sorgfaltspflichtverletzung.[64] Jedoch ist zu berücksichtigen, dass nicht jedes gefährdende Verhalten schlechthin verboten ist, sondern auch einen Fall des **erlaubten Risikos** darstellen kann. Ob das Risiko erlaubt ist, ergibt sich zum einen aus den die Sorgfaltspflichten im jeweiligen Verkehr konkretisierenden **Normen**, zum anderen aus der **Sozialadäquanz** einer geschaffenen Risikolage.

63 BGH HRRS 2004 Nr. 57 m.w.N.; BGH HRRS 2020 Nr. 1139.

64 BGH NJW 1990, 2560.

Normen, die die jeweils zu beachtende Sorgfalt konkretisieren, finden sich in weiten Bereichen des öffentlichen Rechts, wie beispielsweise die StVO für den Straßenverkehr, das WaffG für den Umgang mit Waffen,[65] das SprengG für den Umgang mit Sprengstoffen. Dabei muss es sich nicht zwingend um Gesetze im materiellen Sinne handeln. In Betracht kommen auch andere allgemein anerkannte Konventionen wie die DIN-Normen und andere Industriestandards,[66] FIS-Verhaltensregeln für Skifahrer oder KVR (Kollisionsverhütungsregeln) im Bereich der Schifffahrt.

Ob die Risikoschaffung **sozialadäquat** ist, ergibt sich aus einer Abwägung verschiedener Wertungskriterien, wie z.B. der Geringfügigkeit des Risikos oder des drohenden Schadens, dem sozialen Nutzen, der sich aus der Erlaubnis des Handelns trotz seines gefährdenden Charakters ergibt, oder auch der Unvertretbarkeit des Aufwandes zur Risikominimierung.

Beispiele: Die mit dem Ausschenken von Alkohol verbundenen Risiken werden in der Allgemeinheit hingenommen, sodass der dadurch hervorgerufene Zustand eines Gaststättenbesuchers eine Verpflichtung des Gastwirts, ihn am Führen eines Fahrzeugs zu hindern, nur dann auslöst, wenn der Betrunkene unzurechnungsfähig ist.[67]

Jedoch kann die Überlassung von Alkohol an Minderjährige eine Strafbarkeit wegen fahrlässiger Körperverletzung begründen.[68]

Wer einen bissigen Hund in der Wohnung hält, muss dafür sorgen, dass dieser seine Besucher nicht beißt.[69]

Hier spielt auch der **Vertrauensgrundsatz**, insbesondere im Straßenverkehr, eine Rolle, nach dem sich jeder darauf einrichten darf, dass andere sich den jeweils geltenden Regeln entsprechend verhalten. Dieser Grundsatz hat freilich seine Ausnahmen in denjenigen Fällen, in denen erfahrungsgemäß häufig mit Fehlverhalten anderer zu rechnen ist.[70]

Gegenüber Behinderten und Kindern ist z.B. immer mit objektiv nicht verkehrsrichtigem Verhalten zu rechnen (vgl. auch § 3 Abs. 2a StVO). Auch muss bis zu einem gewissen Grade damit gerechnet werden, dass andere Verkehrsteilnehmer die zulässige Geschwindigkeit überschreiten.

Jedoch darf niemand im Vertrauen auf das verkehrsrichtige Handeln Dritter selbst die normierten Grenzen des erlaubten Risikos überschreiten.[71]

Daher ist die Fahrlässigkeitsstrafbarkeit wegen Überschreitung der zulässigen Höchstgeschwindigkeit gemäß § 3 Abs. 3 StVO nicht damit auszuschließen, dass der geschädigte andere Verkehrsteilnehmer dem Täter die Vorfahrt genommen habe.

b) Objektive Vorhersehbarkeit

Die objektive Vorhersehbarkeit der Folgen ist Mindestvoraussetzung fahrlässigen Verhaltens. Erst recht fahrlässig handelt, wer die Folgen tatsächlich als möglich vorausgesehen hat. Insoweit werden drei **Fahrlässigkeitsstufen** unterschieden: **43**

Unbewusst fahrlässig handelt, wer die Möglichkeit des Eintritts der tatbestandsmäßigen Folgen nicht erkannt hat, aber hätte erkennen können.

Bewusst fahrlässig handelt, wer die Möglichkeit des Eintritts der tatbestandlichen Folgen erkennt, aber gleichwohl im Vertrauen auf ihr Ausbleiben handelt. Hier stellt

---

65 BGH RÜ 2012, 438 (Winnenden).

66 Vgl. BGH HRRS 2009 Nr. 805 (betr. Abfallbeseitigungsrichtlinien).

67 BGHSt 19, 152 (Gastwirt-Fall).

68 AG Detmold, Urt. v. 17.06.2013 – 2 Ds-41 Js 398/12-422/13, BeckRS 2013, 16262; LG Detmold, Urt. v. 28.08.2013 – 4 Ns 41 Js 398/12 AK 162/13, BeckRS 2013, 16267.

69 OLG Karlsruhe NStZ-RR 2014, 276.

70 Zu Sorgfaltspflichten bei horizontaler und vertikaler Arbeitsteilung s. BGH HRRS 2022 Nr. 640.

71 BGHSt 11, 389, 393.

sich die Frage nach der **Abgrenzung zum bedingten Vorsatz**, der als Mindestvoraussetzung ebenfalls das Für-möglich-halten der Tatbestandserfüllung voraussetzt.

Leichtfertig handelt, wer die Sorgfalt außer Acht lässt, zu der er nach den besonderen Umständen des Einzelfalls und seinen persönlichen Fähigkeiten und Kenntnissen verpflichtet und imstande ist, obwohl sich ihm aufdrängen musste, dass dadurch eine Rechtsgutverletzung oder -gefährdung eintreten wird.[72] Dies entspricht dem bürgerlich-rechtlichen Begriff der groben Fahrlässigkeit.

44 Die Unterscheidung von bewusster und unbewusster Fahrlässigkeit ist nur für die Strafzumessung von Bedeutung. Dagegen setzen einige Tatbestände (z.B. § 261 Abs. 5), vor allem eine Reihe erfolgsqualifizierter Delikte (§§ 239a Abs. 3, 251, 306c) leichtfertiges Handeln voraus. Die Vorhersehbarkeit kann bei den §§ 222, 229 ausgeschlossen sein, wenn der Erfolgseintritt auf einer gänzlich vernunftwidrigen schuldhaften Mitverursachung des Geschädigten, wie z.B. bei einem Verkehrsunfall auf einem qualifizierten Rotlichtverstoß,[73]oder eines Dritten[74] beruht.

Beispiel:[75] Nach den Ermittlungen steht mit hinreichender Sicherheit fest, dass der Beschuldigte A dem Geschädigten B auf dessen Nachfrage zwei Portionen Rauschgift in zusammengerollten Zehn-Euro-Scheinen zum Konsum übergab. Dabei hielt er das übergebene Rauschgift für eine Mischung aus Kokain, Amphetamin und gekochtem Marihuana. Tatsächlich handelte es sich aber nicht um Kokain, sondern um reines Heroin. Entweder hatte er das Heroin von seinem Lieferanten als das entsprechende Kokaingemisch erhalten oder er hatte sowohl reines Heroin als auch die entsprechende Mischung vorrätig und die Mengen bei Herausnahme aus seinem Vorrat verwechselt. Der Geschädigte konsumierte das Heroin und verstarb daran wenige Stunden später infolge eines zentralen Regulationsversagens.

Die Begründung der Fahrlässigkeit in einem vorbereitenden Gutachten sieht wie folgt aus:

„I. Der Beschuldigte könnte hinreichend verdächtig sein, durch die Überlassung der Rauschgiftportion eine fahrlässige Tötung gemäß § 222 begangen zu haben.

1. Hätte A dem B das Rauschgift nicht überlassen, so hätte dieser es nicht konsumiert und wäre nicht an den Folgen verstorben. Nach der zur Feststellung des Ursachenzusammenhangs maßgeblichen Bedingungstheorie hat A daher den Tod des B verursacht. Dass erst der Konsum durch B zu dessen Tod geführt hat, schließt dies nicht aus, da der Rauschgiftkonsum des B seine Bedingung darin fand, dass A ihm die Portion überlassen hatte.

2. A müsste fahrlässig gehandelt haben. Das setzt die Verletzung der objektiv gebotenen Sorgfalt und die objektive Vorhersehbarkeit der Folgen voraus.

a) Die objektive Sorgfaltswidrigkeit einer Handlung ergibt sich aus der Gefahr für die Verletzung Rechtsgüter Dritter, wenn es sich nicht um ein erlaubtes Risiko handelt. Hier war die Überlassung des Rauschgifts an den B, der die Substanz für Kokain hielt, mit der Gefahr tödlicher Folgen des Konsums für den B verbunden. Ob es sich um ein erlaubtes Risiko handelte, ergibt sich entweder aus einschlägigen Regeln oder sonst anerkannten Maßstäben, die für einen einsichtigen und umsichtigen Dritten aus dem entsprechenden Verkehrskreis dafür gelten, welche Vorkehrungen gegen den Eintritt eines Schadens zu treffen sind. Danach könnte sich die Sorgfaltspflichtverletzung daraus ergeben, dass A den B hätte darüber aufklären müssen, dass es sich um ein Kokaingemisch handele. Jedoch hätte dies zur Minderung des Risikos nichts beigetragen, da eine derartige Erklärung dem B auch keine realistischere Beurteilung des Risikos erlaubt hätte.

---

72 Vgl. BGH NStZ 2012, 160; BGH HRRS 2010 Nr. 267.

73 OLG Hamm JuS 2016, 80; OLG Hamm NJW 2019, 2868.

74 BGH NStZ 2020, 411.

75 Nach BGH NStZ 2009, 504.

Jedoch liegt eine Sorgfaltspflichtverletzung darin, dass A mit der Aushändigung des Rauschgifts schlüssig zum Ausdruck brachte, es handele sich dabei um Kokain, ohne sich dessen vorher vergewissert zu haben. In diesem Fall hätte er das tatsächliche Risiko und die möglichen Folgen genauso erkennen können wie die Tatsache, dass B sein selbstgefährdendes Verhalten falsch einschätzen werde. Gegen eine solche Prüfungspflicht spricht nicht, dass die unerlaubte Überlassung von Betäubungsmitteln zum unmittelbaren Gebrauch ohnehin strafbar ist. Denn dann wäre derjenige, dessen Handeln ohnehin strafbar ist, besser gestellt als derjenige, der erlaubtermaßen risikobehaftete Stoffe in Verkehr bringt und dabei – wie etwa Ärzte oder Apotheker – unzweifelhaft einer Prüfungspflicht unterliegt. Allerdings fragt sich, ob A überhaupt selbst Anlass hätte haben müssen, an der Richtigkeit seiner Annahme zu zweifeln, dass es sich um ein Kokain-Gemisch handelte.

Sollte A bei der Auswahl des zu liefernden Stoffes aus seinem Vorrat einer Verwechslung unterlegen sein, so besteht an einer Sorgfaltspflichtverletzung wegen des Risikos, das von der Aushändigung reinen Heroins ausging, kein Zweifel. Möglicherweise war aber dem A bereits von seinem Lieferanten das Heroin als Kokain-Gemisch geliefert worden. In diesem Falle könnte eine Sorgfaltspflichtverletzung durch eine Berufung auf den Vertrauensgrundsatz ausgeschlossen sein. Hiernach kann jeder sein Verhalten im Vertrauen darauf einrichten, dass auch andere sich sorgfaltsgerecht verhalten. Allerdings hat der Vertrauensgrundsatz dort seine Grenze, wo erfahrungsgemäß mit dem Fehlverhalten Dritter zu rechnen ist. Tatsächlich werden Betäubungsmittel bekanntermaßen auf jeder Umsatzstufe mehr oder weniger ‚gestreckt', sodass der Wirkstoffgehalt auf der letzten Umsatzstufe im Straßenhandel unterschiedlich hoch ist. Ob deshalb objektiv mit der Lieferung reinen Heroins statt eines Kokain-Gemisches gerechnet werden muss, erscheint zwar zweifelhaft. Anders als im legalen Verkehr bestehen jedoch im illegalen Verkehr mit Betäubungsmitteln keine rechtlich normierten Herstellungs-, Vertriebs- und Handelsabläufe, die ein Vertrauen des Belieferten in die ‚Fehlerfreiheit' der gelieferten Drogen rechtfertigen können. Daher kann sich A auf den Vertrauensgrundsatz nicht berufen.

Schließlich spricht für die Sorgfaltswidrigkeit hier bereits, dass die unerlaubte Überlassung von Betäubungsmitteln zum unmittelbaren Gebrauch gemäß § 29 Abs. 1 Nr. 6 lit. b BtMG strafbar ist.

b) Diese Umstände waren für A auch erkennbar und die Folgen des gutgläubigen Konsums durch den B vorhersehbar.

A handelte danach fahrlässig."

2. Objektive Zurechnung

Beim Fahrlässigkeitsdelikt besteht Einigkeit über die Notwendigkeit einer haftungseinschränkenden Korrektur durch Kriterien objektiver Zurechnung. Die nach h.Lit. zum Tatbestand des Vorsatzdelikts gehörenden Zurechnungsgesichtspunkte der Schaffung eines unerlaubten Risikos und der mangelnden Adäquanz des Kausalverlaufs sind jedoch beim Fahrlässigkeitsdelikt bereits Gegenstand der Fahrlässigkeitsprüfung! Danach kommt es – auch nach der Rspr. – beim Fahrlässigkeitsdelikt nur auf folgendes an: 45

a) Schutzzweckzusammenhang

46 Der eingetretene Erfolg muss im Schutzbereich der jeweiligen Strafnorm und der jeweils verletzten Sorgfaltsnorm liegen. Hat sich in dem Erfolg ein anderes Risiko realisiert, als das, welches verhindert werden sollte, so ist er der Handlung nicht mehr zurechenbar.

Beispiele: Durchfährt jemand mit überhöhter Geschwindigkeit eine Ortschaft und kollidiert in der nächsten Ortschaft bei Einhaltung aller Verkehrsregeln mit einem Fußgänger, der ihm plötzlich in den Weg lief, sodass der Unfall unvermeidbar war, so lässt sich eine Strafbarkeit nicht an die vorherige Geschwindigkeitsüberschreitung knüpfen. Es ist nicht Sinn der Geschwindigkeitsgrenzen, die Ankunft an einem bestimmten Ort zu einer bestimmten Zeit zu verhindern.[76]

Kollidiert ein Radfahrer im Dunkeln ohne Licht mit einem anderen und hätte dies durch einen Dritten, der hinter ihm ebenfalls ohne Licht herfuhr, durch Einschalten der Beleuchtung verhindert werden können, so haftet der Dritte nicht für den Unfall. Es ist nicht Sinn der Beleuchtungsvorschriften, die von anderen Fahrrädern ausgehenden Gefahren zu mindern, sondern die von dem eigenen.[77]

b) Pflichtwidrigkeitszusammenhang

47 Bei Fahrlässigkeitsdelikten ist unstreitig, dass die objektive Zurechnung ausgeschlossen ist, wenn feststeht, dass der Erfolg auch bei Einhaltung aller Sorgfaltspflichten eingetreten wäre. Streitig ist die Rechtslage in den Fällen, in denen die Vermeidbarkeit des Erfolgs nicht feststeht, aber möglich erscheint.

Nach der **Risikoerhöhungstheorie** ist der Erfolg der Handlung auch in diesen Fällen zurechenbar.[78] Nach Rspr. und h.M. ist der Pflichtwidrigkeitszusammenhang nach dem Zweifelssatz auch unter diesen Umständen ausgeschlossen.[79]

Beispiel:[80] Nach den Ermittlungen ist der Beschuldigte hinreichend verdächtig, mit seinem Pkw am Tattag nachts gegen 1.20 Uhr auf einer Landstraße mit einer Geschwindigkeit von ca. 120 km/h den auf seinem Kleinkraftrad in derselben Richtung fahrenden K angefahren zu haben. K befand sich im Zeitpunkt des Zusammenstoßes auf der rechten Fahrbahnhälfte etwa 0,80 m von der Mittellinie entfernt. Es ist nicht auszuschließen, dass K, als der Beschuldigte ihn wahrnahm, weiter rechts gefahren war und kurz vor dem Zusammenstoß der beiden Fahrzeuge ein oder maximal zwei Meter nach links in die Fahrbahn einschwenkte. K verstarb unmittelbar danach an den Unfallfolgen. Nach dem Gutachten eines Sachverständigen hätte der Beschuldigte auch bei Einhaltung der vorgeschriebenen Höchstgeschwindigkeit von 100 km/h den Unfall weder durch eine Vollbremsung noch durch ein kräftiges Lenken nach links vermeiden können.

„3. Fraglich erscheint, ob die Kollision und ihre tödlichen Folgen dem Beschuldigten objektiv zuzurechnen sind.

a) Die Begrenzung der zulässigen Höchstgeschwindigkeit auf Landstraßen gemäß § 3 Abs. 3 Nr. 2 StVO dient auch dem Schutz anderer Verkehrsteilnehmer, sodass die Unfallfolgen im Schutzbereich der verletzten Sorgfaltsnorm liegen.

b) Möglicherweise besteht aber kein Pflichtwidrigkeitszusammenhang, weil sich der Unfall mit den gleichen Folgen eventuell auch bei Einhaltung der zulässigen Höchstgeschwindigkeit durch den Beschuldigten ereignet hätte.

aa) Dass der Beschuldigte bereits vor der Unfallstelle die zulässige Höchstgeschwindigkeit überschritten hatte, hat jedoch außer Betracht zu bleiben. Zwar hätte sich der Unfall bei vorschriftsmäßiger Geschwindigkeit des Beschuldigten nicht ereignet, da er, als K zur Mitte der Fahrbahn schwenkte, diese Stelle noch nicht er-

---

76 BGH JR 1985, 333.

77 RGSt 63, 392.

78 Roxin ZStW 74, 411 ff.

79 BGHSt 11, 1.

80 Nach BGHSt 34, 82.

reicht hätte. Jedoch liegt der Unfall außerhalb des Schutzzwecks der vor dem Unfallort geltenden Geschwindigkeitsbegrenzung, da diese die Sicherheit des Straßenverkehrs nur dort gewährleisten sollen, wo sie jeweils gelten. 48

bb) Ob sich der Unfall und seine Folgen durch Einhaltung der zulässigen Höchstgeschwindigkeit am Unfallort hätte vermeiden lassen, erscheint dagegen nach den Ausführungen des Sachverständigen zweifelhaft, da die Kollision möglicherweise auch durch das Einschwenken des K verursacht wurde und in diesem Fall für den Beschuldigten auch bei vorschriftsmäßiger Fahrweise nicht zu vermeiden war.

Nach der Risikoerhöhungslehre ist der Erfolg auch dann zurechenbar, wenn nicht sicher ist, ob er sich durch sorgfaltsgerechtes Verhalten hätte vermeiden lassen. Liege das durch die Handlung geschaffene Risiko im Rahmen des Erlaubten, so sei der Erfolg aus diesem Grunde der Handlung nicht zurechenbar. Überschreite der Täter aber diese Grenze und realisiere sich das unerlaubte Risiko in dem Erfolg, so bestehe keine Veranlassung, dem Täter das Risiko abzunehmen. Sorgfaltsregeln seien stets zu beachten, auch wenn sich ein Schaden dadurch nicht sicher ausschließen lasse. Nach dieser Ansicht wäre der Tod des K hier dem Handeln des Beschuldigten zuzurechnen.

Nach Rspr. und h.M. ist dagegen nach dem Zweifelssatz von der Unvermeidbarkeit des Erfolgs auszugehen. Danach ist eine Zurechnung hier ausgeschlossen.

Hierfür spricht, dass andernfalls der Zweifelssatz ausgehöhlt würde. Ist eine Strafbarkeit ausgeschlossen, wenn die Folgen der Handlung durch pflichtgemäßes Handeln nicht vermeidbar waren, so muss bei Unaufklärbarkeit dieser Frage im Zweifel zugunsten des Täters von der Unvermeidbarkeit ausgegangen werden. Dies folgt aus dem Gesetzeswortlaut des § 222, wonach gerade durch die Fahrlässigkeit der Erfolg verursacht werden muss. Andernfalls würden aus Verletzungsdelikten Gefährdungsdelikte, was der gesetzlichen Systematik widerspräche.

Danach scheidet die objektive Zurechnung hier mangels Pflichtwidrigkeitszusammenhangs aus. Es besteht kein hinreichender Tatverdacht wegen fahrlässiger Tötung."

Fraglich kann auch sein, worin das pflichtgemäße Alternativverhalten besteht.

Beispiel:[81] Mit hinreichender Sicherheit befuhr der Beschuldigte im Zustand alkoholbedingter Fahruntauglichkeit eine innerörtliche Straße mit der dort zulässigen Geschwindigkeit von 40–50 km/h, als plötzlich der dunkel gekleidete Geschädigte hinter einem Bus auf die Straße trat. Der Pkw des Beschuldigten erfasste den Geschädigten, der tödlich verletzt wurde. Für einen nüchternen Fahrer wäre der Unfall nicht zu vermeiden gewesen. Wäre der Beschuldigte mit einer seinem Trunkenheitsgrad angepassten Geschwindigkeit von 25 km/h gefahren, wäre die Kollision jedoch vermeidbar gewesen.

„... a) Eine Verletzung der objektiv gebotenen Sorgfalt liegt bereits darin, dass der Beschuldigte im öffentlichen Straßenverkehr ein Fahrzeug führte, obwohl er alkoholbedingt fahruntauglich war (§ 316). Darüber hinaus hat der Fahrzeugführer seine Geschwindigkeit gemäß § 3 Abs. 1 S. 2 StVO u.a. seinen persönlichen Fähigkeiten anzupassen. Der Beschuldigte war alkoholbedingt fahruntauglich. Die seinem Alkoholisierungsgrad angepasste Geschwindigkeit von 25 km/h hat er deutlich überschritten. Zwar darf ein alkoholbedingt fahruntauglicher Fahrzeugführer eigentlich gar nicht am öffentlichen Straßenverkehr teilnehmen. Das heißt jedoch nicht, dass er seine Geschwindigkeit nicht seinen persönlichen Fähigkeiten anzupassen hätte.

81 BGH RÜ 2013, 231.

Denn dann träfe denjenigen, der zwar alkoholisiert, aber noch nicht fahruntauglich ist, eine entsprechende Sorgfaltspflicht, während diese für den fahruntauglichen Verkehrsteilnehmer entfiele. Daher handelte der Beschuldigte auch deshalb sorgfaltswidrig, weil er die seinen Fähigkeiten angepasste Geschwindigkeit überschritt.

b) Dass alkoholbedingte Fahruntauglichkeit und eine Überschreitung der zulässigen Geschwindigkeit zu Unfällen mit tödlichen Folgen führen können, ist generell objektiv vorhersehbar. Der Beschuldigte handelte daher fahrlässig.

3. Der Tod des Geschädigten müsste dem Handeln des Beschuldigten objektiv zuzurechnen sein.

a) Das Verbot, trotz alkoholbedingter Fahruntauglichkeit im öffentlichen Straßenverkehr Fahrzeuge zu führen und die Geschwindigkeitsbegrenzungen dienen der Sicherheit anderer Verkehrsteilnehmer. Der erforderliche Schutzzweckzusammenhang liegt damit vor.

b) Erforderlich ist darüber hinaus ein Pflichtwidrigkeitszusammenhang zwischen der Sorgfaltspflichtverletzung und dem tatbestandsmäßigen Erfolg. Dieser setzt nach h.M. voraus, dass der Erfolg bei sorgfaltsgerechtem Verhalten mit an Sicherheit grenzender Wahrscheinlichkeit zu vermeiden gewesen wäre (Einwand rechtmäßigen Alternativverhaltens). Nach der von Teilen der Lit. vertretenen Risikoerhöhungslehre reicht es dagegen aus, wenn das durch die Handlung unerlaubt erhöhte Risiko sich in dem Erfolg realisiert hat und der Erfolg möglicherweise durch sorgfaltsgerechtes Handeln zu vermeiden gewesen wäre.

Worin das sorgfaltsgerechte Verhalten bei Trunkenheitsfahrten zu sehen ist, ist umstritten.

aa) Nach h.Lit. ist darauf abzustellen, ob der Fahrzeugführer den Unfall im Zustande der Fahrtauglichkeit hätte vermeiden können. Ein alkoholbedingt Fahruntauglicher dürfe überhaupt nicht mit Fahrzeugen am Straßenverkehr teilnehmen, daher gebe es keine an den Trunkenheitsgrad angepasste Geschwindigkeit. Maßstab für die Prüfung des Pflichtwidrigkeitszusammenhangs sei deshalb, ob ein nicht alkoholbedingt fahruntauglicher Fahrer den Unfall hätte vermeiden können. Vorliegend hätte auch ein nüchterner Fahrzeugführer die Kollision nicht vermeiden können.

bb) Nach der Rspr. ist nicht darauf abzustellen, ob der Fahrer in nüchternem Zustand den Unfall und die dabei eingetretenen Folgen bei Einhaltung derselben Geschwindigkeit hätte vermeiden können; vielmehr ist zu prüfen, bei welcher geringeren Geschwindigkeit er – abgesehen davon, dass er als Fahruntüchtiger überhaupt nicht am Verkehr teilnehmen durfte – noch seiner durch den Alkoholeinfluss herabgesetzten Wahrnehmungs- und Reaktionsfähigkeit bei Eintritt der kritischen Verkehrslage hätte Rechnung tragen können, und ob es auch bei dieser Geschwindigkeit zu dem Unfall und den dabei eingetretenen Folgen gekommen wäre. Wäre der Beschuldigte mit einer seiner Fahruntauglichkeit angepassten Geschwindigkeit von 25 km/h gefahren, so wäre der Geschädigte rechtzeitig zu erkennen und der Unfall vermeidbar gewesen.

Die Ansicht der h.Lit. führt zu einem Wertungswiderspruch: Wäre der Beschuldigte zwar alkoholisiert, aber noch nicht fahruntauglich gewesen, so wäre die Frage der Vermeidbarkeit des Erfolges an der durch die Alkoholisierung herabgesetzten zulässigen Geschwindigkeit auszurichten. Dann aber wäre der Pflichtwidrigkeitszusammenhang zu bejahen. Es ist aber nicht einleuchtend, warum dem Beschuldigten zugutekommen sollte, dass er sogar alkoholbedingt fahruntauglich war und deshalb das Fahrzeug eigentlich überhaupt nicht im öffentlichen Straßenverkehr hätte führen dürfen. Hätte der Beschuldigte trotz fehlender Fahrerlaubnis das Fahrzeug geführt, hätte er sich ebenfalls an die Verkehrsregeln halten müssen. Somit ist der Rspr. zu folgen. Damit ist der Pflichtwidrigkeitszusammenhang gegeben."

Im Rahmen der anschließenden Prüfung des § 315c Abs. 1 Nr. 1a) stellt sich die gleiche Zurechnungsfrage, die jedoch von der Rspr. verneint wird.[82] Denn zwischen der tatbestandsmäßigen Trunkenheitsfahrt und der Gefahr besteht kein Pflichtwidrigkeitszusammenhang. Der Verstoß gegen § 3 Abs. 1 S. 2 StVO ist aber nicht tatbestandsmäßig gemäß § 315c StGB.

c) Ausschließliche Eigen- oder Drittverantwortung

Der objektive Zurechnungszusammenhang kann schließlich ausgeschlossen sein durch die ausschließliche Verantwortung des Opfers, Dritter oder des Täters wegen eines anderen in der Kausalkette für den Erfolg ursächlich gewordenen Tatbeitrags. 49

aa) Eigenverantwortliche Selbstgefährdung

Hierzu zählt zunächst die Mitwirkung an einer **eigenverantwortlichen Selbstschädigung oder -gefährdung**. Da die Verletzung ausschließlich eigener Rechtsgüter nicht tatbestandsmäßig ist, gibt es wegen der Akzessorietät der Teilnahme auch keine strafbare Beteiligung daran. Wenn die vorsätzliche Beteiligung nicht strafbar ist, kann es die fahrlässige erst recht nicht sein. Wenn aber die Beteiligung an der Selbstverletzung straflos ist, muss es auch die Beteiligung an der Selbstgefährdung bleiben. 50

Dies hat die frühere Rspr. verkannt, wenn sie den an einem Motorradrennen Beteiligten dafür verantwortlich machte, dass der andere an dem Rennen Beteiligte aufgrund eigenen Verschuldens tödlich verunglückte.[83] Das ist überholt.

(1) Nach der Rspr. des BGH[84] nimmt derjenige, der lediglich eine eigenverantwortlich gewollte und bewirkte Selbstgefährdung veranlasst, ermöglicht oder fördert, an einem Geschehen teil, das kein tatbestandsmäßiger Vorgang ist. Die Strafbarkeit könne erst dort beginnen, wo der sich Beteiligende kraft überlegenen Sachwissens das Risiko besser erfasst als der sich selbst Gefährdende. 51

Diese Grundsätze sind vor allem für die Fälle des gemeinsamen Rauschmittelkonsums relevant geworden.[85] Aber auch wer mit einem AIDS-Infizierten in Kenntnis aller risikorelevanten Umstände unter Verzicht auf jegliche Schutzmittel geschlechtlich verkehrt, gefährdet sich bewusst selbst, sodass der Infizierte weder wegen versuchter noch wegen vollendeter Körperverletzung oder Tötung strafbar ist.[86] Gehört der Geschlechtspartner einer sog. Risikogruppe an (Prostituierte), so begründet die Kenntnis dieses Umstandes allein jedoch noch keine bewusste Selbstgefährdung, die die Strafbarkeit des Infizierten ausschließt, wenn dieser seine Infektion dem anderen verschweigt.[87]

Dies kann auch in Betracht kommen, wenn der Erfolg deshalb eintritt, weil das Opfer aus objektiv nicht nachvollziehbaren Gründen fremde Hilfe, wie z.B. eine zumutbare medizinische Behandlung, verweigert.

(a) Voraussetzung für die Annahme einer **Selbstschädigung** oder **-gefährdung** ist auch nach der Rspr., dass die **Tatherrschaft** über das unmittelbar zum Erfolg führende Geschehen **ausschließlich bei dem Geschädigten** liegt.[88] Haben Beteiligter und Geschädigter das Geschehen gleichermaßen in der Hand, begeht der Beteiligte eine 52

82 BayObLG NStZ 1997, 388 m. abl. Anm. Puppe.

83 BGHSt 7, 112.

84 BGHSt 32, 262; BGH RÜ 2009, 164 (Autorennen).

85 Vgl. BGHSt 32, 262.

86 BayObLG NStZ 1990, 81.

87 BGHSt 36, 1, 17 f.

88 BGH RÜ 2022, 638.

eigene Tat. Da insoweit die Akzessorietät der Teilnahme nicht gilt, ist der Erfolg dem Beteiligten nach der Rspr. zuzurechnen.[89]

53 **(b)** Der Maßstab der **Eigenverantwortlichkeit** der Selbstschädigung oder -gefährdung wird unterschiedlich beurteilt.[90] Ein Teil der Lit. will insoweit auf eine entsprechende Anwendung der Vorsatz- und Schuldregeln der §§ 16, 19, 20, 35 StGB und 3 JGG abstellen (sog. Exkulpationslösung). Nach h.M. sind jedoch die Maßstäbe der Wirksamkeit einer rechtfertigenden Einwilligung entsprechend heranzuziehen (sog. Einwilligungslösung). Die Rspr. des BGH hat diese Frage bislang ausdrücklich offen gelassen und stellt auf die Umstände des Einzelfalles ab.[91] Voraussetzung ist hiernach die Einsichtsfähigkeit des sich selbst Gefährdenden und die Freiheit seiner Willensbildung von Täuschung, Irrtum und Zwang. Danach sind vor allem die selbstgefährdende Mitwirkung in Unkenntnis des davon ausgehenden Gefahrenpotenzials[92] und eine seelische Zwangslage des sich selbst Gefährdenden nicht geeignet, die objektive Zurechnung auszuschließen.

Bei vorsätzlicher Beteiligung kommt dann eine Begehung in mittelbarer Täterschaft in Betracht.

Anderes gilt, wenn der Täter durch seine Handlung die nahe liegende Möglichkeit einer Selbstgefährdung dadurch schafft, dass er ohne Mitwirkung und ohne Einverständnis des Opfers eine erhebliche Gefahr für ein Rechtsgut des Opfers oder ihm nahestehender Personen begründet und damit für dieses ein einsichtiges Motiv für gefährliche Rettungsmaßnahmen schafft. Eine Strafbarkeit des Gefahrverursachers kann jedenfalls angenommen werden, soweit der sich selbst Gefährdende hierzu aufgrund beruflicher (Feuerwehr, Rettungsdienst, Polizei) oder strafrechtlicher Pflichten (§§ 13, 323c) gezwungen ist. Die Rspr. bezieht diese sich selbst gefährdenden Personen in den Schutzbereich strafrechtlicher Vorschriften ein, solange es sich nicht um einen von vornherein sinnlosen oder mit unverhältnismäßigen Wagnissen verbundenen Rettungsversuch handelt.[93]

Der Brandstifter haftet also für den Tod des Opfers, das bei dem Versuch, in dem brennenden Hause vermutete Familienangehörige zu retten, infolge einer Rauchvergiftung ums Leben kommt.[94] Das Gleiche gilt, soweit Feuerwehrleute bei der Brandbekämpfung gesundheitliche Schäden erleiden, solange die Verantwortung hierfür nicht ausschließlich bei der Einsatzleitung liegt.[95]

54 **(2)** Diese Fälle sind von der **einverständlichen Fremdgefährdung** abzugrenzen.[96]

Beispiel:[97] Das Opfer hatte sich gegen den Willen des Täters auf die Ladefläche des von diesem gesteuerten Kleinlasters gesetzt, um sich mitnehmen zu lassen. Auf der Autobahn kam es dann zu einem ausschließlich durch Dritte verschuldeten Unfall, bei dem das Opfer auf die Fahrbahn geschleudert und getötet wurde.

Der Unterschied zur eigenverantwortlichen Selbstgefährdung wird von der h.M. darin gesehen, dass dort das Opfer selbst die Herrschaft über das unmittelbar zum Erfolg führende Geschehen hat. Setzt sich aber das Opfer nur der gefährdenden Handlung des Täters aus, so liegt allenfalls eine einverständliche Fremdgefährdung vor. Ein Tatbestandsausschluss wird von Teilen der Lit. angenommen, wenn die Fremdgefährdung unter allen rechtlichen Aspekten der eigenverantwortlichen Selbstgefährdung gleichsteht. Das sei der Fall, wenn der Gefährdete dieselbe Verantwortung trägt wie

---

89 A.A. Eisele JuS 2012, 577 ff.

90 Dorn-Haag JA 2021, 26.

91 BGH RÜ 2024, 444: Versuchter Totschlag in mittelbarer Täterschaft durch Veranlassung einer nicht freiverantwortlichen Selbsttötungshandlung.

92 BGH NStZ 2009, 504; BGH RÜ 2011, 229.

93 BGH BGH RÜ 2021, 779.

94 BGH NJW 1994, 205.

95 Vgl. OLG Stuttgart RÜ 2008, 434.

96 Näher Rönnau JuS 2019, 119.

97 OLG Zweibrücken NZV 1994, 35.

der Gefahrenurheber, weil er ihm das Risiko in gleichem Maße bekannt ist und nur dieses sich in dem Schaden realisiert.

Nach der Rspr. steht hier nicht die Tatbestandsmäßigkeit infrage, sondern die Rechtfertigung der Tat durch eine Einwilligung des Opfers.[98] Eine rechtfertigende Einwilligung kann aber an der nur eingeschränkten Verfügbarkeit des Lebens und der körperlichen Unversehrtheit (§§ 216, 228) scheitern.

Die Prüfung einer eigenverantwortlichen Selbstschädigung in dem oben in Rn. 44 genannten Beispiel kann so aussehen:

„c) Schließlich könnte die objektive Zurechnung durch eine ausschließlich eigenverantwortliche Selbstgefährdung des B ausgeschlossen sein. Nach Rspr. u. h.M. begründet die vorsätzliche oder fahrlässige Veranlassung, Förderung oder Ermöglichung einer eigenverantwortlichen Selbsttötung oder -verletzung keine Strafbarkeit des Beteiligten, wenn dieser das Risiko nicht besser erfasst als der sich selbst Schädigende. Dies gilt auch bei Beteiligung an einer Selbstgefährdung, wenn sich das vom Opfer bewusst eingegangene Risiko realisiert.

aa) Danach ergibt sich die Zurechenbarkeit des tatbestandsmäßigen Erfolges hier noch nicht aus einem überlegenen Risikowissen des A, da dieser auch nicht wusste, dass es sich bei dem Stoff um reines Heroin handelte. Zwar ging er auch nicht davon aus, dass es sich um Kokain, sondern ein Gemisch handele. Jedoch ist nicht ersichtlich, dass von diesem ein höheres Risiko ausgegangen wäre, als von reinem Kokain, zumal B als Konsument mit einer derartigen Mischung hätte rechnen müssen, da dies im Drogenhandel üblich ist.

Allerdings kommt es auf ein überlegenes Wissen auch nur für eine Vorsatztat an. Wegen fahrlässiger Tötung kann bereits strafbar sein, wer bei gebotener Sorgfalt wissen konnte, dass der andere sich selber gefährdet und dies nicht eigenverantwortlich tut. Danach müsste ggf., da A bei Beachtung der gebotenen Sorgfalt hätte erkennen können, dass B sich nicht eigenverantwortlich gefährdete, der Erfolg hier zugerechnet werden.

bb) Maßgeblich für die Abgrenzung einer Selbstschädigung oder -gefährdung von einer Fremdschädigung sind die Kriterien zur Abgrenzung von Täterschaft und Teilnahme. Liegt die Tatherrschaft zumindest auch bei dem an der Selbstgefährdung Beteiligten, so begeht dieser eine eigene Tat und kann nicht aus Gründen der Akzessorietät der Teilnahme wegen des Fehlens einer Haupttat straffrei sein. Dies gilt nach der Rspr. auch für Fälle fahrlässiger Selbst- bzw. Fremdgefährdung und -schädigung. Maßgeblich ist dabei die Herrschaft über das unmittelbar zum Erfolg führende Geschehen. Hier hat B das Rauschgift selbst konsumiert und hatte daher die Tatherrschaft. Anderes würde nur gelten, wenn er sich den Stoff von A hätte verabreichen lassen.

cc) Der Maßstab der Eigenverantwortlichkeit ist umstritten. In der Lit. werden zum Teil die Schuldregeln der §§ 19, 20 und 35 StGB, § 3 JGG herangezogen, da diese bestimmen, inwieweit jemand sein Handeln strafrechtlich zu verantworten habe. Nach diesem Maßstab dürfte hier von einer eigenverantwortlichen Selbstgefährdung auszugehen sein.

Nach h.M. entsprechen die Voraussetzungen der Eigenverantwortlichkeit dagegen den Voraussetzungen rechtfertigender Einwilligung. Zu diesen gehört, dass die Willensbildung des Betroffenen frei von Mängeln aufgrund Irrtums oder Zwang war. Dazu gehört die Kenntnis der das Risiko begründenden Umstände. Hier aber

98 BGH NJW 2003, 2326; ebenso OLG Nürnberg NJW 2003, 454.

waren diese dem B nicht bewusst. Zwar geht der Konsument von Rauschgift im Allgemeinen das Risiko einer überhöhten Dosis oder des Konsums zusätzlicher mit der Streckung des Stoffs verbundener Stoffe ein. Jedoch ist die berauschende Wirkung von Heroin ohnehin um ein Vielfaches höher als diejenige von Kokain und war hier, da es sich um reines Heroin handelte, gegenüber den im Straßenhandel üblichen Verhältnissen nochmals von um ein Vielfaches erhöhter Wirkung. Danach lag das tatsächliche Gefahrenpotenzial völlig außerhalb des üblichen Gefahrenbereichs, sodass B bei seiner Selbstgefährdung einem die Eigenverantwortlichkeit ausschließenden Irrtum unterlag.

Für die h.M. spricht, dass selbst die strafmildernde Wirkung des § 216 ein ernstliches und damit von Willensmängeln freies Verlangen des Opfers voraussetzt. Dies muss erst recht für die strafausschließende Wirkung einer eigenverantwortlichen Selbstschädigung des Opfers gelten. Darüber hinaus wird die strafrechtliche Verantwortung nicht nur von den o.g. Schuldregeln bestimmt, sondern auch von Irrtümern über die die Strafbarkeit bestimmenden Umstände, wie § 16 StGB zeigt. Daher ist die Zurechnung hier nicht durch eine eigenverantwortliche Selbstschädigung des B ausgeschlossen."

Wird eine eigenverantwortliche Selbstgefährdung durch das Opfer abgelehnt, ist regelmäßig auf eine rechtfertigende Einwilligung einzugehen.

bb) Ausschließliche Verantwortung Dritter

55 Des Weiteren kann die Strafbarkeit durch die ausschließliche Verantwortung Dritter für den Erfolg ausgeschlossen sein. Das gilt freilich nicht, wenn der Täter nach den Regeln der mittelbaren Täterschaft oder der Mittäterschaft oder wegen einer Aufsichtsverantwortung gerade für das Verhalten des Dritten einstehen muss.[99]

Bei vorsätzlichem Handeln des Zweittäters ist die Zurechnung ausgeschlossen.[100] Im Übrigen ist streitig, unter welchen Umständen den Gefahrenurheber die Verantwortung gerade für das hinzutretende schädigende Verhalten Dritter trifft.

Zum Teil wird auf die **Typizität des Verletzungsrisikos** abgestellt, das sich in dem Erfolg realisiert hat.

Beispiel:[101] Lässt der Betriebsinhaber nachts einen scharfen Wachhund in seinen Räumen frei laufen, so ist er strafbar wegen fahrlässiger Körperverletzung, wenn der Hund durch ein Loch in der von Dritten eingeworfenen Scheibe auf die Straße entweicht und dort Passanten beißt.

Nach anderer Ansicht soll nach dem **Grad der Pflichtverletzung des Dritten** zu differenzieren sein.

Eine durch leichte Fahrlässigkeit des Arztes im Rahmen der durch eine Körperverletzung notwendig gewordenen Behandlung hervorgerufene Schädigung ist dem Ersttäter zuzurechnen, da mit derartigen Kunstfehlern stets zu rechnen ist. Anders bei grober Fahrlässigkeit des Zweittäters. Stirbt das Opfer der Körperverletzung infolge eines Behandlungsfehlers des Arztes, so wird der Täter nicht bestraft, wenn es sich um eine grobe Sorgfaltswidrigkeit des Arztes handelt.[102]

Beispiel:[103] Die Ermittlungen haben mit hinreichender Sicherheit ergeben, dass die miteinander bekannten Beschuldigten H und P „aus Freude am Fahren" eine kurvenreiche und durch Senken und über Kuppen führende Landstraße befuhren. Nachdem beide mit überhöhter Geschwindigkeit ein anderes Fahrzeug überholt hatten, blieb der vorausfahrende P zunächst auf der linken Fahrbahn, um den H am Überholen zu hindern. Als er wieder auf die rechte Fahrbahnseite wechselte

99 BGH NStZ 2004, 151.

100 Fischer vor § 13 Rn. 27.

101 OLG Düsseldorf NJW 1993, 1609.

102 Vgl. BGH NStZ 2009, 92.

103 Nach OLG Stuttgart JR 2012, 163.

und seine Geschwindigkeit drosselte, überholte der durch das vorherige Verhalten provozierte H mit überhöhter Geschwindigkeit. Nach ca. 1,2 km verlor H wegen überhöhter Geschwindigkeit in einer Rechtskurve die Gewalt über sein Fahrzeug, geriet ins Schleudern und erfasste den in einer Feldwegeinmündung stehenden Spaziergänger S, der tödlich verletzt wurde.

„I. Der Beschuldigte P könnte hinreichend verdächtig sein, durch die Provokation der Fahrweise des Beschuldigten H eine fahrlässige Tötung gemäß § 222 begangen zu haben.

1. Dann müsste das Handeln des P ursächlich im Sinne der Bedingungstheorie für den Tod des S gewesen sein. Hätte P den H nicht am Überholen gehindert, hätte sich H nicht zu seiner Fahrweise provoziert gefühlt und durch sein Fahrverhalten den Tod des S verursacht. Da das Handeln des P nicht hinweggedacht werden kann, ohne dass der Tod des S entfiele, war das Handeln des P ursächlich für den tatbestandsmäßigen Erfolg. Dass erst das Fahrverhalten des H unmittelbar den Erfolg verursacht hat, ist ohne Bedeutung, da hierdurch der Kausalzusammenhang vermittelt, nicht aber unterbrochen wird.

2. P müsste auch fahrlässig gehandelt haben. Die objektive Sorgfaltswidrigkeit seines Verhaltens ergibt sich hier aus dem Verstoß gegen § 2 Abs. 2 und § 3 StVO bei und nach dem Überholmanöver. Dass sich H durch die Missachtung des Rechtsfahrgebots zum Überholen unter Missachtung der gebotenen Geschwindigkeit provozieren lassen würde und dies zu einem Unfall mit tödlichen Folgen für Dritte führen könnte, war zumindest generell objektiv vorhersehbar.

3. Fraglich erscheint, ob der Tod des S dem fahrlässigen Handeln des P auch zuzurechnen ist. Dagegen könnte sprechen, dass auch das fahrlässige Verhalten des H ursächlich für den Tod des S geworden ist. Nach dem Verantwortungsprinzip hat jeder sein Verhalten grundsätzlich nur darauf einzurichten, dass er selbst Rechtsgüter nicht gefährdet, nicht aber darauf, dass andere dies nicht tun – denn dies fällt in deren eigene Zuständigkeit. In der Rspr. ist anerkannt, dass die Veranlassung oder Förderung einer ausschließlich eigenverantwortlichen Selbstschädigung keine Strafbarkeit begründet. Nichts anderes kann bei wertender Betrachtung für die mittelbare Risikoschaffung in der Form gelten, dass dabei nicht der eigenverantwortlich handelnde Letztverursacher selbst, sondern – im Sinne einer Drittgefährdung – ein anderer zu Schaden kommt. Auch in diesen Fällen ist deshalb eine Erfolgszurechnung an den Erstverursacher ausgeschlossen. Vorliegend fuhr H einen Kilometer nach dem provozierenden Fahrmanöver des P aus einem autonomen Entschluss mit überhöhter Geschwindigkeit in die Kurve. Selbst wenn die Provokation durch P bis zu diesem Zeitpunkt fortgedauert haben sollte, wäre von H zu erwarten gewesen, dass er der Provokation widersteht. Danach kann der Tod des S dem fahrlässigen Handeln des Beschuldigten P nicht zugerechnet werden.

P ist keiner fahrlässigen Tötung hinreichend verdächtig."

Das vorstehend erörterte Zurechnungsproblem könnte freilich im Ergebnis auch anders gelöst werden.[104]

> Bei der Prüfung von Fahrlässigkeitsdelikten stellen die Begründung der Sorgfaltspflichtverletzung und der objektiven Zurechnung, hier vor allem der Pflichtwidrigkeitszusammenhang und die eigenverantwortliche Selbstgefährdung durch das Opfer, regelmäßig einen Klausurschwerpunkt dar.

104 So in einem vergleichbaren Fall OLG Celle StV 2013, 27; zusammenfassend zu Zurechnungsfragen bei Verkehrsunfällen Schneider RÜ 2013, 175.

cc) Zweithandlungen desselben Täters

56 Auch Zweithandlungen desselben Täters können nach der Lit. den Zurechnungszusammenhang zwischen dem Erfolg und der ersten Verursachungshandlung unterbrechen. Die Rspr. löst diese Frage allerdings auf Konkurrenzebene.[105]

Beispiel:[106] Der Täter hielt sich im Obergeschoss seines Hauses auf, als er aus dem Erdgeschoss verdächtige Geräusche hörte. Als er nachsah, bemerkte er am unteren Treppenabsatz eine Person, die er für einen Einbrecher hielt. Er schoss mit Tötungsvorsatz und verursachte bereits hierdurch eine tödliche Verletzung des Opfers. Dieses schleppte sich ins Wohnzimmer, von wo der Täter dann weitere verdächtige Geräusche wahrnahm. Er gab daraufhin einen weiteren, allerdings ungezielten Schuss in Richtung Opfer ab, der dieses erneut ebenfalls tödlich traf. Das Opfer verstarb am Zusammenwirken der durch die Schüsse verursachten Verletzungen.

Der BGH nahm neben einer fahrlässigen auch eine vollendete vorsätzliche Tötung an, hinter der die fahrlässige zurücktrete. Nach a.A.[107] handelt es sich um den Versuch des Totschlags in Tatmehrheit mit fahrlässiger Tötung. Durch das Hinzutreten der Zweithandlung sei der Zurechnungszusammenhang zwischen der ersten Handlung und dem Erfolg unterbrochen worden, da die Gefahr eines weiteren tödlichen Schusses nicht schon in der ersten Handlung angelegt gewesen sei.

II. Rechtswidrigkeit

57 Fahrlässiges Handeln kann genauso durch Rechtfertigungsgründe gedeckt sein, wie vorsätzliches. Fraglich erscheint aber, ob es zur Rechtfertigung der Tat auch subjektiver Rechtfertigungselemente bedarf. Geht man mit der heute h.Lit. davon aus, dass der Erfolgsunwert einer Tat mit dem objektiven Vorliegen rechtfertigender Umstände entfällt und der verbleibende Handlungsunwert allenfalls als Versuch strafbar ist (s.u. Rn. 164), so bedarf es zur Rechtfertigung keiner subjektiven Elemente, da der Versuch hier nicht denkbar ist. Die Rspr. hat diese Frage bisher nicht ausdrücklich entschieden.

III. Schuld

58 Im Rahmen der Schuldprüfung ist insbesondere die **Fahrlässigkeitsschuld**, also die persönliche Pflichtwidrigkeit und Vorhersehbarkeit der Folgen zu prüfen.

Als besonderer Entschuldigungsgrund kommt hier die **Unzumutbarkeit normgemäßen Verhaltens** in Betracht.[108]

C. Vorsatz/Fahrlässigkeits-Kombinationen

59 Begrifflich wird unter den Vorsatz-Fahrlässigkeits-Kombinationen zwischen echten und unechten unterschieden. Für beide gilt, dass sie gemäß **§ 11 Abs. 2** als **vorsätzliche Taten** anzusehen sind, sodass auch eine **Teilnahme möglich** ist.

Solche Tatbestände sind häufig als Verkehrsdelikte, vor allem § 315c Abs. 3 Nr. 1, und als Erfolgsqualifikation, etwa §§ 227, 251, klausurrelevant.

I. Echte

60 Um echte Vorsatz-Fahrlässigkeits-Kombinationen handelt es sich, wenn die fahrlässige Verwirklichung besonderer Tatfolgen eine die Strafbarkeit **begründende** Wirkung hat.

Das gilt z.B. für § 315c Abs. 1 Nr. 2 i.V.m. Abs. 3 Nr. 1.

105 BGH RÜ 2016, 163 (Scheunenmord).

106 BGH NJW 1993, 1723.

107 Otto JK 93 StGB vor § 13/2.

108 RGSt 30, 25 (Leinenfängerfall); BGHSt 4, 20, 23.

II. Unechte, insbesondere die Erfolgsqualifikation

Um unechte Vorsatz/Fahrlässigkeitsqualifikationen handelt es sich, wenn die wenigstens fahrlässige Verwirklichung besonderer Tatfolgen eine **strafschärfende** Wirkung hat. Die wichtigsten hierunter sind die Erfolgsqualifikationen. 61

Erfolgsqualifizierte Delikte sind solche, die an den Eintritt besonderer Tatfolgen eine höhere Strafe knüpfen. Für diesen Fall bestimmt § 18, der insoweit eine Sonderregel gegenüber § 15 darstellt, dass der Täter oder Teilnehmer **hinsichtlich der** Verursachung dieser **Folgen wenigstens fahrlässig** handeln muss. Einige Tatbestände verlangen demgegenüber sogar leichtfertiges Handeln (z.B. §§ 239a Abs. 3, 251, 306c).

Achtung! Für die sog. **Gefährdungsqualifikationen**, wie §§ 225 Abs. 3, 306b Abs. 2 Nr. 1, ist § 18 nicht anwendbar, sodass hier Vorsatz erforderlich ist.

Der Grundtatbestand ist stets ein Vorsatzdelikt. Da § 18 die **Fahrlässigkeit als Mindestvoraussetzung** der Strafbarkeit begründet, ist **auch die vorsätzliche Verwirklichung** qualifizierender Folgen tatbestandsmäßig.

Die durch die Verursachung der qualifizierenden Folgen eintretende Erhöhung des Strafrahmens fällt stets drastisch aus. Daher besteht Einigkeit in Rspr. und Lehre darüber, dass an den Verursachungszusammenhang zwischen Grunddelikt und schwerer Folge besondere Anforderungen zu stellen sind, die im Allgemeinen als **gefahrspezifischer Zusammenhang** bezeichnet werden, dessen Inhalt allerdings im Einzelnen umstritten ist.

Aufbauschema: Vollendetes erfolgsqualifiziertes Delikt

- Grundtatbestand
- Erfolgsqualifikation
  - Eintritt und Verursachung der tatbestandsmäßigen Folgen durch das Grunddelikt
  - Mindestens fahrlässiges Handeln gemäß § 18, ggf. Leichtfertigkeit
  - Objektive Zurechenbarkeit der Folgen, insbesondere gefahrspezifischer Zusammenhang
- Rechtswidrigkeit
- Schuld, insbesondere Fahrlässigkeitsschuld hinsichtlich der schweren Folge

1. Tatbestandliche Besonderheiten

a) Eintritt und Verursachung der tatbestandsmäßigen Folgen

Bei den qualifizierenden Folgen handelt es sich meist um den Tod eines Menschen oder schwere Verletzungsfolgen gemäß § 226. Für die Feststellung des Ursachenzusammenhangs gelten die allgemeinen Regeln. 62

Wurde der Grundtatbestand durch Unterlassen erfüllt, muss dieses „quasikausal" für die schwere Folge sein.[109]

b) Mindestens fahrlässiges Handeln gemäß § 18, ggf. Leichtfertigkeit

Nach h.Lit. und st.Rspr. liegt die Verletzung der objektiv gebotenen Sorgfalt stets in der vorsätzlichen Erfüllung des Grunddelikts. Demnach kommt es für den Tatbestand 63

109 BGH RÜ 2013, 777 zur Freiheitsberaubung mit Todesfolge durch Unterlassen.

nur noch auf die **objektive Vorhersehbarkeit** der Folgen an.[110] Dabei ist jedoch nicht auf den konkreten Kausalverlauf und die eingetretene Folge abzustellen. Vielmehr genügt es, wenn die tatbestandlich vorausgesetzten Folgen **generell** als Folge des jeweiligen Grunddelikts **vorhersehbar** sind.[111]

Ob im Fall einer vorsätzlichen Tötung § 227 ausgeschlossen ist oder gemäß § 18 erst recht erfüllt ist, aber auf Konkurrenzebene zurücktritt, kann dahingestellt bleiben.[112] Wurde eine vorsätzliche Tötung festgestellt, braucht § 227 nicht auch noch geprüft zu werden! Ist nicht aufzuklären, welche von mehreren Misshandlungen des Opfers durch denselben Täter tödlich war, von denen nur eine von Tötungsvorsatz getragen war, kann eine wahldeutige Verurteilung gemäß § 227 jedenfalls auf das normative Stufenverhältnis von Vorsatz und Fahrlässigkeit gestützt werden.[113]

Setzt das Gesetz **Leichtfertigkeit** voraus, ist zu prüfen, ob die gebotene Sorgfalt besonders schwerwiegend verletzt wurde oder sich die Folgen dem Täter aufgedrängt haben oder hätten aufdrängen müssen.

c) Die objektive Zurechenbarkeit der Folgen sowie der gefahrspezifische Zusammenhang

64 Nach allgemeiner Ansicht müssen auch hier die haftungseinschränkenden Kriterien objektiver Zurechnung gegeben sein. Wegen der exorbitanten Strafdrohungen der erfolgsqualifizierten Delikte tritt als besonderes Zurechnungskriterium hinzu, dass sich in der schweren Folge gerade die **der Verwirklichung des Grundtatbestandes typischerweise anhaftende Gefahr** realisiert haben muss. Dieser **gefahrspezifische Zusammenhang** lässt sich nicht für alle Erfolgsqualifikationen allgemeingültig beschreiben. Vielmehr ist zu berücksichtigen, dass die spezifischen Gefahren eines jeden Grunddelikts unterschiedlich sind, je nach seinem besonderen Unrechtsgehalt.

65 **aa)** Für die erfolgsqualifizierten **Körperverletzungsdelikte** (§§ 226, 227) setzen Teile der Lit.[114] voraus, dass die schwere Folge aus der dem Opfer vom Täter vorsätzlich zugefügten Verletzung entstanden ist. § 227 setzt demnach voraus, dass der Tod Folge einer dem Opfer zugefügten letalen Verletzung ist **(Letalitätstheorie)**. Hierfür wird vor allem der Wortlaut angeführt, wonach der Tod durch die Körperverletzung verursacht worden sein muss.

Beispiel: Der Täter schlug das Opfer mit einer geladenen ungesicherten Pistole. Dabei löste sich ein tödlicher Schuss.[115] Nach der vorgenannten Ansicht hätte in diesen Fällen nicht gemäß § 227 verurteilt werden können, da der Tod nicht die Folge der dem Opfer vorsätzlich zugefügten Verletzung war.

H.Lit. und Rspr. verstehen unter „Körperverletzung" jedoch den Grundtatbestand als solchen und lassen demgemäß ausreichen, wenn die den Grundtatbestand erfüllende Handlung außer dem Körperverletzungserfolg auch die schwere Folge nach sich zieht **(Kausalitätstheorie)**.

Hierfür spricht, dass nach den Umständen des Einzelfalles auch der den Grundtatbestand erfüllenden Handlung das hohe Risiko des Eintritts schwerer Folgen anhaften kann und dann auch die Anwendung des hohen Strafrahmens gerechtfertigt erscheint. Zudem erscheint nicht plausibel, warum nur bei §§ 226, 227, nicht aber auch bei den anderen Erfolgsqualifikationen eine solche Einschränkung gelten soll.

Die frühere Rspr. verlangte einen **Unmittelbarkeitszusammenhang** zwischen Grunddelikt und schwerer Folge. Dieser entfiel, wenn die schwere Folge erst aufgrund ande-

110 BGH HRRS 2012, Nr. 893.

111 BGH NStZ 2008, 686; BGH NStZ 2016, 400.

112 Fischer § 227 Rn. 7.

113 BGHSt 35, 305.

114 Sch/Sch/Sternberg-Lieben § 226 Rn. 1.

115 BGHSt 14, 110.

rer Risikofaktoren neben dem Grunddelikt eintrat, z.B. durch das Eingreifen Dritter, eigenverantwortliche Selbstgefährdungen des Opfers oder weiteres Handeln des Täters.

Beispiel:[116] Der Täter hatte das Opfer im Obergeschoß des Hauses schwer misshandelt. Aus Angst vor weiteren Angriffen versuchte das Opfer, durch ein Fenster auf den Balkon zu fliehen. Dabei stürzte es mit tödlichen Folgen ab. – In diesem Fall hat die frühere Rspr. § 227 abgelehnt, da sich in dem Tod des Opfers nicht mehr das der Körperverletzung anhaftende Risiko realisiert habe.

Die heutige Rspr. des BGH setzt einen Unmittelbarkeitszusammenhang der vorgenannten Art nicht mehr voraus. Vielmehr wird nur noch auf die **Typizität des** zum Tod des Opfers führenden **Kausalverlaufs** abgestellt.[117] Ist das hinzutretende Risikomoment seinerseits typische Folge des Grunddelikts, so wird der spezifische Zusammenhang auch bei Hinzutreten einer Selbstgefährdung des Opfers angenommen.[118] Das vorsätzliche Dazwischentreten eines Dritten schließt allerdings den gefahrspezifischen Zusammenhang aus, wenn es dem zuerst Handelnden nicht nach den Regeln sukzessiver Mittäterschaft zuzurechnen ist.[119]

(1) Für die **schwere Körperverletzung** gemäß **§ 226** nimmt der BGH einen gefahrspezifischen Zusammenhang im Gegensatz zur Lit. auch dann an, wenn sich die schwere Folge durch die Inanspruchnahme zumutbarer medizinischer Behandlung hätte vermeiden lassen, weil es sich dabei um eine autonome Entscheidung des Opfers handele und dieses keine Obliegenheit treffe, den Täter durch Inanspruchnahme der Behandlung von seiner Verantwortung zu befreien.[120]

(2) Bei der **Körperverletzung durch Unterlassen** gemäß **§§ 227, 13** muss das Unterlassen den lebensgefährlichen Zustand herbeigeführt haben, der den Tod des Opfers zur Folge hatte.[121]

(3) Im Falle der **Beteiligung durch Unterlassen** an der Körperverletzung mit Todesfolge durch einen Dritten nimmt die Rspr. einen gefahrspezifischen Zusammenhang nur an, wenn der Garant es unterlassen hat, den aktiv Beteiligten an der tödlichen Misshandlung zu hindern.[122] Andernfalls komme nur eine fahrlässige Tötung in Betracht.

Beispiel:[123] Nachdem der Lebensgefährte der Täterin deren fünfjähriges Kind auf brutalste Weise misshandelt hatte, unterließ sie es, dem Kind ärztliche Hilfe zukommen zu lassen. Hierdurch hätte das Kind, das nach drei Tagen starb, gerettet werden können. – Hier wurde eine Strafbarkeit gemäß §§ 227, 13 abgelehnt, da das zum Tode führende Risiko bereits durch die Misshandlungen verursacht worden war und nicht erst dadurch, dass ärztliche Hilfe nicht geleistet wurde.

bb) Für den **Raub** und die **räuberische Erpressung mit Todesfolge** gemäß **§ 251** **66**
besteht Einigkeit über die Anwendbarkeit, wenn der Tod des Opfers Folge der tatbestandsmäßigen Gewaltanwendung ist. Das nimmt der BGH selbst für den Fall an, dass der Tod des Opfers Folge des aufgrund einer Patientenverfügung erfolgten Abbruchs einer misslungenen Heilbehandlung war.[124] Streitig ist die Anwendung des § 251 für die Fälle der Verursachung des Todes in der Beendigungsphase des Raubes. Der BGH nimmt dies an, wenn die den Tod des Opfers herbeiführende Handlung zwar nicht mehr in finaler Verknüpfung mit der Wegnahme steht, sie mit dem Raubgeschehen aber derart eng verbunden ist, dass sich in der Todesfolge die der konkreten Raubtat

116 BGH NJW 1971, 152 (Rötzel-Fall).

117 BGH RÜ 2003, 26 (Guben-Fall); BGH RÜ 2008, 304 (Tänzerin).

118 BGH NStZ 1992, 333; BGH NStZ 1992, 335; BGH NStZ 1994, 394; BGH RÜ 2003, 26; BGH RÜ 2008, 304.

119 BGH HRRS 2020 Nr. 1139.

120 BGH RÜ 2017, 370; a.A. Theile ZJS 2018, 99; Kudlich JuS 2017, 470.

121 BGH RÜ 2017, 167.

122 BGH NStZ 2017, 410.

123 BGH NStZ 1995, 589.

124 BGH RÜ 2021, 24.

eigentümliche besondere Gefährlichkeit verwirklicht.[125] Sind der Raub bzw. die räuberische Erpressung bei Verursachung der schweren Folge bereits beendet, scheidet der gefahrspezifische Zusammenhang aus. Dem steht es gleich, wenn der Versuch des Grunddelikts zu diesem Zeitpunkt aus Tätersicht endgültig gescheitert ist.[126]

67 **cc)** Für den **erpresserischen Menschraub mit Todesfolge** gemäß **§ 239a Abs. 3** genügt nach der Rspr.,[127] wenn der Tod - wie bei § 239 Abs. 4 - Folge der dem Opfer während der Bemächtigungslage widerfahrenen Behandlung, z.B. einer tödlichen Körperverletzung, ist. Denn Schutzgut des § 239a sei nicht nur die Freiheit des Opfers, sondern auch seine körperliche Unversehrtheit. Stirbt bei einer **Geiselnahme** gemäß **§ 239b** das Opfer als Folge eines riskanten Fluchtversuchs, so ist der Zusammenhang zu bejahen. Auch der Tod des Opfers als Folge eines Befreiungsversuchs durch die Polizei ist noch dem typischen Gefahrenbereich zuzuordnen. Anderes gilt, wenn das Opfer mit dem Täter verwechselt und erschossen wird, weil die Polizei gar nicht weiß, dass eine Geiselnahme vorliegt.[128]

68 **dd)** Im Fall des **Nachstellens mit Todesfolge** gemäß **§ 238 Abs. 3** hat der BGH[129] den Risikozusammenhang auch für den Fall angenommen, dass sich das Opfer als Folge der Nachstellungen das Leben nahm.

ee) Andere Tatbestände umschreiben den Risikozusammenhang selbst, so § 239 Abs. 4. Daher schließt es den gefahrspezifischen Zusammenhang nicht aus, wenn sich das Opfer die schwere Folge bei dem Versuch zuzieht, sich durch einen Sprung aus dem Fenster der Freiheitsberaubung zu entziehen.[130]

Beispiel:[131] Die Beschuldigten X und Y traten und schlugen gemeinschaftlich auf den 63-jährigen Geschädigten ein. Dieser erlitt zahlreiche Verletzungen, darunter eine Nasenbeinfraktur und multiple Hämatome an verschiedensten Teilen des Körpers. Die Gewalteinwirkung führte zu einer besonderen psychischen Belastung und zur Überängstlichkeit des Geschädigten, zu einer Beschleunigung des Pulses und Überbelastung des Herzens, welches bereits durch Arteriosklerose und Muskelmassezunahme vorgeschädigt war. Hierdurch bedingt erlitt der Geschädigte eine Woche später einen ersten Herzinfarkt, dem nach drei Wochen ein zweiter folgte, an dem er verstarb. Nach einem Sachverständigengutachten wurde auch der zweite Herzinfarkt und damit der Tod des Geschädigten durch die Gewalthandlungen der Angeklagten verursacht.

„I. Die Beschuldigten könnten einer gemeinschaftlichen Körperverletzung mit Todesfolge gemäß §§ 227, 25 Abs. 2 hinreichend verdächtig sein.

1. Als Grundtatbestand kommt hier eine gemeinschaftlich begangene gefährliche Körperverletzung gemäß § 224 Abs. 1 Nr. 4 in Betracht. ... (es folgt die Begründung).

2. Die Misshandlungen der Beschuldigten waren auch ursächlich für den Tod des Geschädigten. Dass sich im Einzelnen nicht wird beweisen lassen, welche der Misshandlungen der Beschuldigten den Tod des Geschädigten verursacht hat, ist unschädlich. Denn die Beschuldigten müssen sich aufgrund der gemeinschaftlichen Begehung ihre jeweiligen Tatbeiträge wechselseitig zurechnen lassen.

3. Gemäß § 18 müssen beide Beschuldigte wenigstens fahrlässig gehandelt haben. Dabei ergibt sich die Verletzung der objektiv gebotenen Sorgfalt bereits aus der vorsätzlichen Erfüllung des Grundtatbestandes. Darüber hinaus müssen die tödlichen Folgen objektiv vorhersehbar gewesen sein. Dabei kommt es nicht auf den

125 BGHSt 38, 295; BGH NStZ 2016, 211; BGH NStZ 2017, 638: Verursachung des Todes auf der Flucht; BGH RÜ 2021, 28.

126 BGH RÜ 2019, 645, 647.

127 BGH RÜ 2024, 450, 454.

128 BGHSt 33, 322.

129 BGH RÜ 2017, 575.

130 BGH BGH NStZ 2022, 291.

131 Nach BGH NStZ 1997, 341.

konkreten zum Tode des Geschädigten führenden Kausalverlauf an. Maßgeblich ist nur, ob generell vorhersehbar war, dass derartige Misshandlungen zu tödlichen Folgen führen können. Der zu seinem Tode führende Kausalverlauf, nämlich das Zusammenwirken der Verletzungsfolgen mit der Vorschädigung des Opfers und den den ‚psychogenen' Tod auslösenden Aufregungen und Angstzuständen, liegt nicht außerhalb aller Lebenswahrscheinlichkeit. Danach war der Tod des Geschädigten auch objektiv vorhersehbar.

4. Schließlich müsste sich im Tode des Geschädigten das der Körperverletzung spezifisch anhaftende Risiko realisiert haben.

a) Hierfür ist nach einer Ansicht erforderlich, dass der Tod des Opfers auf der ihm vorsätzlich zugefügten Verletzung beruht (sog. Letalitätstheorie). Hier waren jedoch die dem Geschädigten zugefügten Verletzungen für sich genommen nicht tödlich. Vielmehr führte erst das Zusammenwirken mit der Vorschädigung des Opfers zu dessen Tod. Danach scheidet ein spezifischer Gefahrzusammenhang hier aus.

b) Nach st.Rspr. genügt es, wenn der Körperverletzungshandlung das Risiko eines tödlichen Ausganges anhaftet und sich dann dieses dem Handeln des Täters eigentümliche Risiko beim Eintritt des Todes verwirklicht. Die Beschuldigten haben Gewalthandlungen begangen, die für das Opfer das Risiko eines tödlichen Ausgangs in sich bargen. Solche Körperverletzungshandlungen, wie sie die Angeklagten vorgenommen haben, können ohne Weiteres zum Tod des Opfers führen und haben in zahlreichen Fällen auch schon zum Tode geführt. In dem Tod hat sich deshalb die dem Grundtatbestand des § 224 anhaftende eigentümliche Gefahr auch niedergeschlagen.

c) Gegen die Letalitätstheorie spricht, dass sie weder durch den Wortlaut des Gesetzes noch durch dessen Systematik oder die Höhe der Strafdrohung begründbar ist. Es ist nicht ersichtlich, warum – anders als bei anderen Erfolgsqualifikationen – nur bei § 227 die schwere Folge auf dem Erfolg des Grunddelikts beruhen müsste.

Danach ist der Tatbestand hier erfüllt.

5. Die Beschuldigten handelten auch rechtswidrig."

2. Sonstige Besonderheiten des erfolgsqualifizierten Delikts

Die besondere Struktur des Tatbestandes erfolgsqualifizierter Delikte spiegelt sich bei der Prüfung der **Schuld** wider. Hier muss hinsichtlich der schweren Folge ein Fahrlässigkeitsschuldvorwurf festgestellt werden. **69**

„6. Die Beschuldigten müssten auch fahrlässig-schuldhaft gehandelt haben. Das ungefähre Alter des Geschädigten war den Beschuldigten bekannt. Danach hätten sie auch persönlich die Folgen ihres Handelns erkennen können. Ob die Beschuldigten sich bei der Tat einer Todesgefahr für das Opfer aktuell bewusst waren, ist nicht erheblich.

Die Beschuldigten sind daher einer gemeinschaftlichen Körperverletzung mit Todesfolge gemäß §§ 227, 25 Abs. 2 hinreichend verdächtig."

Eine **Mittäterschaft** setzt nicht voraus, dass die schwere Folge durch den Beteiligten eigenhändig verursacht wurde. Vielmehr genügt, wenn die unmittelbar ursächliche Handlung dem Beteiligten als Mittäter zuzurechnen ist und er hinsichtlich der Folge wenigstens fahrlässig handelt. Stellt die unmittelbar ursächliche Handlung einen Ex- **70** zess dar, ist erforderlich, aber auch ausreichend, wenn den gemeinschaftlich begangenen Misshandlungen bereis die spezifische Gefahr eines tödlichen Ausgangs anhaftete.[132]

Bei der **Teilnahme** am erfolgsqualifizierten Delikt handelt es sich ebenfalls um eine Kombination vorsätzlicher Teilnahme an dem jeweiligen Grundtatbestand mit (nebentäterschaftlich) fahrlässiger Verwirklichung der schweren Folgen. Zudem führt § 18 zu einer Durchbrechung der Akzessorietätsregeln: Selbst wenn der Täter mangels Fahrlässigkeit hinsichtlich der schweren Folge nicht bestraft werden kann, kann der Tatbestand für den Teilnehmer anwendbar sein.

71 Die **Versuchsstrafbarkeit** der erfolgsqualifizierten Delikte ist umstritten, wird aber von der h.M. bejaht (s.u. Rn. 268).

D. Unterlassungsdelikte

I. Das echte Unterlassungsdelikt

72 Echte Unterlassungsdelikte, wie die §§ 123 Abs. 1 Alt. 2, 323c Abs. 1, 138, 142 Abs. 2, weisen – abgesehen davon, dass die gebotene Handlung dem Täter auch tatsächlich möglich gewesen sein muss – keine vom Wortlaut des Gesetzes abweichende Besonderheiten auf. Sie können ausschließlich durch Unterlassen verwirklicht werden.

II. Das unechte Unterlassungsdelikt

73 Der Tatbestand des unechten Unterlassungsdelikts weist dagegen, i.d.R. als Erfolgsdelikt, einige durch die Regelung des § 13 bedingte Besonderheiten auf.

Aufbauschema: Tatbestand des fahrlässigen unechten Unterlassungsdelikts

- Eintritt und Verursachung des tatbestandsmäßigen Erfolges
  durch Unterlassen möglichen Einschreitens,
  ggf. Abgrenzung von Tun und Unterlassen
- Garantenstellung und Entsprechungsklausel gemäß § 13
- Fahrlässigkeit
- Objektive Zurechnung

Aufbauschema: Tatbestand des vorsätzlichen unechten Unterlassungsdelikts

- Eintritt und Verursachung des tatbestandsmäßigen Erfolges
  durch Unterlassen möglichen Einschreitens,
  ggf. Abgrenzung von Tun und Unterlassen
- Garantenstellung und Entsprechungsklausel gemäß § 13
- Vorsatz

Ob man zuerst die Kausalität des Unterlassens für den Erfolg oder die Garantenstellung prüft, ist eine Frage der Praktikabilität und hängt vom Schwerpunkt des Falles ab. Insbesondere dann, wenn es greifbar an der Kausalität fehlt, wäre es verfehlt, lange Ausführungen zu einer Garantenstellung zu machen.

132 BGH RÜ 2021, 639; BGH JuS 2024, 1084; BGH RÜ 2024, 450, 452.

1. Die Abgrenzung von Tun und Unterlassen

74 Die Unterscheidung von Tun und Unterlassen ist deshalb wesentlich, weil das Unterlassen der Erfolgsabwendung gemäß § 13 Abs. 1 nur im Falle einer besonderen Einstandspflicht strafbar ist und gemäß § 13 Abs. 2 (nur) beim unechten Unterlassungsdelikt die Möglichkeit der Strafmilderung besteht. Relevant wird die Abgrenzung bei mehrdeutigem, vor allem fahrlässigen Verhalten (z.B.: Radfahren ohne Licht) und bei Eingriffen in rettende Kausalverläufe (z.B.: Zerstörung von Rettungsmitteln).

> Das Unterlassen der Erfolgsabwendung *nach* der Verursachung durch aktives Tun stellt kein Abgrenzungsproblem, sondern ein Konkurrenzproblem dar.

Die Kriterien für die Unterscheidung sind umstritten.

Zum Teil wird im Wege einer **naturalistischen Betrachtung** darauf abgestellt, ob durch den Einsatz von Energie, d.h. eine Handlung, der zum Erfolg führende Kausalverlauf in Gang gesetzt wurde.

In diesem Falle liege stets ein Begehungsdelikt vor. Ein Unterlassungsdelikt komme nur in Betracht, wenn ein Kausalzusammenhang zwischen einer Handlung und dem Erfolg nicht feststellbar sei, der Täter also durch Einsatz von Energie den Erfolg hätte abwenden sollen, oder wenn eine erfolgskausale Handlung mangels Rechtswidrigkeit oder Schuld nicht strafbar ist.

Rspr. und h.L. halten die Unterscheidung dagegen für eine **Wertungsfrage**, deren Beantwortung sich nach dem sozialen Sinngehalt des jeweiligen Verhaltens und dem **Schwerpunkt der Vorwerfbarkeit** richte. Auch hiernach liegt das Schwergewicht regelmäßig auf dem aktiven Tun. Wird dieses jedoch durch einen gleichzeitig vorliegenden Verstoß gegen ein Handlungsgebot überlagert, so liegt ein Unterlassen vor.[133]

Beispiele: Wer einen Unfall dadurch verursacht, dass er bei Dunkelheit ohne Licht ein Fahrzeug führt, ist als Begehungstäter zu bestrafen.[134] Dies ist unstreitig, da das Unterlassen des Einschaltens der Beleuchtung nur die Pflichtwidrigkeit der Handlung kennzeichnet und die Gefahr bereits von der Handlung als solcher ausgeht.

Das Abschalten eines Beatmungsgerätes durch den Arzt, der dessen Einsatz zur Behandlung selbst veranlasst hatte, stellt nach der Rspr. ein Unterlassen dar, da das Schwergewicht auf der Nichterfüllung der Garantenpflicht liegt,[135] während die Gegenmeinung auf ein aktives Tun abstellt.

War das Tun für den Erfolg nicht ursächlich, liegt zweifelsfrei nur Unterlassen vor.

Beispiel: Stellt der mit einer Leichenuntersuchung betraute Arzt infolge sorgfaltswidrigen Verhaltens die wahre Todesursache – eine CO-Vergiftung durch einen defekten Ofen – nicht fest und kommt deshalb ein Dritter durch dieselbe Ursache zu Tode, so haftet der Arzt hierfür nur nach den Regeln des Unterlassungsdelikts, da derselbe Erfolg auch eingetreten wäre, wenn der Arzt die Untersuchung gar nicht vorgenommen hätte.[136]

75 Die **Einstellung eigener Rettungsbemühungen** stellt nach h.M. ein Handeln nur dar, wenn sich infolge der Handlung bereits eine konkrete Rettungschance für den Gefährdeten eröffnet hatte, durch die der Erfolg vermieden worden wäre.

76 Der **Abbruch rettender Kausalverläufe** und fremder Rettungsbemühungen durch aktives Tun ist als Begehungsdelikt zu beurteilen. Die **Verweigerung eigener Hilfe** oder der Herausgabe von Rettungsmitteln stellt dagegen ein Unterlassen dar.

77 Veranlasst jemand einen Dritten, seine Rettungsbemühungen abzubrechen oder gar nicht erst aufzunehmen, so liegt das Unrecht regelmäßig in dem in der Einwirkung liegenden Tun, es sei denn den Veranlasser trifft eine Garantenpflicht zur Erfolgsab-

---

133 So z.B. OLG Hamm NJW 2023, 3659 für einen ärztlichen Behandlungsfehler bei einer Anästhesie; LG Mönchengladbach JuS 2024, 468 für fehlerhafte Vorbereitung und Durchführung einer Klassenfahrt.

134 RGSt 63, 392 (Radleuchten-Fall).

135 BGH NJW 1995, 204.

136 Unzutreffend a.A. AG Wennigsen NJW 1989, 786 m. Anm. Kahlo.

wendung durch den Dritten, in deren Verletzung der Schwerpunkt der Vorwerfbarkeit liegt.[137] In diesem Fall bedarf es zudem der Abgrenzung von Täterschaft zur Teilnahme (s.u. Rn. 227 f.).

78 Hätte ein Dritter zur Rettung veranlasst werden müssen (Alarmierung der Feuerwehr), so liegt unzweifelhaft Unterlassen vor.

2. Die Möglichkeit der Handlung – omissio libera in causa

79 Die Strafbarkeit des Unterlassens setzt die **objektive Möglichkeit** zur Vornahme der gebotenen Handlung voraus. Ausnahmsweise kann sich jedoch der Unterlassende nicht auf die Unmöglichkeit der gebotenen Handlung berufen, wenn er sich selbst schuldhaft außerstande gesetzt hat, die gebotene Handlung vorzunehmen oder schuldhaft versäumt hat, sich dazu in den Stand zu setzen **(omissio libera in causa)**.[138]

Auch in solchen Fällen wird jedoch nur wegen Unterlassens bestraft, und zwar nur wegen fahrlässiger Begehung, falls auch die Handlungsunfähigkeit nur fahrlässig verursacht wurde. Die Strafbarkeit wegen vorsätzlichen Unterlassens setzt dagegen eine vorsätzliche omissio libera in causa voraus.[139]

3. Kausalität des Unterlassens

80 Zur Ermittlung der **Kausalität des Unterlassens** einer bestimmten Handlung für den Erfolg ist nach der **modifizierten Bedingungstheorie** darauf abzustellen, ob der **Erfolg bei Vornahme der gebotenen Handlung mit an Sicherheit grenzender Wahrscheinlichkeit ausgeblieben wäre** (sog. Quasi-Kausalität).[140] Die an Sicherheit grenzende Wahrscheinlichkeit entspricht dem Beweismaßstab gemäß § 261 StPO für die richterliche Überzeugungsbildung. Bestehen tatsächlich begründete Zweifel an der Vermeidbarkeit des Erfolges bei Vornahme der gebotenen Handlung, ist daher die Kausalität in dubio pro reo ausgeschlossen. Dies wird von Teilen der Lit., der sog. **Risikominderungslehre**, bestritten.[141]

Beispiel:[142] Der Beschuldigte ist hinreichend verdächtig, als behandelnder Arzt nach einer Operation versäumt zu haben, dem Patienten P Bestrahlungen zu verordnen, die nach Angaben von Sachverständigen ein Überleben von fünf bis zehn Jahren in 90 von 100 Fällen gewährleisten würden. P starb bereits zwei Jahre nach der Operation.

„I. Der Beschuldigte könnte hinreichend verdächtig sein, durch das Unterlassen der Verordnung von Bestrahlungen einen Totschlag durch Unterlassen zum Nachteil des P gemäß §§ 212 Abs. 1, 13 begangen zu haben.

Dann müsste das Unterlassen der Verordnung ursächlich für den vorzeitigen Tod des P gewesen sein.

Nach der sog. Risikominderungslehre soll dagegen die Feststellung eines Ursachenzusammenhangs für das unechte Unterlassungsdelikt unmöglich und daher überflüssig und lediglich ein Zurechnungszusammenhang erforderlich sein. Dieser sei aber schon dann gegeben, wenn der Handlungspflichtige eine mögliche Minderung des Risikos unterlassen habe, das sich dann in dem Erfolg niedergeschla-

---

137 BGH NStZ 1995, 80.

138 BGH NStZ 2014, 158; BGH NStZ 2015, 277 (Untreue eines Rechtsanwalts durch Unterlassen der Weiterleitung von Mandantengeldern); BGH NJW 2015, 1190.

139 BGHSt 47, 318.

140 BGH RÜ 2010, 231 (Bad Reichenhall).

141 Vgl. Roxin ZStW 74, 430 ff.

142 Nach BGH NStZ 1987, 505.

gen habe. Hier wäre das Risiko eines vorzeitigen Todes des P zumindest gemindert worden, falls der Beschuldigte die Bestrahlungen verordnet hätte. Daher wäre der Tatbestand nach dieser Ansicht insoweit erfüllt.

Dagegen spricht, dass damit aus einem Verletzungsdelikt ein Gefährdungsdelikt gemacht würde, weil der Erfolg nur noch als Strafbarkeitsbedingung für das pflichtwidrige Unterlassen diente. Darüber hinaus bliebe unklar, ab welchem Wahrscheinlichkeitsgrad einer Risikominderung der Erfolg zurechenbar sein soll. Zudem würde der Zweifelssatz hiermit ausgehöhlt. Die Risikominderungslehre ist daher abzulehnen.

Nach der in h.Lit. und st.Rspr. vertretenen modifizierten Bedingungstheorie ist das Unterlassen einer Handlung kausal für den Erfolg, wenn dieser bei Vornahme der gebotenen Handlung mit an Sicherheit grenzender Wahrscheinlichkeit nicht eingetreten wäre. Vorliegend wäre nach Angaben der Sachverständigen ein weiteres Überleben des P mit einer Wahrscheinlichkeit von 90 % zu gewährleisten gewesen. Ein Restrisiko von 10 % dafür, dass P trotz der verordneten Bestrahlungen bereits nach zwei Jahren gestorben wäre, begründet jedoch Zweifel an der Kausalität des Versäumnisses des Beschuldigten für den vorzeitigen Tod des P. In einer Hauptverhandlung wird danach nicht mit der für eine richterliche Überzeugungsbildung ausreichenden Sicherheit festzustellen sein, dass P im Falle einer Verordnung der Bestrahlungen länger als zwei Jahre gelebt hätte.

Hinreichender Tatverdacht für einen Totschlag durch Unterlassen scheidet danach aus."

Wäre der Eintritt des tatbestandsmäßigen Erfolges nur durch das Zusammenwirken mehrerer zur Erfolgsabwendung Verpflichteter zu verhindern gewesen, so ist jeder, der es unterlassen hat, seinen Beitrag zur Verhinderung des Erfolges zu leisten, ursächlich für den Eintritt des Erfolges geworden. Verweigert also jemand seinen zur Verhinderung des Erfolges notwendigen Beitrag, so kann er sich nicht darauf berufen, dass auch die anderen zur Mitwirkung an der Rettung Verpflichteten ihren Beitrag verweigert hätten.[143]

Diese Grundsätze gelten auch für die Veranlassung des **Abbruchs rettender Kausalverläufe**.[144] 81

Beispiel: Ordnet der behandelnde Arzt des irreversibel hirngeschädigten Opfers gegenüber dem Pflegepersonal die Einstellung der bislang verabreichten künstlichen Ernährung an,[145] so ist – unabhängig davon, ob es sich dabei um ein Unterlassungs- oder ein Begehungsdelikt handelt – für die Kausalität darauf abzustellen, ob das Opfer bei Fortsetzung der künstlichen Ernährung mit an Sicherheit grenzender Wahrscheinlichkeit überlebt hätte.

4. Garantenpflichten

Eine Einstandspflicht gemäß § 13 Abs. 1 kann sich schon aus der von bestimmten Tatbeständen vorausgesetzten besonderen Pflichtenstellung ergeben. 82

Untreue gemäß § 266 kann durch Tun (pflichtwidrige Spekulationsgeschäfte) und durch Unterlassen begangen werden, wenn der Inhalt der Vermögensbetreuungspflicht gerade in der Vornahme vermögenssichernder Handlungen besteht[146] (z.B. die rechtzeitige Erhebung einer Klage zur Unterbrechung der Verjährung).

143 BGH NJW 1990, 2560 (Lederspray-Fall); BGH NStZ 2003, 141.

144 BGH RÜ 2010, 231 (Bad Reichenhall); LG Traunstein RÜ 2012, 774, 776; BGHSt 62, 223.

145 BGH NJW 1995, 204.

146 BGH RÜ 2022, 378.

Im Übrigen setzt die Strafbarkeit der Nichtabwendung tatbestandlicher Folgen eine **Garantenstellung** i.S.d. § 13 voraus. Diese kann sich bereits **aus gesetzlichen Pflichten** im Interesse besonders schutzwürdiger Belange Dritter ergeben, wie z. B. Aufklärungspflichten des Empfängers gegenüber Trägern von Sozialleistungen gemäß § 60 Abs. 1 SGB I[147] und des Rechtsanwalts gegenüber seinen Mandanten.[148] Auch die Wahrheitspflicht eines Zeugen kann bei unberechtigter Zeugnisverweigerung im Strafverfahren zur Strafbarkeit wegen Strafvereitelung durch Unterlassen führen.[149]

Die neuere Rspr. und Lit. unterscheiden im Übrigen nach dem Inhalt zwischen Obhuts- und Aufsichtsgarantenpflichten (Beschützer- und Überwachungsgarantenpflichten).

a) Obhutspflichten (Beschützergaranten)

83 **Natürliche Verbundenheit** erfasst vor allem die Verwandtschaft bei bestehender häuslicher Gemeinschaft, soweit sich aus ihr nach bürgerlichem Recht besondere Pflichten ergeben (z.B. §§ 1618a,[150] 1626 ff. BGB). Je höher der Verwandtschaftsgrad, desto enger ist der Kreis der sich aus ihr ergebenden Pflichten.[151] Eine Lebensrettungspflicht kann selbst im Fall einer gestörten häuslichen Gemeinschaft bestehen.[152] Unter Geschwistern ist eine Garantenstellung zur Lebensrettung nur bei Hinzutreten eines tatsächlichen Obhutsverhältnisses anzunehmen.[153] Gegenüber vorrangig Verpflichteten kann eine Garantenstellung auch subsidiär sein.[154]

84 **Soziale Nähebeziehungen** sind zunächst Ehe, Lebenspartnerschaft, Verlöbnis, eheähnliche Lebensgemeinschaften, vor allem soweit sich aus ihnen besondere bürgerlich-rechtliche Pflichten ergeben (z.B. § 1353 BGB).[155] Ob dies auch für Schwägerschaft gilt, ist streitig. Zum Teil wird auf den Begriff der nahestehenden Personen gemäß § 35 abgestellt. Auch Gefahrengemeinschaften, besondere Geschäftsbeziehungen und andere Verbindungen kann man hierher rechnen, soweit sie ein besonderes Vertrauen begründen,[156] nicht aber die bloße „Zechgemeinschaft".[157]

85 Die **tatsächliche Übernahme** von Schutzpflichten setzt kein wirksames Vertragsverhältnis voraus, sondern nur die tatsächliche Bereitschaft zum Schutz, sodass der Begünstigte oder sonst Hilfswillige auf die Erfüllung der Obhutspflichten berechtigterweise vertrauen dürfe. Auch im Rahmen eines Vertragsverhältnisses[158] oder seiner Anbahnung[159] muss ein solcher Vertrauenstatbestand bestehen. Auf die Wirksamkeit des Vertrages bzw. sein Zustandekommen kommt es dann aber nicht an.

Hierunter fallen auch die Garantenstellung des Arztes, der nicht kraft seiner beruflichen Stellung, sondern aufgrund der Übernahme der Behandlung oder des Bereitschaftsdienstes garantenpflichtig wird, sowie die Garantenstellung von Amtsträgern,[160] deren Reichweite allerdings streitig ist. Während ein Teil der Lit. den Amtsträger für obhutspflichtig nur hinsichtlich der von ihm wahrzunehmenden dienstlichen Belange hält, erstrecken die Rspr. und h.L. die Obhutspflicht auch auf

147 OLG Braunschweig NStZ 2015, 520; a.A. OLG Naumburg NStZ 2017, 690.

148 BGH NStZ 2015, 150 betr. die Aufklärung über die gesetzliche Vergütung vor Abschluss einer Erfolgshonorarvereinbarung.

149 OLG Hamm RÜ 2018, 431; a.A. Richter JA 2023, 529.

150 BGH RÜ 2022, 97 bei häuslicher Gemeinschaft.

151 BGH NStZ 2010, 214 zur Garantenstellung einer Schwangeren im Rahmen der Geburt; BGH RÜ 2018, 26.

152 BGH NStZ 2017, 401.

153 LG Kiel RÜ 2004, 194; BGH RÜ 2021, 573.

154 BGH RÜ 2018, 26.

155 BGH RÜ 2003, 497 zur Garantenstellung bei Getrenntleben; BGH RÜ 2017, 165.

156 BGH RÜ 2020, 231.

157 BGH RÜ 2023, 165.

158 BGH RÜ 2010, 231(Bad Reichenhall); OLG Bamberg NStZ-RR 2012, 248.

159 BGH NStZ 2017, 349; BGH RÜ 2019, 103.

160 OLG Nürnberg JuS 2018, 181.

Rechtsgüter der Allgemeinheit und die zur öffentlichen Sicherheit zählenden Rechtsgüter des Einzelnen, soweit deren Schutz in den Zuständigkeitsbereich des Amtsträgers fällt und die Notwendigkeit der Hilfeleistung im Zusammenhang mit der Dienstausübung entsteht. Die h.L. verlangt darüber hinaus, dass auch eine öffentlich-rechtliche Verpflichtung zum Einschreiten bestehen muss. Hierfür spricht das ultima-ratio-Prinzip des Strafrechts. Wenn nach öffentlichem Recht ein Absehen vom Einschreiten, vor allem bei Ermessensentscheidungen, erlaubt ist, kann das Nichteinschreiten nicht strafbar sein.

Eine Hilfeleistung gemäß § 323c Abs. 1 begründet noch keine Garantenstellung, solange sich hierdurch an der Lage des Opfers nichts ändert.[161]

b) Aufsichtspflichten (Überwachungsgaranten)

Ingerenz bedeutet die Verantwortlichkeit für Gefahren, die sich aus eigenem Vorverhalten ergeben. Voraussetzungen sind im Einzelnen[162] **86**

- ein Vorverhalten im Sinne einer strafrechtlich relevanten Handlung, das ein Unterlassen oder ein Tun gewesen sein kann,
- dass dieses Verhalten gefahrbegründend oder -erhöhend war,
- dass das Verhalten objektiv pflichtwidrig war (h.M.)
- und ein Pflichtwidrigkeitszusammenhang zwischen dem Erfolg und der vorherigen Pflichtverletzung.[163]

Durch das Vorverhalten muss die naheliegende Gefahr des Eintritts des konkreten tatbestandsmäßigen Erfolges verursacht worden sein, sodass bereits ein bloßes Untätigbleiben die Gefahr vergrößert, dass es zum Eintritt des tatbestandsmäßigen Erfolges kommt oder ein bereits eingetretener Schaden vertieft wird.[164] Eine schuldhafte Pflichtverletzung wird nicht vorausgesetzt.[165] Zum Teil wird eine Handlungspflicht auch an rechtmäßiges gefährdendes Vorverhalten geknüpft. Dagegen spricht, dass dies zu einer sachlich nicht gerechtfertigten Ausweitung der Garantenpflichten im Verhältnis der durch § 323c Abs. 1 sanktionierten allgemeinen Hilfspflicht führen würde und selbst die Nichtbeseitigung einer durch Notwehr gemäß § 32 geschaffenen Gefahrenlage als unechtes Unterlassungsdelikt zu ahnden wäre. Die h.M. verzichtet auf die Pflichtwidrigkeit des Vorverhaltens nur ausnahmsweise, wenn hierdurch in gerechtfertigter Weise eine dauernde Rechtsgutverletzung geschaffen wurde (z.B. Freiheitsberaubung durch Fesselung des auf frischer Tat betroffenen Diebes) und die rechtfertigenden Voraussetzungen später weggefallen sind oder die Schaffung der Gefahrenlage durch Aggressivnotstand gerechtfertigt war, ihre Aufrechterhaltung aber zur Abwendung des Schadens nicht mehr erforderlich ist.

Nach der Rspr. genügt es, wenn das Vorverhalten ein Sorgfaltsgebot verletzt, dessen Zweck gerade in dem Schutz des gefährdeten Rechtsguts liegt, und wenn durch sorgfaltsgemäßes Verhalten die Gefahr möglicherweise hätte vermieden werden können.[166] Nach a.A. müssen alle Zurechnungsvoraussetzungen vorliegen, sodass ein Fall von Ingerenz ausscheidet, wenn nicht feststeht, ob das Risiko durch pflichtgemäßes Vorverhalten vermeidbar war.

Garantenpflichtbegründend kann auch eine unvollkommene Hilfeleistung sein, wenn dadurch hilfswillige Dritte von der Hilfeleistung abgehalten werden oder das Opfer hierdurch einer Gefahrenlage ausgesetzt wird, die so vorher nicht bestanden hatte.[167]

Die tatsächliche Übernahme einer Garantenpflicht aus Ingerenz durch einen aus anderen Gründen nicht garantenpflichtigen Dritten ist in Rspr. und Lit. nicht anerkannt.

---

161 BGH RÜ 2020, 231; BGH RÜ 2023, 165.

162 Vgl. BGH NStZ 2012, 379 zur vorausgehenden Beteiligung an Misshandlungen des Opfers; BGH RÜ 2019, 231.

163 BGH HRRS 2008, 2095 zur Beteiligung an einem gemeinschaftlichen Diebstahl im Fall eines Exzesses der Mittäter.

164 BGH NStZ 2013, 578; BGH RÜ 2014, 305; BGH RÜ 2019, 369.

165 BGH RÜ 2024, 150.

166 BGHSt 34, 82.

167 BGH NJW 1993, 2628; BGH RÜ 2023, 165.

87 Eine **Verantwortung für das Handeln Dritter** kann sich aus einem rechtlich begründeten Unterordnungsverhältnis des Dritten für Sorgeberechtigte, Lehrer, Erzieher, Vorgesetzte[168] oder aus der Veranlassung des Handelns des Dritten ergeben.

Beispiel: Beteiligt sich jemand an schweren körperlichen Misshandlungen eines anderen durch einen Dritten und schafft dadurch die Gefahr einer Eskalation derart, dass der Dritte den anderen tot schlägt, so kann er verpflichtet sein, gegen die Tötungshandlung einzuschreiten.[169] Ob dies auch dann gilt, wenn die vorherige Beteiligung von Tötungsvorsatz getragen war, ist in der Rspr. umstritten.[170]

88 Die **Verantwortung für gefährdende Sachen** ergibt sich nicht allein aus der Beherrschung der Gefahrenquelle. Diese ist Voraussetzung für die Möglichkeit der Erfolgsabwendung, begründet aber noch nicht die Pflicht zum Einschreiten. Die Verpflichtung zur Abwendung von Gefahren, die von Sachen drohen, lässt sich nur auf eine besondere **rechtliche Verantwortung** (z.B. als Eigentümer oder Halter von Tieren, Kraftfahrzeugen etc.) oder die **Schaffung der Gefahrenquelle**[171] zurückführen. Ob diese Fallgruppe mit der zivilrechtlichen Verletzung von Verkehrssicherungspflichten deckungsgleich ist, hat die Rspr. offen gelassen,[172] ist aber anzunehmen.

Umstritten ist, ob sich aus den vorgenannten Umständen eine Garantenpflicht auch dann ergibt, wenn der drohende Erfolg auf einer eigenverantwortlichen Mitwirkung des Verletzten beruht. Insoweit ist zu differenzieren: Während die eigenverantwortlichen Selbst*schädigung* einer Garantenpflicht entgegensteht (s.u. Rn. 599 zur Teilnahme am Suizid), schließt das Vorliegen einer eigenverantwortlichen Selbst*gefährdung* nach der Rspr. eine Strafbarkeit nicht aus (str.).[173]

Beispiel:[174] Die Ermittlungen haben mit hinreichender Sicherheit folgendes ergeben: Der Beschuldigte A war Vorarbeiter in der Straßenbauabteilung der Stadt St, der außer ihm die Mitbeschuldigten S, K und B angehörten. Zwischen Februar 2006 und Juli 2008 wurde der ebenfalls beim städtischen Bauhof angestellte, aber in einer anderen Kolonne tätige Geschädigte D während der Arbeitszeit in Gegenwart des A wiederholt Opfer demütigender körperlicher Übergriffe vonseiten der Mitbeschuldigten, die hierfür bisweilen auch Knüppel, Ketten oder andere Werkzeuge verwendeten.

„a) Eine Garantenstellung könnte sich zum einen aus einer dem Beschuldigten von seiner Arbeitgeberin, der Stadt St, übertragenen Pflicht zum Schutz der Rechtsgüter des Geschädigten vor Angriffen durch Dritte ergeben.

Grundsätzlich traf die St eine Schutzpflicht aus § 618 BGB gegenüber dem Geschädigten. Des Weiteren war es der Stadt St möglich, durch Arbeitsvertrag mit dem Beschuldigten A diesem eine Schutzpflicht im Interesse nachgeordneter Mitarbeiter zu übertragen. Diese würde sich jedoch nicht auf den Geschädigten erstreckt haben. Dieser befand sich zu keinem der Tatzeitpunkte innerhalb des personellen Verantwortungsbereichs des Beschuldigten. Nach den Ermittlungen war der Beschuldigte weder der planmäßige Vorgesetzte des Geschädigten, noch war der Geschädigte ihm und der von ihm geführten Kolonne aus anderen Gründen, etwa vertretungsweise, zugeordnet.

b) In Betracht kommt eine Garantenstellung aus einer der St obliegenden und vom Beschuldigten im Rahmen des Arbeitsverhältnisses übernommenen Pflicht zur Überwachung der Mitbeschuldigten S, K und B mit dem Ziel, von diesen ausgehende Straftaten zum Nachteil des Geschädigten zu verhindern.

168 BGH NStZ 2018, 648, sog. strafrechtliche Geschäftsherrenhaftung.
169 BGH NStZ 1992, 31 (Bahnhofsfall); BGH NStZ 1993, 32 (Zechgelage).
170 BGH RÜ 2010, 22.
171 BGH NStZ 2012, 319 (GBL I); BGH RÜ 2016, 167 (GBL II).
172 BGH NJW 1990, 2560 (Lederspray-Fall).
173 BGH RÜ 2016, 167; NJW 2015, 176 m. abl. Anm. Schiemann.
174 BGH RÜ 2012, 97.

Aus der Stellung als Betriebsinhaber bzw. Vorgesetzter kann sich je nach den Umständen des einzelnen Falles eine Garantenpflicht zur Verhinderung von Straftaten nachgeordneter Mitarbeiter ergeben. Diese beschränkt sich indes auf die Verhinderung betriebsbezogener Straftaten und umfasst nicht solche Taten, die der Mitarbeiter lediglich bei Gelegenheit seiner Tätigkeit im Betrieb begeht. Betriebsbezogen ist eine Tat dann, wenn sie einen inneren Zusammenhang mit der betrieblichen Tätigkeit des Begehungstäters oder mit der Art des Betriebes aufweist. Dagegen besteht aus diesem Grunde keine Verpflichtung, auch solche Taten von voll verantwortlich handelnden Angestellten zu verhindern, die nicht Ausfluss seinem Betrieb oder dem Tätigkeitsfeld seiner Mitarbeiter spezifisch anhaftender Gefahren sind, sondern die sich außerhalb seines Betriebes genauso ereignen könnten. Hier standen die Misshandlungen des Geschädigten weder in einem inneren Zusammenhang zu von den Mitbeschuldigten im Rahmen des Arbeitsverhältnisses zu erbringenden Tätigkeit, noch hat sich in ihnen eine gerade dem Betrieb des städtischen Bauhofs spezifisch anhaftende Gefahr verwirklicht. Insbesondere war den Mitbeschuldigten die Schikanierung des Geschädigten weder als Teil der ‚Firmenpolitik' – etwa um einen unliebsamen Mitarbeiter zum Verlassen des Unternehmens zu bewegen – von der Betriebsleitung aufgetragen worden, noch nutzten die Mitbeschuldigten ihnen durch ihre Stellung im Betrieb eingeräumte Machtbefugnisse zur Tatbegehung aus. Danach handelte es sich bei den Misshandlungen des Geschädigten D durch die Mitbeschuldigten nicht um betriebsbezogene Straftaten.

Eine Garantenstellung lag danach nicht vor."

Im Weiteren ist danach auf eine Strafbarkeit gemäß § 323c Abs. 1 einzugehen.

5. Die Entsprechungsklausel

Bei reinen Erfolgsdelikten, deren Unrechtsgehalt sich in der zurechenbaren Verursachung eines Erfolges erschöpft, spielt die Entsprechungsklausel nach h.M. keine Rolle. Das Erfordernis der Vergleichbarkeit von Unterlassen und Tun hat eine eigenständige Bedeutung nur bei verhaltensgebundenen Delikten, deren Unrechtsgehalt sich im Wesentlichen auch aus der Art und Weise der Tatbegehung ergibt (Modalitätenäquivalenz). 89

Beispiele: Eine heimtückische Tötung durch Unterlassen ist daher zwar grundsätzlich möglich, setzt aber auch voraus, dass der Unterlassungstäter die Arg- und Wehrlosigkeit des Opfers zur Tötung bewusst ausnutzt. Einer weiteren Prüfung der Vergleichbarkeit bedarf es darüber hinaus nicht.

Ob die Begehung des § 211 mit gemeingefährlichen Mitteln durch Unterlassen möglich ist, ist umstritten. Manche[175] halten dies für möglich. Nach Rspr.[176] und h.Lit. reicht jedoch das Ausnutzen einer vorgefundenen gemeingefährlichen Lage nicht aus.

Das Nichteinschreiten gegen einen hinterlistigen Überfall ist seinerseits nicht durch ein planmäßiges Vorgehen unter Verdeckung der wahren Absichten geprägt und stellt daher keine gefährliche, sondern nur eine einfache Körperverletzung durch Unterlassen dar.

Ob ein gemeinschaftliches Unterlassen den Tatbestand der §§ 224 Abs. 1 Nr. 4, 13 erfüllen kann, ist unter den Senaten des BGH umstritten.[177] Dafür wird die gefahrerhöhende Wirkung des gemeinsamen Tatplans angeführt. Dagegen spricht, dass die Gemeinschaftlichkeit der Begehung für diesen Tatbestand weder erforderlich noch ausreichend ist und weder die Möglichkeit zur Flucht oder Verteidigung beeinträchtigt, noch die Gefahr erheblicher Verletzungen begründet. Hiernach scheitert die Strafbarkeit an der fehlenden Modalitätenäquivalenz.

175 Fischer § 211 Rn. 61 m.w.N.

176 BGHSt 34, 13; BGH NStZ 2010, 87.

177 Vgl. einerseits BGH RÜ 2023, 573 (bejahend), andererseits BGH RÜ 2023, 639 (ablehnend).

6. Die Unzumutbarkeit normgemäßen Verhaltens

90 Die Unzumutbarkeit kann beim unechten Unterlassungsdelikt den Tatbestand oder die Schuld ausschließen. Bei der Prüfung der Garantenstellung sind Chancen und Risiken der zur Abwendung des Erfolgs gebotenen Handlung gegeneinander abzuwägen. Danach kann eine Handlungspflicht unter den konkreten Umständen entfallen.

Beispiel:[178] Die Frau des Angeklagten sprang in Selbsttötungsabsicht, ohne die Tragweite ihres Handelns zu erkennen, vom Dach eines Rheinschiffs in den Fluss. Der Angeklagte, der 2 m weiter gestanden hatte, tat nichts, um sie zu retten. Zur Tatzeit, 20.35 Uhr, herrschte Dunkelheit, Außentemperatur 11–12 °C, Wassertemperatur 9,5 °C, 3 m Wassertiefe, mäßige bis starke Fließgeschwindigkeit. Der Angeklagte hatte zur Tatzeit eine BAK von 2,7 ‰. Erst eine Stunde später alarmierte er die 700 m weiter flussabwärts befindliche Wasserschutzpolizei. – Der BGH hat eine Verpflichtung, zur Rettung der Frau ins Wasser zu springen, verneint, weshalb bereits der Tatbestand des Totschlags ausgeschlossen war.

Bestand eine Garantenpflicht, so kann deren Nichterfüllung jedoch entschuldigt sein. Bei der unterlassenen Hilfeleistung gemäß § 323c Abs. 1 stellt die Unzumutbarkeit der Hilfeleistung nach der Rspr. ein Tatbestandsmerkmal dar.[179]

7. Rechtfertigung

91 Als Rechtfertigungsgrund kommt für Unterlassungsdelikte insbesondere die rechtfertigende Pflichtenkollision in Betracht (s.u. 3. Abschnitt).

3. Abschnitt: Rechtfertigungsgründe

A. Allgemeines

I. Welche Rechtfertigungsgründe sind zu prüfen?

92 Die Rechtfertigung tatbestandsmäßigen Handelns kann auf das Prinzip der **Interessenpreisgabe** oder des **überwiegenden Interesses** gestützt werden. Im ersten Fall kommt vor allem eine rechtfertigende Einwilligung in Betracht. Die übrigen Rechtfertigungsgründe beruhen auf dem zweiten Prinzip, die mutmaßliche Einwilligung kann auf beiden Grundsätzen beruhen.

Wo sie in Betracht kommt, sollte danach **vorrangig** eine **rechtfertigende** oder **mutmaßliche Einwilligung** geprüft werden. Bei der Prüfung der übrigen Rechtfertigungsgründe ist der **Spezialitätsgrundsatz** zu beachten. Das Fehlen der Voraussetzungen einer Spezialregelung kann zur Unanwendbarkeit der allgemeineren Vorschrift führen.

So erscheint fraglich, ob das Fehlen der Voraussetzungen des § 904 BGB durch den Rückgriff auf § 34 umgangen werden kann. Eine durch § 127 Abs. 1 S. 1 StPO nicht gerechtfertigte Festnahme durch Private kann auch nicht auf § 34 gestützt werden, da § 127 StPO diesen Fall abschließend regelt. Andererseits ist eine Notstandshilfe gemäß § 34 durch Private gegen eine Gefahr für öffentliche Interessen zulässig, auch wenn das öffentliche Recht hierzu keine Regelung enthält.

Im Übrigen sind diejenigen Rechtfertigungsgründe mit den weitest reichenden Eingriffsbefugnissen vorrangig zu prüfen. Ist die Erfüllung eines Tatbestandes durch einen Rechtfertigungsgrund gedeckt, brauchen die nachrangigen Regeln nicht auch noch geprüft zu werden. Die Rechtfertigung ist jedoch teilbar. Erfüllt eine Handlung mehrere Tatbestände, so kann der eine durch einen Rechtfertigungsgrund, der andere nur durch einen anderen oder gar nicht gerechtfertigt sein.[180]

---

178 BGH NStZ 1994, 29 (Rheinschiffer-Fall).

179 BGHSt 17, 166, 170.

180 Vgl. BGH NStZ 1994, 184: Gerechtfertigter Totschlag im Rahmen einer nicht gerechtfertigten Schlägerei gem. § 231.

II. Voraussetzungen und Folgen von Rechtfertigungsgründen

Der Prüfungsaufbau von Rechtfertigungsgründen nach dem Grundsatz überwiegender Interessen folgt fast immer einem gleich bleibenden Schema. Die Rechtfertigung setzt eine bestimmte **93**

- **Konfliktlage** voraus, bei deren Vorliegen nur bestimmte
- **Eingriffshandlungen** gerechtfertigt sind. Danach ist zu prüfen, in welchen
- **Schranken** die Handlung gerechtfertigt ist. Schließlich setzt die Rechtfertigung ein
- **subjektives Rechtfertigungselement** voraus,[181] und zwar die Kenntnis der objektiv maßgeblichen Umstände sowie – nach st.Rspr. – eine bestimmte Zweckrichtung der Handlung, die vom jeweiligen Rechtfertigungsgrund abhängt.

Umstritten sind die Folgen des Irrtums über die Rechtswidrigkeit der Tat. Dies ist jedoch erst zu prüfen, nachdem die objektiven Voraussetzungen von Rechtfertigungsgründen geprüft wurden (s.u. Rn. 162 ff.).

Ist eine tatbestandsmäßige Handlung gerechtfertigt, so liegt **kein rechtswidriger Angriff** i.S.d. § 32 vor, sodass Notwehr dagegen nicht zulässig ist. Außerdem handelt es sich um **keine rechtswidrige Tat** gemäß § 11 Abs. 1 Nr. 5, sodass eine Teilnahme gemäß §§ 26, 27 oder Anschlussstraftaten gemäß §§ 257, 258, 259 ff. nicht mehr in Betracht kommen.

B. Rechtfertigung nach dem Prinzip der Interessenpreisgabe

Soweit der jeweilige Inhaber über das durch den Tatbestand geschützte Rechtsgut verfügen kann, kann seine Zustimmung die Strafbarkeit der Tathandlung ausschließen. Nach h.M. ist jedoch zu unterscheiden, ob die Zustimmung **94**

- den Tatbestand ausschließt (tatbestandsausschließendes Einverständnis),
- die Rechtswidrigkeit beseitigt (rechtfertigende Einwilligung), oder
- als mutmaßlich erteilt die Tat rechtfertigt (mutmaßliche Einwilligung).

I. Die rechtfertigende Einwilligung

Sofern nicht schon der Tatbestand einen entgegenstehenden Willen des Berechtigten voraussetzt (s.o. Rn. 20), kann die Einwilligung rechtfertigende Wirkung haben. **95**

Aufbauschema: Rechtfertigende Einwilligung
■ Zulässigkeit
■ Einwilligungsfähigkeit
■ Erklärung frei von Willensmängeln
■ Kenntnis der Umstände und Handeln aufgrund der Einwilligung

1. Zunächst muss die **Einwilligung zulässig** sein. Voraussetzung ist dafür, dass das geschützte Rechtsgut der Verfügung des Einwilligenden unterliegt. Daher kommt eine rechtfertigende Einwilligung nach der Rspr. bei Tatbeständen, die ausschließlich oder auch dem Schutz von Allgemeininteressen dienen, nicht in Betracht.

Beispiele: § 164 dient vornehmlich dem Schutz der Rechtspflege; daher kann der Verdächtigte nicht einwilligen. § 315c dient dem Schutz der Sicherheit des Straßenverkehrs; daher kann der Gefährdete nicht einwilligen (str.). §§ 306 und 306a Abs. 2 sind zwar in dem Abschnitt über gemeinge-

181 BGHSt 2, 111; 5, 245.

fährliche Straftaten geregelt; da sie jedoch nach h.M. dem Schutz des Eigentums bzw. der Person dienen, kann der Eigentümer bzw. die gefährdete Person einwilligen.

Bei Körperverletzungsdelikten ist die Einwilligung gemäß § 228 unwirksam, wenn die Tat trotz der Einwilligung gegen die guten Sitten verstößt. Dabei kommt es nicht auf die Sittenwidrigkeit der Einwilligung, sondern auf diejenige der Tat an. Maßgeblich ist hierfür nicht der Zweck der Handlung, sondern der Grad der sich aus ihr ergebenden Gefahr für das Leben des Opfers.[182] Jedoch kann der sich aus der Gefährlichkeit ergebende Verstoß gegen die guten Sitten durch den billigenswerten Zweck der Tat – wie z.B. bei einem lebensgefährlichen ärztlichen Heileingriff – kompensiert werden. Körperverletzungen im Rahmen von einvernehmlichen Schlägereien zwischen rivalisierenden Gruppen verstoßen wegen der gruppendynamisch bedingten Eskalationsgefahr auch dann gegen die guten Sitten, wenn sie nicht mit konkreter Lebensgefahr verbunden waren, wenn nicht risikobegrenzende Absprachen und effektive Sicherungen für deren Einhaltung getroffen wurden.[183] Darüber hinaus ergibt sich nach der Rspr. ein Sittenverstoß der Tat ggf. auch dann, wenn diese den Tatbestand des § 231 erfüllt, und zwar unabhängig davon, ob die Tat zum Eintritt schwerer Folgen i.S.d. § 231 Abs. 1 geführt hat.[184] Nach h.M. ist § 228 nicht Ausdruck eines allgemeinen Rechtsgrundsatzes und findet daher auf andere Delikte keine, auch keine analoge Anwendung.

Des Weiteren ist, von Fällen zulässiger Sterbehilfe abgesehen, bei Tötungsdelikten die sich aus § 216 ergebende Einwilligungssperre zu beachten. Die frühere Rspr.[185] hielt aus diesen Gründen eine Einwilligung in eine das Leben gefährdende Handlung für unwirksam. Die heutige Rspr.[186] erkennt jedoch die Möglichkeit rechtfertigender Einwilligung in den Grenzen an, die sich aus den Wertungen der §§ 216, 228 ergeben.

96 **2.** Da es sich um einen Verzicht auf den strafrechtlichen Schutz des Rechtsgutes handelt, ist außerdem die **Einsichtsfähigkeit** in Bedeutung und Tragweite der Erklärung und des Rechtsguteingriffs erforderlich. Bei nicht einwilligungsfähigen Minderjährigen können folglich nur die personensorgeberechtigten Vertreter einwilligen. Allerdings soll nach der Rspr. des BGH auch ein Fünfzehnjähriger regelmäßig einwilligungsfähig in die mit einer verabredeten Prügelei verbundenen Körperverletzungen sein.[187] Enthält die Einwilligung eine Verfügung über Vermögenswerte, so wird zum Teil konsequenterweise auf die §§ 107 ff. BGB abgestellt.

97 **3.** Weitere Voraussetzung ist die **ausdrückliche** oder **schlüssige**[188] **Erklärung** der Einwilligung **vor** und ihr **Fortbestehen bei der Tat**. Die stillschweigende Duldung genügt daher nicht. **Willensmängel**, wie Täuschung, Irrtum und Zwang **schließen die Wirksamkeit** der Einwilligung **aus**. Dies gilt jedoch nur, wenn der Willensmangel rechtsgutbezogene Tatumstände betrifft.[189] Daher ist nicht jeder Motivirrtum relevant. Bei ärztlichen Heileingriffen sind insbesondere die §§ 630d und 630e BGB zu berücksichtigen.

98 **4.** Als subjektives Rechtfertigungselement ist die **Kenntnis des Täters** von der Einwilligung und nach der Rspr. ein **Handeln aufgrund der Einwilligung** erforderlich.

---

182 BGHSt 49, 34; BGH NStZ 2004, 204; BGH NJW 2004, 2458; BGH HRRS 2018 Nr. 873; BGH JA 2021, 425; BGH RÜ 2021, 508; Überblick bei Magnus NStZ 2024, 71.

183 BGH RÜ 2013, 302; BGH JA 2021, 425; BGH RÜ 2021, 508.

184 BGH RÜ 2015, 305; NJW 2015, 1540 m. abl. Anm. Mitsch; abl. Anm. Knauer HRRS 2015, 435.

185 BGHSt 4, 88, 93.

186 BGH RÜ 2009, 164 (Autorennen).

187 BGH JA 2021, 425.

188 BGH RÜ 2021, 508.

189 OLG Köln RÜ 2019, 505 betr. Unkenntnis eines Boxers vom Doping seines Gegners; BGH RÜ 2024, 383 betr. den Irrtum über die medizinische Qualifikation des Arztes und das Ausmaß des mit einem medizinischen Eingriff verbundenen Risikos.

II. Die hypothetische Einwilligung

Darüber hinaus ist in der Rspr. des BGH – anders die h.Lit. – inzwischen das Institut der hypothetischen Einwilligung anerkannt.[190] Danach kann ein ärztlicher Heileingriff, der nach st.Rspr. den Tatbestand einer Körperverletzung erfüllt, auch dann gerechtfertigt sein, wenn der Patient nicht ausreichend gemäß § 630e BGB aufgeklärt wurde, aber anzunehmen ist, dass er im Falle ordnungsgemäßer Aufklärung ebenfalls eingewilligt hätte. Für die Feststellung dieser Voraussetzungen gilt der Zweifelssatz. **99**

Die hypothetische Einwilligung ist durch § 630h Abs. 2 S. 2 BGB inzwischen gesetzlich verankert. War der Eingriff hiernach zivilrechtlich gerechtfertigt, so kann er nicht strafbar sein.[191] Anderes gilt, wenn der Patient zielgerichtet getäuscht wurde.[192]

Die dogmatische Einordnung der hypothetischen Einwilligung ist ungeklärt. Wir empfehlen, sie als Ausnahme davon zu prüfen, dass Willensmängel infolge mangelhafter Aufklärung gemäß § 630e BGB zur Unwirksamkeit der Einwilligung führen.

III. Die mutmaßliche Einwilligung

Auch wenn eine Einwilligung des Berechtigten tatsächlich nicht vorliegt, kann die Tathandlung nach Gewohnheitsrecht gerechtfertigt sein, wenn und weil der Berechtigte nach den Umständen seine Zustimmung mutmaßlich erklärt hätte, weil durch die Tat schutzwürdige Belange nicht verletzt oder überwiegende Belange gewahrt wurden. Für den ärztlichen Heileingriff ist die mutmaßliche Einwilligung inzwischen durch die §§ 630d Abs. 1 S. 4 und 1827 Abs. 2 BGB gesetzlich anerkannt. **100**

Aufbauschema: Mutmaßliche Einwilligung

- Zulässigkeit und Einwilligungsfähigkeit des Betroffenen
- Subsidiarität gegenüber dem tatsächlichen Willen
- Übereinstimmung mit dem mutmaßlichen Willen
- Gewissenhafte Prüfung des Willens und Absicht, dem gerecht zu werden

1. Voraussetzung ist – wie bei der rechtfertigenden Einwilligung –, deren **Zulässigkeit** und die **Einwilligungsfähigkeit** des Berechtigten. **101**

2. Da der tatsächliche Wille stets Vorrang genießt, ist Voraussetzung für den Rückgriff auf die mutmaßliche Einwilligung, dass **kein entgegenstehender Wille** des Berechtigten besteht und seine **Entscheidung** auch **nicht rechtzeitig einholbar** ist. Letzteres ist jedoch entbehrlich, wenn der Berechtigte kein Interesse an der Erhaltung des Rechtsgutes hat oder die Einholung seiner Entscheidung – wie z.B. bei notärztlichen Behandlungen – mit nicht hinnehmbaren Risiken für ihn verbunden wäre. **102**

3. Entscheidendes Kriterium für die Rechtfertigung ist, dass der Berechtigte die Einwilligung mutmaßlich erteilt hätte, weil er an der Erhaltung des betroffenen Rechtsgutes kein sachliches Interesse hatte **(Interessenpreisgabe)** oder nach Abwägung seiner Interessen durch die Tat überwiegende Belange geschützt wurden **(GoA-Prinzip)**. Wesentlich ist hierbei, dass es bei der erforderlichen Interessenabwägung primär auf die **persönlichen** Umstände, Wünsche, Bedürfnisse und **Wertvorstellungen des Berechtigten** ankommt, auch wenn diese von der objektiven Werteordnung abweichen. Nur wenn hierfür kein Anhaltspunkt besteht, kommt es darauf an, was gemeinhin als vernünftig und normal anzusehen ist.[193] **103**

---

190 BGH NJW 2013, 1688; BGH NStZ 2012, 205; BGH StV 2004, 376; BGH StV 2008, 189; dagegen jedoch ausdrücklich AG Moers JA 2016, 472.

191 A.A. Conrad/Koranyi JuS 2013, 979.

192 BGH NJW 2013, 1688.

193 BGHSt 35, 246; 45, 219.

104 **4.** Subjektive Voraussetzung der Rechtfertigung ist nach der Rspr. eine **gewissenhafte Prüfung** des mutmaßlichen Willens des Berechtigten und die **Absicht**, diesem Willen gerecht zu werden. Im Falle eines Motivbündels entfällt dies nur, wenn es durch andere Motive völlig in den Hintergrund gedrängt wird.[194]

C. Rechtfertigung nach dem Prinzip überwiegenden Interesses

105 Von den übrigen Rechtfertigungsgründen sollten aus Gründen der Spezialität zunächst die öffentlich-rechtlichen, die zivilrechtlichen und erst danach die strafrechtlichen Regeln in Betracht gezogen werden.

I. Das Festnahmerecht gemäß § 127 Abs. 1 S. 1 StPO

106 Im Interesse einer wirksamen Strafrechtspflege gestattet § 127 Abs. 1 S. 1 StPO jedermann die vorläufige Festnahme eines Straftäters. Diese Befugnis steht ansonsten nur den Strafverfolgungsorganen gemäß §§ 127 Abs. 2, 112 StPO zu.

Aufbauschema: Festnahmerecht gemäß § 127 Abs. 1 S. 1 StPO

- Auf frischer Tat betroffen oder verfolgt und Fluchtverdacht oder Identität nicht sofort feststellbar
- Festnahmehandlung und Verhältnismäßigkeit
- Kenntnis der Umstände und Handeln im Interesse der Strafverfolgung

107 **1.** Voraussetzung ist zunächst, dass der Festgenommene **auf frischer Tat betroffen** oder **verfolgt** wurde. Einschränkende Voraussetzung ist, dass der Betroffene **der Flucht verdächtig** ist oder seine **Identität nicht sofort festgestellt** werden kann.

Tat ist nur eine strafbare Handlung, auch der Versuch, soweit strafbar; eine Festnahme zur Verfolgung von Ordnungswidrigkeiten sieht das Gesetz nicht vor, vgl. § 46 Abs. 3 OWiG. Als Maßnahme mit repressivem Charakter muss es sich um eine schon begangene Tat handeln. § 127 StPO dient nicht der Verhütung bevorstehender Straftaten. Insoweit wäre § 32 einschlägig.

Heftig umstritten ist die Frage, ob die **Tat tatsächlich begangen** worden sein muss,[195] oder ob zur Rechtfertigung der Festnahme auch ein **dringender Tatverdacht**[196] oder ein **keinem vernünftigen Zweifel unterliegender Verdacht**[197] genügt.

Eine erforderliche Stellungnahme zu dieser Frage könnte wie folgt aussehen:

„Dafür, dass ein dringender Tatverdacht genügt, spricht, dass der Festnehmende im öffentlichen Interesse tätig wird und andernfalls das Risiko zu tragen hätte, dass sich der Verdacht später als unzutreffend erweist. In diesem Falle wäre er einer Notwehr des Festgenommenen ausgesetzt und würde hierdurch von der Wahrnehmung der sich aus § 127 Abs. 1 S. 1 StPO ergebenden Befugnisse abgehalten. Damit liefe der kriminalpolitische Zweck der Vorschrift ins Leere.

Dagegen spricht aber der systematische Zusammenhang zu Abs. 2, nach dem die Verfolgungsorgane bereits bei Vorliegen der Voraussetzungen eines Haftbefehls – also dringendem Tatverdacht – zur Festnahme befugt sind. Diese Befugnis ist das Korrelat zu der für die Verfolgungsorgane bestehenden strafrechtlich abgesicherten (§§ 258, 258a, 13!) Verpflichtung zum Einschreiten. Eine derartige Verpflichtung

194 BGH NStZ 2021, 1643.

195 KG VRS 45, 35; OLG Celle NJW 1971, 154; OLG Hamburg NJW 1972, 1290; OLG Hamm NJW 1972, 1826; NJW 1977, 590; Fischer vor § 32 Rn. 7a; Meyer-Goßner/Schmitt § 127 Rn. 4.

196 BGH NJW 1981, 745; OLG Zweibrücken NJW 1981, 2016.

197 OLG Hamm JA 2016, 150; OLG Hamm NStZ 1998, 370; OLG Koblenz DVBl 2008, 1070; BayObLG MDR 1986, 956.

besteht nicht für jedermann, weshalb es sachgerecht erscheint, dem Festnehmenden das Risiko aufzuerlegen, ob der Verdacht sich bestätigt. Ferner wäre, falls ein dringender Tatverdacht genügt, die Festnahme durch Verfolgungsorgane gemäß Abs. 2 wegen des Erfordernisses der Gefahr im Verzug an strengere Voraussetzungen geknüpft, als diejenige durch jedermann gemäß § 127 Abs. 1 StPO.

Für das Erfordernis einer tatsächlich begangenen Tat spricht darüber hinaus der Wortlaut des Gesetzes, der im Unterschied zu anderen strafprozessualen Eingriffsnormen einen Verdacht, gleich welcher Art, nicht ausreichen lässt. Ein mit den Mitteln der StPO durchzusetzender Strafanspruch besteht nur im Fall einer tatsächlich begangenen Tat. Zudem geht es nicht an, dem Unschuldigen allein wegen einer objektiven Verdachtslage das Notwehrrecht gegen eine sachlich unberechtigte Festnahme zu nehmen."

Für die Strafbarkeit des Festnehmenden ist der Streit von geringer praktischer Relevanz, da auf der Basis der zuerst genannten Auffassung die irrige Annahme einer Tat zur Anwendung der Regeln über den Erlaubnistatbestandsirrtum führt, die eine Strafbarkeit des Festnehmenden gemäß § 239 ausschließen. In Betracht käme allenfalls eine fahrlässige Körperverletzung gemäß § 229.

Von Bedeutung ist er jedoch für das Notwehrrecht des Festgenommenen. Zwar setzt sich der Festnehmende im Fall einer objektiv unberechtigten Festnahme dem Risiko einer Notwehr durch den Festgenommenen aus; jedoch wird diese Notwehr wegen der regelmäßig erkennbar irrigen Annahme eines Festnahmerechts unter dem Gesichtspunkt des Gebotenseins nur eingeschränkt zulässig sein.[198]

Die Tat ist noch **frisch**, wenn der Festgenommene in unmittelbarer räumlicher und zeitlicher Nähe zur Tat betroffen wurde. Auf frischer Tat **verfolgt** wird der Festgenommene, wenn die Festnahme im Rahmen der Nacheile auch außerhalb des Tatortbereichs und nach längerer Dauer erfolgt.

2. Gerechtfertigt ist in dieser Lage die Festnahme, d.h. die **Beschränkung der Fortbewegungsfreiheit** auch mit dem Mittel körperlichen Zwangs. § 127 Abs. 1 StPO rechtfertigt danach Freiheitsberaubung, Nötigung und, soweit zur Festnahme erforderlich, auch Körperverletzung, nicht jedoch gezielten Schusswaffengebrauch[199] oder andere tatbestandsmäßige Handlungen. **108**

3. Außerdem ist der **Verhältnismäßigkeitsgrundsatz** zu beachten. Die Handlung muss also zur Festnahme geeignet, erforderlich und angemessen sein. Das verbietet es regelmäßig – jedenfalls bei Straftaten von geringem Gewicht –, zur Fluchtverhinderung Handlungen vorzunehmen, die zu einer ernsthaften Gesundheitsbeschädigung oder zu einer unmittelbaren Lebensgefährdung führen.[200] Auch die Strafverfolgungsorgane können sich auf § 127 Abs. 1 StPO berufen, nicht jedoch bei einer Festnahme ausschließlich zur Identitätsfeststellung, da insoweit wegen Abs. 1 S. 2 die Regelungen der §§ 163b und 163c StPO vorrangig sind. **109**

4. Das subjektive Rechtfertigungselement setzt die **Kenntnis der Tat** voraus, deretwegen die Festnahme erfolgt, und das Handeln zu dem **Zweck, den Festgenommenen** wegen dieser Tat **der Strafverfolgung zuzuführen.**[201] **110**

Das Fehlen dieser Voraussetzung führt – anders als bei anderen Rechtfertigungsgründen (s.u. Rn. 164) – wegen des notwendigen Zweckbezugs nicht nur zur Versuchsstrafbarkeit, sondern nach allgemeiner Auffassung zur Strafbarkeit wegen vollendeter Freiheitsberaubung bzw. Körperverletzung.

---

198 OLG Hamm JA 2016, 150; OLG Hamm NStZ 1998, 370; BayObLG MDR 1986, 956.

199 BGH RÜ 2023, 369.

200 BGH NStZ 2007, 303; BGH NStZ 2000, 603.

201 BGH RÜ 2023, 369.

II. Die Selbsthilferegeln des BGB

111 Das Bürgerliche Recht enthält eine Reihe von Selbsthilferegeln, die wegen der ultima-ratio-Funktion des Strafrechts auch im Strafrecht anwendbar sind. Zu nennen sind insbesondere die allgemeinen Regeln der §§ 229, 230 BGB sowie die Selbsthilfe des Vermieters und Verpächters, §§ 561, 581 Abs. 2 BGB, des Gastwirts, § 704 BGB, und des Besitzers, § 859 BGB.

Insoweit ist zunächst der Spezialitätsgrundsatz zu beachten, nach dem die letztgenannten Regeln dem § 229 BGB vorgehen. Des Weiteren rechtfertigen die Selbsthilferegeln immer nur die in ihnen jeweils beschriebenen Handlungen, gelten also nicht für alle Tatbestände. Schließlich gilt auch für die Selbsthilferegeln außer den in ihnen normierten Schranken der Grundsatz der Verhältnismäßigkeit. § 859 BGB rechtfertigt nach der Rspr. nicht die Wiederherstellung von verbotenem Besitz z.B. an illegalen Drogen.[202] Zu prüfen ist auch jeweils das subjektive Rechtfertigungselement.

Hinsichtlich § 229 BGB ist in der Rspr. anerkannt, dass sich aus einem Schuldverhältnis als Nebenpflicht auch die Verpflichtung zur Angabe der Personalien ergeben kann, um dem anderen Beteiligten die Möglichkeit zur gerichtlichen Klärung der streitigen Hauptpflicht zu geben. Aus § 229 BGB folgt daher das Recht, den zur Personalienangabe Verpflichteten bis zum Eintreffen der Polizei festzuhalten.[203]

III. Die Notwehr gemäß § 32

112 Die Rechtfertigung einer Tat durch Notwehr beruht auf dem Grundprinzip, dass das Recht dem Unrecht nicht zu weichen braucht. Notwehr dient daher nicht nur dem Rechtsgüterschutz, sondern auch der Bewährung der Rechtsordnung insgesamt.

Aufbauschema: Notwehr gemäß § 32

- Notwehrlage
- Verteidigungshandlung
  - Gegen den Angreifer
  - Erforderlichkeit: Geeignet und mildestes Mittel
  - Geboten
- Kenntnis der Umstände und Handeln zum Zweck der Verteidigung

1. Notwehrlage

113 Erforderlich ist ein **gegenwärtiger rechtswidriger Angriff**. Ob dies der Fall ist, ist **objektiv ex post** zu beurteilen, also nicht aus der Sicht des Notwehrübenden, sondern im Wege einer objektiv nachträglichen Betrachtung.[204]

114 Unter **Angriff** ist jede **von menschlichem Verhalten ausgehende Beeinträchtigung rechtlich geschützter Interessen** zu verstehen.

Grundsätzlich ist **jedes rechtlich geschützte Interesse**, sei es ein eigenes oder ein fremdes (Nothilfe) notwehrfähig. Jedoch ergeben sich folgende Einschränkungen: Nothilfe zugunsten **allgemeiner Interessen (Staatsnothilfe)** ist nur subsidiär zulässig zur Verteidigung existenzieller staatlicher Güter, deren Schutz zu gewährleisten die staatlichen Organe nicht in der Lage sind. Zur Wahrung der öffentlichen Ordnung sind die staatlichen Organe auf der Grundlage des öffentlichen Rechts berufen.

202 BGH NJW 2015, 2898; a.A. Jäger JA 2015, 874.
203 BGH RÜ 2011, 432; OLG Düsseldorf NStZ 1991, 599.
204 BGH NStZ 2006, 152.

Entgegen einer vereinzelten Ansicht[205] sind Tiere keine Rechtsgutträger und das Tierwohl als öffentliches Interesse (Art. 20a GG) nicht nothilfefähig. In Betracht kommt aber Notstandshilfe gemäß § 34.[206]

Fremde Individualinteressen, auch staatliche – z.B. öffentliches Eigentum –, dürfen nicht gegen den Willen des Rechtsgutträgers wahrgenommen werden. **Aufgedrängte Nothilfe rechtfertigt nicht**. Bei der Verteidigung der allgemeinen Handlungsfreiheit müssen im Interesse eines geordneten Zusammenlebens Einschränkungen gemacht werden.

So ist z.B. die freie Teilnahme am Straßenverkehr, auch soweit sie durch die StVO ausdrücklich geschützt wird (z.B. § 12 Abs. 5 – Parklückenregelung), nur gegen verkehrsfremde Eingriffe geschützt, die ihrerseits die Schwelle zur strafbaren Nötigung überschreiten.[207]

Gegenwärtig ist der Angriff, wenn er **unmittelbar bevorsteht oder noch andauert**. **115**
Bei einem vorsätzlichen Angriff ist das die dem Versuchsbeginn unmittelbar vorgelagerte Handlung, wenn also das Verhalten des Angreifers unmittelbar in eine Rechtsgutsverletzung umschlagen kann, sodass durch das Hinausschieben einer Abwehrhandlung entweder deren Erfolg infrage gestellt wäre oder der Angegriffene das Wagnis erheblicher eigener Verletzungen auf sich nehmen müsste.[208] Ein rechtswidriger Zustand ist aber keine Notwehrlage. Die von der Rspr. bisweilen angenommene darüber hinausgehende notwehrähnliche Lage wird überwiegend nicht anerkannt, sondern als Notstandslage gemäß § 34 behandelt.

RÜ-Video 01/18

Rechtswidrig ist der Angriff nach einer Auffassung, wenn er **objektiv im Widerspruch zur Rechtsordnung** steht, nach a.A. wenn der Angegriffene **nicht zur Duldung der Rechtsgutverletzung verpflichtet** ist. Danach besteht Einigkeit darüber, dass ein gerechtfertigtes Handeln keinen rechtswidrigen Angriff darstellt.[209] In der praktischen Anwendung ergibt sich im Regelfall kein Unterschied. Sind wechselseitige Körperverletzungen von beiderseitiger Einwilligung gedeckt (sog. einverständliche Prügelei; beachte aber die Einschränkungen oben Rn. 95 f.), so liegt keine Notwehrlage vor.[210] Diese entsteht erst, wenn die Körperverletzung über das hinausgeht, was durch die Einwilligung gedeckt ist.[211] **116**

2. Verteidigungshandlung

a) Die Verteidigung muss sich **gegen Rechtsgüter des Angreifers** richten. Die Beeinträchtigung von Rechten Dritter ist durch Notwehr nicht gedeckt.[212] Dies gilt nach heute h.M. und Rspr. auch dann, wenn der Angreifer Gegenstände benutzt, die im Eigentum Dritter stehen, und daher die Abwehr des Angriffs die Beeinträchtigung des Eigentums unbeteiligter Dritter erfordert. In diesen Fällen ist zur Rechtfertigung der Abwehrhandlung auf Notstandsgrundsätze abzustellen. Jedoch soll sich die Rechtfertigung nach der Rspr. auf solche mitverwirklichten Tatbestände erstrecken, die dem Schutz von Allgemeininteressen dienen.[213] **117**

b) Einschränkende Voraussetzung ist, dass die Verteidigungshandlung zur Abwehr des Angriffs **erforderlich** und **geboten** war. Das Maß der zulässigen Verteidigung **118**

---

205 LG Magdeburg JuS 2018, 83.

206 OLG Naumburg NStZ 2018, 472; dagegen Scheuerl/Glock NStZ 2018, 448.

207 AG Villingen-Schwenningen JuS 2019, 269.

208 BGH RÜ 2017, 367; BGH RÜ 2018, 23 mit RÜ-Video 01/2018 unter t1p.de/p8e3; BGH NStZ 2020, 147; BGH RÜ 2022, 236; BGH RÜ 2023, 173.

209 BGH RÜ 2011, 432: Notwehr zur Durchsetzung erlaubter Selbsthilfe.

210 Erb NStZ 2012, 194; BGH RÜ 2018, 707; dagegen stellen BGH, Beschl. v. 19.09.2006 – 2 StR 280/06, BeckRS 2006, 11393 und BGH, Beschl. v. 07.09.2010 – 3 StR 308/10, BeckRS 2010, 22848 auf den fehlenden Verteidigungswillen ab.

211 BGH NStZ 1990, 435.

212 BGH NStZ 1994, 277.

213 BGH RÜ 2013, 505 hinsichtlich § 315b StGB; OLG Zweibrücken NStZ 2019, 678; a.A. Engländer HRRS 2013, 389.

richtet sich nach Intensität und Gefährlichkeit des Angriffs einerseits und den zur Verfügung stehenden Abwehrmitteln andererseits. Dies ist **objektiv ex ante**, also aus Sicht eines objektiven Dritten in der Lage des Verteidigers zu bestimmen.

119 Die **Erforderlichkeit** setzt voraus, dass die Handlung - objektiv ex ante betrachtet[214] - **geeignet** und das **relativ mildeste Mittel** ist, um den Angriff abzuwehren.

Beispiel:[215] Ungeeignet ist z.B. das gewaltsame Entreißen des Fotoapparats, um das unbefugte Fotografieren der Privatwohnung zu verhindern, nachdem der Täter bereits den Film aus dem Apparat genommen hatte.

Bei der Wahl des **mildesten Mittels** kommen all diejenigen in Betracht, die eine **sofortige, endgültige und sichere Beendigung des Angriffs** erwarten lassen, selbst eine verbale Einwirkung auf den Angreifer.[216] Unter mehreren gleich wirksamen Mitteln hat der Verteidiger dasjenige zu wählen, welches den geringsten Schaden anrichtet. Auf eine Auseinandersetzung mit ungewissem Ausgang braucht der Angegriffene sich jedoch nicht einzulassen.[217] Im Übrigen kommt es – außer bei der Frage der Gebotenheit – nicht auf eine Interessenabwägung an. Das Risiko der Folgen der Verteidigung hat grundsätzlich der Angreifer zu tragen.[218] Bei Zweifeln gilt insoweit der Grundsatz „in dubio pro reo".[219] Konsequenzen haben diese Grundsätze vor allem für die Zulässigkeit des Einsatzes von Waffen und gefährlichen Werkzeugen, namentlich Messern, bei der Verteidigung.[220] So wird gegenüber einem unbewaffneten Angreifer in der Regel – aber auch nicht immer[221] – schon die Androhung des Waffeneinsatzes, ggf. auch die Abgabe eines Warnschusses, ausreichend sein.[222] Ist dies nicht Erfolg versprechend oder möglich, dann kommt ein weniger gefährlicher Einsatz der Waffe in Betracht. Als letztes Mittel kann Notwehr aber auch den gezielt tödlichen Einsatz einer Waffe rechtfertigen.[223]

> Die Erforderlichkeit einer Verteidigung mit gefährlichen Werkzeugen ist ein häufiges Klausurenthema. Hier erwartet man von Ihnen eine sorgfältige Tatsachen- und Beweiswürdigung der „Kampflage" und der Handlungsalternativen des Verteidigers!

Beispiel:[224] Der Beschuldigte traf in Begleitung des Zeugen V im Stadtgebiet auf Z und den Zeugen D, die jeweils einen Hund an der Leine führten. Als die Hunde bellten, entwickelte sich zwischen dem Beschuldigten einerseits und Z und D andererseits eine verbale Auseinandersetzung, in deren Verlauf der Beschuldigte den Z als „Wichser" bezeichnete und nach einer Drohung des D mit den Worten reagierte: „Na dann kommt doch her". Als Z daraufhin auf den Beschuldigten zuging, ließ dieser sich von V ein Klappmesser mit einer Klingenlänge von 10 cm aushändigen. V rannte danach aus Angst vor Z und D und den Hunden davon.

Nun lief der 160 cm große durchtrainierte Z, während D die Hunde an der Leine hielt, auf den 187 cm großen Beschuldigten zu, der mit dem Rücken zu ihm stehen geblieben war, und versuchte, ihm einen Faustschlag an den Kopf zu versetzen. Dieser verfehlte den Beschuldigten, weil dieser sich in diesem Moment zur Seite und dann umdrehte und in der Drehbewegung mit dem zwischenzeitlich geöffneten Messer mit bedingtem Tötungsvorsatz einen wuchtigen Stich gegen den Oberkörper von Z führte. Durch den 15 cm tiefen Stich wurde Z tödlich verletzt, war aber noch in der Lage, den Beschuldigten niederzuschlagen.

---

214 BGH RÜ 2023, 235.

215 OLG Düsseldorf NStZ 1994, 343.

216 BGH RÜ 2022, 306.

217 BGH NStZ-RR 2007, 199; Urt. v. 22.02.2011 – 5 StR 530/10, BeckRS 2011, 6085.

218 BGH NStZ 2005, 31 (fahrlässige Tötung durch erforderlichen Schusswaffengebrauch).

219 BGH NStZ 2005, 85.

220 BGH NStZ 2016, 539; BGH NStZ 2017, 276; BGH RÜ 2018, 232; BGH RÜ 2022, 236; RÜ 2024, 34; BGH Jura 2023, 516.

221 BGH RÜ 2019, 573.

222 BGH RÜ 2014, 165; BGH RÜ 2014, 369; BGH NStZ 2015, 151; BGH NStZ-RR 2018, 170; RÜ 2023, 235.

223 BGH NStZ 1991, 32; BGH NStZ 2004, 615; BGH NStZ 2005, 85; BGH RÜ 2018, 23; BGH NStZ 2019, 136; zusammenfassend BGH RÜ 2013, 25.

224 Nach BGH RÜ 2013, 25.

Die Prüfung der Erforderlichkeit des Messereinsatzes kann so aussehen:

„b) Eine Verteidigungshandlung ist erforderlich, wenn sie zur Abwehr des Angriffs geeignet ist und es sich bei ihr um das mildeste Abwehrmittel handelt, das dem Angegriffenen in der konkreten Situation zur Verfügung stand. Dies ist auf der Grundlage einer objektiven ex-ante-Betrachtung zu beurteilen. Dabei kommt es auf die tatsächlichen Verhältnisse im Zeitpunkt der Verteidigungshandlung an. Auf weniger gefährliche Verteidigungsmittel muss der Angegriffene nur dann zurückgreifen, wenn deren Abwehrwirkung unter den gegebenen Umständen unzweifelhaft ist und genügend Zeit zur Abschätzung der Lage zur Verfügung steht. Gegenüber einem unbewaffneten Angreifer ist der Gebrauch eines bis dahin noch nicht in Erscheinung getretenen Messers jedoch in der Regel anzudrohen und, sofern dies nicht ausreicht, der Versuch zu unternehmen, auf weniger sensible Körperpartien einzustechen. Diese Einschränkungen stehen aber unter dem Vorbehalt, dass beide Einsatzformen im konkreten Fall eine so hohe Erfolgsaussicht haben, dass dem Angegriffenen das Risiko eines Fehlschlags und der damit verbundenen Verkürzung seiner Verteidigungsmöglichkeiten zugemutet werden kann. Angesichts der schweren Kalkulierbarkeit des Fehlschlagrisikos dürfen an die regelmäßig in einer zugespitzten Situation zu treffende Entscheidung für oder gegen eine vorherige Androhung des Messereinsatzes oder eine weniger gefährliche Stichführung keine überhöhten Anforderungen gestellt werden. Können keine sicheren Feststellungen zu Einzelheiten des Geschehens getroffen werden, darf sich das nicht zulasten des Angeklagten auswirken.

aa) Gegen die Erforderlichkeit des Messereinsatzes könnte hier sprechen, dass der Beschuldigte diesen nicht vorher angedroht oder sonst versäumt hätte, verbal deeskalierend auf Z einzuwirken. Damit würde jedoch auf das Vorfeld des Angriffs abgestellt und nicht auf die Frage nach einer alternativen weniger schwerwiegenden Verteidigung in der konkreten Angriffssituation. Dass der Beschuldigte dem unmittelbar bevorstehenden Faustschlag durch die Androhung des Messereinsatzes hätte entgehen können, ist nicht mit hinreichender Sicherheit anzunehmen.

bb) Möglicherweise hätte der Beschuldigte das Messer in weniger gefährlicher Weise einsetzen können oder angesichts seiner überlegenen Körpergröße darauf ganz verzichten können. Jedoch hängt die Möglichkeit, eine körperliche Auseinandersetzung ohne eigene Verletzungen bestehen zu können, nur zum Teil von der Körperstatur ab. Daneben können auch körperliches Training und besondere Kampftechniken und -fähigkeiten von Bedeutung sein. Z war körperlich trainiert. Dazu, dass der Beschuldigte sich seiner unbewaffnet hätte erwehren können, werden in einer Hauptverhandlung keine weiteren Feststellungen getroffen werden können. Zweifel werden sich insoweit nicht zulasten des Beschuldigten auswirken können. Ein weniger gefährlicher Einsatz des Messers etwa als Schlagwerkzeug erscheint zur sicheren Verteidigung nicht gleich geeignet. Dass ein weniger wuchtiger Stich in eine weniger sensible Körperregion in gleicher Weise zur sicheren und endgültigen Beendigung des Angriffs geeignet gewesen wäre, ist vor dem Hintergrund, dass Z nach dem Stich noch in der Lage war, den A niederzuschlagen, ebenfalls nicht anzunehmen.

cc) Dass der Beschuldigte den Angriff des Z kommen sah und ihm hätte möglicherweise ausweichen können, stellt keine alternative Verteidigungshandlung dar.

Danach wird die Verteidigung als erforderlich anzusehen sein."

120 **c)** Gemäß § 32 Abs. 1 ist die Handlung durch Notwehr nur gerechtfertigt, wenn sie auch **geboten** ist. Insoweit ist die Notwehr **sozialethischen Schranken** unterworfen, die sich aus dem für die gesamte Rechtsordnung geltenden Verbot rechtsmissbräuchlichen Verhaltens ableiten lassen und in den nachfolgend dargestellten Fallgruppen erscheinen. Deren Voraussetzungen sind von der Frage der Erforderlichkeit zu unterscheiden. Des Weiteren sind deren unterschiedliche Rechtsfolgen zu beachten.

121 **aa)** Hat der Angriff **Bagatellcharakter**, kann schon das Vorliegen einer Notwehrlage zweifelhaft sein. Ggf. sind jedenfalls nur proportionale Verteidigungshandlungen erlaubt, die die Grenze zur Körperverletzung nicht überschreiten.[225]

122 **bb)** Besteht zwischen der drohenden und der durch die Verteidigung verursachten Rechtsgutverletzung ein **krasses Missverhältnis**, so ist die Handlung nicht gerechtfertigt.[226] Insoweit besteht jedoch eine erhebliche Rechtsunsicherheit.[227]

Beachten Sie, dass Notwehr keine Verhältnismäßigkeit erfordert! Daher ist auch die Rechtfertigung einer Verteidigung von Sachwerten durch eine das Leben des Angreifers gefährdende Handlung nicht ausgeschlossen.

123 **cc)** Gegenüber dem **Handeln erkennbar Schuldloser**[228] und **irrtumsbedingtem Handeln** gehört das Gebot der Rücksichtnahme zur gesamten Rechtsordnung. Als Einschränkung gilt ggf. eine 3-Stufen-Theorie: Wo möglich, muss der Angegriffene dem Angriff **ausweichen**. Sonst ist **Schutzwehr** erlaubt, auch wenn sie mit der Hinnahme von geringfügigen Beeinträchtigungen des Angegriffenen verbunden ist. Nur als letztes Mittel ist **Trutzwehr** unter möglichster Schonung des Angreifers erlaubt.[229] Deshalb ist ein Irrtum des Angreifers, soweit möglich, zunächst aufzuklären. Bei massiver Alkoholisierung des Angreifers ist diesem zunächst auszuweichen.[230]

124 **dd)** Unter Personen mit **engen persönlichen Bindungen** kann die Notwehr ebenfalls durch das Gebot rücksichtsvoller Ausübung eingeschränkt sein. Auch in diesem Falle gilt die 3-Stufen-Theorie. Der Anwendungsbereich ist jedoch umstritten und nach der Rspr. nicht auf Fälle beschränkt, in denen gesetzliche Anhaltspunkte für eine Einschränkung bestehen, wie z.B. unter Ehegatten (§ 1353 BGB), Verwandten (§ 1618a BGB) oder in anderen Obhutsgarantenbeziehungen.[231]

125 **ee)** Die **Notwehrprovokation** durch das Verhalten des Angegriffenen kann zu Einschränkungen oder zum Ausschluss der Notwehrbefugnisse führen. Zur Begründung dieser Schranken werden unterschiedliche Auffassungen vertreten.

Die Lehre von der **actio illicita in causa**, nach der für die Strafbarkeit an die Provokation der Notwehrlage zu knüpfen ist, hat sich nicht durchgesetzt, da die Provokationshandlung in vielen Fällen der Tatbestandsbeschreibung nicht entspricht, allein wegen der Herbeiführung einer rechtmäßigen Verteidigungshandlung nicht als rechtswidrig angesehen werden kann und entgegen allgemeinen Notwehrgrundsätzen der Verteidiger das Folgenrisiko der Verteidigungshandlung zu tragen hätte.

Nach a.A. fehlt es in Fällen der Notwehrprovokation bereits an einer Notwehrlage, da die Provokation eine Einwilligung in den Angriff enthalte. Andere verneinen das Vorliegen einer Verteidigungshandlung oder des Verteidigungswillens.

---

225 BGH NStZ 2011, 630; BGH NStZ-RR 2012, 71.

226 BGH NStZ 2011, 630.

227 Vgl. LG München I NJW 1988, 1860: Unzulässige Verteidigung von Sachwerten durch eine das Leben gefährdende Handlung; andererseits BGH NJW 2000, 1348: Notwehr zur Durchsetzung des Festnahmerechts wegen Diebstahls von fünf CDs.

228 BGH RÜ 2021, 782: Unter Drogen stehender Angreifer.

229 OLG Düsseldorf RÜ 2016, 637: Notwehr gegen Angriff eines Kindes.

230 BGH NStZ 2015, 151.

231 BGH RÜ 2014, 369 bei Angriff eines jugendlichen Cousins bei drohender leichter Körperverletzung; BGH RÜ 2016, 504 für familiäre oder eheähnliche Verbindung.

Nach der Rspr. wird die Beschränkung auf das Prinzip des **Verbots rechtsmissbräuchlichen**, weil **widersprüchlichen Verhaltens** gestützt.[232] Jedoch sind hinsichtlich der objektiven und subjektiven Voraussetzungen und Rechtsfolgen folgende Fälle zu unterscheiden.[233]

(1) Die **Absichtsprovokation** setzt objektiv zwar nicht voraus, dass das Vorverhalten seinerseits rechtswidrig war. Jedoch muss es dem Provokateur auf die Herbeiführung der Notwehrlage angekommen sein oder er muss sie als sichere Folge seines Verhaltens vorausgesehen haben. Als Rechtsfolge entfällt nach h.M. das Notwehrrecht.[234]

(2) Von einer **vorwerfbar herbeigeführten Notwehrlage** spricht man, wenn diese **126**
durch ein **rechtswidriges Vorverhalten** als nahe liegende Folge verursacht wurde und der Provokateur insoweit bedingt vorsätzlich oder fahrlässig gehandelt hat. Nach der Rspr. gelten diese Grundsätze nicht nur bei rechtswidrigem, sondern **auch** bei **sozialethisch zu missbilligendem Vorverhalten**, wenn zwischen diesem und dem rechtswidrigen Angriff ein **enger zeitlicher und räumlicher Zusammenhang** besteht, es nach Kenntnis des Täters **geeignet** war, **einen Angriff zu provozieren**[235] und **den Angreifer** tatsächlich zum Angriff **motiviert** hat.[236] Nach h.M. und Rspr. ist auch hier die 3-Stufen-Theorie anzuwenden. Dabei sind die der Notwehr gezogenen Schranken umso höher, je schwerer der Grad der Vorwerfbarkeit des Vorverhaltens ist. Ist hiernach die Verteidigung als geboten anzusehen, kann nach der Rspr. in der Provokation einer Notwehrlage eine Fahrlässigkeitstat nach allgemeinen Regeln zu sehen sein.[237] Im Fall **wechselseitiger Provokation** bedarf es zur Prüfung der Notwehrlage einer Gesamtbetrachtung unter Einschluss des der Tathandlung vorausgegangenen Geschehens; derjenige, der zuvor einen anderen rechtswidrig angegriffen hat, sodass dieser seinerseits aus Notwehr handelt, kann sich nicht auf ein Notwehrrecht berufen.[238]

(3) Von **Abwehrprovokation** wird gesprochen, wo sich der Angegriffene in der er- **127**
kannten oder fahrlässig verkannten Gefahr des Entstehens einer Notwehrlage mit einem Abwehrmittel ausrüstet, das im Falle seines Einsatzes exzessive Folgen für den Angreifer hat. Hätte sich der Angegriffene auch mit einem weniger schwer wiegenden Mittel ausrüsten können, so stellt sich die Frage, ob dies zu einer Einschränkung des Notwehrrechts führt. Während hier zum Teil wieder die 3-Stufen-Theorie angewandt wird, hat sich der BGH gegen eine Einschränkung ausgesprochen, da es auch hier bei dem Grundsatz verbleibe, dass der Angreifer das Folgenrisiko der Notwehr zu tragen habe.[239]

(4) Im Übrigen begründet ein weder rechtswidriges noch sozialethisch zu missbilli- **128**
gendes Vorverhalten **keine Einschränkung** der Notwehr, selbst **wenn der Täter wusste oder wissen konnte**, dass der andere hierdurch zu einem rechtswidrigen Angriff veranlasst werden könnte.[240]

---

232 BGH StV 2011, 588.

233 Zusammenfassend zu den nachfolgenden Fallgruppen BGH NStZ 2019, 263.

234 BGH RÜ 2013, 25; BGH RÜ 2018, 707; BGH NStZ 2019, 263.

235 BGHSt 42, 97, 101; BGH RÜ 2011, 232; BGH NStZ 2021, 33.

236 BGH RÜ 2020, 779.

237 BGH NJW 2001, 1075; anders BGH RÜ 2010, 779.

238 BGH RÜ 2018, 707; BGH RÜ 2017, 367.

239 BGH RÜ 2010, 779.

240 BGH NStZ 2006, 332; BGH RÜ 2010, 779; BGH RÜ 2018, 707; BGH Jura 2023, 516.

Die Erörterung einer Notwehrprovokation im Beispiel oben Rn. 119[241] sieht wie folgt aus:

„c) Fraglich erscheint, ob die Verteidigung auch gemäß § 32 Abs. 1 geboten war. In Betracht kommt hier eine Einschränkung unter dem Gesichtspunkt der Notwehrprovokation. Im Hinblick auf die unterschiedlichen Rechtsfolgen ist insoweit zu unterscheiden.

aa) In Betracht kommt möglicherweise ein Fall der Absichtsprovokation. In der Rspr. ist anerkannt, dass sich nicht auf ein Notwehrrecht berufen kann, wer den Angriff herausgefordert hat, um den Angreifer unter dem Deckmantel einer äußerlich gegebenen Notwehrlage an seinen Rechtsgütern zu verletzen. Dass der Beschuldigte durch seine verbale Auseinandersetzung mit Z und D den Angriff des Z herausgefordert hätte, um ihn mit dem Messer verletzen oder gar töten zu können, wird hier jedoch nicht festzustellen sein.

bb) Möglicherweise ergibt sich eine Einschränkung der Notwehrbefugnisse unter dem Gesichtspunkt der sog. Abwehrprovokation daraus, dass sich der Beschuldigte unmittelbar vor dem Angriff des Z das Messer aushändigen ließ.

Nach verbreiteter Lehrmeinung soll der Angegriffene verpflichtet sein, dem Angriff, wenn möglich, auszuweichen oder sich auf Schutzwehr zu beschränken, wenn er sich trotz der erkannten Möglichkeit eines Angriffs absichtlich mit einem exzessiv wirkenden Verteidigungsmittel bewaffnet, obwohl er sich auch mit weniger einschneidenden Mitteln hätte ausrüsten können. Vorliegend ist jedoch zum einen nicht ersichtlich, dass sich der Beschuldigte mit einem weniger gefährlichen Verteidigungsmittel hätte ausrüsten können. Zum anderen lehnt die st.Rspr. eine derartige Einschränkung von Notwehrbefugnissen zu Recht ab, da es zu den Grundsätzen der Notwehr gehört, dass der Angreifer das Folgenrisiko einer erforderlichen Verteidigung zu tragen hat.

Eine Einschränkung der Notwehrbefugnisse des Beschuldigten im vorliegenden Fall wegen einer Abwehrprovokation scheidet daher aus.

cc) Möglich erscheint aber eine sonst schuldhaft herbeigeführte Notwehrlage. Einschränkungen der Notwehrbefugnis können sich auch dann ergeben, wenn der Täter den Angriff durch ein rechtswidriges Verhalten im Vorfeld (z.B. Beleidigungen des Angreifers) mindestens leichtfertig provoziert hat. In einem solchen Fall ist es dem Täter zuzumuten, dem Angriff nach Möglichkeit auszuweichen. Ist dies nicht möglich, kann er – je nach der Stärke der ihm anzulastenden Provokation und dem Gewicht des beeinträchtigten Rechtsguts – auch Beschränkungen bei der Auswahl der Abwehrmittel unterliegen. War die Provokation besonders stark, muss der Verteidiger u.U. auf eine einen sicheren Erfolg versprechende Verteidigung verzichten und das Risiko hinnehmen, dass ein milderes Abwehrmittel keine gleichwertigen Erfolgschancen bietet. Regelmäßig wird er zu einer Trutzwehr mit einer lebensgefährlichen Waffe erst dann übergehen können, wenn er alle sich ihm bietenden Möglichkeiten zur Schutzwehr ausgeschöpft hat. Darüber hinaus erkennt die Rspr. eine Einschränkung der Notwehr auch bei nur sozialethisch zu missbilligendem Vorverhalten an, wenn zu der Notwehrlage ein enger räumlicher und zeitlicher Zusammenhang besteht und dies nach Kenntnis des Angegriffenen geeignet war, den Angriff zu provozieren.

Der Beschuldigte hatte den Z beleidigt und den Angriff herausgefordert. Daher war es ihm zuzumuten, wenn möglich auszuweichen und sich auf Schutzwehr zu be-

241 BGH RÜ 2013, 25.

schränken. Da er dem Schlag des Z hatte ausweichen können, hätte er vor weiteren drohenden Schlägen den Einsatz des Messers wörtlich androhen können. Das damit verbundene Restrisiko hinzunehmen, war dem Beschuldigten zuzumuten.

Danach war die Verteidigung nicht geboten."

Bei ausreichenden Anhaltspunkten kann anschließend auf einen Irrtum über Umstände einzugehen sein, die das Gebotensein der Notwehr betreffen (Erlaubnistatbestandsirrtum). Anschließend ist in einem solchen Fall auf den Entschuldigungsgrund des Notwehrexzesses einzugehen, dessen Eingreifen davon abhängt, ob die Überschreitung der Grenzen des Gebotenen auf einem asthenischen Affekt beruhte. Eine Entschuldigung wegen Notstandes gemäß § 35 scheitert in Fällen von Notwehrprovokation regelmäßig an einer Duldungspflicht gemäß § 35 Abs. 1 S. 2.

3. Subjektives Rechtfertigungselement

In subjektiver Hinsicht wird bei der Notwehr die **Kenntnis** der für die objektiven Voraussetzungen maßgeblichen Umstände vorausgesetzt. Nach umstrittener Rspr. ist darüber hinaus ein Handeln zum **Zweck der Verteidigung** erforderlich.[242] Dieser scheitert jedoch nicht allein daran, dass dem Handeln auch andere Motive zugrunde liegen, solange der Verteidigungszweck nicht völlig im Hintergrund steht.[243] Liegt ein solcher Verteidigungswille vor, kommt es auch nicht darauf an, ob der Angegriffene einen Angriff für sicher oder nur für möglich gehalten hat.[244] **129**

IV. Die Notstandsregeln, § 34, §§ 228, 904 BGB

Die Notstandsregeln stehen in einem Spezialitätsverhältnis zueinander, dessentwegen der Defensivnotstand des § 228 BGB dem Aggressivnotstand gemäß § 904 BGB, dieser wiederum dem § 34 vorgeht. Aus demselben Grunde kann wegen der unterschiedlichen Güterproportionalität, die jeweils vorausgesetzt wird, fraglich sein, ob eine Handlung, die nach § 904 BGB nicht gerechtfertigt ist, durch den Rückgriff auf § 34 gerechtfertigt werden kann. **130**

Aufbauschema: Rechtfertigender Notstand, § 34

- Notstandslage
- Notstandshandlung
  - Gefahr nicht anders abwendbar
  - Wesentliches Überwiegen des wahrgenommenen Interesses
  - Angemessenheit der Interessenwahrnehmung
- Kenntnis der Umstände und Handeln zur Gefahrenabwehr

1. Rechtfertigender Notstand gemäß § 34

a) Als **Notstandslage** setzt § 34 zunächst das Vorliegen einer **gegenwärtigen Gefahr für** Leib, Leben, Freiheit oder **ein** anderes **Rechtsgut** voraus. **131**

Notstandsfähig ist grundsätzlich jedes rechtlich geschützte Interesse. Notstandshilfe zugunsten fremder Individualinteressen ist danach zulässig, darf jedoch dem Dritten nicht aufgedrängt werden. Notstandshilfe zugunsten allgemeiner Interessen ist – anders als Nothilfe gemäß § 32 – zulässig, wenn nicht abschließende Regeln des öffent-

242 BGH HRRS 2013, Nr. 970; BGH RÜ 2013, 505.

243 BGH RÜ 2021, 782.

244 BGH RÜ 2017, 367.

lichen Rechts entgegenstehen und nur subsidiär gegenüber der Wahrnehmung durch staatliche Organe.[245]

132 Eine **Gefahr** ist die durch tatsächliche Umstände begründete Wahrscheinlichkeit eines Schadenseintritts. Maßgebend ist dabei eine **objektive ex-ante-Betrachtung**, also das Urteil eines objektiven Dritten in der Lage des Notstand Übenden auf der Grundlage der zu dieser Zeit tatsächlich gegebenen Umstände.

133 **Gegenwärtig** ist die Gefahr, wenn der Schadenseintritt unmittelbar bevorsteht oder gerade andauert, aber auch dann, wenn er jederzeit zu befürchten ist (latente oder Dauergefahr). Auch hier liegt ein wesentlicher Unterschied zur Notwehr.

134 **b)** In dieser Lage kann jede **Tat** gerechtfertigt sein, gleich welchen Tatbestand sie erfüllt. Einschränkende Voraussetzung ist, dass die Gefahr **nicht anders abwendbar** war und bei Abwägung der widerstreitenden Interessen das geschützte Interesse das beeinträchtigte **wesentlich überwiegt**. Zudem muss die Tat das **angemessene Mittel** zur Gefahrenabwehr sein.

135 **aa)** Nicht anders abwendbar ist die Gefahr, wenn die Tat **geeignet** und zugleich das **mildeste Mittel zur Gefahrenabwehr** ist. Das kann durch die Möglichkeit der Inanspruchnahme von Rettungsdiensten ausgeschlossen sein.[246] Dies entspricht also der Erforderlichkeit bei der Prüfung der Notwehr. Anders als dort kommt hier jedoch auch ein Ausweichen in Betracht.

136 **bb)** Zur Feststellung des wesentlichen Überwiegens des geschützten Interesses bedarf es einer **umfassenden Interessenabwägung** unter Berücksichtigung der konkreten Umstände der Tat. Maßgeblich sind hierbei:

- Das **Gewicht der betroffenen Rechtsgüter**; dabei rangieren Personenwerte grundsätzlich vor Sachwerten. Indiz ist die Höhe der Strafdrohung des jeweiligen Straftatbestandes.
- Der **Grad der Gefahr** für das geschützte Rechtsgut und der Grad der Rettungschance durch den Eingriff.
- Der **Umfang des drohenden Schadens**. Hierauf kommt es jedoch nicht an, wenn Leben gegen Leben steht. Als absolut geschützter Wert ist das Leben weder einer quantitativen noch einer qualitativen Abwägung zugänglich.
- Die **Verantwortlichkeit für die Entstehung der Notstandslage**. Trägt der durch die Notstandshandlung Beeinträchtigte die Verantwortung für die Entstehung der Notstandslage, so sind nach dem bereits in § 228 BGB zum Ausdruck kommenden Prinzip des Defensivnotstandes ihm gegenüber quantitativ und qualitativ weitergehende Beeinträchtigungen zulässig, als gegenüber unbeteiligten Dritten. Umgekehrt kann sich nach h.M. für den Inhaber des gefährdeten Rechtsgutes aus dieser Verantwortung eine Duldungspflicht für die Gefahrenlage ergeben. Diese ist auch für die Reichweite der Befugnisse bei Notstandshilfe maßgebend.

Beispiel: Unerlaubtes Entfernen vom Unfallort, um eine eigene Verletzung versorgen zu lassen.[247]

137 **cc)** Gemäß § 34 S. 2 muss die Tat zusätzlich das **angemessene Mittel** zur Abwendung der Gefahr sein. Die hierfür entscheidenden Kriterien werden zum Teil bereits im Rahmen der Interessenabwägung berücksichtigt. Von Bedeutung sind insoweit insbesondere übergeordnete Rechtsprinzipien und Interessen Dritter.[248]

---

245 OLG Naumburg NStZ 2018, 472: Tierschutz; AG Flensburg, Urt. v. 07.11.2022 - 440 Cs Js 7252/22, BeckRS 2022, 34906: Klimaschutz.

246 OLG Düsseldorf RÜ 2022, 108.

247 BGH NStZ 2015, 265.

248 BGH RÜ 2016, 779; BGH NStZ 2018, 226: Keine Rechtfertigung von BtM-Besitz oder -Anbau durch § 34.

So kann die Interessenwahrnehmung nicht durch § 34 gerechtfertigt sein, soweit der Staat zur Lösung widerstreitender Interessen rechtlich geordnete Verfahren zur Verfügung stellt.

Beispiel: Eigenmächtige Durchsetzung privater Forderungen

Dazu zählt auch der politische Willensbildungsprozess, nach dem Maßnahmen zum Klimaschutz ergriffen werden. Entgegen einer vereinzelten Ansicht[249] sind daher Straftaten wie Hausfriedensbruch, Sachbeschädigung und Nötigung zur Durchsetzung von Klimaschutzzielen nicht durch Notstand zu rechtfertigen.[250]

Der im **Nötigungsnotstand** Handelnde ist nach h.M. nicht durch § 34 gerechtfertigt **138** (wohl aber ggf. nach § 35 entschuldigt), weil die Zubilligung von Notstandsbefugnissen dem durch die Gefahrenabwehr verletzten Dritten die Möglichkeit abschneiden würde, sich gegen das Handeln des Genötigten im Wege der Notwehr zur Wehr zu setzen. Zudem entstünden bei eigenhändigen und Sonderdelikten Strafbarkeitslücken, da im Falle der Rechtfertigung des Genötigten der Hintermann weder als mittelbarer Täter noch als Teilnehmer bestraft werden könnte.

Schließlich werden Notstandsbefugnisse durch den Bereich unantastbarer Freiheits- **139** rechte begrenzt, in die auch gemäß § 34 nicht eingegriffen werden darf.

Beispiel: Zwangsweise Blutentnahme zur Rettung eines lebensgefährlich Verletzten

Gegenbeispiel: Zwangsweise Verhinderung einer Selbsttötung durch Einsperren

dd) Als **subjektives Rechtfertigungselement** setzt § 34 die **Kenntnis** der objektiv **140** maßgebenden Umstände sowie den **Willen** voraus, **zur Gefahrenabwehr** tätig zu werden.

2. Defensivnotstand, § 228 BGB

Die gegenüber § 34 weiterreichenden Eingriffsbefugnisse aufgrund Defensivnot- **141** standes ergeben sich aus der Erwägung, dass der für die Entstehung der Notstandslage Verantwortliche in weitergehendem Umfang Eingriffe in seine Güter hinzunehmen verpflichtet ist, als ein unbeteiligter Dritter.

a) Als **Notstandslage** setzt § 228 BGB voraus, dass die Gefahr von derjenigen frem- **142** den Sache ausging, die durch die Tathandlung beschädigt oder zerstört wurde.

b) Gerechtfertigt wird dann allerdings nur die **Beschädigung oder Zerstörung ei- 143 ner fremden Sache**.

c) Diese Handlung muss **erforderlich** sein zur Gefahrenabwehr, also geeignet und **144** das mildeste Mittel. Hinsichtlich der Güterproportionalität genügt aber schon, dass der **Schaden nicht außer Verhältnis zur Gefahr** steht. Ein Überwiegen des bedrohten Interesses ist also nicht erforderlich.

d) Subjektiv ist die **Kenntnis** der Umstände und der **Wille zur Gefahrenabwehr** er- **145** forderlich.

3. Der Aggressivnotstand, § 904 BGB

§ 904 BGB stellt in systematischer Hinsicht eine Einschränkung der sich aus § 903 BGB **146** ergebenden Befugnisse aus dem Eigentum dar. Wegen der ultima-ratio-Funktion des Strafrechts kann auch eine straftatbestandsmäßige Handlung unter seinen Voraussetzungen nicht rechtswidrig sein.

249 AG Flensburg, Urt. v. 07.11.2022 - 440 Cs Js 7252/22, BeckRS 2022, 34906.

250 OLG Schleswig NStZ 2023, 740 m. PK Engländer; OLG Celle NStZ 2023, 113 m. PK Bönte; BayObLG NStZ 2023, 747.

147 **a)** Als Konfliktlage ist zunächst eine **gegenwärtige Gefahr** Voraussetzung. Dies deckt sich grundsätzlich mit § 34. Bei einer Defensivnotstandslage ist jedoch § 228 BGB vorrangig zu prüfen.

148 **b)** Zu rechtfertigen ist in dieser Lage eine **Einwirkung auf eine fremde Sache**. § 904 BGB rechtfertigt daher nur die Erfüllung solcher Tatbestände, die fremdes Eigentum schützen.

149 **c)** Neben der **Notwendigkeit**, d.h. Erforderlichkeit der Handlung, ist Voraussetzung, dass der **drohende Schaden** gegenüber dem durch die Gefahrenabwehr entstehenden Schaden **unverhältnismäßig** groß ist.

150 **d)** Schließlich ist auch hier subjektiv die **Kenntnis** der Lage sowie der **Wille** erforderlich, **zur Gefahrenabwehr** zu handeln.

V. Die rechtfertigende Pflichtenkollision

151 Da die Rechtsordnung von niemandem Unmögliches verlangen kann, besteht für Unterlassungsdelikte der Rechtfertigungsgrund der Pflichtenkollision.[251]

152 **1.** Voraussetzung ist nach h.M. die **Kollision mehrerer Handlungspflichten** dergestalt, dass die Erfüllung der einen nur auf Kosten der anderen möglich ist.

153 **2.** In dieser Situation kann die **Nichterfüllung** einer solchen Pflicht zu rechtfertigen sein. Danach rechtfertigt die Pflichtenkollision nur die Begehung eines Unterlassungsdelikts,[252] nicht aber auch eines Begehungsdelikts. Dort enthält § 34 die abschließende Grenze der Rechtfertigung.

154 **3.** Gerechtfertigt ist das Unterlassen, soweit der Täter seine **Pflichten erfüllt**, **soweit** ihm dies **möglich** ist **und** soweit diese der verletzten Pflicht gegenüber wenigstens **gleichrangig oder höherrangig** sind.[253] Für das Rangverhältnis der Pflichten sind die Grundsätze des § 34 maßgebend, also der Rang der zu schützenden Rechtsgüter, der Grad der Gefahr und die Größe der Rettungschancen sowie der Umfang des drohenden Schadens. Darüber hinaus kann für das Gewicht der Pflichten auch das Näheverhältnis des Verpflichteten zu dem Rechtsgutträger von Bedeutung sein.

Der spezielle Fall der Triage, also der Zuteilung nicht ausreichend vorhandener medizinischer Behandlungskapazitäten, ist nunmehr in § 5c IfSG geregelt.

155 **4.** Subjektiv ist die **Kenntnis der Sachlage** und das Handeln zur Wahrnehmung der geschützten Interessen erforderlich.

D. Die Rechtfertigung des Handelns von Amtsträgern

156 Bei der Wahrnehmung öffentlicher Interessen gerät ein Amtsträger typischerweise in Konflikt mit den Individualinteressen Dritter, auf deren Kosten die Durchsetzung allgemeiner Interessen erfolgt. Da der Amtsträger deshalb das Risiko trägt, bei seiner dienstlichen Tätigkeit in strafrechtlich geschützte Interessen Dritter einzugreifen, andererseits aber zur Wahrung öffentlicher Interessen nicht nur dienstlich, sondern u.U. sogar strafrechtlich verpflichtet ist (vgl. z.B. §§ 258, 258a), gelten nach h.M. einige Sonderregeln für die strafrechtliche Beurteilung dienstlichen Handelns von Amtsträgern.

---

251 Vgl. Rönnau/Wegener JuS 2020, 403; Sowada NStZ 2020, 452 zur Triage in der Corona-Krise.

252 Kusche JuS 2023, 719

253 Vgl. BGHSt 47, 318 zu § 266a.

I. Der strafrechtliche Rechtmäßigkeitsbegriff für das Handeln von Amtsträgern

In der Situation, die nach öffentlichem Recht die Durchsetzung allgemeiner Interessen erfordert oder zulässig macht, ist dem Amtsträger die abschließende und zutreffende Beurteilung der Sachlage oft nicht möglich. Er geht deshalb das Risiko ein, sich durch sein Handeln strafbar zu machen, Widerstand des durch die Handlung betroffenen Bürgers (§ 113) zu provozieren und sich einer Notwehr des Betroffenen auszusetzen. Vor diesem Hintergrund ist umstritten, ob zur Beurteilung der Rechtmäßigkeit dienstlichen Handelns von Amtsträgern eigenständige Maßstäbe gelten. **157**

Nach einer Ansicht in der Lit. gelten insoweit die sich aus dem öffentlichen Vollstreckungsrecht ergebenden Maßstäbe **(vollstreckungsrechtlicher Rechtmäßigkeitsbegriff)**.[254] Nach a.A. soll die Rechtmäßigkeit der Vollstreckungshandlung nur von der Wirksamkeit der zugrunde liegenden Anordnung abhängig sein (sog. **Wirksamkeitslehre**).[255]

H.M. und Rspr. billigen dem Amtsträger bei dienstlichem Handeln ein Irrtumsprivileg bei der Beurteilung der sachlichen Eingriffsvoraussetzungen des öffentlichen Rechts zu, wonach hier ein eigenständiger **strafrechtlicher Rechtmäßigkeitsbegriff** gilt:[256]

1. Zu beachten sind die **Zuständigkeitsvoraussetzungen** in sachlicher, örtlicher und funktionaler Hinsicht.[257] Eine Fehlbeurteilung privilegiert den Amtsträger insoweit nicht. **158**

2. Zu beachten sind weiterhin die **wesentlichen Förmlichkeiten**. Dies sind diejenigen Vorschriften über die Art und Weise der Diensthandlung, die das Gesetz zum Schutz des betroffenen Bürgers enthält (z.B. §§ 258, 261 ZPO, § 163a Abs. 4 StPO). **159**

3. Hinsichtlich der **sachlichen Eingriffsvoraussetzungen** kommt es jedoch nicht auf die tatsächlichen Umstände, sondern nur darauf an, dass der Amtsträger diese **pflichtgemäß geprüft** hat. Welche Anforderungen hieran zu stellen sind, ist abhängig von der jeweiligen Situation und der Stellung des Amtsträgers. Nimmt er nur fahrlässig das Vorliegen der Eingriffsvoraussetzungen an, so genügt er den Anforderungen. Bei grober Fahrlässigkeit oder bewusster Überschreitung der Kompetenzen ist er nicht mehr gerechtfertigt. Soweit ihm ein **Ermessen** zusteht, gehört seine **pflichtgemäße Ausübung** zu den Rechtmäßigkeitsvoraussetzungen. **160**

Von Bedeutung sind diese Grundsätze in drei Fällen:

- Bei der Rechtfertigung straftatbestandsmäßigen Handelns nach öffentlichem Recht.
- Bei der Beurteilung der Rechtswidrigkeit dienstlichen Handelns, das eine Notwehrlage begründet und zur Beurteilung der Frage, ob eine Verteidigung dagegen geboten ist.[258]
- Bei der Prüfung der Rechtswidrigkeit der Diensthandlung gemäß § 113 Abs. 3 S. 1.

Beispiel:[259] Die Beamten K und B verfolgten den Beschuldigten A mit Blaulicht und Blinksignalgeber „Stopp, Polizei", weil sie aufgrund seines auffällig geröteten Gesichts den Verdacht einer Trunkenheitsfahrt des A hatten. Dieser hielt jedoch nicht an, sondern versuchte aufgrund seiner negativen Einstellung gegenüber der Polizei, sein Grundstück zu erreichen, weil er meinte, dieses dürfe die Polizei nicht betreten. Nachdem er dort sein Fahrzeug verlassen hatte, eröffnete ihm K, eine Verkehrskontrolle durchzuführen und verlangte Ausweis, Führerschein und Fahrzeugpapiere. A echauffierte sich und schubste K, um in sein Haus zu gelangen. Es entstand eine körperliche Auseinandersetzung, die damit endete, dass A schließlich gefesselt zur Wache verbracht wurde, nach-

---

254 Bosch Jura 2011, 268, 273 m.w.N.; Lenk NStZ 2024, 646.

255 Krey/Hellmann/Heinrich § 7 Rn. 668.

256 BVerfG BVerfGK 11, 102 ff.; BGH RÜ 2015, 644; OLG Karlsruhe JuS 2023, 791; BayObLG RÜ 2023, 433; BGH NStZ-RR 2024, 75.

257 OLG Frankfurt/M NStZ-RR 2023, 228.

258 OLG Frankfurt/M NStZ-RR 2023, 228; BGH NStZ-RR 2024, 75.

259 Nach OLG Celle StV 2013, 25.

dem ihm K unter Anwendung unmittelbaren Zwangs die Papiere abgenommen hatte. Der Verdacht einer Trunkenheitsfahrt bestätigte sich nicht.

„I. A könnte des Widerstandes gegen Vollstreckungsbeamte gemäß § 113 hinreichend verdächtig sein ...

3. Fraglich erscheint, ob die Diensthandlung rechtmäßig gemäß § 113 Abs. 3 war. Die Anforderungen an diese objektive Strafbarkeitsvoraussetzung sind umstritten. Nach dem in der Lit. vertretenen vollstreckungsrechtlichen Rechtmäßigkeitsbegriff gelten insoweit die sich aus dem öffentlichen Vollstreckungsrecht ergebenden Maßstäbe. Nach a.A. soll ggf. das Fehlen der sachlichen Eingriffsvoraussetzungen nur dann zur Rechtswidrigkeit der Diensthandlung führen, wenn dies nach öffentlich-rechtlichen Maßstäben zur Unwirksamkeit der Diensthandlung führt (sog. Wirksamkeitslehre). Nach h.Lit. und st.Rspr. gilt dagegen insoweit ein eigenständiger formeller Rechtmäßigkeitsbegriff. Hiernach kommt es für die Rechtmäßigkeit der Diensthandlung darauf an, ob der Amtsträger zuständig war, die wesentlichen Förmlichkeiten eingehalten und die sachlichen Voraussetzungen der infrage kommenden Rechtsgrundlage pflichtgemäß geprüft und ein ihm zustehendes Ermessen ggf. pflichtgemäß ausgeübt hat. Das tatsächliche Fehlen der sachlichen Eingriffsvoraussetzungen führt ggf. nicht zur Rechtswidrigkeit der Diensthandlung.

a) Als Rechtsgrundlage der von den Beamten getroffenen Maßnahme kommt hier § 36 Abs. 5 StVO in Betracht. Jedoch war tatsächlicher Anlass der Maßnahme der konkrete Verdacht einer Trunkenheitsfahrt. Ob dieser eine Maßnahme nach § 36 Abs. 5 StVO rechtfertigt, erscheint jedoch zweifelhaft. Der Verstoß gegen das Anhaltegebot gemäß § 36 Abs. 5 S. 4 StVO ist seinerseits gemäß § 49 Abs. 3 Nr. 1 StVO, § 24 StVG bußgeldbewehrt. Damit würde der einer Straftat Verdächtige unter Bußgeldandrohung verpflichtet, an der Aufklärung der Straftat mitzuwirken, derer er verdächtigt wird. Wegen des darin liegenden Verstoßes gegen den nemo-tenetur-Grundsatz kann § 36 Abs. 5 StVO keine Rechtsgrundlage für eine Personalienfeststellung des einer Straftat Verdächtigen sein.

b) Als Rechtsgrundlage kommt vielmehr hier § 163b StPO in Betracht. Für die Identitätsfeststellung waren die Beamten hier auch gemäß § 163 StPO zuständig. Gemäß § 163b Abs. 1 i.V.m. § 163a Abs. 4 S. 1 StPO hätte es jedoch der Belehrung des Beschuldigten über die ihm zur Last gelegte Tat bedurft. Eine solche Belehrung ist hier nicht erfolgt. Vielmehr wurde der Beschuldigte lediglich dahingehend belehrt, dass es sich um eine allgemeine Verkehrskontrolle handele.

Die ordnungsgemäße Belehrung eines Verdächtigen zählt zu den wesentlichen Förmlichkeiten im Sinne des o.g. formellen Rechtmäßigkeitsbegriffs. Dass es einer Belehrung nicht bedurft hätte, weil der Zweck der Personalienfeststellung offensichtlich war, ist nicht ersichtlich. Daher war die Diensthandlung nach diesem Maßstab rechtswidrig.

Dies gilt erst recht für den o.g. vollstreckungsrechtlichen Maßstab.

Ob die Maßnahme auch nach der sog. Wirksamkeitslehre als rechtswidrig einzustufen ist, erscheint dagegen zweifelhaft. Dann müsste die Fehlerhaftigkeit der Maßnahme offensichtlich sein. Gegen diese Sicht spricht jedoch die Rechtsbehelfsklausel des § 113 Abs. 4 S. 2, die nicht auf die offensichtliche Rechtswidrigkeit der Diensthandlung abstellt. Ferner passt die Unterscheidung von Rechtmäßigkeit und Wirksamkeit von Hoheitsakten nur auf rechtsgestaltende Hoheitsakte und solche mit Regelungswirkung. Dagegen versagt sie bei Realakten, die allein wegen des Fehlens ihrer rechtlichen Voraussetzungen nicht unwirksam sein können. Weder das staatliche Vollstreckungsinteresse noch die Interessen der vollstreckenden Beamten bedürfen eines so weit reichenden Schutzes, der mit einer unangemessenen Benachteiligung des Betroffenen einhergeht. Die Wirksamkeitslehre ist daher abzulehnen.

Da die Diensthandlung rechtswidrig war, scheidet ein hinreichender Tatverdacht wegen Widerstandes gemäß § 113 aus.

Gemäß § 114 Abs. 3 ist aus diesem Grund auch ein tätlicher Angriff nicht strafbar. Bei der nachfolgenden Prüfung des hinreichenden Tatverdachts wegen Körperverletzung ist auf Notwehr gemäß § 32 einzugehen. Für die Notwehrlage gelten hinsichtlich der Rechtswidrigkeit des Angriffs durch die Diensthandlung die zu § 113 Abs. 3 geltenden Grundsätze. Ob die Verteidigung gegen die rechtswidrige Diensthandlung geboten ist, unterliegt nach h.M. einer Einschränkung nach dem Rechtsgedanken des § 113 Abs. 4. Geht man hiernach davon aus, dass die Verteidigung nicht geboten war, so begründet ein Irrtum des Beschuldigten hierüber keinen Erlaubnistatbestandsirrtum, da es sich nur um eine rechtliche Fehlbewertung handelt. Ob dann ein Fall von Notwehrexzess gemäß § 33 vorliegt, ist Tatfrage.

II. Staatliches Handeln als Notwehr/Nothilfe?

Ob dienstliches Handeln von Amtsträgern auf strafrechtliche Rechtfertigungsgründe 161
gestützt werden kann, ist sehr streitig (vgl. Beispiel des finalen Todesschusses). Von folgenden Grundsätzen sollte ausgegangen werden:

Unter welchen Voraussetzungen die **Wahrnehmung öffentlicher Interessen** auf Kosten von Individualinteressen zulässig ist, regelt das öffentliche Recht abschließend, da die Reichweite derartiger Befugnisse immer auch eine Folge der im öffentlichen Recht zum Ausdruck kommenden politischen Willensbildung ist. Daher ist die Anwendung von Nothilfe oder Notstandshilfe zur Durchsetzung etwa des staatlichen Strafverfolgungsanspruchs nicht möglich.[260]

Andererseits kann zwischen der strafrechtlichen Relevanz und der öffentlich-rechtlichen Zulässigkeit tatbestandsmäßigen Handelns zu unterscheiden sein. Die Beeinträchtigung von Individualinteressen zur **Wahrnehmung** überwiegender **eigener oder dritter Individualinteressen** ist daher einem Amtsträger bei dienstlichem Handeln genauso erlaubt, wie einem Privaten.[261]

E. Irrtum über die Rechtswidrigkeit der Tat

Das subjektive Rechtfertigungselement ist nicht einfach gleichzusetzen mit der An- 162
nahme, gerechtfertigt zu sein. Auch die irrige Annahme, nicht gerechtfertigt zu sein, stellt nicht stets einen Fall des Fehlens subjektiver Rechtfertigungselemente dar. Auch in diesem Bereich ist nach h.M. auf die in den §§ 16 und 17 zum Ausdruck kommende **Unterscheidung** zwischen dem **Irrtum über die Tatumstände** und demjenigen über **deren rechtliche Bedeutung** zu beachten.

I. Umstandsirrtum

Der Tatumstandsirrtum muss wieder danach unterschieden werden, ob der Täter 163
rechtfertigende Umstände nicht kennt oder solche irrig annimmt.

1. Die Unkenntnis rechtfertigender Umstände

Die Unkenntnis rechtfertigender Umstände stellt einen Fall des **Fehlens subjektiver** 164
Rechtfertigungselemente („umgekehrter Erlaubnistatbestandsirrtum“) dar. Nach

260 OLG Düsseldorf NStZ 2013, 590: Keine Rechtfertigung von Straftaten durch Ausübung hoheitlicher Gewalt per se; ebenso wenig durch § 34 StGB.

261 BGH NStZ 2005, 31.

ganz h.M. und st.Rspr.[262] setzen Rechtfertigungsgründe die **Kenntnis der rechtfertigenden Umstände** und in der Regel ein **finales Element (z.B. Verteidigungswillen)** voraus. Jedoch sind die Folgen ihres Fehlens umstritten.

Nach h.Lit. schließt das Vorliegen der objektiven Rechtfertigungsvoraussetzungen den Erfolgsunwert der Tat und damit eine Strafbarkeit wegen vollendeter Begehung aus. Die Tat kann jedoch wegen des irrtumsbedingt verbleibenden Handlungsunwertes nach Versuchsregeln gemäß § 22 (a.A.: analog § 22) bestraft werden. Wo der Versuch nicht mit Strafe bedroht ist, also auch beim Fahrlässigkeitsdelikt, scheidet daher eine Strafbarkeit aus. In der Rspr. ist diese Frage ungeklärt.[263] Einige Entscheidungen[264] gehen von einer Vollendungsstrafbarkeit aus, anderen[265] liegt der Standpunkt der h.Lit. zugrunde. In einer neueren Entscheidung ist der BGH der h.Lit. im Ergebnis gefolgt, ohne auf die Gegenmeinung einzugehen.[266]

Für die h.Lit. spricht, dass eine tatsächlich erforderliche und gebotene Verteidigung nicht als vollendete Straftat geahndet werden kann, wenn der Angegriffene diese Umstände nicht kennt. Denn dann wäre die Handlung zugleich geboten und verboten. Zudem müsste gegen diese Verteidigung wieder Notwehr und Nothilfe zulässig sein. Das stellt einen Wertungswiderspruch dar. Zudem schließt ein Einverständnis die Vollendungsstrafbarkeit auch dann aus, wenn der Täter es nicht kennt. Es bleibt ein untauglicher Versuch. Warum dies im Falle einer rechtfertigenden Einwilligung anders sein sollte, ist sachlich nicht zu begründen.

2. Die irrige Annahme rechtfertigender Tatumstände

165 Die irrige Annahme von Umständen, die die Tat gerechtfertigt hätten, wird von der h.M. als **Erlaubnistatbestandsirrtum** bezeichnet. Die Rechtsfolgen sind streitig.[267]

166 Nach der heute ganz herrschenden **Schuldtheorie** ist das Bewusstsein, sich strafbar zu machen, keine Voraussetzung der Strafbarkeit und das materielle Unrechtsbewusstsein eine selbstständige Voraussetzung schuldhaften Handelns.[268] Dies wird durch § 17 bestätigt, nach dem trotz fehlenden Unrechtsbewusstseins bei Vermeidbarkeit des Irrtums wegen vorsätzlicher Begehung bestraft werden kann. Innerhalb dieser Ansicht sind die Folgen fehlenden Unrechtsbewusstseins jedoch streitig.

167 **a)** Nach der **strengen Schuldtheorie** sind alle Fälle fehlenden Unrechtsbewusstseins in § 17 geregelt, soweit nicht vorrangig § 16 eingreift. Da die irrige Annahme rechtfertigender Umstände aber nicht in § 16 geregelt sei, seien die Folgen gemäß § 17 zu bestimmen. Dagegen spricht die fehlende Differenzierung nach den Gründen fehlenden Unrechtsbewusstseins: Die irrige Annahme einer rechtfertigenden Einwilligung, z.B. bei § 303 Abs. 1, müsste hiernach gemäß § 17 behandelt werden, obwohl die irrige Annahme eines tatbestandsausschließenden Einverständnisses, z.B. bei § 303 Abs. 2, einen Tatumstandsirrtum gemäß § 16 Abs. 1 S. 1 darstellt. Für diese Ungleichbehandlung gibt es keinen einleuchtenden Grund. Diese Ansicht bedarf in einer praktischen Arbeit keiner Erörterung.

168 **b)** Die heute ganz h.M., die **eingeschränkte Schuldtheorie**, differenziert dagegen nach den Gründen des fehlenden Unrechtsbewusstseins. Stellt sich der Täter irrig Umstände vor, die seine Tat im Falle ihres Vorliegens gerechtfertigt hätten, so sei er jedenfalls im Ergebnis nicht anders als im Falle des Tatumstandsirrtums gemäß § 16 Abs. 1 S. 1 zu behandeln. Über die Begründung bestehen allerdings unterschiedliche Ansichten. Nach der **Lehre von den negativen Tatbestandsmerkmalen** entfällt mit

---

262 St.Rspr. seit BGHSt 2, 111; 5, 245; a.A. (Kenntnis genügt) Engländer HRRS 2013, 389 ff.; Brüning ZJS 2013, 511.

263 So ausdrücklich BGHSt 56, 11.

264 BGH RÜ 2005, 82; BGH NStZ 2007, 325; BGH HRRS 2010 Nr. 911.

265 BGHSt 38, 155; ausdrücklich OLG Celle JuS 2013, 1042.

266 BGH RÜ 2017, 236.

267 Überblick bei Rönnau/Saathoff JuS 2023, 916.

268 So bereits die grundlegende Entscheidung BGHSt 2, 194, der der Gesetzgeber später mit dem 2. StRG von 1969 mit der Regelung des § 17 StGB gefolgt ist.

dem Erlaubnistatbestandsirrtum der Vorsatz gemäß § 16 Abs. 1 S. 1. Nach der **Unrechtstheorie** entfällt der Handlungsunwert einer Vorsatztat und daher analog § 16 Abs. 1 S. 1 die Vorsatzstrafbarkeit. Nach der **rechtsfolgenverweisenden eingeschränkten Schuldtheorie** entfällt rechtsfolgenanalog § 16 Abs. 1 S. 1 der Vorsatzschuldvorwurf.

Auch die st.Rspr. folgt der eingeschränkten Schuldtheorie. Unklar ist jedoch, ob der Erlaubnistatbestandsirrtum hiernach zum Ausschluss des Vorsatzunrechts[269] oder der Vorsatzschuld[270] führt.

Diese Ansichten unterscheiden sich im Ergebnis nur hinsichtlich der Frage, ob die im Erlaubnistatbestandsirrtum begangene Tat eine vorsätzliche rechtswidrige Tat und daher teilnahmefähig ist.

Wo nur nach der Strafbarkeit des im Erlaubnistatbestandsirrtum Handelnden gefragt ist, sollte man sich deshalb einer Stellungnahme zu diesem Streit enthalten!

Beispiel (im Anschluss an das Beispiel oben Rn. 119): Der Beschuldigte hat sich unwiderlegbar dahingehend eingelassen, dass er befürchtete, nicht nur von Z, sondern auch von D mit den Hunden angegriffen zu werden.

„Der tödliche Messerstich war daher weder durch Notwehr noch durch Notstand gerechtfertigt.

4. Ein hinreichender Tatverdacht wegen Totschlags könnte jedoch wegen eines Erlaubnistatbestandsirrtums ausgeschlossen sein.

a) Ein solcher setzt die irrige Annahme von Umständen voraus, die die Tat im Falle ihres Vorliegens gerechtfertigt hätten. Vorliegend wird dem Beschuldigten seine Einlassung, er habe angenommen, nicht nur von Z, sondern auch von D mit den Hunden angegriffen zu werden, nicht zu widerlegen sein. Unter diesen Umständen scheint ein Ausschluss des Gebotenseins der Verteidigung fraglich. Die dem Beschuldigten zur Last liegende Notwehrprovokation schließt die Berufung auf Notwehr nicht aus, sondern führt nur zu einer Einschränkung seiner Befugnisse nach Maßgabe der oben dargelegten Abwägung. Hier hätte der Beschuldigte zwar dem Angriff des Z zunächst ausweichen können, um seine Bewaffnung mit dem Messer vor weiteren Attacken anzudrohen. Jedoch hätte er sich unter den angenommenen Umständen dann dem Angriff zweier Männer ausgesetzt gesehen, die zudem die beiden mitgeführten Hunde hätten einsetzen können. Dies wäre mit überwiegender Wahrscheinlichkeit für den Beschuldigten mit dem Risiko ernsthafter Verletzungen und dem Unterliegen in einer körperlichen Auseinandersetzung verbunden gewesen. Danach wäre unter den von dem Beschuldigten angenommenen Umständen der sofortige Einsatz des Messers auch geboten gewesen.

b) St.Rspr. und h.Lit. folgen hinsichtlich der Rechtsfolgen der eingeschränkten Schuldtheorie, nach der der Erlaubnistatbestandsirrtum eine Strafbarkeit wegen vorsätzlicher Begehung ausschließt. War der Irrtum vermeidbar, so kommt allenfalls eine fahrlässige Begehung in Betracht. Zur Begründung wird zum Teil ein Vorsatzausschluss gemäß § 16 Abs. 1 S. 1, zum Teil ein Ausschluss des Vorsatzunrechts analog § 16 Abs. 1 S. 1, nach a.A. ein Ausschluss des Vorsatzschuldvorwurfs rechtsfolgenanalog § 16 Abs. 1 S. 1 angenommen. Danach scheidet vorliegend, ohne auf den Streit über die Begründung eingehen zu müssen, ein hinreichender Tatverdacht wegen Totschlags aus.

Im Anschluss daran ist auf einen hinreichenden Tatverdacht wegen fahrlässiger Tötung einzugehen.

269 BGHR StGB § 32 Abs. 2 Erforderlichkeit 1: Tatbestandsirrtum; ebenso BGH NStZ 1996, 29; BGH StV 2013, 503; BGH NStZ 2020, 725; BGH NStZ 2023, 407; BGH NJW 2023, 166; BGH RÜ 2024, 563.

270 BGH RÜ 2012, 163 (Hell's Angels Fall): Wegfall des Vorsatzschuldvorwurfs.

II. Subsumtionsirrtum

169 Bei einem **Subsumtionsirrtum** über die Rechtfertigung der Tat ist wieder nach Unkenntnis oder irriger Annahme zu unterscheiden.

170 Glaubt der Täter in Kenntnis der rechtfertigenden Umstände aber in Unkenntnis des Rechtfertigungsgrundes oder seiner rechtlichen Reichweite, Unrecht zu tun, so handelt es sich um ein strafloses **Wahndelikt** (umgekehrter Verbotsirrtum).

171 Die irrige Annahme der Existenz eines Rechtfertigungsgrundes oder die Überdehnung seiner rechtlichen Voraussetzungen stellt dagegen nach h.M. einen sog. **Erlaubnisirrtum** dar, der als „indirekter Verbotsirrtum" gemäß § 17 zu behandeln ist.

III. Abgrenzung

172 Auch auf der Rechtswidrigkeitsebene kommt es danach auf die **Abgrenzung** von Tatumstandsirrtum zum Subsumtionsirrtum an. Dabei sollte man von den zur Abgrenzung von Tatumstands- zum Verbotsirrtum entwickelten Grundsätzen ausgehen. Daher handelt es sich bei der irrigen Annahme, einen Schadensersatzanspruch zu haben, den der Täter gemäß § 229 BGB durchzusetzen versucht, um einen Erlaubnistatbestandsirrtum. Bei einem Irrtum über gesamttatbewertende Voraussetzungen der Rechtfertigung, wie z.B. das Gebotensein einer Verteidigung oder die Angemessenheit einer Notstandshandlung muss folgerichtig differenziert werden: Wer die tatsächliche Bewertungsgrundlage verkennt, handelt im Tatumstandsirrtum; wer in Kenntnis der Umstände sein Handeln fehlerhaft als geboten bzw. angemessen bewertet, handelt im Erlaubnisirrtum.

IV. Doppelirrtum

173 Auch im Bereich der Rechtswidrigkeit kann ein **„Doppelirrtum"** auftreten. Kennt der Täter die ihn rechtfertigenden Umstände nicht, so bleibt die Tat nach der oben dargestellten h.M. auch dann nur als Versuch strafbar, wenn der Täter irrig glaubt, sie rechtswidrig zu vollenden, da diese Annahme lediglich ein strafloses Wahndelikt begründet. Misst der Täter einem irrig angenommenen Umstand eine rechtfertigende Bedeutung bei, die er nicht hat, so stellt auch dies lediglich einen Verbotsirrtum gemäß § 17 dar.

Ein Zusammentreffen von Erlaubnistatbestandsirrtum und Erlaubnisirrtum ist das jedoch nicht, da ein Erlaubnistatbestandsirrtum nur vorliegt, wenn die irrig angenommenen Umstände die Tat tatsächlich gerechtfertigt hätten!

174 Ein vergleichbarer Fall ist der sog. **Putativnotwehrexzess**. Darum handelt es sich im Falle der irrigen Annahme einer Notwehrlage, die die Handlung wegen Überschreitens der Grenzen des Erforderlichen oder Gebotenen selbst im Fall ihres Vorliegens nicht gerechtfertigt hätte. Manche wollen hier im Falle des „nachzeitigen" Putativnotwehrexzesses § 33 anwenden, wenn der Irrtum unvermeidbar war. Nach h.M. und Rspr. handelt es sich dagegen um einen Verbotsirrtum gemäß § 17.[271]

V. Teilnahmefähigkeit der Tat bei Rechtfertigungsirrtum des Täters

175 Die Teilnahmefähigkeit der im Irrtum über die Rechtswidrigkeit begangenen Tat hängt von dem Irrtum des Täters und beim Erlaubnistatbestandsirrtum von dessen rechtlicher Einordnung ab.

176 **1.** Unterliegt der Täter einem **Erlaubnisirrtum** gemäß § 17, so stellt dies das Vorliegen einer vorsätzlichen rechtswidrigen Tat gemäß §§ 26 und 27 nicht infrage.

271 BGH NStZ 2002, 141.

2. Handelt der Täter im **Erlaubnistatbestandsirrtum**, so hängt die Teilnahmefähigkeit der Tat nach der eingeschränkten Schuldtheorie von der Begründung für den Ausschluss seiner Vorsatzstrafbarkeit ab. **177**

a) Nach der **Lehre von den negativen Tatbestandsmerkmalen** erfasst der Begriff des Tatbestandes gemäß § 16 auch das Fehlen von Rechtfertigungsgründen. Danach schließt die irrige Annahme rechtfertigender Umstände gemäß § 16 Abs. 1 S. 1 den Vorsatz aus. **178**

Gegen die Lehre von den negativen Tatbestandsmerkmalen ist folgendes einzuwenden: § 16 passt auf den Erlaubnistatbestandsirrtum schon deshalb nicht, weil er nur die Unkenntnis der tatbestandsrelevanten Umstände als vorsatzausschließend behandelt. Der Irrtum über rechtfertigende Tatumstände kann die Vorsatzstrafe aber nur im Falle ihrer irrigen Annahme beseitigen.

b) Nach der **rechtsfolgenverweisenden eingeschränkten Schuldtheorie** bleibt die im Erlaubnistatbestandsirrtum begangene Tat eine vorsätzlich begangene rechtswidrige Tat. Der Irrtum lasse jedoch den Schuldvorwurf einer bewussten Auflehnung gegen die Rechtsordnung entfallen. Rechtsfolgenanalog § 16 Abs. 1 S. 1 entfalle daher nur die Vorsatzschuld. Die Tat ist danach eine teilnahmefähige Haupttat. **179**

c) Nach der sog. **Unrechtstheorie** lässt der Erlaubnistatbestandsirrtum analog § 16 Abs. 1 S. 1 bereits das Handlungsunrecht der Vorsatztat entfallen. Nach einer Ansicht lässt dies auch die Teilnahmefähigkeit der Tat entfallen. Nach a.A. ändert dies jedoch nach dem Wortlaut der §§ 26 und 27 nichts daran, dass die Tat vorsätzlich, also in Kenntnis und Billigung der zum Tatbestand gehörenden Umstände, und rechtswidrig begangen wurde. Daher ist nach dieser Ansicht die im Erlaubnistatbestandsirrtum begangene Tat teilnahmefähig. **180**

d) In der **Rspr. des BGH** ist diese Frage bisher nicht ausdrücklich entschieden worden. Jedenfalls dann, wenn der Teilnehmer sich ebenso wie der Täter Umstände vorstellt, die die Tat rechtfertigen würden, kommt es darauf auch nicht an. Denn dann unterliegt der Teilnehmer einem Irrtum über die Rechtswidrigkeit der Tat als einem zum Tatbestand der Teilnahme gehörenden Umstand. Daher handelt er nicht vorsätzlich. Weiß der Beteiligte um die Rechtswidrigkeit der Tat, so liegt im Regelfall ein Fall mittelbarer Täterschaft aufgrund überlegenen Wissens vor, hinter der eine Anstiftung ggf. zurücktreten würde. Der Streit bedarf danach nur dann einer Entscheidung, wenn mittelbare Täterschaft ausgeschlossen ist, weil es sich um ein eigenhändiges Delikt handelt oder der Beteiligte – bei Sonderdelikten – nicht tauglicher Täter ist.

Stellen Sie die verschiedenen Ansichten nur kurz dar und entscheiden Sie den Streit nur, soweit es darauf ankommt!

4. Abschnitt: Schuld

Nach der heute herrschenden normativen Schuldlehre bedeutet Schuld die Vorwerfbarkeit der Tat[272] und die persönliche Verantwortlichkeit für das begangene Unrecht.[273] **181**

A. Die Schuldfähigkeit

Nach den § 20 StGB und § 3 JGG ist die Schuldfähigkeit die Fähigkeit, das Unrecht der Tat einzusehen und nach dieser Einsicht zu handeln. Hinsichtlich der Voraussetzungen der Schuldfähigkeit ist zu differenzieren. **182**

272 BGHSt 2, 194.

273 Anstötz § 20 Rn. 2.

I. Strafunmündigkeit, § 19

183 Kinder unter 14 Jahren sind gemäß § 19 schuldunfähig. Entscheidend ist der Zeitpunkt der Tatbegehung (§ 8). Diese Vorschrift enthält in materieller Hinsicht eine unwiderlegbare Vermutung und in prozessualer Hinsicht ein **Verfahrenshindernis**, das zur Einstellung eines Strafverfahrens gemäß §§ 170 Abs. 2, 206a oder § 260 Abs. 3 StPO führt.

II. Schuldfähigkeit Jugendlicher und Heranwachsender, §§ 3 und 105 JGG

184 Die Schuldfähigkeit Jugendlicher, d.h. Personen im Alter von 14, aber noch nicht 18 Jahren (§ 1 Abs. 2 JGG), richtet sich gemäß § 3 JGG nach ihrem Reifegrad aufgrund ihrer sittlichen und geistigen Entwicklung. Die Schuldfähigkeit muss danach in jedem Einzelfall festgestellt werden. Die Schuldfähigkeit Heranwachsender, d.h. Personen im Alter von 18, aber noch nicht 21 Jahren (§ 1 Abs. 2 JGG), richtet sich nach Erwachsenenstrafrecht, da § 105 JGG nicht auf § 3 JGG verweist.

III. Ausschluss der Schuldfähigkeit Erwachsener gemäß § 20

185 Für Erwachsene regelt § 20 die Voraussetzungen der Schuldunfähigkeit. Hiernach geht das Gesetz von der Schuldfähigkeit des Erwachsenen als Regelfall aus. Anlass zur Prüfung des § 20 besteht deshalb nur, wenn Anhaltspunkte für das Vorliegen seiner Voraussetzungen bestehen.

Dieser Regelung liegt die sog. biologisch-psychologische Methode zugrunde, wonach Schuldunfähigkeit nur dann anzunehmen ist, wenn der Verlust der Einsichts- oder Steuerungsfähigkeit auf einer der im Gesetz genannten biologischen Ursachen beruht. Als psychologische Folge dieser Ursachen muss entweder die Fähigkeit ausgeschlossen sein, das Unrecht der Tat zu erkennen (Einsichtsfähigkeit), oder diejenige, sich nach dieser Einsicht zu richten (Steuerungsfähigkeit). Steuerungsfähigkeit setzt die Einsichtsfähigkeit voraus und ist daher von dieser zu unterscheiden.[274] Fehlt die Einsichtsfähigkeit aus einem anderen Grunde, so liegt ein Verbotsirrtum gemäß § 17 vor.

Die Schuldfähigkeit bezieht sich hiernach immer auf das konkrete Unrecht und ist deshalb auch bei tateinheitlicher Verwirklichung mehrerer Delikte teilbar und auf den jeweiligen Tatbestand zu beziehen.

Gemäß §§ 19 und 20 muss die Schuldfähigkeit **bei Begehung der Tat** gegeben gewesen sein. Dies ist gemäß § 8 der Zeitraum, in dem der Täter gehandelt hat, und bei Unterlassungsdelikten derjenige, in dem er hätte handeln müssen.

1. Feststellung alkoholbedingter Schuldunfähigkeit

186 Häufigster Anwendungsfall des § 20 ist die alkoholbedingte Schuldunfähigkeit. Von der früheren Rspr. wurde sie ggf. als Fall einer tiefgreifenden Bewusstseinsstörung angesehen. Die heutige Rspr. geht von einer **krankhaften seelischen Störung** aus.[275] Beeinträchtigt werden kann durch Trunkenheit in erster Linie die Steuerungsfähigkeit, erst nachrangig die Einsichtsfähigkeit.[276]

---

274 Vgl. BGH NStZ 1995, 236.

275 BGH RÜ 2012, 576; Anstötz § 20 Rn. 11 ff. m.w.N.

276 Anstötz § 20 Rn. 12 ff.; umfassend zur alkoholbedingten Schuldunfähigkeit Stollenwerk JuS 2017, 988.

a) Kriterien alkoholbedingter Schuldunfähigkeit

Die frühere Rspr.[277] ging unter Berücksichtigung des Zweifelssatzes in Ermangelung anderer Umstände bei 3 ‰ BAK von einem Ausschluss der Schuldfähigkeit aus. Von dieser „Promillediagnostik" hat der BGH zwischenzeitlich Abstand genommen.[278] Hiernach gibt es keinen medizinisch-statistischen Erfahrungssatz, der es gebietet, anhand einer Tatzeit-BAK von 2,0 ‰ an aufwärts vom Vorliegen eines mittleren oder schweren Alkoholrausches auszugehen, der als krankhafte seelische Störung gemäß §§ 20, 21 anzusehen wäre. Eine bestimmte BAK wirkt auf jeden Menschen unterschiedlich. Daher ist es prinzipiell unmöglich, allein aus der BAK das Ausmaß einer alkoholisierungsbedingten Beeinträchtigung abzuleiten. Maßgeblich ist vielmehr eine Gesamtschau aller wesentlichen objektiven und subjektiven Umstände, die sich auf das Erscheinungsbild des Täters vor, während und nach der Tat beziehen. Dabei ist die BAK ein gewichtiges, aber keinesfalls allein maßgebliches Indiz.[279] Andere psychodiagnostische Kriterien neben der BAK sind **Alkoholgewöhnung** und **-toleranz**, **geordnetes Sozialleben**, **planvolles** und **zielgerichtetes Agieren** und **Reagieren bei der Tat**, **motorische Fähigkeiten** und das **Fehlen von Ausfallerscheinungen**, die **Unsinnigkeit der Tat** und ggf. **fehlendes Erinnerungsvermögen**. Der Beweiswert der BAK neben diesen psychodiagnostischen Kriterien ist umso geringer, je mehr solcher Kriterien zur Verfügung stehen und je länger der Rückrechnungszeitraum zur Ermittlung der Tatzeit-BAK und die daraus resultierende Ungewissheit ihres Ergebnisses ist.[280] **187**

Bleiben nach Abwägung aller Umstände des Einzelfalles noch Zweifel, so kann ab 2,0 ‰ von einer alkoholbedingt erheblich verminderten, ab 3,0 ‰ von einem Ausschluss der Schuldfähigkeit ausgegangen werden. In Fällen **schwerer Gewaltkriminalität gegen Leib oder Leben** sind mit Rücksicht auf den besonderen Unrechtsgehalt diese **Grenzwerte jeweils um 10 % höher** anzusetzen.[281]

b) Berechnung der BAK

Die Höhe der Tatzeit-BAK kann für die **Schuldunfähigkeit**, aber auch für eine **alkoholbedingte Fahruntauglichkeit** oder das Vorliegen eines **Vollrausches** von Bedeutung sein. Zur Berechnung der Tatzeit-BAK[282] kann auf eine nach der Tat entnommene Blutprobe oder auf eine Mindestmenge vor der Tat aufgenommenen Alkohols abgestellt werden. In beiden Fällen ist der zwischenzeitliche Alkoholabbau zu berücksichtigen. Es gibt jedoch keinen individuell feststellbaren Abbauwert. Daher muss, um dem Zweifelssatz Rechnung zu tragen, von einem **Mindest- bzw. Höchstabbauwert von 0,1 bzw. 0,2 ‰/h** ausgegangen werden. Der Zweifelssatz ist unmittelbar nur für das Ergebnis, also die festzustellende Schuldunfähigkeit bzw. die Fahruntauglichkeit oder den Rausch, anzuwenden. Das schließt jedoch nicht aus, dass bei Ermittlung der Tatzeit-BAK jeweils die dem Beschuldigten günstigsten Faktoren zu berücksichtigen sind. **188**

aa) Im Fall einer **Rückrechnung** kann nur bis zum Ende der Resorptionsphase zurückgerechnet werden. Das ist der Zeitraum, in dem der aufgenommene Alkohol in die Blutbahn resorbiert wird. Hierzu muss das Trinkende festgestellt werden, wobei im Zweifel der dem Angeklagten günstigste Zeitpunkt zugrunde zu legen ist. Im Zwei- **189**

277 BGHSt 34, 29.

278 BGHSt 43, 66.

279 BGH RÜ 2012, 576; BGH RÜ 2020, 473; BGH RÜ 2024, 386.

280 Anstötz § 20 Rn. 17.

281 BGHSt 37, 235.

282 S. zum Folgenden Fischer § 20 Rn. 13 ff.; § 316 Rn. 19 ff.; BGH RÜ 2024, 386.

fel ist von einer Resorptionsdauer von bis zu zwei Stunden bzw. umgekehrt davon auszugehen, dass zum Tatzeitpunkt das Ende der Resorptionsphase bereits erreicht war. Auch wenn der Tatzeitpunkt innerhalb der Resorptionsphase liegt, kann nur bis zu deren Ende zurückgerechnet werden. Dies ermöglicht zwar keine genaue Feststellung der Tatzeit-BAK. Zur Feststellung der Fahruntauglichkeit ist dies aber auch nicht erforderlich. Denn hierfür genügt, wie auch bei § 24a StVG vorausgesetzt wird, dass der Beschuldigte zur Tatzeit eine Menge Alkohol im Körper hat, die nach Ende der Resorption zum Erreichen der Grenzwerte alkoholbedingter Fahruntauglichkeit führen kann. Zusätzlich ist **bei Ermittlung der Schuldunfähigkeit** ggf. ein **Sicherheitszuschlag von 0,2 ‰ für den gesamten Rückrechnungszeitraum** zu berücksichtigen. Im Fall eines „Nachtrunks" muss die hieraus resultierende BAK von dem ermittelten Tatzeit-BAK-Wert abgezogen werden.

Beispiel: Trinkende 0.00 Uhr; Tatzeitpunkt 1.00 Uhr; Entnahmezeitpunkt 7.00 Uhr; BAK zum Entnahmezeitpunkt: 0,75 ‰

Berechnung von alkoholbedingter **Fahruntauglichkeit** oder **Rausch**: Rückrechnungszeitraum fünf Stunden (7.00 Uhr bis 2.00 Uhr [Ende der Resorptionsphase]) zu 0,1 ‰ /h = 0,5 ‰ zzgl. 0,75 ‰ = 1,25 ‰

Ermittlung alkoholbedingter **Schuldunfähigkeit**: Rückrechnungszeitraum 6 Stunden (7.00 Uhr bis 1.00 Uhr [Tatzeit i. Zw. = Ende der Resorptionsphase]) zu 0,2 ‰ /h = 1,2 ‰ zzgl. 0,2 ‰ (Sicherheitszuschlag) zzgl. 0,75 ‰ = 2,15 ‰

190 **bb)** Bei einer **Hochrechnung** auf der Grundlage von aufgenommenen Alkoholmengen wird nach der **Widmarkformel** die Menge des aufgenommenen Alkohols in Gramm in Relation zum Körpergewicht in Kilogramm gesetzt. Das dabei zu berücksichtigende spezifische Gewicht von Alkohol ist mit 0,81 anzusetzen. Das Körpergewicht ist mit einem Reduktionsfaktor zu multiplizieren, der für Männer 0,7, für Frauen 0,6 beträgt. Schließlich ist ein Resorptionsdefizit von 10 - 30 % in Abzug zu bringen. Das ist der Anteil des aufgenommenen Alkohols, der nicht in die Blutbahn resorbiert wird. Von dem so errechneten absoluten BAK-Wert sind 0,1 bzw. 0,2 ‰/h, ggf. zzgl. des Sicherheitszuschlags von einmalig 0,2 ‰ für den gesamten Hochrechnungszeitraum für den Alkoholabbau von Trinkbeginn bis zur Tatzeit abzuziehen. Daraus ergibt sich folgende Formel:

$$\frac{\text{g alc (Trinkmenge in ml x alc. vol. / 100) x 0,81}}{\text{kg Kp.-gewicht x Red.-faktor (0,7 bzw. 0,6)}} \text{ abzgl. Res.-defizit und Alk.-abbau}$$

Beispiel: Trinkbeginn 21.00 Uhr; Trinkmenge 4 l Bier mit 4,8 vol. % alc.; männl. Person, 80 kg; Tatzeit 1.00 Uhr

Berechnung von alkoholbedingter **Fahruntauglichkeit** oder **Rausch**: (4.000 x 4,8/100) x 0,81 = 155,52 / (80 x 0,7) = 2, 77 abzgl. 30 % = 1,94 ‰ abzgl. Alkoholabbau (4 h x 0,2 ‰ zzgl. 0,2 ‰) = 0,94 ‰

Ermittlung alkoholbedingter **Schuldunfähigkeit**: (4.000 x 4,8/100) x 0,81 = 155,52 / (80 x 0,7) = 2,77 abzgl. 10 % = 2,49 ‰ abzgl. Alkoholabbau (4 h x 0,1 ‰) = 2,09 ‰

Führt im Falle ungenauer Trinkmengenangaben die Berechnung zu unrealistischen BAK-Werten, ist eine Kontrollberechnung unter Zugrundelegung der jeweils gegenteiligen Berechnungsfaktoren vorzunehmen.

2. Verlust der Schuldfähigkeit während der Tatbegehung

191 Verliert der Täter seine Schuldfähigkeit während der Ausführung der Tat, so richten sich die Rechtsfolgen nach den Regeln über die Abweichung des Kausalverlaufs, wenn der Täter zumindest bei Beginn des Versuchs schuldfähig war.

Stellt der weitere Verlauf der Tat keine wesentliche Abweichung von dem bei Tatbeginn vorgestellten Verlauf dar, so ist wegen vollendeter Begehung zu bestrafen.[283] Im Falle einer wesentlichen Abweichung bleibt es bei der Strafbarkeit wegen bloßen Versuchs.

Beispiel:[284] Der Täter gerät bei Ausführung der Tat in einen Blutrausch.

3. Verlust der Schuldfähigkeit vor der Tatbegehung

War der Täter schon bei Versuchsbeginn nicht schuldfähig, so scheidet eine Strafbarkeit gemäß § 20 grundsätzlich aus.[285] Hat der Täter den seine Schuldfähigkeit ausschließenden Zustand jedoch schuldhaft[286] herbeigeführt, so kommt nach h.M. eine Strafbarkeit nach den Grundsätzen der **actio libera in causa** in Betracht. Deren Vereinbarkeit mit § 20, nach dem der Täter bei Begehung der Tat (vgl. § 8) schuldfähig gewesen sein muss, ist aber umstritten. **192**

Prüfen Sie zunächst, ob die Voraussetzungen einer a.l.i.c. vorliegen, da sich die streitige Frage ihrer Vereinbarkeit mit dem Gesetz sonst nicht stellt!

a) Voraussetzungen

Hinsichtlich der zu prüfenden Voraussetzungen ist zwischen der Strafbarkeit wegen **vorsätzlicher** und **fahrlässiger Begehung zu unterscheiden**. **193**

aa) Führt der Täter den seine Schuldfähigkeit ausschließenden Zustand vorsätzlich herbei und hat er zu dieser Zeit bereits den Vorsatz zur Begehung der später in diesem Zustand rechtswidrig begangenen Vorsatztat **(vorsätzliche a.l.i.c.)**, so kann er wegen vorsätzlicher Begehung bestraft werden. **194**

Es ist nicht erforderlich, dass der Täter seine Schuldunfähigkeit herbeiführt, um die spätere Tat begehen zu können.[287] Es reicht auch bedingter Vorsatz aus. Der Vorsatz muss jedoch bereits zu dem Zeitpunkt vorliegen, in dem der Täter noch schuldfähig ist. An die Konkretisierung des Vorsatzes sind die gleichen Anforderungen zu stellen, wie sonst auch. Es reicht also nicht aus, dass der Täter in schuldunfähigem Zustand irgendwelche Straftaten oder solche einer bestimmten Art begehen will.[288] Erforderlich ist vielmehr, dass sich der Vorsatz im Zeitpunkt noch bestehender Schuldfähigkeit auf die später tatsächlich begangene Tat erstreckt.

Begeht der Täter später eine andere Tat als die, auf die sein Vorsatz sich im Zeitpunkt bestehender Schuldfähigkeit bezog, so scheidet eine Strafbarkeit aus. Ist die Tat, auf die der Vorsatz sich bezog, in der später tatsächlich begangenen enthalten, so ist nur insoweit wegen vorsätzlicher Begehung zu bestrafen.

Unterliegt der Täter bei der späteren Ausführung einem error in persona vel obiecto, so ist die Rechtslage streitig. Nach h.L. sind die Regeln der aberratio ictus anzuwenden, sodass ggf. wegen Versuchs in Tateinheit mit fahrlässiger Begehung zu bestrafen ist.[289] Nach der Rspr. ist die Abweichung irrelevant, solange der Gegenstand des Irrtums für den Tatbestand nicht von Bedeutung ist.[290]

---

283 BGHSt 7, 325; BGH NStZ 2003, 535.

284 BGHSt 7, 325.

285 BGHSt 23, 356.

286 Ablehnend BGH NStZ-RR 2024, 72, für einen Fall, in dem auch die Verursachung der Schuldunfähigkeit durch Unterlassen der Einnahme von Medikamenten nicht schuldhaft war. Ungeklärt ist bislang, ob dies überhaupt genügt.

287 BGH NStZ 2002, 28.

288 BGH NStZ 1992, 536.

289 Sch/Sch/Perron/Weißer § 20 Rn. 37 m.w.N.

290 BGHSt 21, 381, 384.

195 **bb)** Führt der Täter den die Schuldfähigkeit ausschließenden Zustand nur fahrlässig herbei und/oder handelt er hierdurch hinsichtlich der später begangenen Tat nur fahrlässig **(fahrlässige a.l.i.c.)**, so kann er wegen fahrlässiger Begehung bestraft werden, wenn dies mit Strafe bedroht ist (§ 15). Zur Begründung einer Strafbarkeit wegen nicht verhaltensgebundener fahrlässiger Erfolgsdelikte bedarf es des Rückgriffs auf die a.l.i.c. jedoch nicht.[291]

b) Vereinbarkeit mit dem Gesetz

196 Im Wesentlichen werden zwei Erklärungsmodelle zur Begründung der a.l.i.c. vertreten.[292]

Nach der von der h.Lit. und Rspr.[293] vertretenen Lehre von der **Tatbestandsvorverlagerung** stellt die Herbeiführung des die Schuldfähigkeit ausschließenden Zustandes – in Anlehnung an den Rechtsgedanken der mittelbaren Täterschaft – bereits den Beginn der tatbestandsmäßigen Handlung dar. Nach der **Schuldausnahmetheorie** stellt die a.l.i.c. eine gewohnheitsrechtlich begründete Ausnahme von dem in § 20 geregelten Grundsatz dar, wonach der Täter bei Begehung der Tat schuldfähig gewesen sein muss.

Nach einer **in der Lit. vordringenden Auffassung** hat die a.l.i.c. ohne gesetzliche Regelung keine Grundlage. Die **Rspr. des BGH** hat die a.l.i.c. zumindest für den Bereich der Verkehrsdelikte der §§ 315c und 316 verworfen, [294] da die Tatbestandsvorverlagerung der tatbestandlichen Handlungsumschreibung widerspreche und die Annahme einer Ausnahme zu § 20 mit Art. 103 Abs. 2 GG unvereinbar sei. Für alle anderen Tatbestände, auch andere verhaltensgebundene Delikte, wird ihre Anwendung dennoch für richtig gehalten.[295] Daher empfiehlt sich, außer bei Verkehrsdelikten, von der Anwendbarkeit der a.l.i.c. auszugehen.[296]

Beispiel: Der Beschuldigte ist hinreichend verdächtig, das Wohnhaus seines Nachbarn in Brand gesetzt zu haben (§ 306a Abs. 1 Nr. 1). Nach Feststellungen eines Sachverständigen befand er sich jedoch mit hoher Wahrscheinlichkeit bei der Brandlegung aufgrund von Alkohol- und Medikamentenmissbrauch im Zustand der Schuldunfähigkeit gemäß § 20. Nach eigener Einlassung hatte er den Vorsatz zur Tat bereits vor der Einnahme der Medikamente gefasst und dabei mit der Möglichkeit gerechnet, durch die Einnahme schuldunfähig zu werden.

„4. Fraglich ist, ob der Beschuldigte schuldhaft handelte. Nach den Feststellungen des Sachverständigen kann nicht mit hinreichender Sicherheit davon ausgegangen werden, dass er bei der Tathandlung schuldfähig war. In Betracht kommt jedoch ein hinreichender Tatverdacht nach den Grundsätzen der vorsätzlichen actio libera in causa.

a) Hiernach kann wegen vorsätzlicher Begehung bestraft werden, wer sich mit dem Vorsatz zur späteren Begehung der Tat vorsätzlich in den seine Schuldfähigkeit ausschließenden Zustand versetzt. Vorliegend liegen diese Voraussetzungen nach der Einlassung des Beschuldigten mit hinreichender Sicherheit vor. Ob der Beschuldigte sich in den Zustand seiner Schuldunfähigkeit versetzt hat, um seine möglichen Hemmungen vor der Tat zu beseitigen, ist hierfür nicht wesentlich; vielmehr genügt ein bedingter Vorsatz, der hier hinreichend sicher erscheint.

291 BGHSt 42, 235.
292 Vgl. Salger/Mutzbauer NStZ 1993, 561.
293 Nachweise bei Anstötz § 20 Rn. 52.
294 BGHSt 42, 235.
295 BGH NStZ 2000, 584 m.w.N.
296 Vgl. Fischer § 20 Rn. 55.

b) Allerdings ist umstritten, ob die Regeln der a.l.i.c. mit dem Gesetz, insbesondere § 20, vereinbar sind. Hiernach ist grundsätzlich Voraussetzung der Strafbarkeit, dass der Täter bei Begehung der Tat schuldfähig war.

Nach einer Ansicht handelt es sich bei den Regeln der a.l.i.c. um eine Ausnahme von diesem Grundsatz. Wegen Rechtsmissbrauchs könne sich auf § 20 nicht berufen, wer dessen Voraussetzungen schuldhaft herbeigeführt habe. Diese Annahme ist jedoch mit Art. 103 Abs. 2 GG nicht zu vereinbaren. Anders als z.B. die §§ 17 S. 2 und 35 Abs. 1 S. 2 findet das Verbot des Rechtsmissbrauchs im Wortlaut des § 20 keine Stütze. Die Herbeiführung der eigenen Schuldunfähigkeit als Teil der Begehung der Tat i.S.d. § 20 anzusehen wäre mit § 8 und dem Verständnis desselben Begriffs in anderen Vorschriften nicht zu vereinbaren.

Die Annahme schuldhaften Handelns bei der Brandstiftung scheidet daher aus.

II. Der Beschuldigte könnte jedoch hinreichend verdächtig sein, indem er Alkohol konsumierte, Medikamente einnahm und anschließend den Brand legte, eine Brandstiftung gemäß § 306a Abs. 1 Nr. 1 i.V.m. den Regeln der vorsätzlichen a.l.i.c. begangen zu haben.

1. Die Voraussetzungen einer vorsätzlichen a.l.i.c. liegen, wie festgestellt, vor.

2. Nach h.Lit. und Rspr. stellt die Herbeiführung der eigenen Schuldunfähigkeit bereits den Beginn der tatbestandsmäßigen Handlung dar. Zur Begründung wird zum Teil auf Rechtsgedanken der mittelbaren Täterschaft zurückgegriffen: Der Täter benutze sich selbst als schuldunfähig handelndes Werkzeug. Demgemäß liege in der vorsätzlichen Herbeiführung der eigenen Schuldunfähigkeit auch bereits das unmittelbare Ansetzen zur Verwirklichung des Tatbestandes i.S.d. § 22. Hierdurch werde das Prinzip der Simultaneität der Tatbestandserfüllung mit der Schuld gewahrt.

Diese Begründung versagt allenfalls bei eigenhändigen und verhaltensgebundenen Delikten. Z.B. § 316 erfasst nur das Führen eines Fahrzeugs im Zustand der Fahruntauglichkeit, nicht aber die Verursachung dieses Zustandes; daher hat der BGH die Anwendbarkeit der a.l.i.c. auf Verkehrsstraftaten abgelehnt. Nach allgemeinen Versuchsregeln ist in der Herbeiführung der Schuldunfähigkeit nicht stets das unmittelbares Ansetzen i.S.d. § 22 zur Verwirklichung des Tatbestandes zu sehen.

Für die Anwendung der a.l.i.c. auf § 306a spricht, dass es sich dabei nicht um ein verhaltensgebundenes Delikt handelt. Die Anwendung der a.l.i.c. auf andere als Verkehrsdelikte entspricht deshalb ständiger Rspr. Daher ist von einer gewohnheitsrechtlichen Legitimation der Vorverlegungstheorie auszugehen. Nach dem Rechtsgedanken der mittelbaren Täterschaft kann in der Herbeiführung der eigenen Schuldunfähigkeit auch bereits das Überschreiten der Versuchsschwelle gesehen werden.

Hiernach ist der Beschuldigte einer schweren Brandstiftung hinreichend verdächtig."

c) Abgrenzung zum Vollrausch gemäß § 323a

Trifft den Täter bei Herbeiführung seiner Schuldunfähigkeit weder der Vorwurf vorsätzlichen noch fahrlässigen Handelns hinsichtlich der später begangenen Tat, so kommt nur eine Strafbarkeit wegen Vollrausches gemäß § 323a (s. u. Rn. 757 ff.) in Betracht, wenn er sich vorsätzlich oder fahrlässig in einen Rausch versetzt hat und die im Rausch begangene Tat die Voraussetzungen des § 323a erfüllt. **197**

Handelt der Täter auch hinsichtlich der Herbeiführung des Rausches weder vorsätzlich noch fahrlässig, so bleibt es wegen § 20 bei der Straflosigkeit.

Sind weder der Rausch noch die schuldhafte Begehung der Tat erweislich, scheidet eine wahldeutige Verurteilung wegen Vollrausches oder der im Zustand verminderter Schuldfähigkeit begangenen Tat mangels rechtsethischer und psychologischer Vergleichbarkeit der Taten aus.[297]

d) Weiterer Anwendungsbereich

198 Die vorgenannten Grundsätze gelten entsprechend bei der Prüfung des § 21. Auf die rechtlichen Streitfragen muss jedoch nicht mehr eingegangen werden, weil nach neuer Rspr. des BGH bei „selbst verschuldeter Trunkenheit" von der Möglichkeit der Strafmilderung gemäß § 21 in der Regel kein Gebrauch zu machen ist.[298]

Weiterhin gelten die dargestellten Regeln auch dann, wenn der Täter seine Handlungsunfähigkeit schuldhaft herbeigeführt hat (omissio libera in causa). Dies ist bei Unterlassungsdelikten von Bedeutung (s.o. Rn. 79).

Zum Teil wird der gleiche Rechtsgedanke auch auf die schuldhafte Verursachung von Rechtfertigungssituationen angewandt (actio illicita in causa). Dies wird jedoch von Rspr. und h.Lit. abgelehnt (s.o. Rn. 125).

B. Spezielle Schuldmerkmale

199 Einzelne Straftatbestände enthalten Strafbarkeitsvoraussetzungen, die nicht den Erfolgs- oder Handlungsunwert der Tat kennzeichnen, sondern ausschließlich eine die Strafbarkeit begründende, mildernde oder schärfende Gesinnung beschreiben. Diese Voraussetzungen können objektiver Art oder subjektiver Natur (z.B. die Böswilligkeit bei § 225; die Rücksichtslosigkeit bei § 315c) sein. Während diese Voraussetzungen zum Teil dem objektiven bzw. subjektiven Tatbestand zugerechnet werden, sind sie nach neuerer Lehre als spezielle Schuldmerkmale einzuordnen. Dies hat sich die Rspr. bisher jedoch nicht zu eigen gemacht.

> Im Prüfungsaufbau sollte daher bereits im Tatbestand auf diese Voraussetzungen eingegangen werden.

C. Schuldform

200 Nach überwiegender Auffassung haben Vorsatz und Fahrlässigkeit eine Doppelfunktion. Neben dem Handlungsunwert, der das Unrecht kennzeichnet, haben sie auch für die Schuld Bedeutung, weil sie die Art des Vorwurfs kennzeichnen.

I. Vorsatzschuld

201 Gegenstand des Vorsatzschuldvorwurfs ist die bewusste Entscheidung des Täters gegen das Recht und für das Unrecht. Anlass zur Prüfung der Vorsatzschuld besteht nur, wenn der Täter zwar die tatbestandsrelevanten Umstände kennt, aber irrig rechtfertigende Tatumstände annimmt (Erlaubnistatbestandsirrtum nach der rechtsfolgenverweisenden eingeschränkten Schuldtheorie), soweit man nicht bereits den Vorsatz (Lehre von den negativen Tatbestandsmerkmalen) oder das Vorsatzunrecht (Unrechtstheorie) für ausgeschlossen hält.

297 BGH GSSt 9, 390, 392.

298 BGH RÜ2 2018, 109.

II. Fahrlässigkeitsschuld

Für die Fahrlässigkeitsschuld ist dagegen die sorglose oder nachlässige Einstellung des Täters gegenüber den Verhaltensanforderungen des Rechts bezeichnend. Da bei der Prüfung des Tatbestandes einer Fahrlässigkeitstat nach h.M. nur die Verletzung der objektiv gebotenen Sorgfalt und die objektive Vorhersehbarkeit der Folgen zu prüfen ist, wird die Fahrlässigkeitsschuld durch die Verwirklichung des Tatbestandes nicht indiziert. Vielmehr ist hier zu prüfen, ob der Täter nach seinen individuellen Fähigkeiten und Kenntnissen auch in der Lage war, den objektiven Sorgfaltsanforderungen zu genügen und die Folgen seines Handelns vorherzusehen. **202**

In der Klausur genügt ggf. der Hinweis darauf, dass der Beschuldigte fahrlässig-schuldhaft handelte.

III. Vorsatz-Fahrlässigkeits-Kombinationen

Auch bei den Vorsatz-Fahrlässigkeits-Kombinationen ist dementsprechend auf die Prüfung der Fahrlässigkeitsschuld zu achten. Dies gilt namentlich für das erfolgsqualifizierte Delikt. Da sich im Tatbestand die Prüfung der Fahrlässigkeit auf die objektive Vorhersehbarkeit beschränkt, braucht auch bei der Fahrlässigkeitsschuld nur die subjektive Vorhersehbarkeit geprüft zu werden. **203**

D. Entschuldigungsgründe

Entschuldigungsgründe knüpfen immer an eine tatsächlich bestehende oder vom Täter zumindest als solche empfundene Konfliktlage an. Der Prüfungsaufbau folgt daher grundsätzlich dem derjenigen Rechtfertigungsgründe, die auf dem Prinzip des überwiegenden Interesses beruhen. **204**

I. Notwehrexzess, § 33

Aufbauschema: Notwehrexzess, § 33
■ Bestehen einer Notwehrlage
■ Überschreitung der Grenzen des Erforderlichen oder Gebotenen
■ Aus Verwirrung, Furcht oder Schrecken
■ Verteidigungswille

Vor der Prüfung eines Notwehrexzesses sollte ggf. auf einen Erlaubnistatbestandsirrtum eingegangen werden. Beruht dieser auf Fahrlässigkeit, kann jedoch das Fahrlässigkeitsdelikt gemäß § 33 entschuldigt sein. **205**

1. Hier muss zunächst eine **Notwehrlage** gemäß § 32 Abs. 2 vorliegen, also ein gegenwärtiger rechtswidriger Angriff. Hält der Täter einen solchen nur irrig für gegeben (Putativnotwehr), so liegt kein Fall von Exzess, sondern ein Erlaubnistatbestandsirrtum vor.[299]

2. Entschuldigt wird in dieser Lage eine Handlung, die zwar als Verteidigungshandlung gemäß § 32 anzusehen wäre, aber die **Grenzen der Notwehr überschreitet**. Eine solche Überschreitung ist in verschiedener Hinsicht denkbar: **206**

- Zunächst kann der Täter die Grenzen des Erforderlichen oder des Gebotenen überschreiten. Dieser sog. **intensive Notwehrexzess** wird unstreitig von § 33 erfasst.

299 BGH RÜ 2014, 26.

- Sodann kann eine Überschreitung in zeitlicher Hinsicht vorliegen, wenn eine Notwehrlage noch nicht oder nicht mehr gegenwärtig ist. Der sog. nachzeitige **extensive Notwehrexzess** wird von einem Teil der Lit. nach § 33 behandelt. Rspr.[300] und h.Lit. lehnen dies ab. Dafür spricht zum einen, dass § 33 eine Ergänzung der Notwehrregeln darstellt, ursprünglich sogar Teil einer einheitlichen Regelung war; zum anderen, dass der Wegfall des Schuldvorwurfs nicht allein mit der Affektbedingtheit der Handlung erklärt werden kann, sondern nur durch das gleichzeitige Vorliegen einer durch die Notwehrlage bedingten Unrechtsminderung. Auf den extensiven Notwehrexzess sind daher nur die allgemeinen Regeln über Rechtfertigungsirrtümer oder affektbedingte Schuldunfähigkeit anwendbar.

207 **3.** Weitere Voraussetzung ist, dass die Überschreitung **auf Verwirrung, Furcht oder Schrecken** beruht. Diese sog. **asthenischen Affekte** zeichnen sich durch ihren defensiven Charakter, ein Gefühl der Unterlegenheit aus. Sog. sthenische Affekte, wie Hass, Zorn oder Aggressionslust reichen zur Entschuldigung nicht aus. Erforderlich ist jedoch, dass infolge des Affekts die Fähigkeit, das Geschehen intellektuell zu verarbeiten, in erheblichem Maße eingeschränkt war.[301]

Ob die Grenzen der Notwehr **bewusst oder unbewusst** überschritten werden, ist unerheblich,[302] da das Gesetz nach dem Wortlaut keinen Unterschied zwischen bewusster und unbewusster Überschreitung der Notwehr macht. Die irrige Annahme von Umständen, unter denen die Notwehr erforderlich oder geboten gewesen wäre, stellt jedoch einen vorrangig zu prüfenden Erlaubnistatbestandsirrtum dar![303]

Zweifelhaft kann ferner sein, ob § 33 auch in Fällen von **Notwehrprovokation** eingreift. Grundsätzlich ist für § 33 Raum, solange die Notwehr durch die vorangegangene Provokation nicht ausgeschlossen ist.[304] Kann aber wegen des Vorverhaltens des Täters nicht mehr von einem asthenischen Affekt ausgegangen werden, scheidet § 33 aus.[305] Dafür genügt es aber noch nicht, wenn der Täter, statt sich zu verteidigen, auch die Polizei hätte alarmieren können.[306]

208 **4.** Die **subjektiven Voraussetzungen** entsprechen nach umstrittener Rspr. des BGH denen der Notwehr, erfordern also ein Handeln mit Verteidigungswillen.[307]

II. Entschuldigender Notstand, § 35

Aufbauschema: Entschuldigender Notstand, § 35

- Notstandslage
- Notstandshandlung
  - Gefahr nicht anders abwendbar
  - Keine Duldungspflicht
- Kenntnis der Umstände und Handeln zur Gefahrenabwehr

209 **1.** Voraussetzung ist als **Notstandslage** eine gegenwärtige Gefahr für Leib, Leben oder Freiheit des Täters, eines Angehörigen oder einer sonst nahestehenden Person.

Eine analoge Anwendung auf andere Rechtsgüter ist ausgeschlossen. Mit Freiheit ist die Fortbewegungsfreiheit gemäß § 239, nicht die durch § 240 geschützte allgemeine Handlungsfreiheit gemeint. Auch in persönlicher Hinsicht ist der Anwendungsbe-

300 BGH RÜ 2014, 26.
301 BGH HRRS 2006 Nr. 573; BGH RÜ 2018, 779.
302 BGH NStZ 2011, 630.
303 BGH NStZ 2020, 725.
304 BGH NStZ-RR 2009, 70; BGH RÜ 2015, 578.
305 BGHSt 39, 133.
306 BGH NStZ 1995, 177.
307 BGH RÜ 2013, 505; BGH RÜ 2016, 100.

reich beschränkt. Nahestehende Personen[308] sind solche, die dem Täter ähnlich wie Angehörige (§ 11 Abs. 1 Nr. 1) persönlich verbunden sind, z.B. weil sie mit ihm in Hausgemeinschaft leben. Der Begriff der gegenwärtigen Gefahr entspricht dem des § 34. Auf die Gefahrenquelle kommt es nicht an. § 35 erfasst daher insbesondere auch den **Nötigungsnotstand**,[309] der nach h.M. keine rechtfertigende Wirkung gemäß § 34 hat (s.o. Rn. 138). Leibesgefahr und Gefahr für die Freiheit setzen nach dem Sinn der Norm und wegen der Gleichstellung mit dem Leben jedoch das Drohen einer schwerwiegenden Beeinträchtigung voraus.

2. Hinsichtlich der zu entschuldigenden **Handlung** ist der Anwendungsbereich nicht eingeschränkt. Welcher Tatbestand durch die Handlung erfüllt wurde, ist nicht entscheidend. Einschränkende Voraussetzung ist, dass die **Gefahr nicht anders abwendbar** war und gemäß § 35 Abs. 1 S. 2 **nicht zumutbar** war, sie **hinzunehmen**. **210**

a) Nicht anders abwendbar ist die Gefahr, wenn die Handlung **geeignet** und das **mildeste Mittel** zur Gefahrenabwehr war. Dies entspricht § 34. Daher ist § 35 StGB bei der Möglichkeit der Inanspruchnahme staatlicher Hilfe ausgeschlossen.[310] **211**

Jedoch können nach h.M. schon an dieser Stelle Zumutbarkeitserwägungen hinsichtlich alternativer Möglichkeiten zur Gefahrenabwehr eine Rolle spielen. Kann sogar die **Hinnahme der Gefahr zumutbar** sein, so kann auch das Ausweichen auf andere Handlungsalternativen zumutbar sein, selbst wenn diese weniger sicher oder mit dem Fortbestand eines Restrisikos verbunden sind. Daher setzt die Rspr. – im Gegensatz zur h.L. – noch eine, allerdings situationsabhängige, pflichtgemäße Prüfung alternativer Handlungsmöglichkeiten zur Gefahrenabwehr voraus.[311] Dies gilt gerade bei lebensgefährlichen Abwehrhandlungen, ist aber immer nach den Einzelfallumständen abzuwägen.[312]

b) Die Gründe, deretwegen dem Täter die **Hinnahme der Gefahr zuzumuten** sein kann, sind nicht abschließend geregelt. Die im Gesetz genannten Umstände haben nur exemplarischen Charakter. **212**

Die **Verursachung der Gefahr** ist unstreitig nicht im Sinne bloßer Kausalität zu verstehen. Welche weiteren Anforderungen zu stellen sind, ist aber umstritten. Zum Teil wird eine Obliegenheitsverletzung, zum Teil eine objektive Pflichtverletzung, nach a.A. schuldhaftes Verhalten verlangt. **Besondere Rechtsverhältnisse** können durch die berufliche Stellung bedingt sein (Polizei, Feuerwehr, Rettungsdienst), aber auch durch Gesetz oder Hoheitsakt. Weitere Duldungspflichten begründende Umstände können z.B. Garantenstellungen oder auch die Unverhältnismäßigkeit des durch die Abwehrhandlung verursachten Schadens sein. In Fällen von Notstandshilfe ist zu beachten, dass die Zumutbarkeit der Gefahr für den Handelnden wesentlich durch die Duldungspflichten des begünstigten Dritten geprägt wird.

Im Übrigen kommt es auf eine Abwägung der betroffenen Interessen – anders als bei § 34 – nicht an.

3. Subjektive Voraussetzung der Entschuldigung ist die **Kenntnis der Gefahrenlage** und das Handeln zum **Zweck der Gefahrenabwehr**. **213**

308 Umfassend hierzu Mitsch Jura 2021, 136.

309 BGH RÜ 2024, 150.

310 BGH NStZ 2024, 538.

311 BGH NStZ 1992, 487; BGH RÜ 2024, 150.

312 BGH NStZ 1992, 487.

E. Das Unrechtsbewusstsein, § 17

214 Nach der heute herrschenden Schuldtheorie stellt das Unrechtsbewusstsein gemäß § 17 eine selbstständige Voraussetzung der Schuld dar.[313]

Hiernach schließt nur der unvermeidbare Verbotsirrtum die Schuld aus, da der vermeidbare Verbotsirrtum gemäß § 17 S. 2 nur die Möglichkeit der Strafmilderung begründet. Daher kann wegen vorsätzlicher Begehung auch bestraft werden, wer bei der Begehung der Tat kein Unrechtsbewusstsein hatte. Ausreichend ist vielmehr ein potenzielles Unrechtsbewusstsein, da der Irrtum vermeidbar war.

215 Als Gegenstand des Unrechtsbewusstseins ist die **materielle Rechtswidrigkeit der Handlung** ausreichend, aber auch erforderlich. Ein Bewusstsein der Strafbarkeit ist nach h.M. nicht erforderlich,[314] sondern es genügt das Bewusstsein, gegen rechtliche Verhaltensnormen zu verstoßen. Das Unrechtsbewusstsein wird durch die Annahme, sich nur ordnungswidrig zu verhalten, also nicht ausgeschlossen.[315] Da das Unrecht tatbestandsbezogen ist, ist auch das Unrechtsbewusstsein tatbestandsbezogen und teilbar.

Beispiel: Wer dem Wirt einen manipulierten Bierdeckel zur Abrechnung vorlegt, kann das Unrechtsbewusstsein hinsichtlich eines Betruges haben, ohne ein solches bezüglich einer Urkundenfälschung zu haben, wenn er glaubt, der Bierdeckel sei keine Urkunde.

Ausreichend ist, wenn der Täter mit der Möglichkeit rechnet, sich rechtswidrig zu verhalten, und sich damit abfindet. Bei unbewusster Fahrlässigkeit genügt für die Strafbarkeit, dass das Unrechtsbewusstsein hätte vorliegen können. Ausgeschlossen ist das Unrechtsbewusstsein demnach nur dann, wenn der Täter in der sicheren Annahme handelt, sich nicht rechtswidrig zu verhalten.

216 **Vermeidbar**[316] ist der zum Fehlen des Unrechtsbewusstseins führende Irrtum, wenn der Täter Anlass zu Zweifeln hätte haben müssen und entweder durch hinreichende Nutzung seiner eigenen intellektuellen Fähigkeiten und Kenntnisse oder durch Einholung von Rechtsrat hätte zur Einsicht kommen können, möglicherweise Unrecht zu tun. Hieran sind – auch im Fall der Einholung anwaltlichen Rats[317] oder behördlicher Auskunft[318] – strenge Anforderungen zu stellen.[319] Dies gilt in gesteigertem Maße für geschäftlich tätige Personen für deren Handeln im geschäftlichen Bereich.[320]

Nicht jeder Fall fehlenden Unrechtsbewusstseins stellt einen Verbotsirrtum dar, der den Rechtsfolgen des § 17 unterfällt. Zu differenzieren ist vielmehr nach dem Gegenstand des Irrtums. Fehlt das Unrechtsbewusstsein wegen Tatumstandsirrtums gemäß § 16 Abs. 1 S. 1 oder Erlaubnistatbestandsirrtums, gehen die hierfür geltenden Regeln vor. Auch die §§ 20 und 33 gehen der Anwendung des § 17 vor.

Der Fall des **umgekehrten Verbotsirrtums**, d.h. der in Kenntnis der Tatumstände handelnde Täter glaubt irrig, sich strafbar zu machen, stellt ein strafloses sog. Wahndelikt dar.[321]

---

313 Grundlegend BGHSt 2, 194.

314 BGH HRRS 2021 Nr. 468.

315 OLG Stuttgart NStZ 1993, 345.

316 Überblick bei Becker/Rönnau JuS 2022, 918.

317 BGHSt 45, 97; BGH RÜ 2013, 369; BGH RÜ 2017, 437.

318 BGH RÜ 2020, 301 (Auskunft unzuständige Behörde).

319 OLG Braunschweig Jura 2024, 1045: Internetrecherche reicht nicht aus!

320 BGH HRRS 2021 Nr. 468.

321 BGH NStZ 1994, 29.

5. Abschnitt: Täterschaft und Teilnahme

A. Überblick

In strafrechtlichen Klausuren richtet sich das Verfahren regelmäßig gegen mehrere an derselben Straftat beteiligte Beschuldigte bzw. Angeklagte. Fragen im Zusammenhang mit Täterschaft und Teilnahme stellen daher häufig ein zentrales Klausurproblem dar. 217

I. Beteiligungsformen

Das Gesetz unterscheidet bei **Beteiligung mehrerer** an einer vorsätzlichen Straftat zwischen **Täterschaft** und **Teilnahme** (§ 28 Abs. 2). Gesetzlich geregelt sind die unmittelbare (§ 25 Abs. 1 Var. 1), mittelbare (§ 25 Abs. 1 Var. 2) Täterschaft und die Mittäterschaft (§ 25 Abs. 2). Darüber hinaus ist die gesetzlich nicht geregelte Erscheinungsform der Nebentäterschaft anerkannt. Teilnahmeformen sind Anstiftung (§ 26) und Beihilfe (§ 27). 218

Von dieser Differenzierung ist das Prinzip der **Einheitstäterschaft** zu unterscheiden, nach dem jeder, der durch sein Verhalten für die Tatbestandserfüllung mitursächlich geworden ist, als Täter zu bestrafen ist. Dieses Prinzip gilt gemäß **§ 14 OWiG** für den Bereich der **Ordnungswidrigkeiten**. Auch im Strafrecht gilt das Einheitstäterprinzip nach h.M. für den Bereich der **Fahrlässigkeitsdelikte**. Dies folgt daraus, dass für die Verletzung der ihn treffenden Sorgfaltspflichten jeder selbst als Täter zu bestrafen ist und Mittäterschaft einen gemeinsamen Tatplan und Teilnahme gemäß §§ 26, 27 Vorsatz voraussetzt.

Täterschaft und Teilnahme sind jeweils auf den konkreten Tatbestand bezogen. Daher sind sie in der Weise teilbar, dass ein Beteiligter beim Zusammentreffen mehrerer Delikte teils Täter, teils Teilnehmer sein kann.[322] Zudem gibt es Mischformen in der Form gemeinschaftlicher mittelbarer Täterschaft[323] oder gemeinschaftlicher Anstiftung. Soweit ein Beteiligter an demselben Delikt sowohl als Täter als auch als Teilnehmer beteiligt ist, tritt die jeweils minderschwere Form der Beteiligung hinter der anderen als subsidiär zurück, also Beihilfe hinter der Anstiftung, diese hinter der Täterschaft. 219

Die verschiedenen Formen der Täterschaft sind einer Wahlfeststellung zugänglich. Lässt sich nicht feststellen, ob Täterschaft oder Teilnahme vorliegt, ist im Zweifel von Teilnahme auszugehen.

> Die Feststellung von Mittäterschaft erfordert bei arbeitsteiliger Ausführung eine gemeinsame Strafbarkeitsprüfung der Beteiligten, soweit sich das Verfahren gegen sie richtet. Wegen der Abhängigkeit der mittelbaren Täterschaft und der Teilnahme von der rechtlichen Bewertung der Beiträge der anderen Beteiligten (der Tatnächsten) ist im strafrechtlichen Gutachten immer zuerst deren Strafbarkeit zu prüfen, soweit sich das Verfahren auch gegen sie richtet!

II. Abgrenzung von Täterschaft und Teilnahme

Sind an einer Tat mehrere beteiligt, bedarf es daher stets der Abgrenzung täterschaftlicher Begehung von der Teilnahme. Nach welchen Kriterien Täterschaft und Teilnahme abzugrenzen sind, ist zwischen Rspr. und Lehre umstritten. Darüber hinaus muss danach unterschieden werden, ob eine Beteiligung durch Tun oder Unterlassen vorliegt und danach, ob sie sich auf fremdes Tun oder Unterlassen bezieht. 220

322 Vgl. BGHSt 30, 363 (Salzsäurefall) – §§ 211, 22, 23 Abs. 1, 25 Abs. 1 Alt. 2; 249, 250 Abs. 1, 30 Abs. 1; 52.

323 BGHSt 35, 347 (Katzenkönig).

1. Beteiligung durch aktives Tun an fremdem Tun

221 Nach der **materiell-objektiven Theorie** der Lit. hängt die Täterschaft von der Tatherrschaft ab. **Tatherrschaft** bedeutet das steuernde in-den-Händen-Halten des Geschehensablaufs, sodass Täter ist, wer die Tatbestandserfüllung nach seinem Willen fördern, hemmen oder gestalten kann. Dabei wird die Tatherrschaft überwiegend in wertender Betrachtung der Rollenverteilung der Beteiligten je nach ihrer Funktion im Gesamtgeschehen bestimmt (**funktionale Tatherrschaft**). Hiernach können auch der bei der Tat Abwesende und der, der nur vorbereitende Beiträge geleistet hat, als Täter angesehen werden, wenn seine Tatbeiträge das Geschehen im Wesentlichen vorgezeichnet haben und aufgrund des bestimmenden Einflusses des Beteiligten die begangene Tat letztlich als sein Werk erscheint. Nach a.A. bedarf es dagegen der **Tatausführungsherrschaft**, sodass nur vorbereitende Tatbeiträge keine Tatherrschaft begründen.

222 Die Rspr. folgt demgegenüber einer **normativen Kombinationslehre**, wonach der **Täterwille** des Beteiligten über die Täterschaft bestimmt. Jedoch ist auch nach der Rspr. ein objektiver Tatbeitrag Voraussetzung, der sich aber auf eine bloße Unterstützungshandlung beschränken kann und auch im Vorbereitungsstadium der Tat geleistet worden sein kann.[324] Entscheidend ist jedoch, dass der Beteiligte Täterwillen hat, weil er die Tat als eigene will, und nicht nur mit Teilnehmerwillen handelt, weil er eine fremde Tat fördern will.[325] Ob dies der Fall ist, ist im Wege einer **wertenden Betrachtung der Umstände des Einzelfalls** zu entscheiden. Diese richtet sich nach dem **Umfang der Tatbeteiligung**, dem **Grad des Eigeninteresses an dem Taterfolg**, der **Tatherrschaft** oder dem **Willen zur Tatherrschaft**.[326]

> Im strafrechtlichen Gutachten können beide Standpunkte in dieser Reihenfolge kurz dargestellt werden, um dann zu begründen, warum unter Berücksichtigung der Umstände des Einzelfalls eine Täterschaft anzunehmen bzw. abzulehnen ist. Da das Ergebnis nach beiden Ansichten in der Regel dasselbe ist, ist eine Stellungnahme entbehrlich. Einer ablehnenden Erörterung bedarf danach ggf. nur die Tatausführungsherrschaftslehre.

2. Beteiligung durch Tun an fremdem Unterlassen

223 Bei der Beteiligung durch aktives Tun an fremdem Unterlassen ist wie folgt zu unterscheiden:

224 Wird durch die Handlung ein von Dritten in Gang gesetzter rettender Kausalverlauf abgebrochen, liegt ein Begehungsdelikt in unmittelbarer Täterschaft vor.

225 Wurde ein anderer zum Unterlassen einer Rettungshandlung veranlasst, ist **nach** den eingesetzten **Tatmitteln** zu **unterscheiden**. Bedient sich der Beteiligte der Mittel, die ihn im Falle der Förderung fremden Tuns zum **mittelbaren Täter** machen würden, so liegt ein Fall von Täterschaft vor. Das ist der Fall, wenn zur Veranlassung des Unterlassens eine Täuschung über tatbestandsrelevante Umstände oder nötigender Zwang eingesetzt wird. Der Einsatz sonstiger Tatmittel führt dagegen nur zur Anstiftung oder Beihilfe zum Unterlassungsdelikt. Liegt hiernach Täterschaft vor, stellt sich die **weite-**

324 BGH NStZ 2021, 354; BGH JuS 2020, 1081; BGH StV 2022, 731.

325 BGH NStZ 2020, 730.

326 BGH NStZ 2020, 730: BGH NStZ 2021, 354; BGH Jura 2022, 128; BGH RÜ 2023, 718; BGH JuS 2024, 565; insb. BGH RÜ 2023, 29, RÜ 2024, 455 und BGH NStZ-RR 2023, 315 zur Abgrenzung von Mittäterschaft und Beihilfe bei Straftaten nach dem modus operandi „Polizistentrick".

re Frage, ob ein **Begehungs- oder Unterlassungsdelikt** vorliegt. Die Veranlassung fremden Unterlassens kann als Unterlassungsdelikt zu bewerten sein, wenn der Beteiligte durch den anderen eigene Garantenpflichten zu erfüllen hätte und in dem Unterlassen der Erfüllung dieser Pflichten der Schwerpunkt der Vorwerfbarkeit liegt. Nach der Rspr. liegt dann ein mittelbar täterschaftliches Unterlassungsdelikt vor.

Beispiel:[327] Der behandelnde Arzt einer komatösen Patientin weist das Pflegepersonal an, die künstliche Ernährung einzustellen. – Die Täterschaft des Arztes ergibt sich hier aus seiner vorgesetzten Stellung gegenüber dem Pflegepersonal (Organisationsherrschaft). Die Tat ist nach der Schwerpunktformel als mittelbar täterschaftliches Unterlassungsdelikt einzuordnen, weil der Arzt seine Garantenpflicht gegenüber der Patientin durch das Pflegepersonal zu erfüllen hatte.

3. Beteiligung durch Unterlassen an fremdem Tun

Liegt die Beteiligung darin, dass jemand pflichtwidrig unterlässt, gegen das Handeln eines anderen einzuschreiten, so ist wie folgt zu differenzieren: **226**

Zunächst liegt unstreitig **nur Beihilfe** durch Unterlassen vor, **wenn** dem Beteiligten eine **täterschaftsbegründende Eigenschaft fehlt** oder wenn es sich um ein **eigenhändiges Delikt** handelt. **227**

Dagegen liegt unstreitig **täterschaftliches Unterlassen** vor, **wenn** der andere Beteiligte für sein Handeln die strafrechtliche Verantwortung nicht trägt und nur als Tatmittler einer von dem Hintermann im Wege **mittelbarer Täterschaft** begangenen Tat anzusehen ist. Im Übrigen ist die Abgrenzung umstritten. **228**

Die h.Lit. löst die Frage nach **Tatherrschaftskriterien**. Danach ist derjenige, der es unterlässt, gegen fremdes *Handeln* einzuschreiten, als Randfigur der Tat regelmäßig nur Gehilfe. Wer es dagegen unterlässt, den von einem anderen in Gang gesetzten *Kausalverlauf* zu unterbrechen, nachdem der andere die Herrschaft über das Geschehen aus der Hand gegeben oder verloren hat, wird zum Unterlassungstäter, da er zur Zentralfigur des Geschehens wird.

Die Rspr. stellt auch hier auf den **Täterwillen** ab.[328] Dessen Feststellung hängt davon ab, ob die aufgrund wertender Betrachtung festzustellende innere Haltung des Unterlassenden zur Begehungstat des anderen – insbesondere wegen des Interesses am abzuwendenden Taterfolg – als Ausdruck eines sich die Tat des anderen zu eigen machenden Täterwillens aufzufassen ist oder ob seine innere Einstellung davon geprägt ist, dass er sich dem Handelnden – etwa weil er dessen bestimmendem Einfluss besonders unterliegt – im Willen unterordnet und das Geschehen ohne innere Beteiligung und ohne Interesse am drohenden Erfolg im Sinne bloßen Gehilfenwillens lediglich ablaufen lässt. Anderes gilt nach der Rspr. für die Beteiligung an Selbsttötungshandlungen; hier legt der BGH Tatherrschaftskriterien an.

Nach a.A. ist die Abgrenzung **nach Art der Garantenstellung** vorzunehmen.[329] Der Beschützergarant sei aufgrund der besonderen Nähebeziehung zum Opfer regelmäßig als Täter anzusehen. Der Überwachungsgarant sei regelmäßig nur Unterlassungsgehilfe.

Gegen diese Auffassung spricht ihre fehlende Praktikabilität, weil eine eindeutige Zuordnung von Garantenpflichten als Beschützer- bzw. Überwachungsgarant nicht immer möglich ist, und das Näheverhältnis zu dem gefährdeten Rechtsgut kein einleuchtender Grund für die Unterscheidung von Täterschaft und Teilnahme ist.

---

327 BGH NStZ 1995, 80.

328 BGH NStZ 1992, 31; BGH NStZ 2012, 379; BGH RÜ 2018, 638; BGH JuS 2019, 400; BGH RÜ 2019, 231.

329 Sch/Sch/Heine/Weißer vor §§ 25 ff. Rn. 95 ff.

Nach einer weiteren Ansicht kann bei Unterlassungsdelikten grundsätzlich nicht zwischen Täterschaft und Teilnahme unterschieden werden, sodass **immer** ein **täterschaftliches Unterlassen** anzunehmen ist (Lehre von den Pflichtdelikten).[330]

Dadurch wird der durch Unterlassen Beteiligte schlechter gestellt als der aktiv Beteiligte, der auch Gehilfe sein kann. Dies widerspricht der Gleichstellungsklausel des § 13 Abs. 1.

Im strafrechtlichen Gutachten ist zu empfehlen, die beiden zuletzt genannten Ansichten abzulehnen, um auf Grundlage der beiden erstgenannten Ansichten zum selben Ergebnis im Einzelfall zu kommen. Einer Stellungnahme zwischen Rspr. und h.Lit. bedarf es regelmäßig nicht.

Beispiel:[331] Der Beschuldigte A war mit B und C in einer JVA im selben Haftraum untergebracht. Die Ermittlungen haben mit hinreichender Sicherheit ergeben, dass C durch A und B bereits über einen längeren Zeitraum gequält und gedemütigt worden war. Am Tattag zwang B den C unter Androhung von Schlägen dazu, auf einen Stuhl zu steigen und den Kopf in eine an einem Heizungsrohr angebrachte Schlinge zu stecken. Als B den Stuhl wegzuziehen begann und C in Luftnot geriet, schritt der bis dahin unbeteiligte A ein und veranlasste B, von C abzulassen.

Die Prüfung der Beteiligung des aus Ingerenz garantenpflichtigen A an der Nötigung und Körperverletzung gemäß §§ 240, 223, 224 in einem Gutachten sieht wie folgt aus:

„3. Fraglich ist, ob der Beschuldigte als Täter oder lediglich als Gehilfe der Tat des B anzusehen ist. Da auch B für sein Handeln strafrechtlich voll verantwortlich ist, scheidet eine mittelbare Täterschaft des Beschuldigten aus. Im Übrigen ist die Abgrenzung von Täterschaft und Teilnahme im Fall der Beteiligung durch Unterlassen streitig.

Nach der von der h.Lit. vertretenen materiell-objektiven Theorie kommt es auf die Tatherrschaft an. Tatherrschaft bedeutet das steuernde in-den-Händen-Halten des Geschehensablaufs, sodass Täter ist, wer die Tatbestandserfüllung nach seinem Willen fördern, hemmen oder gestalten kann. Vorliegend hat der Beschuldigte den B zunächst lediglich gewähren lassen, ohne Einfluss auf dessen Handeln zu nehmen. Hiernach scheidet die Annahme einer Täterschaft des Beschuldigten aus.

Nach der von der Rspr. vertretenen modifiziert-subjektiven Theorie ist entscheidend, ob die innere Haltung des Unterlassenden – insbesondere wegen dessen Interesses am abzuwendenden Erfolg – als Ausdruck eines sich die Tat zu eigen machenden Täterwillens aufzufassen ist oder ob seine innere Einstellung davon geprägt ist, dass er sich dem Handelnden unterordnet und das Geschehen ohne innere Beteiligung und ohne Interesse am drohenden Erfolg im Sinne bloßen Gehilfenwillens lediglich ablaufen lässt. Hier ist weder ein eigenes Interesse des Beschuldigten erkennbar, noch hat er in einer Weise auf das Geschehen Einfluss genommen, die darauf schließen lässt, dass er die Tat als eigene wollte. Auch danach war der Beschuldigte nicht Täter.

Nach a.A. ist die Abgrenzung nach Art der Garantenstellung vorzunehmen. Der Beschützergarant sei aufgrund der besonderen Nähebeziehung zum Opfer regelmäßig als Täter anzusehen, der Überwachungsgarant regelmäßig nur Unterlassungsgehilfe. Da der Beschuldigte hier aus Ingerenz eine Überwachergarantenstellung hatte, war er auch nach dieser Ansicht nicht Täter.

Nach einer weiteren Ansicht kann bei Unterlassungsdelikten grundsätzlich nicht zwischen Täterschaft und Teilnahme unterschieden werden. Wer seine Garanten-

330 Sch/Sch/Heine/Weißer vor §§ 25 Rn. 82, 83.

331 BGH RÜ 2009, 302.

pflicht verletze, sei unabhängig von Tatherrschaft oder innerer Einstellung stets als Täter zu bestrafen. Hiernach wäre von einer Täterschaft des Beschuldigten auszugehen.

Für die zuletzt genannte Ansicht wird zum Teil angeführt, dass es sich bei den unechten Unterlassungsdelikten um Pflichtdelikte handele, deren Begehung an eine außerstrafrechtliche Sonderpflicht knüpfe und daher stets als Täter verwirklicht würden. Andere vertreten, dass es sich stets um eine unmittelbare Täterschaft gemäß § 25 Abs. 1 Alt. 1 handele, sodass eine Differenzierung nach Täterschaft und Teilnahme nicht möglich sei. Jedoch spricht gegen die Annahme einer solchen Einheitstäterschaft, dass wegen der Entsprechungsklausel des § 13 auch bei Unterlassungsdelikten eine Unterscheidung von Täterschaft und Teilnahme möglich sein muss. Andernfalls stünde der durch Unterlassen Beteiligte schlechter als der durch aktives Tun Beteiligte. Diese Ansicht ist daher abzulehnen.

Nach den übrigen Ansichten liegt hier keine Täterschaft vor, sodass es einer Streitentscheidung nicht bedarf. Der Beschuldigte ist einer täterschaftlichen Beteiligung nicht hinreichend verdächtig."

Im Anschluss daran folgt die Prüfung des hinreichenden Tatverdachts wegen Beihilfe zu dem jeweiligen Tatbestand.

B. Täterschaft

Täter ist, wer die tatbestandlichen Voraussetzungen in eigener Person – nicht notwendig eigenhändig – erfüllt. Daraus folgt: **229**

- Täter eines Sonderdelikts kann nur sein, wer die erforderliche Sonderdeliktseigenschaft aufweist.
- Täter eines eigenhändigen Delikts kann nur sein, wer die Tathandlung selbst ausführt.[332]
- Täter eines Delikts, das besondere subjektive Tatbestandsmerkmale voraussetzt, kann nur sein, wer diese erfüllt.[333]

> Ist das Fehlen dieser Voraussetzungen im Einzelfall evident, so sollte eine Strafbarkeit als Täter unter Hinweis darauf ohne Weiteres abgelehnt werden.

Liegen diese Voraussetzungen nicht vor, so kann nur Anstiftung oder Beihilfe gegeben sein. Da diese voraussetzen, dass der Täter vorsätzlich handelt, kann es bei der Veranlassung gutgläubiger Tatbestandserfüllung zu Strafbarkeitslücken kommen. Diese werden für Konstellationen mittelbarer Täterschaft bei den Urkundsdelikten durch § 271 und bei den Aussagedelikten durch § 160 geschlossen.

I. Unmittelbare Täterschaft

Wer die Straftat selbst, also durch Erfüllung aller Tatbestandsmerkmale in eigener Person, begeht, ist gemäß § 25 Abs. 1 Var. 1 stets Täter. Damit ist der früheren extrem subjektiven Theorie, wonach trotz eigenhändiger Tatbestandserfüllung bei fehlendem Eigeninteresse an der Tat ein Fall bloßer Teilnahme gegeben sein konnte,[334] der Boden entzogen. Dies ist inzwischen auch durch den BGH klargestellt.[335] **230**

---

332 Fragwürdig daher LG Oldenburg RÜ 2023, 313, mit der Annahme des gemeinschaftlichen Führens eines E-Scooters.

333 BGH NStZ-RR 2024, 146.

334 RGSt 74, 84 (Badewannenfall); BGHSt 18, 87 (Stachynskij-Fall).

335 BGHSt 38, 315.

II. Mittelbare Täterschaft

231 Mittelbarer Täter ist gemäß § 25 Abs. 1 Alt. 2, wer die Tat durch einen anderen begeht. Grundlage der die mittelbare Täterschaft begründenden Zurechnung fremden Handelns ist die überlegene Stellung des mittelbaren Täters im Verhältnis zum Tatmittler. Sie setzt daher grundsätzlich voraus, dass mit einem Ausschluss oder der Minderung der strafrechtlichen Verantwortung des Tatmittlers eine überlegene strafrechtliche Verantwortung des mittelbaren Täters korrespondiert. Im Einzelnen setzt die Zurechnung fremden Handelns zur Begründung mittelbarer Täterschaft Folgendes voraus:

1. Einen objektiven Tatbeitrag

232 Der objektive Tatbeitrag des mittelbaren Täters kann in der Veranlassung oder der Förderung der Handlung des Tatmittlers bestehen.

2. Die Tatmittlereigenschaft des Handelnden

233 Tauglicher Tatmittler ist, wer für sein Handeln selbst nicht oder nur eingeschränkt strafrechtlich verantwortlich ist. Der Ausschluss strafrechtlicher Verantwortlichkeit kann sich insbesondere daraus ergeben, dass

- die Handlung in seiner Person objektiv nicht tatbestandsmäßig ist,
- der subjektive Tatbestand mangels Vorsatzes oder anderer subjektiver Voraussetzungen entfällt,[336]
- das Handeln in der Person des Tatmittlers gerechtfertigt ist oder
- der Tatmittler ohne Schuld handelt.

Voraussetzung ist jedoch, dass die zuzurechnende Handlung zumindest in der Person des Veranlassers tatbestandsmäßig ist. Das bloße Ausnutzen der Gutgläubigkeit eines anderen genügt dafür nicht.

Beispiel:[337] Die Veranlassung eines Gutgläubigen zur Anmietung und Überlassung eines Transporters, um diesen später für sich zu verwerten, begründet mangels Täuschung des Vermieters durch den Gutgläubigen keinen Betrug in mittelbarer Täterschaft.

Mittelbare Täterschaft ist aber nach h.M. auch dann möglich, wenn der Ausführende selbst als Täter strafbar ist, seine Verantwortung aber eingeschränkt ist **(Täterschaft hinter dem Täter)**.[338] Dies kann der Fall sein, weil

- er nur fahrlässig gehandelt hat oder
- in einem vermeidbaren Verbotsirrtum gehandelt hat.[339]

Sehr umstritten ist, ob mittelbare Täterschaft auch dann infrage kommt, wenn der Ausführende strafrechtlich voll verantwortlich handelt. Während ein Teil der Lit. diese Möglichkeit bestreitet, wird sie heute überwiegend – auch in der Rspr. – bejaht. In Betracht kommt sie, wenn

- der Ausführende im Rahmen organisierter Machtstrukturen als auswechselbares Werkzeug fungiert,[340]
- der Handelnde einem „graduellem Tatbestandsirrtum“, also einem Irrtum über das Ausmaß der verursachten Rechtsgutverletzung, unterliegt oder
- der Ausführende einem nicht vorsatzausschließenden error in persona vel obiecto unterliegt.

---

336 BGHSt 30, 363 (Salzsäure-Fall).

337 BGH RÜ 2017, 29.

338 Zusammenfassend dazu Rönnau JuS 2021, 923.

339 BGHSt 35, 347 (Katzenkönig-Fall).

340 BGH NStZ 1998, 568; NStZ 2004, 218; ablehnend zur Anwendung im Wirtschaftsstrafrecht Radde Jura 2018, 1210.

3. Die Täterschaft des Hintermannes

234 Die fehlende strafrechtliche Verantwortlichkeit des Handelnden begründet noch keine Täterschaft des anderen Beteiligten. Die Förderung einer tatbestandslosen Selbstschädigung kann begrifflich Beihilfe sein, die mangels tatbestandsmäßiger Haupttat nicht strafbar ist, aber auch die Annahme mittelbarer Täterschaft begründen.[341] Hinzukommen müssen deshalb die o.g. Voraussetzungen, unter denen die Beteiligung als Täterschaft bewertet werden kann.

Insoweit besteht Einigkeit darüber, dass mittelbarer Täter nur sein kann, wer die Tatherrschaft besitzt. Auch die Rspr. zur mittelbaren Täterschaft[342] stellt in neueren Entscheidungen auf die „vom Täterwillen getragene Tatherrschaft" ab.

235 Die Tatherrschaft des Hintermannes ergibt sich in aller Regel aus einem **überlegenen Wissen oder überlegenen Willen**, die mit den Ursachen für die geminderte strafrechtliche Verantwortung des Tatmittlers korrespondieren.[343] Auch die überlegene Unrechtseinsicht des Hintermannes kann seine Verantwortung als mittelbarer Täter begründen. Die Feststellung der Tatherrschaft ist jedoch nach Rspr. und h.Lit. im Wesentlichen eine **Frage wertender Betrachtung**.

236 Fraglich erscheint die Täterschaft vor allem in den Fällen des **tatbestandslos-dolosen Werkzeugs**, also wenn der Ausführende nicht tauglicher Täter oder die Handlung in seiner Person nicht tatbestandsmäßig ist. Versteht man den Tatherrschaftsbegriff in einem tatsächlich-psychologischen Sinne, wird man eine Täterschaft hier ablehnen. Auf Grundlage des normativen Täterschaftsverständnisses bejaht die Rspr. – vor allem bei einem Eigeninteresse am Erfolg der Tat – eine mittelbare Täterschaft.[344] Handelt der Tatmittler seinerseits vorsätzlich, kommt für ihn eine Beihilfe zu der durch ihn in mittelbarer Täterschaft begangenen Tat in Betracht.

Beispiel:[345] Die Ermittlungen haben mit hinreichender Sicherheit ergeben, dass der Beschuldigte B die anderweitig verfolgten X und Y veranlasste, den Geschädigten in dessen Wohnung zu überfallen, zu verletzen, gefesselt im Badezimmer abzulegen und sodann nach Betäubungsmitteln zu suchen und diese zu vernichten. Der Geschädigte sollte dadurch eingeschüchtert und zur Räumung der Wohnung veranlasst werden. Nachdem der Geschädigte misshandelt und überwältigt worden war, betrat der Beschuldigte absprachegemäß die Wohnung. Er nahm unter Ausnutzung des Umstands, dass der Nebenkläger gefesselt und zu Widerstand nicht mehr in der Lage war, dessen in der Wohnung befindliches Geld, Uhren und andere Gegenstände an sich, um sie dauerhaft für sich zu behalten. Dies hatte er von Anfang an geplant, X und Y gegenüber indes verheimlicht; diesen blieb sein Tun auch bis zum gemeinsamen Verlassen der Wohnung verborgen.

„Der Beschuldigte könnte eines Raubes gemäß § 249 hinreichend verdächtig sein. Das setzt voraus, dass er dem Geschädigten mit Gewalt gegen seine Person die Beute wegnahm. Allerdings wandte der Beschuldigte selbst gegenüber dem Geschädigten keinerlei Gewalt an. Das bloße Ausnutzen der durch das Handeln von X und Y geschaffenen Zwangslage stellt für sich genommen ebenfalls keine gewaltsame Wegnahme dar.

In Betracht kommt jedoch eine Gewaltanwendung in mittelbarer Täterschaft gemäß § 25 Abs. 1 Alt. 2 durch die gesondert verfolgten X und Y als Tatmittler.

---

341 LG München II JuS 2020, 987 (Veranlassung nicht freiverantwortlicher Selbstschädigung durch Stromschläge); BGH RÜ 2024, 444: Veranlassung einer nicht freiverantwortlichen Suizidhandlung.

342 BGH NStZ 1994, 432; 1995, 537.

343 BGH NJW 2018, 1411: §§ 306a Abs. 1 Nr. 1, 25 Abs. 1 Alt. 2 durch Veranlassung einer Brandstiftung mit überlegenem Wissen um die Wohngebäudeeigenschaft.

344 OLG Celle JA 2013, 710 (Untreue in mittelbarer Täterschaft durch Betreuer wegen Veranlassung der Errichtung eines Testaments durch den Betreuten); BGH RÜ 2017, 638 (Diebstahl in mittelbarer Täterschaft durch ohne Zueignungsabsicht handelndes Werkzeug); OLG Stuttgart RÜ 2015, 713 (Veranlassung einer tatbestandlosen Selbstbezichtigung als Falschverdächtigung in mittelbarer Täterschaft); a.A. insoweit OLG Stuttgart NJW 2017, 1971 und OLG Stuttgart RÜ 2018, 306; Mitsch NJW 2018, 1110; Dehne-Niemann HRRS 2016, 453.

345 Nach BGH HRRS 2012 Nr. 891.

Indem er X und Y zu dem Überfall auf den Geschädigten veranlasste, leistete der Beschuldigte einen eigenen Verursachungsbeitrag.

X und Y müssten weiter als taugliche Tatmittler tatbestandsmäßig gehandelt haben und der Beschuldigte die vom Täterwillen getragene Tatherrschaft gehabt haben. Indem X und Y den Geschädigten verletzten und fesselten, wendeten sie Gewalt gegen seine Person an. Sie wollten zwar den Geschädigten körperlich misshandeln sowie seiner Freiheit berauben und handelten insoweit vorsätzlich. Sie wussten indes nichts von der vom Angeklagten beabsichtigten Wegnahme von Gegenständen, die durch die von ihnen zuvor ausgeübte Gewalt ermöglicht werden sollte. Hinsichtlich der finalen Verknüpfung der Gewalt mit der Wegnahme handelten sie ohne Vorsatz. Diese Fehlvorstellung hatte der Beschuldigte bei ihnen hervorgerufen und ihnen damit rechtlich relevante und für die Beurteilung der Tat ausschlaggebende Sachverhaltsumstände verheimlicht. Damit hatte er die Tatherrschaft kraft überlegenen Wissens und wollte aufgrund seines Eigeninteresses an der Beute die Tat als eigene. Dies rechtfertigt es, die Tatbestandserfüllung hinsichtlich des Einsatzes von Raubmitteln dem Beschuldigten als mittelbarem Täter zuzurechnen."

Es folgen die Begründung der Wegnahme, des subjektiven Tatbestandes, die Feststellung von Rechtswidrigkeit und Schuld sowie die Erörterung der Qualifikation gemäß § 250 Abs. 2 Nr. 1 und 3a). Hinsichtlich der gefährlichen Körperverletzung und der Freiheitsberaubung dürfte für den Beschuldigten dagegen lediglich eine Anstiftung vorliegen.

4. Vorsatz

237 Der Vorsatz des Beteiligten muss die seine mittelbare Täterschaft begründenden Umstände umfassen. Daher sind auch vorsatzausschließende Irrtümer gemäß § 16 Abs. 1 S. 1 über die eigene Beteiligtenrolle denkbar (s.u. Rn. 260 ff.).

III. Mittäterschaft

238 Mittäterschaft setzt gemäß § 25 Abs. 2 die gemeinschaftliche Begehung der Straftat durch mehrere voraus. Auch die Mittäterschaft ist ein Zurechnungsprinzip, wobei der gemeinsame Tatplan die Grundlage der wechselseitigen Zurechnung der von dem anderen jeweils geleisteten Tatbeiträge darstellt. Zuzurechnen ist jedoch nur fremdes Handeln, nicht Eigenschaften oder subjektive Strafbarkeitsvoraussetzungen, wie besondere Absichten oder Gesinnungen.

Die Mittäterschaft ist nicht akzessorisch, § 28 Abs. 2. Für die Zurechenbarkeit eines fremden Tatbeitrags kommt es also nicht darauf an, ob dieser in der Person des anderen Mittäters denselben Tatbestand erfüllt. Mittäter können auch Beteiligte sein, in deren Person durch die jeweiligen Tatumstände unterschiedliche Tatbestände erfüllt sind, solange es sich bei diesen um Abwandlungen desselben Unrechts handelt. Daher kann es wegen § 28 Abs. 2 zu einer Tatbestandsverschiebung kommen, wenn strafschärfende, -mildernde oder -ausschließende persönliche Merkmale nur bei dem Mittäter vorliegen.

Auch wenn beide Beteiligte bereits unmittelbare Täter sind, schließt dies nicht aus, dass die Beteiligten sich die Tatbeiträge der jeweils anderen zurechnen lassen müssen und deshalb als Mittäter anzusehen sind. Von Bedeutung ist das vor allem für die Strafzumessung und dann, wenn besondere Tatfolgen sich nur aus dem Beitrag eines der Beteiligten ergeben haben. Für diese kann dann aufgrund der wechselseitigen Zurechnung auch der andere Beteiligte bestraft werden.[346]

---

346 BGH NStZ 1994, 394; BGH RÜ 2021, 639 zur gemeinschaftlichen Körperverletzung mit Todesfolge.

> Prüfen Sie eine gemeinschaftliche Begehung im Regelfall für alle Beteiligten zusammen. Eine getrennte Prüfung empfiehlt sich nur, wenn ein Beteiligter alle Tatbestandsvoraussetzungen selbst erfüllt hat und sein Handeln dem anderen Beteiligten zuzurechnen ist.

Voraussetzungen der Zurechnung sind:

1. Eigener objektiver Tatbeitrag

Nach der Rspr. genügt jeder die Tat objektiv fördernde Beitrag, der auch im Vorbereitungsstadium geleistet werden kann und sich in einer bloßen Unterstützungshandlung erschöpfen kann, auch wenn diese nicht für den Erfolg der Tat kausal ist. Eine Mitwirkung am Kerngeschehen ist danach nicht erforderlich.[347] Hiernach kann sogar schon die Beteiligung an der Fassung des gemeinschaftlichen Tatplans ausreichen.[348] Die bloße Bandenmitgliedschaft ersetzt jedoch nicht den erforderlichen eigenen Tatbeitrag zu der von anderen Bandenmitgliedern begangenen Tat![349] 239

2. Gemeinsamer Tatplan

Grundlage der wechselseitigen Zurechnung ist der gemeinsame Tatplan. 240

Dieser ist nicht nur eine Frage des subjektiven Tatbestandes. Dort geht es nur um die Frage, ob das für den Tatbestand relevante objektive Geschehen von dem Tatplan gedeckt war. Die Fassung eines gemeinsamen Tatplans selbst ist zunächst Voraussetzung des objektiven Tatbestandes der Mittäterschaft.

Die Anforderungen hieran dürfen nicht überspannt werden. Zwar genügt es noch nicht, wenn alle Beteiligten mit der gleichen Willensrichtung tätig geworden sind. Auch stellt die einseitige Billigung oder Duldung des Vorgehens anderer Beteiligter noch keinen gemeinsamen Tatplan dar. Andererseits ist eine ausdrückliche Verabredung nicht erforderlich. Ausreichend ist eine **Willensübereinstimmung im Sinne einer tatsächlichen Einigung** über die Ausführung, die auch schlüssig und spontan gefasst werden kann.[350]

3. Voraussetzungen täterschaftlicher Begehung

Hinzu kommen müssen die Voraussetzungen, nach denen täterschaftliche Begehung von der Teilnahme abzugrenzen ist. Nach h.Lit. kommt es dafür auf die funktionale Tatherrschaft an. Die Rspr. stellt nach der normativen Kombinationslehre auf den **Täterwillen** ab. Hiernach muss jeder Mittäter seinen Tatbeitrag als Teil der Tätigkeit des anderen und umgekehrt die Tätigkeit des anderen als Ergänzung des eigenen Tatbeitrags wollen.[351] Hierüber entscheiden im Wege wertender Betrachtung der Umfang der Tatbeteiligung, das Eigeninteresse am Erfolg der Tat, die Tatherrschaft und der Wille zu ihr.[352] Ein eigenes Interesse am Taterfolg vermag jedoch ohne jede Tatherrschaft oder den Willen zur Tatherrschaft noch keine Täterschaft zu begründen.[353] 241

> Bei sachgerechter Berücksichtigung der Umstände des Einzelfalles werden beide Ansichten zum selben Ergebnis kommen, sodass eine Stellungnahme entbehrlich ist.

---

347 BGH RÜ 2020, 22.

348 BGH NStZ 1995, 122; BGH NStZ 1995, 285.

349 BGH NStZ 2003, 32; BGH NStZ 2011, 637.

350 BGH NStZ 2003, 85; BGH NStZ 2003, 66; BGH HRRS 2014, 306; BGH NStZ 2016, 400; BGH HRRS 2023 Nr. 739.

351 BGH NStZ 2021, 354; BGH JuS 2020, 1081; BGH HRRS 2023 Nr. 739.

352 BGH RÜ 2020, 22; BGH JuS 2020, 1081; BGH NStZ 2020, 730; BGH NStZ 2021, 354; BGH Jura 2022, 128.

353 BGH RÜ 2016, 29; BGH JuS 2017, 367; BGH NStZ 2018, 144; BGH NStZ 2018, 650; BGH RÜ 2018, 576.

Beispiel:[354] Die Ermittlungen haben mit hinreichender Sicherheit ergeben, dass die Beschuldigten W und G aufgrund einer mit dem Mitbeschuldigten A getroffenen Absprache in elf Fällen landwirtschaftliche Maschinen und Baumaschinen entwendeten, die im Anschluss daran in einer von A hierfür eingerichteten Scheune untergestellt wurden. Die einzelnen Taten wurden jeweils entweder nach Anforderung durch A oder nach Rücksprache mit A und Zusage seiner Abnahmebereitschaft begangen. A zahlte an W und G jeweils einen vorher vereinbarten Festpreis von 1.500 € und veräußerte die Maschinen auf eigene Rechnung gewinnbringend weiter.

„A. I. .... Die Beschuldigten W und G sind danach jeweils des gemeinschaftlichen besonders schweren Diebstahls gemäß §§ 242, 25 Abs. 2, 243 Abs. 1 S. 2 Nr. 3 hinreichend verdächtig.

B. I. Der Beschuldigte A könnte einer Beteiligung daran als Mittäter hinreichend verdächtig sein.

1. Durch die mit W und G vorher getroffene Absprache sowie die im Einzelfall getätigte Anforderung bzw. Zusage der Abnahme der Beute leistete A auf der Grundlage eines gemeinsamen Tatplans jeweils einen eigenen für die jeweilige Tat mitursächlichen Tatbeitrag.

2. Fraglich erscheint, ob A jeweils als Mittäter anzusehen ist oder lediglich zu den Taten von W und G angestiftet hat.

Nach h.Lit. ist die Abgrenzung von Täterschaft und Teilnahme von der Tatherrschaft abhängig. Danach müsste A das Geschehen jeweils steuernd in den Händen gehalten haben, sodass er die Tatbestandserfüllung nach seinem Willen steuern konnte. Dabei ist umstritten, ob auch vorbereitende Tatbeiträge die Tatherrschaft begründen können oder hierfür die Anwesenheit bei der Ausführung und die Möglichkeit steuernder Einflussnahme auf das tatbestandsmäßige Handeln erforderlich sind. Nach der in st.Rspr. vertretenen subjektiven Teilnahmelehre hängt die Täterschaft dagegen vom Täterwillen ab. Bei Beteiligung mehrerer Personen, von denen nicht jede sämtliche Tatbestandsmerkmale verwirklicht, handelt mittäterschaftlich, wer seinen eigenen Tatbeitrag so in die Tat einfügt, dass er als Teil der Handlung eines anderen Beteiligten und umgekehrt dessen Handeln als Ergänzung des eigenen Tatanteils erscheint. Ob danach Mittäterschaft oder nur Teilnahme an fremder Tat anzunehmen ist, ist aufgrund einer wertenden Gesamtbetrachtung aller festgestellten Umstände zu prüfen; maßgebliche Kriterien sind der Grad des eigenen Interesses an der Tat, der Umfang der Tatbeteiligung und die Tatherrschaft oder wenigstens der Wille dazu, sodass die Durchführung und der Ausgang der Tat maßgeblich auch vom Willen des Betreffenden abhängen. Sofern sich die Handlung des sich Beteiligenden nach seiner Willensrichtung als Teil der Tätigkeit aller darstellt, braucht sie auch nicht zwingend das Kerngeschehen zu betreffen; ausreichen kann etwa auch ein die Tatbestandsverwirklichung fördernder Beitrag, der sich auf eine Vorbereitungs- oder Unterstützungshandlung beschränkt. Dementsprechend steht es der Annahme von Mittäterschaft auch nicht entgegen, dass der Beteiligte am Tatort nicht anwesend ist und sich zur unmittelbaren Tatausführung Dritter bedient.

Für ein zur Mittäterschaft führendes eigenes unmittelbares Interesse des A am Taterfolg spricht, dass ihm daran gelegen war, den Gewahrsam über bestimmte, konkret ausgewählte Maschinen zu erlangen, die ihm nach seinen Möglichkeiten für eine Verfügung zu eigenen Zwecken geeignet erschienen. Für die Tatherrschaft des A spricht, dass die Ausführung der Diebstähle jeweils absprachegemäß von seiner Entscheidung und von seiner Zusage abhing, die Maschine zu übernehmen und dafür die vereinbarte pauschale Entlohnung zu bezahlen. Dies gilt vor allem vor

354 Nach BGH RÜ 2013, 31.

dem Hintergrund, dass er, soweit notwendig, ein Fahrzeug für den Abtransport der Beute zur Verfügung stellte und jeweils – zu seinen eigenen Gunsten – deren endgültige Sicherung in seiner eigens dafür eingerichteten Scheune ermöglichte. Erteilt ein Beteiligter Mitbeteiligten den Auftrag, eine bestimmte Sache zu entwenden, um sie sodann an ihn zu übergeben, damit er sie auf eigene Rechnung verkaufen bzw. für sich verwenden kann, so weist dies gerade auf ein erhebliches eigenes Tatinteresse und seine Tatherrschaft hin.

Danach wäre eine Täterschaft des A nur dann abzulehnen, wenn hierfür eine unmittelbare Beteiligung an der Ausführung der Tat erforderlich wäre. Dagegen spricht jedoch, dass diese Einschränkung weder dem Gesetzeswortlaut zu entnehmen ist noch mit der gebotenen wertenden Betrachtung der Rollenverteilung der Beteiligten bei bandenmäßiger und organisierter Kriminalität zu vereinbaren wäre.

Danach ist A der Beteiligung als Mittäter hinreichend verdächtig."

Es folgen die Feststellung von Rechtswidrigkeit und Schuld sowie Ausführungen zur Gewerbsmäßigkeit der Beteiligung des A (§ 28 Abs. 2 analog!). Im Anschluss daran ist weiter zu erörtern, dass die Beschuldigten eine Bande bildeten und daher jeweils ein gemeinschaftlicher schwerer Bandendiebstahl gemäß §§ 244a, 25 Abs. 2 anzunehmen ist.[355]

4. Vorsatz

Der Vorsatz muss sich auf die Umstände erstrecken, die die Mittäterschaft begründen. Auch hier sind deshalb gemäß § 16 Abs. 1 S. 1 vorsatzausschließende Irrtümer über die eigene Beteiligtenrolle denkbar. Aber auch wenn das Handeln des anderen Beteiligten über den Rahmen des gemeinsamen Tatplans hinausgeht, liegt ein den Vorsatz ausschließender Mittäterexzess vor.[356] Zu beachten ist jedoch, dass nicht jede Abweichung von dem gemeinsamen Tatplan als Exzess anzusehen ist. Handlungen anderer Beteiligter, mit denen nach den Umständen der Tat aufgrund der Lebenserfahrung vernünftigerweise zurechnen war, sind noch als Teil des gemeinsamen Tatplans anzusehen und schließen daher den Vorsatz nicht aus.[357] Das Gleiche gilt für Handlungen, die den Verabredeten gleichwertig oder die dem Beteiligten gleichgültig sind.[358] Darüber hinaus kann eine Strafbarkeit wegen gemeinschaftlich vollendeter Begehung selbst dann vorliegen, wenn ein Mittäter die Tat ohne Wissen des anderen vollendet, sofern dies auf dem tatplangemäß geleisteten Tatbeitrag des anderen beruht.[359] Dies widerspricht zwar dem Erfordernis des Vorsatzes während der Ausführung der Tat (§§ 16 und 8), beruht aber auf dem Rechtsgedanken des § 24 Abs. 2, wonach selbst in dem ernsthaften Bemühen um das Verhindern der Vollendung kein strafbefreiender Rücktritt liegt, wenn die Tat in Abhängigkeit von einem früheren Tatbeitrag des Beteiligten begangen wurde. 242

IV. Nebentäterschaft

Nebentäterschaft liegt vor, wenn an derselben Tat mehrere als Täter beteiligt sind, ohne Mittäter zu sein. Das ist wesentlich, weil im Fall der Nebentäterschaft keine Zurechnung fremden Handelns erfolgt und der für die Strafzumessung maßgebliche Schuldumfang daher auf den eigenen Tatbeitrag beschränkt ist.[360] Ob Nebentäter- 243

355 Vgl. BGH RÜ 2013, 31.
356 BGH NStZ 2012, 379; BGH RÜ 2020, 372; BGH JuS 2024, 1084.
357 BGH NStZ 2009, 25; BGH NStZ 2012, 563; BGH NStZ 2013, 400; BGH HRRS 2014, 306.
358 BGH NStZ 2017, 272.
359 BGH RÜ 2012, 579.
360 BGH NStZ 1996, 227.

schaft vorliegt, richtet sich mangels besonderer Regeln nach § 25 Abs. 1. Die Feststellung von Nebentäterschaft hat deshalb rein deklaratorischen Wert. Auch insoweit bedarf es aber stets der Abgrenzung von Täterschaft und Teilnahme.

C. Teilnahme

I. Teilnahmefähige Haupttat

1. Vorsätzlich begangene rechtswidrige Tat

244 Tatbestandliche Voraussetzung der Teilnahme ist gemäß §§ 26 u. 27 eine vorsätzliche rechtswidrige Tat.

- Der Begriff der **rechtswidrigen Tat** ist in § 11 Abs. 1 Nr. 5 legaldefiniert. Anstiftung und Beihilfe zu fahrlässigem Handeln oder im Bereich des Ordnungswidrigkeitenrechts scheiden daher aus.
- Die Haupttat kann **vollendet oder versucht** sein. Zu unterscheiden sind jedoch die Beteiligung am Versuch und der Versuch der Beteiligung. Letztere ist nur strafbar gemäß § 30 Abs. 1 und kommt immer dann in Betracht, wenn entweder die Haupttat über das Vorbereitungsstadium nicht hinausgelangt ist, oder der Beitrag des Beteiligten für die Haupttat nicht wirksam geworden ist. Der Versuch der Beihilfe und deren Zusage sind jedoch nicht mit Strafe bedroht.
- Teilnahmefähig sind trotz des Vorsatzerfordernisses der §§ 26, 27 bezüglich der Haupttat gemäß § 11 Abs. 2 **auch Vorsatz-Fahrlässigkeits-Kombinationen**. Zu beachten ist jedoch, dass bei diesen Delikten die Teilnahmestrafbarkeit genauso eine Vorsatz-Fahrlässigkeits-Kombination voraussetzt, wie beim Täter. Dies gilt gemäß § 18 zumindest für die erfolgsqualifizierten Delikte. Bei den übrigen Vorsatz-Fahrlässigkeits-Kombinationen wendet die h.M. § 18 entsprechend an.

  Beispiel: Die Überlassung des Fahrzeugs an einen Volltrunkenen ist gemäß §§ 315c Abs. 1 Nr. 1 a), Abs. 3 Nr. 1, 27 strafbar, wenn der Teilnehmer vorsätzlich hinsichtlich der vorsätzlichen Trunkenheitsfahrt des Täters handelt und ihn ein eigener Fahrlässigkeitsvorwurf hinsichtlich der vom Täter durch sein Handeln verursachten konkreten Gefahr für Leib oder Leben anderer trifft.
- **Objektive Bedingungen** der Strafbarkeit zählen zwar nicht zum Tatbestand, sind aber auch Voraussetzung der Teilnahmestrafbarkeit.
- Ob auch die **Tat eines schuldunfähigen Kindes** (§ 19) teilnahmefähig ist, ist umstritten. Teile der Lit. gehen davon aus, dass die Veranlassung einer solchen Tat stets und ausschließlich eine mittelbare Täterschaft begründe. Der BGH hat demgegenüber entschieden, dass in einem solchen Fall nach Wortlaut, Systematik und Entstehungsgeschichte des Gesetzes auch Anstiftung in Betracht kommen kann.[361]
- **Regelbeispiele** für besonders schwere Fälle sind als Strafzumessungsgründe für jeden Beteiligten **gesondert** unter Berücksichtigung des Gewichts der Tat und der Teilnahmehandlung zu prüfen.[362] Jedoch genügt zu ihrer Anwendung auf den Teilnehmer seine Kenntnis, dass der Täter sie erfüllt, soweit es sich nicht um solche persönlicher Art handelt (z.B. die Gewerbsmäßigkeit gemäß § 243 Abs. 1 S. 2 Nr. 3), für die § 28 Abs. 2 analog anzuwenden ist.[363]

---

361 BGH RÜ 2024, 203, 205 f.

362 Fischer § 46 Rn. 105.

363 Sch/Sch/Kinzig vor § 38 Rn. 51.

- Aus dem Strafgrund der Teilnahme, der „Förderungstheorie",[364] ergeben sich **Einschränkungen des Anwendungsbereichs** der Teilnahmestrafbarkeit, deretwegen die Tat für den Teilnehmer nicht teilnahmefähig ist:

  - Unanwendbar sind die Teilnahmeregeln zunächst dann, wenn das betroffene **Rechtsgut** gegen Angriffe des Teilnehmers **nicht geschützt** ist.

    Beispiele: Die Aufforderung des Opfers an den Täter zu einer Tat gemäß §§ 216 Abs. 2, 22 ist nicht als Anstiftung strafbar.[365] Wenn schon der Suizid nicht den Tatbestand des § 212 erfüllt, dann kann die bloße Teilnahme an einem fremden Angriff auf das eigene Leben auch nicht strafbar sein.

    Setzt der Dieb die Beute an einen Hehler ab, so liegt hierin keine Teilnahme an dessen Hehlerei gemäß §§ 259, 26/27, da die wirtschaftliche Verwertung deliktisch erlangter Beute keinen selbstständig strafbaren Angriff auf das durch die Vortat bereits verletzte Rechtsgut darstellt.

  - Eine Reihe von Tatbeständen setzt schon begrifflich eine Beteiligung mehrerer voraus. In diesen Fällen spricht man von **notwendiger Teilnahme**. Beschränkt sich die Beteiligung auf das zur Tatbestandserfüllung Notwendige, ist sie insoweit straflos; eine darüber hinaus gehende Beteiligung bleibt jedoch strafbar.[366]

    So setzt z.B. die Gläubigerbegünstigung gemäß § 283c die Annahme der ihm vom Täter gewährten Sicherheit oder Befriedigung durch den Gläubiger voraus. Die hierin begrifflich liegende Beihilfe ist nach h.M.[367] nicht strafbar, solange sie sich im Bereich derjenigen Mitwirkung hält, die notwendig ist, damit der Täter überhaupt tatbestandsmäßig handeln kann. Eine darüber hinausgehende Beteiligung, z.B. die Anstiftung des Täters durch den Gläubiger, ihm eine nicht zu beanspruchende Befriedigung zu gewähren, bleibt dagegen strafbar.

  - Selbst wenn die Beteiligung über den Bereich der notwendigen Teilnahme hinausgeht, bleibt der **Teilnehmer straflos, wenn** er **selbst das Opfer** ist.

    So ist die Mitwirkung des Bewucherten im Falle des § 291 selbst dann straflos, wenn sie sich nicht auf das Versprechen oder die Gewährung eines Vermögensvorteils beschränkt, sondern darüber hinausgeht. Die Mitwirkung eines Schutzbefohlenen an sexuellen Handlungen gemäß § 174 ist selbst dann straflos, wenn sie in einer Anstiftung des Täters besteht.

    Die vorgenannten Grundsätze gelten jedoch nicht für sog. Konvergenzdelikte (z.B. Gefangenenmeuterei gemäß § 121), die ein Zusammenwirken mehrerer als Täter voraussetzen. Hier bleibt es bei der Strafbarkeit aller notwendig Beteiligter.

2. Der Grundsatz der limitierten Akzessorietät, §§ 28, 29

Da die Strafbarkeit von Anstiftung und Beihilfe von einer vorsätzlichen rechtswidrigen Tat abhängen und das Gesetz hinsichtlich der Rechtsfolgen auf die Strafdrohung für den Täter verweist, begründet es die **Akzessorietät der Teilnahme**. Dies bedeutet, dass Teilnehmer hinsichtlich Schuldspruch und Strafrahmen grundsätzlich nach dem Tatbestand zu bestrafen sind, den der Täter verwirklicht hat. Jedoch ist der Grundsatz der Akzessorietät limitiert durch die §§ 28 und 29. **245**

Gemäß § 29 kommt es für die Schuld eines Beteiligten auf die Schuld des anderen Beteiligten nicht an. Wegen § 28 Abs. 2 kann es aber zu einer **Tatbestandsverschiebung** kommen, wenn strafschärfende, -mildernde oder -ausschließende persönliche Merkmale nur bei dem Beteiligten oder nur beim Haupttäter vorliegen. Fehlen einem Teilnehmer dagegen Merkmale, die die Strafbarkeit des Täters begründen, so ist gemäß § 28 Abs. 1 nur seine Strafe zu mildern. Da hiernach der vom Täter verwirklichte Straftatbestand maßgebend bleibt, bleibt der Schuldspruch unberührt. § 28 Abs. 1 ist **246**

364 Fischer vor § 25 Rn. 1.

365 Fischer § 216 Rn. 14.

366 BGHSt 10, 386; 15, 377.

367 Fischer vor § 25 Rn. 7; BGH NJW 1993, 1279.

jedoch unanwendbar, wenn schon die Annahme einer Beihilfe nur auf dem Fehlen von Merkmalen beruht, die die Tätertauglichkeit begründen.[368]

247 Die Abgrenzung der persönlichen Merkmale i.S.d. § 28 von solchen nicht persönlicher Art ist noch nicht restlos geklärt. **Persönliche Merkmale** sind täterbezogene, die das Verhalten nur wegen der besonderen Eigenschaften, Verhältnisse oder Umstände dieses Beteiligten als strafwürdig erscheinen lassen. **Tatbezogene Merkmale** sind diejenigen Tatbestandsmerkmale, die den äußeren Unrechtsgehalt der Tat ausmachen.

In der Rspr. anerkannte persönliche Merkmale sind die Bandenmitgliedschaft,[369] die Vermögensbetreuungspflicht bei § 266, die Garantenstellung beim unechten Unterlassungsdelikt,[370] das Anvertrauungsverhältnis bei § 246 Abs. 2, die Gewerbsmäßigkeit bei § 260 Abs. 1 Nr. 1[371] und die Amtsträgerstellung bei den Amtsdelikten. Umstritten ist die Einordnung der Unfallbeteiligung gemäß § 142 Abs. 5.[372]

Im strafrechtlichen Gutachten empfiehlt sich die Prüfung des § 28 Abs. 2 für objektive persönliche Merkmale im objektiven Tatbestand, in dem nach der Feststellung der Haupttat und der Teilnahmehandlung die Voraussetzungen der Tatbestandsverschiebung zu prüfen sind; subjektive persönliche Merkmale sind im subjektiven Tatbestand zu prüfen!

248 Eine Begrenzung der Akzessorietät ergibt sich auch aus dem Erfordernis vorsätzlichen Handelns hinsichtlich aller tatbestandsrelevanter Umstände. Verwirklicht der Täter Tatbestandsmerkmale, auf die der Vorsatz des Teilnehmers sich nicht bezieht, so liegt ein Fall von Exzess vor, für den der Teilnehmer gemäß § 16 Abs. 1 S. 1 nicht bestraft werden kann. Auf Umstände, die gemäß § 28 Abs. 2 nur für die Strafbarkeit des Täters von Bedeutung sind, braucht sich der Vorsatz des Teilnehmers jedoch nicht zu erstrecken!

Daher ist es falsch, bei einer Beihilfe zum Bandendiebstahl durch einen nicht zur Bande gehörenden Beteiligten dessen Vorsatz hinsichtlich der Bandenmitgliedschaft der Täter zu prüfen!

Ein typischer Fall für die **Abgrenzung strafmodifizierender von strafbegründenden Merkmalen** ist der Streit um das Verhältnis von Mord und Totschlag. Da der BGH die Auffassung vertritt, es handele sich um Delikte mit eigenständigem Unrechtsgehalt, sieht er die Mordmerkmale als strafbegründende Merkmale an. Soweit es sich um persönliche Merkmale handelt (§ 211 Abs. 2, 1. u. 3. Gruppe), wendet der BGH nicht § 28 Abs. 2, sondern nur Abs. 1 an.[373] In der Lit. wird dagegen der Mord als Qualifikation des Totschlags angesehen. Hiernach sind die persönlichen Mordmerkmale unter § 28 Abs. 2 zu fassen, sodass es zu Tatbestandsverschiebungen bei Beteiligung an Tötungsdelikten kommen kann.

Die Akzessorietät der Teilnahme bei Mord und Totschlag ist ein Klassiker in Strafrechtsklausuren!

Eine weitere Durchbrechung der Akzessorietät folgt aus den §§ 11 Abs. 2, 18 für Erfolgsqualifikationen: Selbst wenn der Täter mangels Fahrlässigkeit hinsichtlich der schweren Folge nicht wegen der Erfolgsqualifikation bestraft werden kann, kann der Teilnehmer, falls er insoweit fahrlässig handelte, wegen Teilnahme am erfolgsqualifizierten Delikt bestraft werden.

368 BGH RÜ 2013, 435, 437.
369 BGH NStZ 2014, 635.
370 BGH RÜ 2021, 429.
371 BGH RÜ 2020, 236.
372 Fischer § 142 Rn. 66.
373 BGH RÜ 2021, 429.

II. Die Teilnahmehandlung

1. Anstiftung

Als Anstifter wird gemäß § 26 bestraft, wer den Täter zur Tat bestimmt hat. Das setzt das **Hervorrufen des Tatentschlusses** voraus. Wer bereits zur Tat entschlossen war („omnimodo facturus"), kann nicht mehr angestiftet werden. Insoweit kommt allenfalls psychische Beihilfe in Betracht. Umstritten ist jedoch zweierlei: **249**

a) Das Mittel der Anstiftung

Nach überwiegender Rspr.[374] genügt **jede Verursachung**. Danach kommt es auf die vom Anstifter eingesetzten Mittel nicht an. Anstiftung erfasst sowohl die Nötigung als auch die Überredung zur Tat,[375] insbesondere aber auch das bloße Schaffen einer günstigen Tatgelegenheit. **250**

Die h.Lit. und Teile der Rspr.[376] beschränken die Anstiftung dagegen auf eine **kommunikative Einwirkung** auf die Täterpsyche. Hiernach setzt die Anstiftung einen geistigen Kontakt zwischen Anstifter und Täter voraus. Anstiftung ist danach weder durch die Schaffung einer zur Tat anreizenden Situation, noch durch Unterlassen möglich.

Eine noch engere Auffassung setzt eine **Aufforderung** des Täters zur Tatbegehung, nach a.A. sogar einen **„Unrechtspakt"** voraus,[377] sodass auch die bloße Mitteilung einer Tatgelegenheit nicht Anstiftung sein kann.

Für die erstgenannte Auffassung spricht neben der Entstehungsgeschichte des Gesetzes, dass es auch außerhalb des von der h.M. anerkannten Bereichs Mittel sehr subtiler und wirksamer Art gibt, den Tatentschluss zu verursachen, die aufgrund der sich darin zeigenden kriminellen Energie mindestens gleich strafwürdig erscheinen wie die bloße Überredung.

Für die h.M. spricht, dass die Gleichstellung von Täterschaft und Anstiftung in der Rechtsfolge eine Vergleichbarkeit auch auf der Tatbestandsseite verlangt. Anstifter kann danach nur sein, wer quasi Mittäter ist, ohne Tatherrschaft zu haben bzw. die Tat als eigene zu wollen. Da aber auch Mittäterschaft ein kollusives Zusammenwirken der Beteiligten voraussetzt, kann Anstifter nur sein, wer auf geistiger Ebene auf den Täter einwirkt. Zudem setzen auch die in § 30 Abs. 2 geregelten Vorstufen der Anstiftung eine Kommunikationsbeziehung der Beteiligten voraus.

b) Die Strafbarkeit im Falle der „Umstiftung"

Auch wenn der Täter bereits zur Tat entschlossen war, stellt sich die Frage nach der Behandlung derjenigen Fälle, in denen der Hintermann mit Anstiftungsmitteln eine Modifikation der Haupttat veranlasst. Hier ist wie folgt zu differenzieren: **251**

- Wenn der Täter zur Begehung einer **anderen Tat**, d.h. zur Verwirklichung einer anderen Art von Unrecht, veranlasst wird, handelt es sich um Anstiftung.
- Bewirkt der Hintermann dagegen nur eine **andere Ausführung derselben Tat**, so ist wiederum zu unterscheiden:
  - Die Veranlassung der Verwirklichung einer **anderen Modalität desselben Tatbestandes** stellt allenfalls psychische Beihilfe dar.
  - Zweifelhaft sind die Fälle, in denen der Hintermann unter Bestärkung des Täters in seinem Tatentschluss ihn zur Begehung einer **weniger schwerwiegenden Tat**

374 Nachweise bei Fischer § 26 Rn. 3.

375 BGH NStZ 2006, 96.

376 BGH NStZ 2009, 393; Fischer § 26 Rn. 3 m.w.N.

377 Puppe NStZ 2006, 424.

veranlasst, als ursprünglich geplant. Hier kann unter dem Gesichtspunkt der Risikoverringerung eine Beihilfe abzulehnen sein. Ggf. kann die Teilnahme auch durch Notstand gemäß § 34 gerechtfertigt sein.

- Streitig ist die Veranlassung der Verwirklichung **strafschärfender Voraussetzungen**, z.B. der Begehung von Qualifikationstatbeständen. Die Rspr.[378] nimmt hier im Gegensatz zur h.Lit. Anstiftung zum jeweiligen Qualifikationsdelikt an. Dass der Täter zur Begehung des darin enthaltenen Grunddelikts bereits entschlossen war, kann bei der Strafzumessung mildernd berücksichtigt werden.

2. Beihilfe

252 Für die Beihilfe gemäß § 27 hält ein Teil der Lehre immer noch an dem Erfordernis der Kausalität des Gehilfenbeitrags für die Haupttat fest. Dagegen setzen h.M. und Rspr. nicht voraus, dass die Beihilfehandlung ursächlich im Sinne der Bedingungstheorie für die Rechtsgutverletzung, also den Erfolg der Tat geworden sein müsse. Beihilfe kann auch durch garantenpflichtwidriges Unterlassen geleistet werden. Welche Anforderungen im Übrigen an die Gehilfenhandlung zu stellen sind, ist in Rspr. und Lit. umstritten.

Die h.M. in der Lit. stellt darauf ab, ob die Gehilfenhandlung die **Chancen für die Vollendung der Tat tatsächlich erhöht** hat. Hiernach genügt es, wenn die Begehung der Tat auch ohne den Beitrag des Gehilfen möglich gewesen wäre, hierdurch jedoch das Risiko für die Vollendung erhöht wurde. Auch die bloße Absicherung der Tat kann danach genügen.

Nach der Rspr. genügt demgegenüber jede **physische oder psychische Förderung der Tathandlung**, durch die die **Rechtsgutverletzung ermöglicht, erleichtert oder intensiviert** wird. Jedoch muss sich die Unterstützungshandlung in der Tatbegehung tatsächlich ausgewirkt haben. Bloße Mitwisserschaft, Billigung oder Duldung der Tat genügen nicht.[379] Die bloße Anwesenheit bei der Begehung genügt nur, wenn sich diese auch als Unterstützung der Tat auswirkt.[380] Im Fall der psychischen Unterstützung ist – anders als bei der physischen Hilfeleistung – Voraussetzung, dass der Täter diese auch wahrnimmt.[381] Auch die vorherige Zusage der Unterstützung oder Beutesicherung kann genügen.

253 Sehr streitig ist die rechtliche Einordnung von **Alltagshandlungen** und **berufstypischen Handelns** (sog. **neutrale Beihilfe**). Dabei besteht weitgehende Einigkeit über die Notwendigkeit einer teleologischen Reduktion der Beihilfevoraussetzungen zum Schutz der allgemeinen Handlungsfreiheit und der Freiheit der Berufsausübung (Art. 2 Abs. 1, 12 GG). Jedoch sind die Kriterien hierfür umstritten:

Nach verbreiteter Lit.[382] soll unter dem Gesichtspunkt der **Sozialadäquanz** bereits der objektive Tatbestand abzulehnen sein. Hierfür wird auf unterschiedliche Maßstäbe abgestellt: Teils wird die Zugehörigkeit einer Handlung zum typischen Berufsbild für ausreichend gehalten (sog. professionelle Adäquanz), teils auf das Gewicht der Haupttat abgestellt (Katalog des § 138), teils darauf, ob der Tatbeitrag einen auch nicht deliktischen Sinnbezug aufweise.

Nach der Rspr. wird die Einschränkung im **subjektiven Tatbestand** vorgenommen: Wer sicher weiß, dass sein Handeln von anderen für strafbare Handlungen ausge-

---

378 BGHSt 19, 339.

379 BGH JuS 2016, 470; BGH RÜ 2019, 23; BGH RÜ 2019, 369; BGH NStZ 2020, 730; BGH RÜ 2022, 177.

380 BGH HRRS 2016 Nr. 320; BGH JA 2019, 389; BGH NStZ 2020, 730.

381 BGH NStZ 2012, 347.

382 Nachweise bei Fischer § 27 Rn. 17 ff.

nutzt wird, überschreitet durch seine Unterstützung die Grenzen sozialer Adäquanz. Bei nur bedingtem Vorsatz zur Förderung der Tat ist dagegen eine Beihilfe durch berufstypisches Handeln ausgeschlossen, es sei denn, die Gefahr, dass sich der Täter den Beitrag für kriminelle Zwecke zunutze macht, drängte sich derart auf, dass sich der Beteiligte die Förderung einer Straftat angelegen sein ließ.[383]

Voraussetzung dieser Einschränkung ist jedoch nach allen Ansichten, dass sich der Tatbeitrag überhaupt als Alltagshandlung oder berufstypisch einordnen lässt.[384]

3. Kettenteilnahme

Die Förderung einer Tat ist auch in der Weise möglich, dass ein Teilnehmer zu seiner Handlung angestiftet, oder ihm dabei Hilfe geleistet wird. Die rechtliche Behandlung derartiger Fälle von Kettenteilnahme richtet sich danach, wie sie sich jeweils für die Haupttat auswirkt. Vorsätzliche rechtswidrige Tat ist also nicht etwa die Teilnahmehandlung des jeweiligen Vordermannes, sondern die tatbestandsmäßige Handlung des Haupttäters.[385] 254

- Eine Beihilfe zur Anstiftung stellt nur Beihilfe zur Haupttat dar.
- Wer zur Beihilfe anstiftet, leistet Beihilfe zur Haupttat.
- Wer dem Gehilfen Hilfe leistet, wird wegen Beihilfe zur Haupttat bestraft.
- Jedoch ist eine Anstiftung zur Anstiftung als Anstiftung zur Haupttat zu werten.[386] Dies folgt daraus, dass die Kettenanstiftung in § 30 Abs. 1 S. 1 Alt. 2 ebenfalls als Anstiftung gewertet wird.

III. Subjektiver Tatbestand der Teilnahme

Anstiftung und Beihilfe können gemäß §§ 26, 27 nur vorsätzlich geleistet werden. Die fahrlässige Förderung einer Rechtsgutverletzung unterliegt deshalb den Regeln der Einheitstäterschaft des Fahrlässigkeitsdelikts. 255

1. Doppelter Teilnahmevorsatz und Vorsatzkonkretisierung

Der Teilnehmervorsatz muss sämtliche für den objektiven Tatbestand maßgebenden Umstände umfassen, also das Vorliegen der vorsätzlichen und rechtswidrigen Haupttat sowie die Teilnahmehandlung (doppelter Teilnahmevorsatz). 256

Hinsichtlich der Konkretisierung gelten für den Anstifter- und den Gehilfenvorsatz nach der Rspr. jedoch unterschiedliche Maßstäbe:

Für den **Anstiftervorsatz** genügt es, wenn die **wesentlichen Umstände** einer **in ihren wesentlichen Grundzügen konkretisierten Tat** als **wenigstens umrisshaft individualisiertes Geschehen** vom Vorsatz umfasst sind.[387] Dieser braucht sich also nicht auf alle Einzelheiten zu beziehen. Hinsichtlich der Person des Haupttäters genügt es, wenn er aus einem bestimmten Personenkreis individualisiert werden kann.[388] 257

383 BGH NStZ 2004, 41 (Anlagetipp für Schwarzgeld); BGH HRRS 2014 Nr. 185 (Keine Beihilfe zum Betrug durch Gewinnspielvertrieb in Callcentern); BGH NStZ 2017, 461 (Keine Beihilfe zum Betrug durch RA bei Geltendmachung von Ansprüchen aus fingierten Verkehrsunfällen); BGH NStZ 2017, 337; BGH NStZ 2018, 328 (Beihilfe zur Steuerhinterziehung); BGH HRRS 2020 Nr. 760 (Geltendmachung betrügerisch erlangter Forderungen durch RA); BGH NStZ 2022, 226: Berufstypische Beihilfe durch RA bei Geltendmachung nicht bestehender Forderungen; BGH NStZ-RR 2021, 7: Keine Beihilfe bei (familientypischen) "neutralen" Handlungen.

384 BGH NJW 2024, 3246: Beihilfe zum Mord durch Tätigkeit in KZ-Verwaltung ist kein berufstypisches Handeln.

385 BGH NStZ 1996, 562; NStZ 2005, 381; BGH NStZ 2022, 496; Fischer § 27 Rn. 3.

386 BGH RÜ 2024, 687.

387 BGH NJW 1986, 2770.

388 BayObLG NJW 1991, 2581; BGH NStZ 1997, 272.

258 Für den **Gehilfenvorsatz** reicht die **Kenntnis der für das Unrecht und die Angriffsrichtung wesentlichen Umstände** der Tat.[389] Einzelheiten der Haupttat braucht der Gehilfe hingegen nicht zu kennen und auch keine bestimmte Vorstellung von ihr zu haben.[390] Es genügt, wenn der Gehilfe dem Täter ein entscheidendes Tatmittel willentlich an die Hand gibt und damit bewusst das Risiko erhöht, dass eine durch dessen Einsatz typischerweise geförderte Haupttat verübt wird.[391]

2. Der „agent provocateur"

259 Auch der tatbestandsmäßige und rechtswidrige Versuch einer Tat stellt eine teilnahmefähige Haupttat dar. Für den subjektiven Tatbestand der Teilnahme genügt jedoch der Vorsatz, dass die Haupttat versucht werde, nicht. Vielmehr muss sich der Vorsatz auch bei der Teilnahme am Versuch **auf die Vollendung der Tat** richten.[392]

Fallen Vollendung und Beendigung der Tat auseinander, muss sich darüber hinaus der Vorsatz auf die **materielle Verletzung des geschützten Rechtsguts** beziehen.[393] Von Bedeutung ist diese Frage vor allem für die Strafbarkeit von Lockspitzeln („agent provocateur"), die sich mit staatlicher Billigung (V-Leute) oder in staatlichem Auftrag (verdeckte Ermittler) aus ermittlungstaktischen Gründen an der Begehung von Straftaten beteiligen. Jedoch gilt diese Einschränkung nach dem Strafgrund der Teilnahme auch für Privatpersonen.

3. Irrtum über die Beteiligtenrolle

260 Gegenstand eines Irrtums kann auch die **eigene Beteiligtenrolle** sein. Insofern ist der Irrtum über die rechtliche Bewertung der Beteiligung als Täterschaft oder Teilnahme bedeutungslos. Im Fall des Tatumstandsirrtums kommt es darauf an, ob sich der Beteiligte irrig für einen Täter oder einen Teilnehmer hält.

261 **Hält sich der Täter lediglich für einen Teilnehmer**, so kann er, wenn die Teilnahmevoraussetzungen objektiv vorliegen, auch nur als Teilnehmer bestraft werden. Liegen sie nicht vor, so kommt nur eine versuchte Teilnahme gemäß § 30 Abs. 1 in Betracht.

262 **Hält sich der Teilnehmer irrig für einen Täter**, z.B. weil er den anderen Beteiligten irrig für gutgläubig und sich daher für einen mittelbaren Täter hält, so soll nach h.Lit. das Fehlen des Teilnahmevorsatzes durch die Annahme ersetzt werden, Täter zu sein. Denn da Täterschaft schwerer wiege als Teilnahme, müsse die Tat auf der niedrigeren Stufe als Teilnahme strafbar sein.[394]

Achtung! Dies gilt nicht für Aussagedelikte, da hier mittelbare Täterschaft nicht möglich ist und der Tatbestand des § 160, der diesen Fall regeln soll, nicht schwerer wiegt als die Anstiftung zur Falschaussage. Wer also glaubt, einen Gutgläubigen zu einer Falschaussage zu verleiten, kann nicht wegen Anstiftung verurteilt werden, wenn dieser tatsächlich bösgläubig ist.

Nach a.A. widerspricht dies den Voraussetzungen der §§ 26, 27. Daher kommt hiernach nur der Versuch täterschaftlicher Begehung in Betracht.[395]

---

389 BGH NStZ 2012, 264; BGH JA 2022, 868; BGH RÜ 2023, 237.

390 BGH NStZ 2011, 399, 400 m.w.N.; BGH NStZ 2020, 219.

391 BGHSt 42, 137; BGH NStZ 2017, 465; BGH RÜ 2017, 304.

392 BGH RÜ 2007, 137.

393 Fischer § 26 Rn. 12.

394 Sch/Sch/Heine/Weißer vor § 25 Rn. 76.

395 Kudlich JuS 2003, 755 ff.

4. Irrtum des Teilnehmers

Der Irrtum des Teilnehmers über die Rechtswidrigkeit der Tat ist sachlich dem Irrtum auf Tatbestandsebene zuzurechnen, da die Rechtswidrigkeit der Tat zum Tatbestand der Teilnahme gehört. Folgerichtig stellt die irrige Annahme von Umständen, die die Tat rechtfertigen würden, einen **Tatumstandsirrtum** gemäß **§ 16 Abs. 1 S. 1** dar. Die Unkenntnis von Umständen, die die Tat tatsächlich rechtfertigen, kann dagegen zur Strafbarkeit wegen des **untauglichen Versuchs einer Anstiftung gemäß § 30 Abs. 1** führen. Die rechtliche Fehlbewertung der Tat als gerechtfertigt stellt für den Teilnehmer dagegen einen **Verbotsirrtum** gemäß **§ 17** dar, während die infolge Rechtsirrtums irrige Annahme der Rechtswidrigkeit der Tat ein strafloses **Wahndelikt** darstellt. 263

D. Sukzessive Beteiligung

Bei Mittäterschaft und Beihilfe kann der Tatbeitrag auch sukzessive während der Ausführung oder noch im Stadium der Beendigung der Tat geleistet werden. Die Folge ist, dass der sukzessiv Beteiligte auch für das bis zum Zeitpunkt seiner Beteiligung Geschehene bestraft werden kann, **soweit** es **von seinem Vorsatz umfasst** ist. Umstritten ist jedoch die zeitliche Grenze, bis zu der ein sukzessiver Tatbeitrag geleistet werden kann. 264

Ein Teil der Lit. nimmt die Möglichkeit sukzessiver Beteiligung nur bis zum Zeitpunkt der Vollendung der Tat an.

Die Rspr. stellt demgegenüber auf den tatsächlichen Abschluss der Tathandlung ab und nimmt die Möglichkeit **sukzessiver Beteiligung** folglich **auch noch im Beendigungsstadium der Tat** an.[396] Voraussetzung sind jedoch **Kenntnis und Billigung des bisherigen tatbestandsmäßigen Geschehens**, eine **tatsächliche Förderung der Unrechtsverwirklichung** und für Mittäterschaft die sukzessive Entstehung einer **beiderseitigen Willensübereinstimmung**.[397] Wenn eine tatsächliche Förderung der Tatausführung nicht mehr möglich ist, weil die Tathandlung ihren tatsächlichen Abschluss gefunden hat, scheidet eine sukzessive Beteiligung aus. Dasselbe gilt schon vor der Beendigung, wenn der Hinzutretende die weitere Tatausführung nicht mehr fördern kann, weil für die Herbeiführung des Erfolges schon alles getan ist und das Tun des Eintretenden auf den weiteren Ablauf des tatbestandsmäßigen Geschehens ohne jeden Einfluss bleibt.[398]

Danach kann eine sukzessive Beteiligung an einem Raubüberfall erst nach Verwendung einer Waffe noch zur Strafbarkeit wegen gemeinschaftlichen besonders schweren Raubes führen, während eine sukzessive Mittäterschaft zu der darin liegenden gefährlichen Körperverletzung ausgeschlossen ist.[399]

War die Tat zur Zeit der Beteiligung beendet, so kommt keine Teilnahme, sondern allenfalls Begünstigung in Betracht.[400]

---

396 BGH RÜ 2016, 513 (sukzessive Mittäterschaft bei § 316a); OLG Karlsruhe RÜ 2017, 718 (sukzessive Beihilfe zu § 142); BGH NJW 2022, 953 (sukzessive Mittäterschaft bei räuberischer Erpressung).

397 BGH NStZ 2008, 280; BGH NStZ 2012, 379; BGH HRRS 2017 Nr. 513; BGH JA 2020, 785.

398 BGH NStZ 2012, 264; BGH RÜ 2009, 576; BGH NStZ 2010, 147; BGH RÜ 2020, 303.

399 BGH RÜ 2016, 369.

400 BGH RÜ 2017, 506; BGH RÜ 2022, 645; BGH NZWiSt 2023, 101; BGH NStZ 2023, 681; BGH NStZ 2024, 359.

6. Abschnitt: Versuch, Vorbereitung und Rücktritt

A. Versuchsstrafbarkeit

I. Der Anwendungsbereich der Versuchsregeln

265 Da der Versuch ein Durchgangsstadium zur Vollendung ist, tritt die Versuchsstrafbarkeit hinter derjenigen wegen vollendeter Tat wegen Subsidiarität zurück.[401] Veranlassung zur Prüfung der Versuchsstrafbarkeit besteht daher nur, wo **keine Vollendungsstrafbarkeit** vorliegt.

Dies kann verschiedenste Gründe haben, nicht nur das Fehlen von Voraussetzungen des objektiven Tatbestandes. So kommt Versuchsstrafbarkeit auch in Betracht, wenn

- ein Fall wesentlicher Kausalabweichung oder der aberratio ictus vorliegt,
- das subjektive Rechtfertigungselement fehlt,
- der Täter während der Begehung der Tat die Schuldfähigkeit verliert und der weitere Fortgang eine wesentliche Kausalabweichung darstellt.

Bei vollendetem Grunddelikt kann jedoch der Tatentschluss zur Verwirklichung einer Qualifikation zur Strafbarkeit wegen Vollendung des Grunddelikts in Tateinheit mit dem Versuch der Qualifikation führen.[402]

> Prüfen Sie, wo dies in Betracht kommt, zunächst eine Strafbarkeit wegen vollendeter Tat. Wo dies nicht der Fall ist, erklären Sie vor der Versuchsprüfung kurz, warum eine Vollendungsstrafbarkeit ausgeschlossen ist. Das Fehlen dieser Vorbemerkung wird von manchen Prüfern als Fehler bewertet!

II. Strafbarkeit des Versuchs

1. Verbrechen und Vergehen mit Versuchsstrafandrohung

266 Gemäß § 23 Abs. 1 ist der Versuch des Verbrechens stets strafbar, der des Vergehens nur dann, wenn es gesetzlich bestimmt ist. Was ein Verbrechen ist, richtet sich gemäß § 12 nach der Mindeststrafandrohung von einem Jahr Freiheitsstrafe. Dabei bleiben unselbstständige Strafschärfungen und -milderungen außer Betracht. Dies gilt auch für Regelbeispielsfälle.

- Der Versuch des Raubes gemäß § 249 ist auch im minder schweren Fall gemäß Abs. 2 mit Strafe bedroht.
- Der Versuch einer Bestechung gemäß § 334 Abs. 1 S. 1 ist auch in einem besonders schweren Fall gemäß § 335 Abs. 1b) nicht mit Strafe bedroht.

2. Versuch der Beteiligung und Beteiligung am Versuch

267 Unter den Voraussetzungen des § 30 ist auch der Versuch der Beteiligung strafbar. Jedoch ist zwischen dem **Versuch der Beteiligung** und der **Beteiligung am Versuch** zu **unterscheiden**. Letztere ist gemäß §§ 25 Abs. 2, 26, 27 strafbar, soweit auch der Versuch mit Strafe bedroht ist. Für den Rücktritt gelten die Regeln des § 24. Der Versuch der Beteiligung stellt dagegen streng genommen eine mit Strafe bedrohte Vorbereitungshandlung dar. Hier richtet sich der Rücktritt nach § 31.

---

401 BGH NStZ 2024, 87

402 BGH RÜ 2022, 241: §§ 249, 250 Abs. 2 Nr. 1, 22, 23 Abs. 1, 52 bei irriger Annahme der Funktionstauglichkeit einer Waffe.

3. Sonderfälle

In besonderen Fällen kann die Strafbarkeit des Versuchs zweifelhaft sein, obwohl es sich um ein Verbrechen handelt. 268

- So wird in bestimmten Konstellationen des **untauglichen Versuchs des unechten Unterlassungsdelikts** der Versuch von manchen nicht für strafbar gehalten.

  Hält der Täter irrig eine Gefahrenlage für gegeben, die Erfolgsabwendung für möglich oder garantenpflichtbegründende Umstände für gegeben, so kann das Unterlassen von Maßnahmen zur Erfolgsabwendung u.U. keine Betätigung seiner rechtsfeindlichen Gesinnung darstellen, sodass Zweifel am Strafgrund des Versuchs i.S.e. Betätigung des verbrecherischen Willens bestehen.

  Der BGH hatte diese Frage zunächst offen gelassen,[403] geht aber heute mit der h.M.[404] von einer Strafbarkeit des Versuchs aus.[405] Dafür spricht, dass das Gesetz - abgesehen von § 23 Abs. 3 - keinen Unterschied zwischen untauglichem und tauglichem Versuch macht.

- Auch die Strafbarkeit des **Versuchs des erfolgsqualifizierten Delikts** wird zum Teil bezweifelt. Die Gründe sind jedoch unterschiedlich.

  - Allgemein könnte dagegen sprechen, dass es sich regelmäßig um eine Vorsatz-Fahrlässigkeits-Kombination handelt und der Versuch des Fahrlässigkeitsdelikts nicht strafbar ist. Jedoch greifen die erfolgsqualifizierten Delikte gemäß § 18 auch dann ein, wenn der Täter hinsichtlich der schweren Folge vorsätzlich handelt. Daher ist ein Tatentschluss zur Verwirklichung der schweren Folge durchaus denkbar. Zudem gelten alle Vorsatz-Fahrlässigkeits-Kombinationen gemäß § 11 Abs. 2 als Vorsatzdelikte. Rspr. und h.Lit. gehen daher grundsätzlich von einer Strafbarkeit des Versuchs aus.[406]
  - Ist der Versuch des jeweiligen Grunddelikts nicht mit Strafe bedroht (§§ 221 Abs. 2 Nr. 2, Abs. 3, 238 Abs. 3), so hätte die Berücksichtigung der schweren Folge keine strafschärfende, sondern strafbegründende Wirkung. Manche[407] sehen hierin einen Widerspruch zu der systematischen Einordnung als Qualifikationstatbestand. Für die Versuchsstrafbarkeit spricht jedoch auch in diesen Fällen der durch die schwere Folge gesteigerte Unwert der Handlung. Auch bei § 221 Abs. 2 Nr. 1 haben die im Falle der Vollendung strafschärfenden Umstände im Falle des Versuchs eine strafbarkeitsbegründende Wirkung. Richtigerweise ist daher von der Versuchsstrafbarkeit auszugehen.
  - Für die §§ 226 und 227 wird zum Teil die Auffassung vertreten, dass die schwere Folge auf dem Verletzungserfolg des Grunddelikts beruhen müsse (sog. Letalitätstheorie). Führe aber bereits der Versuch des Grunddelikts zum Eintritt der schweren Folge, ohne dass der Erfolg des Grundtatbestandes eingetreten sei, sei das erfolgsqualifizierte Delikt nicht anwendbar. Nach h.M. (sog. Kausalitätstheorie) genügt die Verursachung der schweren Folge durch die Handlung des Grunddelikts, sodass der Versuch in diesen Fällen möglich ist. Zudem verweist § 227 auch auf die §§ 223 Abs. 2 und 224 Abs. 2, sodass auch ein erfolgsqualifizierter Versuch strafbar ist.[408]

Stellen Sie unbedingt in einer Vorbemerkung oder dem Eingangssatz der Versuchsprüfung die Rechtsgrundlage der Versuchsstrafbarkeit heraus!

B. Voraussetzungen der Versuchsstrafbarkeit und des Rücktritts

Gemäß § 22 ist - im Gegensatz zur Prüfung der vollendeten Tat - zunächst der Tatentschluss zu prüfen. Auf dessen Grundlage ist dann objektiv zu bewerten, ob der Täter durch sein Handeln gemäß § 22 zur Tat unmittelbar angesetzt hat. Außerdem ist nach der Feststellung der Schuld regelmäßig zu prüfen, ob die Strafbarkeit durch einen Rücktritt aufgehoben ist. 269

403 BGH NStZ 1993, 32.
404 Fischer § 22 Rn. 40.
405 BGHSt 50, 257, 266.
406 Fischer § 22 Rn. 37.
407 Vgl. Fischer § 221 Rn. 22.
408 BGH NStZ 2001, 534; BGH NJW 2003, 150 (Guben-Fall).

> Im Gutachten ist klar herauszustellen, durch welche Handlung der Täter sich wegen Versuchs strafbar gemacht haben soll. Kommen mehrere Anknüpfungspunkte im Sachverhalt in Betracht, so ist zu beachten, dass der Tatentschluss sich noch im Vorbereitungsstadium geändert haben kann.

Aufbauschema: Versuch

Vorbemerkung: Fehlen der Vollendungsstrafbarkeit und Strafbarkeit des Versuchs

- Tatentschluss
- Tatplangemäßes unmittelbares Ansetzen
- Rechtswidrigkeit
- Schuld
- Rücktritt gemäß § 24
- Ggf. Strafschärfungs- und -milderungsgründe

I. Versuchstatbestand

1. Tatentschluss

270 Mit der „Vorstellung von der Tat" gemäß § 22 ist nach h.M. der Tatentschluss gemeint. Nach aktueller Rspr. setzt das die „vorsatzgleichen Vorstellung, die sich auf alle Umstände des äußeren Tatbestands bezieht", voraus.[409]

Die vom 5. Strafsenat des BGH[410] für den Tatentschluss zum unechten Unterlassungsdelikt vertretene Ansicht, der Tatentschluss müsse sich darauf beziehen, dass der Erfolg bei Vornahme der gebotenen Handlung mit an Sicherheit grenzender Wahrscheinlichkeit zu vermeiden war, wurde auf Anfrage des 4. Strafsenats[411] aufgegeben.[412] Daher genügt es, wenn der Täter die Vermeidbarkeit des Erfolges für möglich hält und billigend in Kauf nimmt.[413]

Der Tatentschluss besteht aber nicht allein im (auch bedingten) Vorsatz zur Verwirklichung des objektiven Tatbestandes, sondern umfasst den gesamten subjektiven Tatbestand. Dazu gehören auch die vom jeweiligen Tatbestand vorausgesetzten Absichten und andere subjektive Tatbestandsmerkmale. Häufig ergeben sich dabei eine Reihe von Abgrenzungsfragen.

a) Abgrenzung von Tatentschluss und Tatgeneigtheit

271 Der Täter muss den **unbedingten Willen** zur Verwirklichung des Tatbestandes haben. Die bloße „Tatgeneigtheit" ist noch kein Tatentschluss. Von dem bedingten Tatentschluss zu unterscheiden ist der Fall, in dem der Täter den Tatentschluss gefasst hat, aber seine Ausführung nach der Tätervorstellung durch den Eintritt bestimmter Umstände bedingt ist. Dann ist der Tatentschluss, wenn auch auf unsicherer Tatsachengrundlage, gegeben.[414]

Beispiel: Der Einbrecher stößt das Glas der Terrassentür auf in der Vorstellung, die Alarmanlage sei ausgeschaltet. Falls sie doch eingeschaltet ist, will er die Tat abbrechen.

---

409 BGH NStZ 2023, 153; BGH NJW 2015, 3732.

410 BGHSt 62, 223.

411 BGH NStZ 2023, 153.

412 BGH HRRS 2022 Nr. 1244.

413 So auch schon BGH RÜ 2021, 95.

414 OLG Hamm RÜ 1997, 247 (Boten-Fall); BGH RÜ 2013, 637.

b) Abgrenzung des untauglichen Versuchs vom Wahndelikt

Der Tatentschluss kann auch irrtumsbedingt sein. Allerdings begründet nicht jede Annahme, sich durch die geplante Handlung strafbar zu machen, einen Tatentschluss. Vielmehr setzt der irrtumsbedingte Tatentschluss einen Irrtum über die tatbestandsrelevanten Umstände, also einen **„umgekehrten Tatumstandsirrtum"** voraus. In diesem Falle handelt es sich um einen **untauglichen Versuch**, dessen Strafbarkeit den §§ 22, 23 Abs. 3 zu entnehmen ist. Dieser ist abzugrenzen vom **straflosen Wahndelikt**. Hierbei handelt es sich um einen „umgekehrten Verbotsirrtum". 272

Die Kriterien zur Abgrenzung des untauglichen Versuchs vom straflosen Wahndelikt entsprechen denjenigen zur Abgrenzung des vorsatzausschließenden Tatumstandsirrtums gemäß § 16 Abs. 1 S. 1 vom Verbotsirrtum gemäß § 17 und sind dementsprechend umstritten. Auch hier geht es danach darum, den Tatumstandsirrtum vom bloßen Subsumtionsirrtum abzugrenzen. Die Untauglichkeit des Versuchs kann sich aus der Untauglichkeit des Tatmittels, des Objekts oder der Umstände ergeben.

Beispiel: A schwört gegenüber Rechtsanwalt R auf die Echtheit einer von ihm selbst gefälschten Urkunde, nachdem R ihn darüber belehrt hat, zur Abnahme von Eiden befugt zu sein. Versuch des Meineides gemäß § 154? – Hält man die Zuständigkeit zur Abnahme von Eiden für einen Tatumstand, so begründet deren irrige Annahme einen Tatentschluss.[415] Geht man von einem umgekehrten Verbotsirrtum aus, so liegt nur ein strafloses Wahndelikt vor.[416]

Die **irrige Annahme der eigenen Tätertauglichkeit** bei Sonderdelikten wird zum Teil als Wahndelikt angesehen. Nach richtiger Ansicht führt sie zur Annahme eines untauglichen Versuchs, falls der Irrtum als Tatumstandsirrtum anzusehen ist.[417]

c) Abgrenzung des grob unverständigen vom irrealen Versuch

Ein Unterfall des untauglichen Versuchs ist der grob unverständige Versuch, bei dem gemäß § 23 Abs. 3 Strafmilderung oder das Absehen von Strafe in Betracht kommt. Maßstab hierfür ist, ob der Täter infolge der völlig abwegigen Verkennung von gemeinhin bekannten Ursachenzusammenhängen an die Vollendbarkeit der Tat glaubt.[418] Dies ist vom abergläubischen oder irrealen Versuch abzugrenzen, der nach h.M. schon mangels Tatentschlusses oder sozialer Relevanz straflos ist. Ein solcher irrealer Versuch liegt dann vor, wenn der Täter auf übernatürliche Kräfte vertraut, etwa durch Totbeten, Teufelsbeschwörung oder Hexerei. 273

2. Tatplangemäßes unmittelbares Ansetzen, § 22

Gemäß § 22 ist Grundlage der Beurteilung des unmittelbaren Ansetzens die **subjektive Vorstellung** des Täters über die Umstände und den weiteren Fortgang der Tat. Auf dieser Grundlage ist **objektiv zu beurteilen**, ob das Handeln des Täters als unmittelbares Ansetzen zu werten ist. 274

a) Normalfall

Zur Frage des unmittelbaren Ansetzens wird in der Lit. eine Vielzahl von Kriterien vertreten, die in der Rspr. im Wege einer Gesamtbewertung zusammengefasst werden. Hiernach setzt zur Tat unmittelbar an, wessen Handlung nach seiner Vorstellung von der Tat aufgrund ihres **räumlichen und zeitlichen Zusammenhangs ohne weitere wesentliche Zwischenakte** in die Tatbestandserfüllung einmünden soll, der Täter 275

---

415 BGHSt 10, 272; BGHSt 12, 58.

416 Sch/Sch/Bosch/Schittenhelm § 154 Rn. 15.

417 Fischer § 22 Rn. 55.

418 BGH NJW 1995, 2176 (zur Unterdosierung von Insektenvertilgungsmittel).

subjektiv **die Schwelle zum „Jetzt geht es los" überschritten** hat, weil es **keines weiteren Willensimpulses** mehr bedarf und das **angegriffene Rechtsgut** nach der Tätervorstellung bereits **konkret gefährdet** ist.[419]

Für den Regelfall führt diese Regel unter Berücksichtigung des Strafgrundes des Versuchs zu einer plausiblen Lösung der Frage, ob der Täter unmittelbar angesetzt hat. Bei einem Tatentschluss auf unsicherer Tatsachengrundlage (s.o. Rn. 271) wird dies nicht vor Eintritt der Bedingung anzunehmen sein.[420] Die Annahme, die Verwirklichung eines Tatbestandsmerkmals stelle stets das unmittelbare Ansetzen dar,[421] ist bei gestreckten Geschehensabläufen, mehraktigen Delikten und Qualifikationen problematisch,[422] da das Gesetz das unmittelbare Ansetzen nicht nur zur Tathandlung, sondern zur Verwirklichung des gesamten Tatbestandes voraussetzt.

Die Rspr. zu den häufig auftretenden „Klingel-Fällen" ist uneinheitlich.[423] Zum Teil wird in dem Begehren um Einlass bereits der Versuch gesehen, in anderen Fällen das unmittelbare Ansetzen abgelehnt. Hier ist entscheidend, welche Vorstellung der Täter über den weiteren Fortgang des Geschehens hatte.

Beispiel:[424] Die Ermittlungen haben mit hinreichender Sicherheit ergeben, dass der Beschuldigte B am Tattag gegen 16.30 Uhr ein Elektrowerkzeug und zwei Mischbatterien im Gesamtwert von 650 € in dem Außenbereich des Baumarktes T, wo sich das Gartencenter befindet, hinter Stapeln von Säcken mit Blumenerde versteckte, um sie nach Geschäftsschluss und Einbruch der Dunkelheit nach Überklettern der Umzäunung abzuholen. Der Außenbereich des Baumarktes ist durch einen vier Meter hohen Metallgitterzaun gesichert. Das gesamte Gelände des Baumarktes einschließlich der Parkplätze ist durch einen weiteren zwei Meter hohen Zaun gesichert. Die Zufahrtstore sind nach Geschäftsschluss geschlossen. Zur Ausführung des Plans kam es nicht, weil der bei T als Ladendetektiv tätige Zeuge Z den Beschuldigten beobachtet und vor Verlassen des Baumarktes auf sein Handeln ansprach.

„I. Der Beschuldigte könnte hinreichend verdächtig sein, durch Verstecken des Werkzeugs und der Mischbatterien einen Diebstahl gemäß § 242 Abs. 1 begangen zu haben ... (wird ausgeführt mit dem Ergebnis, dass noch keine vollendete Wegnahme vorliegt, weil die Beute noch nicht dem ungehinderten Zugriff des Beschuldigten unterlag.)

II. In Betracht kommt jedoch ein hinreichender Tatverdacht wegen versuchten Diebstahls gemäß §§ 242 Abs. 1 und 2, 22.

1. ... (Hinreichender Verdacht des Tatentschlusses)

2. Fraglich erscheint, ob der Beschuldigte gemäß § 22 unmittelbar zur Erfüllung des Tatbestandes angesetzt hat. Das ist der Fall, wenn der Täter nach seiner Vorstellung von der Tat eine Handlung vornimmt, die der Verwirklichung eines Tatbestandsmerkmals unmittelbar vorgelagert ist und im Falle des ungestörten Fortgangs aufgrund ihres unmittelbaren räumlichen und zeitlichen Zusammenhangs ohne wesentliche Zwischenakte in die Tatbestandserfüllung einmünden soll. Dies ist nach der von der Rspr. entwickelten Formel bei solchen Handlungen erfüllt, mit denen der Täter subjektiv die Schwelle zum ‚jetzt geht es los' überschreitet und das geschützte Rechtsgut nach seiner Vorstellung in eine konkrete Gefahr bringt.

Danach spricht für einen Versuch, dass die Beute durch das Verstecken bereits dem Zugriff des Personals entzogen worden war. Zwar befand sich die Beute noch in der

419 BGH RÜ 2018, 710; BGH RÜ 2019, 109; BGH NStZ 2021, 537; Fischer § 22 Rn. 10 m.w.N.

420 BGH NStZ 1999, 395; BGH RÜ 2013, 637; BGH NStZ 2014, 633.

421 Fischer § 22 Rn. 9; OLG Bremen RÜ 2024, 575, 576 zur Täuschung beim Betrug.

422 So zu Recht Jäger JA 2024, 1044, gegen OLG Bremen a.a.O.

423 BGH RÜ 2017, 95; BGH RÜ 2018, 573.

424 Nach OLG Hamm, Beschl. v. 05.01.2009 – 2 Ss 499/08, BeckRS 2009, 24585, und LG Potsdam NStZ 2007, 336 mit i.E. abweichender Entscheidung; wie hier LG Mönchengladbach, Urt. v. 03.09.2014 – 32 Ns 18/14.

Gewahrsamssphäre des Marktpersonals, die Möglichkeit zur Ausübung der Sachherrschaft wäre jedoch von der weitgehend zufälligen Entdeckung der Beute abhängig gewesen. Eine Entdeckung war jedoch sehr unwahrscheinlich, weil B die Beute zeitnah vor Geschäftsschluss versteckte und der Abtransport bereits nach Einbruch der Dunkelheit erfolgen sollte. Die Beobachtung durch den Zeugen ändert daran nichts, da dies nicht dem Tatplan entsprach. Ferner bestand nach der Vorstellung des Beschuldigten mangels weiterer Sicherungsanlagen kein Entdeckungsrisiko beim Überklettern des Zauns.

Andererseits erscheint fraglich, ob zwischen dem Verstecken der Beute und der Begründung neuen Gewahrsams durch den Abtransport in der Nacht bereits ein hinlänglich enger räumlicher und zeitlicher Zusammenhang bestand. Ferner spricht die Notwendigkeit, den vier Meter hohen Metallgitterzaun mit der Beute überwinden zu müssen, dafür, dass dies noch einen wesentlichen Zwischenakt zur Erfüllung des Tatbestandes darstellt, weil es sich dabei immerhin um ein straferschwerendes Regelbeispiel gemäß § 243 Abs. 1 S. 2 Nr. 1 handelt. Zwar stellt nach der Rspr. des BGH das unmittelbare Ansetzen zur Überwindung von Sicherungseinrichtungen, die die Beute schützen sollen, bereits einen Versuch dar, wenn die Beute nach der Vorstellung des Täters von der Tat danach ungehindert seinem Zugriff ausgesetzt und der fremde Gewahrsam daher konkret gefährdet ist. Gegen die Annahme, dass mit dem Verstecken der Beute der Gewahrsam daran bereits konkret gefährdet gewesen wäre, spricht aber, dass eine solche Umzäunung im Allgemeinen für tauglich gehalten wird, um die im Außenbereich befindlichen Waren ausreichend gegen Diebstahl zu schützen und der Beschuldigte zum Überklettern des Zauns noch nicht unmittelbar angesetzt hatte. Schließlich spricht gegen das psychologische Moment des Überschreitens der Schwelle zum ‚jetzt geht es los' die zeitliche Streckung der Tat, die erst durch die in der Nacht folgende Begründung neuen Gewahrsams vollendet werden sollte. Hiernach handelt es sich bei dem Verbergen der Beute noch um eine Vorbereitungshandlung, sodass B dadurch die Versuchsschwelle noch nicht überschritten hatte."

b) Sonderfälle

Bei besonderen Deliktstypen und Begehungsweisen liefert die allgemeine Regel zur Abgrenzung von Vorbereitung und Versuch nur unbefriedigende Begründungen. Deshalb werden hier zusätzliche Lösungsansätze vertreten, die man auch als „Alternativformel" bezeichnen könnte. 276

aa) „Beendeter" Versuch

Von einem beendeten Versuch lässt sich sprechen, wenn der Täter das aus seiner Sicht Notwendige getan hat, um es zur Tatbestandserfüllung kommen zu lassen. 277

Geht man davon aus, dass die **Verwirklichung eines Tatbestandsmerkmals** stets als unmittelbares Ansetzen zu bewerten sei,[425] führt dies zur Strafbarkeit wegen Versuchs.

Demgegenüber geht die h.M. davon aus, dass auch in diesen Fällen ein Versuch nur dann vorliegt, wenn die Handlung zugleich das unmittelbare Ansetzen zur Verwirklichung auch der übrigen Tatbestandsmerkmale darstellt. Wann dies der Fall ist, ist wiederum streitig.[426]

425 Fischer § 22 Rn. 9.

426 Sch/Sch/Eser/Bosch § 22 Rn. 37, 38.

Da es auf weitere wesentliche Zwischenakte in diesen Fällen nicht ankommen kann, wird teilweise ausschließlich auf den **Eintritt einer konkreten Gefahr** für das angegriffene Rechtsgut oder darauf abgestellt, ob der Kausalverlauf bei **ungestörtem Fortgang unmittelbar** in die Tatbestandserfüllung einmündet.[427]

Überwiegend wird darüber hinaus eine Vorverlagerung des Versuchsbeginns dann angenommen, wenn der Täter den **Kausalverlauf aus der Hand gegeben hat**,[428] nach der Rspr. jedoch nur dann, wenn der **Eintritt des Erfolges innerhalb eines überschaubaren Zeitraums** nach dem Tatplan gewiss ist.[429]

bb) Unechtes Unterlassungsdelikt

278 Im Fall des unechten Unterlassungsdelikts setzt die Handlungspflicht schon mit dem Vorliegen der die Garantenpflicht begründenden Umstände ein. Daher wird hier der Versuch zum Teil schon mit dem Einsetzen der Handlungspflicht und daher dem tatplangemäßen **Verstreichenlassen der erstmöglichen Rettungshandlung** angenommen. Eine inzwischen überholte Ansicht nahm den Versuch dagegen erst mit dem **Verstreichenlassen der letzten Rettungsmöglichkeit** an.

Beide Auffassungen werden von der h.M. zu Recht abgelehnt, da es sonst an der von § 13 Abs. 1 vorausgesetzten Vergleichbarkeit von Unterlassen und Tun fehlen würde. Der Versuch kann hier nicht eher, aber auch nicht später einsetzen, als in den Fällen, in denen der Täter die Gefahr der Rechtsgutverletzung selbst durch sein Handeln verursacht hat.

Daher wird auch hier, wie beim beendeten Versuch, teilweise auf den **Eintritt einer konkreten Gefahr** für den Eintritt des abzuwendenden Erfolgs abgestellt.[430]

Überwiegend wird darüber hinaus auch hier der Versuch bereits dann bejaht, wenn der Täter die **Möglichkeit der Erfolgsabwendung aus der Hand gegeben** oder seine **Rettungsbemühungen endgültig eingestellt** hat.

Beispiele: Einstellen der künstlichen Ernährung;[431] Liegenlassen des Opfers auf den Bahngleisen.[432]

cc) Mittelbare Täterschaft

279 In Fällen mittelbarer Täterschaft resultiert ein besonderes Problem daraus, dass einerseits die tatbestandsmäßige Handlung nach dem Tatplan nicht vom Täter selbst, sondern durch den Tatmittler ausgeführt werden soll, andererseits schon der eigene Tatbeitrag die Zurechenbarkeit begründet. Worin das unmittelbare Ansetzen des mittelbaren Täters liegt, ist daher umstritten.

Teilweise wird bereits in der **Einwirkung auf den Tatmittler** das unmittelbare Ansetzen gesehen.[433] Andere nehmen Versuch erst dann an, **wenn der Tatmittler** durch sein Handeln, das dem mittelbaren Täter zuzurechnen ist, nach dessen Vorstellung **zur Tat ansetzt**.[434]

Rspr. und h.M. differenzieren jedoch:

Liegt eine **konkrete Rechtsgutgefährdung** vor, weil die Einwirkung auf den Tatmittler abgeschlossen ist, der die Tat im unmittelbaren Anschluss daran begehen soll, so

427 LK-Hillenkamp § 22 Rn. 134.

428 Sch/Sch/Eser/Bosch § 22 Rn. 42.

429 BGH NJW 1997, 3453 (Giftfalle); BGH NStZ 1998, 294 (Sprengfalle); BGH NStZ 2001, 475 (Stromfalle); BGH NStZ 2008, 209 (Aufdrehen des Ventils einer Propangasflasche).

430 BGHSt 38, 356, 360.

431 BGH NStZ 1995, 80.

432 BGHSt 38, 356, 360.

433 Puppe JuS 1989, 361.

434 Lackner/Kühl § 22 Rn. 9.

ist das Versuchsstadium erreicht. Anderes gilt nur, wenn der Tatmittler erst nach Ablauf einer wesentlichen Zeit den Tatbestand erfüllen soll.[435]

Darüber hinaus liegt in dem **Abschluss der Einwirkung** auf den Tatmittler ein Versuch auch dann, **wenn** der mittelbare Täter sich hierdurch **jeder Einwirkungsmöglichkeit auf das Geschehen begibt**.[436]

dd) Mittäterschaft

Auch bei mittäterschaftlicher Begehung besteht die Möglichkeit, den Versuch entweder an den eigenen Tatbeitrag zu knüpfen oder an das Handeln der anderen Beteiligten. **280**

In der Lit. wird zum Teil die Ansicht vertreten, jeder Mittäter müsse mit seinem Tatbeitrag das Versuchsstadium erreicht haben (sog. **Einzellösung**). Danach könnten solche Tatbeiträge, die lediglich im Vorbereitungsstadium einer Tat geleistet werden, nie eine Strafbarkeit wegen mittäterschaftlicher Begehung auslösen.

Nach st.Rspr. und h.M.[437] kommt es jedoch nur darauf an, dass einer der Mittäter auf der Grundlage des gemeinsamen Tatplans zur Begehung der Tat unmittelbar ansetzt. Wann das der Fall ist, ist nach den allgemeinen Grundsätzen zu beurteilen. Sein Handeln ist den übrigen Mittätern wie eigenes zuzurechnen **(Gesamtlösung)**.

Sehr streitig – auch unter den Strafsenaten des BGH – ist die Frage, ob das unmittelbare Ansetzen in dem Handeln eines nur **vermeintlichen Mittäters** liegen kann.

Nach einer Ansicht kann das Handeln eines nur vermeintlichen Mittäters, der tatsächlich gar keinen Tatentschluss hat, dem anderen nicht zugerechnet werden, da der Handelnde ohne einen Tatentschluss nicht unmittelbar angesetzt habe.[438]

Nach a.A. kommt es für die Frage, ob in dem Handeln ein unmittelbares Ansetzen liegt, nur auf die Vorstellung dessen an, der sich und den anderen für Mittäter hält. Stellt die Handlung des anderen nach seiner Vorstellung das unmittelbare Ansetzen dar, so ist sie ihm zurechenbar.[439] Für diese Ansicht spricht bereits der Wortlaut des § 22 und dass es sich strukturell um einen Fall des untauglichen Versuchs handelt.

ee) Mehraktige Tatbestände und Qualifikationen

Bei mehraktigen Delikten, insbesondere Qualifikationstatbeständen, setzen Rspr. und h.M. voraus, dass die Handlung ein **unmittelbares Ansetzen zur Verwirklichung aller Tatbestandsmerkmale** darstellen muss. Die Verwirklichung qualifizierender Umstände führt zur Versuchsstrafbarkeit daher nur dann, wenn darin zugleich das unmittelbare Ansetzen zur Verwirklichung des Grunddelikts liegt.[440] **281**

Das Unbrauchbarmachen von Feuerlöscheinrichtungen gemäß § 306b Abs. 2 Nr. 3 stellt daher nur dann den Versuch einer besonders schweren Brandstiftung dar, wenn darin zugleich das unmittelbare Ansetzen zu der Brandstiftung liegt.

Der Einbruch in einen Geschäftsraum stellt nur dann einen Versuch des schweren Bandendiebstahls gemäß § 244a dar, wenn darin zugleich der Versuch zur Wegnahme der Diebstahlsbeute liegt.[441]

---

435 BGH NStZ 1995, 80; BGH RÜ 2020, 165; BGH NStZ 2021, 93; BGH RÜ 2024, 203, 207.

436 Fischer § 22 Rn. 24.

437 Fischer § 22 Rn. 21 m.w.N.

438 BGHSt 39, 236.

439 BGHSt 40, 299; Fischer § 22 Rn. 23a.

440 Fischer § 22 Rn. 36; BGH NStZ 2014, 447 m. krit. Anm. Krehl zum Versuch des Mordes durch Zufügung von Grausamkeiten; BGH NJW 2017, 1189 zum Wohnungseinbruchsdiebstahl.

441 BGH RÜ 2015, 101; das soll nach KG BeckRS 2014, 10884 die Regel sein.

RÜ-Video 08/20

Das unmittelbare Ansetzen zur Überwindung von den Gewahrsam sichernden Schutzvorrichtungen stellt nach inzwischen übereinstimmender Rspr. der Strafsenate des BGH[442] einen Versuch des Einbruchdiebstahls dar, wenn die Beute nach der Vorstellung des Täters danach ungehindert seinem Zugriff ausgesetzt und der fremde Gewahrsam nach dem Tatplan daher konkret gefährdet ist. Anderes gilt, wenn es zur Tatbestandserfüllung noch wesentlicher Zwischenakte bedarf.[443]

Umgekehrt führt das unmittelbare Ansetzen zur Verwirklichung des Grunddelikts noch nicht zur Strafbarkeit wegen des Versuchs eines Qualifikationstatbestandes, wenn die Verwirklichung der straferschwerenden Umstände erst für das Stadium der Beendigung der Tat geplant ist.[444]

Der Versuch des Meineides gemäß § 154 beginnt daher noch nicht mit der falschen Aussage, sondern erst mit dem Ansetzen zur Eidesleistung.

II. Rechtswidrigkeit und Schuld

282 Für die Prüfung von Rechtfertigungsgründen und Schuld beim Versuch gelten keine Besonderheiten.

III. Rücktritt vom Versuch, § 24

Der Rücktritt vom Versuch, vor allem bei Tötungsdelikten, ist ein häufiger Klausurschwerpunkt. Daher keine Versuchsprüfung ohne zumindest gedankliche Berücksichtigung des § 24.

1. Zweck, systematische Stellung und Folgen des Rücktritts

283 Auslegung und Anwendung der einzelnen Rücktrittsvoraussetzungen hängen vor allem von den unterschiedlichen Auffassungen zu Sinn und Zweck der Rücktrittsregeln ab.

In der Rspr. dominiert die sog. **kriminalpolitische Theorie**. Hiernach liegt der Zweck der Rücktrittsregeln darin, dem Täter eine „goldene Brücke" für den Weg zur Rückkehr in die Legalität zu bauen und einen Anreiz dafür zu schaffen, das Opfer zu schonen und größeren Schaden zu verhindern. Hiernach steht der Zweck des Opferschutzes im Vordergrund.

Nach h.M. handelt es sich bei dem Rücktritt um einen im Anschluss an die Schuld zu prüfenden **persönlichen Strafaufhebungsgrund**. Er gilt folglich nur für den Beteiligten, der die Voraussetzungen selbst erfüllt. Zudem bleibt der Versuch eine teilnahmefähige Tat.

Der Rücktritt beseitigt nur die Versuchsstrafbarkeit (z.B. §§ 212, 22, 23 Abs. 1), nicht aber eine mitverwirkte Strafbarkeit wegen einer vollendeten Tat (z.B. § 224, „Teilbarkeit des Rücktritts"). Dagegen beseitigt der Rücktritt vom Versuch auch die Strafbarkeit wegen eines Versuchs der Beteiligung gemäß § 30.

2. Prüfungsaufbau des Rücktritts

284 § 24 regelt insgesamt sechs verschiedene Fälle des Rücktritts, deren gemeinsame Voraussetzung die **Freiwilligkeit** der Rücktrittshandlung ist.

442 BGH NStZ 2020, 353; BGH RÜ 2020, 505 mit RÜ-Video 08/2020 unter t1p.de/fd7u; BGH NStZ 2021, 537; BGH, Urt. v. 07.03.2024 - 5 StR 535/23; BGH RÜ 2024, 267.

443 BGH NStZ 2020, 598.

444 BGHSt 31, 105; BGH NStZ 1995, 339.

Die in Abs. 1 geregelten Fälle gelten für den Alleintäter, nach h.Lit. auch im Fall von Anstiftung oder Beihilfe. Abs. 2 regelt demnach den Rücktritt von Mittätern, Anstiftern und Gehilfen des Versuchs.[445] Das Gesetz kennt jedoch nur drei verschiedene Rücktrittshandlungen: 285

Ein **Aufgeben der weiteren Ausführung** (Abs. 1 S. 1 Alt. 1) kommt als Rücktritt nur in Betracht, wo es – nach Tätervorstellung – noch weiteren Handelns bedürfte, um den Tatbestand zu erfüllen. Hier spricht man demzufolge vom **unbeendeten Versuch**. 286

Das **Verhindern der Vollendung** (Abs. 1 S. 1 Alt. 2, Abs. 2 S. 1) kommt für den Alleintäter nur in Betracht, wenn er bereits alles zur Tatbestandserfüllung erforderliche getan hat, sog. **beendeter Versuch**. Bei Beteiligung mehrerer kommt hierfür auch das Aufgeben weiterer Ausführung in Betracht, wenn diese zur Vollendung nach dem Tatplan noch erforderlich war. 287

Nimmt der Alleintäter irrig an, die Tat sei noch zu vollenden, obwohl der Versuch ein untauglicher war oder die Vollendung durch Dritte verhindert wurde, so handelt es sich um einen **vermeintlich vollendbaren Versuch**, in dem ein Rücktritt durch **ernsthaftes Bemühen** um das Verhindern der Vollendung möglich ist (Abs. 1 S. 2). Bei Beteiligung mehrerer gilt dies für jeden Beteiligten gemäß Abs. 2 S. 2 unter denselben Voraussetzungen sowie dann, wenn die Tat unabhängig von seinem früheren Tatbeitrag begangen wird. Daraus folgt, dass ein Rücktritt dort ausscheidet, wo es in zurechenbarer Weise zur Vollendung der Tat gekommen ist. 288

Erscheint dagegen die Vollendung aus Tätersicht nicht mehr möglich, stellt sich die Frage nach der Rücktrittshandlung oder ihrer Freiwilligkeit nicht. Hier gehen h.L. und Rspr. von einem **fehlgeschlagenen Versuch** aus, von dem ein Rücktritt nicht möglich ist. 289

Hieraus ergibt sich folgender **Prüfungsaufbau für den Rücktritt vom Versuch**:

Aufbauschema: Rücktritt vom Versuch
Genaue Benennung der zu prüfenden Variante des § 24! ■ Die **einschlägige Versuchssituation** (Fehlen zurechenbarer Vollendung sowie Abgrenzung der Anwendungsbereiche von Abs. 1 und 2 und des fehlgeschlagenen Versuchs vom unbeendeten und beendeten oder vermeintlich vollendbaren Versuch) ■ Vorliegen der **Rücktrittshandlung** ■ **Freiwilligkeit** des Rücktritts

a) Die Versuchssituation

Zunächst ist die für die jeweilige Variante einschlägige Tatsituation zu prüfen, wobei fraglich sein kann, ob der Rücktritt dadurch ausgeschlossen ist, dass die Tat in zurechenbarer Weise vollendet wurde oder der Versuch fehlgeschlagen ist. 290

aa) Das Fehlen zurechenbarer Vollendung

Nach § 24 befreit der Rücktritt nur von der Strafbarkeit wegen Versuchs.

(1) Tritt beim **Alleintäter** der Erfolg ein, nachdem der Täter alles für erforderlich Gehaltene getan hat, so scheidet ein Rücktritt nach dem Gesetzeswortlaut des § 24 Abs. 1 291

445 Fischer § 24 Rn. 37; Sch/Sch/Eser/Bosch § 24 Rn. 73.

aus, da der Täter hierzu die Vollendung hätte verhindern müssen oder die Vollendung ohne sein Zutun hätte ausbleiben müssen.

Beispiel: Der Täter des Betrugsversuchs schreibt an das Opfer einen Brief, um den durch seine Täuschungshandlung entstandenen Irrtum aufzuklären und die schädigende Vermögensverfügung zu verhindern. Der Brief kommt nicht an.

292 **(2)** Für den Fall der **Beteiligung mehrerer** ist durch Abs. 2 klargestellt, dass ein Rücktritt nicht in Betracht kommt, wenn die Tat abhängig vom jeweiligen Tatbeitrag vollendet wird. Denn entweder muss die **Vollendung ausgeblieben** sein oder die Tat muss **unabhängig vom früheren Tatbeitrag begangen** worden sein. Allerdings kommt ein Rücktritt in Betracht, wenn die von anderen ausgeführte **Tat** – unter Berücksichtigung der Identität der Beteiligten, Tatzeit, -ort und Begehungsweise – **nicht mehr** mit derjenigen **identisch** ist, zu der der Tatbeitrag geleistet wurde.[446]

Glaubt der Beteiligte **irrig, die Vollendung verhindert zu haben**, wurde die Tat aber von anderen Beteiligten trotz der Verhinderungsbemühungen des einen begangen, verneint ein Teil der Lit. hier mangels Vorsatzes wegen wesentlicher Kausalabweichung die Strafbarkeit. Dagegen geht die h.M. von einer Strafbarkeit aus, da der vorsätzlich geleistete Tatbeitrag in der Vollendung wirksam geworden sei.[447]

293 **(3)** Im Fall des **erfolgsqualifizierten Versuchs** hält eine Ansicht die Tat für materiell vollendet und schließt daher einen Rücktritt aus.[448] Nach Rspr.[449] und h.Lit. ergibt sich dagegen aus dem Wortlaut des § 24 zwingend die Möglichkeit eines Rücktritts. Eine teleologische Reduktion des § 24 unter seinen Wortlaut wäre ein Verstoß gegen Art. 103 Abs. 2 GG.

bb) Fehlgeschlagener, beendeter und unbeendeter Versuch

294 Um einen Fehlschlag handelt es sich, wenn das Aufgeben der weiteren Ausführung, Verhindern der Vollendung oder ernsthafte Bemühen begrifflich ausscheiden, weil dem Täter die **Vollendung nicht mehr möglich** erschien. Nach Rspr. und h.M. kommt im Falle eines Fehlschlags ein Rücktritt nicht mehr in Betracht.[450]

Für die Beurteilung seines Vorliegens ist nicht die objektive Sachlage, sondern die **Vorstellung des Täters** über die Tatumstände entscheidend. Auf welchen Zeitpunkt dabei abzustellen ist, ist jedoch streitig.

Nach der von einem Teil der Lit. vertretenen sog. **Einzelakttheorie** liegt ein Fehlschlag allein schon dann vor, wenn der Täter bei Vornahme der Handlung glaubte, den Tatbestand hierdurch erfüllen zu können, die Vollendung jedoch aufgrund dieser Handlung nicht eingetreten ist. Ob der Täter weitere Möglichkeiten der Tatbestandserfüllung sieht, ist dann irrelevant.[451]

Nach der früher in der Rspr. vertretenen **Tatplantheorie** waren bei der Beurteilung der vorliegenden Abgrenzungsfrage alle diejenigen Teilakte einzubeziehen, die nach dem Tatplan beim unmittelbaren Ansetzen Teil der Tat sein sollten. Dies wird heute nicht mehr vertreten, da hierdurch der besonders kriminelle Täter, der mehrere Tatmittel einplant, noch durch die Abstandnahme von dem Einsatz des letzten Mittels zurücktreten könnte, während der Versuch des Spontantäters beim Ausbleiben des Erfolges nach dem ersten Teilakt fehlgeschlagen wäre.[452] Der Tatplan ist hiernach nur noch insofern von Bedeutung, als die Notwendigkeit seiner grundlegenden Änderung ein Indiz für

446 BGH RÜ 2008, 639.

447 BGH NStZ 2022, 605.

448 Wolter JuS 1981, 168, 178.

449 BGH NJW 1996, 2663, 2664.

450 BGHSt 35, 90, 94.

451 Bosch JA 2009, 392 ff.

452 BGH NStZ 2007, 91; BGH NStZ 2008, 275; BGH NStZ 2009, 25; BGH HRRS 2011 Nr. 759.

die Annahme eines Fehlschlags ergeben kann.[453] Die Tatplantheorie braucht deshalb im Gutachten oder der Entscheidung nicht mehr diskutiert zu werden.

Rspr. und h.Lit. folgen heute der **Lehre vom Rücktrittshorizont.**[454] Hiernach kommt es für die Abgrenzungsfrage im Wege einer **Gesamtbetrachtung** auf die **Vorstellung des Täters nach der letzten Ausführungshandlung** an. Entscheidend ist nach dieser Auffassung, welche Vorstellungen sich der Täter zu diesem Zeitpunkt über die Möglichkeiten einer Tatbestandserfüllung durch sein bisheriges oder die weitere Fortsetzung seines Handelns macht.

Danach ergeben sich folgende **Konstellationen**:

(1) Besteht die Möglichkeit des Eintritts der **Vollendung** schon **aufgrund** der **bereits** **295**
vorgenommenen Handlungen und erkennt der Täter die hierfür maßgeblichen Umstände, so liegt ein **beendeter Versuch** vor, von dem ein Rücktritt nur noch durch Verhindern der Vollendung möglich ist.

Beispiel: Der Täter erkennt, dass das Opfer durch einen Kopfschuss lebensgefährlich verletzt ist.

Dies gilt auch dann, wenn sich der Täter – z.B. aus Gleichgültigkeit – **keine Vorstellungen über die** möglichen **Tatfolgen** macht.[455] Hiervon ist der Fall zu unterscheiden, dass die Vorstellung des Täters über die Folgen seiner Tat nicht zu beweisen ist: Hier ist im Zweifel von einem unbeendeten Versuch auszugehen.[456]

Wird die Vollendung ohne Wissen des Täters durch Dritte verhindert oder geht der Täter sonst irrig von der Möglichkeit aus, dass es aufgrund der bereits vorgenommenen Handlungen zur Vollendung kommen könne, so handelt es sich um einen **vermeintlich vollendbaren Versuch**, von dem der Täter nur durch ernsthaftes Bemühen zurücktreten kann.[457]

(2) Darauf, ob der Täter annimmt, durch weitere Handlungen den Tatbestand erfüllen **296**
zu können, kommt es erst an, wenn der Täter den Eintritt des tatbestandlichen Erfolges aufgrund seiner bisherigen Ausführungshandlungen für unmöglich hält. Hält der Täter die **Vollendung der Tat durch weiteres Handeln** in unmittelbarem räumlich-zeitlichen Zusammenhang mit denselben oder anderen zur Hand liegenden Mitteln für **möglich**, so liegt ein **unbeendeter Versuch** vor, von dem er durch Aufgeben der weiteren Ausführung zurücktreten kann.[458]

(3) In den verbleibenden Fällen handelt es sich regelmäßig um einen **fehlgeschlagenen Versuch**. In Betracht kommen folgende Fallgruppen:

(a) Der Täter sieht **tatsächlich keine Möglichkeit für die weitere Ausführung** der Tat. **297**

Beispiel: Der Täter erkennt, dass das Opfer des Betrugsversuchs die Täuschungshandlung durchschaut hat.

(b) Ob dies auch dann gilt, wenn die **Tatbestandserfüllung** nach den Umständen, **298**
die der Täter sich vorstellt, **aus rechtlichen Gründen unmöglich** ist, erscheint zweifelhaft.

Beispiel: Das Opfer betrifft den Täter, als dieser im Begriff ist, eine dem Opfer gehörende Sache zu entwenden. Das Opfer gestattet dem Täter die Mitnahme der Sache. Dem Täter ist es jedoch peinlich, erwischt worden zu sein. Daher lässt er die Sache zurück.

---

453 BGH RÜ 2009, 641; BGH RÜ 2010, 505; BGH RÜ 2012, 428; BGH HRRS 2015 Nr. 277.

454 BGH RÜ 2020, 340; BGH NStZ-RR 2022, 39; BGH NStZ 2023, 673; BGH RÜ 2023, 170; BGH RÜ 2024, 154.

455 BGH NStZ 2010, 384; BGH NStZ 2011, 90; BGH RÜ 2013, 573; BGH RÜ 2015, 437.

456 BGH RÜ 2013, 573; BGH RÜ 2013, 779; BGH NStZ 2014, 143; BGH HRRS 2014 Nr 243.

457 BGH NStZ 2015, 261.

458 BGHSt 39, 228; BGH NJW 2015, 2898; BGH JuS 2023, 599.

Die Lit. geht in diesen Fällen überwiegend vom Vorliegen eines Fehlschlags aus.[459] Nach a.A. soll der Rücktritt erst an der fehlenden Freiwilligkeit scheitern. Der BGH[460] hat die Annahme eines Fehlschlags abgelehnt, weil hierdurch die Möglichkeit des Rücktritts abgeschnitten werde, der Täter aber durch die Abstandnahme von der weiteren Ausführung sehr wohl seine mangelnde Strafwürdigkeit unter Beweis stellen könne.

299 **(c)** Zum fehlgeschlagenen Versuch zählt auch der Fall, dass der Täter zwar glaubt, den Tatbestand noch erfüllen zu können, die aus seiner Sicht hierzu notwendigen Handlungen jedoch nicht als Fortsetzung der bisherigen, sondern als **Begehung einer neuen selbstständigen Tat** anzusehen wären.[461] Nach der Rspr. kommt es hierfür darauf an, ob die Teilakte aufgrund des **räumlichen und zeitlichen Zusammenhangs** nach **natürlicher Betrachtung** einen **einheitlichen Lebensvorgang** im Sinne einer natürlichen Handlungseinheit darstellen.[462] Das Gleiche gilt, wenn der Täter die Ausführung einer Tat aufgibt, die er zwar ohne räumliche oder zeitliche Zäsur weiterverfolgen könnte, deren Fortsetzung aber aufgrund **veränderter Umstände** nicht mehr als dieselbe Tat anzusehen ist, zu der er ursprünglich angesetzt hatte. Diese Fälle zeichnen sich dadurch aus, dass die **Fortsetzung** der Tat für den Täter **sinnlos** ist, weil die mit der Tat verfolgten **Ziele** für ihn **nicht mehr erreichbar** sind.[463]

Beispiel:[464] Der Täter findet nicht die erwartete Beute vor und lässt die, die er vorgefunden hat, aus Enttäuschung liegen.

(d) Dazu wurde bislang auch der Fall gezählt, in dem der Täter im Versuchsstadium den **error in persona vel obiecto entdeckt**, dem er beim Ansetzen zur Begehung der Tat erlegen war. Der BGH hat jedoch in dem Erkennen des eigenen Irrtums weder einen Fehlschlag noch einen Mangel an Freiwilligkeit gesehen und bejaht mit dem Wortlaut des Gesetzes und im Interesse des Opferschutzes einen Rücktritt vom beendeten Versuch durch Verhindern der Vollendung.[465]

Sehr umstritten ist dagegen unter den Vertretern der Lehre vom Rücktrittshorizont der Fall, in dem dem Täter die Erreichung seiner Ziele nicht – wie in den vorgenannten Fällen – unmöglich geworden ist, sondern in denen die mit der Tat verfolgten **Ziele schon im Versuchsstadium erreicht** worden sind.

Teile der Lit. gehen hier von einem fehlgeschlagenen Versuch aus. Der Große Senat des BGH[466] hat sich der Gegenauffassung angeschlossen. Hiernach schließt nach st.Rspr. die zwischenzeitliche Erreichung außertatbestandlicher Ziele den Rücktritt durch Aufgabe der weiteren Ausführung nicht aus.[467] Die Konsequenzen dieser Sichtweise für den Fall der Unmöglichkeit der Zielerreichung sind noch ungeklärt.

Beispiel:[468] Nachdem der Beschuldigte in einem Drogeriemarkt eine Plastikbox mit Rasierklingen entwendet hatte, wurde er von dem Ladendetektiv des Geschäfts verfolgt und schließlich gestellt. Da er sich der Festnahme entziehen wollte, griff der Beschuldigte den Detektiv mit Schlägen und Tritten an, der indes nicht zurückschlug, sondern versuchte, den Beschuldigten durch Haltegriffe zu fixieren. Es entwickelte sich ein Handgemenge, in dessen Verlauf der Beschuldigte mehrfach mit einer von ihm mitgeführten, handelsüblichen Nagelfeile mit einer Klingenlänge von sieben Zentime-

---

459 Vgl. Fahl JA 2021, 926.

460 BGHSt 39, 244.

461 BGH NStZ 2009, 628; BGH NStZ 2009, 628; BGH NStZ 2010, 384; BGH NStZ 2011, 629.

462 BGH NJW 1994, 1670; BGH NStZ 2014, 396.

463 Fischer § 24 Rn. 8 m.w.N.

464 BGHSt 13, 156.

465 BGH RÜ 2024, 567, 569.

466 BGHSt 39, 221, 231.

467 BGH NStZ 2014, 450 m. Anm. Engländer; BGH NStZ 2020, 341; BGH RÜ 2022, 369; BGH JA 2022, 779; BGH RÜ 2022, 437; BGH JA 2023, 605; BGH RÜ 2024, 31; BGH NStZ-RR 2024, 337.

468 Nach BGH NStZ-RR 2013, 105.

tern nach dem Detektiv stach, ohne diesen jedoch zu treffen. Nachdem beide zu Boden gegangen waren, gelang es dem Beschuldigten, sich aus dem Haltegriff zu befreien und zu fliehen.

Die Prüfung des Rücktritts von dem Versuch der gefährlichen Körperverletzung gemäß §§ 224 Abs. 1 Nr. 2, Abs. 2, 22, 23 Abs. 1 kann folgendermaßen aussehen:

„4. Möglicherweise ist der Beschuldigte aber von dem Versuch gemäß § 24 Abs. 1 S. 1 Alt.1 strafbefreiend zurückgetreten, indem er die Flucht ergriff, ohne weiter auf den Geschädigten einzustechen.

a) Das setzt nach h.Lit. und st.Rspr. voraus, dass der Versuch nicht fehlgeschlagen ist, da in diesem Fall von einem freiwilligen Aufgeben der weiteren Ausführung begrifflich nicht die Rede sein kann. Um einen Fehlschlag handelt es sich, wenn dem Täter die Vollendung der Tat unmöglich erscheint. Beurteilungsgrundlage ist dabei die Vorstellung des Täters von der Tat. Umstritten ist jedoch, auf welchen Zeitpunkt hierfür abzustellen ist.

aa) Nach der von Teilen der Lit. vertretenen Einzelakttheorie kommt es auf die Vorstellung des Täters bei Vornahme der Versuchshandlung an. Geht der Täter hiernach davon aus, durch diese Handlung den Tatbestand zu erfüllen und tritt der Erfolg tatsächlich nicht ein, so ist der Versuch fehlgeschlagen. Hier stach der Beschuldigte mehrfach mit der Nagelfeile auf den Geschädigten ein, ohne diesen zu treffen. Danach handelte es sich nach dieser Ansicht um einen fehlgeschlagenen Versuch.

bb) Nach der in h.Lit. und st.Rspr. vertretenen Lehre vom Rücktrittshorizont ist insoweit auf die Vorstellung des Täters nach seiner letzten Ausführungshandlung abzustellen. Geht er zu diesem Zeitpunkt davon aus, die Tat in unmittelbarem räumlichen und zeitlichem Zusammenhang mit denselben oder anderen zur Hand befindlichen Mitteln vollenden zu können, so handelt es sich um einen unbeendeten Versuch, von dem er durch Aufgeben weiterer Ausführung zurücktreten kann.

Da der Beschuldigte die Nagelfeile weder fallen ließ noch verloren hatte, wird nicht auszuschließen sein, dass er die Nagelfeile bis zu seiner Festnahme in der Hand behielt und jederzeit wieder damit hätte zustechen können. Für die Annahme eines fehlgeschlagenen Versuchs, der vorliegt, wenn der Zurücktretende den Eintritt des tatbestandlichen Erfolges nicht mehr für möglich hält, ist unter dieser Voraussetzung kein Raum. Ebenso wenig zwingt der Umstand, dass der Angeklagte die Nagelfeile nicht freiwillig fallen ließ, zu dem Schluss, er habe nicht freiwillig von weiteren Stichen gegen den Ladendetektiv abgesehen.

Möglicherweise ist ein strafbefreiender Rücktritt aber deshalb ausgeschlossen, weil der Beschuldigte zwischenzeitlich sein Ziel, sich aus dem Griff des Ladendetektivs zu lösen, erreicht hatte. Diese Frage ist umstritten.

Ein Teil der Lit. lehnt einen Rücktritt für derartige Fälle wegen Fehlschlags ab. Aufgeben könne man nur die mit der Tat verfolgten Ziele. Seien diese schon im Versuchsstadium erreicht, so erbringe der Täter durch das bloße Nichtweiterhandeln keine honorierbare Verzichtsleistung. Bei Erreichung der mit der Tat verfolgten Ziele fehle das Motiv zum Weiterhandeln, sodass auch keine Gefährdung des Opfers zu befürchten sei. Demnach gebe es für die Strafbefreiung wegen Rücktritts keinen Grund, zumal die zwischenzeitliche Erreichung der Ziele dem entspreche, dass das Tatziel unmöglich geworden sei. Auch hier werde ein Fehlschlag angenommen.

Nach st.Rspr. schließt die zwischenzeitliche Erreichung außertatbestandlicher Handlungsziele jedoch den Rücktritt durch das Aufgeben weiterer Ausführung nicht aus. Hierfür spricht, dass die Gegenansicht den Absichtstäter gegenüber dem mit bedingtem Vorsatz Handelnden privilegiert. Derjenige, dessen Absicht ausschließlich auf die Tatbestandserfüllung gerichtet ist, kann zurücktreten, solange die Vollendung nicht eingetreten ist. Wer aber nur bedingt vorsätzlich handelt und ausschließlich außertatbestandliche Ziele verfolgt, kann mit Erreichung dieser Ziele nicht mehr zurücktreten. Er müsste darüber hinaus im Strafprozess wahrheitswidrig behaupten, absichtlich gehandelt zu haben, da ihm dann der Rücktritt durch die Abstandnahme von weiteren Handlungen nicht versagt werden könnte. Widersprüchlich wäre zudem, wenn bei dem Begriff der Freiwilligkeit eine wertfreie Auslegung ohne Rücksicht auf die ethische Bewertung der Rücktrittsmotive vorgenommen würde, aber im Rahmen des Aufgebens der weiteren Ausführung auf das Vorliegen einer honorierbaren Verzichtsleistung abgestellt würde. Hierauf kommt es auch nach dem Wortlaut des Gesetzes nicht an. Der Täter muss die weitere Ausführung der Tat, also der tatbestandsmäßigen Handlung aufgeben, nicht die mit der Tat verfolgten Ziele. Deren Erreichung würde ein Motiv zur Fortsetzung der Tat auch nicht ausschließen, wenn der Täter glaubt, nur durch die Beseitigung des Opfers als möglichem Tatzeugen der Strafe entgehen zu können. Die Gegenauffassung widerspricht damit dem Opferschutzgedanken.

Ein Rücktritt wäre hiernach nur nach der Einzelakttheorie ausgeschlossen.

cc) Für die Einzelakttheorie wird geltend gemacht, dass ein Täter schon durch die erste Handlung seine Strafwürdigkeit unter Beweis gestellt haben kann. Andererseits versperrt diese Sichtweise dem Täter die Rückkehr in die Legalität. Die Annahme eines Fehlschlags könnte den Täter provozieren, sich der verwirkten Strafe durch die Beseitigung des Opfers als möglichem Tatzeugen zu entziehen. Zudem wird durch die Einzelakttheorie ein Geschehen, das im Falle der Vollendung als einheitliche Handlung gemäß § 52 angesehen worden wäre, auf unnatürliche Weise in Einzelakte aufgesplittert. Eine sachliche Begründung hierfür ist nicht ersichtlich.

Danach handelte es sich vorliegend um einen noch unbeendeten Versuch."

Es folgen die Prüfung der Rücktrittshandlung und der Freiwilligkeit. Ggf. verbleibt die Strafbarkeit wegen vollendeter Körperverletzung gemäß § 223 Abs. 1.

300 **(4)** Hatte der Täter zwischenzeitlich irrig den Versuch für beendet gehalten, so schließt dies nach st.Rspr. einen Rücktritt durch die Abstandnahme von weiteren Ausführungshandlungen nicht aus, wenn sich die Fehlvorstellung noch im unmittelbaren Zusammenhang mit der Tat korrigiert **(Korrektur des Rücktrittshorizonts)**.[469] Dies gilt auch für den Fall, dass der Täter die Tat zwischenzeitlich irrig für vollendet[470] oder den Versuch für fehlgeschlagen[471] gehalten hat. Umgekehrt kann die Korrektur der irrigen Annahme, der Versuch sei noch unbeendet, durch die Erkenntnis, doch bereits alles Notwendige getan zu haben, einem Rücktritt durch Aufgeben weiterer Ausführung entgegenstehen.[472] Selbst eine mehrfache Korrektur des Rücktrittshorizonts steht einem Rücktritt durch Aufgeben weiterer Ausführung nicht entgegen,[473] wenn die weitere Ausführung noch zu derselben Tat gehören würde, zu der der Täter angesetzt hatte. Hierfür sprechen die angeführten kriminalpolitischen Gründe und der Grundsatz, dass für die Feststellung eines Fehlschlags auf die Tätervorstellung zur Zeit der Rücktrittshandlung abzustellen ist.

Für den Anwendungsbereich des Abs. 2 gelten die vorgenannten Ausführungen entsprechend.

---

469 BGHSt 36, 226; BGH NStZ 2015, 26 m. Anm. Puppe NStZ 2015, 332; BGH RÜ 2015, 234; BGH NStZ 2017, 459; BGH NStZ 2018, 204; BGH Jura 2019, 344; BGH JuS 2020, 82; BGH NStZ 2023, 483.

470 BGH RÜ 2011, 573.

471 BGH NStZ 1997, 593; BGH NStZ 2020, 82.

472 BGH NStZ 2005, 263; NStZ 2010, 146; BGH JuS 2018, 914.

473 BGH RÜ 2012, 231.

b) Die Rücktrittshandlung

Als Rücktrittshandlung kommt nur ein Verhalten in Betracht, das auch subjektiv auf Abwendung der Tatbestandserfüllung zielt. Wahnhafte Verhinderungsversuche, wie Gesundbeten oder okkultistische Handlungen stellen aber genauso wenig einen Rücktritt dar, wie sie die Strafbarkeit wegen Versuchs begründen können. Die irrige Annahme des Täters, durch sein Verhalten die Tatbestandserfüllung verhindern zu können, ist solange ausreichend, wie die Vollendung tatsächlich ausbleibt. In diesem Fall kommt als Rücktritt immer noch ein ernsthaftes Bemühen in Betracht. 301

aa) Rücktritt vom unbeendeten Versuch, § 24 Abs. 1 S. 1 Alt. 1

Das **Aufgeben der weiteren Ausführung der Tat** verlangte nach der früheren Rspr. die endgültige Aufgabe des Tatentschlusses im Ganzen. Hiernach schloss jedweder Vorbehalt, auf andere Weise später zum Tatziel zu kommen, den Rücktritt aus.[474] 302

Nach heute h.M. und Rspr. setzt der Rücktritt die **endgültige Abstandnahme von der Ausführung derselben tatbestandsmäßigen Handlung** voraus.[475] Danach ist eine vorübergehende Abstandnahme von der weiteren Ausführung noch nicht als „Aufgeben" anzusehen.[476] Andererseits braucht der Rücktritt sich nur auf die Tat zu beziehen, zu der der Täter angesetzt hatte. Der Vorbehalt, eine andere, wenn auch gleichartige Tat zu begehen, kann daher den Rücktritt nicht ausschließen. Stünde die vorbehaltene Tat mit der vom Täter aufgegebenen in Realkonkurrenz, so bleibt es beim Rücktritt.[477] Der Rspr.[478] ist zudem zu entnehmen, dass der Täter die Aufgabe des Tatentschlusses nach außen erkennbar gemacht haben muss.

bb) Rücktritt vom beendeten Versuch, § 24 Abs. 1 Alt. 2

Was unter **Verhindern der Vollendung** zu verstehen ist, ist umstritten. 303

Nach einem Teil der Lit.[479] ist erforderlich, dass das Ausbleiben der Tatbestandserfüllung dem Täter **als sein Werk zurechenbar** ist. Hierfür spricht, dass nur unter diesen Voraussetzungen der Täter seine Rückkehr auf den Boden des Rechts unter Beweis gestellt hat und hierin das Spiegelbild der die Strafbarkeit begründenden Seite des Versuchs zu sehen ist.

Nach a.A.[480] ist darüber hinaus Voraussetzung, dass der Täter durch die Rücktrittshandlung das **aus seiner Sicht Bestmögliche im Sinne eines ernsthaften Bemühens** zur Erfolgsverhinderung getan hat. Hierfür spricht, dass sonst an den Rücktritt im Falle eines untauglichen, also ungefährlichen Versuchs strengere Anforderungen gestellt würden, als an den Rücktritt vom tauglichen und daher gefährlichen Versuch.

Nach Rspr. und h.Lit. genügt es, wenn der Täter durch sein Handeln eine **neue Kausalkette in Gang setzt, die für die Nichtvollendung mitursächlich** wird.[481] Ob die Möglichkeit besteht, mehr zu tun, um die Vollendung mit größerer Sicherheit auszuschließen, ist daneben nicht von Bedeutung.[482] Hierfür spricht der Wortlaut des Gesetzes. Die Gegenauffassung läuft auf eine teleologische Restriktion einer strafaus-

---

474 BGHSt 7, 296; OLG Hamm RÜ 1997, 247.

475 Fischer § 24 Rn. 26a.

476 BGH RÜ 2009, 431; BGH NStZ 2010, 384.

477 BGH RÜ 2020, 95, 97.

478 BGHSt 39, 244.

479 Nachweise bei Fischer § 24 Rn. 34.

480 Herzberg NStZ 1989, 49.

481 BGH NJW 1999, 128; BGH NJW 2002, 3719; BGH NStZ 2004, 614; BGH RÜ 2010, 572; BGH JuS 2019, 1026.

482 BGHSt 33, 295, 301; BGH RÜ 2018, 781; BGH RÜ 2019, 25; BGH RÜ 2020, 95, 97; BGH NStZ 2022, 94.

schließenden Regelung hinaus, was als Spiegelbild analoger Anwendung strafbegründender Vorschriften verfassungswidrig erscheint (Art. 103 Abs. 2 GG). Allerdings genügt es nicht, das Opfer bei der Rettung seiner selbst oder Dritte bei der Rettung des Opfers nur gewähren zu lassen.[483]

RÜ-Video 02/20

Im Fall des **Versuchs eines Qualifikationstatbestandes** ist wie folgt zu differenzieren: Verhindert der Täter eines Versuchs eines erfolgsqualifizierten Delikts, z.B. §§ 255, 251, 22, 23 Abs. 1, den Eintritt der schweren Folge, so ist er davon strafbefreiend zurückgetreten (Teilrücktritt), auch wenn er den Versuch des Grunddelikts weiterverfolgt.[484] Wurde der Versuch unter qualifizierenden Umständen begangen, z.B. §§ 255, 250 Abs. 2 Nr. 1, 22, 23 Abs. 1, bleibt er, da die Qualifikation bereits erfüllt ist, als qualifizierter Versuch strafbar,[485] wenn der Täter nicht auch von dem Versuch des Grunddelikts zurücktritt.

cc) Rücktritt vom vermeintlich vollendbaren Versuch, § 24 Abs. 1 S. 2

304 Handelt es sich um einen untauglichen oder objektiv fehlgeschlagenen Versuch oder wurde die Vollendung durch Dritte verhindert, geht der Täter aber von der Vollendbarkeit des Versuchs aus, so kann in seinem **ernsthaften Bemühen** um das Verhindern der Vollendung ein Rücktritt liegen.

Hierzu muss er alles tun, was aus seiner Sicht zur Verhinderung der Vollendung notwendig und geeignet ist und unter **Ausschöpfung der zur Verfügung stehenden Mittel** dasjenige wählen, welches den Zweck am sichersten zu erreichen geeignet ist. Dass der Täter sich dabei der Hilfe Dritter bedient, schließt den Rücktritt nicht aus, sondern kann sogar Voraussetzung ernsthaften Bemühens sein. Soweit es um die Rettung von Menschenleben geht, sind an das Bemühen hohe Anforderungen zu stellen.[486]

dd) Rücktritt bei Beteiligung mehrerer, § 24 Abs. 2

305 Eine Beteiligung mehrerer liegt vor bei Mittäterschaft, Anstiftung und Beihilfe (§ 28 Abs. 2). Nach dem Gesetzeswortlaut richtet sich in diesen Fällen der Rücktritt jedes Beteiligten nach § 24 Abs. 2. In der Lit. wird jedoch überwiegend die Ansicht vertreten, dass auch der angestiftete Täter und derjenige, dem Beihilfe geleistet wurde, gemäß § 24 Abs. 1 zurücktreten könne, da insoweit kein relevanter Unterschied zum Alleintäter bestehe.[487] Danach gilt § 24 Abs. 2 **nur für Mittäter und Anstifter sowie Gehilfen eines Versuchs**. Ob auch Nebentäterschaft einen Fall der Beteiligung mehrerer darstellt, ist genauso streitig, wie die Einordnung der mittelbaren Täterschaft.[488]

306 Zwar setzt der Rücktritt jedenfalls das Verhindern der Vollendung oder das ernsthafte Bemühen darum voraus. Auch das Aufgeben der weiteren Ausführung kann aber ein Verhindern der Vollendung sein, wenn die weitere Mitwirkung für die Tatbestandserfüllung notwendig, der Versuch also noch unbeendet war.[489] Dabei wird es als ausreichend angesehen, wenn ein Beteiligter mit dem Rücktritt des anderen einverstanden ist. Handeln alle Beteiligten einvernehmlich, kann das schlichte Nicht-Weiterhandeln für die Erfolgsverhinderung im Sinne von § 24 Abs. 2 S. 1 ausreichen,[490] nicht je-

---

483 BGH NJW 1990, 3219.

484 BGH RÜ 2020, 95, 98 mit RÜ-Video 02/2020 unter t1p.de/jvem.

485 BGHSt 51, 276.

486 Fischer § 24 Rn. 36 m.w.N.

487 Fischer § 24 Rn. 37.

488 BGHSt 44, 205, 206 hält hier Abs. 2 für anwendbar.

489 BGH NStZ 2011, 337; BGH NStZ 2009, 688; BGH RÜ 2022, 504.

490 BGH NStZ 2016, 720; BGH JuS 2018, 81; BGH NStZ 2023, 541; BGH NStZ 2024, 147; BGH NStZ 2024, 346.

doch, wenn der Versuch bereits beendet war.[491] Auch hier schließt jedoch ein Fehlschlag den Rücktritt aus. Für dessen Vorliegen ist auf die Vorstellung des jeweiligen Beteiligten abzustellen, sodass für den einen der Rücktritt noch möglich ist, für den anderen nicht.

Für die Voraussetzungen der Rücktrittshandlung gelten im Übrigen die Ausführungen zum beendeten und vermeintlich vollendbaren Versuch entsprechend. **307**

Ein Sonderproblem entsteht jedoch dadurch, dass Beteiligungsbeiträge nach h.M. bereits im Vorbereitungsstadium geleistet werden können. Gibt der Beteiligte noch **im Vorbereitungsstadium** seine weitere Mitwirkung auf, so fragt sich, ob er für die von den übrigen Beteiligten begangene Tat noch bestraft werden kann. **308**

Insoweit ist wie folgt zu unterscheiden:

Wird die **Tat**, zu deren Begehung ein Beitrag geleistet wurde, noch **nicht** einmal **versucht**, dann handelt es bei der Beteiligungshandlung allenfalls um den **Versuch einer Beteiligung**, der nur gemäß § 30 strafbar ist. Der **Rücktritt** hiervon ist **gemäß § 31** möglich. Das Gleiche gilt, falls die **Tat** versucht oder vollendet wurde, dies jedoch der Beteiligungshandlung **nicht zurechenbar** ist.

Wird die **Tat** nicht vollendet, aber **versucht**, und ist dieser Versuch dem Beteiligungsbeitrag noch zurechenbar, weil es dem Beteiligten nicht gelungen ist, seinen Beitrag vollständig rückgängig zu machen, so liegt eine **Beteiligung am Versuch** gemäß §§ 22 ff. vor. Der **Rücktritt** richtet sich in diesem Falle unstreitig **nach** den Voraussetzungen des **§ 24 Abs. 2**. Umstritten ist nur, ob die Vorschrift auf den Rücktritt im Vorbereitungsstadium direkt oder nur analog anwendbar ist, weil der Rücktritt den Versuch voraussetzt.

Wird die **Tat vollendet** und ist die Vollendung dem Beteiligten zurechenbar, so wird er wegen vollendeter Begehung bestraft. Ein **Rücktritt scheidet aus**. Dies gilt nach h.M. selbst dann, wenn er irrig glaubt, die Vollendung der Tat verhindert zu haben.

Demnach stellt die **bloße Aufgabe der weiteren Mitwirkung** auch **im Vorbereitungsstadium keinen Rücktritt** dar, solange der Beteiligte seinen Tatbeitrag nicht unschädlich macht.[492] Umstritten ist allerdings, ob bei Aufgabe der Mitwirkung im Vorbereitungsstadium noch eine Mittäterschaft zu der von den anderen Beteiligten begangenen Tat in Betracht kommt. Ein Teil der Lehre lehnt dies ab und nimmt allenfalls Anstiftung oder Beihilfe an, da die im Vorbereitungsstadium geleisteten Beiträge nach Aufgabe der weiteren Mitwirkung eine die Täterschaft voraussetzende Tatherrschaft nicht begründen könnten. Die Rspr. geht von der grundsätzlichen Möglichkeit einer Mittäterschaft aus.[493] Habe der Beteiligte zum Zeitpunkt der Tatbegehung jedoch die vom Tatbestand vorausgesetzten besonderen Absichten aufgegeben (Zueignungsabsicht oder Bereicherungsabsicht), so komme nur noch Beihilfe oder Anstiftung in Betracht.[494]

ee) Rücktritt vom Versuch des unechten Unterlassungsdelikts

Umstritten ist, ob beim Versuch des unechten Unterlassungsdelikts eine Unterscheidung von unbeendetem und beendetem Versuch zu machen ist. Nach h.Lit. und bisher st.Rspr.[495] ist die Konstellation des Versuchs des unechten Unterlassungsdelikts **309**

491 BGH RÜ 2013, 709.

492 BGH NStZ 2022, 605.

493 BGHSt 28, 346.

494 BGH NStZ 1994, 29.

495 BGH NStZ 1997, 485; NJW 2002, 3719.

strukturell identisch mit dem beendeten Versuch des Begehungsdelikts. Daher scheidet ein Rücktritt durch Aufgeben weiterer Ausführung aus. Nach a.A. soll auch beim Versuch des unechten Unterlassungsdelikts ein Rücktritt durch Aufgeben weiterer Ausführung in Betracht kommen.[496]

Einigkeit besteht jedoch darüber, dass auch hier ein Rücktritt nur in der **Vornahme der gebotenen Handlung** bestehen kann, wenn hierdurch die Vollendung verhindert wird oder ein ernsthaftes Bemühen vorliegt, falls die Vollendung aus anderen Gründen ausbleibt.

Ob dies auch für den Rücktritt vom **untauglichen Versuch des unechten Unterlassungsdelikts** gilt, wenn der Erfolg unabhängig von dem pflichtwidrigen Unterlassen des Täters eingetreten ist, ohne dass der Täter dies erkannt hat, ist ebenfalls umstritten. Nach der Rspr.[497] trägt der Täter das volle Risiko der Erfolgsabwendung, sodass ein Rücktritt gemäß § 24 Abs. 1 S. 2 StGB durch Vornahme der gebotenen Handlung als ernsthaftes Bemühen ausgeschlossen ist.

Hierfür spricht, dass die Tat gemäß § 24 Abs. 1 S. 2 „nicht vollendet" worden sein darf.

c) Die Freiwilligkeit

310 In allen Fällen des § 24 setzt die strafbefreiende Wirkung des Rücktritts seine Freiwilligkeit voraus.

Nach **Rspr. und h.M.** hängt die Freiwilligkeit nur davon ab, ob der Täter aus **autonomen Motiven** zurückgetreten ist, er also noch **Herr seiner Entschlüsse** war. Unfreiwillig handelt dagegen, wer aus heteronomen Motiven zurücktritt, weil er durch eine äußere **Zwangslage** daran gehindert oder durch **seelischen Druck** unfähig wurde, die Tat zu vollbringen.[498] Ob der Rücktritt auf billigenswerten Motiven beruht, ist danach nicht maßgeblich,[499] da der Wortlaut des Gesetzes eine derartige Einschränkung nicht erlaubt.

Hiernach handelt nicht freiwillig, wer sich entdeckt glaubt und daher die Verfolgung befürchtet. Andererseits wird die Freiwilligkeit durch Angst vor Strafe nicht schlechthin ausgeschlossen. Wer aber durch die im Verlaufe der Tatbegehung vermeintlich gesteigerte Gefahr der Entdeckung am Ende meint, das mit der Durchführung der Tat verbundene Risiko der Bestrafung nicht hinnehmen zu können, tritt nicht freiwillig zurück.[500] Die Einwirkung eines Dritten steht der Freiwilligkeit des Rücktritts dagegen nicht grundsätzlich entgegen.[501]

C. Versuch der Beteiligung und Rücktritt vom Versuch der Beteiligung

311 Zwischen dem **Versuch der Beteiligung** und der **Beteiligung am Versuch** ist zu unterscheiden. Letztere ist gemäß §§ 25 Abs. 2, 26, 27 strafbar, soweit auch der Versuch mit Strafe bedroht ist. Für den Rücktritt gelten die Regeln des § 24. Der Versuch der Beteiligung ist dagegen nur unter den Voraussetzungen des § 30 strafbar. Hier richtet sich der Rücktritt nach § 31.[502] Aufgrund der vorgenannten Unterscheidung ist z.B. die Beihilfe zum Versuch des Verbrechens strafbar, nicht aber die versuchte Beihilfe zum Verbrechen.

496 BGH RÜ 2010, 505 für den Fall, dass die Vollendung des Unterlassungsversuchs nur durch aktives Tun möglich war.

497 BGH NStZ 1997, 485; BGH NStZ 2012, 29, 30; BGH RÜ 2016, 708.

498 BGH NStZ 1994, 428 (Seelische Unmöglichkeit); BGH RÜ 2015, 642 (Verlust der Kontrolle über die Tatsituation); BGH NStZ 2020, 81; BGH NStZ 2020, 341; BGH NStZ 2022, 94; BGH NJW 2024, 1282; BGH NStZ 2025, 29 (psychische Zwangslage).

499 BGH NStZ 2005, 150.

500 BGH NStZ 1993, 279; BGH NStZ 2011, 454; BGH JA 2023, 957.

501 BGH NStZ 2019, 594; BGH Jura 2020, 1272; BGH NStZ 2022, 94; BGH NStZ 2023, 156; BGH NStZ-RR 2023, 105.

502 Zu §§ 30, 31 umfassend Kretschmer JA 2022, 299, 388.

Wegen der Subsidiarität gegenüber der Beteiligung am Versuch setzt § 30 voraus, dass keine strafbare Beteiligung am Versuch einer Tat oder deren Vollendung vorliegt. Dies kann daran liegen, dass die Tat nicht oder unabhängig von der Beteiligungshandlung begangen oder versucht wurde.

In allen Fällen des Beteiligungsversuchs ist Voraussetzung, dass er sich – nach der Vorstellung des Beteiligten über die Tatumstände – auf die **Beteiligung an einem Verbrechen** bezieht (§ 12).[503] Ob für die Einordnung auch § 28 Abs. 2 gilt, ist streitig.

Nach h.Lit. ist insoweit auf die **Person des jeweils Beteiligten** abzustellen.[504] Stellt die Tat gemäß § 28 Abs. 2 in seiner Person ein Verbrechen dar, so ist der Versuch der Beteiligung für ihn strafbar, auch wenn sie in der Person des anderen Beteiligten nur ein Vergehen darstellen würde. Hierfür sprechen systematische Gründe und der Vergleich zur Mittäterschaft.

Nach der Rspr. kommt es bei versuchter Anstiftung und der Verabredung einer Anstiftung jedoch auf die **Person des Täters** an. Stellt die Tat in seine Person ein Verbrechen dar, so ist der Versuch der Beteiligung auch dann strafbar, wenn sie in der Person des Beteiligten nur ein Vergehen darstellt.[505] Hierfür werden der Wortlaut des Gesetzes und der Normzweck angeführt, wonach nicht besonders gefährliche Täter, sondern besonders gefährliche Taten erfasst werden sollen.

Darüber hinaus erstreckt der § 159 den Anwendungsbereich des § 30 Abs. 1 – nicht den des Abs. 2! – auf die Vergehen der §§ 153 und 156. Dies gilt nach h.M. nicht für den Fall der Kettenanstiftung.

Im Übrigen ist nach der Art der Beteiligung zu differenzieren.

I. Versuchte Anstiftung

§ 30 Abs. 1 stellt den Versuch der Anstiftung und der Kettenanstiftung unter Strafe. **312**
Aus dem Fehlen einer entsprechenden Regelung für die Beihilfe ist zu schließen, dass der Versuch der Beihilfe nicht strafbar ist (Art. 103 Abs. 2 GG). Der Prüfungsaufbau richtet sich nach den allgemein für den Versuch geltenden Regeln.

Danach muss zunächst der **Tatentschluss** auf die Begehung eines Verbrechens durch den Haupttäter sowie darauf gerichtet sein, in diesem den Tatentschluss zur Begehung der Tat hervorzurufen.

Ob der Tatentschluss zur Veranlassung eines Verbrechens durch ein schuldunfähiges Kind (§ 19) als Anstiftungstatentschluss zu bewerten ist, wird von Teilen der Lit. bestritten, da hier ausschließlich mittelbare Täterschaft anzunehmen sei. Dies führt, wenn es am unmittelbaren Ansetzen fehlt, zu einer Strafbarkeitslücke, da die „versuchte mittelbare Täterschaft" nicht mit Strafe bedroht ist. Der BGH[506] hat entschieden, dass nach Wortlaut, Systematik und Entstehungsgeschichte des Gesetzes hier auch versuchte Anstiftung in Betracht kommt.

Weiterhin muss der Beteiligte **zur Anstiftung unmittelbar angesetzt** haben. Insoweit ist zwar auf die für den § 22 geltenden allgemeinen Grundsätze zurückzugreifen.[507] Jedoch setzt die Rspr. voraus, dass der Angestiftete die Tat nach der Vorstellung des Anstifters aufgrund seiner Handlung begehen könnte, wenn er wollte.[508]

Auch für **Rechtswidrigkeit** und **Schuld** gelten keine Besonderheiten.

Der **Rücktritt** richtet sich nach **§ 31 Abs. 1 Nr. 1 und Abs. 2**. Beim „unbeendeten" Versuch der Anstiftung ist danach erforderlich, dass der Beteiligte freiwillig den Ver-

---

503 BGH RÜ 2022, 174: Verabredung der Begehung von gewerbsmäßigem Bandenbetrug.

504 Fischer § 30 Rn. 5 ff.; Sch/Sch/Heine/Weißer § 30 Rn. 10 ff.

505 BGHSt 6, 306, 309; BGH RÜ 2009, 304; BGH NStZ-RR 2017, 140.

506 BGH RÜ 2024, 203.

507 Fischer § 30 Rn. 13.

508 BGHSt 50, 142, 145; BGH RÜ 2019, 713; BGH NStZ-RR 2024, 303.

such aufgibt, also endgültig (vgl. § 24 Abs. 1 S. 1 Var. 1) von der Beteiligung Abstand nimmt, und eine etwa bestehende Gefahr der Tatbegehung abwendet. Beim „beendeten" Beteiligungsversuch bedarf es nur der Abwendung der Gefahr. Beim vermeintlich vollendbaren Beteiligungsversuch sowie in dem Fall, dass die Tat unabhängig von der Beteiligungshandlung begangen wurde, genügt das freiwillige und ernsthafte Bemühen. Dessen bedarf es nach der Rspr. auch im Fall des untauglichen Beteiligungsversuchs.

II. Verbrechensverabredung gemäß § 30 Abs. 2

313 § 30 Abs. 2 erfasst acht verschiedene Fälle der Beteiligung.

- Das **Sich-bereit-Erklären** erfasst das
  - Sich-Erbieten sowie
  - die Annahme der Aufforderung

zur Begehung eines Verbrechens oder zur Anstiftung dazu. Nach umstr. Ansicht des BGH[509] erfasst der Tatbestand sogar das Sich-bereit-Erklären gegenüber dem Opfer selbst.

- Auch die **Annahme des Erbietens** zur Begehung eines Verbrechens oder zur Anstiftung dazu ist ein Unterfall der versuchten Anstiftung. Ob das Erbieten ernst gemeint war, ist unerheblich.[510] Nur die Annahme muss ernsthaft sein.
- Die **Verabredung** zur Begehung eines Verbrechens oder der Anstiftung zu ihm setzt die Übereinkunft **gemeinschaftlicher Begehung (oder Anstiftung)** voraus. Die bloße Zusage einer Beihilfe genügt schon nach dem Wortlaut nicht, zumal auch die versuchte Beihilfe nicht strafbar ist. Die Verabredung einer Anstiftung setzt nicht voraus, dass der anzustiftende Täter bereits feststeht.[511]

Subjektiv müssen diese Handlungen von dem **Vorsatz** getragen sein, **die Tat** auch **zu begehen** bzw. zu ihr anzustiften.[512] Ob eine Verabredung auf beiden Seiten den Vorsatz zur Tatbegehung voraussetzt, ist umstritten. H.Lit. und Rspr.[513] gehen im Fall einer nur einseitig ernst gemeinten Verabredung von einem Fall des Sich-bereit-Erklärens aus.

Der **Rücktritt** richtet sich, je nach der Beteiligungsform, nach **§ 31 Abs. 1 Nr. 2 und Abs. 2 bzw. Abs. 1 Nr. 3 und Abs. 2**. Für die Auslegung der „Aufgabe des Vorhabens", des „Verhinderns der Tat" und des „ernsthaften Bemühens" sowie der „Freiwilligkeit" gelten die zu § 24 dargestellten Grundsätze.

7. Abschnitt: Konkurrenzen

A. Arten und Bedeutung der Konkurrenzen

314 In den meisten Strafverfahren ist ein Beschuldigter der Beteiligung an mehreren Delikten oder der mehrfachen Begehung desselben Delikts hinreichend verdächtig bzw. schuldig. In diesen Fällen muss das (Konkurrenz-)Verhältnis dieser Gesetzesverletzungen geprüft und festgestellt werden.

509 BGH RÜ 2019, 165; a.A. Schiemann NStZ 2019, 186.
510 BGH RÜ 2017, 509.
511 BGH RÜ 2024, 143.
512 BGH NStZ 2022, 539.
513 BGH RÜ 2017, 509.

I. Arten von Konkurrenzen

Im Fall der **Gesetzeseinheit** (Gesetzeskonkurrenz) wird eine Gesetzesverletzung durch eine andere wegen Spezialität, Subsidiarität oder Konsumtion im Schuldspruch verdrängt. Dennoch kann sie für die Rechtsfolgen von Bedeutung sein. Auch die Teilnahmefähigkeit der Tat wird durch ihr Zurücktreten nicht berührt. Anstiftung und Beihilfe sind daher möglich. 315

Tateinheit (Idealkonkurrenz) liegt bei der Verwirklichung mehrerer Gesetzesverletzungen durch dieselbe Handlung vor, § 52. Man unterscheidet *gleichartige Idealkonkurrenz*, d.h. die mehrfache Verletzung desselben Gesetzes durch dieselbe Handlung, und *ungleichartige Idealkonkurrenz*, d.h. die Verletzung verschiedener Strafgesetze durch dieselbe Handlung.

Um **Tatmehrheit** (Realkonkurrenz) handelt es sich gemäß § 53 bei der Begehung mehrerer Gesetzesverletzungen durch mehrere Handlungen.

II. Bedeutung der Konkurrenzen

Vom Konkurrenzverhältnis hängen der Inhalt des Anklagesatzes und des Schuldspruchs, die Strafzumessung und u.U. auch die Reichweite der Rechtskraft des Urteils ab. 316

Die Bedeutung der Konkurrenzregeln kann für die Strafrechtsklausur nicht hoch genug eingeschätzt werden. In der Regel genügt eine kurze Begründung. Verzichtbar sind sie in keinem Fall!

1. Der Inhalt des Schuldspruchs

Der Schuldspruch soll die gesamte Schuld des Täters zum Ausdruck bringen, aber auch nur diejenige, die er auf sich geladen hat. Insofern haben die Konkurrenzregeln für den **Schuldspruch** eine **Bereinigungs- und eine Klarstellungsfunktion**.[514] Gesetzlich konkurrierende Delikte werden im Anklagesatz und im Schuldspruch nicht aufgeführt. Bedarf der Schuldspruch der Klarstellung, ist dagegen Tateinheit oder -mehrheit anzunehmen. 317

Beispiele: Die körperliche Misshandlung stellt ein notwendiges Durchgangsstadium der Tötung dar, sodass die §§ 223, 224 durch vollendete Tötungsdelikte im Wege der Gesetzeskonkurrenz verdrängt werden. Dies gilt aus Klarstellungsgründen nicht für den Tötungsversuch.[515] Andererseits geht eine Absicht des Täters, das Opfer dauernd zu entstellen, über den Unrechtsgehalt einer versuchten Tötung hinaus, sodass insoweit Tateinheit zwischen §§ 212 und 226 anzunehmen ist.[516] Das Gleiche gilt im Verhältnis des § 225 in der Form des Quälens und der Körperverletzung mit Todesfolge gemäß § 227.[517] Jedoch verdrängt das konkrete Gefährdungsdelikt des § 225 Abs. 3 Nr. 1 das abstrakte Gefährdungsdelikt des § 224 Abs. 1 Nr. 5.[518]

Darüber hinaus hängt auch die **Notwendigkeit einer Teileinstellung oder** eines **Teilfreispruchs** neben einem Schuldspruch davon ab, ob die nicht abgeurteilte Tat mit der abgeurteilten in Tateinheit oder Tatmehrheit konkurrieren würde. 318

2. Die Strafzumessung

Eine wegen Gesetzeskonkurrenz im Schuldspruch nicht aufgeführte Straftat kann für die Strafzumessung noch von Bedeutung sein. Hat ein zurücktretender Tatbestand eine höhere Strafrahmenuntergrenze als der im Schuldspruch aufgeführte, ist diese 319

514 BGH GSSt 1/92; BGHSt 39, 100, 108 f.

515 BGHSt 44, 196 unter Aufgabe seiner früheren entgegenstehenden Rspr.

516 BGH NStZ 1995, 589.

517 BGH NJW 1995, 2045, 2046.

518 BGH HRRS 2016 Nr. 743.

bei der Strafzumessung zu beachten.[519] Die wegen Gesetzeskonkurrenz zurücktretenden Delikte können bei der Strafzumessung straferschwerend berücksichtigt werden.[520] Darüber hinaus können wegen gesetzlich konkurrierender Delikte Nebenstrafen und Maßregeln verhängt werden, wie auch besondere Strafarten.

Bei tateinheitlicher Begehung mehrerer Delikte wird gemäß § 52 nur eine Strafe verhängt. Im Falle tatmehrheitlicher Begehung wird gemäß §§ 53 ff. aus mehreren Einzelstrafen eine Gesamtstrafe gebildet.[521]

Andere Regeln gelten im **Jugendstrafrecht**: Gemäß § 31 Abs. 1 JGG wird auch im Falle von Tatmehrheit nur eine Strafe gebildet.

3. Die Reichweite der Rechtskraft des Strafurteils

320 Art. 103 Abs. 3 GG schließt die mehrfache Verfolgung oder Ahndung derselben Tat aus.[522] Ähnliche Regelungen sind in Art. 54 SDÜ und Art. 50 EuGrRCh enthalten. Für die Identität der Tat ist insoweit der **prozessuale Tatbegriff** zugrunde zu legen. Dieser knüpft an die Identität des tatsächlichen Sachverhalts an, soweit er bei **natürlicher Betrachtung** einen **einheitlichen Lebensvorgang** bildet.[523] Der materiell-rechtliche Handlungsbegriff ist dagegen stark von rechtlichen Wertungen geprägt. Ein Sachverhalt, der materiell-rechtlich aus mehreren Handlungen besteht, wird in der Regel auch mehrere prozessuale Taten enthalten,[524] kann aber in prozessualer Hinsicht auch als dieselbe Tat zu bewerten sein (z.B. die schuldhafte Verursachung eines Verkehrsunfalls und das anschließende unerlaubte Entfernen vom Unfallort).[525] Nach der Rspr. des BGH ist ein Vorgang, der aus materiell-rechtlichen Gründen eine einheitliche Handlung darstellt, aber regelmäßig auch im prozessualen Sinne des Art. 103 Abs. 3 GG als einheitliche Tat zu bewerten, selbst wenn in tatsächlicher Hinsicht die einzelnen Teile eines Sachverhalts nur in losem Zusammenhang miteinander stehen.[526]

Eine Ausnahme von diesem Grundsatz wurde vom BGH früher für den Fall von Organisationsdelikten gemacht, z.B. der Begehung mehrerer Tötungsdelikte als Mitglied einer kriminellen Vereinigung.[527] Heute geht der BGH materiell-rechtlich von Tatmehrheit und daher auch prozessual von einer Mehrheit von Straftaten aus.[528]

4. Materielle Folgen

321 Darüber hinaus kann das Konkurrenzverhältnis in Fällen der Gesetzeseinheit auch materielle Konsequenzen haben, weil ein privilegierender Spezialtatbestand zur Unanwendbarkeit des allgemeineren Delikts auch dann führen kann, wenn er nicht vorliegt oder seine Verfolgung ausgeschlossen ist.[529]

Beispiele: So verdrängt die Tötung auf Verlangen gemäß § 216 die Anwendung des § 212 selbst dann, wenn ihre Verfolgung verjährt ist. Nach der Rspr. tritt jedoch eine Straftat, die als mitbestrafte Nachtat hinter einer Vortat zurücktreten würde, im Falle der Verjährung der Vortat nicht zurück.[530]

---

519 BGHSt 57, 28 zu § 221 Abs. 1 Nr. 2 i.V.m. Abs. 3 StGB gegenüber dem Totschlag durch Unterlassen gemäß §§ 212, 13 StGB.

520 BGH HRRS 2011 Nr. 1075.

521 Einzelheiten im AS-Skript Strafurteil und Revisionsrecht in der Assessorklausur (2025), Rn. 82 ff.

522 Einzelheiten bei AS-Skript Die staatsanwaltliche Assessorklausur (2023), Rn. 32 ff.

523 BGH NStZ 1996, 243.

524 BGH NStZ 2012, 461.

525 BGHSt 24, 185, 186.

526 BGHSt 8, 92,94; BGHSt 13, 21, 23; BGHSt 26, 284, 285; BGH NJW 2019, 1470; OLG Hamm NStZ 2019, 695; Meyer-Goßner/Schmitt § 264 Rn. 6.

527 BGHSt 29, 288, 293; BGHSt 46, 349; bestätigt durch BVerfG NStZ 2004, 279.

528 BGH NJW 2019, 1470.

529 Mitsch JuS 1993, 471, 475.

530 BGHSt 38, 366; vgl. Geppert JK 93, StGB vor § 52/3.

Tritt der Täter eines durch Vergiftung begangenen Versuchs des § 216 mit strafbefreiender Wirkung gemäß § 24 zurück, so kann der Tatbestand des § 224 Abs. 1 Nr. 1, der im Falle der Vollendung des § 216 wegen Subsidiarität verdrängt würde, nicht mehr angewandt werden. Denn andernfalls liefe der Rücktritt des Täters auf eine Strafverschärfung hinaus.[531]

Umstritten ist, ob das Widerstandleisten mit Nötigungsmitteln unterhalb der Schwelle der Gewalt i.S.d. § 113 Abs. 1 zur Unanwendbarkeit des im Falle der Vollendung wegen Spezialität verdrängten § 240 führt. Nach einer Ansicht ist § 240 in solchen Fällen nur mit den Einschränkungen des § 113 Abs. 3 u. 4 anwendbar.[532] Nach a.A. ist die Anwendung des § 240 auch in diesen Fällen gesperrt.[533]

B. Stellung und Prüfung im Gutachten

I. Stellung im Gutachten

322

Es empfiehlt sich aus Gründen der Arbeitsökonomie, das Konkurrenzverhältnis mehrerer Gesetzesverletzungen im Gutachten so früh wie möglich zu prüfen, spätestens aber am Ende eines jeden Sachverhaltskomplexes. Hat man sich für den Aufbau daran orientiert, Spezielles vor dem Allgemeinen zu prüfen, kann man das Vorliegen von Gesetzeskonkurrenz ggf. ohne Weiteres feststellen. Am Schluss des Gutachtens sind dann die Konkurrenzen der in den jeweiligen Sachverhaltskomplexen begangenen Straftaten im Verhältnis zueinander zu erörtern.

Lassen sich die für das Konkurrenzverhältnis maßgeblichen Umstände nicht zweifelsfrei feststellen, gilt auch insoweit der Zweifelssatz: „in dubio pro reo" Gesetzeskonkurrenz bzw. Tateinheit statt Tatmehrheit.

II. Prüfungsreihenfolge

Die Annahme von Tateinheit oder Tatmehrheit ergibt sich von selbst, wenn man sich an der gesetzlichen Regelung des § 52 orientiert und folgendermaßen vorgeht. 323

Aufbauschema: Konkurrenzen

- Mehrheit von Gesetzesverletzungen?
- Handlungseinheit oder -mehrheit?
  - Einheitlichkeit der Handlung (Natürliche/juristische Handlungseinheit)
  - (Teil-)Identität der Ausführung (der Handlung/des Erfolges/Klammerwirkung)
- Gesetzeskonkurrenz (Spezialität/Subsidiarität/Konsumtion bzw. mitbestrafte Vor- oder Nachtat)?

Als Ergebnis liegt ein Fall tateinheitlicher oder tatmehrheitlicher Begehung vor.

Dieses Aufbauschema versteht sich als Anleitung zur gedanklichen Reihenfolge der Prüfung und ist in der Lösung nicht im Einzelnen auszuführen, es sei denn, dass in einzelnen Punkten Anlass besteht, streitigen Fragen nachzugehen. Im Übrigen kann das Konkurrenzverhältnis im Urteilsstil kurz mit Begründung festgestellt werden. Wo nur die Begründung fraglich, das Vorliegen von Gesetzeskonkurrenz aber eindeutig ist, genügt es, das Ergebnis einfach festzustellen.

531 Fischer § 216 Rn. 15; a.A. Jäger JuS 2000, 31, 37: minder schwerer Fall des § 224.

532 OLG Hamm NStZ 1995, 547.

533 Näher Anstötz § 113 Rn. 2a m.w.N.

1. Mehrheit von Gesetzesverletzungen

324 Mehrere Verhaltensweisen, die denselben Tatbestand erfüllen, können aus unterschiedlichen Gründen dieselbe Gesetzesverletzung sein. Die Frage nach dem Konkurrenzverhältnis stellt sich dann nicht.

325 So stellen **Dauerdelikte** und **Delikte mit pauschalierender Handlungsbeschreibung** im Regelfall ein und **dieselbe Gesetzesverletzung** dar, soweit das Handeln nicht durch eine rechtlich erhebliche Zäsur unterbrochen wird.

Beispiele: Das Führen eines (Kraft-)Fahrzeugs gemäß § 316 StGB, § 21 StVG stellt nur eine einzige Gesetzesverletzung dar, auch wenn die Fahrt verkehrsbedingt oder aufgrund eines vorgefassten Entschlusses unterbrochen wird.[534] Stellt die Unterbrechung jedoch keine nur verkehrsbedingte dar, so handelt es sich um mehrere Gesetzesverletzungen. Entschließt sich der Täter jedoch nach einem Verkehrsunfall, die Unfallstelle zu verlassen, so beginnt damit eine neue Handlung und damit eine weitere Straftat gemäß § 316.[535] Dies gilt unabhängig davon, ob der Täter aus Anlass des Unfalls angehalten hat oder sich ohne anzuhalten zum Verlassen der Unfallstelle entschließt. Andererseits stellt ein während der Fahrt gefasster Entschluss, sich einer drohenden Verkehrskontrolle unter Gefährdung Dritter gemäß § 315c zu entziehen, keine Zäsur dar.[536] § 316 tritt dann hinter § 315c wegen formeller Subsidiarität zurück.

Das unbefugte Führen eines Titels oder einer Berufsbezeichnung gemäß § 132a Abs. 1 Nr. 1 u. 2 liegt nach dem Schutzzweck der Norm noch nicht in einer einmaligen Verwendung aus privatem Anlass,[537] sondern setzt die wiederholte Verwendung voraus. Alle auf demselben Entschluss beruhenden Handlungen, die den Tatbestand des § 132a erfüllen, stellen daher dieselbe Straftat dar, es sei denn, es läge zwischen ihnen eine größere zeitliche Zäsur oder es wären unterschiedliche Sachlagen gegeben, wie z.B. die Fortsetzung der Tat nach einer rechtskräftigen Verurteilung gemäß § 132a.[538]

Jedoch kann auch ein Dauerdelikt dadurch zu einer Mehrheit von Gesetzesverletzungen werden, dass einzelne Teile seiner Ausführung mit anderen Straftaten zusammentreffen, deren Begehung dann für das Dauerdelikt zu einer Zäsur führt.

Beispiel: Begehung eines Banküberfalls mittels einer unerlaubt besessenen Waffe.[539]

326 **Mehraktige Delikte** sowie die Erfüllung **mehrerer Alternativen desselben Tatbestandes** stellen stets dieselbe Gesetzesverletzung dar.

Beispiele: Verwendet der Täter einer Urkundenfälschung das Falsifikat so, wie er es bei der Fälschung oder Verfälschung bereits beabsichtigt hatte, so liegt nur ein einheitliches Fälschungsdelikt in zwei Teilakten gemäß § 267 Abs. 1 Alt. 1 u. 3 vor. Die gilt auch im Fall des mehrfachen Gebrauchs derselben zu diesem Zweck gefälschten Urkunde.[540]

Die Körperverletzung mittels einer Waffe und einer das Leben gefährdenden Behandlung stellt nur eine gefährliche Körperverletzung gemäß § 224 dar. Dies gilt auch für den Versuch der einen Variante neben der Vollendung einer anderen.[541] Die Verwirklichung mehrerer Mordmerkmale stellt nur eine einheitliche Gesetzesverletzung dar.[542] Das Inbrandsetzen verschiedener Tatobjekte gemäß § 306 Abs. 1 stellt nur eine Brandstiftung dar.[543] Der „Wohnungseinbruchsdiebstahl mit Waffen" gemäß § 244 Abs. 1 Nr. 1a) und Nr. 3 stellt dasselbe Vergehen dar.[544] Eine derartige Zusammenfassung verbietet sich aber, wenn es sich um eine dauerhaft genutzte Privatwohnung gemäß § 244 Abs. 4 handelt, da dies ein eigener Verbrechenstatbestand ist.[545] Vielmehr ist dann Tateinheit anzunehmen.[546]

---

534 Fischer § 316 Rn. 56; BGH NStZ-RR 2023, 386.

535 BGHSt 21, 203.

536 BGH NJW 1983, 1744.

537 BGHSt 31, 61.

538 BGH GA 65, 289.

539 BGHSt 36, 151.

540 BGH RÜ2 2015, 157; BGH RÜ 2020, 578, 581; BGH NStZ 2022, 227; BGH RÜ 2022, 109.

541 BGH RÜ 2021, 510; BGH HRRS 2023 Nr. 816.

542 BGH NJW 1994, 2034.

543 BGH RÜ 2016, 578.

544 BGH HRRS 2014 Nr. 144; anders OLG Hamburg NStZ 2017, 584: Tateinheit.

545 BGH RÜ2 2019, 13; BGH RÜ 2023, 308; BGH RÜ 2023, 518.

546 BGH RÜ2 2019, 13; BGH NStZ-RR 2020, 80 zu §§ 244 Abs. 1 Nr. 2 u. 3, Abs. 4, 244a: „Schwerer Bandendiebstahl in Tateinheit mit schwerem Wohnungseinbruchdiebstahl"; ebenso BGH RÜ 2023, 308.

Die **Intensivierung derselben Rechtsgutverletzung** bei fortbestehender Tatsituation und Motivation stellt nur eine einheitliche Straftat dar. 327

Beispiele: Entwendet der Täter bei derselben Gelegenheit mehrere fremde Sachen, so liegt nur ein Diebstahl vor, selbst wenn dadurch mehrere Eigentümer geschädigt werden.[547] Das Gleiche gilt für die Beschädigung mehrerer Sachen in derselben Tatsituation. Die Veranlassung mehrerer Vermögensverfügungen des Geschädigten durch dieselbe Täuschungshandlung stellt einen einzigen Betrug dar.[548]

Mehrere Handlungen, die dem Absatz derselben Beute dienen, stellen nur eine Hehlerei dar.[549] Mehrere Nötigungshandlungen, die demselben Ziel dienen, stellen nur eine Nötigung dar.[550]

Eine Vielzahl von aufeinander folgenden Faustschlägen stellt nur eine Körperverletzung dar. Bei der Verletzung höchstpersönlicher Rechtsgüter (Leben, Leib, Freiheit, körperliche Integrität, Ehre etc.) mehrerer Rechtsgutträger liegen jedoch mehrere Gesetzesverletzungen vor.

Bei der gleichzeitigen oder einander nachfolgenden Gefährdung mehrerer Personen verwirklicht der Täter der §§ 315b und 315c diesen Tatbestand nur einmal und nicht mehrfach in gleichartiger Idealkonkurrenz, da Schutzgut dieser Vorschrift nicht einzelne Persönlichkeits- oder Sachwerte sind, sondern die Sicherheit des Straßenverkehrs als solche.[551]

2. Einheitlichkeit der Ausführungshandlung

Liegen hiernach mehrere Gesetzesverletzungen vor, so kommt es darauf an, ob diese durch dieselbe Handlung oder durch mehrere Handlungen begangen wurden. Dabei erhebt sich zum einen die Frage, wie weit die **Einheitlichkeit einer Handlung** reicht, zum anderen die Frage, wann die Ausführungshandlung dieselbe ist. 328

a) Handlungseinheit/Handlungsmehrheit

Unter einer **Handlung im natürlichen Sinne** versteht man die Betätigung eines Handlungsentschlusses durch eine Körperbewegung. 329

Beispiele: Erfüllt eine Ohrfeige die Voraussetzungen der §§ 185 und 223, so treffen diese tateinheitlich zusammen. Verursacht jemand schuldhaft einen Verkehrsunfall, bei dem zwei Personen getötet werden, so treffen zwei Fälle des § 222 tateinheitlich zusammen. Im Falle der vorsätzlichen Tötung einer Schwangeren treffen §§ 212 und 218 Abs. 1 tateinheitlich zusammen.[552]

Daneben erkennen Rspr. und Lit. eine **natürliche Handlungseinheit** an, wenn mehrere gleichartige natürliche Handlungen auf der Grundlage **desselben Tatentschlusses** in **engem räumlichen und zeitlichen Zusammenhang** vorgenommen werden, sodass sie **bei natürlicher Betrachtungsweise** für einen objektiven Dritten als **einheitliches zusammengehöriges Tun** erscheinen.[553] 330

Zwar beschränkt die Lit. die natürliche Handlungseinheit auf Fälle der sukzessiven (= schrittweisen) oder iterativen (= wiederholten) Verwirklichung **desselben Tatbestandes** (tatbestandliche Handlungseinheit im weiteren Sinne),[554] was zum Vorliegen einer einheitlichen Gesetzesverletzung führt. 331

Beispiele: Der Dieb räumt bei günstiger Gelegenheit nach und nach die ganze Wohnung aus. Der Täter verprügelt das Opfer oder belegt es mit einer Schimpfkanonade.

547 BGH RÜ 2019, 301.
548 BGH NStZ-RR 2023, 277.
549 BGH RÜ 2014, 433.
550 BGH RÜ 2020, 381; BGH NStZ 2023, 412.
551 BGH NStZ 1989, 73.
552 BGH NStZ 1996, 276.
553 BGHR StGB § 315b Abs. 1 Nr. 3 Konkurrenzen 1; BGH NStZ-RR 2014, 74; BGH RÜ 2019, 27, 28.
554 Sowada Jura 1995, 245, 247 m.w.N.

332 Dagegen erkennt die Rspr. eine natürliche Handlungseinheit grundsätzlich **auch bei der Erfüllung unterschiedlicher Tatbestände** an.[555]

Beispiel: Namentlich die Fälle der sog. „Polizeiflucht" sind hier zu nennen, bei denen der Täter aufgrund eines vorgefassten Entschlusses und im Rahmen einer einheitlichen Fluchtfahrt mehrere Polizeisperren durchbricht und dabei eine Reihe verschiedenster Delikte von Widerstand gemäß § 113 über unerlaubtes Entfernen vom Unfallort, § 142, bis hin zum Mordversuch, §§ 211, 22, 23 Abs. 1, begeht.[556]

Einschränkend jedoch für den Fall, dass der Täter ein Fahrzeug unbefugt in Gebrauch nimmt und sich entschließt, an der Straße abgestellte Pkw zu beschädigen: Der einmal gefasste Entschluss, eine unbestimmte Vielzahl gleichartiger Handlungen zu begehen, vermag diese nicht zu einer einzigen Tat zusammenzuführen.[557]

333 Problematisch erscheint die Annahme einer natürlichen Handlungseinheit aber dann, wenn es um die Zusammenfassung **mehrerer Verletzungen höchstpersönlicher Rechtsgüter** geht.

334 Handelt es sich um mehrere **Verletzungen desselben Rechtsgutträgers**, dann liegt unter den o.g. Voraussetzungen **nur eine Straftat** vor. Der BGH hat dies sogar bei zwischenzeitlicher irriger Annahme der Vollendung angenommen.[558]

335 Bei **Verletzung unterschiedlicher Rechtsgutträger** hat sich die Rspr. dagegen inzwischen der zurückhaltenden Linie der Lit. angepasst, z.B. für das Zusammentreffen von versuchter und vollendeter Tötung von zwei Kindern.[559] Bei der Verletzung höchstpersönlicher Rechtsgüter bestehe auch bei einheitlichem Tatentschluss und engem zeitlich-räumlichem Zusammenhang **kein Bedürfnis für die Annahme natürlicher Handlungseinheit**.[560] Dies gelte auch für die Tötung zweier Opfer bei zwischenzeitlichem Wechsel des Tatmittels.[561] Schießt aber der Täter innerhalb weniger Sekunden ohne jegliche zeitliche Zäsur auf mehrere Personen, so ist trotz der Beeinträchtigung höchstpersönlicher Rechtsgüter eine Handlung anzunehmen; denn eine Aufspaltung in selbstständige Einzeltaten erschiene wegen des engen zeitlichen und situativen Zusammenhangs willkürlich und gekünstelt.[562]

336 Fraglich ist die Annahme einer natürlichen Handlungseinheit auch in den Fällen des **mehrfachen Ansetzens zur Verwirklichung desselben Tatbestandes**. Der BGH[563] stellt insoweit auf dieselben Kriterien ab, die für die Beurteilung der Einheitlichkeit der Tat im Zusammenhang mit dem Rücktritt vom Versuch gemäß § 24 Abs. 1 S. 1 Alt. 1 entwickelt wurden, nämlich die gleichbleibende Motivationslage, den räumlich-zeitlichen Zusammenhang, die Identität der Beteiligten und die Gleichartigkeit der Ausführung.

337 Schließlich können mehrere natürliche Handlungen auch aufgrund ihrer Zugehörigkeit zu demselben Delikt zu einer **rechtlichen Handlungseinheit** verbunden sein.

Dies gilt zunächst für mehraktige und zusammengesetzte Delikte wie auch für Dauerdelikte. Man spricht insoweit von **tatbestandlicher Handlungseinheit**.

Auch die vorgenannten Fälle einheitlicher Gesetzesverletzungen durch mehrere Teilakte begründen aufgrund der Zugehörigkeit der Ausführungshandlungen zum selben Delikt eine Handlungseinheit.

555 BGHSt 22, 67, 76 für §§ 315b und 315c während einer „Polizeiflucht"; BGH NStZ-RR 202, 386.
556 BGHSt 22, 67, 76; BGHR StGB § 315b Abs. 1 Konkurrenzen 2.
557 BGH NJW 1995, 1766.
558 BGH NStZ 1990, 490.
559 BGH StV 1994, 537.
560 BGH NStZ 2012, 25; BGH RÜ2 2016, 181; BGH RÜ 2016, 300; BGH RÜ2 2019, 115.
561 BGH NStZ 1996, 129.
562 BGH NStZ 2012, 562; BGH RÜ 2019, 27, 28; BGH RÜ 2021, 169.
563 BGH NJW 1996, 936 („Dagobert"); BGH NStZ 2023, 679.

b) Identität der Ausführungshandlung

Eine **Identität der Ausführungshandlung** führt – wenn keine Gesetzeskonkurrenz vorliegt – zur Tateinheit, andernfalls liegt – wenn keine Gesetzeskonkurrenz vorliegt – Tatmehrheit vor. Dabei genügt es nach h.M., wenn die **Ausführungshandlung** einer Tat selbst im Beendigungsstadium mit derjenigen einer anderen – **teilweise** – **identisch** ist. Auch die **Identität des** tatbestandlichen **Erfolges** genügt nach der Rspr., um im Falle fehlender Gesetzeskonkurrenz Tateinheit anzunehmen.[564] Nicht ausreichend ist jedoch, wenn mehrere Straftaten lediglich durch dieselbe Handlung vorbereitet wurden.[565] **338**

Beispiele: Raub und Körperverletzung stehen in Tateinheit, wenn letztere durch die der Wegnahme dienende Gewalt begangen wird. Das Gleiche gilt für Urkunden- bzw. Datenfälschung und Betrug, wenn dieser durch den Gebrauch der vorher zu diesem Zweck gefälschten Urkunde bzw. Daten verübt wird.[566] Dies gilt auch dann, wenn der Täter eines unvollkommen zweiaktigen Delikts in einem weiteren Teilakt seine deliktischen Absichten realisiert. So etwa, wenn der Täter eines erpresserischen Menschenraubes gemäß § 239a nach der Entführung die Erpressung gemäß § 253 begeht oder zur Verteidigung der Diebesbeute Widerstand leistet.[567]

Vorstehendes gilt auch im Falle der **Teilnahme an mehreren Haupttaten**. Hier entscheidet zwar die Anzahl der Haupttaten über die Anzahl der durch die Teilnahme begangenen Gesetzesverletzungen.[568] Wird aber die **Teilnahme** durch **dieselbe Handlung** begangen, so stehen die dadurch begangenen Gesetzesverletzungen in **Tateinheit**, soweit nicht Gesetzeskonkurrenz vorliegt.[569] In diesem Fall ist daher nicht auf „Beihilfe zu (z.B. Betrug) in x Fällen" zu erkennen, sondern auf „Beihilfe zu x Fällen des (z.B. Betruges)".[570] **Mehrere Gehilfenbeiträge** zu **derselben Tat** stellen wiederum nur **eine Gesetzesverletzung** dar.[571] **339**

Auch bei **mittelbarer Täterschaft**[572] und **Mittäterschaft**[573] genügt die Identität des die Strafbarkeit begründenden Tatbeitrags zu mehreren Straftaten, um eine Handlungseinheit anzunehmen. Das Konkurrenzverhältnis kann daher für mehrere Beteiligte unterschiedlich zu beurteilen sein.[574] **340**

Bei der **Verabredung von Verbrechen** gemäß § 30 Abs. 2 ist folgerichtig nicht entscheidend, ob die verabredeten Verbrechen, sondern ob die Verabredung durch dieselbe Handlung begangen wurde.[575] **341**

Trifft ein **Zustandsdelikt mit** einem **Dauerdelikt** zusammen, hat die Rspr. gelegentlich auf eine Identität der Ausführungshandlung abgestellt.[576] Demgegenüber wird ganz überwiegend danach differenziert, ob zwischen der Verwirklichung der Delikte ein innerer Zusammenhang bestand oder das eine nur gelegentlich des anderen begangen wurde.[577] **342**

Beim Zusammentreffen von **Unterlassungsdelikten** liegt Tateinheit vor, wenn die Verletzung derselben Handlungspflicht zu mehreren tatbestandsmäßigen Erfolgen **343**

---

564 BGHSt 10, 291; BGH NJW 1990, 2560, 2567.

565 BGHSt 16, 397.

566 BGH NStZ 2015, 635; BGH RÜ 2021, 437.

567 BGH HRRS 2012 Nr. 772.

568 BGH NStZ 1995, 126 (Modrow-Fall); BGHSt 49, 177, 185.

569 BGH NStZ1993, 584; BGH NStZ 1995, 122; BGHSt 56, 170; BGH NStZ-RR 2021, 48; BGH NStZ-RR 2023, 106.

570 BGH HRRS 2013 Nr. 92.

571 BGH NStZ 2020, 403,

572 BGH NStZ 1994, 35.

573 BGHSt 49, 177, 183; BGH NStZ 2013, 641.

574 BGH HRRS 2014 Nr. 1003; BGH NStZ 2020, 403.

575 BGH NStZ-RR 2011, 368; BGH NStZ 2013, 33 unter Aufgabe seiner früheren gegenteiligen Rspr.

576 BGHSt 18, 29.

577 Vgl. BGHSt 36, 151 zu § 53 WaffG, § 249 StGB.

führt. Sind die aus mehreren Tatbeständen sich ergebenden Handlungspflichten durch dieselbe Handlung zu erfüllen, begründet dies Tateinheit.[578] Nur ein einheitliches Unterlassungsdelikt liegt vor, wenn derselbe Erfolg durch die Verletzung mehrerer Handlungspflichten verursacht wurde.[579] Im Übrigen ist Tatmehrheit anzunehmen.

344 Beim **Zusammentreffen eines Unterlassungsdelikts mit einem Begehungsdelikt** liegt nur ausnahmsweise eine identische Ausführungshandlung vor, wenn sich der Täter durch die deliktische Handlung zugleich zur Erfüllung seiner Handlungspflicht außerstander setzt oder der tatbestandliche Erfolg beider Delikte derselbe ist.

Beispiel: §§ 142 Abs. 1 und 323c Abs. 1 StGB nach einem Verkehrsunfall

345 Eine **Klammerwirkung** kann entstehen, wenn zwei Delikte, die durch mehrere natürliche Handlungen begangen wurden, in ihrer Ausführungshandlung jeweils teilidentisch mit einem dritten Delikt sind, dem eine tatbestandliche Handlungseinheit zugrunde liegt.

Beispiel: Verteidigt der Täter eines Einbruchsdiebstahls die Beute auf der Flucht mit Gewalt, so stehen der Hausfriedensbruch gemäß § 123, der zum Zweck des Diebstahls begangen wurde, und die Körperverletzung, die zur Beutesicherung verübt wurde, in Tateinheit. Dies folgt daraus, dass der gesamte Vorgang als räuberischer Diebstahl gemäß § 252 zu beurteilen ist und die zu seiner Ausführung dienenden Handlungen rechtlich als einheitliche zu bewerten sind. Daher trifft die Ausführungshandlung des Hausfriedensbruchs mit dem ersten Teilakt des § 252 und diejenige der Körperverletzung mit dem zweiten Teilakt des § 252 zusammen.

346 Voraussetzung der Klammerwirkung ist jedoch, dass das klammernde Delikt bei konkreter Betrachtung eine **annähernde Wertgleichheit** mit den zu verklammernden Delikten besitzt, da sonst derjenige, der das Unrecht des klammernden Delikts begeht, besser stünde, als derjenige, der die anderen Delikte ohne gleichzeitige Verwirklichung des dritten Delikts begeht.[580]

Beispiele: Stiehlt jemand ein Kraftfahrzeug, mit dem er anschließend im Straßenverkehr einen Fußgänger vorsätzlich tödlich verletzt, so kann der Umstand, dass er keine Fahrerlaubnis besaß (§ 21 StVG) den Diebstahl und das Tötungsdelikt nicht zu einer Tateinheit verklammern. Denn dann stünde er besser als derjenige, der mit Fahrerlaubnis gehandelt hätte und bei dem mangels Klammerwirkung Tatmehrheit von Diebstahl und Totschlag anzunehmen gewesen wäre.[581]

Dagegen verklammern Verfälschung und Gebrauch eines gestohlenen Kfz-Kennzeichens bei Nutzung des Kfz zum Banküberfall den Diebstahl, die schwere räuberische Erpressung und eine vorsätzliche Gefährdung des Straßenverkehrs auf der Flucht zur Tateinheit.[582]

Der mehrfache Gebrauch gefälschter Daten verbindet als einheitliche Tat die mitverwirklichten Taten des Computerbetrugs[583] oder des Betruges[584] zur Tateinheit.

3. Gesetzeskonkurrenz

347 In einem letzten Prüfungsschritt ist zu festzustellen, ob einzelne Gesetzesverletzungen hinter anderen aus Gründen der Gesetzeskonkurrenz zurücktreten.

Der Sache nach liegt Gesetzeskonkurrenz vor, wenn der Unrechtsgehalt einer Handlung durch einen von mehreren, dem Wortlaut nach anwendbaren Straftatbeständen erschöpfend erfasst wird. Maßgebend sind die Rechtsgüter, gegen die sich der Angriff des Täters richtet, und die Tatbestände, die das Gesetz zu ihrem Schutz aufstellt. Die Verletzung des durch den einen Straftatbestand geschützten Rechtsgutes muss eine

578 BGH NStZ 2012, 461.

579 BGH NJW 1990, 2560, 2567.

580 BGHSt 29, 288, 291; BGH RÜ 2012, 509; BGH RÜ 2020, 578, 581; BGH RÜ 2021, 437; BGH NStZ-RR 2022, 68; BGH NStZ 2024, 407.

581 Vgl. auch BGHSt 22, 67, 76 m.w.N.

582 BGH NJW 2014, 871; BGH NStZ 2018, 205.

583 BGH RÜ 2021, 437.

584 BGH NStZ 2022, 310; BGH RÜ 2023, 586.

– wenn nicht notwendige, so doch regelmäßige – Erscheinungsform des anderen Tatbestandes sein.[585] Die h.M. erkennt drei Formen der Gesetzeskonkurrenz an:

a) Spezialität

Spezialität liegt vor, wenn ein Tatbestand sämtliche Merkmale eines anderen sowie mindestens ein weiteres enthält oder die begrifflichen Merkmale des anderen Tatbestandes verengt werden. **348**

Dies gilt für zusammengesetzte Delikte, wie § 249 im Verhältnis zu § 242. Ebenso besteht Spezialität zwischen dem jeweiligen Grunddelikt und den Qualifikations- oder Privilegierungstatbeständen, z.B. §§ 223/224 ff.; 212/216.

Im Verhältnis verschiedener Qualifikationen kommt es auf den jeweiligen Unrechtsgehalt an. Danach liegt Spezialität vor bei §§ 244 und 244a; jedoch kann auch Subsidiarität, Konsumtion[586] oder Tateinheit[587] in Betracht kommen. So werden § 224 Abs. 1 Nr. 2[588] und Nr. 4[589] nicht durch § 226 verdrängt, wohl aber § 244 Abs. 4 durch die §§ 252, 250 Abs. 2 Nr. 1.[590] Jedoch verdrängt der Versuch des § 306c den Versuch des § 306a und des § 306b.[591]

Voraussetzung für die Annahme von Spezialität ist stets, dass die konkurrierenden Gesetzesverletzungen zumindest teilweise durch dieselbe Handlung begangen wurden.

b) Subsidiarität

Von Subsidiarität spricht man, wenn ein Tatbestand neben einem anderen nur hilfsweise anwendbar ist. Dies kann gesetzlich geregelt sein (formelle Subsidiarität) oder sich aus dem materiellen Gehalt der Norm, nämlich Schutzzweck, Charakter und Begehungsweise, ergeben (materielle Subsidiarität). Formelle Subsidiarität besteht teils relativ, teils absolut. **349**

§ 316 tritt nur hinter § 315c, § 265 nur hinter § 263 zurück. Dagegen schließt die Rspr. aus der Fassung des § 246, dass dieser auch hinter anderen als Vermögensdelikten, z.B. § 212, zurücktritt.[592]

Subsidiarität kommt sowohl bei Handlungseinheit als auch bei Handlungsmehrheit in Betracht. Letzterenfalls spricht man von mitbestrafter Vortat bzw. Nachtat.

Beispiele: In jedem vollendeten Vorsatzdelikt steckt ein Versuch.[593] Dessen Zurücktreten hinter der Vollendungsstrafbarkeit ist so selbstverständlich, dass er nicht besonders geprüft wird. Trifft jedoch das vollendete Grunddelikt mit dem Versuch einer Qualifikation zusammen, ist Tateinheit anzunehmen, z.B. §§ 242; 244 Abs. 2, 22; 52. Anderes soll nach Ansicht des BGH für die Vollendung des § 250 Abs. 1 Nr. 1 gelten, hinter dem der Versuch des § 250 Abs. 2 Nr. 1 zurücktrete.[594]

Die in einer vorsätzlichen Tötung liegende gefährliche Körperverletzung tritt zurück, nicht jedoch hinter dem Versuch des Tötungsdelikts.[595]

Die Verbrechensverabredung gemäß § 30 Abs. 2 tritt als mitbestrafte Vortat hinter der Beteiligung an dem begangenen Verbrechen oder seinem Versuch zurück. Die Brandstiftung an einer gestohlenen Sache tritt jedoch nicht als mitbestrafte Nachtat zurück.[596]

---

585 BGHSt 39, 100, 108.

586 BGH NJW 1995, 2045, 2046.

587 BGH NJW 1967, 297.

588 BGH RÜ 2022, 513.

589 BGH NStZ 2014, 269.

590 BGH JA 2022, 695.

591 BGH NStZ 2022, 35.

592 BGH NStZ 2002, 480; a.A. Fischer § 246 Rn. 23a m.w.N.

593 BGH NStZ 2024, 87.

594 BGH NJW 2004, 3437.

595 BGH NJW 2014, 645.

596 BGH RÜ 2018, 578.

Der Versuch räuberischer Erpressung gemäß §§ 255, 22, 23 Abs. 1 tritt als mitbestrafte Vortat hinter § 249 zurück, wenn die Tat als Raub vollendet wird.[597] Dasselbe gilt im umgekehrten Fall.[598] Richten sich Raub und räuberische Erpressung jedoch auf verschiedene Vermögenswerte oder gegen verschiedene Rechtsgutträger, ist Tateinheit anzunehmen.[599]

§ 239 schützt im Verhältnis zu § 240 nur einen Teil der allgemeinen Handlungsfreiheit, nämlich die Fortbewegungsfreiheit. Daher verdrängt § 239 die §§ 240, 241 wenn es dem Täter ausschließlich um die Beeinträchtigung der Fortbewegungsfreiheit geht.[600] War die Freiheitsberaubung Mittel zur Nötigung, so tritt sie dahinter zurück. Geht sie in diesem Fall über das zur Nötigung notwendige Maß hinaus, ist Tateinheit gegeben.[601]

Bei mehrfacher Beteiligung an derselben Tat tritt die schwächere Beteiligungsform hinter der stärkeren zurück, also Beihilfe hinter der Anstiftung und diese hinter der Täterschaft.[602]

Abstrakte Gefährdungsdelikte treten hinter konkreten Gefährdungsdelikten zurück, etwa § 316 hinter § 315c.[603] Gefährdungsdelikte treten hinter Verletzungsdelikten mit gleicher Schutzrichtung zurück, so § 221 gegenüber den Tötungsdelikten, wie § 323c Abs. 1 gegenüber den unechten Unterlassungsdelikten. Jedoch wird die Qualifikation der Misshandlung von Schutzbefohlenen gemäß § 225 Abs. 3 Nr. 1 StGB wegen deren eigenständigen Unrechtsgehalts nicht von § 212 StGB verdrängt.[604]

c) Konsumtion

350 Ein Fall der Konsumtion liegt vor, wenn ein Delikt zwar nicht notwendigerweise, wohl aber **typischerweise vor, neben oder nach anderen Delikten** begangen wird und die von ihm erfasste Rechtsgutverletzung bereits durch die Bestrafung wegen des anderen Delikts abgegolten wird. Er tritt sowohl bei Handlungseinheit (Abgrenzung zur Idealkonkurrenz) als auch bei Handlungsmehrheit auf (Abgrenzung zur Realkonkurrenz). Letzterenfalls spricht man von **mitbestrafter Vortat, Begleittat oder Nachtat**. Diese kommen jedoch nur bei Identität des verletzten Rechtsguts in Betracht.

Beispiele: § 248b erfasst die mit der unbefugten Ingebrauchnahme eines Kfz einhergehenden §§ 242, 246 bezüglich des Benzins, sodass diese als mitbestrafte Begleittat konsumiert werden, obwohl § 248b seinerseits formell subsidiär ist.[605]

Die Unterschlagung des Fahrzeugschlüssels, mit dem dann das Fahrzeug gestohlen wird, tritt hinter dem Diebstahl als mitbestrafte Vortat zurück.[606]

Veräußert der Dieb die Beute an den Hehler, so tritt die darin liegende Unterschlagung nach Ansicht der h.Lit. als mitbestrafte Nachtat hinter dem Diebstahl zurück, nach der Rspr. liegt eine nicht tatbestandsmäßige Zweitzueignung vor,[607] was man bei der Prüfung der tatbestandsmäßigen Handlung darstellen und offen lassen sollte.

Hinter dem durch die Erschleichung einer Kreditkarte begangenen Betrug gemäß § 263 soll nach einem Teil der Lehre der später begangene Kreditkartenmissbrauch gemäß § 266b als mitbestrafte Nachtat zurücktreten. Dagegen spricht jedoch, dass § 266b nicht nur das Vermögen des Kreditkartenunternehmens, sondern den bargeldlosen Zahlungsverkehr als solchen schützt. Daher nimmt der BGH[608] keine Gesetzeskonkurrenz an.

Die in dem Verfälschen einer Urkunde regelmäßig liegende Urkundenunterdrückung gemäß § 274 Abs. 1 Nr. 1 wird durch § 267 Abs. 1 Var. 2 konsumiert.[609]

---

597 BGH StV 1982, 114.

598 BGH RÜ 2011, 97.

599 BGH RÜ 2011, 97.

600 BGH RÜ 2021, 642.

601 BGH RÜ 2018, 506.

602 BGHSt 30, 28.

603 BGH NJW 1983, 1744.

604 BGH HRRS 2014 Nr. 702.

605 BGHSt 14, 388.

606 OLG Hamm MDR 1979, 421.

607 BGHSt 14, 38.

608 BGH NStZ 1993, 283.

609 BGH RÜ 2020, 100.

Zwischen den §§ 113, 114 und 223 Abs. 2, 22 besteht aufgrund ihres jeweils eigenständigen Schutzzwecks keine Gesetzeskonkurrenz, sondern Tateinheit.[610]

Beim Zusammentreffen von Nötigung und Bedrohung nahm die Rspr. zu § 241 a.F. eine Konsumtion durch die Nötigung an. Die Rspr. des BGH zur Neufassung des § 241 tendiert nunmehr zur Annahme von Tateinheit aus Klarstellungsgründen.[611]

Im Falle der Verjährung der Vortat tritt keine Konsumtion der Nachtat ein.[612]

Das Verhältnis des Einbruchsdiebstahls gemäß §§ 242, 243 Abs. 1 Nr. 1 und § 244 Abs. 1 Nr. 3 und Abs. 4 zur Sachbeschädigung gemäß § 303 Abs. 1 und zum Hausfriedensbruch gemäß § 123 Abs. 1 Alt. 1 ist umstritten. Für § 123 geht die Lit. zum Teil von Tateinheit, andere von Gesetzeskonkurrenz aus.[613] Richtigerweise sollte man insoweit zwischen §§ 242, 243 Abs. 1 Nr. 1 und § 244 Abs. 1 Nr. 3 und Abs. 4 differenzieren, weil § 243 als Strafzumessungsregel – anders als § 244 Abs. 1 und 4 – mit keinem Tatbestand konkurrieren kann und keinen Eingang in den Schuldspruch findet. Für die Sachbeschädigung nimmt die neuere Rspr. Tateinheit im Verhältnis zu allen Arten des Einbruchdiebstahls an.[614]

Liegt nach diesen Grundsätzen keine Gesetzeskonkurrenz vor, bleibt es bei der Annahme von Tateinheit bzw. -mehrheit.

„Der Beschuldigte ist danach des Einbruchdiebstahls, der Sachbeschädigung sowie des Hausfriedensbruchs hinreichend verdächtig. Da das Aufbrechen des Kellerfensters und das Eindringen in den Keller zugleich den Strafschärfungsgrund des Diebstahls gemäß § 243 Abs. 1 S. 2 Nr. 1 erfüllen, wurden alle Gesetzesverletzungen durch dieselbe Handlung begangen. Fraglich erscheint, ob daher Tateinheit anzunehmen ist oder Gesetzeskonkurrenz wegen Konsumtion anzunehmen ist. Dies ist umstritten.

Für eine Konsumtion wird angeführt, dass im Fall einer Verurteilung gemäß §§ 242, 243 Abs. 1 das Unrecht der Sachbeschädigung und des Hausfriedensbruchs mit abgegolten seien, zumal die genannten Delikte typischerweise mit einem Einbruchsdiebstahl einhergehen.

Dagegen spricht jedoch, dass § 243 lediglich Strafzumessungsgründe regelt, die zwar tatbestandsähnlich ausgestaltet, aber selbst – anderes gilt für die §§ 244 Abs. 1 Nr. 3 und Abs. 4 – keine Straftatbestände sind. Ein Konkurrenzverhältnis kann aber nur zwischen Tatbeständen als Gesetzesverletzungen bestehen. Ferner können die betroffenen Rechtsgutträger verschieden sein, da der Bestohlene nicht Eigentümer der beschädigten Sache oder der Hausrechtsinhaber sein muss. Schließlich ist zu beachten, dass im Schuldspruch wegen eines Einbruchsdiebstahls nach st.Rspr. lediglich auf ‚Diebstahl' erkannt wird, da das Vorliegen eines besonders schweren Falles nicht Gegenstand des Tenors ist. Die Annahme von Gesetzeskonkurrenz dient aber lediglich der Bereinigung des Schuldspruchs. Lautet dieser nur auf ‚Diebstahl', so bedarf es auch beim Einbruchsdiebstahl der Klarstellung durch die Aufnahme der Sachbeschädigung und des Hausfriedensbruchs. Daher ist hier von Tateinheit auszugehen."

610 BGH RÜ 2020, 582.

611 BGH RÜ 2023, 231 (krit. Jäger JA 2023, 525); BGH Jura 2024, 667 (zust. Bosch); BGH NStZ-RR 2024, 78.

612 BGHSt 38, 366; krit. Geppert JK 93, StGB vor § 52/3.

613 Sch/Sch/Sternberg-Lieben/Schittenhelm § 123 Rn. 36 m.w.N.; Sch/Sch/Bosch § 244 Rn. 39; a.A. (Gesetzeskonkurrenz) Fischer § 123 Rn. 45.

614 BGH NStZ 2001, 642; BGH HRRS 2016 Nr. 1161; BGH RÜ 2016, 581; BGH RÜ 2013, 782; BGH RÜ 2019, 174.

3. Teil: Eigentums- und Vermögensdelikte

1. Abschnitt: Zueignungs- und Bereicherungsdelikte ohne Zwang

A. Diebstahl, §§ 242–244a, 247, 248a

351 Der Diebstahl gehört als zentrales Eigentumsdelikt zu den in der Praxis und in den Assessorklausuren häufigsten Delikten. Der **Grundtatbestand** ist in **§ 242** geregelt. Die **§§ 244, 244a** sind echte **Qualifikationstatbestände**. **§ 243** ist dagegen kein Tatbestand, sondern **Strafzumessungsvorschrift** zu § 242. Ist eine Diebstahlsqualifikation erfüllt, kann diese sogleich mit dem Grundtatbestand geprüft werden. Anderenfalls bietet es sich an, zunächst § 242 und sodann in einer separaten Prüfung die Qualifikation(en) zu erörtern. §§ 244, 244a sind **vor** § 243 zu prüfen. In der Praxis spielen Regelbeispiele nach § 243 Abs. 1 neben einer entsprechenden „echten" Diebstahlsqualifikation keine Rolle mehr und sollten dann lediglich knapp im Urteilsstil angesprochen werden.

Die **§§ 247** und **248a** enthalten besondere Strafverfolgungsvoraussetzungen.

Verhältnis zu anderen Vermögensdelikten: Raub, § 249, und räuberischer Diebstahl, § 252, verdrängen die §§ 242 ff. Erschleicht der Täter die Zustimmung zum Gewahrsamswechsel durch Täuschung, muss zum Betrug gemäß § 263 abgegrenzt werden. Eignet der Täter die Sache sich oder einem Dritten ohne Wegnahme zu, ist Unterschlagung, § 246, gegeben. Entwendet der Täter einem Gebrauchsberechtigten seine eigene Sache oder eine fremde Sache zugunsten des Eigentümers, ist Pfandkehr, § 289, einschlägig. Die Gebrauchsanmaßung ist bei Kraftfahrzeugen und Fahrrädern nach § 248b strafbar.

I. Grunddelikt, § 242

352

Aufbauschema: (Einfacher) Diebstahl

- Besondere Strafverfolgungsvoraussetzungen
- Tatbestand
  - Fremde bewegliche Sache
  - Wegnahme
  - Vorsatz
  - Absicht objektiv und subjektiv rechtswidriger Zueignung
- Rechtswidrigkeit (der Wegnahme)
- Schuld

1. Besondere Strafverfolgungsvoraussetzungen, §§ 247, 248a

a) Haus- und Familiendiebstahl, § 247

353 Nach § 247 ist der Haus- und Familiendiebstahl ein **absolutes Strafantragsdelikt**.[615] Die Vorschrift ist für alle Diebstahls- und Unterschlagungsdelikte anwendbar (§§ 243, 244, 244a, 246). Voraussetzung ist, dass der Täter (oder sonstige Diebstahlsbeteiligte[616]) zu dem oder den **Verletzten** in einer der gesetzlich aufgezählten persönlichen Nähebeziehungen gestanden hat.

615 Zur Prüfungsfolge beim Strafantrag AS-Skript Die staatsanwaltliche Assessorklausur (2023), Rn. 18 ff.

616 Vgl. BGH RÜ 2017, 307.

> Ist also ein Strafantrag nicht rechtzeitig bzw. formgerecht gestellt worden oder ist der Verletzte gestorben, ohne vorher einen wirksamen Strafantrag gestellt zu haben, ist die Tat nicht mehr verfolgbar! Der fehlende Antrag kann in den Fällen des § 247 **nicht** durch Bejahung eines besonderen öffentlichen Strafverfolgungsinteresses ersetzt werden!

aa) „Verletzter" ist jedenfalls der **Eigentümer.** Haben mehrere Personen Miteigentum an der gestohlenen Sache, besteht nur dann ein Strafantragserfordernis nach § 247, wenn sämtliche Personen in einer der genannten Nähebeziehungen zum Täter stehen.[617] Nach der Rspr. und einem Teil der Lit. sollen die §§ 242 ff. auch den **Gewahrsamsinhaber** schützen.[618] Konsequenterweise dürfte ein Strafantrag nicht nach § 247 erforderlich sein, wenn zwar der Eigentümer, nicht aber der Gewahrsamsinhaber zum Täter in einer der genannten Nähebeziehungen steht.[619] **354**

Beispiel: Der Sohn (S) stiehlt Fotoapparate aus der Wohnung seines Vaters, der verreist ist. Während der Abwesenheit soll die Haushaltshilfe (H) nach dem Rechten sehen. Eigentum und Gewahrsam an den Fotoapparaten hat in diesem Fall der Vater. H hat nach der Rspr. untergeordneten Mitgewahrsam. Wäre jede Form des Gewahrsams geschützt, wäre H Verletzte des Diebstahls und gemäß § 247 bestünde kein Antragserfordernis, weil sie zu S in keiner der aufgeführten Nähebeziehungen steht.

Der BGH hat in diesem Fall dennoch ein Strafantragserfordernis nach § 247 bejaht, weil nicht jede Gewahrsamsinhaberschaft auch die Verletzteneigenschaft begründen könne.[620] Unklar ist nach der Entscheidung, ob der BGH für die Verletzteneigenschaft ein dingliches Recht des Gewahrsamsinhabers verlangt oder ob er lediglich untergeordneten Mitgewahrsam nicht ausreichen lässt. Unproblematisch ist ein Strafantragserfordernis nach § 247 in diesem Fall anzunehmen, wenn man mit einer a.A. nur den Eigentümer als Verletzten ansieht.[621]

bb) Hauptfälle von § 247 sind der **Angehörigendiebstahl** und der Diebstahl in einer **häuslichen Gemeinschaft**. Daneben nennt das Gesetz noch Taten gegen den Vormund und Betreuer (nicht umgekehrt!). Vormundschaft und Betreuung sind in den §§ 1773 ff., 1814 ff. BGB geregelt. **355**

(1) Der Begriff des **Angehörigen** ist in **§ 11 Abs. 1 Nr. 1 legaldefiniert**. Ein Verlöbnis in diesem Sinne wird nur dann bejaht, wenn ein auf einem ernstlich gemeinten Willensentschluss beruhendes Eheversprechen beider Partner vorliegt. Ist dieser ernsthafte Wille bei einem von ihnen – auch wenn der andere keine Kenntnis davon hat – nicht vorhanden oder inzwischen aufgegeben worden, liegt ein Verlöbnis i.S.v. § 11 Abs. 1 Nr. 1a nicht vor.[622] **356**

(2) Unter **häusliche Gemeinschaft** fallen alle tatsächlichen Wohn- und Haushaltsgemeinschaften, die auf freiem Entschluss beruhen und von dem Willen geprägt sind, für eine gewisse Dauer zusammenzuleben und die mit dem Eintritt in die Gemeinschaft verbundenen Verpflichtungen zu übernehmen.[623] Entscheidend ist das Bestehen einer solchen Gemeinschaft zur Zeit der Tat. **357**

Beispiele: Beteiligte einer Zweck-Wohngemeinschaft oder Bewohner eines Klosters

Gegenbeispiele: Insassen in einer Justizvollzugsanstalt oder die in einem Flüchtlingslager Untergebrachten.

---

617 BGHSt 4, 346.

618 Missverständlich Fischer § 242 Rn. 2, nach dem es sich hierbei um die früher h.M. handele und die Gegenauffassung durch das 6. StrRG bestätigt worden sei. Insbesondere die Rspr. geht jedoch nach wie vor davon aus, dass auch der Gewahrsam geschützt ist (BGH NJW 2001, 1508).

619 MüKo StGB/Hohmann § 247 Rn. 10.

620 Vgl. BGHSt 10, 400.

621 Vgl. Fischer § 242 Rn. 2, der zwar mit einer Gegenauffassung nur das Eigentum als geschütztes Rechtsgut ansieht, aber trotzdem davon ausgeht, dass ein „durch den Gewahrsam vermitteltes dingliches Recht" die Verletzteneigenschaft begründen könne (§ 247 Rn. 3); MüKo StGB/Schmitz § 242 Rn. 6 f.

622 BGH NJW 2010, 1824, 1825.

623 Vgl. BGHSt 29, 54, 56 f.

b) Diebstahl geringwertiger Sachen, § 248a

358 Im Unterschied zu § 247 bezieht sich § 248a dem Wortlaut nach **nur** auf den **Grundtatbestand des § 242** sowie die **Unterschlagung** und damit nicht auf Fälle des qualifizierten Diebstahls nach §§ 244, 244a. Nach h.M. ist er auch bei einem Diebstahl in einem besonders schweren Fall (§ 243 Abs. 1) nicht einschlägig.[624]

Tatobjekt muss eine **geringwertige Sache** sein. Hierfür kommt es insbesondere auf den **Verkehrswert** an. Der BGH hält weiterhin an einer Wertgrenze von 25 € fest.[625] In der Rspr. der OLG und der Lit. werden dagegen Werte von 30–50 € genannt.[626]

Da es sich bei § 248a um eine prozessuale Norm handelt, entscheidet allein der objektive Wert. Nicht maßgeblich ist, für wie wertvoll der Täter die Sache hält.[627] Bei einem **versuchten Diebstahl** kommt es auf den Wert der Sache an, auf die sich der Tatentschluss des Täters bezieht. Versucht der Täter, eine Sache von höherem Wert wegzunehmen, stiehlt dann aber nur eine geringwertige, dürfte § 248a daher nicht einschlägig sein.[628]

Rechtsfolge des § 248a ist eine **relative Antragsabhängigkeit**: Geprüft wird zunächst, ob ein Strafantrag wirksam gestellt ist; fehlt ein solcher, so kann der Mangel durch **Bejahung des besonderen öffentlichen Verfolgungsinteresses** seitens der Staatsanwaltschaft überwunden werden.[629]

2. Fremde bewegliche Sache

359 **a) Sache ist jeder körperliche Gegenstand**. Da es auf den Aggregatzustand nicht ankommt, sind auch Flüssigkeiten und Gase Sachen. Unkörperliche Gegenstände, wie z.B. Rechte oder Daten, gehören nicht dazu. Um Sachen handelt es sich jedoch bei Urkunden, die Rechte verkörpern, sowie bei Datenträgern.[630] Tiere sind – anders als im Zivilrecht nach § 90a S. 1 BGB – Sachen im strafrechtlichen Sinne (vgl. §§ 324 Abs. 1, 325 Abs. 1).[631]

360 **b) Beweglich** sind alle Sachen, die von ihrem bisherigen Standort fortgeschafft werden können. Die Beweglichkeit kann auch erst durch die Tat geschaffen werden.

361 **c)** Die Fremdheit der Sache bestimmt sich nach der zivilrechtlichen Eigentumslage zum Tatzeitpunkt. Danach ist eine Sache **fremd**, wenn sie zumindest im Miteigentum eines anderen steht.[632] Auch für den alleinigen Gesellschafter einer GmbH sind die Sachen, die im Gesellschaftseigentum stehen, fremd.[633]

Herrenlose Sachen sind nicht fremd, da sie keinen Eigentümer haben. Eine verlorene Sache wird nicht herrenlos, kann aber gewahrsamslos werden. Die Frage der Herrenlosigkeit kann in Assessorklausuren z.B. wie folgt auftreten:

362 **aa) Der Beschuldigte entwendet Kleidungsstücke, die nach einem Sammelaufruf für eine Hilfsorganisation an die Straße gestellt wurden.**

---

624 Fischer § 248a Rn. 2 m.w.N.

625 BGH, Beschl. v. 09.07.2004 – 2 StR 176/04, BeckRS 2004, 07428.

626 OLG Frankfurt a.M. NStZ-RR 2017, 12 m.w.N.

627 Fischer § 248a Rn. 6.

628 Vgl. BGHSt 26, 104, 105 (im Zusammenhang mit § 243 Abs. 2); Sch/Sch/Bosch § 248a Rn. 17; a.A. Fischer § 248a Rn. 5.

629 Zur Darstellung in der Klausur AS-Skript Die staatsanwaltliche Assessorklausur (2023), Rn. 25.

630 Fischer § 242 Rn. 3.

631 Fischer § 242 Rn. 3.

632 Fischer § 242 Rn. 5; vgl. auch BGH NStZ-RR 2000, 234.

633 Fischer § 242 Rn. 5b.

Die Fremdheit wäre zu verneinen, wenn die Sachen vor der Gewahrsamserlangung durch den Täter nach § 959 BGB herrenlos geworden wären. Ob der hierfür erforderliche Eigentumsverzichtswille vorgelegen hat, ergibt sich aus den Umständen der Besitzaufgabe. Er liegt nicht vor, wenn der Eigentümer sein Eigentum nur zugunsten einer anderen Person verlieren will. Hat der Eigentümer Sachen anlässlich des Sammelaufrufs einer Hilfsorganisation auf die Straße gestellt, ist davon auszugehen, dass er die Sachen der Hilfsorganisation übereignen will. In einem solchen Fall liegt daher keine Aufgabe des Eigentums nach § 959 BGB vor.[634]

Nach der Rspr. sind auch Lebensmittel, die zur Abholung im Müllcontainer eines Supermarkts bereit gestellt werden, nicht herrenlos, da der Supermarktinhaber nicht generell auf das Eigentum verzichten will.[635]

bb) Körper-/Leichenteile

Ein lebender Mensch ist schon keine Sache und deshalb kein tauglicher Diebstahlsgegenstand. Auch (künstliche) Implantate gehören nach h.M. zum Menschen und sind daher keine Sachen.[636] Mit der Trennung vom Körper werden Körperteile (z.B. Organe, Eizelle, Sperma) jedoch Sachen und gehen nach h.M. in das Eigentum desjenigen über, von dessen Körper sie getrennt wurden (§ 953 BGB analog).[637]

Bei einem Leichnam handelt es sich nach wohl h.M. um eine Sache. Diese ist jedoch zunächst herrenlos. Da der menschliche Körper vor dem Tod keine Sache ist, kann das Eigentum am Leichnam nicht nach § 1922 BGB auf die Erben übergehen.[638] Daher kann sich ein Mitarbeiter eines Krematoriums, der Zahngold aus der Asche von Verstorbenen entnimmt, nicht wegen Diebstahls strafbar machen. In Betracht kommt jedoch versuchter Diebstahl, wenn der Täter dachte, das Zahngold stünde im Eigentum eines anderen, sowie Verwahrungsbruch (§ 133) und Störung der Totenruhe (§ 168).[639]

3. Wegnahme

Wegnahme ist der Bruch fremden und die Begründung neuen (nicht notwendig tätereigenen) Gewahrsams.[640] 363

Entscheidende Bedeutung kommt danach dem Begriff des Gewahrsams zu. Dieser wird üblicherweise definiert als **das von einem Herrschaftswillen getragene tatsächliche Herrschaftsverhältnis einer Person über eine Sache unter Berücksichtigung der Verkehrsauffassung.**[641] Der Gewahrsam wechselt, wenn der Täter die Sachherrschaft derart erlangt hat, dass er sie ohne Behinderung durch den alten Gewahrsamsinhaber ausüben kann und dieser über die Sache nicht mehr verfügen kann, ohne seinerseits die Verfügungsgewalt des Täters zu brechen.[642] Verallgemeinerbare Aussagen lassen sich nur schwer treffen.[643]

Durch das Abstellen auf die Anschauungen des täglichen Lebens bzw. die Verkehrsauffassung bleibt Raum für eine rechtliche Wertung in Grenzfällen.

---

634 Vgl. BayObOLG MDR 1987, 75; vgl. auch BGH RÜ 2016, 86.

635 BVerfG NJW 2020, 2953; BayObLG RÜ 2020, 173.

636 SK-Hoyer § 242 Rn. 5.

637 Fischer § 242 Rn. 8.

638 Vgl. Grüneberg/Weidlich § 1922 Rn. 37 auch zur Frage, ob und inwieweit am Leichnam bzw. an Teilen davon eine Aneignung nach § 958 BGB möglich ist.

639 BGH RÜ 2015, 581; OLG Hamburg NJW 2012, 1601.

640 Fischer § 242 Rn. 10.

641 Fischer § 242 Rn. 11.

642 BGH RÜ 2019, 303.

643 Vgl. BGHSt 41, 198, 205 f.

a) Bisheriger Gewahrsam eines anderen

Die Sache muss vor der Tathandlung im Gewahrsam einer anderen Person als dem Täter stehen. Diese Person muss nicht mit dem Eigentümer identisch sein. Sogar eine bereits gestohlene Sache kann dem Dieb weggenommen werden. Ob vor der Tathandlung eine andere Person Gewahrsam hat, kann insbesondere in folgenden Konstellationen problematisch sein:

aa) Bedeutung der Verkehrsanschauung

364 Das normative Verständnis des Gewahrsams überlagert in vielen Fällen die tatsächliche Einwirkungsmöglichkeit auf die Sache. Der Inhaber eines **generell beherrschten Raums**, z.B. der Mieter einer Wohnung, behält den Gewahrsam an allen Gegenständen, auch wenn er längere Zeit abwesend ist. Auch eine **Gewahrsamslockerung**, also eine räumliche Entfernung des Gewahrsamsinhabers, beendet nach der Verkehrsauffassung den Gewahrsam nicht, wenn sich die Sache an einem Ort befindet, zu dem der Gewahrsamsinhaber jederzeit ohne rechtliche oder tatsächliche Hindernisse Zugang hat.[644]

Ausreichend ist ein **genereller Herrschaftswille**, solange dieser potenziell gebildet werden kann. Ein ständiges Herrschaftsbewusstsein ist nicht erforderlich. Nach BGH hat auch ein Bewusstloser, der faktisch nicht mehr fähig ist, etwas zum Schutz seiner Sachen zu unternehmen, bis zu seinem Tod Gewahrsam.[645] Auch berauschte oder geisteskranke Personen und Kinder können Gewahrsam ausüben.[646]

bb) Verlorengegangene Sachen

365 Verliert jemand auf einer öffentlichen Straße eine Sache, bleibt er zwar Eigentümer und die Sache damit fremd. Sie wird jedoch gewahrsamslos und kann daher durch denjenigen, der sie an sich nimmt, nicht weggenommen werden (in Betracht kommt dann § 246).

Hat jemand aber im Kino, in öffentlichen Verkehrsmitteln o.ä. eine Sache verloren, erlangt der Betreiber[647] Gewahrsam an ihr. Dies gilt auch dann, wenn er von der verlorengegangenen Sache nichts weiß. Abgestellt wird in solchen Fällen auf die generelle Sachherrschaft.[648] Der „Finder" bricht diesen generellen Gewahrsam, wenn er die Sache an sich nimmt.

cc) Gewahrsam mehrerer Personen

Der Täter kann auch eine Sache wegnehmen, an der er selbst (Mit-)Gewahrsam hat. Beispielsweise können Eheleute Mitgewahrsam an den in ihrer Wohnung befindlichen Sachen haben und sich diese Sachen daher gegenseitig wegnehmen.

Im Arbeitsleben kommt es auf die Umstände des Einzelfalles an.[649] Ein Kassierer hat Alleingewahrsam am Kasseninhalt, wenn er alleinigen Zugang zur Kasse hat.[650] Hat er nicht den alleinigen Zugang zur Kasse, ist es im Ergebnis gleichgültig, ob man von Alleingewahrsam oder übergeordnetem Mitgewahrsam des Geschäftsherrn[651] aus-

644 Vgl. Fischer § 242 Rn. 12.

645 BGH NJW 1985, 1911.

646 Fischer § 242 Rn. 13.

647 Ist dieser eine juristische Person, sind die für die juristische Person handelnden natürlichen Personen Gewahrsamsinhaber, s. Fischer § 242 Rn. 13.

648 Fischer § 242 Rn. 13.

649 Vgl. Fischer § 242 Rn. 14, 16a.

650 BGH NStZ-RR 2001, 268; RÜ 2018, 378.

651 S.o. zur Behandlung juristischer Personen.

geht. Der Kassierer kann den Kasseninhalt wegnehmen, der Geschäftsinhaber nicht. Denn nur bei Verletzung des übergeordneten Gewahrsams durch den untergeordneten Gewahrsamsträger liegt eine Wegnahme vor.

b) Gewahrsamswechsel

Durch die Tathandlung muss der bisherige Gewahrsamsinhaber seinen Gewahrsam verloren und eine andere Person Gewahrsam erlangt haben. Bei der anderen Person muss es sich nicht um den Täter handeln. **366**

Mit dem Gewahrsamswechsel ist der Diebstahl vollendet. Hiervon zu unterscheiden ist die Tatbeendigung, die eintritt, sobald der neue Gewahrsam gesichert ist. Bis zu diesem Zeitpunkt ist Notwehr gegen den Diebstahl und nach der Rspr. sukzessive Beteiligung an ihm möglich.[652] Ein räuberischer Diebstahl ist nach h.M. nur bis zur Beendigung des Diebstahls möglich.[653]

Ob der Gewahrsamswechsel schon vollzogen und der Diebstahl damit vollendet ist, wird insbesondere **in folgenden Konstellationen** diskutiert:

aa) Diebstahl unter Beobachtung

Diebstahl ist keine heimliche Tat. Auch die Beobachtung durch den Gewahrsamsinhaber oder andere Personen schließt die Begründung neuen Gewahrsams nicht aus, wenn der Täter eine eigene „bessere" Beherrschungsmöglichkeit schafft, indem er die Sache z.B. in eine Gewahrsamsenklave in seiner Kleidung bringt.[654] Bei sperrigen Sachen kann eine Beobachtung und eine sich daraus ergebende Zugriffsmöglichkeit anderer Personen einen Gewahrsamswechsel ausschließen, wenn der Täter von vornherein keine Chance hat, mit der Beute zu entkommen.[655] Vergessen Sie in solchen Fällen nicht die Versuchsprüfung! Ansonsten hindern eine Videoaufzeichnung des Wegnahmevorgangs zur Beweissicherung[656] oder Sicherungsetiketten, die erst nach Passieren des Kassenbereichs Alarm auslösen,[657] den Gewahrsamswechsel nicht. **367**

bb) Gewahrsamslockerung

Bei Gewahrsamslockerungen innerhalb von Kommunikationsbeziehungen kann nach der Verkehrsanschauung der Gewahrsam trotz des Zugriffs des Täters auf die Sache bestehen bleiben. Dies betrifft z.B. die Überlassung von Fahrzeugen für eine kurzfristige Probefahrt in räumlicher Nähe zum Verkäufer oder die Aushändigung von Ansichtsexemplaren. Begibt sich der Verkäufer hingegen jeglicher Einwirkungsmöglichkeit, verliert er nach BGH die Sachherrschaft.[658] Klausurrelevant ist dabei immer wieder die Frage der täuschungsbedingten Aushändigung von Handys, die Täter vorgeblich nur kurzzeitig zum Telefonieren usw. nutzen wollen. Der BGH stellt dabei auf die Willensrichtung des Geschädigten ab. Geht dieser davon aus, das Handy nach einer kurzen Benutzung wieder zurückzuerhalten, behält er zumindest Mitgewahrsam, wenn er in der Nähe ist, auch wenn der Täter das Handy selbst in der Hand hält.[659] Dieser Fall kann in der Klausur wie folgt dargestellt werden: **368**

---

652 Fischer § 242 Rn. 54, 58.

653 Fischer § 252 Rn. 4.

654 Vgl. BGHSt 16, 271 f.; Fischer § 242 Rn. 21.

655 Vgl. BGH NStZ 1981, 271; Fischer § 242 Rn. 21.

656 OLG Hamm NStZ-RR 2014, 209, 210.

657 Vgl. BGH RÜ 2018, 715; OLG Dresden NStZ-RR 2015, 211, 212.

658 Vgl. BGH RÜ 2020, 790.

659 BGH RÜ 2017, 171.

„I. T könnte des Betrugs gemäß § 263 Abs. 1 hinreichend verdächtig sein, indem er sich von O unter dem Vorwand, er müsse kurz telefonieren, das Handy aushändigen ließ.

1. T hat über seinen Rückgabewillen getäuscht und dadurch einen entsprechenden Irrtum bei O verursacht.

2. Fraglich ist, ob die Übergabe des Handys eine Vermögensverfügung, also ein freiwilliges, wenn auch irrtumsbedingtes, Verhalten des O darstellte, das unmittelbar zu einer Vermögensminderung führte. Erforderlich ist hierfür, dass der Getäuschte aufgrund freier, nur durch Irrtum beeinflusster Entschließung Gewahrsam übertragen will und überträgt. Daran fehlt es, wenn die Täuschung lediglich dazu dienen soll, einen gegen den Willen des Berechtigten gerichteten eigenmächtigen Gewahrsamsbruch des Täters zu ermöglichen. Vollzieht sich der Gewahrsamsübergang in einem mehraktigen Geschehen, ist die Willensrichtung des Getäuschten in dem Zeitpunkt entscheidend, in dem er die tatsächliche Herrschaft über die Sache vollständig verliert.

Nach der Verkehrsanschauung unter Berücksichtigung der äußeren Umstände und der Willensrichtung des O bestand weiterhin zumindest Mitgewahrsam des O, auch wenn T faktisch eine eigene Zugriffsmöglichkeit hatte. Eine Vermögensverfügung in Form der Weggabe des Gewahrsams lag also nicht vor.

Somit hat T sich nicht wegen Betrugs hinreichend verdächtig gemacht, indem er das Handy an sich nahm.

II. T könnte aber des Diebstahls gemäß § 242 Abs. 1 hinreichend verdächtig sein.

1. Das Handy stand im Eigentum des O und war daher für T eine fremde bewegliche Sache.

2. T müsste das Handy weggenommen haben. Wegnahme ist Bruch fremden und Begründung neuen Gewahrsams. Gewahrsam ist die vom Willen getragene Herrschaft über eine Sache. Wird eine – auch kleine – Sache einem anderen in räumlicher Nähe zu einem bestimmten verabredeten Zweck überlassen, sodass der Gewahrsamsinhaber nach wie vor auf die Sache zugreifen kann und das Verhalten des anderen der getroffenen Absprache entspricht, liegt nur eine vom Sachherrschaftswillen getragene Gewahrsamslockerung in Form der Übertragung von Mitgewahrsam vor. Da kein vollständiger Gewahrsamswechsel vorlag, bestand also weiterhin Gewahrsam des O. Diesen Gewahrsam hat O jedoch verloren, indem T absprachewidrig das Handy einsteckte und weglief. Dieses Verhalten war vom Willen des O nicht mehr gedeckt, sondern stellte einen eigenmächtigen Vorgang des Nehmens, aber nicht des Gebens dar.

3. T handelte vorsätzlich und mit der Absicht rechtswidriger Zueignung, ferner rechtswidrig und schuldhaft.

T ist daher eines Diebstahls hinreichend verdächtig."

Dieses Beispiel zeigt die Notwendigkeit einer sauberen Abgrenzung zwischen Trickdiebstahl und Sachbetrug, die in einem Exklusivitätsverhältnis hinsichtlich desselben Tatobjekts stehen. Die Abgrenzung ist auch (klausur-)praktisch von großer Bedeutung, wenn man bedenkt, dass die Qualifikationstatbestände nach §§ 244, 244a einerseits und § 263 Abs. 5 andererseits deutlich voneinander abweichen. Auch kommt ein räuberischer Diebstahl nach § 252 nur in Betracht, wenn als Vortat ein Diebstahl vorliegt.

c) Gewahrsamsbruch

369 Der Täter bricht den Gewahrsam des bisherigen Gewahrsamsinhabers, wenn er den Gewahrsamswechsel **gegen dessen Willen** herbeiführt.[660] Ist dieser hingegen mit dem Verlust seines Gewahrsams **einverstanden**, entfällt bereits das Tatbestandsmerkmal der Wegnahme. Ob ein Einverständnis vorliegt, das die Wegnahme ausschließt, wird insbesondere in folgenden Konstellationen diskutiert.

aa) Willensmängel

370 Da es allein auf den **tatsächlichen Willen** des bisherigen Gewahrsamsinhabers ankommt, schließt dessen Einverständnis auch dann eine Wegnahme aus, wenn sie auf Willensmängeln, wie Täuschung oder Drohung, beruht. Erschleicht der Täter das Einverständnis durch Täuschung, kommt vielmehr Betrug, bei einer Drohung Erpressung in Betracht.[661] Etwas anderes gilt jedoch nach h.M., wenn der Täter meint, den Gewahrsamswechsel ohnehin nicht verhindern zu können, z.B. wenn der Täter dem bisherigen Gewahrsamsinhaber vorgibt, als Vollstreckungsbeamter die Sache beschlagnahmen zu wollen.[662]

bb) Einverständnis **eines Dritten**

Ob das Einverständnis eines anderen als des bisherigen Gewahrsamsinhabers die Wegnahme ausschließt, wird diskutiert, wenn der Täter den Dritten getäuscht oder genötigt hat und dieser deshalb mit dem Gewahrsamswechsel einverstanden war. In solchen Fällen kommt ein (Dreiecks-)Betrug oder eine (Dreiecks-)Erpressung in Betracht. Lässt man das besondere Näheverhältnis zwischen Gewahrsamsinhaber und dem Dritten für die Vermögensverfügung ausreichen, handelt es sich um einen Betrug. Ein solcher schließt nach der Rspr. eine Wegnahme i.S.d. § 242 aus.[663] War der Dritte nötigungsbedingt mit dem Gewahrsamswechsel einverstanden, kann es sich u.U. um eine Erpressung handeln. Eine solche schließt jedoch nach der Rspr. die Wegnahme nicht aus.[664]

cc) **Reichweite** des Einverständnisses

371 Worauf sich das Einverständnis bezieht, hat der BGH anlässlich eines Falles diskutiert, in dem der Täter in einem Supermarkt Waren mitnahm, ohne sie zu bezahlen. Bevor er zur Kasse ging, legte er vier CDs, eine Videokassette und zwei Paar Socken in den Einkaufswagen. Darüber legte er einen Werbeprospekt und weitere Waren. Die über dem Prospekt liegenden Waren legte er an der Kasse auf das Band, nicht aber die darunter versteckten Sachen. Die bezahlten Waren legte er anschließend zurück in den Einkaufswagen und passierte die Kasse.

Indem der Täter die Sachen unter den Werbeprospekt legte, hat er noch keinen Gewahrsamswechsel an diesen herbeigeführt. Erst mit dem Passieren der Kasse hat er dies getan. Insoweit lag auch kein tatbestandsausschließendes Einverständnis des Kassierers vor, weil dieser die Sachen unter dem Werbeprospekt nicht wahrnahm. Der BGH hat mit dieser Argumentation einen Diebstahl, mangels Vermögensverfügung aber keinen Betrug angenommen.[665] In der Klausur könnten die Ausführungen zur Wegnahme wie folgt formuliert werden:

660 Fischer § 242 Rn. 16.
661 Fischer § 242 Rn. 22.
662 BGHSt 56, 196 m.w.N.
663 Vgl. etwa BGH RÜ 2017, 638.
664 BGHSt 14, 386, 390 f.
665 BGHSt 41, 198.

„I. T könnte sich wegen Diebstahls nach § 242 Abs. 1 hinreichend verdächtig gemacht haben, indem er Waren unter den Werbeprospekt in den Einkaufswagen legte.

1. Bei den CDs, der Videokassette und den Socken handelte es sich um fremde bewegliche Sachen.

2. T müsste die Waren weggenommen haben. Wegnahme ist der Bruch fremden und die Begründung neuen Gewahrsams. Gewahrsam ist die von einem Herrschaftswillen getragene Sachherrschaft, die nach der Verkehrsanschauung beurteilt wird. Ursprünglich hatte der Inhaber des Supermarktes Gewahrsam an den Waren. Dies galt auch noch für den Zeitpunkt, in dem sie sich im Einkaufswagen befanden und T die Kasse noch nicht passierte. Nach der Verkehrsanschauung sind solche Waren noch dem Betreiber des Supermarktes zuzuordnen. Der Zugriff von Kunden auf solche Sachen erscheint rechtfertigungsbedürftig. Mangels Gewahrsamswechsel hat T die Waren daher zu diesem Zeitpunkt noch nicht weggenommen.

Er hat sich daher nicht wegen Diebstahls hinreichend verdächtig gemacht, indem er sie in den Einkaufswagen legte.

II. T könnte sich eines Diebstahls nach § 242 Abs. 1 hinreichend verdächtig gemacht haben, indem er mit den Waren im Einkaufswagen die Kasse passierte.

1. Er könnte dadurch die Waren (fremde bewegliche Sachen) weggenommen haben. Mit dem Passieren der Kasse hat T Gewahrsam am Inhalt des Einkaufswagens erlangt, weil ab diesem Zeitpunkt die Verkehrsanschauung ihm und nicht dem Inhaber des Supermarktes die tatsächliche Sachherrschaft zuweist, da er den Inhaber des Supermarktes vom Zugriff auf die Waren ausschließen konnte.

2. Er müsste den Gewahrsamswechsel durch Bruch, also gegen den Willen des Supermarktinhabers, herbeigeführt haben. In Betracht kommt lediglich, dass er mit dem Willen des Kassierers erfolgte und dieser Wille auch für den Inhaber des Supermarktes galt. Entscheidend ist, ob der Kassierer damit einverstanden war, dass der Gewahrsam auch an den verdeckten Waren im Einkaufswagen überging oder ob sich sein Einverständnis nur auf die bezahlten Waren bezog. Der Kassierer hatte aufgrund des Werbeprospekts keine Kenntnis davon, dass sich im Einkaufswagen noch weitere Waren befanden. Er konnte schon deshalb nicht damit einverstanden sein, dass T mit den Waren die Kasse passiert. T hat die Waren daher weggenommen."

Anders hat das OLG Dresden in einem Fall entschieden, in dem der Täter günstige Ware aus der Verpackung entfernte und stattdessen teure Ware hineinlegte. An der Kasse zahlte er den Preis für die günstige Ware und passierte den Kassenbereich. Die Übereignung an der Kasse bezog sich in diesem Fall nicht auf die teure Ware (§§ 133, 157 BGB), sodass es sich bei dieser weiterhin um eine fremde bewegliche Sache handelte, als der Täter sie entgegennahm. Das OLG Dresden hat jedoch angenommen, dass der Gewahrsamswechsel an der teuren Ware mit Einverständnis des Kassierers erfolgt sei und daher keine Strafbarkeit wegen Diebstahls angenommen. Da der Täter dieses Einverständnis jedoch durch eine Täuschung herbeigeführt habe, sei Betrug zu bejahen.[666] Auch in diesem Fall ließe sich jedoch argumentieren, dass sich das Einverständnis des Kassierers nicht auf die teure Ware bezog und daher eine Wegnahme i.S.d. § 242 Abs. 1, aber keine Vermögensverfügung i.S.d. § 263 Abs. 1 vorlag.[667]

666 OLG Dresden, Beschl. v. 31.05.2002 – 3 Ss 165/02, BeckRS 2002, 30262700; so auch OLG Düsseldorf NJW 1988, 922.

667 Sch/Sch/Bosch § 242 Rn. 36.

dd) **Generelles** Einverständnis

Hat der Gewahrsamsinhaber keine Kenntnis vom Gewahrsamswechsel, ist aber grundsätzlich mit einem solchen einverstanden, stellt sich die Frage, welche Umstände sein Einverständnis ausschließen. **372**

Diese Problematik stellt sich beispielsweise in Fällen, in denen der unbeobachtete Täter an einer Selbstbedienungstankstelle tankt, aber von vornherein beabsichtigt, nicht zu zahlen. Ursprünglich war der Kraftstoff Eigentum des Tankstellenbetreibers. Nach der Rspr. erfolgt die Übereignung des Kraftstoffs erst an der Kasse gegen Zahlung.[668] Nach h.M. ist der Kraftstoff bis zu diesem Zeitpunkt fremd. Fraglich ist, ob der Gewahrsamswechsel an dem Benzin gegen den Willen des Tankstelleninhabers erfolgt. Dafür könnte sprechen, dass dieser nur damit einverstanden sein dürfte, das Benzin an Zahlungswillige herauszugeben. Jedoch wäre dies selbst dann irrelevant, wenn der Tankstelleninhaber den konkreten Tankvorgang bemerken und sich mit ihm einverstanden erklären würde, weil er die Zahlungsunwilligkeit nicht bemerken und sein Irrtum hierüber das Einverständnis nicht ausschließen würde. Dementsprechend nimmt der BGH in solchen Fällen mangels Wegnahme keinen Diebstahl an. Vielmehr soll Betrug vorliegen, wenn der Tankstelleninhaber oder dessen Mitarbeiter das Tanken bemerken und nicht einschreiten, weil sie von der Zahlungswilligkeit ausgehen. Stellt der Täter sich dies lediglich vor, soll versuchter Betrug vorliegen.[669] Ist auch dies nicht der Fall, kann der Täter sich wegen Unterschlagung strafbar machen, indem er ohne Bezahlung wegfährt. **373**

Die h.M. schließt hingegen ein generelles Einverständnis aus, wenn der Täter durch äußerlich erkennbare Manipulationen Sachen aus einem Automaten erlangt. Hintergrund ist, dass in solchen Fällen der Gewahrsamsinhaber nicht mit dem Gewahrsamswechsel einverstanden wäre, wenn er ihn bemerken würde. Z.B. hatte in einem Fall des OLG Celle der Täter schwedische 5-Kronen-Münzen mit Klarsichtfolie beklebt, sodass ihr Umfang dem einer 5-DM-Münze entsprach und mit diesen Münzen ein Geldspielgerät bedient. Das OLG Celle hat Diebstahl an den gewonnenen 5-DM-Münzen angenommen.[670] **374**

Mit dem generellen Einverständnis hat sich das OLG Hamm in einem Fall befasst, in dem der Täter sich in einem Supermarkt mit einer Zeitschrift zum Preis von 5 € zu einer Selbstbedienungskasse begab. Er scannte dort jedoch nicht den Strichcode der Zeitschrift, sondern einen, den er aus einer Tageszeitung zum Preis von 1,20 € herausgerissen hatte. Das OLG Hamm hat hier eine Wegnahme und damit Diebstahl bejaht, weil sich das Einverständnis des Supermarktinhabers nur auf eine äußerlich ordnungsgemäße Bedienung der Selbstbedienungskasse bezogen habe.[671] **375**

> Noch nicht abschließend geklärt ist das generelle Einverständnis bei der Geldausgabe am Geldautomaten. Der 3. Strafsenat des BGH geht von einem fortbestehenden Gewahrsam des Automatenbetreibers aus.[672] Der 4. Strafsenat nimmt dagegen (auch) Gewahrsam des Kunden an, jedenfalls sofern nicht mit Nötigungsmitteln auf den Kunden eingewirkt wird.[673] Hingegen vertritt der 2. Strafsenat die Auffassung, entsprechend herausgegebenes Geld sei gewahrsamslos.[674]

668 BGH RÜ 2011, 488.
669 BGH NJW 2012, 1092; BGH NStZ-RR 2021, 213.
670 OLG Celle NJW 1997, 1518.
671 OLG Hamm RÜ 2013, 714.
672 BGH, Beschl. v. 12.11.2024 – 3 StR 301/24, BeckRS 2024, 36042; BGH RÜ 2019, 719, 720.
673 BGH RÜ 2021, 378.
674 BGH RÜ 2018, 102.

4. Vorsatz

376 Der Täter muss hinsichtlich aller objektiven Tatumstände im Zeitpunkt der Wegnahme Vorsatz haben. Hierfür genügt das Bewusstsein, irgendeine fremde Sache irgendeines Eigentümers durch Gewahrsamsbruch zu erlangen. Weitere Vorstellungen sind unerheblich und gehören in den Motivbereich.

5. Zueignungsabsicht

377 **Zueignungsabsicht ist Absicht vorübergehender Aneignung zu eigenen Zwecken oder zugunsten Dritter bei gleichzeitigem Vorsatz zur dauernden Enteignung des Berechtigten hinsichtlich der Sache oder eines in ihr verkörperten Sachwerts.**

378 **a)** Aneignungsabsicht hinsichtlich der **Sachsubstanz** liegt vor, wenn der Täter den Gegenstand um seiner selbst willen behalten, wenn auch nur kurzfristig benutzen oder verkaufen bzw. verschenken will. Enteignungsvorsatz verlangt zumindest dolus eventualis für die dauerhafte Verdrängung des Eigentümers aus seiner Verfügungsmacht über den Gegenstand.

379 Wer nur vorübergehende Aneignungsabsicht besitzt, die Sache aber danach wieder an den Berechtigten zurückgelangen lassen will, hat keinen Enteignungsvorsatz.[675] Gegeben ist dann eine sog. Gebrauchsanmaßung, die bei Fahrrädern und Kraftfahrzeugen aus § 248b strafbar ist.

380 Wer den Eigentümer durch das Vorenthalten des Gegenstandes schädigen, ärgern oder kompromittieren will, aber an der Sache selbst keinerlei Interesse hat, besitzt keine Aneignungsabsicht.[676] Gleiches gilt z.B., wenn der Täter ein Handy wegnimmt, um gespeicherte Bilder zu löschen oder Nachrichten zu lesen.[677] Infrage kommt nur eine Strafbarkeit wegen Sachbeschädigung gemäß § 303 Abs. 1, sofern der Sachentzug zu einer Substanz- oder Funktionsbeeinträchtigung führt oder wegen Datenveränderung nach § 303a beim Löschen von Daten. Ist das vorenthaltene Tatobjekt eine Urkunde oder technische Aufzeichnung, kommt eine Strafbarkeit aus § 274 in Betracht. Wird die Sache aus amtlichem Aufbewahrungsbesitz genommen, kommt Verwahrungsbruch gemäß § 133 infrage.

381 **b)** An- und Enteignung des **Sachwerts** sind gewollt, wenn der Täter die Sache zwar an den Berechtigten zurückgelangen lassen, ihr zuvor jedoch einen funktionstypischen Nutzungs- und Gebrauchswert entziehen will, insbesondere durch Verbrauch oder erheblich wertmindernden oder eine Ersatzbeschaffung notwendig machenden überlangen Gebrauch.[678]

382 Die Zueignungsabsicht wird auch bejaht, wenn der Täter die Sache nur unter Leugnung des Eigentums an den Eigentümer zurückgelangen, insbesondere zurückverkaufen will.[679] Teilweise wird darin eine Substanzzueignung gesehen, andere nehmen eine Sachwertzueignung an.[680]

383 Soll der Eigentümer dagegen erkennen, dass ihm sein Eigentum zurückgegeben wird, erfolgt also die Rückgabe ohne Leugnung fremden Eigentums, fehlt die Zueignungsabsicht.[681] Der Täter erstrebt dann eine Bereicherung; die Sachentwendung

---

675 BGH RÜ 2019, 512.

676 BGH RÜ 2011, 309 ff. (Motorrad-Kutten-Fall).

677 BGH RÜ 2012, 373; RÜ 2016, 235; NStZ 2019, 344; RÜ 2020, 308.

678 Weiterführend Fischer § 242 Rn. 38.

679 S. im Zusammenhang mit dem Diebstahl von Pfandflaschen BGH RÜ 2018, 786, 787.

680 Gegen eine Sachwertzueignung BGH RÜ 2018, 786, 787.

681 Vgl. zur Entwendung von Ausrüstungsgegenständen der Bundeswehr, um diese an den Dienstherrn zurückzugeben: BayObLG RÜ 2021, 101.

als solche ist straflos.[682] Infrage kommt Betrug gemäß § 263 oder Erpressung gemäß § 253 infolge der „Rückveräußerung".

c) Klausurprobleme im Zusammenhang mit dem Merkmal der Zueignungsabsicht, wegen ihrer Häufigkeit und Komplexität beispielhaft ausformuliert: **384**

aa) Nach dem Akteninhalt hat der Beschuldigte A in einem Behältnis (Kassette, Kiste, Beutel, Kleidung) Wertgegenstände vermutet und das Behältnis aus dem Haus des B mitgenommen, um es an einem sicheren Ort zu öffnen. Das Behältnis war leer. **385**

Hier divergieren tatsächliches Wegnahme- und erstrebtes Zueignungsobjekt.[683]

„A könnte zunächst des Diebstahls gemäß § 242 Abs. 1 hinreichend verdächtig sein, indem er die Kassette mitnahm.

Das Behältnis stand im Eigentum des B und war daher für A eine fremde bewegliche Sache.

Mit Verlassen des Hauses hat A den vorherigen Gewahrsam des B gegen dessen Willen aufgehoben und damit die Kassette vorsätzlich weggenommen.

Fraglich ist, ob er Zueignungsabsicht an diesem Tatobjekt hatte. Zueignungsabsicht ist (Def.) ... Primäres Ziel des A war die Erlangung des Inhalts der Kassette. Entwendet der Täter ein Behältnis, in dem er die eigentliche Tatbeute vermutet, kann auch Aneignungsabsicht bezüglich des Behältnisses vorliegen, wenn er das Behältnis – auch nur vorübergehend – als Transportmittel benötigt. Muss der Täter dagegen das Behältnis nur als ‚notwendiges Übel' mitnehmen, weil er nicht an den Inhalt herankommt oder zu wenig Zeit hat, Inhalt und Behältnis zu trennen, liegt nur dolus directus 2. Grades vor. In diesem Fall bezieht sich die Zueignungsabsicht nicht auf das Weggenommene und das beabsichtigte Objekt hat er nicht weggenommen. Hier war es für A zu gefährlich, die Kassette noch im Haus des B aufzubrechen. Er nahm sie mit, um sie an einem anderen Ort ungestört aufbrechen zu können. Das genügt für die Aneignungsabsicht als zielgerichteter Wille nicht. Vollendeter Diebstahl ist zu verneinen."

Weiterzuprüfen (und zu bejahen) ist versuchter Diebstahl am Inhalt (untauglicher Versuch) mit dem Zusatzproblem der Straferhöhung aus § 243 Abs. 1 S. 2 Nr. 2, wenn das Regelbeispiel nur „versucht" wurde (dazu unten Rn. 412).

bb) Der Beschuldigte A ist geständig, das Taxi des Verletzten B entwendet und es – wie vorher geplant – nach der Fahrt in der Stadt unverschlossen mit dem Zündschlüssel unter der Fußmatte abgestellt zu haben. **386**

Hier liegt der Problemschwerpunkt in der Begründung des Eventualvorsatzes für den Enteignungswillen. Dieser ist ausgeschlossen, wenn der Täter Rückführungswillen hatte.[684] Der BGH hat für die erforderliche Beweiswürdigung spezielle Kriterien entwickelt.[685]

„Fraglich ist, ob A Zueignungsabsicht an dem Taxi hatte. Zueignungsabsicht ist (Def.) ... Für die Aneignungsabsicht genügt auch der zielgerichtete Wille zum nur kurzfristigen Gebrauch wie hier durch Benutzung als Beförderungsmittel. Für den Enteignungswillen reicht es aus, wenn der Täter billigend in Kauf nimmt, dass die

682 Vgl. Fischer § 242 Rn. 35a.
683 Vgl. BGH NStZ 2004, 333; Fischer § 242 Rn. 30.
684 BGHSt 22, 44, 46.
685 Vgl. BGH NStZ 1996, 38.

Sache nicht an den Eigentümer zurückgelangen wird. Hat der Wegnehmende die Vorstellung, die Sache nach Gebrauch ohne wesentliche Veränderung, ohne erhebliche Wertminderung und ohne Eigentumsleugnung so zurückzuführen, dass der Berechtigte seine ursprüngliche Verfügungsmacht ohne besonderen Aufwand und ohne Hilfe des reinen Zufalls wieder ausüben kann, fehlt der Enteignungsvorsatz. Ob der Täter die dauernde Enteignung in Kauf nimmt oder Rückführungswillen hat, ergibt sich aus den Tatumständen, insbesondere bei Fahrzeugen aus folgenden Beweisanzeichen:

Tatzeit, Zustand der Zurücklassung und Zugriffsmöglichkeiten Dritter, Ort des Zurücklassens, Zeitraum bis zur möglichen Wiederauffindung, Typ des Fahrzeuges.

Nach seiner glaubhaften Einlassung wollte A zwar das Taxi unverschlossen zurücklassen. Der Zündschlüssel sollte aber versteckt sein, sodass Dritte nicht ohne Weiteres damit hätten wegfahren können. Das Auto sollte noch im Stadtgebiet abgestellt werden, also an einem Ort, wo es alsbald wieder aufgefunden werden würde. Schließlich spricht auch der besonders auffällige Fahrzeugtyp als Taxi dafür, dass die Polizei alsbald das Fahrzeug an den Eigentümer zurückführen würde. Daher ist der Enteignungswille nicht anzunehmen. Diebstahl scheidet aus."

Weiterzuprüfen ist unbefugter Kraftfahrzeuggebrauch nach § 248b. Der Diebstahl an dem verbrauchten Kraftstoff wird nach h.Lit. als notwendige Begleittat der Gebrauchsanmaßung konsumiert bzw. ist nach der Rspr. bereits nicht tatbestandsmäßig.[686]

387 **cc) A wird zur Last gelegt, einen Gegenstand (Handy/Schmuck) als Druckmittel zur Zahlung einer Forderung entwendet zu haben.**

In diesen Fällen, die häufig auch im Zusammenhang mit Raub zu diskutieren sind, ist weder eine Substanz- noch eine Sachwertzueignung gegeben.[687]

„Fraglich ist, ob A Zueignungsabsicht an dem Handy/dem Schmuck hatte. Zueignungsabsicht ist (Def.) ... Zweifelhaft ist schon die Aneignungsabsicht. Das Handy/den Schmuck wollte A nicht behalten oder in sonstiger Weise seiner Verfügungsgewalt einverleiben. Das bloße Vorenthalten des Besitzes als Druckmittel ist auch keine Sachsubstanzaneignung, weil dadurch der Gegenstand selbst nicht gebraucht wird. Eine Sachwertzueignung setzt voraus, dass der Sache ein funktionsspezifischer Nutzungswert entzogen werden soll. Die mithilfe des Druckmittels verstärkte Forderung und auch die Möglichkeit, eine Sache als Druckmittel einsetzen zu können, sind aber keine dem Gegenstand selbst innewohnenden Gebrauchsfunktionen. Mangels Aneignungsabsicht ist Zueignungsabsicht und damit Diebstahl zu verneinen."

Weiter zu prüfen ist Erpressung, die aber zumindest mangels Rechtswidrigkeit der Bereicherung entfällt, wenn der Täter einen fälligen Zahlungsanspruch gegen den Betroffenen hat.[688] Gegeben ist dann nur noch Nötigung gemäß § 240.

388 **dd) A steht nach dem Akteninhalt unter Verdacht, Leergut eines Getränkeherstellers mit speziellem Design entwendet zu haben, um beim vormaligen Gewahrsamsinhaber oder bei einem anderen Unternehmen das Pfand einzulösen.**

Bei sog. Individualleergut, das nur von einem bestimmten Getränkehersteller verwendet wird, behält dieser in allen Handelsstufen Eigentum an den Flaschen. Zwischenhändler und Endverbraucher erwerben also nur Eigentum am Inhalt, nicht an

686 BGHSt 14, 388; Fischer § 248b Rn. 11.

687 Vgl. BGH GA 1969, 306, 307; BGH NStZ-RR 1998, 235; vgl. auch BGH RÜ 2010, 705.

688 BGH RÜ 2018, 582, 283.

der Flasche selbst.[689] Daher wurde in der Rspr. bisher die Zueignungsabsicht verneint, wenn der Täter die Pfandflaschen in den Pfandkreislauf geben will, weil sie dann nach seiner Vorstellung an den Eigentümer unter Anerkennung seines Eigentumsrechts zurückgelangen sollen.[690] Der BGH sieht das nun allerdings anders, wenn – wie es der Regelfall sein wird – der Täter sich keine Gedanken über die Eigentumslage der Individualflaschen macht. Aus dem Charakter des § 242 Abs. 1 als erfolgskupiertes Delikt folgt nämlich, dass die Zueignungsabsicht rein subjektiv zu verstehen ist. Es genügt daher, dass der Täter aufgrund der Unkenntnis der zivilrechtlichen Lage meint, dem Eigentümer würden die Flaschen dauerhaft entzogen.[691]

6. Objektive und subjektive Rechtswidrigkeit der Zueignung

a) Die beabsichtigte Zueignung muss rechtswidrig sein, also im **Widerspruch zur materiellen Eigentumsordnung** stehen. Hat der Täter oder – bei Drittzueignung – der Dritte objektiv ein Recht auf Eigentumserwerb an einer Sache, z.B. einen fälligen Anspruch auf Übereignung einer Stückschuld,[692] scheidet Diebstahl aus. Ein Widerspruch zur Eigentumsordnung fehlt auch, wenn sonstige sachenrechtliche Regeln eingreifen, die dem Täter das Behalten oder Verwerten der Sache gestatten, z.B. § 904 BGB. **389**

b) Die Rechtswidrigkeit der beabsichtigen Zueignung ist objektives normatives Tatbestandsmerkmal, auf das sich der Vorsatz des Täters beziehen muss.[693] Glaubt der Täter irrig, er habe einen Anspruch auf Übereignung der weggenommen Sache, unterliegt er einem Tatumstandsirrtum nach § 16 Abs. 1 S. 1.[694] Dies ist allerdings nicht der Fall, wenn der Täter sich lediglich nach den Anschauungen der einschlägig kriminellen Kreise als berechtigter Inhaber eines Zahlungsanspruchs gegen das Opfer fühlt. Er muss sich zumindest vorstellen, dass sein Anspruch auch von der Rechtsordnung anerkannt wird.[695] Handelt der Täter dagegen ohne das Bewusstsein, dass er einen rechtlich gebilligten Anspruch hat, liegt ein untauglicher Versuch vor.[696] **390**

c) Häufiger Problemfall in Assessorklausuren: **391**

Der Beschuldigte A hat dem B eigenmächtig Bargeld weggenommen, um einen gegen ihn bestehenden Zahlungsanspruch zu befriedigen.

Bei dieser Fragestellung, die ebenfalls häufig im Zusammenhang mit § 249 zu diskutieren ist, kommen die unterschiedlichen zivilrechtlichen Meinungen zur Einordnung von Geldschulden[697] letztlich zur selben Lösung, nämlich der Verneinung des Diebstahlstatbestandes.[698]

„Fraglich ist, ob die beabsichtigte Zueignung auch rechtswidrig war, denn A stand ein fälliger Zahlungsanspruch gegen B zu, den er durch die Wegnahme des Geldes auch tilgen wollte.

a) Im zivilrechtlichen Schrifttum wird vielfach die Ansicht vertreten, dass Geldschulden Wertverschaffungsschulden seien, gerichtet auf den Nennbetrag in Geldzei-

---

689 BGH RÜ 2018, 786 m.w.N. Anders ist dies bei sog. Einheitsleergut, das von einer Vielzahl unterschiedlicher Hersteller/Abfüller verwendet wird.

690 OLG Hamm NStZ 2008, 154, 155.

691 BGH RÜ 2018, 786, 787.

692 BGHSt 17, 87, 89.

693 BGH NJW 1990, 2832; Fischer § 242 Rn. 49 m.w.N.

694 BGHSt 17, 87, 91.

695 BGH NStZ 2008, 626.

696 Fischer § 242 Rn. 49.

697 Vgl. Fischer § 242 Rn. 50 m.w.N.

698 BGHSt 17, 87, 91; BGH StV 2000, 78.

chen. Bei Geldzeichen stehe die Funktion als Zahlungsmittel für solche Verbindlichkeiten im Vordergrund. Ein Zahlungsanspruch berechtige daher zur Forderung beliebiger Zahlungsmittel des Schuldners in Höhe des Nennbetrages. Wer eine Geldschuld eigenmächtig durchsetze, entziehe dem Opfer nur das, was es nach der Vermögensordnung auch schulde. Danach entfällt schon die objektive Rechtswidrigkeit der Zueignung.

b) Nach der Rspr. der Strafgerichte sind Geldschulden den Gattungsschulden gleich zu achten. Dem Inhaber einer Geldschuld steht danach nicht das Recht zu, selbst die Geldmittel auszuwählen und zu konkretisieren, die den Anspruch erfüllen sollen. Folglich war die von A erstrebte Zueignung objektiv rechtswidrig. Die Rspr. erkennt aber zugleich an, dass bei Geldschulden in der Bevölkerung die Vorstellung herrsche, der Gläubiger habe das Recht, sich beliebige, ihm zugängliche Zahlungsmittel des Schuldners in Höhe der fälligen Forderung zu verschaffen. Geldschulden stehen also in der Anschauung der Bevölkerung Speziesschulden gleich. Dieser Rechtsirrtum ist bei Laien zu vermuten und versperrt daher regelmäßig die richtige Parallelwertung in der Laiensphäre für die Rechtswidrigkeit. Danach handelte A in einem vorsatzausschließenden Irrtum über die Rechtswidrigkeit der von ihm erstrebten Zueignung.

Nach allen Ansichten ist A straflos."

II. Diebstahl mit Waffen; Wohnungseinbruchdiebstahl; schwerer Wohnungseinbruchdiebstahl, § 244 Abs. 1 Nr. 1, 3 und Abs. 4

392 Bei § 244 muss man vor allem Abs. 1 Nr. 1 und Nr. 3 (ggf. i.V.m. § 244 Abs. 4) kennen. Bandenprobleme tauchen in Assessorklausuren seltener auf. Daher sind § 244 Abs. 1 Nr. 2 und § 244a weniger relevant.

Aufbauschema: § 244 Abs. 1 Nr. 1a, Nr. 1b und Nr. 3, Abs. 4

- Besondere Strafverfolgungsvoraussetzung: § 247
- Qualifikationstatbestand Nr. 1a:
  - (Einsatzbereite) Waffe (Alt. 1)/gefährliches Werkzeug (Alt. 2)
  - Beisichführen bei der Tat durch Täter oder Tatbeteiligten
  - Vorsatz
- Qualifikationstatbestand Nr. 1b:
  - Sonstiges (ungefährliches) Werkzeug oder Mittel
  - Beisichführen bei der Tat durch Täter oder Tatbeteiligten
  - Vorsatz
  - Verwendungsabsicht als Gewalt- oder Drohungsmittel
- Qualifikationstatbestand Nr. 3:
  - Wohnung
  - „in" als unmittelbarer Bezug zwischen Tatobjekt und -handlung
  - Einbrechen/Einsteigen/Eindringen mit falschem Schlüssel oder sonstigem nicht ordnungsgemäßen Öffnungswerkzeug/sich-verborgen-Halten
  - Vorsatz
  - Finalzusammenhang zwischen Tathandlung und Diebstahl

- Verbrechensqualifikation Abs. 4
  - Voraussetzungen wie Nr. 3
  - Einbruch betrifft dauerhaft genutzte Privatwohnung
- Rechtswidrigkeit
- Schuld

1. Besondere Strafverfolgungsvoraussetzung, § 247

Der Haus- und Familiendiebstahl ist auch in der Strafschärfung nach §§ 244, 244a nur auf Antrag verfolgbar.[699] 393

§ 248a gilt dagegen schon seinem Wortlaut nach nicht bei § 244 („Der Diebstahl und die Unterschlagung geringwertiger Sachen werden **in den Fällen der §§ 242 und 246** ...").

2. § 244 Abs. 1 Nr. 1

a) Diebstahl mit Waffen, Nr. 1a Alt. 1

aa) Unter Waffe versteht man einen Gegenstand, der nach seiner objektiven Beschaffenheit und seinem Zustand zur Zeit der Tat bei bestimmungsgemäßer Verwendung gegen Menschen geeignet ist, erhebliche Verletzungen herbeizuführen.[700] Da die Waffe nur einen Spezialfall des „gefährlichen Werkzeugs" darstellt, muss sie **objektiv funktionstüchtig** sein.[701] Die Rspr. versteht unter Waffen alle Defensiv- oder Aggressivmittel im technischen Sinne, auch aufmunitionierte **Gaswaffen mit Gasaustrittsöffnung nach vorn** und sogar **Schreckschusspistolen mit Austrittsöffnung nach vorn**, weil diese bei einem Nahschuss dasselbe Verletzungspotenzial haben wie Gaspistolen.[702] 394

bb) Für die Tathandlung des **Beisichführens genügt es, dass dem Täter die Waffe zwischen Versuchsbeginn und tatsächlicher Beendigung so zur Verfügung steht, dass er sich ihrer jederzeit, also auch ohne nennenswerten Zeitaufwand und ohne Schwierigkeiten bedienen kann.**[703] 395

cc) In **subjektiver Hinsicht** muss sich der Täter nur darüber bewusst sein, die einsatzbereit zu machende Waffe bei sich zu führen.[704] Dieses Vorstellungsbild braucht nicht aktuell zu sein, sondern kann zu einem bloßen Begleitbewusstsein abgesunken sein. Einen irgendwie gearteten Einsatzwillen braucht der Täter nicht. Diese Merkmale sind auch bei sog. **Berufswaffenträgern** erfüllt, die verpflichtet sind, sich dienstlich mit einer Waffe auszurüsten und für die die Rspr. keine Restriktion erlaubt, wenn sie sich zu einer Diebstahlstat hinreißen lassen.[705] 396

699 Fischer § 247 Rn. 1a.

700 Fischer § 244 Nr. 4.

701 BGH RÜ 2024, 277.

702 Vgl. BGHSt 45, 92; 48, 197.

703 Fischer § 244 Rn. 27.

704 BGH NStZ-RR 2005, 340.

705 S. Fischer § 244 Rn. 12. Das OLG Hamm (NStZ 2007, 473, 474) hat allerdings eine strenge Prüfung des Vorsatzes des Beisichführens durch Polizisten gefordert.

397 **dd) Problemfall in Assessorklausuren:**

Der Beschuldigte A hat einem Polizisten, dem Zeugen B, die einsatzbereite Waffe gestohlen.

Hier liegt Diebstahl mit Waffen nach § 244 Abs. 1 Nr. 1a vor.

Für das Beisichführen ist nicht erforderlich, dass der Beteiligte den Gegenstand zum Tatort mitgebracht hat, ihn in der Hand oder am Körper trägt. Die Strafschärfung ist schon erfüllt, wenn der Beteiligte die Waffe erst während der Tatausführung ergreift oder wenn die Waffe als Beute durch die Tat selbst erlangt wird.[706] Im vorliegenden Fall hat A über die Waffe während der Tatausführung die tatsächliche Verfügungsgewalt besessen. Er hat sie mithin bei sich geführt.

Subjektiv genügt für den Diebstahl mit Waffen bedingter Vorsatz. Dass A keinerlei Gebrauchswillen hatte, ist unerheblich. Dieser ist bei § 244 Abs. 1 Nr. 1a – jedenfalls wenn es um eine Waffe geht – gerade nicht erforderlich.

Begrifflich liegt noch ein nach §§ 242, 243 Abs. 1 S. 2 Nr. 7 erschwerter Diebstahl vor, der jedoch hinter § 244 zurücktritt.

b) Diebstahl mit gefährlichen Werkzeugen, Nr. 1a Alt. 2

398 **aa)** Der Waffe gleichgestellt sind nach § 244 Abs. 1 Nr. 1a Alt. 2 „gefährliche Werkzeuge". Der Gesetzgeber hat diesen Begriff in der Neufassung des § 244 Abs. 1 Nr. 1a dem Straftatbestand der gefährlichen Körperverletzung entnommen. Zu § 224 Abs. 1 Nr. 2 ist allgemein anerkannt, dass ein **Werkzeug gefährlich ist, wenn es aufgrund seiner objektiven Beschaffenheit und nach der Art seiner Verwendung im konkreten Einzelfall geeignet ist, erhebliche Verletzungen hervorzurufen.** Problematisch ist, dass bei § 224 Abs. 1 Nr. 2 die Gefährlichkeit aus der konkreten Verwendung des Gegenstandes abgeleitet werden kann, bei § 244 Abs. 1 Nr. 1a Alt. 2 aber gerade nicht, weil es hier nur auf das Beisichführen ankommt, ohne dass der Täter irgendeinen Verwendungswillen besitzen muss.

399 **bb) Problemfall in Assessorklausuren:**

Bei seinem Diebstahl hat der Beschuldigte A ein Gebrauchsmesser („Schweizer Offiziersmesser") dabei.

Hier stellt sich die Frage, ob man die vom Gesetzgeber herbeigeführte Unbestimmtheit des Begriffs des „gefährlichen Werkzeugs" in Verbindung mit dem bloßen Beisichführen durch eine objektive oder subjektive Restriktion definieren kann.[707] Für Gebrauchsmesser schließt sich der BGH der objektiven Theorie an.[708]

> „II. Die Tat könnte nach § 244 Abs. 1 Nr. 1a qualifiziert sein.
>
> 1. Das bei A aufgefundene Schweizer Offiziersmesser ist seiner Zweckbestimmung nach kein Angriffs- oder Verteidigungsmittel, mithin keine ‚Waffe' i.S.d. Alt. 1.
>
> 2. A könnte damit aber ein ‚gefährliches Werkzeug' i.S.d. Alt. 2 beisichgeführt haben.
>
> a) Der Gesetzgeber hat den Begriff des gefährlichen Werkzeugs bei § 244 Abs. 1 Nr. 1a dem Straftatbestand der gefährlichen Körperverletzung entnommen. Die zu dieser Vorschrift entwickelten Auslegungskriterien können aber bei der Interpreta-

706 BGH RÜ 2014, 31; Fischer § 244 Rn. 27, 29.

707 Zur Diskussion m.w.N. Fischer § 244 Rn. 14 ff.; zum Einsatz eines Kraftfahrzeugs vgl. BGH RÜ 2024, 83.

708 BGH RÜ 2008, 577; OLG Köln NStZ 2012, 327; BGH NStZ-RR 2021, 107.

tion des wortlautgleichen Tatbestandsmerkmals bei § 244 Abs. 1 Nr. 1a Alt. 2 nicht herangezogen werden. Bei der Körperverletzung ergibt sich die ‚Gefährlichkeit' des Gegenstandes aus der konkreten Verwendung, wohingegen für die Verwirklichung des § 244 Abs. 1 Nr. 1a Alt. 2 schon das bloße Beisichführen ausreicht, sodass man nicht auf einen konkreten Gebrauch abstellen kann.

aa) Darüber dass der Gegenstand seiner Art nach überhaupt zur Herbeiführung erheblicher Verletzungen geeignet sein muss, besteht Einigkeit. Auch mit einem Gebrauchsmesser können aber Schnitt- und Stichverletzungen herbeigeführt werden.

bb) Um der Gefahr einer uferlosen Einbeziehung beliebiger vom Täter mitgeführter Alltagsgegenstände entgegenzuwirken, werden Einschränkungen auf subjektiver Ebene befürwortet. Die Vorschläge reichen vom Bewusstsein der Gefährlichkeit beim Einsatz gegen Menschen, über einen Verwendungsvorbehalt bis zu einer dezidierten Verwendungsabsicht. Diese Auffassung findet im Gesetz jedoch keine Stütze. Vielmehr zeigt der Vergleich von § 244 Abs. 1 Nr. 1a zu Nr. 1b, dass der Gesetzgeber hier gerade keinerlei Verwendungswillen verlangt.

cc) Vorzugswürdig ist deshalb, die Gefährlichkeit des Werkzeugs allein anhand der objektiven Beschaffenheit vorzunehmen. Als Kriterien hierfür kann man objektiv-abstrakt auf die äußere Ähnlichkeit und ein mit Waffen vergleichbares Verletzungspotenzial oder objektiv-konkret auf eine Waffenersatzfunktion abstellen. Die latente Gefahr, die von einem beim Diebstahl mitgeführten Taschenmesser ausgeht, ist nicht wesentlich geringer als diejenige von sonstigen Messern mit einer vergleichbar langen feststehenden Klinge. Deshalb ist mit der Rspr. jedenfalls nach der objektiv-abstrakten Sichtweise auch ein Schweizer Offiziersmesser als ‚gefährliches Werkzeug' anzusehen ...

b) A hat es auch beisichgeführt, weil er ...

c) Für den Vorsatz genügt ein bloßes Begleitbewusstsein der jederzeitigen Verfügbarkeit."

c) Diebstahl mit einem sonstigen Werkzeug oder Mittel, Nr. 1b

Diese Qualifikation lässt schon das Beisichführen jedes ungefährlichen Werkzeugs 400
oder Mittels ausreichen, sofern der Täter die Absicht hat, es bei der Tat gegen Menschen einzusetzen. Hierunter fallen deshalb **ungefährliche Gewaltmittel** (Handschellen oder Klebeband) oder **Scheinwaffen** (Attrappen oder nicht funktionstaugliche Waffen).

Scheinwaffen sind nach der Rspr. nur solche Gegenstände, die unter den konkreten 401
Umständen ihrer geplanten Anwendung aus der Sicht des Täters ohne Weiteres geeignet sind, beim Opfer den Eindruck hervorzurufen, der Gegenstand könne zur Gewaltanwendung verwendet werden und deshalb gefährlich sein (Eindruckstheorie).[709]

Dem zur Drohung eingesetzten, vorgeblich gefährlichen Gegenstand haftet aber nicht 402
einmal eine solche Scheinwirkung an, wenn seine objektive Harmlosigkeit bereits nach dem äußeren Erscheinungsbild offenkundig sei. Solche **evident ungefährlichen Tatmittel lösen keine Straferschwerung** aus (z.B. bunte Wasserpistole).[710]

Etwas anderes gilt jedoch, wenn nach dem äußeren Anschein für einen objektiven Beobachter die Ungefährlichkeit des mitgeführten Gegenstandes nicht einzuschät-

709 BGH NStZ 2007, 332, 333 m.w.N.

710 BGH RÜ 2011, 506, 508.

zen ist. Behauptet der Täter, er habe eine Bombe in einer Sporttasche, ist die Sporttasche ein Mittel i.S.v. § 244 Abs. 1 Nr. 1b, wenn nicht erkennbar ist, dass sie tatsächlich keine Bombe enthält.[711]

3. Wohnungseinbruchdiebstahl, § 244 Abs. 1 Nr. 3

403 **a)** Die Strafschärfung des Wohnungseinbruchdiebstahls hat der Gesetzgeber dem Regelbeispiel des § 243 Abs. 1 S. 2 Nr. 1 nachgebildet. Motiv dafür war, dass gerade bei Wohnungseinbrüchen das Sicherheitsgefühl des Tatopfers besonders und nachhaltig beeinträchtigt ist. Daraus erklärt sich aber die restriktive Auslegung des Merkmals „Wohnung“. Darunter versteht man nur solche Räumlichkeiten, die tatsächlich als **Mittelpunkt des privaten Lebens Selbstentfaltung und vertrauliche Kommunikation** gewährleisten.[712] Für die übrigen Räumlichkeiten bietet § 243 Abs. 1 S. 2 Nr. 1 ausreichenden Schutz.

404 **b)** Zudem muss der Täter unmittelbar **in** die Wohnung einbrechen, einsteigen etc. Verschafft er sich bei einem gemischt genutzten Gebäude – wenn auch durch Einbruch oder Einsteigen – Zutritt zu Geschäftsräumen und gelangt dann ohne weiteren Einbruch etc. in eine abgetrennte Wohnung, um dort zu stehlen, ist die Qualifikation nicht erfüllt.[713] Ausreichend ist allerdings der Einbruch in den Keller eines Einfamilienhauses, wenn eine unmittelbare Verbindung zum eigentlichen Wohnbereich besteht.[714]

Im umgekehrten Fall (Einbrechen in eine Wohnung und anschließender Diebstahl in Geschäftsräumen) ist § 244 Abs. 1 Nr. 3 dagegen erfüllt.[715]

405 **c)** Die Tatmodalitäten entsprechen inhaltlich denen des § 243 Abs. 1 S. 2 Nr. 1.[716]

Einbrechen ist gewaltsames Öffnen oder Erweitern des Zugangs eines umschlossenen Raums.

Einsteigen ist das Eindringen in den umschlossenen Raum auf einem nicht ordnungsgemäßen Weg unter Überwindung nicht ganz unerheblicher Hindernisse oder Schwierigkeiten, die sich aus der Eigenart des Gebäudes oder der Umfriedung des geschlossenen Raums ergeben.

Eindringen verlangt Betreten mit einem falschen Schlüssel oder mit einem anderen, nicht zur ordnungsgemäßen Öffnung bestimmten Werkzeug. Ein Schlüssel ist dabei falsch, wenn ihn der Berechtigte überhaupt nicht, nicht mehr oder noch nicht als Zubehör zum Schloss betrachtet. Eine konkludente Entwidmung durch den Berechtigten ist grundsätzlich möglich, jedoch genügt dafür nicht das bloße Vergessen eines Schlüssels.[717] Für das **sich-verborgen-Halten** in dem geschlossenen Raum genügt es, dass sich der Täter in dem Raum in einer Weise versteckt hat, die ihn den Blicken des arglos Eintretenden entzieht.

d) Alle Handlungsmodalitäten müssen **zur Ausführung der Tat** begangen werden, d.h., der Täter muss schon bei der Strafschärfung Diebstahlsvorsatz besitzen und die Handlung muss Mittel zur Vollendung sein.[718]

711 BGH NStZ 2011, 278; NStZ 2016, 215.
712 BGH RÜ 2017, 236.
713 BGH NStZ 2008, 514, 515; NStZ 2013, 120; BGH RÜ 2021, 647.
714 BGH RÜ 2016, 581.
715 BGH NStZ 2001, 533.
716 Zum Ganzen Fischer § 243 Rn. 4 ff.
717 BGH RÜ 2021, 106.
718 Fischer § 243 Rn. 11.

4. Schwerer Wohnungseinbruchdiebstahl, § 244 Abs. 4

Abs. 4 enthält eine Verbrechensqualifikation,[719] wenn der Einbruchdiebstahl eine **dauerhaft genutzte Privatwohnung** betrifft. Entscheidend ist die Dauerhaftigkeit der Nutzung für Wohnzwecke, d.h. die Räumlichkeiten müssen regelmäßig über einen längeren Zeitraum aufgesucht und als Wohnung genutzt werden. Hotelzimmer und Ferienhäuser sind demnach nicht erfasst. **406**

> Auch die Wohnung einer Person, die vor kurzem gestorben ist, ist noch solange „Wohnung" i.S.v. § 244 Abs. 1 Nr. 3, wie die Räumlichkeit nicht als Wohnstätte entwidmet ist.[720] Allerdings ist die Qualifikation nach **§ 244 Abs. 4** nicht erfüllt, wenn der letzte bzw. einzige Bewohner einer Räumlichkeit verstorben ist.[721]

III. Diebstahl im besonders schweren Fall, §§ 242, 243

§ 243 Abs. 1 erhöht als Strafzumessungsvorschrift den Strafrahmen für besonders schwere Fälle, die nicht schon unter § 244 fallen. In Assessorklausuren werden zumeist nur die Regelbeispiele der Nrn. 1–3 relevant. **407**

> **Beachte:** § 243 ist kein Tatbestand oder Qualifikation, sondern reine Strafzumessungsvorschrift. Deshalb sollte man die Vorschrift nicht ohne das Grunddelikt zitieren. Geprüft wird § 243 im Gutachten **nach der Schuld**.

Aufbauschema: §§ 242, 243

- Besondere Strafverfolgungsvoraussetzung: § 247
- Tatbestand, Rechtswidrigkeit, Schuld des vollendeten/versuchten Diebstahls (nach selbstständiger Vorerörterung nur feststellen)
- Besonders schwerer Fall nach § 243 Abs. 1 S. 1
  - Durch Erfüllung eines Regelbeispiels gemäß § 243 Abs. 1 S. 2 indiziert
  - Ausschluss eines besonders schweren Falls wegen Geringwertigkeitsbezuges bei Abs. 1 S. 2 Nr. 1–6, § 243 Abs. 2

1. Besondere Strafverfolgungsvoraussetzung, § 247

Der Haus- und Familiendiebstahl ist auch als Diebstahl im besonders schweren Fall nur auf Antrag verfolgbar.[722] **408**

> § 248a gilt dagegen schon seinem Wortlaut nach nicht bei § 243.

2. Besonders schwerer Fall nach § 243 Abs. 1 S. 2

a) Indizwirkung der Erfüllung eines Regelbeispiels

aa) Erschwerungsgrund der **Nr. 1** ist, dass sich der Täter zur Ausführung des Diebstahls über die durch einen umschlossenen Raum geschaffene Schutzsphäre mit erhöhter krimineller Energie hinweg setzt. **409**

---

719 Vgl. zur Bezeichnung der Qualifikation als „schwerer Wohnungseinbruchdiebstahl" BGH RÜ2 2021, 16; BGH NStZ-RR 2020, 116.

720 BGH RÜ 2020, 438, 439.

721 BGH RÜ 2020, 719 f.

722 BGH RÜ 2018, 715; Fischer § 247 Rn. 1a.

Ein **umschlossener Raum** als Oberbegriff der geschützten Sphäre ist ein **Raumgebilde, das zumindest auch zum Betreten von Menschen bestimmt und mit mindestens teilweise künstlichen Vorrichtungen zur Abwehr des Eindringens versehen ist.**[723]

Die Handlungsmodalitäten sind identisch mit § 244 Abs. 1 Nr. 3. Auch muss die Erschwerung – wie bei § 244 Abs. 1 Nr. 3 – zur Ausführung der Tat begangen werden (s.o. Rn. 405).

410 **bb)** In **Nr. 2** ist der Diebstahl besonders gesicherter Sachen unter erhöhte Strafe gestellt. Oberbegriff ist die **Schutzvorrichtung. Das sind künstliche Einrichtungen, die ihrer Art nach geeignet und bestimmt sind, die Wegnahme einer Sache erheblich zu erschweren,** z.B. **Fahrrad- oder Kofferraumschlösser**, nach h.M. **aber nicht Sicherungsetiketten** an der Ware in Selbstbedienungsläden, weil diese den Gewahrsamswechsel durch Verbringen der Sache in eine Gewahrsamsenklave nicht hindern.[724]

Hauptfall der Schutzvorrichtung ist das **Behältnis**, das – im Gegensatz zum umschlossenen Raum – **ein zur Aufnahme von Sachen dienendes und sie umschließendes Raumgebilde ist, das nicht dazu bestimmt ist, von Menschen betreten zu werden. Verschlossen ist das Behältnis, wenn der Inhalt aufgrund besonderer Sicherheitsvorkehrungen nicht ohne Weiteres zugänglich ist und wenn der Verschluss gerade die Funktion hat, den Inhalt vor ordnungswidrigem Zugriff zu schützen.**[725]

411 **cc)** Der **gewerbsmäßige** Diebstahl nach § 243 Abs. 1 S. 2 Nr. 3 knüpft allein an die Absicht des Täters an, **sich (und nicht Dritten) aus der wiederholten Begehung von Diebstählen eine Einnahmequelle von einer gewissen Dauer und Erheblichkeit zu verschaffen.**[726]

412 **dd) Typisches Klausurproblem bei Nr. 1 und Nr. 2**

Der Täter versucht einen Diebstahl und will auch ein Regelbeispiel (z.B. Nr. 2) verwirklichen, indem er aus einem – wie sich herausstellt – leeren Tresor die Beute zu entwenden sucht.

Der Wortlaut der Straferschwerung des § 243 Abs. 1 S. 2 Nr. 2 verlangt, dass der Täter eine so gesicherte Sache stiehlt. Dies ist nicht der Fall, wenn das Behältnis leer ist und daher nichts vorhanden ist, was gegen Wegnahme gesichert ist. Fraglich ist, ob es für den besonders schweren Fall ausreicht, dass das Regelbeispiel nur „quasi versucht" wird. Die Rspr. bejaht das.[727] Das Schrifttum sieht hierin einen Analogieverstoß.[728]

Zu dieser Streitfrage folgender Formulierungsvorschlag:

„Das Schrifttum argumentiert, das Ansetzen zu einem Regelbeispiel sei weder nach Wortlaut noch Erfolgsunrecht wertungsidentisch mit seiner Vollendung. Die Heranziehung der §§ 22 ff. verbiete sich, weil diese nur für Tatbestände Geltung beanspruchen, nicht aber für Strafzumessungsvorschriften. Nach dieser Ansicht kann der besonders schwere Fall nur außerhalb der Regelbeispiele begründet werden oder es verbleibt beim Normalstrafrahmen.

723 BGHSt 1, 158; Fischer § 243 Rn. 4.

724 BGH RÜ 2018, 715; Fischer § 243 Rn. 16.

725 Fischer § 243 Rn. 14.

726 Fischer § 243 Rn. 18.

727 BGHSt 33, 370, 374; BGH RÜ 2010, 712 im Steuerstrafrecht; so auch Fischer § 243 Rn. 28.

728 Vgl. die Nachweise bei Fischer § 46 Rn. 97 ff.

Die Rspr. geht auch dann von einem besonders schweren Fall aus, wenn das Grunddelikt und die Erschwernisgründe nur versucht sind. Die Regelbeispiele sind danach zwar einerseits unselbstständige Strafzumessungselemente des Diebstahls, sodass hierfür keine eigene Versuchsstrafdrohung existiert, andererseits sind sie aber tatbestandsähnlich und können deshalb wie Qualifikationstatbestände ‚versucht' werden. Dafür spricht weiterhin, dass schon der Wille zur Verwirklichung erschwerender Umstände und das entsprechende unmittelbare Ansetzen dazu erhöhtes kriminelles Unrecht begründet. Der Gesetzgeber verfolgt dagegen mit der unterschiedlichen Regelungstechnik von Qualifikationen und Regelbeispielen nicht das Ziel, den Versuch der erschwerten Umstände anders zu behandeln."

Bemerkenswert ist allerdings, dass der BGH die Regelbeispielswirkung nicht ohne weiteres bejaht, wenn das Grunddelikt vollendet und die Erschwernisgründe lediglich versucht sind. Ein besonders schwerer Fall könne sich dann nicht auf die Indizwirkung des jeweiligen Erschwernisgrundes stützen, sondern nur auf eine Gesamtwürdigung.[729] Auch bei § 263 Abs. 3 S. 2 Nr. 2 Alt. 1 muss nach BGH der Vermögensverlust tatsächlich eintreten, um einen (benannten) besonders schweren Fall anzunehmen.[730]

Nach der neueren Rspr. des BGH liegt das unmittelbare Ansetzen i.S.v. § 22 zum Diebstahl insgesamt schon mit dem **ersten Angriff auf einen gewahrsamsschützenden Mechanismus** vor, wenn der Täter bei dessen Überwindung ohne tatbestandsfremde Zwischenschritte, zeitliche Zäsur oder einen weiteren eigenständigen Willensimpuls von einem ungehinderten Zugriff auf das Tatobjekt ausgeht. Eine erfolgreiche Überwindung des Schutzmechanismus ist nicht mehr erforderlich.[731] Ein qualifizierter Diebstahlsversuch liegt also z.B. bereits dann vor, wenn der Täter sich anschickt, das Fenster einer Wohnung aufzuhebeln, um dort sogleich Beute zu machen. **413**

RÜ-Video 08/20

b) Ausschluss eines besonders schweren Falles wegen Geringwertigkeitsbezuges, § 243 Abs. 2

Nach § 243 Abs. 2 ist ein besonders schwerer Fall trotz Verwirklichung eines Regelbeispiels nach Abs. 1 S. 2 Nr. 1–6 ausgeschlossen, wenn sich die Tat auf eine geringwertige Sache bezieht. Entscheidend dafür ist der Verkehrswert, der nicht über 25 € liegen darf. Das Wort „Beziehen" wird objektiv und subjektiv interpretiert. Nur derjenige kommt in den Genuss der Ausschlussklausel, **der vor der Verwirklichung des Regelbeispiels nur eine geringwertige Sache erlangen will und später auch tatsächlich eine geringwertige Sache entwendet**.[732] **414**

B. Unterschlagung, § 246

I. Grunddelikt, § 246 Abs. 1

Dieses Vergehen ist formell subsidiäres Eigentumsdelikt und Auffangnorm für alle Zueignungshandlungen, die nicht spezielleren Straftaten wie Diebstahl, Betrug, Untreue oder Hehlerei unterfallen. In der Klausur ist § 246 daher erst nach schwereren Delikten zu prüfen. **415**

729 BGH NStZ 2003, 602.
730 BGH NStZ-RR 2007, 206 f.
731 BGH RÜ 2020, 505 mit RÜ-Video 08/2020 unter t1p.de/fd7u.
732 Fischer § 243 Rn. 26.

Aufbauschema: Einfache Unterschlagung
■ Besondere Strafverfolgungsvoraussetzungen ■ Tatbestand ▪ Fremde bewegliche Sache ▪ Zueignung ▪ Rechtswidrigkeit der Zueignung ▪ Vorsatz ■ Rechtswidrigkeit ■ Schuld ■ Formelle Subsidiarität

1. Besondere Strafverfolgungsvoraussetzungen, §§ 247, 248a

416 Die Strafverfolgung der Unterschlagung zum Nachteil von Angehörigen oder sonstigen nahestehenden Personen setzt gemäß § 247 einen Strafantrag voraus. Für die Unterschlagung von Sachen bis zu einem Verkehrswert von 25 € gilt § 248a.

2. Tatobjekt

417 Tatobjekt ist wie beim Diebstahl eine fremde bewegliche Sache. Eignet sich der Täter etwas aus einer Sachgesamtheit zu (Lager, Tank), beginnt die Tat erst mit Aussonderung des konkreten Objekts oder der konkreten Menge.[733]

3. Zueignung

418 **a)** Zueignung ist nach der Rspr. ein Verhalten, welches für einen gedachten, das äußere Gesamtgeschehen überblickenden Beobachter **eindeutig manifestiert**, dass der Täter die Sache oder ihren funktionsspezifischen Sachwert der eigenen Verfügungsmacht oder der Verfügungsmacht eines Dritten einverleiben und den Eigentümer auf Dauer aus seiner Position verdrängen will.[734]

Häufiger und schwerer Fehler: **Zueignung ist nicht An- und Enteignung, sondern nur die darauf gerichtete Manifestationshandlung!** Eine endgültige Einverleibung in das eigene Vermögen oder gar ein rechtswirksamer Eigentumsverlust des Eigentümers ist für die Tatvollendung nicht erforderlich.

Zueignungshandlungen sind: Verarbeitung, Verbindung und untrennbare Vermischung;[735] der **Verbrauch** oder der **längerfristige und erheblich wertmindernde Gebrauch** der Sache;[736] das **Verheimlichen und Leugnen des Besitzes**;[737] Verpflichtungs- und Verfügungsgeschäfte zu erkennbar eigenem Vorteil, wie Verkauf, Schenkung, Sicherungsübereignung; auch Verpfändung der fremden Sache, wenn die rechtzeitige Einlösung den Umständen nach nicht sicher ist.[738]

Bei einer Eigenzueignung soll die Tat nach h.Lit. erst vollendet sein, wenn der Täter entweder den bei ihm vorhandenen Fremdbesitz in Eigenbesitz umwandelt oder wenn er durch die Tat Eigenbesitz an der Sache erlangt. Soll ein Dritter Zueignungs-

733 Sch/Sch/Bosch § 246 Rn. 4, 17.
734 Vgl. etwa BGHSt 34, 309, 312; Fischer § 246 Rn. 6 m.w.N. auch zu restriktiven Ansätzen; BGH RÜ 2022, 516.
735 Vgl. OLG Düsseldorf NJW 1992, 60.
736 Vgl. BGHSt 34, 309, 312.
737 OLG Celle NJW 1974, 2326, 2327.
738 Vgl. BGHSt 12, 299.

empfänger sein, so soll zur Tatvollendung dessen Eigenbesitz hergestellt werden müssen.[739]

b) Häufiges Klausurproblem (bei dem man durch zügige Formulierung viel Zeit sparen kann) ist die sog. **Zweitzueignung**: **419**

Die Beschuldigte A hat eine Sache durch ein Vermögensdelikt in strafbarer Weise erlangt (z.B. Buch aus einer öffentlichen Bibliothek) und verleibt sie später ihrem Vermögen ein (z.B. durch Hineinschreiben des eigenen Namens).

Hier kommt man entweder über die Tatbestandslösung der Rspr.[740] oder über die Konkurrenzlösung der Lit.[741] zur Verneinung der Strafbarkeit hinsichtlich der zweiten Handlung.[742] Eine Stellungnahme ist entbehrlich. Beachten Sie aber, dass der Streit zu entscheiden ist, wenn die Vortat verjährt sein sollte! Das liest sich etwa folgendermaßen:

„Ob A dadurch, dass sie das zuvor entwendete Buch mit ihrem Namen versah, noch einer Unterschlagung gemäß § 246 Abs. 1 hinreichend verdächtig ist, ist zweifelhaft.

Für sich gesehen ist zwar die Beschriftung eine eindeutige Manifestation des auf Eigenzueignung gerichteten Willens an der fremden Sache. A ist aber bereits wegen Diebstahls an dem Buch strafbar. Nach der Rspr. ist die bloße Ausnutzung der bereits durch strafbares Vermögensdelikt geschaffenen Herrschaftsstellung schon keine tatbestandsmäßige Zueignung mehr. Teile der Lit. bejahen zwar die Tatbestandsmäßigkeit einer solchen ‚Zweitzueignung', lassen aber die Unterschlagung für den Vortäter als mitbestrafte Nachtat hinter dem strafbaren Delikt der Erstzueignung zurücktreten, soweit es zu keiner Intensivierung des Schadens kommt.

Ein hinreichender Tatverdacht wegen Unterschlagung liegt daher nach allen Ansichten nicht vor."

4. Rechtswidrigkeit der Zueignung

Die Zueignung ist rechtswidrig, wenn sie objektiv im Widerspruch zur Eigentumsordnung steht. Alle Rechtfertigungsgründe, die den Widerspruch der Zueignung zur Eigentumsordnung aufheben, also insbesondere Einwilligung, mutmaßliche Einwilligung und zivilrechtliche Erlaubnissätze (§§ 241a, 904 BGB), schließen bereits den Tatbestand des § 246 aus.[743] **420**

5. Subjektiver Tatbestand

In subjektiver Hinsicht genügt bei der Unterschlagung bezogen auf alle Tatbestandselemente, also auch hinsichtlich der Zueignung, zumindest dolus eventualis. **421**

6. Formelle Subsidiarität

Die Unterschlagung tritt hinter allen Delikten derselben Tat mit schwererer Strafandrohung zurück. Es muss sich dabei nach der Rspr. des BGH nicht um Eigentumsdelikte handeln.[744] **422**

739 Bislang a.A. der BGH, mittlerweile auch innerhalb der Strafsenate höchst umstritten; vgl. unbedingt BGH RÜ 2024, 269 u. 458.

740 BGH RÜ 2023, 716.

741 Nachw. bei Fischer § 246 Rn. 14.

742 Vgl. zur (ausnahmsweisen) Möglichkeit der strafbaren Zueignung trotz vorheriger Unterschlagung derselben Sache BGH RÜ 2022, 430.

743 Vgl. Fischer § 246 Rn. 13.

744 BGHSt 47, 243.

II. Veruntreuende Unterschlagung, § 246 Abs. 2

423 Auch für diese Qualifikation gelten die Antragsregeln der §§ 247, 248a.

Anvertraut ist eine Sache, wenn der Täter den Gewahrsam in dem Vertrauen erhält, dass er die Gewalt über die Sache nur i.S.d. Anvertrauenden ausüben werde.[745]

Das Anvertrautsein ist objektives Tatbestandsmerkmal, das vom Vorsatz des Täters umfasst sein muss. Zudem ist es persönliches strafschärfendes Merkmal i.S.v. § 28 Abs. 2.[746] Die Subsidiaritätsklausel des Abs. 1 gilt auch für die Qualifikation.[747]

C. Betrug, § 263

424 § 263 ist nach Diebstahl die zweithäufigste Strafvorschrift, die in Assessorklausuren aus den Vermögensdelikten zu prüfen ist. Anders als bei den Eigentumsdelikten geht es hier nicht um den Entzug einer bestimmten Sache, sondern um eine Verringerung fremden Vermögens durch Täuschung des Vermögensträgers oder einer ihm nahestehenden Person zum Zweck der Bereicherung des Täters oder eines Dritten. § 263 ist also ein Selbstschädigungsdelikt.

Da beim Betrug der Getäuschte und der Geschädigte nicht dieselbe Person sein müssen, schreiben Sie immer: *Der Beschuldigte könnte wegen Betruges gemäß § 263 gegenüber ... und zulasten... (hinreichend/dringend) verdächtig sein, indem er ...*

Abgrenzung zu anderen täuschungsähnlichen Vermögensdelikten: Erlangt der Täter den Gewahrsam an einer Sache durch Täuschung, sollte zunächst geprüft werden, ob Diebstahl nach § 242 vorliegt. Wird ein Computer durch unbefugte Verwendung von Daten oder durch Eingabe falscher Daten manipuliert, ist § 263 mangels der darin vorausgesetzten Täuschung eines Menschen gar nicht erst anzuprüfen. Maßgeblich ist dann **Computerbetrug**, **§ 263a** (s. dazu unten Rn. 487 ff.) Formell subsidiäre Auffangnorm für alle Fälle der Erschleichung (unkörperlicher) Leistungen von Automaten und des Zutritts zu Veranstaltungen sowie des „Schwarzfahrens" in öffentlichen Beförderungsmitteln ist **§ 265a**. Ebenfalls formell subsidiär gegenüber Betrug ist der **Versicherungsmissbrauch** gemäß **§ 265**, der vor allem das Verschieben von diebstahlsversicherten Kfz und das Inbrandsetzen feuerversicherter Sachen erfasst.

§ 263 Abs. 1 beinhaltet den Grundtatbestand.

§ 263 Abs. 5 qualifiziert den gewerbs- und bandenmäßigen Betrug zum Verbrechen.

§ 263 Abs. 3 enthält als Strafzumessungsregel einen Regelbeispielskatalog für besonders schwere Fälle unter Berücksichtigung des Geringwertigkeitsbezuges gemäß §§ 263 Abs. 4, 243 Abs. 2.

Die Prozessvoraussetzungen der **§§ 247, 248a** gelten nach § 263 Abs. 4 beim Betrug entsprechend.

745 Fischer § 246 Rn. 16.

746 Fischer § 246 Rn. 19.

747 BGH RÜ 2012, 711.

I. Grunddelikt, § 263 Abs. 1

Aufbauschema zum einfachen Betrug, § 263 425

- Besondere Strafverfolgungsvoraussetzungen, § 263 Abs. 4 i.V.m. §§ 247, 248a
- Tatbestand
  - Täuschung
  - dadurch Irrtum erregt oder unterhalten
  - dadurch unmittelbar vermögensmindernde Verfügung veranlasst (ungeschriebenes Tatbestandsmerkmal)
  - dadurch Vermögensschaden
  - Vorsatz
  - Absicht stoffgleicher (ungeschriebenes Tatbestandsmerkmal) Bereicherung
  - Objektive und subjektive Rechtswidrigkeit der erstrebten Bereicherung
- Rechtswidrigkeit
- Schuld

II. Besondere Strafverfolgungsvoraussetzungen, §§ 263 Abs. 4, 247, 248a

1. Haus- und Familienbetrug, §§ 263 Abs. 4, 247

Durch den Verweis auf § 247 ist auch der Betrug zulasten eines Angehörigen, Vormunds/Betreuers oder Hausgenossen strafantragsbedürftig. „Verletzter" ist hier ausschließlich der geschädigte Vermögensträger.[748] Eine Besonderheit gilt bei Betrugstaten (auch bei Untreue und Erpressung) zum Nachteil von **Personengesellschaften**. Auch wenn es sich um KG oder OHG handelt, haben diese nach strafrechtlichem Rechtsverständnis keine eigene Rechtspersönlichkeit, sondern sind nur Sondervermögen der Gesellschafter. Damit sind nur die Gesellschafter Geschädigte und Verletzte.[749] 426

2. Betrug hinsichtlich geringwertiger Sachen, §§ 263 Abs. 4, 248a

Voraussetzung ist, dass sowohl der eingetretene Schaden als auch die erstrebte Bereicherung unterhalb der Wertgrenze von 25 € gelegen haben. 427

III. Täuschung

Täuschung ist die **intellektuelle Einwirkung auf das Vorstellungsbild eines anderen durch Behauptung unwahrer Tatsachen oder durch garantenpflichtwidrige Nichtrichtigstellung eines Irrtums über Tatsachen**. Tatsachen sind alle konkreten Geschehnisse der Vergangenheit oder Gegenwart, die äußere oder innere Vorgänge betreffen und prinzipiell dem Beweis zugänglich sind.[750] 428

1. Täuschung durch aktives Tun liegt vor bei einer **ausdrücklichen Lüge**, aber auch bei schlüssiger Miterklärung. 429

a) Ob etwas schlüssig miterklärt ist, ist der schwierigste Punkt beim Merkmal der Täuschung. Die Rspr. verwendet einen normativen Täuschungsbegriff. Maßgeblich ist 430

---

748 Fischer § 263 Rn. 228.

749 BGH RÜ 2012, 433.

750 Fischer § 263 Rn. 6.

danach die Verkehrsanschauung unter Berücksichtigung des jeweiligen Geschäftstyps, der hierfür geltenden Risikoverteilung sowie eines Minimums an Redlichkeit.[751] Dabei darf eine schlüssige Täuschung nicht voreilig angenommen werden, da ansonsten die strengeren Anforderungen der Täuschung durch Unterlassen umgangen werden könnten.

431 **b)** Die **wichtigsten Fallgruppen anerkannter Miterklärung** mit entsprechenden Formulierungsvorschlägen für die Klausur:

432 **aa) Der Beschuldigte A gibt ein Angebot auf Abschluss eines Kauf-/Werk-/Miet-/Darlehens-/Bewirtungs-/Beförderungsvertrages ab und will die Vorleistung in Anspruch nehmen, ohne seinerseits erfüllen zu können.**

„Jeder, der einen gegenseitigen Vertrag abschließt, erklärt schlüssig die innere Tatsache mit, dass er den aktuellen Willen hat, im Zeitpunkt des Fälligwerdens die von ihm geschuldete Gegenleistung zu entrichten. Als A die Bestellung aufgab, wusste er, dass er keine Geldmittel besaß, um die Rechnung bezahlen zu können. Er hat damit über seinen Zahlungswillen als innere Tatsache getäuscht."

433 **bb) Der Beschuldigte A verfügt über einen Gegenstand/eine Forderung ohne Berechtigung.**

„Wer eine Sache/Forderung überträgt, erklärt schlüssig mit, Eigentümer/Inhaber und verfügungsberechtigt zu sein. A hatte das Tatobjekt aber zuvor entwendet/war aber nicht der Forderungsinhaber. Er hat damit über eine Tatsache getäuscht."

434 **cc) Der Beschuldigte erteilt eine Rechnung/verlangt einen Geldbetrag, obwohl er weiß, dass die dafür geschuldeten Gegenleistungen nicht/nicht in vollem Umfang erbracht worden sind.**[752]

„Wer eine Rechnung erteilt oder sonst einen Geldbetrag aufgrund einer rechtsgeschäftlichen Vereinbarung verlangt, erklärt schlüssig mit, dass die den Anspruch begründenden Tatsachen vorliegen, insbesondere dass die zugrunde liegenden Leistungen erbracht sind."

435 **dd) Der Beschuldigte schließt ein Rechtsgeschäft, dessen Geschäftsgrundlage er von vornherein nicht einhalten will (Ausschreibungsbetrug[753]/Lastschriftreiterei[754]).**

„Bei einer Ausschreibung enthalten die abgegebenen Angebote die schlüssige Erklärung, dass die Ausschreibungsbedingungen eingehalten worden sind, insbesondere dass keine vorherige Preisabsprache zwischen den Bietern stattgefunden hat."

„Wer eine Lastschrift einreicht, erklärt schlüssig mit, dass dem ein übliches Umsatzgeschäft zugrunde liegt und dass die Lastschrift als Instrument bargeldlosen Zahlungsverkehrs nicht entgegen diesem Zweck als Mittel zur kurzfristigen Darlehensgewährung mit überhöhtem Risiko des Widerrufs missbraucht wird."

751 Vgl. etwa BGH RÜ 2014, 512; Einzelfälle bei Fischer § 263 Rn. 24 ff.
752 Vgl. etwa BGH RÜ 2017, 431.
753 BGH NStZ 2001, 540.
754 BGH NStZ 2005, 634.

ee) Der Beschuldigte A schließt einen Vertrag, dessen Gegenstand er zuvor zu seinem Vorteil und zum Nachteil des Vertragspartners manipuliert hat (Umetikettierung abgelaufener Lebensmittel, Ausschluss einer Gewinnmöglichkeit bei Glücksspielen).[755] 436

„In jeder auf Abschluss eines Vertrages gerichteten Willenserklärung liegt zugleich die schlüssige Behauptung, der Vertragsgegenstand sei nicht zum Nachteil des Vertragspartners manipuliert und der Erklärende habe auch nicht den Willen zu einer solchen Manipulation."

ff) Der Beschuldigte nutzt Aufmerksamkeitsmängel aus, indem er rechnungsähnliche Angebotsschreiben versendet, Abo- oder sonstige „Kostenfallen" im Internet betreibt oder mit sog. Ping-Anrufen Rückrufe auf kostenpflichtige Mehrwehrdienste auslöst.[756] 437

Der BGH bejaht bei rechnungsähnlichen Angebotsschreiben einen Betrug, wenn einzelne wahre Erklärungen durch den täuschenden Gesamtcharakter in den Hintergrund treten und der Täter damit gerade darauf abzielt, beim Empfänger einen Irrtum zu verursachen.[757] Entsprechendes gilt, wenn die Kostenpflicht bei Angeboten, die üblicherweise kostenfrei sind, in AGB oder sonst an schwer erkennbarer Stelle „versteckt" sind,[758] wobei der Betrug nicht dadurch ausgeschlossen ist, dass bei einer genaueren Prüfung die Kostenpflicht erkennbar gewesen wäre. Bei der Durchführung von Ping-Anrufen wird durch das Hinterlassen der Rufnummer zugleich nach der objektiv zu bestimmenden Verkehrsanschauung die Erklärung übermittelt, der Anrufer wolle mit dem Angerufenen ernsthaft kommunizieren.[759]

c) Klausurhäufige Fallgruppen, in denen eine **schlüssige Täuschung abzulehnen** ist:

aa) A wird wegen Betruges angezeigt, weil er für seine frei handelbare Ware einen völlig überhöhten Preis verlangt hat. 438

§ 263 liegt nicht vor. Da sich der Preis in der Marktwirtschaft nach Angebot und Nachfrage richtet, wird die Angemessenheit grundsätzlich nicht schlüssig miterklärt.

bb) A steht unter Verdacht, Ware in Kenntnis ihrer Mangelhaftigkeit geliefert zu haben. 439

Hierin liegt keine schlüssige Miterklärung der Mangelfreiheit, weil es Sache des Gläubigers ist, die Vertragsgemäßheit der Leistung zu überprüfen. – Anders ist dies aber, wenn der Täter Mängel manipulativ verdeckt.[760]

cc) A nimmt zu viel zurückgezahltes Wechselgeld stillschweigend entgegen/ hebt von seinem Konto Geld ab, das irrtümlich seinem Konto zugebucht wurde/ nimmt trotz nachträglich eingetretener Zahlungsunfähigkeit weiterhin Leistungen entgegen. 440

Mit der **bloßen Entgegennahme** einer Leistung ist **nicht** die Erklärung verbunden, dass sie auch geschuldet sei. Es gehört in den Risikobereich des Leistenden, dass die Schuld besteht und die Leistung den Anspruch nicht übersteigt.

---

755 BGH RÜ 2007, 140; RÜ 2010, 25 ff.

756 Im Einzelnen Fischer § 263 Rn. 27a ff.

757 BGHSt 47, 1, 3 f.

758 BGH RÜ 2014, 642.

759 BGH RÜ 2014, 512.

760 Fischer § 263 Rn. 35.

441 **2.** Eine **Täuschung durch Unterlassen der Aufklärung** setzt voraus, dass der Täter gemäß § 13 Abs. 1 zur Aufklärung verpflichtet, also Garant dafür ist, dass der Irrtum beseitigt wird. Die Aufklärungspflicht kann sich ergeben aus:

a) Gesetz

442 Wichtig ist hier § 60 Abs. 1 S. 1 Nr. 2 SGB I, wonach derjenige, der Sozialleistungen beantragt oder erhält, alle Änderungen in den Verhältnissen, die für die Leistung erheblich sind, unverzüglich mitzuteilen hat. Dies gilt nach § 60 Abs. 1 S. 2 SGB I entsprechend für denjenigen, der Leistungen zu erstatten hat. Damit macht sich der unberechtigte Empfänger von Arbeitslosengeld oder Rente wegen Betruges durch Unterlassen strafbar.[761] Umstritten ist, ob dies auch gilt, wenn der Leistungsbezieher gestorben ist und die Erben weiter die Leistungen empfangen. Während dies in der Rspr. teilweise bejaht wird,[762] hat der BGH die Frage offen gelassen und jedenfalls eine gesetzliche Erstattungspflicht nicht ausreichend für eine Aufklärungspflicht angesehen.[763]

b) Vertrag

443 Da nicht jede Vertragsbeziehung zugleich eine strafbewehrte Aufklärungspflicht auslöst, gilt dies allerdings wenn es sich um Vermögensberatungs- und -verwaltungsverträge handelt oder sonst ein besonderes Vertrauensverhältnis zwischen den Beteiligten besteht.

c) Ingerenz

444 Rechtswidriges Vorverhalten liegt z.B. vor, wenn der Täter zuvor eine unvorsätzliche Fehlinformation erteilt hat, deren Unrichtigkeit er im Nachhinein erkennt.[764] Nach BGH muss das pflichtwidrige Tun nicht den Charakter einer Täuschung haben.[765]

d) Treu und Glauben nur bei ganz besonderen Vertrauensverhältnissen

445 Diese bestehen insbesondere gegenüber Hoheitsträgern in Bezug auf die Einhaltung öffentlich-rechtlicher Gebührensätze.[766] Ansonsten kommt Treu und Glauben nur ausnahmsweise als Grundlage für eine Garantenpflicht in Betracht.[767]

> Dort, wo weder eine schlüssige Miterklärung noch eine Aufklärungspflicht besteht, liegt eine straflose Ausnutzung eines Irrtums vor.

IV. Irrtum

446 **Irrtum ist jede Fehlvorstellung über die Tatsachen, die Gegenstand der Täuschung sind.** Der Irrtum muss entweder durch die Täuschung **erregt, also hervorgerufen** oder **unterhalten, d.h. bestärkt oder garantenpflichtwidrig nicht beseitigt** werden.

447 **1.** Für den Irrtum genügt es, dass das Opfer trotz vorhandener Zweifel durch die Möglichkeitsvorstellung zur Selbstschädigung motiviert wurde oder dass es davon ausging, dass alles in Ordnung sei.[768] Ein betrugsrelevanter Irrtum fehlt hingegen, wenn

761 OLG Düsseldorf NStZ-RR 2010, 79; Fischer § 263 Rn. 40b; a.A. KG RÜ 2012, 641.
762 OLG Braunschweig NStZ 2015, 520 f. m.w.N.
763 BGH NStZ-RR 2019, 78; so auch Fischer § 263 Rn. 40d.
764 Fischer § 263 Rn. 50.
765 BGH NStZ 2017, 531, 532 f.
766 BGH RÜ 2009, 636.
767 Vgl. Fischer § 263 Rn. 51.
768 Fischer § 263 Rn. 55 m.w.N.

dem Opfer der fragliche Umstand völlig gleichgültig ist. Auch ein leichtgläubiges Opfer ist nach der Rspr. des BGH vom Schutzzweck umfasst.

2. Schwierigkeiten bereitet die Begründung des Irrtums in Fällen des **Prozessbetruges**. **448**

Der Beschuldigte hat nach bewusst unwahrem Tatsachenvortrag ein obsiegendes Urteil erwirkt, und zwar allein aufgrund von Beweislastregeln/ein Versäumnisurteil (bei dem nur die Schlüssigkeit des Klägervortrags geprüft wird)/einen Mahnbescheid (bei dem es nur noch auf die Einhaltung der Formalien ankommt).

Hier kann man mit der Rspr.[769] nur über die irrige Annahme der Einhaltung der prozessualen Wahrheitspflicht zu einem Irrtum des Rechtspflegeorgans gelangen. Das liest sich folgendermaßen:

„Als unabhängiges Rechtspflegeorgan ist der Richter/Rechtspfleger der materiellen Gerechtigkeit verpflichtet (Art. 20 Abs. 3 GG). Er darf daher nicht sehenden Auges einen unrichtigen Titel schaffen. Hat er – aus welchen Quellen auch immer – Kenntnis davon, dass der zugrunde liegende Tatsachenvortrag entgegen der sich auch insoweit aus § 138 Abs. 1 ZPO ergebenden Verpflichtung zum wahrheitsgemäßen Vorbringen unwahr ist und der geltend gemachte Anspruch deshalb nicht besteht, muss er den Antrag zurückweisen. Erlässt er die beantragte Entscheidung, geschieht dies daher regelmäßig in der allgemeinen – nicht notwendig fallbezogenen aktualisierten – Vorstellung, dass die tatsächlichen Behauptungen des Antragstellers pflichtgemäß aufgestellt wurden und wahr sind. Ist dies nicht der Fall, hat sich der Richter/Rechtspfleger in einem Irrtum befunden, der seine Entscheidung für den Erlass der Entscheidung und damit die für das Vermögen des Antragsgegners nachteiligen Verfügungen bestimmt hat."

Bei der Vermögensverfügung ist sodann darzustellen, dass ein Dreiecksbetrug mit dem getäuschten Rechtspflegeorgan als Verfügendem mit dem prozessrechtlich begründeten Näheverhältnis zum Geschädigten vorliegt (s.u. Rn. 467 ff.); ferner beim Vermögensschaden, dass bereits mit Erlass einer vorläufig vollstreckbaren Entscheidung als Gefährdungsschaden die Tatvollendung eintritt (s.u. Rn. 458).

V. Vermögensmindernde Verfügung

Als ungeschriebenes Tatbestandsmerkmal verlangt der Betrug eine auf dem Irrtum beruhende Vermögensverfügung. **Darunter versteht man jedes Tun, Dulden oder Unterlassen des Getäuschten, das unmittelbar zu einer Minderung des strafrechtlich geschützten Vermögens führt.**[770] **449**

Wurde das Opfer zu einer einseitigen Vermögensminderung veranlasst, können Sie die Merkmale der Vermögensverfügung und des Vermögensschadens zusammenfassen und von einer „vermögensschädigenden Verfügung" sprechen.

Wurde das Opfer im Rahmen eines gegenseitigen Vertrages getäuscht, so wird zwischen Verfügung und Schaden getrennt: Bei der Vermögensverfügung wird gefragt, worin die Minderung des Vermögens liegt und beim Tatbestandsmerkmal des Schadens, ob für die Minderung unmittelbar ein vermögenswertes Äquivalent zurückgeflossen ist.

769 BGH RÜ 2012, 234 zum Erlass eines Mahnbescheides; zum § 263a beim automatischen Mahnverfahren BGH RÜ 2014, 305.

770 Fischer § 263 Rn. 70 m.w.N.

1. Verfügungsverhalten und -bewusstsein

450 Der Begriff der Vermögensverfügung reicht viel weiter als der Verfügungsbegriff im Zivilrecht. Es genügt jedes Verhalten, das in irgendeiner Form auf das vorhandene Vermögen einwirkt. Hauptfälle sind:

- schuldrechtliche und dingliche Rechtsgeschäfte,
  z.B. Abschluss von Verträgen, Übereignung, Abtretung,
- Hoheitsakte,
  z.B. Erlass eines Zahlungstitels, Pfändung, Versteigerung,
- rein tatsächliches Verhalten, insbesondere
  Arbeitsleistung, Räumung einer Wohnung, Verzicht auf Geltendmachung von Ansprüchen oder auf Maßnahmen der Beweissicherung, Herausgabe einer Sache.

In den meisten Fällen weiß der Verfügende um die Vermögensrelevanz seines Verhaltens. Verfügungsbewusstsein wird allerdings nur in einem Fall verlangt, nämlich bei der Überlassung des Gewahrsams an einer Sache, um den Betrug vom Diebstahl abgrenzen zu können.

Hier zwei typische Konstellationen:

451 **a) Bei Rückgabe der Mietsache hat der Beschuldigte A gegenüber dem Verletzten B vertragswidrig einen von ihm verursachten Schaden verschwiegen.**

„Dadurch, dass B die Mietsache vorbehaltlos annahm, unterließ er Maßnahmen zur Sicherung des ihm gegenüber A zustehenden Schadensersatzanspruchs aus §§ 535, 241 Abs. 2, 280 Abs. 1 und § 823 Abs. 1 BGB. Er verzichtete faktisch auf seine Ansprüche. Damit liegt eine Vermögensverfügung vor. Zwar wusste B von der Beschädigung der Mietsache nichts und kannte damit auch die vermögensmindernde Folge seiner Unterlassung nicht. Dies ist jedoch unerheblich, da für die Vermögensverfügung in Bezug auf Forderungen kein Verfügungsbewusstsein erforderlich ist. Das Wesen des Betruges liegt gerade darin, dass die Täuschung dem Opfer die Vermögensminderung verschleiert."

452 **b) Der Beschuldigte A erschwindelt von dem Verletzten B den Alleingewahrsam an einer Sache (z.B. den Besitz an einem Auto durch Vorspiegelung einer Probefahrt/an getanktem Benzin einer SB-Zapfsäule).**

„Indem B dem Beschuldigten A das Auto zur Probefahrt überließ/zuließ, dass A sein Auto betankte, hat er den Gewahrsam verloren. Zur Abgrenzung vom Trickdiebstahl als Fremdschädigungsdelikt muss eine Vermögensverfügung i.S. eines (Besitz-)Betruges von Verfügungsbewusstsein des Getäuschten getragen sein. Dieses Verfügungsbewusstsein ist deckungsgleich mit dem Einverständnis in den Gewahrsamswechsel beim Diebstahl. Das Bewusstsein des Opfers, lediglich eine Gewahrsamslockerung herbeizuführen, genügt nicht. Entscheidend ist, ob es sich in dem Zeitpunkt, in dem es den Gewahrsam völlig verliert, dessen bewusst ist und dem Gewahrsamsverlust am konkreten Gegenstand freiwillig zustimmt."

2. Psychische Kausalität

453 So wie der Irrtum auf der Täuschung muss die Vermögensverfügung auf dem Irrtum beruhen. Dafür genügt es, dass sich die Fehlvorstellung tatsächlich auf die Vermögensdisposition ausgewirkt hat. Dass der Getäuschte möglicherweise dieselbe Ver-

mögensverfügung auch ohne die Täuschung aus einem anderen Motiv vorgenommen hätte, ist als hypothetische Ersatzbedingung nach h.M. unbeachtlich.[771]

3. Vermögensbezug

Das irrtumsbedingte Verhalten des Opfers muss auf eine vermögenswerte Position einwirken. Was zum Vermögen im strafrechtlichen Sinn gehört, ist umstritten. Im Wesentlichen stehen sich zwei Positionen gegenüber: 454

Der **juristisch-ökonomische Vermögensbegriff** zählt nur solche geldwerten Güter zum strafrechtlichen Vermögen, die nicht von der Rechtsordnung missbilligt werden.[772]

Die Rspr. orientiert sich am **wirtschaftlichen Vermögensbegriff**. Danach sind alle geldwerten Güter eines Rechtsträgers Vermögen, die auch Gegenstand des Wirtschaftsverkehrs sind. Strafrechtlich ungeschütztes Vermögen gibt es danach grundsätzlich nicht.[773] In Ausnahmefällen greift aber auch die Rspr. auf juristisch-ökonomische Argumente zurück. Deshalb kann man insoweit auch von einem **wirtschaftlich-normativen Vermögensbegriff** sprechen.

In den meisten Fällen wirkt sich der Streit nicht aus:

a) Folgende Positionen **gehören** nach weitgehend einhelliger Meinung zum geschützten Vermögen: 455

- Alle **dinglichen Rechte** unter Einschluss des **Anwartschaftsrechts**.
- Der **Besitz** einer Sache. Die ist unabhängig davon, ob die Besitzerlangung redlich oder unredlich erfolgt ist und ob der Besitz als solcher strafbar ist (z.B. bei Betäubungsmitteln), weil auch die BGB-Besitzschutzregeln insoweit nicht differenzieren.[774]
- Alle **Forderungen** einschließlich solcher, die noch nicht fällig sind,[775] sowie solcher, die als Naturalobligationen (Spiel und Wette) unklagbar oder verjährt sind. Letztere allerdings nur, sofern sich diese wegen der persönlichen Beziehungen der Beteiligten zueinander und wegen der tatsächlichen Erfüllungsbereitschaft und -fähigkeit des Schuldners als durchsetzbar darstellen.
- Sog. **Exspektanzen**, also tatsächliche Erwerbsaussichten, die nicht nur vage und unbestimmt, sondern bereits soweit konkretisiert sind, dass ihnen der Geschäftsverkehr schon für die Gegenwart einen wirtschaftlichen Wert beimisst.

  Beispiele: Gewinnerwartung durch Verkauf einer Sache, sofern der Verkaufsgewinn nach der Marktlage auch wahrscheinlich ist.[776]

  Die Erwartung auf **Zuschlag bei einem Ausschreibungswettbewerb** (Submission) vor einem anderen Konkurrenten, die dieser durch Schmiergeldzahlungen vereitelt hat.[777]
- Die **Gewinnchance**, also die durch Spieleinsatz erkaufte Möglichkeit, überhaupt Gewinn erzielen zu können.

  Beispiel: Betrug ist also möglich durch Zurückhalten des Gewinnloses oder durch Ausschalten der Gewinnausschüttung eines Geldspielautomaten.[778]

771 BGH NStZ 1999, 558.
772 Vgl. Fischer § 263 Rn. 102a; BGH RÜ 2016, 644, 645 f.
773 BGH RÜ 2018, 440.
774 BGH NStZ-RR 2017, 341 m.w.N.
775 BGH RÜ 2011, 641.
776 BGH NJW 1991, 2573; NJW 2004, 2603.
777 BGHSt 17, 149.
778 BGHSt 8, 289.

- Die **Arbeitskraft**, sofern für sie im Wirtschaftsleben üblicherweise eine Gegenleistung verlangt wird. Ob das Opfer die Möglichkeit gehabt hätte, seine Arbeitskraft anderweitig gewinnbringend zu verwerten oder ob der Täter eine Verbesserung seiner wirtschaftlichen Gesamtlage erreicht, ist dabei unbeachtlich.[779]

456 **b)** Zum strafrechtlich geschützten Vermögen **gehören nicht**:

- **Geldstrafe, Geldbuße, Verwarnungsgelder gemäß § 56 OWiG oder Geldauflage nach § 153a StPO**, weil diese ausschließlich sanktionsrechtliche Funktion haben und kein Bestandteil des Wirtschaftsverkehrs sind.[780] Täuschungshandlungen beispielsweise, die auf Vermeidung solcher Zahlungen gerichtet sind, erfüllen also nicht den Betrugstatbestand.
- **„Forderungen"** aus gesetzes- oder sittenwidrigen Geschäften.[781]
- **Arbeitskraft**, die ausschließlich auf die Erbringung verbotener oder sittenwidriger Tätigkeit gerichtet ist.[782]

Wird eine **Prostituierte** um das Entgelt für ihre sexuellen Dienste gebracht, ist zu differenzieren: Nach § 1 i.V.m. § 2 S. 2 des Prostitutionsgesetzes v. 20.01.2001 (ProstG) erwirbt die Prostituierte zwar einen rechtswirksamen Zahlungsanspruch gegen ihren Freier, dies aber erst, wenn das Entgelt vorher vereinbart und die sexuelle Dienstleistung erbracht wird. Hatte der Kunde von vornherein seine Zahlungswilligkeit nur vorgetäuscht, kann dies einen Betrug begründen.[783] Wird die Prostituierte nach dem Geschlechtsverkehr gezwungen, auf ihre Forderung zu verzichten, so liegt hierin regelmäßig eine (ggf. räuberische) Erpressung gemäß § 253 (§ 255).

Wird die Prostituierte aber zur Vornahme oder Duldung sexueller Handlungen gezwungen, scheidet nach BGH ein Vermögensdelikt aus. Mangels Vereinbarung besteht dann kein Zahlungsanspruch nach ProstG. Dienstvertragliche Ansprüche könnten außerhalb der Sonderregel des § 1 ProstG wegen der allgemeinen Sittenwidrigkeit der Prostitution nicht entstehen. Der Schadensersatzanspruch aus § 823 Abs. 1, 2 S. 1 BGB i.V.m. dem Tatbestand des jeweiligen Sexualdelikts kann demnach nicht zugleich mit seiner Entstehung Gegenstand einer Erpressung sein. Einen selbstständigen Vermögenswert der zur Erbringung von sexuellen Leistungen vorgehaltenen Arbeitskraft zieht der BGH – offenbar vom Standpunkt der Sittenwidrigkeit – gar nicht erst in Erwägung.[784]

457 **c) Umstritten** sind die Fälle, in denen Vermögenswerte zu sittenwidrigen Zwecken eingesetzt werden.

Durch Vorspiegelung, Drogen/Diebesbeute billig ankaufen zu können, veranlasst der Beschuldigte den Verletzten, ihm das Geld dafür vorzustrecken.

Einzelne Vertreter des juristisch-ökonomischen Vermögensbegriffs meinen, dass schon keine vermögensmindernde Verfügung vorliege, weil der Getäuschte durch Einsatz des Geldes den vermögensrechtlichen Schutz verloren habe.[785] Die Rspr. bejaht Betrug.[786] Die Streitdarstellung liest sich in einer Klausur etwa wie folgt:

„Fraglich ist, ob in der Überlassung des Geldes eine vermögensschädigende Verfügung liegt, denn damit sollte ein nach BtMG/gemäß § 259 verbotener Erwerb ermöglicht werden.

Zum Teil wird argumentiert: Wer zur Erfüllung eines verbotenen oder sittenwidrigen Geschäfts Vermögenswerte einsetzt, verliere den Schutz der Vermögensdelikte, leiste also auf eigene Gefahr. Es sei ein unauflöslicher Wertungswiderspruch, eine

---

779 BGH NStZ 2001, 258.

780 Vgl. BGHSt 43, 381, 405 f.; OLG Karlsruhe NStZ 1990, 282.

781 BGH NStZ 2008, 626.

782 BGH NStZ 2001, 534 zu § 253.

783 BGH RÜ 2016, 306.

784 BGH NStZ 2011, 278; RÜ 2013, 783.

785 S. Fischer § 263 Rn. 108 f. unter Hinweis auf die Möglichkeit der Einziehung des Geldes.

786 BGH NStZ 2003, 151; KG NJW 2001, 86.

wirtschaftlich nutzbare Position als Vermögensbestandteil im Sinne des Strafrechts anzuerkennen, während andere Teile der Rechtsordnung deren Realisierung in jeglicher Beziehung verböten. Das zeige sowohl § 817 S. 2 BGB, der eine Rückforderung bei beiderseitigem Sittenverstoß ausschließe, als auch die §§ 73 ff., wonach das Geld faktisch eingezogen wird.

Die h.M. bejaht eine Vermögensminderung überzeugend auch bei Verfolgung verbotener Zwecke. Ansonsten erhalte der Schädiger einen Freibrief, sich ungestraft Vermögenswerte zu verschaffen. Es gibt aber kein strafrechtlich ungeschütztes Vermögen. § 817 S. 2 BGB versagt nur die zivilrechtliche Rückabwicklung des verbotenen Geschäfts, enthält aber wegen der unterschiedlichen Schutzrichtungen der Teilrechtsordnungen keine Wertung für das Strafrecht. Weiterhin darf der Vermögensschutz gerade in kriminogenen Kreisen nicht reduziert werden, da ansonsten ein Anreiz für weiteres strafwürdiges Verhalten unter diesen Personen geschaffen werden würde."

4. Unmittelbare Minderung und minderungsgleiche Gefährdung

Das Vermögen ist immer dann gemindert, wenn ein Vermögenswert im vorgenannten Sinn aus dem Vermögen des Opfers rechtlich oder tatsächlich ausgegliedert worden ist, sog. **Realschaden**. Darüber hinaus bejaht die h.M. einen Vermögensverlust schon dann, wenn eine rechnerische Minderung zwar noch nicht eingetreten ist, sich die Gefahr dafür aber so verdichtet hat, dass bei wirtschaftlicher Betrachtung bereits eine Entwertung des Vermögens vorliegt. **Diese konkrete Vermögensgefährdung, der sog. Gefährdungsschaden, genügt also bereits für die Vollendung des Betruges gemäß § 263 (und der Untreue gemäß § 266 sowie der Erpressung gemäß § 253).**[787] Das BVerfG hat diese Rspr. inzwischen gebilligt. Erforderlich ist danach beim Gefährdungsschaden aber eine wirtschaftlich nachvollziehbare Berechnung der Minderung.[788] Dafür muss, wie auch im Übrigen beim Betrug, ein Mindestschaden beziffert oder mit einer tragfähigen Begründung geschätzt werden. Dort wo die Schadenshöhe entscheidend vom Risiko eines zukünftigen Verlusts abhängt, muss die Verlustwahrscheinlichkeit nachvollziehbar begründet werden.[789] 458

In der Praxis scheiterten inzwischen schon vielfach Urteile an dieser Begründungshürde. Für Sie werden solche Fälle i.d.R. kein Thema sein. Gehen Sie davon aus, dass sich in Ihren Examensklausuren genügende Hinweise für eine Bezifferung des Gefährdungsschadens finden lassen. Nach BGH betrifft die fehlende oder fehlerhafte Bezifferung des Vermögensschadens zudem nicht den Schuldspruch, wenn der Schaden dem Grunde nach feststeht, sondern nur den Rechtsfolgenausspruch.[790]

Folgende Fallgruppen zur Vermögensgefährdung als Vermögensminderung sollten bekannt sein:

a) Eingehungsbetrug

aa) Von einem **Eingehungsbetrug** spricht man, wenn es noch nicht zum Leistungsaustausch gekommen ist, aber **schon in der Eingehung der rechtsgeschäftlichen Verpflichtung als solcher wirtschaftlich betrachtet eine Belastung des Vermö-** 459

787 BGH RÜ 2009, 374; RÜ 2017, 100.
788 BVerfG RÜ 2010, 638, 642, 643.
789 BVerfG RÜ 2012, 100, 106.
790 BGH NStZ 2014, 343, 344.

gens liegt, weil der Verpflichtung kein gleichwertiger Anspruch gegenübersteht und das Opfer bei einem nicht erfüllungsbereiten oder erfüllungsfähigen Vertragspartner vorleistungspflichtig ist.[791]

Praktisch alle Fälle der Erschleichung eines **Vertrages** sind Eingehungsbetrügereien: insbesondere Lieferantenbetrug, Mietbetrug, Kreditbetrug, Anstellungsbetrug.

460 Trotz rechtsgeschäftlicher Bindung ist aber auch bei einem Vertragsschluss in folgenden Fällen **noch keine minderungsgleiche Vermögensgefährdung** gegeben:

- Wenn der Täuschende zwar nicht leistungsfähig, aber **vorleistungspflichtig ist oder wenn das Opfer nur Zug um Zug leisten muss.**[792]
- Wenn dem Getäuschten Rechte zustehen, die diesem eine **einseitige Loslösung vom Vertrag ohne Beweisschwierigkeiten** ermöglichen, insbesondere Widerrufsrechte nach Verbraucherschutzvorschriften oder ein vertragliches, bedingungsloses Rücktrittsrecht.[793]

Die **Anfechtbarkeit** des Vertrages nach § 123 BGB bleibt aber ebenso wie eine dem Getäuschten unbekannte **Stornierungsbereitschaft** des Vertragspartners außer Betracht, weil es hier von Zufälligkeiten abhängt, ob der Getäuschte den Vertrag beseitigen kann.[794]

461 **bb)** Ist es aufgrund der Täuschung bei Vertragsschluss zum Leistungsaustausch gekommen, ist der **Eingehungsbetrug bloßes Durchgangsstadium zur Erfüllungsphase.** Die für den Vertragsschluss ursächliche Täuschung bildet mit dem durch den Vertrag eintretenden Vermögensnachteil und der endgültigen Entstehung des diesem Nachteil entsprechenden Erfüllungsschadens eine **einheitliche Betrugstat.**[795] Bei der Prüfung des Schadens ist der Wert der ausgetauschten Leistungen selbst miteinander zu vergleichen. In einer Klausur lesen sich die Ausführungen zur Vermögensverfügung recht kurz. Klausurtypisch:

Der Beschuldigte A hat an den Zeugen Z einen Unfallwagen unter Verschleierung des Schadens zu einem überhöhten Preis verkauft und geliefert.

> „Dadurch, dass der Zeuge Z mit dem Beschuldigten A den Kaufvertrag über den Unfallwagen geschlossen hat und in Erfüllung dieses Vertrages den Kaufpreis an A übereignet hat, hat er irrtumsbedingt über sein Vermögen verfügt."

Vielfach wird diese Konstellation als **unechter Erfüllungsbetrug** bezeichnet.[796] Ein sog. **echter Erfüllungsbetrug** liegt dagegen vor, wenn der Inhaber eines vertraglichen Anspruchs erst aufgrund einer neuen Täuschung **im Zuge der Vertragsabwicklung** übervorteilt wird. Hier ist der Betrug erst vollendet, wenn der Anspruchsinhaber täuschungs- und irrtumsbedingt zur Annahme einer Leistung als Erfüllung veranlasst wird, die im Verhältnis zu der vertraglich geschuldeten Leistung minderwertig ist.[797]

b) Erschleichen eines Schuldscheins

462 Das Opfer wird durch Täuschung veranlasst, für eine nicht bestehende Forderung einen **Schuldschein** zu unterschreiben. – Vollendeter Betrug, denn mit dem Schuldschein hat der Täter ein urkundliches Beweismittel in der Hand, prozessual gegen den Aussteller vorzugehen und ihn zu einer rechtsgrundlosen Leistung zu zwingen.[798]

---

791 Weiterführend Fischer § 263 Rn. 176 ff.

792 BGH NStZ 1998, 85; NStZ-RR 2005, 180.

793 Vgl. Fischer § 263 Rn. 176a m.w.N.

794 Vgl. BGHSt 23, 300.

795 BGH NStZ 1997, 542.

796 Fischer § 263 Rn. 178.

797 Vgl. Fischer § 263 Rn. 177.

798 BGHSt 34, 394 zum Parallelproblem bei der Erpressung.

c) Erschleichen einer Kreditkarte oder Girocard mit PIN

Es liegt vollendeter Betrug gegenüber und zulasten des **Kreditkartenunternehmens** vor, weil der Täter hier ungehinderten Zugriff auf das Vermögen des Unternehmens erlangt.[799] Hat der Täter schon bei der Erlangung der Kreditkarte die Absicht diese später auch missbräuchlich einzusetzen, liegt Tateinheit mit § 266b Abs. 1 Alt. 2 vor.[800] Betrug gegenüber der Bank durch Erlangung einer Girocard scheidet aber aus, wenn die Bank keine Zahlungsgarantie übernimmt und dem Täter keinen Überziehungskredit bei der Kontoeröffnung einräumt.[801] 463

Verschafft sich der Täter in Folge einer Täuschung gegenüber dem Kontoinhaber den Besitz einer Girocard und die Kenntnis der dazugehörigen PIN, liegt bereits darin ein Gefährdungsschaden durch die Möglichkeit des missbräuchlichen Zugriffs auf das Kontoguthaben, soweit das Konto tatsächlich gedeckt ist.[802] Die anschließenden Abhebungen sind dann kein Computerbetrug (s.u. Rn. 493).[803] 464

d) Stundungsbetrug

Hier gewährt der Gläubiger dem Schuldner täuschungsbedingt ein Zahlungsziel. Darin liegt aber nur dann eine Vermögensminderung, wenn sich infolge des Zeitablaufs die Realisierbarkeit der Forderung verschlechtert.[804] Ist der Schuldner schon im Zeitpunkt der Stundung **nicht mehr zahlungsfähig und existiert auch kein vollstreckungsfähiges Vermögen**, ist die Forderung schon zur Zeit der Stundung wirtschaftlich wertlos. Dann verliert der Getäuschte durch die Gewährung des Zahlungsziels nichts, was er vorher besessen hätte. Betrug scheidet dann aus.[805] 465

e) Prozessbetrug

Hier ist Tatvollendung i.S. eines Gefährdungsschadens schon in dem Zeitpunkt gegeben, in dem der Täter einen vorläufig vollstreckbaren Titel (Urteil, Vollstreckungsbescheid) in den Händen hat (s.o. Rn. 448).[806] 466

5. Dreiecksbeziehung

In der Regel wird der Getäuschte über sein eigenes Vermögen verfügen. Einigkeit besteht darüber, dass auch eine Verfügung über fremdes Vermögen möglich ist, sog. Dreiecksbetrug. Voraussetzung dafür ist, dass der Verfügende in einer **Sonderbeziehung** zum betroffenen Vermögen steht.[807] 467

Diese Sonderbeziehung ist immer gegeben, wenn der Verfügende **kraft Gesetzes, behördlichen Auftrags oder Rechtsgeschäfts befugt** ist, Rechtsänderungen oder Anordnungen mit unmittelbarer Wirkung für das fremde Vermögen vorzunehmen (Ermächtigungs- bzw. Befugnistheorie), wie z.B. ein Richter aufgrund des Prozessrechtsverhältnisses als Getäuschter und Verfügender beim Prozessbetrug. 468

Besonderheiten gelten bei **täuschungsbedingter Erlangung des Besitzes einer Sache**. Hier lässt die h.M. auch dann einen Dreiecksbetrug zu, wenn der Getäuschte 469

799 BGHSt 33, 244.
800 Fischer § 266b Rn. 24, str.
801 BGH RÜ 2020, 175.
802 BGH, Beschl. v. 19.05.2020 – 6 StR 85/20, BeckRS 2020, 11966.
803 BGH RÜ 2018, 788, 789 f.
804 BGHSt 1, 262, 264; BGH StraFo 2004, 359.
805 BayObLG NStZ 2004, 503.
806 BGH NStZ-RR 2012, 111, 113.
807 BGH, Beschl. v. 18.03.2024 – 1 StR 1/24, BeckRS 2024, 6927.

nicht der Gewahrsamsinhaber ist und auch nicht rechtlich befugt ist, Sachen für den Gewahrsamsinhaber herauszugeben. In Abgrenzung zum Diebstahl in mittelbarer Täterschaft genügt es nach h.M., dass der Getäuschte objektiv aufgrund besonderer Obhutsbeziehung „**im Lager**" des Geschädigten stand und sich bei seiner Weggabehandlung auch subjektiv im Rahmen seiner Hüteraufgabe bewegte (sog. Lagertheorie).[808]

Vielfach wird auch schon ein – faktisches oder rechtliches – **Näheverhältnis** des Verfügenden zu dem geschädigten Drittvermögen, das schon vor der Tat bestanden hat, als ausreichend erachtet (sog. Nähetheorie).

VI. Vermögensschaden

470 Ein Vermögensschaden liegt im negativen Saldo zwischen dem Wert des Vermögens vor und nach der irrtumsbedingten Vermögensverfügung des Getäuschten.[809]

1. Einseitige Vermögensminderungen

471 Hier steht in aller Regel mit der Verfügung des Getäuschten auch der Vermögensschaden fest – eben weil nichts zurückgeflossen ist.

Ausnahmsweise ist der Schaden aber zu verneinen, wenn das Opfer den vermögensschädigenden Charakter seiner Handlung kannte und dabei nicht nur einem Motivirrtum unterlag, sog. **bewusste Selbstschädigung**. Verfolgt das Opfer mit seiner bewusst einseitigen Leistung einen anerkannten sozialen oder wirtschaftlichen Zweck und wird es über die Realisierbarkeit dieses Zwecks getäuscht, begründet die damit einhergehende Zweckverfehlung auch einen wirtschaftlichen Schaden (Fälle der Spenden- und Bettelbetrügereien).[810]

2. Austauschverhältnisse

472 Bei Austauschverhältnissen muss nach dem Prinzip der Gesamtsaldierung die Vermögensverfügung des Getäuschten bei wirtschaftlicher Betrachtungsweise unmittelbar zu einer nicht durch Zuwachs ausgeglichenen Minderung des wirtschaftlichen Gesamtwerts seines Vermögens führen. Maßgeblich ist der Zeitpunkt der Vermögensverfügung, spätere Entwicklungen haben nur für die Strafzumessung Bedeutung.[811]

a) Saldierungsfähige und nicht saldierungsfähige Positionen

473 **aa)** Einzubeziehen in die Saldierung sind **alle durch die Verfügung unmittelbar erworbenen Gegenansprüche, Forderungen und Rechte, insbesondere**

- der der Verbindlichkeit gegenüberstehende Leistungsanspruch,
- die Befreiung von einer anderen, nicht notwendigerweise fälligen, Verbindlichkeit,[812]
- Sicherheiten für den Fall des Zahlungsverzuges[813] oder für Rückforderungsansprüche.[814]

808 Vgl. Fischer § 263 Rn. 82 f. m.w.N.
809 Fischer § 263 Rn. 110.
810 Fischer § 263 Rn. 137 ff. m.w.N.
811 BGH NStZ 2018, 538 m.w.N.
812 BGH RÜ 2011, 641.
813 BGH NStZ-RR 2001, 328.
814 BGH RÜ 2012, 377.

bb) Nicht einzubeziehen sind 474

- gesetzliche Ansprüche, die dem Betroffenen gegenüber dem Täter gerade aufgrund der Täuschung erwachsen,
- Ersatzleistungen, die den Vermögensschaden nur nachträglich wieder beseitigen **(Schadenswiedergutmachung)**.[815]

b) Objektive wirtschaftliche Minderwertigkeit der saldierungsfähigen Positionen

Die wirtschaftliche Minderwertigkeit der Gegenleistung ergibt sich in der Regel schon daraus, dass diese wertlos oder weniger wert war als die vom Getäuschten veranlasste Leistung. Gründe hierfür sind: 475

- Leistungsunfähigkeit oder mangelnder Erfüllungswille des Schuldners

  Wie etwa beim vermögenslosen **Zechpreller** oder beim **Anlagebetrüger**, der mit fantastischen Renditeversprechen Geld erlangt, das er für sich verbraucht, selbst wenn er vorhat, wie in einem Schneeballsystem die Versprechen an die ersten Anleger mit den Einlagen der nachfolgenden zu erfüllen.[816]

- **Rechtsmangel** der Gegenleistung

  Der Dieb veräußert die Sache an den gutgläubigen Erwerber, der nach § 935 Abs. 1 BGB wegen des Abhandenkommens daran **kein Eigentum** erwerben kann.

- Qualitative Minderwertigkeit der Gegenleistung

  Hier liegt der Schaden beim unechten Erfüllungsbetrug aber nur vor, wenn die gelieferte Sache aufgrund ihrer Minderwertigkeit weniger wert war als die vereinbarte Gegenleistung. Hatte die gelieferte Sache objektiv einen solchen Wert, ist der Schaden zu verneinen, auch wenn die vertraglich vereinbarte Ware aufgrund falscher Eigenschaftszusicherungen einen höheren Wert gehabt haben müsste.[817]

- Sonderfall gutgläubiger Erwerb

  Erwirbt der Getäuschte Eigentum vom Nichtberechtigten gemäß § 932 BGB, genügte nach der Rspr. des RG allein dieser „sittliche Makel" als Schadensfaktor **(*Makeltheorie*)**.[818] Nach heutiger Rspr. kommt es i.S. eines Gefährdungsschadens darauf an, ob der Erwerber **im Einzelfall konkret mit Nachteilen – insbesondere mit einem erhöhten Prozessrisiko** – rechnen muss.[819] Ein Schaden soll in voller Höhe des Kaufpreises vorliegen, wenn der gutgläubige Erwerber nur kurzfristig den Besitz erlangt, aber die Gefahr einer unmittelbar anschließenden Beschlagnahme der Sache besteht.[820]

c) Intersubjektive Schadensbestimmung

In letzter Zeit geht der BGH nicht mehr ausschließlich vom objektiven Marktwert der saldierungsfähigen Positionen aus. Der 5. Strafsenat des BGH hat zunächst entschieden, dass in Fällen, in denen der Täter über seine Zahlungswilligkeit täusche, der Wert der Gegenleistung des Opfers anhand des hierfür vereinbarten Preises festgesetzt werden könne.[821] Nach der Rspr. des 1. Strafsenats soll sogar grundsätzlich davon auszugehen sein, dass der zwischen den Vertragsparteien vereinbarte Preis dem Marktwert der Leistungen entspreche. Etwas anderes gelte nur, wenn ein von der Par- 476

815 Fischer § 263 Rn. 155.
816 BGHSt 53, 199.
817 BGH RÜ 2012, 708.
818 RGSt 73, 61.
819 BGH NStZ 2013, 37, 38 m.w.N.
820 Vgl. BGH RÜ 2015, 584.
821 BGH RÜ 2013, 375.

teivereinbarung unabhängiger Marktpreis ein auffälliges Missverhältnis zwischen Leistung und Gegenleistung aufzeige.[822]

d) Persönlicher Schadenseinschlag

477 Ausnahmsweise kann der Vermögensschaden trotz wirtschaftlicher Ausgewogenheit von Leistung und Gegenleistung aufgrund individueller Umstände gegeben sein, und zwar,

- wenn der Erwerber die angebotene Leistung nicht oder nicht in vollem Umfang zu dem vertraglich vorausgesetzten Zweck oder in anderer zumutbarer Weise verwenden kann oder
- wenn der Erwerber durch die Verpflichtung zu weiteren vermögensschädigenden Maßnahmen veranlasst wird oder
- wenn er infolge der Verpflichtung nicht mehr über die Mittel verfügen kann, die zur ordnungsgemäßen Erfüllung seiner Verbindlichkeiten oder sonst eine seinen persönlichen Verhältnissen angemessene Wirtschafts- oder Lebensführung unerlässlich sind.[823]

478 Liegt nach den vorgenannten Kriterien eine saldierungsfähige sowie ausgeglichene Gegenleistung vor, ist ein Vermögensschaden zu verneinen. Auch wenn der Verfügende die Leistung ohne die Täuschung nicht hätte haben wollen, scheidet Betrug aus, weil der in der Täuschung liegende Angriff auf die Dispositionsfreiheit nicht von § 263 erfasst wird.

> **Merke:** § 263 schützt das Vermögen, nicht aber die irrtumsfreie Disposition über Vermögen.

VII. Vorsatz

479 In subjektiver Hinsicht verlangt der Betrug bedingten Vorsatz hinsichtlich aller objektiven Tatumstände.

VIII. Absicht stoffgleicher Bereicherung

480 **1.** Darüber hinaus ist erforderlich, dass der Täter für sich oder einen Dritten einen rechtswidrigen Vermögensvorteil erstrebt. Diese Bereicherungsabsicht verlangt in kognitiver Hinsicht das Bewusstsein, dass eine vermögensmäßige Besserstellung möglicherweise eintreten kann, in voluntativer Hinsicht, dass es dem Täter auf die Besserstellung ankommen muss, wenn auch nur als Neben- oder Zwischenziel.[824]

481 **2.** Der erstrebte Vorteil und der Vermögensschaden müssen zudem auf derselben Vermögensverfügung beruhen und der Vorteil muss zulasten des geschädigten Vermögens gehen. Durch dieses Erfordernis der **Stoffgleichheit** wird sichergestellt, dass unter Betrug nur solche Vorgänge fallen, bei denen unmittelbar durch die schadensstiftende Verfügung die erstrebte Besserstellung eintreten soll.[825]

482 **3.** Häufige Klausurfalle:

Provisionsvertreter P erlangt täuschungsbedingt nachteilige (überteuerte) Vertragsabschlüsse für die Firma F und bekommt für jeden Abschluss eine Provision aus dem Vermögen der F.

---

822 BGH RÜ 2016, 306; RÜ 2020, 440.

823 BGHSt 16, 321; Fischer § 263 Rn. 147.

824 Vgl. Fischer § 263 Rn. 190.

825 Vgl. BGHSt 34, 379, 391; BGH NStZ 2003, 264.

Hier scheitert ein eigennütziger Betrug gegenüber und zum Nachteil des Kunden an der fehlenden Stoffgleichheit zwischen der Provision und dem Vertragsschluss. Gegeben ist aber ein Betrug mit Bereicherung zugunsten der Firma, die P auch als notwendiges und von ihm erwünschtes Zwischenziel für die spätere Erlangung der Provisionsauszahlung verlangte. Tatmehrheitlich dazu hat P einen – diesmal eigennützigen – Betrug gegenüber und zum Nachteil der Firma F begangen, indem er vorgetäuscht hat, rechtlich einwandfreie Vertragsabschlüsse vermittelt und deshalb die Provision verdient zu haben.[826]

IX. Objektive und subjektive Rechtswidrigkeit der Bereicherung

1. Die vom Täter erstrebte vermögensmäßige Besserstellung – wäre sie realisiert worden – muss objektiv im Widerspruch zur Vermögensordnung stehen und der Täter muss diesbezüglich vorsätzlich handeln. Das Merkmal ist ebenso wie die Rechtswidrigkeit der erstrebten Zueignung bei § 242 ein normatives vorsatzbedürftiges Tatbestandsmerkmal. **483**

Anders als beim Diebstahl kann allerdings bei der Durchsetzung eines tatsächlich bestehenden und von der Rechtsordnung anerkannten Anspruchs mittels Täuschung bereits der Vermögensschaden entfallen, wenn der Getäuschte aufgrund seiner Verfügung von einer Verbindlichkeit frei wird.

2. Typische Konstellationen: **484**

a) Der Beschuldigte erschleicht den Besitz von Bargeld, um sodann mit einer Forderung gegen den Getäuschten aufzurechnen.

Man kann hier argumentieren, dass der Besitz von Bargeld rein wirtschaftlich gesehen mehr wert ist als eine Forderung. Insofern lässt sich – anders als bei Erschleichen einer Gegenforderung – der Vermögensschaden noch bejahen. Es fehlt aber an der objektiven Rechtswidrigkeit der erstrebten Bereicherung, wenn der Beschuldigte tatsächlich einen Gegenanspruch in der Höhe des Nennwerts des erschlichenen Bargeldes hatte. Stellt er sich anspruchsbegründende Umstände nur vor, fehlt zumindest der Vorsatz für eine rechtswidrige Bereicherung.

b) Der Beschuldigte verschafft sich durch Täuschung eine Forderung oder Barmittel, um damit eine nichtige Forderung gegen den Verletzten (z.B. aus Drogenverkauf) zu tilgen. Er lässt sich aber ein, an einen bestehenden Anspruch geglaubt zu haben.

Der Vermögensschaden liegt auf der Hand, weil der Verletzte durch den Verlust seiner Vermögenswerte nicht von einer bestehenden Verbindlichkeit befreit wurde. Damit ist auch eine objektiv rechtswidrige Bereicherung beabsichtigt. Fraglich ist, ob der Vorsatz für eine rechtswidrige Bereicherung wegen der irrigen Annahme eines Anspruchs zu verneinen ist. Das ist nur dann der Fall, wenn der Rechtsirrtum so stark ist, dass dem Beschuldigten damit die Parallelwertung in der Laiensphäre versperrt wird. Die richtige Parallelwertung verlangt jedoch nur die Vorstellung, dass das Zahlungsbegehren nicht von der Rechtsordnung gedeckt und deshalb auch nicht im Klagewege durchzusetzen sei. Lässt sich der Beschuldigte ein, gerade wegen fehlender Klagbarkeit zur „Selbsthilfe" durch Täuschung gegriffen zu haben, hatte er die erforderliche Parallelwertung und damit Vorsatz für eine rechtswidrige Bereicherung.[827]

> Beachten Sie, dass dieselben Fragen oft auch im Rahmen der (räuberischen) Erpressung auftauchen.

826 Vgl. BGHSt 21, 384, 385.
827 BGHSt 48, 322, 328.

X. Regelbeispiele

485 § 263 Abs. 3 S. 2 enthält Regelbeispiele für besonders schwere Fälle, und zwar:

Nr. 1: Gewerbsmäßige oder bandenmäßige Begehung, grundsätzlich wie beim Diebstahl bzw. wie beim Bandendiebstahl;

Nr. 2: Vermögensverlust großen Ausmaßes. Großes Ausmaß wird angenommen ab einer Summe von 50.000 €.[828] Für den Vermögensverlust muss es tatsächlich zu einer entsprechenden Vermögenseinbuße gekommen sein; eine bloße Vermögensgefährdung reicht hier nicht.[829] Gleichgestellt ist die vom Täter beabsichtigte Gefahr des Verlustes von Vermögenswerten für eine große Zahl von Menschen (diskutiert wird als Untergrenze überwiegend eine Zahl von mindestens zehn Personen);[830]

Nr. 3: Wirtschaftliche Not, also existenzielle Bedrohung einer natürlichen Person;

Nr. 4: Missbrauch als Amtsträger oder Europäischer Amtsträger gemäß § 11 Abs. 1 Nr. 2, 2a;

Nr. 5: Brand- und Schiffsversicherungsbetrug, wenn der Täter oder ein anderer vor der Täuschung gegenüber der Versicherung den Versicherungsfall im Bereich der Brand- oder Schiffsversicherung herbeigeführt hat. In diesem Fall ist der mitverwirklichte Versicherungsmissbrauch gemäß § 265 formell subsidiär.

XI. Sicherungsbetrug

486 Hat der Täter den fraglichen Gegenstand bereits zuvor durch ein Vermögensdelikt erlangt, so kann der Betrug als **bloße Sicherungstat** und damit als mitbestrafte Nachtat zurücktreten. Voraussetzung ist aber, dass die Täuschung dazu dient, **die aus der Vortat gewonnenen Vorteile zu sichern, auszunutzen oder zu verwerten, und dass kein neuer Schaden verursacht, insbesondere keine weitere Person geschädigt wird**. Wird also – etwa durch Weiterverkauf von Diebesbeute durch den Vortäter selbst – eine weitere Person geschädigt, so bleibt der Betrug als tatmehrheitlich zur Vortat begangenes Delikt strafbar.[831]

D. Computerbetrug, § 263a

487 Die besonderen Prozessvoraussetzungen der §§ 247, 248a gelten durch den Verweis in § 263a Abs. 2 auf § 263 Abs. 4 auch für den Computerbetrug. Auch Regelbeispiele und Qualifikation folgen den Regelungen zum Betrug, § 263a Abs. 2 i.V.m. § 263 Abs. 3–5. An die Stelle der auf einen Menschen bezogenen Täuschungshandlung, des Irrtums und der (ungeschriebenen) Vermögensverfügung treten „EDV-typische" Beschreibungen.

§ 263a Abs. 3 bestraft bestimmte Vorbereitungshandlungen, insbesondere das Herstellen von Software, die geeignet ist, um Computerbetrugstaten zu begehen; dieser Absatz hat aber allenfalls geringe Examensrelevanz.

828 BGHSt 48, 360.
829 BGH NStZ-RR 2007, 269.
830 Vgl. Fischer § 263 Rn. 218.
831 Vgl. BGH RÜ 2008, 716, 717.

Aufbauschema: Computerbetrug, § 263a Abs. 1

- Besondere Strafverfolgungsvoraussetzungen
- Tatbestand
  - unrichtige Programmgestaltung/Verwendung unrichtiger oder unvollständiger Daten/unbefugte Verwendung von Daten/sonst unbefugte Einwirkung auf den Ablauf
  - dadurch Beeinflussung des Ergebnisses eines Datenverarbeitungsvorgangs
  - dadurch Vermögensschaden
  - Vorsatz
  - Absicht stoffgleicher (ungeschriebenes Tatbestandsmerkmal) Bereicherung
  - Objektive und subjektive Rechtswidrigkeit der erstrebten Bereicherung
- Rechtswidrigkeit
- Schuld

I. Unbefugte Datenverwendung

Dies ist die wichtigste, weil am häufigsten in Assessorklausuren anzusprechende Tatmodalität. Heftig umstritten ist, wie das Merkmal „unbefugt" auszulegen ist. Es stehen sich die extensive subjektive Auslegung[832] und eine enge betrugsspezifische Auslegung[833] gegenüber (dazu unten Rn. 492). Die älteren sog. computerspezifischen Ansätze[834] können in Assessorklausuren vernachlässigt werden. Innerhalb der von der h.M. bevorzugten betrugsspezifischen Auslegung ist streitig, ob die fiktiv getäuschte Kontrollperson lediglich die formellen Zugangsvoraussetzungen des Computersystems abprüft oder darüber hinaus ggf. auch Berechtigung und Werthaltigkeit. 488

II. Beeinflussung des Ergebnisses eines Datenverarbeitungsvorgangs

Dieses Merkmal entspricht – computerspezifisch ausgelegt – dem Irrtum eines Menschen und der darauf beruhenden Vermögensverfügung beim Betrug. Mit der Beeinflussung muss daher eine der Vermögensverfügung vergleichbare eigenständige Vermögensdisposition des Computers einhergehen, die sich nicht in der bloßen Berechnung des Vorgangs i.S. einer Arbeitsleistung erschöpfen darf. Eine unmittelbare vermögensrelevante Disposition des Computers fehlt etwa bei einer unvollständigen Erfassung von Waren an einer Selbstbedienungskasse, sodass dann Diebstahl hinsichtlich nicht korrekt eingescannter Artikel in Betracht kommt.[835] 489

III. Vermögensschaden

Wie beim Betrug muss es infolge der Vermögensdisposition des Computers zum Vermögensschaden eines Vermögensträgers kommen. Dabei muss der Schaden nicht zwingend beim Betreiber der Datenverarbeitungsanlage eintreten, sondern die Tat kann – wie auch bei § 263 – in einem Dreiecksverhältnis begangen werden.[836] 490

---

832 Vgl. dazu m.w.N. Fischer § 263a Rn. 9.
833 BGHSt 47, 160, 163; BGH NStZ 2016, 149, 150 m.w.N.
834 Vgl. dazu Fischer § 263a Rn. 10a.
835 OLG Hamm RÜ 2013, 714.
836 Fischer § 263a Rn. 21.

Noch nicht abschließend geklärt ist, ob bei deliktischen Kontoverfügungen, etwa wenn der Dieb nach Entwendung einer Girocard, Geld am Automaten abhebt, der Schaden beim kartenausgebenden Institut, bei der Geldautomat betreibenden Bank, bei dem Kontoinhaber oder bei allen eintritt. Der BGH hat bei einem gewaltsamen Vorgehen gegen einen Kontoinhaber, der bereits seine eigene Karte und PIN an einem Automaten eingegeben hatte, einen Schaden – im Rahmen der räuberischen Erpressung – beim Kontoinhaber gesehen, da dessen Konto automatisch durch den Auszahlungsbetrug belastet wurde.[837] Andererseits wird der Schadenseintritt bei der Bank bejaht, wenn der Täter Kontozugangsdaten durch „Phishing" erlangt, da dann der Kontoinhaber mangels eines wirksamen Zahlungsauftrages einen Berichtigungsanspruch habe.[838]

Sie können die Frage, wer den Vermögensschaden erleidet, in den meisten Fällen offen lassen. Praktisch relevant ist sie nur, wenn etwa der Täter einen Anspruch gegen den Kontoinhaber hat oder die Frage der Verletzteneigenschaft im Rahmen des Strafantrags (s. § 247) eine Rolle spielt. Gut vertretbar ist dabei der Schadenseintritt beim Kontoinhaber, da sein Konto stets faktisch belastet wird und eine etwaige Rückbuchung nur eine irrelevante Schadenswiedergutmachung darstellt.

IV. Die wichtigsten Fälle unbefugter Datenverwendung

491 In der Gerichtspraxis und damit in Assessorklausuren sind vor allem Girocard-Fälle (umgangssprachlich als EC-Karten-Fälle bezeichnet) relevant. Der Täter verwendet hier Karte und PIN und verschafft sich entweder Bargeld aus einem Geldautomaten oder er „bezahlt" unter Nutzung der Karte Waren an einem „Point of Sale" (POS). In beiden Fällen erzeugt die Eingabe der PIN einen garantieähnlichen Zahlungsanspruch gegen die kartenausgebende Bank.

Vorsicht: § 263a ist nicht einschlägig beim Warenverkauf im elektronischen Lastschriftverfahren (ELV), das im Alltag häufig bei geringeren Beträgen Verwendung findet. Hier benutzt der Täter nur die Karte ohne PIN, um die Kontodaten auslesen zu lassen und unterschreibt dann den Zahlungsbeleg. Ein Datenverarbeitungsvorgang i.S. einer Vermögensdisposition wird durch das Auslesen des Magnetstreifens gar nicht veranlasst. Es entsteht deshalb auch keine Zahlungsgarantie der die Karte ausgebenden Bank. Gegeben ist in der Regel Betrug gemäß § 263 durch Vorspiegeln der Verfügungsberechtigung bzw. der Bonität.[839] Ist der Täter auch nicht Kontoinhaber, liegt in aller Regel tateinheitlich Urkundenfälschung gemäß § 267 Abs. 1 Mod. 1 und 3 vor.

Eine Strafbarkeitslücke besteht, wenn der Täter seine eigene Karte nutzt, um im ELV an einer **Selbstbedienungskasse** zu bezahlen, obwohl er weiß, dass das Konto nicht gedeckt ist. Der Händler kann die Lastschrift dann nicht einlösen und erleidet einen Schaden. Jedoch scheitert der Computerbetrug daran, dass die Kasse nur die Ordnungsgemäßheit der Karte prüft, und für den Betrug fehlt i.d.R. ein menschlicher Täuschungsadressat.[840]

837 BGH RÜ 2018, 102, 103.

838 Fischer § 263a Rn. 22.

839 Fischer § 263a Rn. 15.

840 S. OLG Rostock, Beschl. v. 06.02.2019 – 20 RR 90/18, BeckRS 2019, 16761.

1. Benutzung von Karte und PIN durch Nichtinhaber nach eigenmächtiger Erlangung der Zugangsmittel

Diebstahl an der Karte gemäß § 242 (ggf. auch § 249) hängt davon ab, wie der Täter nach dem Gebrauch damit umgehen will: Hat er von vornherein vor, die Karte nach Benutzung wegzuwerfen, ist Zueignungsabsicht schon an der Sachsubstanz zu bejahen. Will der Täter die Karte nur heimlich wegnehmen, um sie nach Gebrauch wieder zurückzulegen, hat er keine Zueignungsabsicht – auch nicht aus Sachwertgesichtspunkten, weil das erstrebte Geld oder die Waren kein funktionstypischer Wert der Karte sind. Die Karte ist kein Träger des Vermögens, sondern nur Schlüssel dazu. 492

Gegeben ist aber nach allen Ansichten Computerbetrug, § 263a. Die Ausführungen zur Tathandlung könnten – in gebotener Kürze – wie folgt formuliert werden:

„Nichtinhaber (N) könnte wegen Computerbetruges durch unbefugte Datenverwendung gemäß § 263a Abs. 1 Mod. 3 hinreichend verdächtig sein, indem er am Geldautomaten unter Nutzung einer fremden Girocard samt PIN 500 € abhob.

1. ‚Verwenden' bedeutet Einführen von Daten in einen beginnenden oder bereits in Gang befindlichen Datenverarbeitungsvorgang. Durch Einschieben der Karte in den Lesemechanismus für den Magnetstreifen hat N die darauf gespeicherten Daten und durch Eingabe der PIN Daten zum Gegenstand der Datenverarbeitung gemacht. N hat also Daten verwendet.

Dies müsste auch ‚unbefugt' geschehen sein. Unabhängig von dem Streit um die weite subjektive Auslegung, die die Unbefugtheit nach dem Willen des Datenverfügungsberechtigten bestimmen will, und der herrschenden betrugsspezifischen Auslegung, die zutreffend eine Täuschungsäquivalenz fordert, ist jedenfalls der Einsatz einer durch verbotenen Eigenmacht erlangten Karte samt PIN nach der Rspr. des BGH unbefugt, da der Täter durch die Dateneingabe seine Berechtigung vorspiegelt, über das Konto zu verfügen."

Erlangt der Täter am Geldautomaten Geld, scheidet Diebstahl gemäß § 242 daran mangels Wegnahme aus, weil ein Einverständnis in den Gewahrsamswechsel vorliegt, wenn der Automat äußerlich ordnungsgemäß benutzt wurde. Gegeben ist Unterschlagung gemäß § 246, denn das Geld sollte nach den Umständen nur an den Kontoinhaber übereignet werden und blieb daher für den Nichtberechtigten fremd.[841] § 246 tritt aber hinter § 263a zurück.

In den POS-Fällen wird die Ware an den Täter übereignet. Daher liegt kein Eigentumsdelikt daran mehr vor.

2. Benutzung von Karte und PIN durch Nichtinhaber nach täuschungsbedingter Erlangung der Zugangsmittel

Nach der Rspr. des BGH ist Computerbetrug ausgeschlossen, wenn der Täter durch Täuschung die Girocard und PIN vom berechtigten Karteninhaber erlangt. Diese Konstellationen treten in der jüngeren Vergangenheit verstärkt auf, indem die Täter als vermeintliche Bankmitarbeiter oder Polizisten vorgeben, sie benötigten Karte und PIN, um das Kontoguthaben zu schützen. Eine unbefugte Datenverwendung liegt dann nach der Rspr. bei den nachfolgenden Abhebungen am Geldautomaten nicht vor, denn Karte und PIN seien mit Einwilligung des Karteninhabers erlangt, was dem Erteilen einer Bankvollmacht gleichkomme.[842] Gegeben sei vielmehr Betrug gegenüber dem Kontoinhaber, denn schon die Aushändigung der Karte und PIN begründe 493

841 Vgl. BGH RÜ 2019, 719.

842 Vgl. Fischer § 263a Rn. 13a m.w.N. zur in der Lit. vorherrschenden Gegenauffassung.

einen Gefährdungsschaden,[843] wobei der BGH offen lässt, bei wem – Bank oder Karteninhaber – dieser Schaden eintritt.

3. Benutzung von Karte und PIN durch Nichtinhaber in Überschreitung einer vom Karteninhaber erteilten Befugnis

494 **a)** Soweit der Täter die Überschreitung schon im Zeitpunkt der Erlangung der Zugangsmittel geplant hat, ergeben sich zur vorgenannten Fallgruppe keine Unterschiede. Der Nichtberechtigte ist strafbar wegen Betruges gegenüber dem Karteninhaber zum Nachteil der später auszahlenden Bank bei Bargeldabhebungen/bei der kartenausgebenden Bank in den POS-Fällen.[844]

495 **b)** Entschließt sich der Täter erst später zur abredewidrigen Überschreitung der ihm erteilten Befugnis, scheidet Betrug mangels Täuschung aus. Es kommt dann bei § 263a auf den Streit über die Auslegung des Merkmals „unbefugt" an. Während die subjektive Auslegung die Unbefugtheit bejaht, lehnt die h.M. aufgrund einer Vollmacht im Außenverhältnis eine Täuschungsähnlichkeit ab.[845] Die Darstellung könnte man in einer Klausur folgendermaßen formulieren:

„a) Die subjektivierende weite Auslegung stellt auf den erkennbaren Willen des Datenverfügungsberechtigten (Kontoinhaber und Kreditinstitut) ab. ‚Unbefugt' ist danach jede Verwendung objektiv richtiger Daten, die dem Willen des Datenverfügungsberechtigten zuwiderläuft. Da nach den banküblichen Nutzungsbedingungen der Gebrauch von PIN und Girocard dem Kontoinhaber vorbehalten ist und Nichtinhaber (N) zudem gegenüber dem Kontoinhaber abredewidrig verfügte, ist danach eine unbefugte Datenverwendung gegeben.

Gegen diese Ansicht spricht jedoch schon, dass dann jede vertragswidrige Nutzung eines Datenträgers mit Zugang zu einer vermögenswerten Leistung eine Straftat wäre. Der Computerbetrug verlöre hierdurch jegliche verfassungsmäßige Bestimmtheit und würde zu einer „Computeruntreue" uminterpretiert werden.

b) Auch innerhalb der h.M., die eine betrugsspezifische Restriktion befürwortet, sehen manche in der Überschreitung der erteilten Erlaubnis eine auch im Außenverhältnis gegenüber der auszahlenden Bank/der die POS-Zahlung autorisierenden Bank wirkende Überschreitung der Handlungsbefugnis mit Täuschungswert.

Dem ist jedoch nicht zuzustimmen: Die Überlassung der Karte und PIN ist mit einer Bankvollmacht vergleichbar. Das in Anspruch genommene Kreditinstitut interessiert sich nur dafür, dass eine solche Vollmacht vorliegt. Ob die Grenzen im Innenverhältnis überschritten sind, kann seitens der Bank nicht überprüft werden und ist deshalb auch nicht Gegenstand einer Täuschung und eines Irrtums, wenn ein Bankangestellter die Zahlung veranlasst. Damit ist auch die im Innenverhältnis abredewidrige, aber äußerlich korrekte Benutzung der Girocard im elektronischen Zahlungsverkehr kein täuschungsähnliches Verhalten. Computerbetrug ist zu verneinen."

Weiterzuprüfen ist Untreue gemäß § 266 Abs. 1 Alt. 1 durch Missbrauch der Abhebungsvollmacht. Liegt dieser aber nur ein einzelner Auftrag zugrunde, fehlt es an der für die Vermögensbetreuungspflicht erforderlichen Selbstständigkeit des Täters. Es kann dann allenfalls Unterschlagung gemäß § 246 gegeben sein.

843 BGH RÜ 2015, 788.

844 Vgl. Fischer § 263a Rn. 13.

845 OLG Dresden StV 2005, 443; Fischer § 263a Rn. 13a.

4. Benutzung von Karte und PIN durch berechtigten Karteninhaber unter Überschreitung des von der Bank eingeräumten Kreditlimits

a) Will der Täter bereits bei Kontoeröffnung und Aushändigung der Girocard unberechtigt einen Kreditrahmen erschleichen, liegt vollendeter Betrug nach § 263 Abs. 1 vor.[846] 496

b) Entsteht der Wille zur Überschreitung des Kreditrahmens erst nachträglich, entfällt der Betrug. 497

Ob in beiden vorgenannten Fällen Computerbetrug gemäß § 263a vorliegt, wenn der Karteninhaber bei einem anderen Kreditinstitut eine Automatenverfügung tätigt oder Waren an einem Point of Sale bezahlt, hängt wieder von dem Streit um die Auslegung des Merkmals „unbefugt" ab, wobei auch innerhalb der täuschungsäquivalenten Auffassungen Meinungen pro und contra Strafbarkeit aus § 263a zu finden sind.[847] Hier ein Argumentationsvorschlag:

„a) Die subjektivierende weite Auslegung stellt auf den erkennbaren Willen des Datenverfügungsberechtigten (Kreditinstitut) ab. ‚Unbefugt' ist danach jede Verwendung objektiv richtiger Daten, die dem Willen des Datenverfügungsberechtigten zuwiderläuft. Das war hier bei Karteninhaber (I) der Fall, da ihm bekannt war, dass er nach dem zugrunde liegenden Girovertrag nur im Rahmen seines Guthabens oder eines eingeräumten Kontokorrentkredits von der Girocard Gebrauch machen durfte.

b) Die täuschungsäquivalente enge Auslegung bejaht zum Teil eine unbefugte Datenverwendung: Auch der Karteninhaber spiegele gegenüber dem Automaten eine Verfügungsbefugnis aus dem Girovertrag vor, die tatsächlich nicht mehr bestehe.

c) Nach überwiegender Auffassung wird eine Datenverwendung nicht schon dadurch unbefugt, dass lediglich eine das Innenverhältnis zwischen Bank und Automatenkarteninhaber betreffende Befugnis überschritten wird. Auch ein Schalterangestellter, der sich – wie der Computer – nur mit der Frage befasst, ob der Kunde der Berechtigte ist und ob sich dieser innerhalb des Verfügungsrahmens hielte, wäre bei einer Geldabhebung durch einen nicht mehr solventen Kunden nicht getäuscht.

Für diese Auffassung spricht, dass die subjektive Auslegung zur Ausuferung des Tatbestandes des § 263a führen würde, indem sie jede zivilrechtliche Vertragswidrigkeit eines Datenträgers mit Zugangsfunktion zu einer vermögenswerten Leistung unter Strafe stellt. Auch die Annahme einer Täuschungsäquivalenz geht fehl: Wenn sich ein Kreditinstitut als Sicherheitsvorkehrungen auf die Identitätsfeststellung des Karteninhabers mit Karte und PIN beschränkt, kann die Vorlage der Karte nicht auch die schlüssige Erklärung der Bonität des Kunden umfassen. Weiterhin hat der Gesetzgeber missbräuchliches Verhalten des Karteninhabers abschließend in § 266b geregelt. Computerbetrug scheidet aus."

Weiter zu untersuchen ist, ob zumindest bei Automatenverfügungen an einem nicht kontoführenden Geldinstitut/Warenzahlungen am POS als Scheckkartenmissbrauch gemäß § 266b Abs. 1 Alt. 1 anzusehen sind. Das dürfte aber ohne Analogieverstoß kaum zu begründen sein, da das Tatbestandsmerkmal „Scheckkarte" nach Wegfall des dem früher zugrunde liegenden Eurocheque-Verfahrens ab dem 01.01.2002 bedeutungslos geworden ist und in § 266b das Merkmal „Zahlungskarte mit Garantiefunktion" wie in § 152b nicht enthalten ist.[848] Auch ist die herkömmliche Girocard nach überwiegender Auffassung keine Kreditkarte i.S.d. § 266b Alt. 2.

---

846 BGHSt 47, 160, 161.

847 Vgl. m.w.N. Fischer § 263a Rn. 14, 14a.

848 Vgl. Fischer § 266b Rn. 6a.

Auch Untreue gemäß § 266 ist nicht erfüllt, da die Überlassung einer Girocard im Rahmen eines Girovertrages dem Kunden keine fremdnützige Verfügungsmacht über das Vermögen der kontoführenden Bank und damit keine Vermögensbetreuungspflicht verleiht.[849]

Unterschlagung gemäß § 246 am ausgezahlten Bargeld/den erlangten Waren scheitern daran, dass der die Karte Vorlegende Eigentum daran erwirbt.

Der Missbrauch der Girocard durch den Kontoinhaber ist insoweit straflos.

5. Benutzung einer gestohlenen Girocard ohne PIN-Eingabe bei kontaktloser Zahlung (NFC-Verfahren)

498 Mittlerweile kann eine Girocard bei kontaktlosem Verfahren auch **ohne PIN-Eingabe zur Zahlung im POS-Verfahren** eingesetzt werden. Dabei „verzichtet" das Autorisierungssystem bei kleineren Geldbeträgen auf die Abfrage der PIN, wenn bestimmte Parameter eingehalten werden, wobei Informationen über die vorangegangenen Zahlungsvorgänge im System des Geldinstituts und auf der Karte gespeichert werden können. In diesen Fällen scheidet nach OLG Hamm ein Betrug aus, da der Händler einen von der Bank garantierten Zahlungsanspruch erhält und er bzw. das Kassenpersonal sich über die Berechtigung des Einsatzes der Girocard überhaupt keine Gedanken machen. Mangels Überprüfung durch PIN-Eingabe liege auch keine unbefugte Datenverwendung vor, da ein fiktiver Angestellter, der anstelle des Computers handeln würde, die Berechtigung zur Kartennutzung gerade nicht überprüfen würde. Es kommt demnach nur eine Bestrafung wegen Urkundenunterdrückung nach § 274 Abs. 1 Nr. 2 bzw. (subsidiär) Datenveränderung nach § 303a Abs. 1 in Betracht, wenn der nichtberechtigte Kartennutzer zumindest eine laienhafte Vorstellung von den technischen Abläufen einer kontaktlosen Zahlung im POS-Verfahren hat, denn durch die Auslösung des Zahlvorgangs werden die im Autorisierungssystem und auf der Karte gespeicherten Daten, die zur Entscheidung über den Verzicht zur PIN-Abfrage erforderlich sind, gelöscht bzw. verändert.[850]

E. Untreue, § 266

499 Die Untreue ist ein Vermögensschädigungsdelikt ohne Bereicherungsabsicht und ohne Versuchsstrafbarkeit. Täter kann nur sein, wer vermögensbetreuungspflichtig ist; § 266 ist also ein Sonderdelikt. Die **Vermögensbetreuungspflicht** ist dadurch gekennzeichnet, dass dem Träger im Rahmen eines nicht unbedeutenden und fremdnützigen Pflichtenkreises ein gewisses Maß an Selbstständigkeit eingeräumt worden ist.[851]

Eignet der Täter sich oder einem Dritten durch die Untreuehandlung zugleich eine Sache des Treugebers zu, kommt veruntreuende Unterschlagung nach **§ 246 Abs. 2** infrage. Wegen der identischen Strafrahmen ist die qualifizierte Unterschlagung zwar gegenüber der einfachen Untreue nicht formell subsidiär;[852] die h.M. bejaht aber Konsumtion, weil für die Eigentumsverletzung neben dem Untreueunrecht kein Klarstellungsbedürfnis bestehe.[853]

Mit Betrug gemäß **§ 263** steht Untreue in Tateinheit, wenn die vermögensschädigende Handlung im Rahmen einer bestehenden Vermögensbetreuungspflicht zugleich durch eine Täuschung bewirkt wurde.[854]

§ 266 Abs. 1 beinhaltet den Grundtatbestand in zwei Tatalternativen, wobei die Missbrauchsalternative spezieller und daher vorrangig zu prüfen ist.

§ 266 Abs. 2 verweist auf die Regelbeispiele des Betruges, den Geringwertigkeitsbezug gemäß § 243 Abs. 2 und die Strafantragserfordernisse in §§ 247, 248a.

---

849 BGHSt 24, 386.

850 OLG Hamm RÜ 2020, 511.

851 Fischer § 266 Rn. 21.

852 Wohl aber gegenüber der nach § 266 Abs. 2 erschwerten Untreue, BGH NStZ 2012, 628.

853 Vgl. Fischer § 246 Rn. 24.

854 BGH NStZ 2008, 340.

Aufbauschema: Untreue, § 266 Abs. 1
■ Besondere Strafverfolgungsvoraussetzungen ■ Tatbestand ▪ Vermögensbetreuungspflicht des Täters ▪ Missbrauch (Alt. 1) ▪ oder Treubruch (Alt. 2) ▪ dadurch Vermögensnachteil beim betreuten Vermögen ▪ Vorsatz ■ Rechtswidrigkeit ■ Schuld

I. Vermögensbetreuungspflicht des Täters

1. Beim **Missbrauch** (Alt. 1) verlangt das Gesetz die **Befugnis, über fremdes Vermögen zu verfügen oder einen anderen zu verpflichten**, also die nach außen wirkende Rechtsmacht, rechtsgeschäftlich oder hoheitlich auf fremde Vermögensrechte einzuwirken oder eine schuldrechtliche Belastung mit einer Verbindlichkeit schaffen zu können. Die rein faktische Einwirkungsmöglichkeit auf fremdes Vermögen fällt also nicht unter den Missbrauchstatbestand. Die Befugnis kann beruhen auf 500

- **Gesetz:** z.B. Eltern (§ 1626 Abs. 1 BGB), Vormund (§ 1789 BGB), Insolvenzverwalter (§ 80 Abs. 1 InsO), GmbH-Geschäftsführer (§§ 35 Abs. 1, 37 Abs. 2 GmbHG);
- **behördlichem Auftrag:** z.B. staatlich bestellte Treuhänder oder Liquidatoren;
- **Rechtsgeschäft:** z.B. Vollmacht (§§ 164 ff. BGB), Verfügungsermächtigung (§ 185 BGB), Prokura (§§ 48 ff. HGB), Handlungsvollmacht nach § 54 HGB.

2. Soweit die Alt. 2 auf eine Rechtsbeziehung kraft **Gesetzes, behördlichen Auftrags oder Rechtsgeschäfts** Bezug nimmt, kommt zunächst derselbe Personenkreis, der auch Missbrauchstäter sein kann, als Treubruchstäter infrage. Darüber hinaus erfasst die Aufzählung alle Personen, die keine Rechtsmacht nach außen, also keine Vertreterbefugnisse besitzen, sondern nur im Innenverhältnis zur Vermögensfürsorge verpflichtet sind. 501

Beispiele: Bei der Beurkundung eines Grundstückskaufvertrages ist der **Notar** unparteiischer Betreuer der Beteiligten und hat kraft Gesetzes, § 14 Abs. 1 S. 2 BNotO, die Pflicht, die Vermögensinteressen beider Parteien wahrzunehmen.[855]

Der **Vermieter** von Wohnraum – nicht dagegen von Gewerberäumen(!) – ist nach § 551 Abs. 3 BGB vermögensbetreuungspflichtig hinsichtlich der ihm überlassenen Mietkaution.[856]

Der **Gerichtsvollzieher** ist gemäß §§ 753 ff. ZPO kraft seiner gesetzlichen Stellung als Vollstreckungsorgan im Rahmen des Vollstreckungsauftrags vermögensbetreuungspflichtig gegenüber dem Vollstreckungsgläubiger.[857]

Daneben nennt die Alt. 2 noch das **(tatsächliche) Treueverhältnis**. Darunter fallen

- erloschene Rechtsverhältnisse vermögensfürsorglicher Art;

  Beispiel: Ein Geschäftsbesorgungsvertrag mit dem Inhalt gewinnbringender Geldanlage wandelt sich nach der Vertragsauflösung bis zur Herausgabe des anvertrauten Geldes in ein tatsächliches Treueverhältnis um. Greift der Verpflichtete das anvertraute Geld an, so begeht er Treubruchsuntreue.[858]

---

855 BGH NStZ 1990, 437, 438.

856 BGH RÜ 2008, 437.

857 BGH RÜ 2011, 238.

858 BGH NStZ 1986, 361.

- rechtsunwirksame Betreuungsverhältnisse.

Beispiel: Der Rechtsanwalt veruntreut Kaufpreiszahlungen, die an ihn aufgrund formungültiger Kaufverträge und Vollmachten geleistet werden.

Nach der Rspr. des BGH besteht ein Treuverhältnis auch dann, wenn der Treugeber sein Vermögen für sitten- oder rechtswidrige Zwecke zur Verfügung stellt. Die Nichtausführung des Auftrags ist dann zwar keine Verletzung der Treupflicht, jedoch kann die Zweckentfremdung des Vermögens pflichtwidrig sein, da auch in kriminellen Kreisen kein rechtsfreier Raum entstehen dürfe.[859]

502 **3.** Einigkeit besteht darüber, dass die vorgenannten Fürsorgeverhältnisse zusätzlich einschränkende Kriterien aufweisen müssen, bevor sie eine strafrechtlich bewehrte Vermögensbetreuungspflicht begründen. Faustregel für diese Restriktion: **Das Verhältnis muss durch Fremdnützigkeit typisiert und von einiger Bedeutung sein.**[860]

503 **Typisierung der Fremdnützigkeit** bedeutet, dass die Wahrnehmung fremder Vermögensinteressen den wesentlichen Inhalt des Treueverhältnisses ausmacht; handelt es sich um Vertragsbeziehungen, so muss die Vermögensbetreuung Hauptpflicht sein.[861] Aus diesem Grunde fallen alle Austauschverträge aus dem Anwendungsbereich des § 266, bei denen jeder Vertragsteil die Beziehung zum anderen nur um des eigenen Vorteils willen anknüpft und bei denen die Wahrung der Vermögensinteressen des anderen nur Nebenpflicht ist.

Merken Sie sich für Klausuren: Nicht vermögensbetreuungspflichtig sind insbesondere der **Eigentumsvorbehaltskäufer** im Verhältnis zum Verkäufer; **Sicherungsgeber** im Verhältnis zum Sicherungseigentümer, **Leasingnehmer** im Verhältnis zum Leasinggeber.[862]

504 Ob ein Verhältnis **von einiger Bedeutung** ist, hängt maßgeblich von dem Grad der Selbstständigkeit, der Bewegungsfreiheit und der Verantwortlichkeit des Verpflichteten ab.[863] Handelt es sich um Geschäftsbesorgungsverhältnisse im Sinne von § 675 BGB, die Entscheidungsspielraum und Dispositionsfreiheit zulassen, liegt nach allgemeiner Ansicht eine Vermögensbetreuungspflicht vor.[864]

Beispiele: Rechtsanwalt gegenüber seinem Mandanten, Betreuer gegenüber dem Betreuten, Geschäftsführer einer GmbH gegenüber der GmbH, Vorstands- und Aufsichtsratsmitglieder einer AG (auch gegenüber einer im Konzernverbund abhängigen GmbH), (Ober-)Bürgermeister und Kämmerer gegenüber der Gemeinde.[865]

Die Rspr. geht aber noch weiter und bejaht die Vermögensbetreuungspflicht, sobald zu dem Umgang mit fremdem Vermögen buchhalterische Tätigkeiten (Führen von Eingangs- und Ausgangsbüchern, Quittungserteilung und Wechselgeldausgabe) oder treuhandähnliche Beziehungen hinzukommen. Daher kann auch ein Kassierer, der ohne eigenen Entscheidungsspielraum nach Weisung seine Tätigkeit wahrnimmt, vermögensbetreuungspflichtig sein, wenn er die Kasse eigenverantwortlich führt.[866]

---

859 Vgl. BGHSt 8, 258 f.; 20, 143. Zur Diskussion Fischer § 266 Rn. 44 ff.

860 BGH NJW 2016, 2585, 2590 f.; BGH, Urt. v. 25.01.2023 – 6 StR 383/22, BeckRS 2023, 1819.

861 BGHSt 22, 190, 191; OLG Düsseldorf NJW 1998, 691; NJW 2000, 529.

862 Fischer § 266 Rn. 23.

863 BGH NStZ 1983, 455.

864 Fischer § 266 Rn. 38.

865 S. die Aufzählung zahlreicher Einzelfälle bei Fischer § 266 Rn. 48.

866 Vgl. BGHSt 13, 315, 318; OLG Hamburg NStZ 2010, 335, 366; s. auch BGH RÜ 2018, 375.

II. Missbrauch

Im Rahmen des Missbrauchstatbestandes der Alt. 1 missbraucht der Täter den Umfang einer Dritten gegenüber wirkenden Vertretungsmacht, weil er nach außen etwas vornimmt, was ihm im Innenverhältnis nicht gestattet ist. Erforderlich ist dabei, dass der Täter mit einer rechtswirksam eingeräumten Verfügungsbefugnis handelt und dabei eine rechtsgeschäftliche oder als Amtsträger eine hoheitliche Handlung vornimmt, die sich im Rahmen seiner Machtbefugnisse bewegt. 505

Faustregel: Missbrauch ist Handeln im Rahmen des rechtlichen Könnens nach außen unter Überschreitung der Grenzen im Innenverhältnis.

1. Das Rechtsgeschäft muss **zivilrechtlich wirksam** sein, weil anderenfalls kein echter „Gebrauch" der Verpflichtungs- oder Verfügungsbefugnis vorliegt. Daher ist insbesondere beim Missbrauch der Vertretungsmacht im zivilrechtlichen Sinne – der die Nichtigkeitsfolge nach § 138 BGB auslöst[867] – kein Missbrauch i.S.d. § 266 Abs. 1 Alt. 1 gegeben. Es genügt auch nicht, wenn das Rechtsgeschäft lediglich aufgrund von Schuldnerschutzvorschriften, z.B. § 407 BGB, oder aufgrund von Gutglaubensvorschriften, z.B. §§ 932 ff. BGB, Wirksamkeit entfaltet.[868] 506

Bei einem kollusiven Zusammenwirken zwischen dem Täter und einem Dritten zulasten des Vermögensinhabers ist wegen der Nichtigkeit der Verpflichtung bzw. Verfügung der Missbrauchstatbestand nicht einschlägig.[869]

Die Wirksamkeit des Rechtsgeschäfts muss sich also immer **aus der dem Täter eingeräumten Rechtsmacht** ergeben.

Solche Dritten gegenüber sogar unbeschränkbaren Befugnisse besitzen etwa GmbH-Geschäftsführer (§ 35 GmbHG) und AG-Vorstände (§§ 78 Abs. 1, Abs. 2 S. 1, 82 AktG).

2. Ob das so gekennzeichnete Verhalten des Täters missbräuchlich ist, ergibt ein Vergleich mit dem Innenverhältnis: Die Grenzen des Innenverhältnisses werden regelmäßig durch Weisungen konkretisiert. Verstößt der Täter gegen solche Weisungen, ist der Missbrauch zu bejahen. Ist der Täter nicht weisungsgebunden, so muss durch Auslegung des der Befugniserteilung zugrunde liegenden Gesetzes, behördlichen Auftrags oder Rechtsgeschäfts ermittelt werden, was ihm erlaubt ist.[870] 507

Klausurrelevante Missbrauchskonstellation ist das eigenmächtige Handeln eines Handlungsbevollmächtigten 508

In dem zugrunde liegenden Fall war der Beschuldigte A Vertriebsleiter der Firma R, die Supermärkte, Handelsmärkte und Onlineshops mit Computern und Computerzubehör belieferte. In dieser Vermögensbetreuungsfunktion war A insbesondere für das Aushandeln und den Abschluss von Geschäften mit Großkunden der Firma R zuständig. Er war bevollmächtigt, im Außenverhältnis wirksam Verträge abzuschließen. Im Innenverhältnis musste er die Vertragsangebote mit dem Geschäftsführer der Firma R abstimmen. A schloss unter Missachtung der Vorgaben der Geschäftsleitung Kaufverträge mit zu geringen, unter dem Einkaufs- bzw. Herstellungspreis liegenden Verkaufspreisen ab. Nachfolgend die Musterformulierung zur Begründung des Missbrauchs:[871]

867 Vgl. BGH NJW-RR 1989, 642.

868 Vgl. BGHSt 5, 61.

869 Vgl. Fischer § 266 Rn. 27.

870 Vgl. BGH NStZ 1990, 437; NJW 2019, 378, 379 ff. zur Abgrenzung erlaubter „gewagter Geschäfte" von verbotenen Risikogeschäften.

871 BGH NStZ 2011, 280.

„Dem A war zumindest schlüssig Handlungsvollmacht gemäß § 54 Abs. 1 HGB für die Erledigung aller mit dem Vertrieb üblicherweise verbundenen Geschäfte erteilt worden. Der Handlungsbevollmächtigte gemäß § 54 HGB ist Befugnisinhaber i.S.d. § 266 Abs. 1 Alt. 1. § 54 HGB regelt in Abs. 1 eine widerlegbare Vermutung für einen bestimmten typisierten Umfang der erteilten Handlungsvollmacht. Die Handlungsvollmacht erstreckt sich auf alle Geschäfte und Rechtshandlungen, welche die Vornahme derartiger Geschäfte gewöhnlich mit sich bringt. Bei einem Großunternehmen wie der Firma R sind selbst Vertragsabschlüsse von erheblicher finanzieller Tragweite noch zum gewöhnlichen Geschäftsbetrieb zu rechnen. Im Außenverhältnis konnte A demnach den Verkaufspreis verbindlich festlegen. Der Abschluss von Kaufverträgen unter Missachtung der Vorgaben der Geschäftsleitung mit zu geringen, unter dem Einkaufs- oder Herstellungspreis liegenden Verkaufspreisen war jedoch im Innenverhältnis nicht durch die verliehene Befugnis gedeckt und ist daher missbräuchlich im Sinne von § 266 Abs. 1 Alt. 1."

III. Treubruch

509 Häufiger ist die sog. Treubruchsuntreue nach der Alt. 2. Sie ist nach dem Verständnis der Rspr. eine Art Auffangtatbestand für alle von Vermögensbetreuungspflichtigen begangenen Pflichtverletzungen, die nicht unter die Missbrauchsuntreue fallen. Typischerweise spielt sich die Treubruchsuntreue allein im Verhältnis des Treupflichtigen zum geschützten Vermögen ab. Eine dritte Person braucht – anders als bei der Missbrauchsalternative – nicht beteiligt zu sein. Treubruch kann jedes Handeln oder Unterlassen sein, das im Widerspruch zu der Treuepflicht steht. Hierbei muss es sich jedoch um eine gravierende, mithin evidente Pflichtverletzung handeln.[872]

Beispiel: Der Geschäftsführer überweist heimlich Firmengelder auf sein Privatkonto oder bezahlt überhöhte Firmenrechnungen, für die er vom Rechnungssteller nachträglich einen Prozentsatz als „kickback" erhält.

510 **1.** Zunächst muss eine Vorschrift oder **Verhaltensregel** ermittelt werden, gegen die der Täter verstoßen hat. Hierbei kann es sich um gesetzliche, satzungsmäßige oder vertragliche Regelungen handeln.

Hauptbeispiel aus dem Wirtschaftsleben: „Sorgfalt eines ordentlichen und gewissenhaften Geschäftsleiters/Geschäftsmannes" (vgl. § 93 Abs. 1 AktG für AG-Vorstände, § 43 Abs. 1 GmbHG für GmbH-Geschäftsführer).

511 **2.** Die Verhaltensregel muss eine **spezifische Pflicht** im Zusammenhang mit der Vermögensbetreuung sein. Handelt der Täter nur allgemeinen Schuldnerpflichten zuwider, so liegt auch dann keine Untreue vor, wenn sich die vertragliche Rechtsbeziehung insgesamt als Treueverhältnis darstellt. Namentlich die Verletzung von Herausgabe- und Rückerstattungspflichten fällt unter diesen Umständen nicht unter § 266.[873]

Beispiele: Findet ein leitender Angestellter eines Unternehmens Vermögenswerte, die dem Unternehmen zustehen, aber vor dem Zugriff der Geschäftsleitung verschleiert worden sind, weil sie als sog. schwarze Kassen zur Finanzierung von Schmiergeldern dienen, und unterlässt er es, diese Vermögenswerte durch ordnungsgemäße Buchführung seinem Arbeitgeber zu offenbaren, so verletzt er damit den Kernbereich seiner Vermögensbetreuungspflicht.[874]

Verwendet ein Rechtsanwalt die ihm von seinem Mandanten oder von einem Dritten für seinen Mandanten in Verwahrung gegebenen Gelder für sich und ist er deshalb nicht mehr zur jederzeitigen Herausgabe fähig, so liegt Untreue vor.[875]

---

872 BGH NStZ 2013, 715.

873 BGH NStZ 2001, 545.

874 BGH RÜ 2009, 30, 31 (Siemens-Fall).

875 BGH StV 2004, 80.

Ein leitender Angestellter handelt pflichtwidrig, wenn er Zahlungen für nichtige Forderungen anweist, zu deren Ausgleich der Vermögensinhaber nicht verpflichtet ist.[876]

3. Die Pflicht muss nach aktueller Rspr. vermögensschützenden Charakter haben und darf nicht vorrangig anderen Zwecken dienen, wie etwa § 119 BetrVG, dessen Schutzzweck allein die Integrität der Wahl des Betriebsrates ist.[877] **512**

4. Ein Treubruch scheidet aus, wenn der Vermögensträger (bei juristischen Personen das verfügungsberechtigte Organ) der Tathandlung zugestimmt hat. Da dieses „Einverständnis" eine Disposition über das Vermögen ist, gelten die Regeln der rechtfertigenden Einwilligung.[878] **513**

Insbesondere rechtsgutbezogene Irrtümer oder mangelnde Einwilligungsfähigkeit infolge Geschäftsunerfahrenheit führen deshalb zur Unwirksamkeit.

Die Zustimmung ist auch unwirksam, wenn sie ihrerseits pflichtwidrig war. Nach der Rspr. ist die Zustimmung von Gesellschaftsorganen zu Schädigungen des Gesellschaftsvermögens unwirksam, wenn die fragliche Handlung zu einer Existenzgefährdung der Gesellschaft führt.[879] Dies ist bei einer GmbHG insbesondere der Fall, wenn unter Verstoß gegen § 30 GmbHG das Stammkapital gefährdet wird.[880]

IV. Vermögensnachteil

Die Missbrauchs- und die Treubruchsuntreue müssen zu einem Vermögensnachteil bei dem betreuten Vermögen führen. Der Begriff des Vermögensnachteils ist identisch mit dem Vermögensschaden gemäß § 263. Es liegt nicht schon dann ein „Nachteil" vor, wenn der Treuepflichtige es nur unterlässt, ein günstiges Geschäft abzuschließen, denn – wie alle Vermögensdelikte des Strafrechts – schützt auch § 266 nur vor dem „Ärmerwerden", nicht vor dem „nicht reicher Werden". **514**

1. Durch die Pflichtverletzung muss eine **objektiv-individuelle Minderung** des betroffenen Vermögens eintreten und nicht durch gleichzeitig zufließende Vermögensvorteile ausgeglichen werden.[881] Als Äquivalent darf nur das berücksichtigt werden, was unmittelbar durch das Geschäft zugeflossen ist. Wird der Vermögensvorteil dagegen erst durch eine andere rechtlich selbstständige Handlung beseitigt, liegt keine Schadenskompensation, sondern nur noch eine auf Strafzumessungsebene beachtliche Schadenswiedergutmachung vor.[882] Deshalb hat der BGH im Unterhalten schwarzer Kassen ohne Kenntnis des Arbeitgebers durch einen leitenden Angestellten Treubruchsuntreue bejaht, auch wenn mit dem Geld aus der schwarzen Kasse später durch Schmiergeldzahlungen lukrative Aufträge ermöglicht wurden.[883] **515**

Ist dem Täter Bargeld zur Verwahrung überlassen und vergreift er sich hieran, so kann ein Schaden dennoch zu verneinen sein, wenn der Täter eigene flüssige Mittel zum jederzeitigen Ersatz der eigenmächtig verwendeten Summe zur Verfügung hat und auch sein Augenmerk darauf richtet, diese Mittel ständig zum Ausgleich benutzen zu können.[884]

876 BGH NStZ 2013, 165.

877 BGH NJW 2011, 88; vgl. auch BGHSt 56, 203 zu § 23 PartG.

878 BGH RÜ 2006, 147, 149 (Mannesmann-Fall).

879 Im Einzelnen Fischer § 266 Rn. 93 ff.

880 BGHSt NStZ 2009, 153, 154 f.

881 Zum Vermögensnachteil als Folge von Schmiergeldzahlungen BGH NJW 2001, 2102; als Folge einer riskanten Kreditvergabe BGH NStZ 2000, 655; als Folge unzureichender Buchhaltung BGH NJW 2001, 3638; als Folge der Überschreitung der Grenzen von Haushaltsmitteln BGHSt 43, 293.

882 Vgl. BGH NStZ 1986, 454, 456.

883 BGH RÜ 2009, 30.

884 BGHSt 15, 342; OLG Karlsruhe NStZ 1990, 82, 84.

516 **2.** Das Vermögen ist nicht erst dann gemindert, wenn ein Vermögenswert rechtlich oder tatsächlich abgeflossen ist. Ein Vermögensnachteil ist auch schon dann zu bejahen, wenn sich die Gefahr einer realen Minderung so verdichtet hat, dass bei wirtschaftlicher Betrachtung bereits eine Entwertung des Vermögens vorliegt. Die konkrete Vermögensgefährdung, der sog. **Gefährdungsschaden**, genügt also – wie beim Betrug – für die Tatvollendung. Nach BVerfG ist beim Gefährdungsschaden aber eine wirtschaftlich nachvollziehbare Berechnung dieser Minderung unverzichtbar. Anerkannte Bewertungsverfahren und -maßstäbe seien zu berücksichtigen; soweit komplexe wirtschaftliche Analysen vorzunehmen sind, werde die Hinzuziehung eines Sachverständigen erforderlich sein.[885]

> In einer Klausur werden Sie mit solchen Unsicherheiten nicht konfrontiert. Hier lässt sich der Vermögensnachteil in aller Regel aus der Akte beziffern.

F. Kartenmissbrauch, § 266b

517 Besondere Strafverfolgungsvoraussetzungen bestehen über § 266b Abs. 2 i.V.m. § 248a.

I. Scheckkartenmissbrauch

518 Nach der h.M. ist die heute übliche Girocard (die umgangssprachlich häufig als EC-Karte bezeichnet wird) seit Abschaffung des Eurocheque-Verfahrens ab 2002 keine „Scheckkarte" mehr.[886] Dadurch ist die Alt. 1 bedeutungslos geworden.[887] Eine andere Frage ist, ob sie als Kreditkarte angesehen werden kann (s. dazu Rn. 520).

II. Kreditkartenmissbrauch

519 **1.** Unter den sog. Kreditkartenmissbrauch der Alt. 2 fallen jedenfalls Zahlungskarten im **Dreipartnersystem** (z.B. American Express), die dem Karteninhaber erlauben, bei einem durch den Rahmenvertrag mit dem Aussteller verbundenen Vertragsunternehmen unter Vorlage der Karte Waren und Dienstleistungen in Anspruch zu nehmen.[888]

Nicht geschützt sind sog. Zweipartnerkarten, die lediglich einen Kundenkredit einräumen, aber keine Garantie gegenüber Dritten erzeugen. Auch sog. Tankkarten, die der Arbeitgeber dem Arbeitnehmer zur Betankung von Betriebsfahrzeugen an Vertragstankstellen überlässt, sind in der Regel nur Zweipartnerkarten.[889]

520 Noch nicht geklärt ist, ob auch eine **Girocard eine Kreditkarte** i.S.v. § 266b Abs. 1 Alt. 2 sein kann. Eine Mindermeinung im Schrifttum bejaht dies, weil mit den Tatbestandsmerkmalen Scheck- und Kreditkarte alle kartengestützten Systeme des bargeldlosen Zahlungsverkehrs erfasst werden sollten.[890] Mit der herrschenden Gegenansicht ist dies abzulehnen. Der Begriff und die üblichen Formen der Kreditkarte sind mit einem Zahlungsziel verbunden, das bei der zeitnahen Abrechnung von Girocard-Zahlungen gerade fehlt.[891]

> Sollten Sie in einer Klausur mit diesem Problem konfrontiert werden, lassen Sie die Entscheidung offen, wenn aus einem der nachfolgenden Gesichtspunkte der Tatbestand ohnehin zu verneinen ist.

885 BVerfG RÜ 2010, 638, 642, 643.
886 Fischer § 266b Rn. 6 m.w.N..
887 Fischer § 266b Rn. 6.
888 Fischer § 266b Rn. 10a und Rn. 11a zum ebenfalls erfassten Vier-Partner-System, z.B. Visa.
889 Vgl. OLG Celle NStZ 2011, 218.
890 NK-Kindhäuser § 266b Rn. 21.
891 Fischer § 266b Rn. 6a.

2. Täter des § 266b kann **nur der vom Kartenaussteller berechtigte Karteninhaber** sein (Sonderdelikt). Überlässt der Karteninhaber die Karte einem anderen, damit dieser sie einsetzt, kann ggf. mittelbare Täterschaft durch ein tatbestandsloses Werkzeug vorliegen. Benutzt ein Dritter die Karte eigenmächtig missbräuchlich, so liegt Betrug, bei Geldautomatenverfügungen Computerbetrug gemäß § 263a vor (s. dazu Rn. 492). **521**

Zudem muss ein **Missbrauch** vorliegen, der das Kartenunternehmen schädigt. Dieser Begriff ist inhaltsgleich mit der Missbrauchsalternative in § 266. Der Täter muss deshalb gegenüber einem Dritten eine Zahlungsgarantie des Kartenausstellers begründen, die im Innenverhältnis zu diesem nicht berechtigt ist. Eine solche Zahlungsgarantie entsteht schon nicht, wenn die Karte gegenüber dem kartenausstellenden Unternehmen selbst benutzt wird oder wenn der Täter die Karte nicht im POS-Verfahren eingesetzt hat. **522**

2. Abschnitt: Zueignungs- und Bereicherungsdelikte mit Zwang

A. Raub, §§ 249–251

Der Raub gemäß § 249 ist ein zweiaktiges Spezialdelikt, das sich zusammensetzt aus dem Einsatz besonderer Nötigungsmittel und Diebstahl. Bloße Sachgewalt, z.B. durch überraschendes Wegziehen einer nur lose festgehaltenen Tasche, die Drohung mit einem empfindlichen Übel oder die bloße Ausnutzung einer Einschüchterung des Opfers genügt nicht. In solchen Fällen liegt nur Diebstahl nach § 242, ggf. in Tateinheit mit Nötigung gemäß § 240, vor. Fehlt eine Wegnahme oder besitzt der Täter keine Zueignungs-, sondern nur Bereicherungsabsicht, kommt räuberische Erpressung nach §§ 253, 255 in Betracht. Wendet der Täter die Raubmittel nicht zur Erleichterung des Gewahrsamswechsels, sondern zur Sicherung des bereits erlangten Gewahrsams an, ist räuberischer Diebstahl gemäß § 252 zu prüfen. **523**

Grunddelikt ist **§ 249**.

§ 250 enthält als schwerer Raub in **Abs. 1** und als besonders schwerer Raub in **Abs. 2** zwei vorsatzbedürftige Qualifikationsstufen.

Der Raub mit Todesfolge gemäß **§ 251** ist Erfolgsqualifikation.

Besondere Strafverfolgungsvoraussetzungen bestehen nicht.

I. Grunddelikt, § 249

524

Aufbauschema: Raub, § 249
■ Tatbestand
▪ Gewalt gegen Person oder qualifizierte Drohung
▪ Fremde bewegliche Sache
▪ Wegnahme
▪ Raubspezifischer Zusammenhang
▪ Vorsatz
▪ Finalzusammenhang
▪ Zueignungsabsicht
▪ Objektive und subjektive Rechtswidrigkeit der Zueignung
■ Rechtswidrigkeit
■ Schuld

1. Raubmittel und Finalzusammenhang

a) Personengewalt

525 Gewalt gegen eine Person ist physische Zufügung eines gegenwärtigen Übels, das auf den Körper des Genötigten wirkt und geleisteten oder erwarteten Widerstand entweder dadurch verhindern soll, dass die Willensbildung des Opfers ganz ausgeschlossen wird (= vis absoluta) oder dass sich das Opfer dem Willen des Täters unterwirft (= vis compulsiva).

526 Eine besondere Erheblichkeit ist für die Gewalt nicht erforderlich.[892] Auch schon schwacher körperlicher Zwang genügt, z.B. durch Ansprühen der Kassiererin mit Deospray aus kurzer Entfernung, um diese zu veranlassen, die Augen zu verschließen.[893] Lediglich psychisch vermittelter Zwang reicht dagegen nicht aus.[894] Gewalt ist nach der Rspr. sogar durch Unterlassen möglich, wenn der Täter eine zuvor aus anderen Gründen geschaffene Zwangssituation nicht beseitigt.[895]

b) Drohung mit gegenwärtiger Gefahr für Leib oder Leben

527 **Drohung** ist das Inaussichtstellen eines Übels, auf dessen Eintritt sich der Drohende Einfluss zuschreibt und das dann eintreten soll, wenn der Bedrohte sich nicht so verhält, wie es der Täter von ihm verlangt. Da sich der Täter nur Einfluss zuschreiben muss, ist auch die **Scheindrohung** tatbestandsmäßig. Die Drohung kann ausdrücklich, aber auch **konkludent** erfolgen.

528 Mit **Gefahr für Leib oder Leben** wird gedroht, wenn der Täter nicht unerhebliche Beeinträchtigungen der körperlichen Integrität in Aussicht stellt. Die angekündigte Gefahr ist **gegenwärtig**, wenn bei natürlicher Weiterentwicklung der Eintritt des Schadens sicher oder doch höchst wahrscheinlich ist, falls nicht alsbald Abwehrmaßnahmen ergriffen werden.

2. Wegnahme einer fremden beweglichen Sache

529 Das Tatobjekt des Raubes ist mit dem des Diebstahls identisch. Erforderlich ist eine fremde bewegliche Sache (s.o. Rn. 359).

530 In räumlich-zeitlichem Zusammenhang zur Anwendung des Zwangsmittels muss die Wegnahme erfolgen. Unbestritten ist, dass die Wegnahme auch beim Raub einen **Gewahrsamsbruch** voraussetzt, woran es fehlt, wenn der Gewahrsamsinhaber mit dem Verlust der Sachherrschaft einverstanden ist.

531 Ein solches Einverständnis schließt auch dann die Wegnahme aus, wenn es bei Mitgewahrsam der übergeordnete Gewahrsamsinhaber ohne Zwang erklärt und die Sache nur dem untergeordneten Gewahrsamsinhaber mit Raubmitteln weggenommen wird.[896]

532 Im Übrigen ist die Auslegung umstritten: Das Schrifttum bejaht in Parallele zum Diebstahl auch dann eine Wegnahme, wenn das Opfer die Sache herausgibt, aber durch den Zwang die Vorstellung gewinnt, dass der Täter auch ohne den Mitwirkungsakt an die Sache gelangen könnte. Die Rspr. stellt seit langem allein auf das äußere Erschei-

---

892 BGH RÜ 2020, 177.

893 BGH NStZ 2003, 89.

894 BGH RÜ 2020, 177.

895 BGHSt 48, 365.

896 OLG Celle RÜ 2012, 713.

nungsbild ab: Nimmt sich der Täter die Sache selbst, soll Wegnahme vorliegen. Lässt er sich die Sache geben, kommt räuberische Erpressung in Betracht.

Die Auslegung des Merkmals der Wegnahme beim Raub ist ein zentraler Streit der Eigentums- und Vermögensdelikte. Sie sollten ihn deshalb auch in der **Assessorklausur** erwähnen, allerdings im Ergebnis tunlichst der Rspr. folgen.

a) Auf eine Streitentscheidung kommt es in folgenden Fällen beim Raub **nicht** an: **533**

aa) Das Opfer wird durch willensausschließende oder durch willensbeugende Gewalt bzw. durch qualifizierte Drohung gezwungen zu dulden, dass der Täter selbst den Sachherrschaftswechsel vornimmt. **534**

Hier liegt nach der Rspr. und der Lit. eine Wegnahme vor. Ist dann auch Zueignungsabsicht gegeben, ist Raub zu bejahen. Liegt zwar eine Wegnahme vor, scheitert der Raub aber an einem anderen Tatbestandsmerkmal – häufig: fehlende Absicht rechtswidriger Zueignung –, so ist räuberische Erpressung gemäß §§ 253, 255 zu prüfen. Hier setzt sich der Systemstreit zwischen Rspr. und Lit. fort.

bb) Das Opfer wird gezwungen, den Gewahrsamswechsel durch eine Handlung zu ermöglichen, ohne die der Täter die Sache nicht in seine Herrschaft bringen könnte (Öffnen eines Zahlenschlosses/Herausholen der Sache aus einem Versteck). **535**

Hier verneinen alle Ansichten Raub: Nach der Lit. ist die Wegnahme nicht erfüllt, weil in dem unverzichtbaren Mitwirkungsakt in den Gewahrsamswechsel ein – wenn auch erzwungenes – Einverständnis liegt. Die Rspr. verneint die Wegnahme, weil äußerlich ein Akt des Gebens vorliegt.[897] Nach beiden Ansichten kommt räuberische Erpressung gemäß §§ 253, 255 infrage. Die Herausgabe der Sache ist dann nach der Lit. eine „Vermögensverfügung" und nach der Rspr. ein „Handeln".

b) Eine Streitentscheidung ist erforderlich, wenn das Opfer die Sache zwar äußerlich herausgibt, der Täter sich die Sache aber auch selbst hätte nehmen können. **536**

Häufige Klausursituation: Der Beschuldigte (B) überfällt das Opfer (Z) auf offener Straße und erzwingt unter Vorhalten einer Waffe die Herausgabe von Geld. **537**

Hier sollte man mit der Rspr. Raub verneinen. Die gutachtliche Prüfung könnte wie folgt aussehen:

„I. Der Beschuldigte B könnte wegen Raubes gemäß § 249 hinreichend verdächtig sein, weil er unter Vorhalten der Waffe die Geldbörse des Z erlangte.

1. Durch Vorhalten der Waffe kündigte B gegenüber Z schlüssig an, ihn bei Nichtbefolgung seiner Anweisung zur Herausgabe des Geldes zu verletzen oder zu töten. Er hat also mit gegenwärtiger Gefahr für Leib und Leben seines Opfers gedroht.

2. Portemonnaie und Inhalt standen im Eigentum des Z, waren also für B fremde bewegliche Sachen.

3. Fraglich ist, ob das Herausgebenlassen als Wegnahme i.S.d. Raubes angesehen werden kann. Die Auslegung dieses Merkmals ist – mit Blick auf den Tatbestand der räuberischen Erpressung gemäß §§ 253, 255 – umstritten:

a) Im Schrifttum wird vielfach die Ansicht vertreten, dass sich Raub und räuberische Erpressung genauso tatbestandlich ausschlössen wie Diebstahl und Betrug. So wie der Betrug, sei auch die (räuberische) Erpressung ein Selbstschädigungsdelikt, das

897 Vgl. BGH NStZ-RR 2010, 46, 48.

als schadenstiftendes Opferverhalten eine Vermögensverfügung verlange. Könne der Genötigte aus seiner Sicht den Gewahrsamsverlust letztlich nicht verhindern, liege keine Vermögensverfügung und damit auch kein Einverständnis vor. Nach dieser Ansicht war das bloße Hergeben der Geldbörse kein Mitwirkungsakt, den B benötigte, um an das Geld zu kommen. Er hätte sich – das war nach der Situation auch für Z klar – nach Ausschalten des Opfers durch Gebrauch der Waffe das Geld auch selbst nehmen können. Demnach nahm B das Geld weg.

b) Dagegen spricht jedoch mit der Auffassung der Rspr., dass die Annahme, dass die Erpressung ein Selbstschädigungsdelikt sei, jedoch schon mit dem Gesetzeswortlaut nicht in Einklang steht. § 253 (und damit § 255) nennt als Opferverhalten auch ‚Dulden und Unterlassen', das sogar bei einem zuvor bewusstlos gemachten Opfer möglich ist. Damit ist der Parallele zum Betrug und der für Betrug und Erpressung geforderten Vermögensverfügung die juristische Grundlage entzogen. Auch psychologisch ist ein nur täuschungsbedingtes Opferverhalten nicht mit einem durch Raubmittel erzwungenen vergleichbar. Selbst ein Opfer, das sich sagt, es könne den Gewahrsamswechsel verhindern, vollzieht mangels Freiwilligkeit keine Vermögensverfügung und erteilt damit kein Einverständnis in den Gewahrsamsverlust. Die innere Willensrichtung ist kein überzeugendes Kriterium für die Definition des Tatbestandsmerkmals ‚Wegnahme' bei § 249.

Mithin ist der Wegnahmebegriff bei § 249 deliktsspezifisch zu definieren und nur dann gegeben, wenn der Nötigende sich die Sache nach dem äußeren Erscheinungsbild selbst nimmt. Das war hier nicht der Fall, weil der Zeuge Z die Geldbörse herausgab.

Hinreichender Tatverdacht für Raub scheidet aus.

II. Infrage kommt nach der hier zugrunde gelegten Rspr. aber räuberische Erpressung gemäß §§ 253, 255. ..."

3. Raubspezifischer Zusammenhang

538 Auch wenn ein Kausalzusammenhang zwischen den Raubmitteln und der Wegnahme nach h.M. nicht erforderlich ist,[898] muss die Wegnahme in einem räumlich-zeitlichen Zusammenhang zur Anwendung der Raubmittel stehen.[899] Als Voraussetzung verlangt der BGH insoweit eine **raubspezifische Einheit**. Diese ist gegeben, wenn zwischen Wegnahme und Raubmittel sowohl eine subjektiv-finale Verknüpfung als auch ein zeitlicher und räumlicher Zusammenhang bestehen. Für den räumlich-zeitlichen Zusammenhang ist nicht erforderlich, dass der Ort der Nötigungshandlung und der Ort des Gewahrsamsbruchs identisch sind, und es besteht auch kein zeitliches Höchstmaß zwischen Raubmittel und Wegnahme. Entscheidend ist vor allem, dass es zu einer – vom Täter erkannten – nötigungsbedingten Schwächung des Gewahrsamsinhabers in seiner Verteidigungsfähigkeit oder -bereitschaft kommt.[900]

Dieser Zusammenhang liegt jedenfalls vor, wenn der Täter den Widerstand des Opfers durch die Raubmittel ausschaltet und unter Ausnutzung dieser Situation die Tatbeute sogleich wegnimmt. Ist die Tatsituation aber nach einem Raubversuch abgeschlossen und nimmt der Täter – wenn auch in räumlich-zeitlichem Zusammenhang zum vorherigen Geschehen – eine Sache weg, ohne dass die Willensbeugung der

898 BGH RÜ 2018, 788, 790; Fischer § 249 Rn. 6b m.w.N.

899 BGHSt 20, 32, 33; Fischer § 249 Rn. 6a.

900 BGH RÜ 2020, 26, 27; s. auch BGH RÜ 2016, 436; RÜ 2016, 713.

Raubmittel fortwirken, ist der raubspezifische Zusammenhang und damit vollendeter Raub zu verneinen.[901]

> Der BGH scheint aktuell die objektiven Voraussetzungen und den Finalzusammenhang als raubspezifische Einheit zusammen zu prüfen. Versteht man diese aber wie ein ungeschriebenes vorsatzbedürftiges Tatbestandsmerkmal, kann man den „räumlich-zeitlichen Zusammenhang" im objektiven und den „Finalzusammenhang" im subjektiven Tatbestand darstellen. In den meisten Fällen ist der „räumlich-zeitliche Zusammenhang" ohnehin unproblematisch. Der Schwerpunkt liegt dann oftmals beim Finalzusammenhang.

4. Vorsatz

Im Zeitpunkt der Zwangsanwendung und der Wegnahme muss der Täter bezüglich der objektiven Tatbestandsmerkmale zumindest bedingten **Vorsatz** besitzen. **539**

5. Finalzusammenhang

Der Täter muss die Raubmittel einsetzen, um dadurch die Wegnahme zu ermöglichen oder zu erleichtern.[902] Dieser Finalzusammenhang setzt voraus, dass der Täter schon im Zeitpunkt des ersten Teilakts der Tat, nämlich der Nötigungshandlung, den Vorsatz für das gesamte Raubdelikt besitzt und die Nötigung als Mittel der Gewahrsamserlangung einsetzen will. Die Zwangsmittel brauchen sich dann auch nicht gegen den Gewahrsamsinhaber selbst zu richten. Auch Dritte kommen in Betracht, sofern nur der ihnen gegenüber geübte Zwang die Wegnahme erleichtern soll, z.B. die Ausschaltung einer aus Tätersicht schutzbereiten Person.[903] **540**

Unter „Nötigungshandlung" versteht man allein die auf die Herbeiführung der Zwangslage gerichtete Willensbetätigung. Solange diese Willensbetätigung andauert und der Wegnahme dient, ist der Finalzusammenhang gegeben, selbst wenn der Täter bei Beginn seiner Handlung andere Motive verfolgt hatte. Der Finalzusammenhang fehlt aber, wenn die Nötigungshandlung lediglich Begleiterscheinung der Wegnahme ist oder wenn die Wegnahme gelegentlich der Nötigungshandlung vorgenommen wird oder wenn die Wegnahme der Nötigungshandlung ohne innere Verknüpfung nur zeitlich nachfolgt.[904] Die Ausnutzung der nur noch fortwirkenden Nötigungsfolgen schließt grundsätzlich die Anwendung des § 249 aus, es sei denn, der Täter unterlässt die Beseitigung einer andauernden Zwangslage (z.B. Fesselung) und nutzt diese Gewalt durch Unterlassen zur Erleichterung der Wegnahme aus. **541**

Ausnahmsweise kann auch eine vorher zu anderen Zwecken verübte Gewalt als **Drohung weiterer Gewaltanwendung** fortwirken. Nutzt der Täter dies zur Wegnahme aus, so ist der erforderliche Finalkonnex gegeben.[905] Ist das Opfer aber nur eingeschüchtert, muss Raub verneint werden. **542**

Der Finalzusammenhang ist häufig ein **Problemschwerpunkt**. Exemplarisch: **543**

Der Beschuldigte B hat zunächst das Opfer O aus anderen Gründen geschlagen/getreten und dann – nach seiner unwiderlegbaren Einlassung – aufgrund eines sponta-

901 Vgl. BGH RÜ 2016, 436.

902 Zuletzt BGH RÜ 2020, 16, 17; s. auch Fischer § 249 Rn. 6b ff. m.w.N.

903 Statt vieler BGH RÜ 2018, 788, 790.

904 BGH RÜ 2022, 581, 582.

905 St.Rspr., vgl. BGH NStR-RR 2002, 304; BGH, Beschl. v. 17.03.2004 – 2 StR 516/03, BeckRS 2004, 4024; BGH NStZ-RR 2021, 245; BGH, Beschl. v. 07.11.2023 – 4 StR 115/23, BeckRS 2024, 42083.

nen Entschlusses dem am Boden Liegenden Geld weggenommen. O ließ dies aus Angst vor weiteren Misshandlungen geschehen.

Hier ist Raub im Gutachten zweimal zu prüfen und im Ergebnis zu verneinen:[906]

„I. B könnte wegen Raubes gemäß § 249 hinreichend verdächtig sein, indem er auf O körperlich einwirkte.

Die Faustschläge und Tritte waren Personengewalt. Auch hat B das im Eigentum des O stehende Geld durch die eigenmächtige Gewahrsamserlangung nach allen hierzu vertretenen Auslegungen weggenommen.

Zwischen dem Zwangsmittel und der Wegnahme beim Raub muss aber eine finale Verknüpfung bestehen, d.h. der Täter muss den Willen haben, das Raubmittel zur Ermöglichung der Wegnahme einzusetzen. Dieser Finalzusammenhang fehlt, wenn der Täter den Entschluss zur Wegnahme erst nach Abschluss der Anwendung von Zwangsmitteln fasst. B hat sich nach seiner Einlassung erst nach der letzten Gewaltanwendung zur Wegnahme entschlossen. Diese Einlassung ist glaubhaft ... Raub durch die Gewaltanwendung ist damit zu verneinen.

II. Fraglich ist, ob die Ausnutzung der Einschüchterung des O hinreichenden Tatverdacht für Raub gemäß § 249 begründet.

Zu diesem Zeitpunkt hat B keine neuen Gewalthandlungen begangen.

Zwar kann eine zuvor geübte Gewalt als aktuelle Drohung erneuter Gewaltanwendung den Raubtatbestand erfüllen, wenn der Täter diesen Umstand bewusst dazu ausnutzt, dem Opfer, das sich dagegen nicht mehr zu wehren wagt, die Beute wegzunehmen. Eine Äußerung oder sonstige Handlung des B vor oder bei der Wegnahme, die eine – eventuell konkludent auf die vorausgehende Gewaltausübung Bezug nehmende – Drohung mit weiterer Gewalt beinhaltet, ist aber nicht festgestellt.

Allein der Umstand, dass die Wirkungen der ohne Wegnahmeabsicht ausgeübten Gewalt noch andauern und der Täter dies ausnutzt, genügt für die Annahme eines Raubes nicht. Hinreichender Tatverdacht für Raub besteht nicht."

Gegeben ist Diebstahl im besonders schweren Fall nach §§ 242, 243 Abs. 1 S. 2 Nr. 6, tatmehrheitlich mit Körperverletzung gemäß § 223, ggf. § 224.

6. Absicht rechtswidriger Zueignung

544 Subjektiv ist ferner die Absicht rechtswidriger Zueignung erforderlich. Hier gilt dasselbe wie beim Diebstahl. Wie dort ist der subjektive Tatbestand insbesondere zu **verneinen**, wenn der Täter:

a) nur vorübergehende Aneignungsabsicht, aber keinen Willen zur dauernden Enteignung hat (s.o. Rn. 379),

b) die Sache nur als Druckmittel an sich bringt (s.o. Rn. 387)

c) Bargeld an sich bringt, um damit eine bestehende Geldschuld zu befriedigen (s.o. Rn. 391)

In diesen Fällen muss nach Verneinung des § 249 räuberische Erpressung geprüft werden.

---

906 Vgl. BGH NStZ-RR 2013, 45.

II. Schwerer und besonders schwerer Raub, § 250

§ 250 enthält zwei Qualifikationsstufen, wobei in der Klausur mit der schwereren Qualifikation zu beginnen ist. 545

1. In § 250 Abs. 1 sind als schwerer Raub Tatvarianten aufgelistet, die die Strafe auf mindestens drei Jahre Freiheitsstrafe anheben, nämlich 546

a) das vorsätzliche Beisichführen von Waffen und gefährlichen Werkzeugen (Nr. 1a) (s. dazu oben Rn. 394 ff.),

b) das vorsätzliche Beisichführen sonstiger ungefährlicher Werkzeuge in Gebrauchsabsicht (Nr. 1b);[907] auch hier sind jedoch evident ungefährliche Mittel nicht strafschärfend (s.o. Rn. 402),

c) die vorsätzliche Herbeiführung einer konkreten Gesundheitsgefährdung (Nr. 1c) oder

d) die bandenmäßige Begehung (Nr. 2).

2. § 250 Abs. 2 enthält die Strafschärfungen für den sog. besonders schweren Raub und erhöht die Mindeststrafe auf fünf Jahre Freiheitsstrafe insbesondere bei Verwendung von Waffen oder gefährlichen Werkzeugen (Nr. 1). Die Verwendung sonstiger Werkzeuge oder Mittel i.S.d. Abs. 1 Nr. 1b unterfällt nicht der Strafschärfung des Abs. 2.[908] 547

Das Merkmal des **Verwendens** setzt voraus, dass der fragliche Gegenstand tatsächlich als Mittel der Personengewalt oder qualifizierten Drohung eingesetzt wird.[909] Nach h.M. genügt für das Verwenden ein visuelles sowie auch ein taktiles Wahrnehmen durch das Opfer; nach BGH reicht es sogar aus, wenn der Täter verbal im Rahmen der Drohung auf die Waffe bzw. das gefährliche Werkzeug hinweist und das Opfer es insoweit nur durch die Täteräußerung wahrnimmt.[910] Nicht erforderlich ist, dass der Einsatz des objektiv gefährlichen Tatmittels eine konkrete Gefahr erheblicher Verletzungen herbeiführt. Wird § 250 Abs. 2 Nr. 1 bejaht, muss § 250 Abs. 1 Nr. 1a nicht mehr geprüft werden, da das Verwenden immer auch ein Beisichführen voraussetzt und der bereits zu § 244 Abs. 1 Nr. 1a Alt. 2 bekannte Streit über die Auslegung des Merkmals nicht relevant wird. 548

Vorsicht Klausurfalle: § 250 kann auch nach Vollendung und vor Beendigung des Raubes als sog. sukzessive Qualifikation verwirklicht werden.[911] Einschränkend verlangt aber die Rspr., dass der Täter dann immer noch Zueignungswillen besitzt. § 250 ist also nicht mehr erfüllt, wenn der Täter vor der Sicherung des Gewahrsams das Opfer nur aus Aggressionswillen angreift.[912]

III. Raub mit Todesfolge, § 251

Diese Erfolgsqualifikation droht bei Raub mit wenigstens leichtfertiger Todesfolge lebenslange oder mindestens zehnjährige Freiheitsstrafe an. Hat der Täter sogar vorsätzlich getötet, tritt § 251 in Tateinheit zum Tötungsdelikt (i.d.R. Mord). 549

---

907 Vgl. zur „Luftpumpe" BGH RÜ 2023, 512.

908 Vgl. aber zur strafschärfenden Wirkung in der Strafzumessung BGH, Beschl. v. 20.07.2022 – 2 StR 34/22, BeckRS 2022, 22146.

909 BGH RÜ 2019, 176.

910 BGH RÜ 2020, 651, 653.

911 BGH RÜ 2024, 510 u. 623.

912 BGHSt 53, 234; BGH NJW 2008, 3651.

Der Tod muss „durch den Raub" eintreten. Dieser **tatbestandsspezifische Gefahrzusammenhang**, den der BGH tendenziell weit auslegt, ist häufig Klausurschwerpunkt. Nach der Rspr. des BGH ist der Gefahrzusammenhang z.B. nicht ausgeschlossen, wenn der Täter ohne das Ziel der Beuteerlangung oder -sicherung handelt, sondern aus Frust über die nur geringe Beute das Opfer körperlich angreift und es dadurch zu Tode bringt.[913] Auch wird der Gefahrzusammenhang nicht dadurch unterbrochen, dass die behandelnden Ärzte wegen einer wirksamen Patientenverfügung in rechtmäßiger Weise von einer Weiterbehandlung des moribunden Raubopfers absehen.[914]

Achtung: Allerdings verneint der BGH den Gefahrzusammenhang, wenn der Täter erkennt, dass der Raubversuch fehlgeschlagen ist, und dann aus Frust das Opfer brutal misshandelt.[915] Nach Abschluss des Raubversuchs greift § 251 also nicht mehr.

Der BGH verzichtet bei Herbeiführung des Todes in der Beendigungsphase, also nach Vollendung des Raubs, weiterhin – anders als bei den Qualifikationen nach § 250 – darauf, dass der Täter mit Zueignungs- oder Bereicherungsabsicht handelt. Vielmehr ist danach für den tatbestandsspezifischen Gefahrzusammenhang ausreichend, dass der Tod vor Tatbeendigung durch eine Handlung zur Fluchtermöglichung eintritt.[916]

550 Beruht bei **mehreren Tatbeteiligten** der Tod auf einem Mittäterexzess, sind die übrigen Beteiligten nach § 251 nur strafbar, wenn sie zumindest auch bedingten Vorsatz hinsichtlich des Nötigungsmittels haben.[917]

B. Erpressung, §§ 253, 255

551 Die Erpressung ist eine Kombination aus der Nötigung mit den Elementen des Vermögensnachteils und der Absicht rechtswidriger Bereicherung aus dem Betrug.

Grunddelikt ist § 253. Dessen Abs. 2 enthält dieselbe Rechtswidrigkeitsregel wie § 240 Abs. 2. Die Rechtswidrigkeit muss also bei der einfachen Erpressung positiv festgestellt werden und ist nicht schon durch die Tatbestandsverwirklichung indiziert. Bloße Strafzumessungsvorschrift der einfachen Erpressung ist § 253 Abs. 4, der als Regelbeispiele die gewerbsmäßige oder bandenmäßige Begehung nennt.

Qualifiziert ist die **räuberische Erpressung** gemäß **§§ 253, 255**, wenn der Täter Raubmittel einsetzt. Durch die Rechtsfolge „gleich einem Räuber zu bestrafen" verweist § 255 nicht nur auf den Strafrahmen des Raubes, sondern eröffnet auch dessen Qualifikationen gemäß § 250 und § 251.

Besondere Strafverfolgungsvoraussetzungen existieren bei der Erpressung nicht.

---

913 BGH RÜ 2021, 28.

914 BGH RÜ 2021, 24.

915 BGH RÜ 2019, 645.

916 BGH NStZ 2017, 638; RÜ 2016, 785; 2021, 28; kritisch Fischer § 251 Rn. 5 m.w.N.

917 BGH RÜ 2020, 372, 373.

I. Grunddelikt, § 253

552

Aufbauschema: Einfache Erpressung, § 253
■ Tatbestand
▪ Nötigungsmittel
▪ dadurch Handeln/Dulden/Unterlassen
▪ dadurch Vermögensnachteil
▪ erpressungsspezifischer Zusammenhang
▪ Vorsatz mit Finalzusammenhang
▪ Absicht stoffgleicher (ungeschriebenes Tatbestandsmerkmal) Bereicherung
▪ objektive und subjektive Rechtswidrigkeit der Bereicherung
■ Rechtswidrigkeit, insbesondere Verwerflichkeit gemäß § 253 Abs. 2
■ Schuld

1. Nötigungsmittel

Der äußere Tatbestand der einfachen Erpressung entspricht nach seinem Wortlaut dem der Nötigung gemäß § 240 Abs. 1. Da Gewalt gegen eine Person und Drohung mit gegenwärtiger Gefahr für Leib oder Leben von § 255 erfasst wird, bleibt für die einfache Erpressung nur Gewalt gegen Sachen und die Drohung mit einem empfindlichen Übel.[918] Bei der Drohung taucht oft das Problem auf, dass der Täter ein Unterlassen ankündigt (s.u. Rn. 676). 553

Beachten Sie: Wie beim Raub muss derjenige, den das Übel trifft, nicht identisch mit demjenigen sein, der genötigt werden soll („Nötigungsdreieck"). Im Gegensatz zum „Schädigungsdreieck" (auseinanderfallen von Genötigtem und Geschädigtem) bedarf es nach h.M. hier keiner besonderen „Nähebeziehung".[919]

2. Opferverhalten Handeln, Dulden, Unterlassen

Die Tathandlung muss beim Opfer zu einer Handlung, Duldung oder Unterlassung mit vermögensmindernder Wirkung führen. Theoretisch wird schon hier die Frage bedeutsam, ob jedes Opferverhalten genügt, wie die Rspr. annimmt oder ob das Verhalten den Charakter einer Vermögensverfügung besitzen muss, wie im Schrifttum vertreten.[920] 554

In den Assessorklausuren wird sich dieses Problem aber kaum stellen. In den meisten Fällen will der Erpresser eine Vermögensdisposition, die er selbst nicht vornehmen könnte (z.B. bei der Lösegelderpressung). Diese Mitwirkung ist nach allen Ansichten ausreichend.

3. Vermögensnachteil

a) Es muss zu einer **Vermögensminderung** kommen, die auch nicht durch ein unmittelbar zufließendes vermögenswertes **Äquivalent ausgeglichen** wird. Es gelten dieselben Grundsätze wie beim Betrug (s.o. Rn. 449 ff.). Daher kann auch schon eine konkrete Vermögensgefährdung ein Vermögensnachteil sein. 555

918 Fischer § 253 Rn. 4 f.

919 BGH RÜ 2020, 95.

920 So etwa Fischer § 253 Rn. 14 m.w.N.

556 **Häufiger Klausurfall: Der Täter erreicht durch Drohungen, dass ihm das Opfer seine Girocard aushändigt und die PIN nennt.**

Von diesem Zeitpunkt an hat der Täter den jederzeitigen Zugriff auf fremdes Vermögen; die Erpressung ist bereits damit vollendet.[921]

Aber: Ist das **Konto** des Karteninhabers **nicht gedeckt** und ist deshalb eine Geldauszahlung ausgeschlossen, ist noch keine konkrete Vermögensminderung eingetreten. Der Täter, der von einer Auszahlung ausgeht, hat die (räuberische) Erpressung erst versucht.[922]

557 **b)** Ebenso wie beim Betrug können auch bei der Erpressung (und räuberischen Erpressung) der Genötigte und der Geschädigte personenverschieden sein. Eine **„Dreiecks-Erpressung"** liegt in solchen Fällen nach allgemeiner Ansicht aber nur dann vor, wenn der Genötigte während der Verfügung in einer **Nähebeziehung** zum Geschädigten steht,[923] wobei ähnlich wie beim Betrug streitig ist, wie diese Nähebeziehung im Einzelnen ausgestaltet sein muss (s.o. Rn. 467 ff.).

RÜ-Video 05/20

4. Absicht rechtswidriger und stoffgleicher Bereicherung

558 **a)** Das Erfordernis der Absicht rechtswidriger Bereicherung entspricht vollständig dem des Betruges. Dem Täter muss es durch die Tat also um eine Verbesserung des eigenen oder des Vermögens eines Dritten gehen; ferner muss zwischen der Herbeiführung des Vermögensnachteils und der Bereicherung **Stoffgleichheit** bestehen.

559 **b)** Die erstrebte Bereicherung muss zudem objektiv rechtswidrig sein. Daran fehlt es, **wenn die vom Täter erstrebte Vermögensverschiebung objektiv von der Vermögensordnung gedeckt ist.**[924] Das gilt auch, wenn sich der Täter durch Zwang eine Sicherheit (Wechsel, Schuldschein oder Pfandsache) verschafft, um damit die Forderung leichter beitreiben zu können.[925] **Subjektiv** muss der Täter die Umstände der Rechtswidrigkeit kennen; ferner muss er zumindest laienhaft richtig erkennen, dass die geplante vermögensmäßige Besserstellung von der Vermögensordnung nicht gedeckt ist.[926]

560 **c)** Besonders häufig sind sog. **Selbsthilfeerpressungen**.

561 **aa) Der Täter (A) hat einen Zahlungsanspruch und setzt ihn mit Nötigungsmitteln durch, indem er dem Opfer (O) Bargeld wegnimmt/sich geben lässt.**

Wendet der Täter Raubmittel an, ist zunächst Raub gemäß § 249 an dem Geld zu prüfen, aber spätestens wegen fehlenden Vorsatzes der Rechtswidrigkeit der erstrebten Zueignung zu verneinen (s.o. Rn. 391). Bei der anschließenden Prüfung der (räuberischen) Erpressung ist beim Tatbestandsmerkmal des Schadens bzw. der Rechtswidrigkeit der erstrebten Bereicherung zu fragen, ob dem Täter ein Anspruch zustand. Ist dies der Fall, können Sie weiter schreiben:

„Durch die Erlangung des Geldes seitens A wurde O von dieser Verbindlichkeit befreit. Erwägenswert ist, in dieser Befreiung ein vermögenswertes Äquivalent zu sehen, das bereits den Vermögensschaden ausschließt. Jedenfalls stand damit die von A erstrebte Bereicherung objektiv nicht mehr im Widerspruch zur Rechtsordnung, war also nicht rechtswidrig. (Räuberische) Erpressung entfällt."

---

921 BGH NStZ-RR 2004, 333.

922 BGH RÜ 2011, 97.

923 BGH RÜ 2020, 310 mit RÜ-Video 05/2020 unter t1p.de/159s.

924 Vgl. BGH StV 1990, 205; BGH RÜ 2023, 306.

925 BGH NStZ 2009, 386.

926 Vgl. BGHSt 48, 322, 328; BGH NStZ 2017, 465.

Weiterzuprüfen und zu bejahen ist Nötigung gemäß § 240, denn auch ein bestehender Zahlungsanspruch darf nicht mit Zwang befriedigt werden.[927]

bb) Der Täter (A) hat einen Zahlungsanspruch und setzt ihn mit Nötigungsmitteln durch, indem er dem Opfer (O) einen Wertgegenstand als Pfand wegnimmt/ sich geben lässt. **562**

Auch hier ist bei Einsatz erheblichen Zwangs zunächst Raub gemäß § 249 zu prüfen, aber spätestens mangels Zueignungsabsicht am Tatobjekt zu verneinen (s.o. Rn. 391). Bei der (räuberischen) Erpressung ergibt sich der Schaden aus dem Besitzverlust und der damit eingehenden Gefährdung des Eigentums an dem „Pfandobjekt". Es fehlt aber an der Absicht rechtswidriger Bereicherung:

„Der Besitz an dem Pfandobjekt hatte für A keinen eigenständigen Vermögenswert. Insofern war also eine stoffgleiche Bereicherung nicht erstrebt. Die Bereicherung sollte in der Zahlung des Geldbetrages liegen. A hatte jedoch aus ... einen Anspruch auf diese Zahlung. Diese vermögensmäßige Besserstellung war weder stoffgleich mit dem Vermögensschaden des O, noch rechtswidrig. (Räuberische) Erpressung ist zu verneinen."

Weiterzuprüfen und zu bejahen ist Nötigung gemäß § 240.[928]

cc) Der Beschuldigte (A) hat objektiv keinen Zahlungsanspruch – z.B. aus dem Verkauf von Drogen – glaubt aber einen solchen zu haben und lässt sich von dem Opfer (O) Bargeld geben in dem Bewusstsein, gerichtlich nicht an das Geld zu kommen. **563**

Ist Raub zu verneinen, ist im Rahmen der (räuberischen) Erpressung beim Merkmal des Schadens auszuführen, warum objektiv kein Zahlungsanspruch bestand. Begründungsaufwand besteht auch bei der Frage, ob der erforderliche Vorsatz der Rechtswidrigkeit der Bereicherung gegeben war:[929]

„Ein Zahlungsanspruch aus Kaufvertrag bestand hier nicht, da dieser gemäß § 134 BGB i.V.m. § 29 BtMG als Verbotsgesetz nichtig ist. Ein Wertersatzanspruch für die ohne Rechtsgrund geleisteten Drogen (§ 812 Abs. 1 S. 1 Alt. 1 i.V.m. § 818 Abs. 2 BGB) ist wegen beiderseitigen Sittenverstoßes gemäß § 817 S. 2 BGB ausgeschlossen. Auch sonstige Schadensersatzansprüche auf Wertersatz – etwa aus § 826 BGB oder §§ 989, 990 BGB, jeweils i.V.m. § 251 BGB – scheiden nach Ansicht des BGH aus. Da § 251 BGB an die Stelle der nicht mehr möglichen Naturalherstellung gemäß § 249 BGB tritt, die Naturalherstellung (Rückgabe der Drogen) aber nach § 29 BtMG verboten wäre, ist auch die Geltendmachung eines Schadensersatzanspruchs zur Herbeiführung eines derartigen rechtswidrigen Zustandes mit Treu und Glauben unvereinbar. Durch das Abpressen des Geldes ist O also geschädigt worden und A erstrebte objektiv eine stoffgleiche und rechtswidrige Bereicherung.

Fraglich ist, ob auch Vorsatz des A für die Rechtswidrigkeit der Bereicherung angenommen werden kann. Da die Rechtswidrigkeit der Bereicherung ein normativ geprägtes

927 Vgl. BGH RÜ 2022, 573, 578.
928 Vgl. BGH RÜ 2018, 582.
929 Vgl. dazu auch BGH RÜ 2008, 643, 645.

Merkmal ist, muss der Täter nur die richtige Parallelwertung in der Laiensphäre vornehmen. Entscheidend ist, ob er sich vorstellt, einen Anspruch zu haben, der auch von der Rechtsordnung anerkannt wird und er seine Forderung demgemäß mit gerichtlicher Hilfe in einem Zivilprozess durchsetzen könnte. Vorliegend trieb A gerade deshalb eigenmächtig die vermeintliche ‚Schuld' ein, weil ihm klar war, dass er – gerade wegen der Nichtigkeit des Drogengeschäfts – mit einer Zahlungsklage vor Gericht gescheitert wäre. Damit hatte er trotz der Annahme einer Forderung die ausreichende laienhafte Parallelwertung der Rechtswidrigkeit der bezweckten Vermögensverschiebung. Auch der Vorsatz für die Rechtswidrigkeit der erstrebten Bereicherung ist zu bejahen."

II. Räuberische Erpressung, §§ 253, 255

564 Im Unterschied zur einfachen Erpressung muss der Täter einer räuberischen Erpressung die Tatmittel des Raubes einsetzen, also Gewalt gegen eine Person oder Drohung mit gegenwärtiger Gefahr für Leib oder Leben. Der Tatbestand ist im Übrigen identisch mit § 253. Die Verwerflichkeitsklausel des § 253 Abs. 2 hat bei der räuberischen Erpressung keine Bedeutung. Hier ergibt sich die Indizwirkung der Rechtswidrigkeit schon aus der Erfüllung des Verbrechenstatbestandes.

Aufbauschema: Räuberische Erpressung, §§ 253, 255

- Tatbestand
  - Raubmittel
  - dadurch Handeln/Dulden/Unterlassen
  - dadurch Vermögensnachteil
  - erpressungsspezifischer Zusammenhang
  - Vorsatz mit Finalzusammenhang
  - Absicht stoffgleicher (ungeschriebenes Tatbestandsmerkmal) Bereicherung
  - objektive und subjektive Rechtswidrigkeit der Bereicherung
- Rechtswidrigkeit
- Schuld

565 War das Tatobjekt eine täterfremde Sache, setzt sich der Systemstreit zwischen Lit. und Rspr. zum Verhältnis von Raub und räuberischer Erpressung bei der Prüfung der §§ 253, 255 fort. Gehen wir dazu noch einmal auf die schon im Zusammenhang mit dem Raub dargestellten Fallgruppen zurück:

566 **1. Das Opfer wird durch willensausschließende oder durch willensbeugende Gewalt bzw. durch qualifizierte Drohung gezwungen zu dulden, dass der Täter selbst den Sachherrschaftswechsel vornimmt** (s.o. Rn. 534).

Hier liegt nach allen Ansichten eine Wegnahme vor. Ist Raub gemäß § 249 aus anderen Gründen zu verneinen, insbesondere wegen fehlender Absicht rechtswidriger Zueignung, muss man bei §§ 253, 255 darstellen, was unter „Handeln, Dulden, Unterlassen" bei der Erpressung zu verstehen ist. Das Schrifttum, das die Erpressung als Selbstschädigungsdelikt begreift, verlangt vielfach als Opferverhalten eine „Vermögensverfügung".[930] Die mitwirkungslose Duldung einer Wegnahme erfüllt diese Anforderung nicht. Auch räuberische Erpressung ist danach ausgeschlossen.

930 Fischer § 253 Rn. 14 m.w.N., § 255 Rn. 5.

Nach der Rspr. dagegen ist § 249 nur lex specialis zur räuberischen Erpressung. Daher kann trotz Bejahung einer Wegnahme und Verneinung des Raubes immer noch räuberische Erpressung zu bejahen sein, weil in einer Wegnahme i.S.v. § 249 eine „Duldung" i.S.d. §§ 253, 255 liegen kann.

Die Stellungnahme – am besten zugunsten der Rspr. (dazu oben Rn. 532) – findet jetzt im Rahmen von §§ 253, 255 statt.

2. Das Opfer wird gezwungen, den Gewahrsamswechsel durch eine Handlung zu ermöglichen, ohne die der Täter die Sache nicht in seine Herrschaft bringen könnte (Öffnen eines Zahlenschlosses/Herausholen der Sache aus einem Versteck) (s.o. Rn. 535). **567**

Hier scheidet nach allen Ansichten Raub aus. Nach der Lit. liegt in der Mitwirkung eine „Vermögensverfügung", nach der Rspr. äußerlich ein „Geben" also eine „Handlung" i.S.d. §§ 253, 255. Eine Stellungnahme ist entbehrlich.

3. Der Beschuldigte (B) hat das Opfer (Z) auf offener Straße überfallen und erzwingt unter Vorhalten einer Waffe die Herausgabe von Geld (s.o. Rn. 537). **568**

Hier haben Sie schon beim Raub den Meinungsstreit zugunsten der Rspr. entschieden. Bei der Prüfung der räuberischen Erpressung können Sie ohne Weiteres mit der Hergabe des Geldes eine „Handlung" i.S.d. §§ 253, 255 bejahen.

III. Qualifikationen, §§ 250, 251

Wie schon eingangs ausgeführt, eröffnet die Formulierung in § 255: „Gleich einem Räuber zu bestrafen" auch den Anwendungsbereich der §§ 250, 251. Es gibt also auch die schwere räuberische Erpressung nach §§ 253, 255, 250 Abs. 1, die besonders schwere räuberische Erpressung gemäß §§ 253, 255, 250 Abs. 2 und die räuberische Erpressung mit Todesfolge gemäß §§ 253, 255, 251. **569**

Vorsicht bei straferhöhenden Umständen in der Beendigungsphase! Wie beim Raub ist auch bei der räuberischen Erpressung § 250 nur erfüllt, wenn der Täter in diesem Zeitraum noch Bereicherungsabsicht besitzt.[931]

C. Räuberischer Diebstahl, § 252

Bei diesem Verbrechen zum Schutz von Willensfreiheit und Eigentum werden Raubmittel nicht zur Gewahrsamserlangung, sondern zur Verteidigung der Tatbeute eingesetzt. **570**

Wegen der gesetzlichen Anordnung „gleich einem Räuber zu bestrafen" ist nicht nur der Strafrahmen derselbe, sondern §§ 250, 251 gelten auch für den räuberischen Diebstahl.

Besondere Strafverfolgungsvoraussetzungen bestehen auch bei § 252 nicht.

931 BGH RÜ 2009, 779.

Aufbauschema: Räuberischer Diebstahl, § 252
■ Tatbestand ▪ Vortat: Diebstahl des Täters und auf frischer Tat betroffen ▪ Raubmittel bei der Tat ▪ Vorsatz ▪ Beutesicherungsabsicht ■ Rechtswidrigkeit ■ Schuld

I. Vortat

571 Vortat muss ein Diebstahl oder ein diesen einschließender Raub sein, wobei nach der Rspr. des BGH auch eine räuberische Erpressung in Betracht kommen kann. Hierbei muss der Täter auf frischer Tat betroffen werden. Frisch ist die Vortat nur, wenn zur Wegnahmehandlung ein enger räumlicher und zeitlicher Zusammenhang besteht.[932] Beim Betreffen in unmittelbarer Nähe zum Tatort ist allein auf das tatsächliche räumlich-zeitliche Zusammentreffen zwischen Täter und Opfer abzustellen, unabhängig davon, ob der Tatunbeteiligte den Dieb sinnlich wahrnimmt oder nicht bzw. ob der Täter tatsächlich als Tatverdächtiger erkannt wurde.[933]

II. Raubmittel bei der Tat

572 Der Täter muss Personengewalt oder Drohung mit gegenwärtiger Leibes- oder Lebensgefahr gegen eine potenziell schutzbereite Person verüben. Hinsichtlich der Tatmittel gilt dasselbe wie beim Raub (s.o. Rn. 525 ff.).

Zeitlich muss sich der Täter immer noch „bei" dem Diebstahl befinden. In Abgrenzung zum Raub muss dafür der Diebstahl bereits **vollendet**, darf aber **noch nicht beendet** sein; der Täter darf also noch keinen gesicherten Gewahrsam haben.[934]

III. Beutesicherungsabsicht

573 Neben dem Vorsatz muss der Täter die Absicht besitzen, sich im Besitz des gestohlenen Gutes zu halten. Da es um eine Erhaltung des Beutebesitzes als tatsächlicher Sachherrschaft geht, kann nur derjenige diese Absicht besitzen, der in seiner Person die tatsächliche Sachherrschaft ausübt oder dem als Täter des Diebstahls der Beutebesitz eines anderen Diebstahlsbeteiligten zugerechnet werden kann.[935] Streitig ist, ob der die Beute nicht besitzende Diebesgehilfe, der diese gewaltsam nur für den Haupttäter verteidigt, Beutesicherungsabsicht hat. Bei strenger Wortlautauslegung ist dies abzulehnen, weil – anders als bei der Zueignungsabsicht – bei § 252 eine Handlung zugunsten eines Dritten nicht tatbestandsmäßig ist.[936]

Außerdem verlangt die Absicht der Beutesicherung auch fortbestehenden Zueignungswillen. Der Täter, der die Sache nur deshalb unter Einsatz qualifizierter Zwangsmittel in seinem Gewahrsam behalten will, um sie später als Beweismittel beseitigen

932 Fischer § 252 Rn. 5; BGH RÜ 2023, 514.
933 Fischer § 252 Rn. 6.
934 BGHSt 22, 230; Fischer § 252 Rn. 4.
935 Fischer § 252 Rn. 9, 9a.
936 Vgl. Fischer § 252 Rn. 9a.

zu können, handelt ohne diese Absicht. Auch wenn das Motiv des Täters, sich der Strafverfolgung zu entziehen, seine Beutesicherungsabsicht ganz verdrängt, ist § 252 ausgeschlossen.[937]

D. Erpresserischer Menschenraub, § 239a

Hierbei handelt es sich um einen speziellen Fall der Freiheitsberaubung in Form des „Kidnappings". Die Norm ist in den Hauptanwendungsfällen des Entführens oder Sichbemächtigens ein zweiaktiges Delikt, bei dem der zweite Akt der Erpressung nur als Zielvorstellung im subjektiven Tatbestand, als sog. überschießende Innentendenz vorhanden ist. **574**

Kommt es nach der Entführung oder nach dem Sichbemächtigen zur Erpressung oder zum Erpressungsversuch, so steht diese zu § 239a in Tateinheit.

Verursacht der Täter durch die Tat wenigstens leichtfertig den Tod des Opfers, ist gemäß § 239a Abs. 3 auf lebenslange Freiheitsstrafe oder auf Freiheitsstrafe nicht unter zehn Jahren zu erkennen.

Aufbauschema: Erpresserischer Menschenraub, § 239a Abs. 1 Alt. 1

- Tatbestand
  - Entführen/Sichbemächtigen eines anderen
  - Vorsatz
  - Erpresserische Absicht
  - Ausnutzungsabsicht
- Rechtswidrigkeit
- Schuld

I. Tathandlungen

Das Gesetz nennt zunächst das **Entführen** als Verbringen an einen Ort, an dem das Opfer dem ungehemmten Einfluss des Täters preisgegeben ist. Die Ortsveränderung kann auch durch List bewirkt werden.[938] **575**

Häufiger ist das **Sichbemächtigen** als physische Machtausübung über einen Menschen ohne Ortsveränderung. Dies kann auch durch Vorhalten einer Waffe oder sogar einer Scheinwaffe geschehen.[939] Auch wenn die physische Herrschaft über das Opfer zeitweilig unterbrochen wird, kann das Sichbemächtigen durch eine psychisch vermittelte Zwangslage fortbestehen.[940]

II. Erpresserische Absicht

Der subjektive Tatbestand verlangt neben dem Vorsatz, dass der Täter in der Absicht handelt, die Sorge des Opfers um sein Wohl oder die Sorge eines Dritten um das Wohl des Opfers zu einer Erpressung auszunutzen. Diese Absicht ist nach der Konzeption der Rspr. auch gegeben, wenn der Täter einen Raub begehen will, weil danach in jedem Raub auch eine räuberische Erpressung steckt. **576**

937 Fischer § 252 Rn. 9.

938 BGH RÜ 2025, 151.

939 BGH NStZ 2002, 31; kritisch Fischer § 239a Rn. 4b.

940 BGH RÜ 2019, 435.

Handelt der Täter ohne die Absicht rechtswidriger Zueignung oder Bereicherung (z.B. weil er eine fällige Forderung eintreiben will), so entfällt auch § 239a; infrage kommt dann aber immer noch **§ 239b**!

III. Ausnutzungsabsicht und restriktive Auslegung im Zwei-Personen-Verhältnis

577 Bei Einführung der Norm, zeitgleich zur Geiselnahme gemäß § 239b, war erpresserischer Menschenraub nur dann erfüllt, wenn eine dritte Person zu einer Vermögensverfügung gezwungen werden sollte. Später wurde der Anwendungsbereich auf Zwei-Personen-Beziehungen erweitert. Folglich wären sogar Straßenräubereien unter § 239a mit seiner rigiden Strafdrohung von mindestens fünf Jahren Freiheitsstrafe zu subsumieren. Um zu verhindern, dass dadurch der Vorfeldtatbestand des § 239a überdehnt und das eigentliche Zieldelikt des Raubes oder der räuberischen Erpressung verdrängt wird, verlangt der BGH seit langem eine Restriktion insbesondere für solche Zwei-Personen-Beziehungen in § 239a (und § 239b).[941] **Das Ausnutzen setzt danach eine stabilisierte Zwangslage und einen zeitlich funktionalen Zusammenhang zwischen der Erlangung der Herrschaft und dem Erpressungsziel voraus.**[942]

578 **1.** Eine stabilisierte Zwangslage ist bei der Entführung des Opfers in Erpressungsabsicht in der Regel durch die Ortsveränderung gegeben. In den Fällen des Sichbemächtigens fehlt sie, wenn die Mittel, mit denen der Täter die Herrschaft über das Opfer erlangt (durch Gewaltanwendung oder Drohung) zugleich die Zwangsmittel sind, durch die der Täter sein eigentliches Tatziel erreichen will, wenn also Bemächtigungslage und Erpressungsmittel zusammenfallen; im Übrigen soll für die Stabilisierung jede darüber hinausgehende Drucksituation genügen.

579 **2.** Ein zeitlich funktionaler Zusammenhang ist nur gegeben, wenn nach dem Täterplan das abgenötigte Opferverhalten noch während der durch das Entführen oder Sichbemächtigen geschaffenen Zwangslage vorgenommen werden soll. Daran fehlt es, wenn das Opferverhalten erst zu einem Zeitpunkt beginnen soll, zu dem die physische Herrschaft durch den Täter bereits beendet ist.

E. Räuberischer Angriff auf Kraftfahrer, § 316a

580 Die Vorschrift schützt sowohl die Sicherheit des Straßenverkehrs als auch das Vermögen. Gesetzgeberische Intention war es, Führer und Mitfahrer von Kraftfahrzeugen davor zu schützen, gerade wegen ihrer Teilnahme am Straßenverkehr leichter Opfer von räuberischen Angriffen zu werden. Rechtsfolge des § 316a Abs. 1 ist Freiheitsstrafe von mindestens fünf Jahren. Verwirklicht der Täter seine räuberische Absicht oder setzt er unmittelbar zu einer Raubtat an, so steht diese in Tateinheit zu § 316a.

Eine Erfolgsqualifikation enthält § 316a Abs. 3 bei zumindest leichtfertiger Todesverursachung eines Menschen.

§ 316a wird in Klausuren leider allzu oft übersehen. Also: Wenn der Täter Raubmittel einsetzt und der Fall rund um ein Kraftfahrzeug spielt, ist § 316a zu prüfen!

941 BGH RÜ 2023, 32.

942 BGHSt 40, 355; Fischer § 239a Rn. 7 ff.; BGH RÜ 2022, 102.

Aufbauschema: Räuberischer Angriff auf Kraftfahrer, § 316a Abs. 1

- Tatbestand
  - Tatopfer
  - Angriff auf Leib/Leben/Entschlussfreiheit
  - Ausnutzung der besonderen Straßenverkehrsverhältnisse
  - Vorsatz
  - Räuberische Absicht
- Rechtswidrigkeit
- Schuld

I. Tatopfer

Das Opfer der Tat muss – im Zeitpunkt der Tathandlung – **Führer oder Mitfahrer eines Kraftfahrzeugs** sein. Führer eines Kraftfahrzeugs ist, wer das Fahrzeug in Bewegung zu setzen beginnt, es in Bewegung hält oder allgemein mit dem Betrieb des Fahrzeugs oder mit der Bewältigung von Verkehrsvorgängen beschäftigt ist.[943] Diese Eigenschaft endet, wenn das Fahrzeug verlassen worden ist oder wenn der Motor ausgeschaltet ist.[944] Mitfahrer ist eine im Fahrzeug befindliche Person, solange ein anderer nach der vorgenannten Definition Führer des Kraftfahrzeugs ist.[945] 581

II. Angriff auf Leib, Leben oder Entschlussfreiheit

Hierfür ist die Vornahme einer feindlichen Handlung erforderlich und ausreichend, die das Opfer auch tatsächlich erreicht. Der Angriff muss sich entweder gegen Leib oder Leben oder die Entschlussfreiheit des Opfers richten. List (z.B. das Vortäuschen einer Panne, um das Opfer zum Anhalten zu bewegen) genügt nicht. Täuscht der Täter aber eine Polizeikontrolle vor, nimmt der BGH wegen der **nötigungsgleichen Drucksituation** einen Angriff an.[946] Der Angriff kann auch gegenüber dem Opfer begangen werden, bevor dieser Kraftfahrzeugführer ist. Voraussetzung ist jedoch, dass es dann durch den Angriff zur Mitfahrt im Kfz gezwungen und der Angriff während der Fahrt fortgesetzt wird. 582

III. Ausnutzung der besonderen Verhältnisse des Straßenverkehrs

Dies ist die wichtigste Einschränkung der Norm. Für die Ausnutzung der besonderen Verhältnisse des Straßenverkehrs muss sich der Täter die mit dem Betrieb des Kraftfahrzeugs verbundene erhöhte Schutzlosigkeit des Opfers zunutze machen wollen. Dies ist typischerweise der Fall, wenn das **Fahrzeug in Bewegung ist, aber auch dann, wenn der Fahrzeugführer verkehrsbedingt anhält und den Motor weiter laufen lässt.**[947] Die bloße Vereinzelung des Opfers an einem Ort, an dem fremde Hilfe nicht zu erreichen ist, ist keine Besonderheit der Straßenverkehrsverhältnisse.[948] Wird also die Tat bei einem nicht verkehrsbedingten Halt auf einem Parkplatz begangen, nutzt der Täter die besonderen Verhältnisse des Straßenverkehrs nicht aus. Gleiches gilt, wenn der Täter bereits vor Benutzung des Kfz als Fortbewegungsmittel den 583

943 BGH RÜ 2024, 335.
944 Fischer § 316a Rn. 4.
945 Fischer § 316a Rn. 5.
946 BGH RÜ 2014, 788; vgl. zu einem provozierten Unfallgeschehen BGH RÜ 2022, 784.
947 BGH RÜ 2018, 378.
948 BGHSt 49, 8; Fischer § 316a Rn. 11 m.w.N.

Angriff verübt und die Fahrzeugbenutzung während der andauernden Nötigung ausschließlich Beförderungszwecken dient.[949] In solchen Fällen besteht aber regelmäßig Anlass zur Prüfung von erpresserischem Menschenraub gemäß § 239a.

IV. Räuberische Absicht

584 Neben dem Tatvorsatz muss der Täter zum Zeitpunkt des Angriffs mit dem Ziel der Begehung einer konkreten Tat des Raubes, des räuberischen Diebstahls oder der räuberischen Erpressung handeln. Diese Zieltat muss nicht vollendet sein. Bei Tatvollendung der Zieltat besteht Tateinheit mit § 316a.

> In der Klausur bietet es sich an, zunächst das (versuchte) Raubdelikt zu prüfen, um bei § 316a eine Inzidentprüfung zu vermeiden.

3. Abschnitt: Hehlerei, §§ 259, 260, 260a

585 Der Strafgrund dieses Anschlussdelikts zu allen Vermögensstraftaten ist, dass der Hehler durch seine Mitwirkung die von einem anderen Vortäter geschaffene rechtswidrige Besitz- und Vermögenslage an dem Tatobjekt verfestigt und weiter aufrecht erhält, sog. Perpetuierungstheorie.[950] Handelt der Anschlusstäter ohne Bereicherungsabsicht, sondern ausschließlich, um dem Vortäter die Beute zu sichern, ist die **Begünstigung** gemäß **§ 257** einschlägig.

Beachten Sie, dass nach der Neuregelung der Geldwäsche in § 261 der Tatbestand regelmäßig bei der Bejahung von § 259 ebenfalls verwirklicht sein wird.

Qualifikationen für gewerbsmäßige Hehlerei und Bandenhehlerei enthält § 260. Die gewerbsmäßige Bandenhehlerei ist als Verbrechen strafbar gemäß § 260a.

Die **§§ 247 und 248a** gelten gemäß § 259 Abs. 2 als besondere Strafverfolgungsvoraussetzungen auch bei der Hehlerei.

Aufbauschema: Hehlerei, § 259

- Tatbestand
  - Taugliches Hehlereiobjekt
  - Tathandlung
  - Vorsatz
  - Bereicherungsabsicht
- Rechtswidrigkeit
- Schuld

A. Taugliches Tatobjekt

586 Tatobjekt muss eine **Sache** sein, also immer nur ein körperlicher Gegenstand, den ein anderer gestohlen oder sonst durch eine gegen fremdes Vermögen gerichtete rechtswidrige Tat, die sog. Vortat, erlangt hat.[951] Diebstahl ist dafür nur ein Beispiel, erfasst werden auch Vermögenstaten im weitesten Sinne. Sogar die Hehlerei selbst kann Vortat sein. Möglich ist also eine sog. Kettenhehlerei.[952] Nach h.M. können Anstifter und Gehilfe an der Vortat durch späteren Beuteerwerb Hehler werden.

949 Vgl. Fischer § 316a Rn. 11a.
950 BGH RÜ 2019, 380.
951 Vgl. zur Strafbarkeit eines Vortatbeteiligten BGH RÜ 2022, 645.
952 Vgl. Fischer § 259 Rn. 3.

Es muss sich nicht zwingend um eine Vermögensstraftat im engeren Sinne handeln, auch eine Nötigung mit Vermögensbezug kann genügen. 587

Aus dem Strafgrund der Hehlerei (Perpetuierungsgedanke) folgt, dass das Hehlereiobjekt stofflich identisch mit dem Objekt der Vortat sein muss. Erlangt der Vortäter für diese Sache ohne Straftat eine Ersatzsache, so ist diese kein taugliches Hehlereiobjekt mehr. Man spricht von strafloser **Ersatzhehlerei.**[953]

Die h.M. wendet diesen Gedanken der Sachidentität von Vortat- und Hehlereiobjekt uneingeschränkt **auch auf Bargeld** an. Deshalb liegt in den Fällen, in denen der Vortäter gestohlenes Bargeld in andere Geldzeichen umtauscht und hiervon einen Teil einem dolosen Erwerber überlässt, nach h.M. für diesen mangels Sachidentität und mangels rechtswidriger Vermögenslage an dem eingetauschten Geld keine Hehlerei vor.[954]

Auch die Ersatzsache ist jedoch taugliches Hehlereiobjekt, wenn bei deren **Erwerb eine neue Vermögensstraftat** (regelmäßig Betrug) begangen worden ist und deshalb auch an dem Ersatzgegenstand eine rechtswidrige Vermögenslage besteht.

Auch ohne zwischenzeitlichen Umtausch kann die aus der Vortat stammende Beute 588
ihren **Charakter als Hehlereiobjekt verlieren, wenn die rechtswidrige Vermögenslage endet**, etwa wenn der Vortäter durch Verarbeitung nach § 950 Abs. 1 BGB Eigentum an dem Tatobjekt erwirbt.

B. Tathandlung

Die Tathandlungen lassen sich in zwei Gruppen zusammenfassen: 589

I. Handeln im Eigeninteresse auf Erwerberseite

Im eigenen Interesse handelt, wer sich oder einem Dritten die Sache verschafft, wo- 590
bei das Ankaufen ein Unterfall des Sichverschaffens ist. Der Hehler muss dafür durch einen abgeleiteten Erwerb vom Vortäter eine eigentümerähnliche Verfügungsgewalt erlangen.[955] Das Einvernehmen besteht nach der Rspr. des BGH auch bei einer Täuschung gegenüber dem Vortäter.[956]

Wer den Vortäter bestiehlt oder erpresst, handelt nicht im Einvernehmen mit diesem und ist kein Hehler.

II. Handeln auf Vortäterseite in dessen Interesse

Das Absetzen und die Absatzhilfe geschehen im Interesse des Vortäters und setzen 591
ebenfalls dessen Einverständnis voraus.

Absetzen ist eine selbstständige Tätigkeit mit dem Ziel der wirtschaftlichen Verwertung der Sache durch die rechtsgeschäftliche Weitergabe an einen Dritten im wirtschaftlichen Interesse des Vortäters.[957] Nachdem die Rspr. zunächst ein auf den Absatz gerichtetes Verhalten genügen ließ, setzt sie mittlerweile im Einklang mit der h.L. einen Absatzerfolg voraus.[958] Wird die Sache nicht an einen Abnehmer weitergegeben, kommt Versuch in Betracht. Der Versuch beginnt allerdings noch nicht mit der

953 Vgl. BGH NJW 1969, 1260; Fischer § 259 Rn. 7.

954 Fischer § 259 Rn. 7.

955 BGH RÜ 2019, 308, 309; RÜ 2019, 380, 381; Fischer § 259 Rn. 11.

956 BGH RÜ 2019, 380.

957 Fischer § 259 Rn. 15.

958 BGH RÜ 2013, 643; RÜ 2013, 789.

allgemeinen Suche nach potenziellen Käufern, sondern es sind z.B. konkrete Verkaufsverhandlungen erforderlich.[959]

592 **Absatzhilfe** ist die weisungsabhängige Unterstützung des Vortäters bei der wirtschaftlichen Verwertung der Sache durch den Vortäter, die wegen der Straflosigkeit der „Haupttat" (i.S.d. Verwertung durch den Vortäter) als eigenständige Tat ausgestaltet ist.[960] Für die Tatvollendung ist ein Absatzerfolg erforderlich.[961] Anders als die nur versuchte Beihilfe ist die zur Täterschaft erhobene Absatzhilfe auch als Versuch strafbar. Nach BGH beginnt der Versuch der Absatzhilfe durch jede Handlung, die sich in einen bereits festgelegten Absatzplan fördernd einfügt und sich aus Sicht des Vortäters als der Beginn des Absetzungsvorgangs darstellt.[962] Wird nicht der Vortäter unmittelbar, sondern der Absetzende oder Absatzgehilfe unterstützt, so liegt nur Beihilfe zur Absatzhilfe vor, die als Versuch nicht strafbar ist.

Achten Sie immer darauf, wer Abnehmer der Sache sein soll. Ist dies der Eigentümer der Sache selbst, so wird die rechtswidrige Besitzlage gar nicht perpetuiert. Demnach entfällt Hehlerei, und zwar nach h.M. auch dann, wenn der Eigentümer sein Eigentum gar nicht erkennt oder wenn er erpresst wird.[963]

III. Bereicherungsabsicht

593 Der subjektive Tatbestand verlangt außer Vorsatz Bereicherungsabsicht zu eigenen Gunsten oder zugunsten Dritter. Dritter kann aber **nicht der Vortäter selbst** sein. Für solche Handlungen zugunsten des Vortäters ist die Begünstigung einschlägig. Auf die Rechtswidrigkeit oder Stoffgleichheit des erstreben Vermögensvorteils kommt es nicht an.

In Assessorklausuren kann oft nur durch Beweiswürdigung ermittelt werden, ob der Täter Bereicherungsabsicht hatte. Ein wichtiges Indiz dafür ist der Marktpreis der Sache. Weicht dieser nur geringfügig von dem vom Erwerber gezahlten Preis ab, können Sie Bereicherungsabsicht nicht annehmen.

959 BGH RÜ 2019, 109.
960 Fischer § 259 Rn. 17.
961 BGH RÜ 2019, 308, 309 f.
962 BGH RÜ 2019, 308, 311.
963 Fischer § 259 Rn. 16a.

4. Teil: Nichtvermögensdelikte

1. Abschnitt: Straftaten gegen das Leben

Tötungs- und Körperverletzungsdelikte stellen neben den Vermögensdelikten einen Schwerpunkt des materiellen Rechts in der strafrechtlichen Assessorklausur dar. **594**

Die §§ 211, 212 und 216 erfassen die vorsätzliche Tötung eines anderen Menschen, während § 218 die vorsätzliche Tötung der Leibesfrucht erfasst. § 217 wurde durch das BVerfG[964] für verfassungswidrig und nichtig erklärt.

Das Leben des Menschen beginnt nach st.Rspr. mit dem Beginn der Geburt, und zwar dem Einsetzen der Eröffnungswehen,[965] im Fall des Kaiserschnitts mit der Eröffnung der Gebärmutter,[966] und endet mit dem Eintritt des Hirntodes, also dem Erlöschen sämtlicher Hirnfunktionen.[967] Für die Abgrenzung der Tötung eines Menschen von der Tötung einer Leibesfrucht ist nicht der Zeitpunkt des Erfolgseintritts, aber auch nicht der Zeitpunkt der Tathandlung maßgeblich. Vielmehr kommt es darauf an, zu welchem Zeitpunkt sich die Handlung auf das betroffene Rechtsgut auswirkt.[968]

Beispiel: Der Ex-Freund versucht, seine schwangere Ex-Freundin mit zahlreichen Messerstichen zu töten. Sie überlebt die Tat knapp, jedoch stirbt das infolge des Angriffs zu früh geborene Kind siebzehn Tage nach der Geburt. – Hinsichtlich des Kindes liegt kein Totschlag vor, sondern Schwangerschaftsabbruch gemäß § 218 Abs. 1, da zum Zeitpunkt der Einwirkung die Geburt noch nicht begonnen hatte.

Das Verhältnis der Tötungsdelikte ist bekanntlich umstritten. Dies ist aber nicht für die Prüfungsreihenfolge, sondern nur die Strafbarkeit mehrerer Beteiligter von Bedeutung (s. dazu unten Rn. 630 ff.). Kommt eine Strafbarkeit gemäß § 216 ernsthaft in Betracht, sollte das Gutachten hiermit beginnen, da § 216 ggf. nach allgemeiner Ansicht eine Sperrwirkung für die §§ 211 und 212 entfaltet. Im Übrigen beginnen Sie das Gutachten mit der Prüfung des § 212, da insoweit regelmäßig Vorsatz, Rechtswidrigkeit und Schuld problematisch sein werden. Scheitert daran aber die Strafbarkeit, so kosten Ausführungen zu Mordmerkmalen unnötig Zeit. Ist der Totschlagstatbestand vorsätzlich, rechtswidrig und schuldhaft erfüllt, schließt sich, wo Mordmerkmale in Betracht kommen, deren Prüfung an. **595**

Ist der objektive Tatbestand nicht erfüllt, kommt eine Strafbarkeit wegen Versuchs gemäß § 212 oder §§ 211, 22, 23 Abs. 1, 12 Abs. 1 bzw. §§ 216 Abs. 2, 22 sowie wegen Aussetzung gemäß § 221 in Betracht.

Ist der Tötungsvorsatz nicht zu beweisen, ist eine Strafbarkeit wegen Körperverletzung mit Todesfolge gemäß § 227 in Betracht zu ziehen. Ist auch ein Körperverletzungsvorsatz nicht festzustellen, bleibt die Prüfung einer Aussetzung gemäß § 221 Abs. 1, ggf. mit Todesfolge gemäß Abs. 3, und einer fahrlässigen Tötung gemäß § 222.

A. Totschlag

I. Tatbestand

1. Objektiver Tatbestand

a) Der objektive Tatbestand des Totschlags setzt die **Verursachung des Todes eines anderen Menschen** voraus. Die Worte „Totschläger" und „ohne Mörder zu sein" ha- **596**

964 BVerfG RÜ 2020, 315.

965 BGHSt 32, 194, 196; BGH NJW 2024, 298; Fischer vor § 211 Rn. 5 m.w.N.

966 BGH RÜ 2021, 170.

967 Vgl. § 3 Abs. 2 Nr. 2 TransplantG; Fischer vor § 211 Rn. 14, 15.

968 BGH RÜ 2008, 173.

ben historische Gründe und für den Tatbestand keine Bedeutung.[969] Hinsichtlich der Kausalitätsregeln wird an dieser Stelle auf die allgemeinen Grundsätze verwiesen (s.o. Rn. 14 f.). Die objektive Zurechnung spielt in der Rspr. bei Vorsatzdelikten keine Rolle.

597 **b)** Dennoch bejaht auch die Rspr. die Möglichkeit eines **Tatbestandsausschlusses** aufgrund der Akzessorietätsregeln der Teilnahme **bei** einer **Beteiligung an** einer ausschließlich **eigenverantwortlichen Selbstgefährdung oder -schädigung** (s.o. Rn. 50 ff.).

Beispiel:[970] Ein jugendliches Liebespaar beschließt, sich das Leben zu nehmen, da die Eltern die Beziehung missbilligen. Um sich zu vergiften, setzen sich beide ins Auto, nachdem er die Abgase durch einen Schlauch ins Wageninnere geleitet hat. Beide erwarten den Tod, während er das Gaspedal durchtritt, auch nachdem sie bewusstlos geworden ist. Während er nach Eintritt der Bewusstlosigkeit durch das Eingreifen Dritter gerettet wird, stirbt sie an den Vergiftungsfolgen. – In diesem Fall hat sie sich zwar bewusst den Folgen seines Handelns ausgesetzt, jedoch liegt die Tatherrschaft über das zum Tode führende Geschehen bei ihm, sodass eine täterschaftliche Fremdtötung vorliegt.

598 **c)** Unter der Voraussetzung einer Garantenstellung gemäß § 13 ist auch das **Unterlassen** der Abwendung des Erfolges strafbar. Die Entsprechungsklausel gemäß § 13 Abs. 1 ist hier ohne Bedeutung, da der Unrechtsgehalt sich in der Verursachung des Erfolges erschöpft.

Eine Ausnahme kommt in Fällen der **Sterbehilfe** in Betracht: Hat der Sterbeprozess unumkehrbar eingesetzt, sodass lebenserhaltende Behandlungsmaßnahmen nicht mehr erfolgversprechend sind, ist das Unterlassen der Ergreifung oder Fortsetzung solcher Maßnahmen mangels Garantenpflicht nicht strafbar (passive Sterbehilfe).

599 **d)** Bei der **Beteiligung an Selbsttötungshandlungen** ist die Veranlassung oder Förderung der Handlung aus Akzessorietätsgründen nicht strafbar. Nach der früheren Rspr.[971] kam jedoch eine Strafbarkeit durch **Unterlassen** der Erfolgsabwendung **nach Übergang der Tatherrschaft** auf den Beteiligten in Betracht. Diese von der h.Lit. bestrittene Ansicht hatte sich auch in der Praxis nicht durchgesetzt.[972] Nach der aktuellen Rspr. des BGH[973] steht die freiverantwortlich getroffene Entscheidung des Suizidenten der Annahme einer Garantenpflicht, sei es aus Ingerenz oder tatsächlicher Übernahme, entgegen. Dies gelte auch für die Zumutbarkeit gemäß § 323c Abs. 1. Auch das BVerfG[974] hat inzwischen das Recht anerkannt, den Zeitpunkt und die Umstände des eigenen Todes frei bestimmen zu dürfen.

RÜ-Video 11/19

Beispiel:[975] Die Ermittlungen haben mit hinreichender Sicherheit ergeben, dass die später Verstorbene O im Jahr 2007 an Alzheimer-Demenz erkrankte und später beschloss, durch Selbsttötung aus dem Leben zu scheiden, bevor das Krankheitsbild sich voll ausprägen würde. In der Folgezeit informierte sie sich bei Sterbehilfe-Organisationen, der Alzheimer-Ambulanz und einem Rechtsanwalt. Am Abend vor dem Tod der O am 01.03.2009 kamen die Beschuldigten, die Kinder der O, auf deren Einladung in ihre Wohnung, wo man gemeinsam aß und sich unterhielt. Nach dem Essen nahm O mehrere Medikamente, darunter 45 Tabletten „Luminal", trank mit den Beschuldigten Sekt und begab sich anschließend zu Bett. Die Beschuldigten saßen zunächst im Wohnzimmer zusammen und sahen regelmäßig nach ihrer Mutter. Als um 0.30 Uhr deren Atmung flach und unregelmäßig wurde, setzten sie sich an ihr Bett und warteten ihren Tod ab, der um 0.41 Uhr eintrat.

Die Ausführungen zum hinreichenden Tatverdacht gemäß §§ 212, 13 könnten so aussehen:

---

969 Anderes gilt für die Systematik der Tötungsdelikte, s.u. Rn. 630.

970 BGHSt 19, 135 (Gisela-Fall).

971 BGHSt 32, 367 (Wittig-Fall); OLG Hamburg RÜ 2016, 640.

972 Ablehnend LG Gießen NStZ 2013, 43; LG Hamburg NStZ 2018, 281; LG Berlin NStZ-RR 2018, 246; offen gelassen von BGH NJW 2016, 176.

973 BGH RÜ 2019, 706 mit RÜ-Video 11/2019 unter t1p.de/57vm; BGH RÜ 2020, 712; RÜ 2022, 638.

974 BVerfG RÜ 2020, 315.

975 Nach StA München I RÜ 2011, 573.

„I. Die Beschuldigten könnten eines Totschlags durch Unterlassen gemäß §§ 212, 13 hinreichend verdächtig sein.

1. Obwohl es ihnen möglich gewesen wäre, einen Notarzt zu rufen, nachdem O die Medikamente eingenommen hatte, haben die Beschuldigten dies unterlassen. Hierdurch wäre das Leben der O mit an Sicherheit grenzender Wahrscheinlichkeit gerettet worden.

2. Als Kinder der O hatten die Beschuldigten ihr gegenüber auch eine Garantenstellung.

3. Ob dies den Tatbestand des Totschlags durch Unterlassen erfüllt, erscheint jedoch vor dem Hintergrund, dass es sich bei der Einnahme der Medikamente mit hoher Wahrscheinlichkeit um eine freiverantwortliche Selbsttötung handelte, fraglich.

a) Nach der früheren Rspr. des BGH stand die Tatbestandslosigkeit einer eigenverantwortlich gewollten und verwirklichten Selbsttötung der Strafbarkeit einer Teilnahme daran aus Akzessorietätsgründen entgegen. Jedoch sollte mit dem Eintritt der Handlungsunfähigkeit des Suizidenten die Tatherrschaft auf den Beteiligten übergehen, sodass es sich ab diesem Zeitpunkt um eine täterschaftliche Tötung durch Unterlassen handele. Die Freiverantwortlichkeit der Selbsttötungshandlung stehe dem nicht entgegen. Die Garantenpflicht bestehe nach der Wertung des § 216 unabhängig vom Willen des Opfers. Die Suizidforschung habe ergeben, dass es sich in etwa 95 % aller Suizidfälle um Appellsuizidhandlungen handele. Daher sei es kriminalpolitisch verfehlt, an das Unterlassen der Erfolgsabwendung keinerlei strafrechtliche Konsequenzen zu knüpfen.

b) Gegen diese Ansicht spricht, dass sie zu einem Wertungswiderspruch führt, da dann die aktive Unterstützung einer freiverantwortlichen Selbsttötung straflos wäre, das Unterlassen des Einschreitens gegen die Folgen der Suizidhandlung jedoch strafbar.

Fraglich erscheint weiter die Annahme einer Garantenpflicht auch im Fall einer eigenverantwortlichen Selbsttötungshandlung. Zwar ist dem Tatbestand des § 216 die Wertung zu entnehmen, dass selbst der freiverantwortlich gefasste Wille zu sterben, der Strafbarkeit der Tötung des Sterbewilligen nicht entgegensteht. Andererseits hat der Gesetzgeber zwischenzeitlich durch die Regelungen der §§ 1901a ff. BGB zur Patientenverfügung die Autonomie des Patienten und die rechtliche Verbindlichkeit seines ausdrücklichen oder mutmaßlichen Willens ausdrücklich anerkannt. Dies hat auch zu einer Änderung der Rspr. des BGH zur Sterbehilfe für den Fall eines Behandlungsabbruchs geführt. Die Verbindlichkeit der autonomen Entscheidung des Patienten hängt nach diesen Regeln nicht davon ab, ob der Zustand des Patienten auf einer Erkrankung beruht oder Folge einer Suizidhandlung ist. Darüber hinaus hat das BVerfG das Grundrecht anerkannt, über den Zeitpunkt und die Umstände des eigenen Todes frei entscheiden zu können. Eine strafrechtliche Verpflichtung zur Abwendung der Folgen einer freiverantwortlichen Suizidhandlung ist damit unvereinbar.

Die Annahme einer Garantenstellung ist deshalb richtigerweise vom Fehlen einer der Rettung entgegenstehenden autonomen Willensentscheidung des Patienten abhängig zu machen.

Aus der o.g. statistischen Wahrscheinlichkeit des Appellsuizidcharakters ist dabei noch nicht auf den Einzelfall zu schließen. Dies würde zu einer Umgehung des Zweifelssatzes führen. Vielmehr muss dies für den Einzelfall festgestellt werden.

Vorliegend hatte O umfangreiche Informationen über das Krankheitsbild eingeholt. Es bestehen keinerlei Anhaltspunkte dafür, dass der Entschluss, ihrem Leben vorzeitig ein Ende zu machen, von Willensmängeln beeinflusst oder Folge einer nur vorübergehenden Depression oder Mutlosigkeit gewesen wäre. Da deshalb von einer freiverantwortlichen Suizidhandlung auszugehen ist, bestand keine Garantenpflicht der Beschuldigten, den Tod der O zu verhindern. Ein hinreichender Tatverdacht eines Totschlags durch Unterlassen besteht daher nicht.

II. Hiernach scheidet auch ein hinreichender Tatverdacht wegen unterlassener Hilfeleistung gemäß § 323c Abs. 1 zumindest mangels Zumutbarkeit der Hilfeleistung aus."

2. Subjektiver Tatbestand

600 Der subjektive Tatbestand setzt Vorsatz voraus.

In der Abgrenzung von bedingtem Tötungsvorsatz und bewusster Fahrlässigkeit liegt häufig ein Problemschwerpunkt des Falles, da die Feststellung von Tötungsvorsatz besonders sorgfältiger Begründung bedarf (s.o. Rn. 25 ff).

II. Rechtfertigungsgründe

1. Allgemein

601 Das menschliche Leben ist nach st.Rspr. und h.Lit. einer Güterabwägung weder qualitativ noch quantitativ zugänglich. Eine Rechtfertigung der vorsätzlichen Tötung kommt daher nur durch **Notwehr** gemäß § 32 und nach den Bestimmungen des **Polizeirechts** zum Einsatz tödlichen Schusswaffengebrauchs, nicht aber wegen Notstandes gemäß § 34 in Betracht.

2. Sterbehilferegeln

602 Wegen der dem § 216 zu entnehmenden Einwilligungssperre scheidet eine rechtfertigende oder mutmaßliche Einwilligung in die vorsätzliche Tötung eines Menschen grundsätzlich aus. Eine Ausnahme macht die heutige Rspr.[976] für Fälle der Sterbehilfe im Zusammenhang mit einem **Behandlungsabbruch**. Die früher übliche Unterscheidung zwischen indirekter und direkter sowie aktiver und passiver Sterbehilfe wurde dabei aufgegeben. Auch wenn in diesen Entscheidungen von einem „rechtfertigenden Behandlungsabbruch" die Rede ist, handelt es sich dabei um besondere Voraussetzungen rechtfertigender oder mutmaßlicher Einwilligung in Anlehnung an die §§ 1827 ff. BGB. Je nachdem, ob eine tatsächliche Erklärung vorliegt, z.B. in Form einer Patientenverfügung gemäß § 1827 BGB, oder nicht, sind daher deren Voraussetzungen mit folgenden Besonderheiten zu prüfen.

- Die **Zulässigkeit** der Einwilligung ist *sachlich* beschränkt auf das Unterlassen, die Begrenzung oder den Abbruch solcher medizinischer Maßnahmen, die zur Erhaltung oder Verlängerung des Lebens eines lebensbedrohlich Erkrankten geeignet sind, und auf medizinisch indizierte palliative Maßnahmen unter Inkaufnahme eines möglichen vorzeitigen Todeseintritts (bisher indirekte Sterbehilfe) gerichtet sind. Gezielte Eingriffe, die die Beendigung des Lebens vom Krankheitsprozess abkoppeln, können nicht Gegenstand einer rechtfertigenden oder mutmaßlichen

976 BGH RÜ 2010, 644; BGH RÜ 2021, 95.

Einwilligung sein. *Persönlich* beschränkt ist die Zulässigkeit der Einwilligung in das Handeln von Ärzten, Betreuern und Bevollmächtigten sowie anderer Personen, die für diese als Hilfspersonen zur Behandlung und Betreuung herangezogen werden.

- Die **Einwilligungsfähigkeit** ist nach den allgemeinen Regeln festzustellen.
- Das Vorliegen einer wirksamen **Erklärung**, z.B. in Form einer Patientenverfügung, bzw. die Übereinstimmung des Behandlungsabbruchs mit dem **mutmaßlichen Willen des Betroffenen** muss unter Beachtung der §§ 1827 ff. BGB festgestellt werden.[977] Insbesondere bedarf es danach unter den Voraussetzungen des § 1829 BGB einer Entscheidung des Betreuungsgerichts.
- Das **subjektive Rechtfertigungselement** setzt neben der Kenntnis der Umstände ein Handeln zum Zweck des Behandlungsabbruchs voraus, also um dem zum Tode führenden Krankheitsprozess seinen Lauf zu lassen.

Die frühere Rspr. zur Zulässigkeit passiver Sterbehilfe[978] nach den Regeln mutmaßlicher Einwilligung hat danach nur noch für solche Fälle Bedeutung, in denen die vorgenannten Voraussetzungen eines Behandlungsabbruchs nicht gegeben sind.

III. Schuld

Bei der Feststellung alkoholbedingter Schuldunfähigkeit gemäß § 20 ist zu beachten, dass nach der Rspr. die BAK-Grenzwerte in Fällen **schwerwiegender Gewalttaten**, die sich **gegen Leib oder Leben des Opfers** richten, um 10 % höher anzusetzen sind, als in anderen Fällen.[979] **603**

IV. Strafzumessung

§§ 212 Abs. 2, 213 enthalten keine eigenständigen Tatbestände, sondern Strafzumessungsregeln. **604**

§ 212 Abs. 2 kommt dann in Betracht, wenn das Verschulden des Täters ebenso schwer wiegt, wie das eines Mörders, und das Fehlen von Mordmerkmalen durch eine besondere Verwerflichkeit ausgeglichen wird.

Beispiel: Brutale Tötung zweier anvertrauter Kinder aus nichtigem Anlass.[980]

Im Fall der Teilnahme am Totschlag kann das Vorliegen subjektiver Mordmerkmale bei dem Teilnehmer nach der Rspr. für diesen zur Annahme eines besonders schweren Falles führen (s.u. Rn. 634).

§ 213 enthält mit der schweren Tatprovokation einen – vorrangig zu prüfenden – benannten und einen unbenannten minder schweren Fall. **Misshandlung** i.d.S. ist nur eine erhebliche Beeinträchtigung, die aber nicht tatbestandsmäßig i.S.d. § 223 sein muss. Die **Schwere** der Misshandlung bzw. Beleidigung ist unter Berücksichtigung der konkreten Umstände nach objektiven Maßstäben festzustellen.[981] Auf eine Verhältnismäßigkeit zwischen der Provokation und dem Tötungsunrecht kommt es nicht an. Ob den Täter eine **eigene Schuld** trifft, ist im Wege wertender Gesamtbeurteilung des beiderseitigen Verhaltens festzustellen.[982] **Auf der Stelle zur Tat hingerissen** war der Täter dann, wenn die Tat noch unter dem Einfluss anhaltender Erre- **605**

977 BGH RÜ 2011, 102; insoweit a.A. BGH RÜ 2021, 95.

978 BGHSt 40, 257.

979 BGH NJW 1997, 2460; BGH HRRS 2012 Nr. 550; BGH NStZ 2012, 262.

980 Vgl. Fischer § 212 Rn. 19.

981 BGH NStZ 2019, 210.

982 BGH NStZ 2019, 400; BGH NStZ 2019, 408; BGH NStZ 2019, 471.

gung über die Provokation begangen wurde.[983] Auf eine Spontaneität der Tat kommt es nicht an.

Für die Annahme eines sonst minder schweren Falles gelten die allgemeinen Regeln. Die **Gesamtwürdigung der Umstände** muss ergeben, dass diese einem Affekt gleichkommen.[984]

B. Mord

606 Der Tatbestand des Mordes erfasst in § 211 Abs. 2 besonders verwerfliche Begehungsweisen, Absichten und Motive der Tötung anderer Menschen.

> Zitieren Sie im Eingangssatz nur § 211, ohne § 212 mit zu nennen, denn andernfalls würden Sie unnötig zu erkennen geben, dass Sie den Mord entgegen der Rspr. für einen Fall des qualifizierten Totschlags halten. Darauf kommt es aber meist nicht an.

Entsprechend den üblichen Aufbauregeln prüfen Sie zunächst die objektiven Mordmerkmale des § 211 Abs. 2, 2. Gruppe, erst im subjektiven Tatbestand die Absichtsmerkmale der dritten, danach die Motivmerkmale der ersten Gruppe.

Aufbauschema: Mord, § 211

- Tatbestand
  - Vorsätzliche Tötung eines anderen Menschen
  - Heimtückisch, grausam, mit gemeingefährlichen Mitteln
  - Verdeckungs- bzw. Ermöglichungsabsicht
  - Niedrige Beweggründe
- Rechtswidrigkeit
- Schuld
- Bei Heimtücke: ggf. Rechtsfolgenlösung des BGH

I. Objektive Mordmerkmale

1. Heimtücke

607 Heimtücke setzt nach st.Rspr. das **bewusste Ausnutzen der Arg- und Wehrlosigkeit** des Opfers **in feindlicher Willensrichtung** voraus.[985] **Arglos** ist, wer sich bei dem ersten mit Tötungsvorsatz geführten Angriff keiner Gefahr für Leib oder Leben vonseiten des Täters versieht. **Wehrlos** ist, wer infolge seiner Arglosigkeit zur Verteidigung außerstande oder wesentlich darin eingeschränkt ist. Hiernach muss inzidenter festgestellt werden, durch welche Handlung der Täter die Schwelle zum Versuch überschritten hat.

Der Arglosigkeit stehen eine vorausgegangene verbale Auseinandersetzung oder eine aus vorherigen Drohungen resultierende latente Furcht vor Übergriffen nicht entgegen.[986] Die Wehrlosigkeit entfällt nicht allein, weil das Opfer sich noch nach Versuchsbeginn verteidigen konnte.[987]

983 BGH NStZ 2017, 163; BGH NStZ 2020, 88; BGH NStZ 2023, 350.
984 BGH NStZ 2022, 479; vgl. i.E. Fischer § 213 Rn. 12 ff.
985 Fischer § 211 Rn. 34 ff.
986 BGH NStZ 2018, 97; BGH NJW 2018, 3398.
987 BGH NStZ 2016, 405.

Fehlt es an den vorgenannten Voraussetzungen, geht die Rspr. in folgenden Fallgestaltungen dennoch von Heimtücke aus: **608**

- Die Tötung eines **Schlafenden** kann heimtückisch sein, wenn das Opfer seine Arglosigkeit gleichsam mit in den Schlaf genommen hat,[988] es sei denn, es hätte Anlass zu Argwohn bestanden. Dies soll jedoch nicht für die Tötung von Bewusstlosen gelten.
- Die Tötung **hilfloser Personen**, die zum Argwohn konstitutionell nicht fähig sind, kann heimtückisch sein, wenn der Täter die Arg- und Wehrlosigkeit schutzbereiter Dritter zur Begehung der Tat ausnutzt.[989]
- Die **Überraschungstötung** ist heimtückisch, wenn dem Opfer in der Zeit zwischen dem Entstehen von Argwohn und dem Angriff auf sein Leben praktisch keine Möglichkeit bleibt, Maßnahmen zum Schutz seines Lebens zu ergreifen.[990] Dies gilt auch dann, wenn der erste Angriff nur mit Körperverletzungsvorsatz geführt wurde und unter Ausnutzung des Überraschungseffekts mit Tötungsvorsatz fortgesetzt wurde.
- Die **von langer Hand geplante Tötung** ist heimtückisch, wenn der Täter das Opfer mit bereits gefasstem Tötungsvorsatz unter Ausnutzung seiner Arglosigkeit in eine wehrlose Lage – z.B. einen Hinterhalt – bringt und später die Tat unter Ausnutzung derselben fortdauernden Lage begeht.[991]

Das Erfordernis einer **feindlichen Willensrichtung** soll die Fälle von Mitleidstötungen unter der Voraussetzung ausgrenzen, dass der Täter aus objektiv nachvollziehbaren Gründen glaubt, zum Besten des Opfers zu handeln.[992] Das gilt jedoch nicht, wenn der Täter seine Vorstellungen über Würde und Wert des Lebens eines sterbenden Menschen mit der Tat durchsetzen will.[993] Nach von der Lit. überwiegend abgelehnter Ansicht des *5. Strafsenats* des BGH[994] soll eine feindliche Willensrichtung nur dann auszuschließen sein, wenn die Tötung im Einklang mit dem erklärten oder mutmaßlichen Willen des Opfers steht. Im Übrigen soll die Rechtsfolgenlösung (s.u. Rn. 623) zur Anwendung kommen. **609**

Das **bewusste Ausnutzen** setzt nicht voraus, dass der Täter die Umstände der Tat zielgerichtet instrumentalisiert[995] oder selbst herbeigeführt hätte. Vielmehr genügt es, wenn ihm die vorgefundenen Tatumstände die Begehung erleichtern und er sich bewusst ist, einen durch seine Ahnungslosigkeit gegenüber einem Angriff schutzlosen Menschen zu überraschen.[996] Daran kann es im Einzelfall bei Spontantaten, affektiver Erregung; Alkoholisierung oder anderen psychischen Ausnahmesituationen fehlen, was aber Tatfrage ist.[997] **610**

In der Lit. werden im Hinblick auf die Verfassungsmäßigkeit der für Mord zwingend angedrohten lebenslangen Freiheitsstrafe[998] verschiedene **Restriktionen des Heimtückebegriffs** vertreten:[999] **611**

---

988 BGH NStZ 2006, 338; BGH NStZ 2007, 523.

989 BGH NStZ 2015, 215; BGH NStZ 2015, 639; BGH JuS 2021, 183; BGH RÜ 2024, 29.

990 BGH NStZ 2014, 633; BGH JuS 2016, 278; BGH RÜ 2016, 230; BGH NJW 2016, 2899; BGH NStZ 2021, 287; BGH RÜ 2023, 779; BGH NStZ 2024, 167.

991 BGH NStZ 2018, 654; BGH RÜ 2020, 573; BGH RÜ 2021, 174; BGH NStZ 2021, 609; BGH NStZ 2022, 161; BGH NStZ-RR 2023, 141; BGH RÜ 2023, 779.

992 BGHSt 9, 385; BGHSt 37, 377.

993 BGH StV 2009, 524.

994 BGH RÜ 2019, 641; abl. Jäger JA 2019, 791; Wachter NStZ 2019, 719.

995 BGH NStZ 2009, 569.

996 BGH NStZ 2019, 26; BGH NStZ 2020, 348; BGH NStZ-RR 2020, 40; BGH NStZ-RR 2022, 47; BGH NStZ 2023, 232.

997 BGH NStZ 2014, 574; BGH NStZ 2015, 30; BGH NStZ 2021, 162; BGH NStZ-RR 2022, 47.

998 BVerfGE 45, 187.

999 Näher Sch/Sch/Eser/Sternberg-Lieben § 211 Rn. 10 und 26.

Nach der **Lehre von der negativen Typenkorrektur**, die nach Ansicht ihrer Vertreter im Übrigen für alle Mordmerkmale gelten soll, sollen die Mordmerkmale nur eine Indikationswirkung haben, sodass bei Vorliegen besonderer Umstände, die die Tat in einem milderen Licht erscheinen lassen, trotz Vorliegens von Mordmerkmalen der Tatbestand nicht erfüllt sein soll.

Nach a.A. soll Heimtücke neben den o.g. Voraussetzungen das bewusste Ausnutzen eines **besonders verwerflichen Vertrauensbruchs**, nämlich des „Missbrauchs sozialpositiver Verhaltensmuster" voraussetzen.

Diese Ansichten haben sich in der Rspr.[1000] zu Recht nicht durchgesetzt. Die Lehre von der negativen Typenkorrektur ist methodisch unhaltbar, da sie die Tatbestandsmerkmale des Mordes wie Regelbeispiele für besonders schwere Fälle behandelt. Das Erfordernis eines verwerflichen Vertrauensbruchs würde Heimtücke in jedem Fall ausschließen, in dem vor der Tat keinerlei soziale Beziehung zwischen Täter und Opfer bestand. Gegen beide Ansichten spricht, dass sie mit dem Bestimmtheitsgrundsatz (Art. 103 Abs. 2 GG) und dem Erfordernis der Sicherheit und Gleichheit der Rechtsanwendung unvereinbar sind. Nach der Rspr. kommt in besonders gelagerten Ausnahmefällen nach der **Rechtsfolgenlösung des BGH** allenfalls eine Strafrahmenmilderung analog § 49 Abs. 1 in Betracht (s.u. Rn. 623).

Eine heimtückische Begehung ist nach der Rspr.[1001] auch durch Unterlassen möglich.

Klausurrelevant sind z.B. folgende Fallgestaltungen:

612 **a)** Der Getötete (O) hatte den Täter (T) gegenwärtig und rechtswidrig angegriffen. Der Angegriffene tötete den Angreifer durch eine nicht gebotene Verteidigungshandlung.[1002]

„Fraglich erscheint, ob O, als T zur Tötung des O unmittelbar ansetzte, arglos war. Dagegen spricht, dass O den T durch seinen rechtswidrigen Angriff in eine Notwehrlage gebracht hatte und daher – unbeschadet der Frage, ob er tatsächlich mit einer derartigen Verteidigung rechnete – jedenfalls mit einer u.U. auch lebensgefährlichen Verteidigungshandlung rechnen musste.

Nach einer in der Rspr. vertretenen Ansicht ist das Merkmal der Arglosigkeit einer normativ einschränkenden Auslegung zugänglich, um zu einem Wertungsgleichklang zwischen Notwehrrecht und Heimtücke zu kommen, weil einer Tötung des Angreifers in Notwehr das Tückische fehle, das die lebenslange Freiheitsstrafe rechtfertige.

Dem hat sich die übrige Rspr. zu Recht nicht angeschlossen. Das Merkmal der Arglosigkeit ist als empirischer Begriff einer normativen Betrachtung nicht zugänglich. Andernfalls müsste eine derartige Einschränkung auch für andere Rechtfertigungslagen oder Tatprovokationen durch das Opfer gelten. Eine derartige Auslegung ersetzt die Feststellung der Heimtücke als besonders verwerfliche Begehungsweise durch das normative Element eines Mitverschuldens auf Opferseite an der Entstehung der Tatsituation. Das letztere ist für das erstere aber nicht maßgeblich. Darüber hinaus unterliegt die Notwehr den Schranken der Erforderlichkeit und des Gebotenseins, sodass allein die Verursachung der Notwehrlage durch den Angreifer nichts darüber aussagt, ob er sich einer Gefahr durch die Verteidigungshandlung tatsächlich versah oder versehen musste. Die Annahme von Arglosigkeit ist daher nicht durch das Vorliegen einer Notwehrlage ausgeschlossen."

1000 BGHSt 30, 105.

1001 BGH NStZ 2010, 87; a.A. Bachmann/Goeck NStZ 2010, 510.

1002 Nach BGHSt 48, 207; ebenso BGH RÜ 2022, 301; dagegen BGH NStZ 2005, 688; BGH NStZ 2007, 523; s. dazu auch Fischer § 211 Rn. 37a, 49 ff.

b) O hatte sich von T getrennt, was dieser aber nicht akzeptierte, der O fortwährend nachstellte und den „Ältestenrat" der Familien T und O anrief, als O in eine dem T unbekannte Wohnung umgezogen war. Dieser entschied zwar, dass T die Entscheidung der O zu akzeptieren habe. Jedoch akzeptierte T auch dies nicht, sondern kündigte an, mit der O etwas „Schlimmes" anzustellen. O, die hiervon erfuhr und in der Folgezeit Todesdrohungen von T per SMS erhielt, lebte fortan in großer Angst, dass T ihren Aufenthaltsort herausbekommen und sie irgendwann einmal erwischen werde. Tatsächlich entdeckte T die O eines Tages beim Einkaufen und überfuhr sie hinterrücks mit seinem Pkw.[1003] **613**

„Fraglich erscheint, ob O, als T mit dem Pkw auf sie zufuhr, arglos war. Dem könnte entgegenstehen, dass O aufgrund der vorherigen Todesdrohungen des T in ständiger Angst vor einem Angriff des T auf ihr Leben lebte. Eine auf früheren Aggressionen beruhende latente Angst des Opfers hebt nach st.Rspr. seine Arglosigkeit erst dann auf, wenn es deshalb im Tatzeitpunkt mit Feindseligkeiten des Täters rechnet. Die Rspr. hat daher auch bei Opfern, die aufgrund von bestehenden Konfliktsituationen oder früheren Bedrohungen dauerhaft Angst um ihr Leben haben, einen Wegfall der Arglosigkeit erst dann in Betracht gezogen, wenn für sie ein akuter Anlass für die Annahme bestand, dass der ständig befürchtete schwerwiegende Angriff auf ihr Leben oder ihre körperliche Unversehrtheit nun unmittelbar bevorsteht. O hatte den in seinem Pkw wartenden T bis wenige Sekunden vor der Tat nicht bemerkt. Ihre Befürchtung, T werde sie irgendwann einmal erwischen, beruhte auf vorangegangenen Todesdrohungen und dem Wissen um Nachstellungen des T im Umfeld ihrer Wohnung. Umstände, die zu einer auf die Tatsituation bezogenen Aktualisierung und Konkretisierung dieser Befürchtung geführt haben, lassen sich nicht feststellen. Die Tatsache, dass O von dem auf ihr Leben gerichteten Angriff getroffen wurde, als sie mit ihrem Einkaufswagen das Gelände eines Supermarktes verließ, legt die Annahme nahe, dass sie sich jedenfalls in diesem Moment keines konkreten Angriffs von Seiten des T versah und in einer hilflosen Situation überrascht wurde. Danach war O arglos."

c) Die Eheleute V und M hatten bereits zwei Kinder im Alter von jeweils wenigen Monaten aufgrund eines „plötzlichen Kindstodes" verloren. Als das dritte Kind K geboren wurde, verschrieben die Ärzte einen Überwachungsmonitor und empfahlen, das Kind nicht allein schlafen zu lassen. Am Tattag hatte V am Bett des vier Monate alten K bis 5.00 Uhr gewacht, bevor er die M weckte und sich im Nebenzimmer schlafen legte. Um 6.00 Uhr schaltete M den Überwachungsmonitor aus und begann, K zu füttern. Als K zu schreien begann, konnte sie das Kind nicht beruhigen. Aufgrund seines fortwährenden Schreiens geriet M in eine Situation subjektiver Überforderung und erstickte das Kind. [1004] **614**

„In Betracht kommt eine heimtückische Tötung des Kindes. Heimtücke setzt das bewusste Ausnutzen der Arg- und Wehrlosigkeit des Opfers in feindlicher Willensrichtung voraus. Arglos ist, wer sich im Zeitpunkt des ersten mit Tötungsvorsatz geführten Angriffs keiner Gefahr für Leib und Leben von Seiten des Täters versieht.

a) Das Ausnutzen der Arglosigkeit des Kindes scheidet hier jedoch aus, da K zur Tatzeit erst vier Monate alt war und deshalb weder zum Argwohn noch zur Gegenwehr fähig war.

b) Jedoch begründet nach st.Rspr. in derartigen Fällen auch das Ausnutzen der Arg- und Wehrlosigkeit schutzbereiter Dritter die Annahme von Heimtücke.

aa) Vorliegend könnte V schutzbereiter Dritter gewesen sein. Er lebte mit M und K in häuslicher Gemeinschaft. Aufgrund der Gefahr eines plötzlichen Kindstodes war er ferner auf das Kind konzentriert und somit in der Lage, für einen wirksamen

1003 Nach BGH RÜ 2012, 777.

1004 Nach BGH RÜ 2013, 97.

Schutz des Kindes gegen Angriffe auf dessen Leben oder körperliche Unversehrtheit zu sorgen.

bb) Gegen die Einordnung des V als schutzbereiter Dritter könnte jedoch sprechen, dass er sich zum Zeitpunkt des durch M geführten Angriffs nicht im selben Zimmer aufhielt und deshalb den K nicht unmittelbar schützen konnte. Es ist aber nicht erforderlich, dass der potenziell schutzbereite Dritte ‚zugegen' ist.

Schutzbereiter Dritter ist vielmehr jede Person, die den Schutz eines Kleinkindes vor Leib- und Lebensgefahr dauernd oder vorübergehend übernommen hat und diesen im Augenblick der Tat entweder tatsächlich ausübt oder dies deshalb nicht tut, weil sie dem Täter vertraut. Der schutzbereite Dritte muss aufgrund der Umstände des Einzelfalls den Schutz allerdings auch wirksam erbringen können. Die dafür erforderliche räumliche Nähe war gegeben. V hielt sich zum Tatzeitpunkt im Nebenzimmer auf. Er war in der Lage, für den Schutz des K zu sorgen, und begab sich nur deshalb nicht in die unmittelbare Nähe des K, weil er davon ausging, dass sich M um dessen Überwachung kümmern würde. V ist folglich als schutzbereiter Dritter anzusehen.

cc) Weiterhin müsste V im Zeitpunkt des von M gegen K geführten Angriffs arglos gewesen sein.

(1) Nachdem M die Überwachung des Schlafes des K von V gegen 5.00 Uhr übernommen hatte, rechnete V nicht mit einem Angriff auf das Leben des K. Zu diesem Zeitpunkt war er arglos.

(2) Der Angriff auf K erfolgte jedoch erst nach 6.00 Uhr, als V im Wohnzimmer schlief. In diesem Zustand konnte V aber keinen Argwohn entwickeln. Die Rspr. lässt allerdings von dem Grundsatz, dass die Arglosigkeit im Zeitpunkt des Angriffs vorliegen muss, für die Tötung Schlafender Ausnahmen zu. Hiernach ist erforderlich, aber auch ausreichend, wenn sich das spätere Opfer im Vertrauen darauf schlafen legt, dass ihm nichts geschehen werde; in diesem Fall nimmt das Opfer die Arglosigkeit ‚mit in den Schlaf'. Hier besteht zwar die Besonderheit, dass nicht der schlafende V, sondern sein Sohn K getötet wurde. Jedoch sind die für die Tötung Schlafender geltenden Grundsätze auf den schutzbereiten Dritten zu übertragen. Tatsächlich konnte V den tödlichen Angriff auf das Leben seines Sohnes nicht abwehren, da er sich im Vertrauen auf die M schlafen gelegt hatte, ohne mit einem Angriff auf das Leben des Kindes zu rechnen. V hat die Arglosigkeit mit in den Schlaf genommen und war deshalb arglos.

dd) Des Weiteren war V infolge seiner Arglosigkeit zur Verteidigung des K außerstande und damit wehrlos."

Nachfolgend ist noch auszuführen, dass M die Arg- und Wehrlosigkeit des V auch bewusst und in feindlicher Willensrichtung ausgenutzt hat. Außerdem ist die oben angesprochene Einschränkung des Heimtückebegriffs sowie die Rechtsfolgenlösung zu thematisieren.

2. Grausamkeit

615 Grausam tötet, wer dem Opfer aus gefühlloser, unbarmherziger Gesinnung seelische oder körperliche Leiden oder Qualen zufügt, die nach Stärke oder Dauer über das zur Tötung notwendige Maß hinaus gehen. Das setzt **objektiv** voraus, dass mit der Ausführung besondere Leiden des Opfers einhergehen, ohne dass es darauf ankäme, ob dem Täter eine weniger grausame oder noch grausamere Tötungsart möglich gewesen wäre. Die Grausamkeit kann sich zwangsläufig aus der jeweiligen Tötungsart oder den vom Täter gesteuerten Umständen ergeben.

Beispiele: Verbrennen,[1005] Verhungernlassen, körperliche oder seelische Folterung vor der Tötung.[1006]

Die die Grausamkeit begründenden Umstände müssen **subjektiv** von dem Tötungsvorsatz umfasst sein. Das ist nicht der Fall, wenn der Tötungsvorsatz erst nach einer grausamen Misshandlung gefasst wird. Die erforderliche gefühllose, unbarmherzige Gesinnung ergibt sich nicht allein aus dem Fehlen von Mitgefühl o. Menschlichkeit.[1007]

3. Gemeingefährliche Mittel

Mit gemeingefährlichen Mitteln tötet, wer sich eines Mittels bedient, dessen Wirkung **616**
auf Dritte er unter den konkreten Umständen nicht in der Hand hat und von dem deshalb Gefahr für das Leben einer unbestimmten Mehrzahl von Personen ausgeht.[1008] Die sog. „gezielte Mehrfachtötung" ist deshalb als solche nach bisheriger Rspr.[1009] noch keine mit gemeingefährlichen Mitteln. Hierin sieht der *5. Strafsenat* des BGH[1010] einen Wertungswiderspruch und will allein auf die mangelnde Bestimmbarkeit der möglichen Opfer abstellen.

Maßgeblich ist nicht, ob das Mittel als solches typischerweise mehrere Menschen gefährdet, sondern die Umstände des Einzelfalls.

Daher kann auch ein Kraftfahrzeug, mit dem der Täter in Selbsttötungsabsicht entgegen der Fahrtrichtung auf die Autobahn[1011] oder in eine Menschenmenge[1012] fährt, ein gemeingefährliches Mittel sein.

Ob dieses Mordmerkmal auch durch das Unterlassen der Abwendung einer gemeinen Gefahr erfüllt werden kann, ist umstritten, wird aber in der Rspr. abgelehnt,[1013] da in derartigen Fällen das Mittel nicht zur Begehung der Tat „eingesetzt" werde.

II. Ermöglichungs- oder Verdeckungsabsicht

Bei der anderen **Straftat** muss es sich um eine solche i.S.d. § 11 Abs. 1 Nr. 5 handeln. **617**
Dabei kommt es ausschließlich auf die – ggf. auch irrige – subjektive Vorstellung des Täters an, da der besondere Unrechtsgehalt in der finalen Verknüpfung des Tötungsunrechts mit der zu verdeckenden oder zu ermöglichenden Tat besteht.

Die **andere** Tat kann eine eigene oder die eines Dritten sein. Sie kann auch tateinheitlich mit dem Tötungsdelikt zusammentreffen.[1014]

Beispiel: Tötung einer Schwangeren zur Ermöglichung des Schwangerschaftsabbruchs.[1015]

Handelt es sich jedoch um dasselbe Tötungsunrecht, so stellt dies keine andere Tat dar.[1016]

Beispiel: Der Täter des Totschlagsversuchs vollendet die Tat zur Verdeckung des Versuchs. Anders, wenn zwischen Versuch und Vollendung eine zeitlich-räumliche Zäsur liegt, deretwegen es sich um rechtlich selbstständige Handlungen handelt.[1017]

1005 BGH NStZ 2017, 218.

1006 BGH NJW 2024, 3246 (Stutthoff-Fall).

1007 BGHSt 49, 189, 197.

1008 BGH NStZ 2021, 361.

1009 BGH NStZ 2019, 607; BGH NStZ 2020, 284; dazu Mitsch JA 2021, 726; BGH RÜ 2023, 301.

1010 BGH RÜ 2020, 432; abl. Zieschang NStZ 2020, 615.

1011 BGH NStZ 2006, 267; BGH NStZ 2006, 503.

1012 BGH RÜ 2023, 301.

1013 BGH NStZ 2010, 87.

1014 BGH RÜ 2020, 573.

1015 BGH NStZ 2016, 216; BGH HRRS 2016 Nr. 235 unter Aufgabe seiner gegenteiligen Ansicht in NStZ 2015, 693 f. mit abl. Anm. Berster; Fischer § 211 Rn. 65.

1016 BGH NStZ 2023, 600; Fischer § 211 Rn. 70, 71.

1017 BGH NStZ 2015, 458; BGH NStZ 2017, 583; BGH NStZ-RR 2022, 44.

In Fällen, in denen ein äußerlich ununterbrochenes Handeln (bzw. Unterlassen) zunächst nur mit Körperverletzungsvorsatz beginnt und dann mit Tötungsvorsatz weitergeführt wird, liegt die erforderliche Zäsur in diesem Vorsatzwechsel selbst.[1018]

Mit der **Ermöglichung** ist die leichtere oder schnellere Begehung einer anderen Tat gemeint. Die **Verdeckung** kann sich auf die Tat oder die Beteiligung an ihr beziehen. Ausreichend ist, wenn sich der Täter hinsichtlich der Vortat durch die Tötung eine günstigere Beweisposition verschaffen will.[1019] Das ist jedoch ausgeschlossen, wenn sie vollständig bekannt ist und der Täter sich nur der Festnahme zu entziehen sucht.[1020]

Absicht setzt hier zielgerichtetes Handeln voraus. Diese braucht sich aber nur auf die Verdeckung oder Ermöglichung der anderen Tat zu beziehen. Ob sich der Täter den strafrechtlichen Folgen der anderen Tat oder wirtschaftlichen, sozialen oder familiären Folgen zu entziehen sucht, ist ohne Bedeutung.[1021]

Es genügt, wenn die Tötungs*handlung* den vorgenannten Zwecken dient. Daher schließen ein nur bedingter Tötungsvorsatz und Ermöglichungs- oder Verdeckungsabsicht sich nicht aus, solange nicht der Tod des Opfers nach Vorstellung des Täters Voraussetzung der Ermöglichung oder Verdeckung der anderen Tat ist.[1022]

Handelt es sich bei der anderen Tat nicht um eine Straftat, sondern anderweitiges Unrecht, oder sind diese oder seine Beteiligung daran nach Vorstellung des Täters bereits bekannt, so ist ein Handeln aus niedrigen Beweggründen in Betracht zu ziehen. Denn wer tötet, um sich der Verantwortung für begangenes Unrecht zu entziehen, handelt in der Regel aus niedrigen Beweggründen.[1023]

618 Umstritten ist, ob und unter welchen Umständen dieses Mordmerkmal auch durch **Unterlassen** verwirklicht werden kann. Während die frühere Rspr. dies ablehnte,[1024] kommt dies nach heutiger Rspr. des BGH durchaus in Betracht, wenn die Vornahme der gebotenen Handlung zur Entdeckung der Tat geführt hätte.[1025]

Klausurrelevant kann folgende Fallkonstellation sein:[1026] Der Täter schlägt mit bedingtem Tötungsvorsatz auf das Opfer ein und verletzt es lebensgefährlich. Die ihm mögliche Abwendung des Erfolges unterlässt er, weil eine Rettung mit der Aufdeckung der Tat verbunden wäre.

„II. T könnte hinreichend verdächtig sein, im Anschluss an die Verletzung des O dessen Rettung unterlassen und hierdurch einen Mord durch Unterlassen zur Verdeckung einer anderen Straftat verübt zu haben.

1. Hätte T rechtzeitig Hilfe geleistet, wäre der Tod des O mit an Sicherheit grenzender Wahrscheinlichkeit verhindert worden.

2. Eine Garantenstellung des T könnte sich aus der vorherigen Verletzung des O, also pflichtwidrigem gefährdendem Vorverhalten (Ingerenz) ergeben. Allerdings wird zum Teil die Ansicht vertreten, eine von Tötungsvorsatz getragene Verletzungshandlung begründe keine Garantenpflicht zur Rettung, da niemand zu einem Rücktritt von dem darin liegenden Totschlagsversuch rechtlich verpflichtet sei.

1018 BGH NStZ 2015, 639.

1019 BGH RÜ 2018, 29.

1020 BGH NStZ 1985, 166; BGH NJW 1991, 1189; BGH RÜ 2019, 716; BGH RÜ 2022, 106.

1021 BGH RÜ 2021, 95.

1022 BGH RÜ 2018, 29; BGH RÜ 2018, 372; BGH RÜ 2022, 509.

1023 BGH NStZ 2013, 337, 339.

1024 BGHSt 7, 287.

1025 BGH HRRS 2010 Nr. 693; BGH NStZ 2022, 545.

1026 Nach BGH NJW 2003, 1060; vgl. auch Fischer § 211 Rn. 72, 73.

Dagegen spricht jedoch ein drohender Wertungswiderspruch. Wenn die fahrlässige Verursachung lebensgefährlicher Verletzungen eine Ingerenz auslöst, muss dies erst recht für den Fall der vorsätzlichen Verursachung gelten. Zudem müsste andernfalls bei Nichtverweislichkeit des Tötungsvorsatzes hinsichtlich des Vorverhaltens von seinem Fehlen und hinsichtlich der Garantenstellung von seinem Vorliegen ausgegangen werden, was eine Strafbarkeit wegen vorsätzlicher Begehung ganz ausschließen würde. Eine Garantenstellung lag daher vor.

3. T handelte auch in Kenntnis und Billigung der Umstände, also vorsätzlich.

4. Fraglich ist, ob T zur Verdeckung der vorausgegangenen Verletzungshandlung handelte. Dagegen könnte sprechen, dass T sich durch Erfüllung seiner Garantenpflicht der Gefahr der Strafverfolgung aussetzen würde, weshalb das Verdeckungsmotiv nicht die erforderliche Verwerflichkeit aufweist, um eine Strafbarkeit wegen Mordes zu rechtfertigen. Jedoch könnte mit diesem Argument allenfalls die Garantenstellung als solche infrage gestellt werden, nicht aber die Verdeckungsabsicht. Fraglich erscheint aber, ob es sich bei der vorausgegangenen Verletzungshandlung um eine andere Tat handelt. Nach der Rspr. des BGH stellt das Unterlassen des Rücktritts von einem Totschlagsversuch nicht allein deshalb eine andere Tat dar, weil zu den ursprünglich verfolgten Absichten die Verdeckungsabsicht hinzutritt. Vielmehr handelt es sich – unabhängig vom Vorliegen einer zeitlichen Zäsur – immer noch um dieselbe vorsätzliche Tötung. Zwar führt ein solcher Ausschluss der Verdeckungsabsicht zu einer Privilegierung desjenigen, der die Verletzung mit bedingtem Tötungsvorsatz vorgenommen hat gegenüber demjenigen, der dies nur fahrlässig getan hat, da in diesem Fall von einer anderen Tat auszugehen wäre. Jedoch entspricht dies der Rechtslage in dem Fall, dass der Täter eines Totschlagsversuchs ohne Aufgabe des Tatentschlusses und ohne zeitlich-räumliche Zäsur durch Fortsetzung seines Handelns das Opfer tötet, um den Totschlagsversuch zu verdecken. Auch hier handelt es sich um keine andere Tat. Danach scheidet Verdeckungsabsicht aus."

III. Niedrige Beweggründe

1. Mordlust

Aus Mordlust tötet, wer um des Tötens selber willen handelt, insbesondere aus Freude an der Vernichtung von Menschenleben,[1027] wenn also der Tod des Opfers der alleinige Zweck der Handlung ist. Kennzeichnend ist hierfür die Austauschbarkeit des Opfers; das Fehlen eines Grundes oder Tötungsanlasses reicht jedoch für Mordlust noch nicht aus. Subjektive Voraussetzung ist die Tötungsabsicht. **619**

2. Zur Befriedigung des Geschlechtstriebs

Dieses Mordmerkmal hat nur eine geringe Klausurbedeutung. Eine Tötungsabsicht ist hier grundsätzlich nicht erforderlich. Es kommt in Betracht, wenn **620**

- der Täter einer Sexualstraftat das Opfer durch die Gewaltanwendung tötet,
- der Täter in der Tötung seine sexuelle Befriedigung findet,
- der Täter tötet, um sich an der Leiche zu vergehen (Nekrophilie) und

1027 BGHSt 34, 59.

- der Täter die Tötungshandlung auf Video dokumentieren will, um dieses als Vorlage zur sexuellen Befriedigung zu nutzen.[1028] Auf einen unmittelbaren Zusammenhang zwischen der Tötung und der Befriedigung des Geschlechtstriebs kommt es nicht an.

3. Habgier

621 Habgier ist ein durch ungehemmte Eigensucht geprägtes sittlich anstößiges Gewinnstreben um jeden Preis, sei es zur Erlangung materieller Vorteile aus der Tat oder zur Vermeidung von Aufwendungen. Auf die Größe der Vorteile kommt es nicht an. Das Motiv braucht nicht das einzige zu sein. Im Falle eines Motivbündels muss es jedoch im Vordergrund stehen, also tatbeherrschend und bewusstseinsdominant sein.[1029]

In Betracht kommen Raubmord,[1030] die Erlangung einer Erbschaft,[1031] Auftragsmord gegen Belohnung, die Erlangung kostenloser ärztlicher Versorgung nach Inhaftierung[1032] oder die Absicht, sich Unterhaltsaufwendungen oder anderen Zahlungspflichten zu entziehen.[1033]

4. Sonst niedrige Beweggründe

622 Sonst niedrige Beweggründe sind solche, die nach allgemeiner Bewertung auf sittlich niedrigster Stufe stehen und deshalb besonders verachtenswert sind, weil Tötungsanlass und -unrecht in einem besonderen Missverhältnis stehen. In Betracht kommen vor allem den gesetzlich genannten Absichts- und Motivmerkmalen vergleichbare Beweggründe. Hierfür kommt es auf eine **Gesamtwürdigung der Umstände** an, die für die Motivbildung von Bedeutung waren. Bei einem Motivbündel müssen die niedrigen Beweggründe im Vordergrund stehen[1034] und sind einer alternativen Feststellung zugänglich.[1035] Auch eine sich aus dem äußeren Tatbild ergebende besonders menschenverachtende Einstellung kann den Schluss auf niedrige Beweggründe zulassen.[1036] Beruht die Tötung auf Wut, Zorn, Eifersucht oder Verärgerung, kommt es für die Beurteilung darauf an, ob diese auf eine niedrige Gesinnung des Täters schließen lassen.[1037]

Beispiel: Tötung des Beziehungspartners.[1038]

Für die Bewertung der Beweggründe als niedrig gelten die hiesigen Wertmaßstäbe und nicht anderweitige fremdkulturelle Wertanschauungen, denen der Täter möglicherweise verhaftet war.[1039] Der sog. „Ehrenmord" beruht daher in der Regel auf niedrigen Beweggründen.[1040] Das gilt auch für politisch begründete Motive.[1041] Jedoch muss sich der Vorsatz auf die für diese Bewertung maßgebenden Umstände beziehen und der Täter die Möglichkeit der Einsicht in die Niedrigkeit der Beweggründe gehabt haben.[1042] Dagegen braucht er die Bewertung selbst nicht nachvollzogen zu haben.[1043]

1028 BGH RÜ 2005, 365 („Schlächter von Rothenburg"); BGH RÜ 2018, 435; LG München II JuS 2020, 789.
1029 BGHSt 42, 301; BGH NStZ 2020, 613.
1030 BGHSt 39, 159; BGH RÜ 2018, 169.
1031 BGHSt 42, 303.
1032 BGH RÜ 2020, 646; abl. Mitsch NStZ 2020, 733.
1033 Fischer § 211 Rn. 11.
1034 BGH NStZ-RR 2021, 172; BGH NStZ 2022, 541.
1035 BGH NStZ 2024, 88.
1036 BGH NStZ 2015, 33.
1037 BGH NStZ 2018, 527; BGH NStZ 2019, 82; BGH NStZ 2019, 724; BGH RÜ 2021, 174.
1038 BGH NStZ 2023, 231; BGH NStZ 2024, 673.
1039 BGH NStZ 2018, 92; BGH RÜ 2021, 174.
1040 BGH NStZ 2019, 206; BGH NStZ 2020, 86; BGH NStZ 2020, 617.
1041 BGH NStZ 2019, 342.
1042 BGH RÜ 2004, 259; BGH NStZ 2018, 527; BGH NStZ 2019, 82.
1043 BGH NStZ 2013, 339.

Verdeckungsabsicht[1044] und Habgier[1045] können nicht zugleich auch ein sonst niedriger Beweggrund sein.

IV. Strafzumessung

In Fällen ausschließlich heimtückischen Mordes, also nicht dann, wenn auch andere Mordmerkmale erfüllt sind,[1046] kommt nach der **Rechtsfolgenlösung** des BGH[1047] eine Strafrahmenmilderung analog § 49 Abs. 1 in Betracht.[1048] Das setzt das Vorliegen außergewöhnlicher mildernder Umstände voraus, die in ihrer Gewichtung gesetzlichen Milderungsgründen vergleichbar sind, sodass bei einer umfassenden Gesamtwürdigung der Umstände die lebenslange Freiheitsstrafe als unverhältnismäßig erschiene. In Betracht kommen unverschuldete, als ausweglos empfundene notstandsähnliche Situationen oder schwere Kränkung und Provokation durch das Opfer. Eine schuldhafte Provokation des Konflikts durch den Täter selbst kann jedoch einer Strafmilderung entgegenstehen.[1049] Vorrangig ist jedoch die besonders sorgfältige Prüfung der subjektiven Heimtückevoraussetzungen sowie des Fehlens von Rechtfertigungs- und Entschuldigungsgründen sowie vertypter Milderungsgründe. **623**

Für Teilnehmer ist nach der Rspr. die Strafe nach § 28 Abs. 1 zu mildern, soweit dies nicht durch „gekreuzte Mordmerkmale"[1050] ausgeschlossen ist (s.u. Rn. 633 ff.).

Würde im Fall der Teilnahme am Mord eine doppelte Strafmilderung gemäß §§ 30, 28 Abs. 1 oder 27 Abs. 2, 28 Abs. 1 zum Unterschreiten der Strafrahmenuntergrenze führen, die bei einer Verurteilung wegen Teilnahme am Totschlag gelten würde, so entfaltet diese eine Sperrwirkung und gilt auch für die Verurteilung wegen Teilnahme am Mord.[1051]

C. Tötung auf Verlangen, § 216

Nach h.Lit. stellt das Vergehen der Tötung auf Verlangen einen Privilegierungstatbestand gegenüber dem Totschlag dar, der aber auch die Anwendung des Mordtatbestandes sperrt. Nach der Rspr. handelt es sich um einen eigenständigen Tatbestand. Auch hiernach werden aber die §§ 211, 212 verdrängt.[1052] In einer neueren Entscheidung[1053] hat sich der *6. Strafsenat* unter Hinweis auf die Rspr. des BVerfG zum selbstbestimmten Sterben[1054] und vordringende Literatur für eine teleologische Reduktion des § 216 in solchen Fällen ausgesprochen, in denen der Sterbewillige zur Realisierung seines Entschlusses auf fremde Hilfe angewiesen ist. **624**

I. Tatbestand

1. Fremdtötung

Der objektive Tatbestand setzt zunächst die **Tötung eines anderen Menschen** voraus. Hier kann – insbesondere bei einem fehlgeschlagenen Doppelsuizid – bei Mit- **625**

1044 BGH NStZ 2024, 480.
1045 BGH RÜ 2018, 169.
1046 BGHSt 35, 116, 127; BGHSt 42, 301; BGH RÜ 2018, 435.
1047 BGHSt 30, 105.
1048 Vgl. Fischer § 211 Rn. 46 u. 101.
1049 BGH RÜ 2021, 231.
1050 BGHSt 23, 31; 50, 1.
1051 BGH NStZ 2006, 34; BGH NStZ 2006, 288.
1052 BGHSt 13, 162, 165; 2, 258.
1053 BGH RÜ 2022, 638.
1054 BVerfG RÜ 2020, 315.

wirkung des Opfers die Abgrenzung von täterschaftlicher Tötung und tatbestandsloser Teilnahme an einer eigenverantwortlichen Selbsttötung von Bedeutung sein (s.o. Rn. 599 ff.).

2. Bestimmtsein durch ausdrückliches und ernsthaftes Tötungsverlangen

626 Die Privilegierung setzt voraus, dass der Täter durch das ausdrückliche und ernstliche Verlangen des Opfers zur Tat bestimmt wurde. Ein **Verlangen** liegt nicht schon in einer duldenden Einwilligung, sondern setzt eine aktive Hinwirkung auf das Hervorrufen der Tötungsmotivation voraus. Das Verlangen ist **ausdrücklich**, wenn es eindeutig und unmissverständlich ist, sei es auch schlüssig. Es ist **ernstlich**, wenn es frei von Willensmängeln, also Täuschung, Irrtum, Zwang und psychischen Störungen ist. Dabei können auch Motivirrtümer, wie die Vorspiegelung eigener Suizidabsicht durch den Täter,[1055] die Ernstlichkeit ausschließen. Darüber hinaus verlangt die neuere Rspr.,[1056] dass das Verlangen von **innerer Festigkeit und Zielstrebigkeit** getragen sein muss. Entspringt das Verlangen einer depressiven Augenblicksstimmung, einer jugendtypischen Konfliktlage oder dem Einfluss von Alkohol oder Drogen, scheidet die Ernstlichkeit aus. Durch das Verlangen **bestimmt** wurde der Täter, wenn sein Tatentschluss hierdurch hervorgerufen wurde. Wie bei der Anstiftung ist dies ausgeschlossen, wenn er zur Tat bereits entschlossen war. Waren auch andere Motive ursächlich für den Tatentschluss, schadet dies nicht, solange das Verlangen des Opfers handlungsleitend war.[1057]

3. Vorsatz

627 Der subjektive Tatbestand setzt **Vorsatz** voraus. Fehlen die objektiven Voraussetzungen der Privilegierung, so führt deren irrige Annahme zur Strafbarkeit gemäß §§ 216, 16 Abs. 2.[1058] Bei Unkenntnis der privilegierenden Umstände entfällt die Privilegierung. Es kommt dann eine Strafbarkeit gemäß §§ 212 und 211 in Betracht.

II. Rechtswidrigkeit

628 Eine Rechtfertigung scheidet in der Regel aus, zumal § 216 selbst eine „Einwilligungssperre" enthält. In Betracht kommt allenfalls eine rechtfertigende oder mutmaßliche Einwilligung nach den Regeln des Behandlungsabbruchs (s.o. Rn. 602).

III. Konkurrenzen

629 § 216 verdrängt die mitverwirklichten Körperverletzungsdelikte. Im Fall eines Rücktritts von dem gemäß Abs. 2 strafbaren Versuch bleibt jedoch eine Strafbarkeit gemäß § 223 Abs. 1. Hinsichtlich der ggf. mitverwirklichten §§ 224, 226 entfaltet § 216 zur Vermeidung eines Wertungswiderspruchs zum Fall der vollendeten Tötung nach h.M. eine Sperrwirkung, während nach a.A. ein minderschwerer Fall der §§ 224, 226 anzunehmen ist.[1059]

D. Beteiligung mehrerer an vorsätzlichen Tötungsdelikten

630 Der bekannte Streit um das systematische Verhältnis der Tötungsdelikte ist nur für die Strafbarkeit mehrerer Beteiligter, dort aber auch nicht immer von Bedeutung.

1055 BGH JZ 1987, 474.
1056 BGH RÜ 2011, 235; BGH NStZ 2012, 85.
1057 BGHSt 50, 80, 92; BGH RÜ 2018, 435.
1058 BGH NStZ 2012, 85.
1059 Vgl. Fischer § 216 Rn. 15 m.w.N.

Zur Erinnerung: Nach h.Lit. handelt es sich bei Mord um eine Qualifikation, bei der Tötung auf Verlangen um eine Privilegierung des Totschlags, die die Anwendung des § 211 ebenfalls sperrt. Nach st.Rspr.[1060] handelt es sich jedoch bei den §§ 211, 212, 216 um selbstständige Tatbestände mit eigenständigem Unrechtsgehalt, obwohl § 211 und § 216 die vorsätzliche Tötung eines anderen Menschen voraussetzen.

Bei Beteiligung mehrerer hat dies, soweit diese Tatbestände besondere persönliche Merkmale i.S.d. § 28 enthalten, zur Folge, dass nach h.Lit. die Akzessorietät der Teilnahme durch § 28 Abs. 2 durchbrochen wird, während es nach der Rspr. bei der Akzessorietät der Teilnahme bleibt und lediglich eine Strafmilderung gemäß § 28 Abs. 1 infrage kommt.

I. Objektive Mordmerkmale

Im Fall der Beteiligung an einer heimtückischen, grausamen oder mit gemeingefährlichen Mitteln begangenen Tötung ergibt sich hieraus kein Unterschied, da es sich um tatbezogene Merkmale handelt, für die § 28 nicht anwendbar ist. Nach den für die Teilnahme geltenden Akzessorietätsregeln und den für Mittäterschaft geltenden Zurechnungsregeln ist der Beteiligte des Mordes bzw. der Teilnahme daran schuldig zu sprechen, falls sich sein Vorsatz auf die Erfüllung von Mordmerkmalen bezog. **631**

II. Subjektive Mordmerkmale

1. Mittäterschaft

Im Fall einer Tötung unter Verwirklichung subjektiver Mordmerkmale ergibt sich bei Mittäterschaft im Ergebnis ebenfalls kein Unterschied. Wegen gemeinschaftlichen Mordes kann nur derjenige Mittäter bestraft werden, der diese Voraussetzungen selbst erfüllt. Für die h.Lit. ergibt sich dies aus der Anwendung des § 28 Abs. 2, da die subjektiven Mordmerkmale überwiegend als täterbezogene persönliche Merkmale i.d.S. angesehen werden. Für die Rspr. ergibt sich dies aus dem subjektiven Charakter dieser Tatbestandsmerkmale, obwohl § 28 Abs. 2 auf die ihrer Ansicht nach strafbegründenden Merkmale des § 211 nicht anwendbar ist. Da Mittäter unstreitig nicht akzessorisch zu bestrafen sind, begründet allein die Kenntnis eines Mittäters von einem subjektiven Mordmerkmal eines anderen Mittäters keine Strafbarkeit wegen Mordes. Daher kann ein Mittäter des Mordes, ein anderer des Totschlags schuldig gesprochen werden.[1061] § 28 Abs. 1 ist auf Mittäter nicht anwendbar. **632**

2. Teilnahme

Im Fall der Teilnahme an einem z.B. aus niedrigen Beweggründen begangenen Mord sind die Ergebnisse jedoch u.U. unterschiedlich. **633**

Gemäß § 28 Abs. 2 ist der Teilnehmer nach der Lit. nur dann wegen Teilnahme am Mord zu bestrafen, wenn er selbst ein subjektives Mordmerkmal aufweist. Auf seinen Vorsatz hinsichtlich der niedrigen Beweggründe des Täters kommt es nicht an.

Nach der Rspr. ist § 28 Abs. 2 dagegen nicht anwendbar, sodass es bei einer akzessorischen Strafbarkeit des Teilnehmers bleibt. Daher ist dieser wegen Teilnahme am Mord zu bestrafen, wenn er die niedrigen Beweggründe des Täters kennt, während das Vorliegen eines eigenen subjektiven Mordmerkmals beim Teilnehmer für den Schuldspruch ohne Bedeutung ist. Hat der Teilnehmer keinen Vorsatz hinsichtlich der

1060 Vgl. die lehrbuchartige Darstellung in BGHSt 50, 1.

1061 BGHSt 36, 231; BGH NStZ 2009, 627.

niedrigen Beweggründe des Täters, ist er danach nur der Teilnahme am Totschlag schuldig. Weist der Teilnehmer in diesem Fall ein eigenes subjektives Mordmerkmal auf, kann dies nur als Strafschärfungsgrund gemäß § 212 Abs. 2 Berücksichtigung finden. Handelt der Teilnehmer vorsätzlich hinsichtlich der niedrigen Beweggründe des Täters, ist er der Teilnahme am Mord schuldig. Weist er selbst kein subjektives Mordmerkmal auf, so ist seine Strafe gemäß § 28 Abs. 1 zu mildern. Weist er dagegen zwar nicht dasselbe Mordmerkmal auf wie der Täter, jedoch ein anderes vergleichbares Mordmerkmal, so entfällt die Strafmilderung („gekreuzte Mordmerkmale").[1062]

634 Handelt es sich bei der Tat um Totschlag, so ist der Teilnehmer hieraus schuldig zu sprechen. Ein eigenes subjektives Mordmerkmal des Teilnehmers kann wiederum nur als Strafschärfungsgrund gemäß § 212 Abs. 2 Berücksichtigung finden.[1063] Stellt er sich irrig vor, der Täter handele aus niedrigen Beweggründen, so ist er darüber hinaus im Fall der Anstiftung tateinheitlich gemäß §§ 211, 30 Abs. 1 zu verurteilen.[1064]

635 Die privilegierenden Voraussetzungen des § 216 werden nach h.Lit. als besonderes persönliches Merkmal gemäß § 28 Abs. 2 eingestuft, sodass nur der Beteiligte gemäß § 216 bestraft werden kann, der selbst durch das Verlangen des Opfers zu seinem Beitrag bestimmt wurde.[1065] Ist dies beim Teilnehmer nicht der Fall, kann eine Teilnahme an einer Tat gemäß § 216 durch doppelte Anwendung von § 28 Abs. 2 als Teilnahme am Mord zu bestrafen sein. Rspr. zu dieser Frage ist nicht ersichtlich. Man gelangt aber zu demselben Ergebnis, wenn man § 216 mit der Rspr. zu dem früheren Tatbestand der Kindestötung gemäß § 217 als unechtes Sonderdelikt versteht und daher nur den Beteiligten aus § 216 bestraft, der durch das Verlangen des Opfers zu seinem Beitrag bestimmt wurde.

Nach einer Art „Hybridformel" des 4. Strafsenats[1066] soll eine Teilnahme am Mord aus niedrigen Beweggründen dann als solche zu bestrafen sein, wenn der Teilnehmer seinen Tatbeitrag entweder ebenfalls aus niedrigen Beweggründen oder in Kenntnis der niedrigen Beweggründe des Täters erbracht habe. Diese Rspr. wurde von anderen Strafsenaten nicht aufgegriffen und entbehrt einer gesetzlichen Grundlage, da die Teilnahme entweder akzessorisch bestraft wird oder nicht, aber nicht sowohl als auch.[1067]

Für eine Stellungnahme zu dieser Frage wegen abweichender Lösungen eines Falles könnte man sich mit der Lit. auf den 5. Strafsenat[1068] des BGH beziehen, der in einem obiter dictum ausgeführt hat, die Rspr. des BGH zu dieser Frage führe zu schwer überbrückbaren Wertungswidersprüchen und unausgewogenen Ergebnissen, widerspreche der sonst üblichen Systematik und sei unnötig kompliziert. Die übrigen Senate[1069] haben sich jedoch dem bisher nicht angeschlossen und halten an der bisherigen Rspr. fest.

> Stellen Sie im Gutachten beide Ansichten dar und entscheiden Sie den Streit nur, wo es für den Schuldspruch oder die Strafzumessung auch darauf ankommt!

1062 BGHSt 23, 31; 50, 1.

1063 BGHSt 1, 368.

1064 BGHSt 50, 1.

1065 Fischer § 216 Rn. 14a.

1066 BGH NStZ 1996, 384, 385; BGH NStZ 2008, 273.

1067 Zutr. Dehne-Niemann/Wegemund HRRS 2010, 98.

1068 BGH NStZ 2006, 286.

1069 Vgl. BGH HRRS 2006 Nr. 927; BGH RÜ 2021, 429.

Eine Entscheidung für diese Rspr. könnte wie folgt begründet werden:

„Gegen die Rspr. des BGH wird seitens der h.Lit. geltend gemacht, dass es sich bei den Mordmerkmalen um Fälle besonders verwerflicher vorsätzlicher Tötung handele und § 211 daher als Qualifikation des § 212 anzusehen sei. Ferner ließen sich die Korrekturen der Teilnahmestrafbarkeit durch die Rspr. im Wege ‚gekreuzter Mordmerkmale' sowie die Anhebung von Strafrahmenuntergrenzen durch die Anwendung des § 28 Abs. 2 vermeiden.

Für die Rspr. spricht jedoch, dass das Gesetz durch die Bezeichnung des Täters als ‚Mörder' bzw. ‚Totschläger' deutlich gemacht hat, dass es sich bei Mord und Totschlag um Tatbestände mit eigenständigem Unrechtsgehalt handelt. Dies entspricht auch dem Verständnis des historischen Gesetzgebers. Würde es sich bei den §§ 211, 216 lediglich um eine Qualifikation bzw. Privilegierung des Totschlags als Grundtatbestand handeln, hätte es nahe gelegen, dass § 212 als erste Strafnorm des 16. Abschnitts aufgeführt worden wäre. Auch der Tatbestand des Raubes enthält denjenigen des Diebstahls und stellt nicht nur eine Qualifikation desselben, sondern nach allgemeiner Ansicht ein delictum sui generis dar. Ferner kann das Systemverständnis der Lit. nicht erklären, warum beim Zusammentreffen der Voraussetzungen des § 216 mit der Verwirklichung von Mordmerkmalen die Anwendung des § 211 gesperrt sein soll. Danach ist an der Rspr. festzuhalten, wonach es sich bei den vorsätzlichen Tötungsdelikten um Tatbestände mit eigenständigem Unrechtsgehalt handelt und § 28 Abs. 2 nicht anwendbar ist."

E. Schwangerschaftsabbruch

Der Tatbestand des Schwangerschaftsabbruchs kommt in Assessorklausuren allenfalls im Zusammenhang mit Angriffen auf Leib und Leben von Schwangeren zum Tragen. Gemäß § 218 Abs. 4 S. 1 ist der Versuch mit Strafe bedroht. Der persönliche Strafausschlussgrund des § 218 Abs. 4 S. 2 gilt nur für die Schwangere, sodass die Beteiligung an deren Versuch strafbar ist. **636**

I. Tatbestand

Unter dem „Abbruch einer Schwangerschaft" gemäß § 218 Abs. 1 ist die Tötung einer Leibesfrucht zu verstehen. Ob der Tod bereits im Mutterleib oder erst nach Beginn der Geburt eintritt, ist nicht entscheidend, da es nur auf den Zeitpunkt der Einwirkung auf das Rechtsgut ankommt.[1070] Unter den Voraussetzungen des § 218a Abs. 1 ist der Abbruch tatbestandslos. **637**

Der subjektive Tatbestand setzt gemäß § 15 Vorsatz voraus. Die irrige Annahme der Voraussetzungen des § 218a Abs. 1 schließt danach gemäß § 16 Abs. 1 S. 1 den Vorsatz aus. Die mit einer vorsätzlichen oder fahrlässigen Verletzung oder Tötung einer Schwangeren in Unkenntnis der Schwangerschaft einhergehende Tötung einer Leibesfrucht ist daher nicht mit Strafe bedroht!

II. Rechtswidrigkeit

Als Rechtfertigungsgrund kommen nur § 218a Abs. 2 (medizinisch-soziale Indikation) und Abs. 3 (kriminologische Indikation) in Betracht. **638**

1070 BGH RÜ 2008, 173.

III. Strafzumessung

639 Für die Schwangere beträgt der Strafrahmen – anders als für andere Beteiligte gemäß Abs. 1 – gemäß § 218 Abs. 3 nur bis zu 1 Jahr Freiheitsstrafe. Im Falle besonderer Bedrängnis der Schwangeren kann das Gericht für sie von Strafe absehen. Der persönliche Strafausschließungsgrund des § 218 Abs. 4 S. 1 gilt nur für die Schwangere, sodass andere Beteiligte strafbar bleiben. Für diese enthält § 218 Abs. 2 Regelbeispiele für besonders schwere Fälle.

F. Aussetzung, § 221

Die Aussetzung stellt ein konkretes Leibes- und Lebensgefährdungsdelikt dar. Der Versuch ist im Fall des Abs. 1 nicht mit Strafe bedroht!

I. Tatbestand

640 Der Grundtatbestand des Abs. 1 setzt in beiden Varianten eine **hilflose Lage** voraus. Das ist eine Situation, die mit (abstrakter) Gefahr für Gesundheit oder Leben verbunden ist, derer sich das Opfer weder aus eigener Kraft noch mit fremder Hilfe erwehren kann.[1071]

Das **Versetzen** in eine solche Lage (Nr. 1) erfasst jede täterschaftliche Verursachung, gleich mit welchen Mitteln, solange sich das Opfer nicht eigenverantwortlich selbst gefährdet. Eine räumliche Trennung oder Ortsveränderung mag eine typische Begehungsweise sein, ist aber nicht notwendige Voraussetzung.[1072] Der Tatbestand kann auch durch garantenpflichtwidriges Unterlassen verwirklicht werden.[1073]

Das **Im-Stich-lassen** (Nr. 2) setzt eine **Obhuts- oder Beistandspflicht**, also eine Garantenstellung gemäß § 13 als Obhuts- oder Aufsichtspflicht zum Schutz von Leben und Gesundheit voraus.[1074] Die Tathandlung besteht in der Nichterfüllung dieser Pflicht, unabhängig von einer Ortsveränderung oder räumlichen Trennung von Täter und Opfer, sodass diese Variante nur durch Unterlassen zu verwirklichen ist.

Tatbestandlicher **Erfolg** ist in beiden Varianten die konkrete Gefahr des Todes oder einer schweren Gesundheitsschädigung. Das setzt voraus, dass Eintritt oder Ausbleiben dieser Folgen nur noch vom Zufall abhängig waren. Die Tathandlung muss conditio sine qua non für die Gefahr gewesen sein.

Der subjektive Tatbestand setzt **Vorsatz** voraus. Dieser wird durch einen Tötungsvorsatz nicht ausgeschlossen.

II. Qualifikationen

641 Abs. 2 und 3 enthalten Qualifikationen, durch die die Tat zum Verbrechen wird. Bei Abs. 2 Nr. 2 und Abs. 3 handelt es sich um Erfolgsqualifikationen gemäß § 18. Daher genügt hinsichtlich der besonderen Tatfolgen ein wenigstens fahrlässiges Handeln, wofür ihre Vorhersehbarkeit genügt. Ferner muss sich in der schweren Folge das dem Grundtatbestand anhaftende spezifische Risiko realisiert haben.

Ob der erfolgsqualifizierte Versuch gemäß § 23 mit Strafe bedroht ist, ist umstritten, da der Grundtatbestand des Abs. 1 nicht mit Strafe bedroht ist (s.o. Rn. 268).

1071 BGH NStZ 2008, 395.

1072 BGHSt 52, 153.

1073 BGH RÜ 2017, 780: Aussetzung durch Unterlassen in der Kälte.

1074 BGH RÜ 2023, 165.

III. Strafzumessung

Eine **Strafmilderung** gemäß **§ 13 Abs. 2** kommt im Falle der Verwirklichung durch Unterlassen gemäß §§ 221 Abs. 1 Nr. 1, 13 in Betracht, scheidet nach der Rspr.[1075] aber im Fall des § 221 Abs. 1 Nr. 2 aus, da diese nur durch Unterlassen begangen werden könne und es sich daher um ein echtes Unterlassungsdelikt handele. **642**

Im Falle eines Zusammentreffens mit §§ 212, 13 entfaltet § 221 Abs. 1 Nr. 2, Abs. 3 eine Sperrwirkung für die Strafrahmenuntergrenze.[1076]

Abs. 4 sieht für minder schwere Fälle der Absätze 2 und 3 eine Strafrahmenverschiebung vor.

IV. Konkurrenzen

Hinter Körperverletzungs- bzw. Tötungsdelikten tritt § 221 zurück. Mit Körperverletzung ist jedoch Tateinheit anzunehmen, wenn das Opfer in konkrete Lebensgefahr gebracht wurde. **643**

G. Fahrlässige Tötung, § 222

§ 222 ist der Prototyp des fahrlässigen Erfolgsdelikts. Insoweit wird an dieser Stelle auf die Ausführungen zum Fahrlässigkeitsdelikt im Allgemeinen Teil verwiesen. **644**

2. Abschnitt: Straftaten gegen die körperliche Unversehrtheit

Die Körperverletzungsdelikte schützen nur die körperliche, grundsätzlich nicht die seelische Unversehrtheit. Seelische Beeinträchtigungen werden nur ausnahmsweise als Gesundheitsschädigung i.S.d. § 223 Abs. 1 und durch § 225 erfasst. § 225 besitzt keine nennenswerte Klausurrelevanz. **645**

A. Verfahrensrechtliche Besonderheiten

§§ 223 und 229 stellen gemäß § 230 **relative Antragsdelikte** und gemäß § 374 Abs. 1 Nr. 4 StPO **Privatklagedelikte** dar. Bei § 223 – nicht auch bei § 229 – geht das Antragsrecht beim Tode des Verletzten gemäß § 77 Abs. 2 auf die Angehörigen über. Unter den Voraussetzungen des § 230 Abs. 2 ist auch der Dienstvorgesetzte neben dem Verletzten antragsberechtigt. **646**

Ein **öffentliches Interesse gemäß § 376 StPO** ist unter den Voraussetzungen der Nrn. 86 und 233 RiStBV anzunehmen. Ein **besonderes öffentliches Interesse gemäß § 230** besteht unter den Voraussetzungen der Nrn. 234, 235 und – bei Körperverletzung im Straßenverkehr – Nr. 243 RiStBV.

Die §§ 223–226 sowie 340 berechtigen gemäß § 395 Abs. 1 Nr. 3 StPO zum Anschluss des Verletzten als **Nebenkläger**.

B. Körperverletzung, § 223

I. Tatbestand

Eine **körperliche Misshandlung** ist jede üble, unangemessene Behandlung, die das körperliche Wohlbefinden oder die körperliche Unversehrtheit mehr als nur unerheblich beeinträchtigt. Die **Erheblichkeit** ist objektiv zu bestimmen und nicht nach **647**

1075 BGHSt 57, 28; BGH NStZ 2022, 601, 603 (str.).

1076 BGHSt 57, 28.

dem subjektiven Empfinden des Opfers.[1077] Maßstab für die Beeinträchtigung ist der jeweilige Zustand vor der Einwirkung.[1078]

Die Beeinträchtigung des **körperlichen Wohlbefindens** liegt nicht in jeder psychischen Beeinträchtigung, solange sie noch nicht körperlich empfunden wird.

Daher reicht noch nicht die Verursachung von Ekel, wohl aber von Brechreiz,[1079] Schmerz[1080] oder Schlaf- und Konzentrationsstörungen,[1081] wenn sie die Erheblichkeitsschwelle überschreiten.

Eine Beeinträchtigung der **körperlichen Unversehrtheit** liegt in jeder unangemessenen auch nur vorübergehenden Substanzverletzung.

Daher genügt auch das Abschneiden von Haaren[1082] und die Verabreichung von Bestrahlungen, wenn dadurch die Gefahr von Langzeitschäden nicht nur unwesentlich erhöht wird.[1083]

648 **Gesundheitsschädigung** ist jedes Hervorrufen oder Steigern eines krankhaften Zustandes. Davon erfasst wird auch die Verursachung von nicht nur unerheblichen, wenn auch vorübergehenden **Rauschzuständen** durch die Verabreichung von Betäubungsmitteln[1084] oder Alkoholika.[1085] Die **Infektion mit Krankheitserregern** stellt eine vollendete Körperverletzung nach der Rspr. nicht erst bei Ausbruch der Krankheit oder von Symptomen dar, sondern bereits dann, wenn das Opfer durch die Infektion selbst infektiös wird.[1086] Erfasst wird auch die **Beeinträchtigung der seelischen Gesundheit**, was jedoch die Feststellung eines objektivierten pathologischen Befundes voraussetzt, sodass die Verursachung von Angst- oder Erregungszuständen noch nicht genügt.[1087]

Beide Varianten sind nebeneinander anwendbar und auch durch garantenpflichtwidriges Unterlassen zu verwirklichen.

649 Ob und unter welchen Voraussetzungen ein **ärztlicher Heileingriff** den Tatbestand erfüllt, ist umstritten. Nach verbreiteter Lehrmeinung – mit Unterschieden im Einzelnen – soll der gelungene, indizierte und kunstgerecht ausgeführte ärztliche Heileingriff nicht tatbestandsmäßig sein. Dagegen erfüllt nach a.A. und st.Rspr.[1088] jede in die körperliche Unversehrtheit eingreifende Behandlungsmaßnahme den objektiven Tatbestand des § 223 und bedarf daher einer Rechtfertigung. Für die erstgenannte Ansicht sprechen der Wortlaut des Gesetzes und der soziale Sinngehalt des ärztlichen Heileingriffs. Für die Rspr. spricht, dass nach der Gegenmeinung die Gefahr eigenmächtiger Heilbehandlung besteht, indem die Zustimmung des Patienten durch unzureichende Aufklärung erschlichen wird, und der Patient hierdurch die Freiheit der Disposition über seine körperliche Unversehrtheit verlöre. Durch die Regelungen des ärztlichen Behandlungsvertrages in §§ 630a ff. BGB dürfte die Rspr. zudem gesetzlich anerkannt sein.

1077 BGHSt 53, 145, 158.

1078 BGH NStZ 2021, 364

1079 BGH NStZ 2016, 27; BGH NStZ 2021, 364.

1080 BGH NJW 1990, 3157.

1081 BGH NStZ 2000, 25.

1082 BGH NStZ-RR 2009, 50.

1083 BGHSt 43, 355.

1084 BGHSt 49, 34.

1085 AG Saalfeld NStZ 2006, 100; LG Detmold, Urt. v. 28.08.2013 – 4 Ns 41 Js 398/12, BeckRS 2013, 16267 (Verkauf von Alkoholika an Minderjährige); BGH NStZ 2021, 364.

1086 BGHSt 36, 1; BGHSt 36, 262; BGH NStZ 2009, 34.

1087 BGH NStZ 2003, 149; BGH JuS 2014, 559; BGH NStZ 2015, 269.

1088 Vgl. Nachweise bei Fischer § 223 Rn. 17.

Außerhalb der o.g. Voraussetzungen des Heileingriffs, also bei Schönheitsoperationen,[1089] wissenschaftlichen Experimenten, Sterilisation, Doping, etc., kommt es auf den Streit nicht an.

Begründen Sie die Rspr. nur dann, wenn es für die Falllösung darauf ankommt!

II. Rechtfertigungsgründe

Bei der rechtfertigenden und mutmaßlichen **Einwilligung** ist insbesondere die sich aus § 228 ergebende Einschränkung der Zulässigkeit zu beachten. Jedoch kommt es nicht auf die Sittenwidrigkeit der Einwilligung, sondern auf die Sittenwidrigkeit der Tat an! **650**

Bei **ärztlichen Heileingriffen** sind insbesondere die Vorschriften der §§ 630d und 630e BGB über die ordnungsgemäße Belehrung zu beachten. Ferner ist durch § 630h Abs. 2 S. 2 BGB die Rspr. zur hypothetischen Einwilligung anerkannt worden.

Eine durch **indirekte Sterbehilfe** begangene Körperverletzung kann nach den Regeln erklärter oder mutmaßlicher Einwilligung gerechtfertigt sein, auch wenn sie nicht von einem Arzt geleistet wird und nicht von einer ärztlichen Verordnung gedeckt ist. § 228 steht dem nicht entgegen, auch wenn die Tat zugleich gegen das BtMG verstößt.[1090]

Zur Rechtfertigung von Körperverletzungen im Rahmen **hoheitlicher Tätigkeit** sind in erster Linie die öffentlich-rechtlichen Vorschriften (StPO, Polizei- und Ordnungsrecht) heranzuziehen und bei der Prüfung die Besonderheiten des strafrechtlichen Rechtmäßigkeitsbegriffs für das dienstliche Handeln von Amtsträgern zu beachten. Ob darüber hinaus allgemeine Rechtfertigungsgründe in Betracht kommen, ist umstritten (s.o. Rn. 156).

C. Gefährliche Körperverletzung, § 224

I. Tatbestand

Bevor die qualifizierenden Voraussetzungen des § 224 geprüft werden, müssen die Voraussetzungen des Grundtatbestandes festgestellt werden. **651**

1. Durch Beibringung von Gift oder anderen gesundheitsschädlichen Stoffen

Gift in diesem Sinne ist jeder organische oder anorganische Stoff mit einer chemischen oder physikalischen Wirkung auf die menschliche Gesundheit. **Andere Stoffe** sind solche mit einer mechanischen, thermischen oder biologischen Wirkung. **Gesundheitsschädlich** ist der Stoff nach der Rspr.,[1091] wenn er nach den konkreten Umständen, also nach Dosierung, Anwendungsweise und Konstitution des Opfers, geeignet ist, erhebliche Gesundheitsschäden zu verursachen. Das **Beibringen** setzt nach der Rspr.[1092] voraus, dass der Stoff derart mit dem Körper in Verbindung gebracht wird, dass er seine Wirkung entfalten kann. Ob diese Wirkung oberflächlich oder sich im Körperinneren entfaltet, spielt hierfür keine Rolle. **Durch Beibringung** **652**

1089 BGH JuS 2021, 368.

1090 BGH RÜ 2019, 781; BGH HRRS 2020 Nr. 1389.

1091 BGHSt 51, 18.

1092 BGHSt 32, 130.

ist die Körperverletzung aber nur dann begangen, wenn der tatbestandsmäßige Erfolg hierdurch verursacht wurde.

Beispiele: Zwangsweise Zuführung von Kochsalz in gesundheitsschädlicher Dosierung,[1093] Beibringen von K.O.-Tropfen,[1094] Injektion von Hyaluronsäure,[1095] Inbrandsetzen des Hemdes,[1096] nicht aber Überschütten mit heißem Kaffee an einer unempfindlichen Körperstelle.[1097]

2. Mittels einer Waffe oder eines anderen gefährlichen Werkzeugs

653 **Waffen** in diesem Sinne sind nur solche im technischen Sinne, also Gegenstände, deren **objektive Zweckbestimmung** darin liegt, als Angriffs- oder Verteidigungsmittel verwendet zu werden, und dabei erhebliche Verletzungen hervorzurufen. Erforderlich ist jedoch, dass die Waffe auch als gefährliches Werkzeug eingesetzt wird.

Anderes gefährliches Werkzeug ist jeder Gegenstand, der nach seiner konkreten Beschaffenheit und der **Art der Anwendung im konkreten Einzelfall** geeignet ist, erhebliche Verletzungen zu verursachen. Danach sind auch Alltagsgegenstände und Bekleidungsstücke[1098] je nach Art ihrer Verwendung als gefährliche Werkzeuge einzustufen, z.B. ein Straßenschuh von üblicher Beschaffenheit, wenn damit gegen den Kopf eines Menschen getreten wird.[1099] Nach Rspr. und h.Lit. werden unbewegliche Sachen[1100] und Körperteile[1101] nach dem Wortlaut des Gesetzes nicht erfasst.

Beispiele: Die Faust eines Boxers oder die Handkante eines Karatekämpfers; Stoßen des Opfers vor eine Mauer.

In diesen Fällen ist ggf. eine das Leben gefährdende Behandlung gemäß Nr. 5 zu prüfen.

Mittels einer Waffe oder eines gefährlichen Werkzeugs wird die Tat nach der Rspr. nur dann begangen, wenn diese gegen den Körper des Opfers geführt werden und sich gerade hieraus die Verletzung oder Gesundheitsschädigung ergibt.[1102] Das ist nicht der Fall, wenn sich die Körperverletzung erst mittelbar aus der Einwirkung mit einem gefährlichen Werkzeug ergibt.

Beispiele: Das Überfahren oder Anfahren mit einem Kfz, nicht aber, wenn sich das Opfer erst beim Sturz aus dem Wagen oder von der Motorhaube verletzt.[1103]

Daher ist die Verwirklichung durch Unterlassen nicht tatbestandsmäßig.

Beispiel: Unterlassen des Zurückrufens eines bissigen Hundes.

Ärztliche Instrumente sind bei der Verwendung im Rahmen eines nicht gerechtfertigten Heileingriffs durch einen Arzt nach früherer Rspr. keine gefährlichen Werkzeuge, da sie nicht wie eine Waffe eingesetzt werden.[1104] Nach vordringender Lit. und aktueller Rspr.[1105] ist dies mit dem heutigen Gesetzeswortlaut nicht mehr zu vereinbaren, sodass es sich – zumindest im Falle eines nicht indizierten Eingriffs – ggf. um ge-

1093 BGHSt 51, 18.

1094 BGH NStZ-RR 2011, 33.

1095 BGH JuS 2021, 368.

1096 BGH RÜ 2018, 505.

1097 OLG Dresden NStZ-RR 2009, 337.

1098 BGH RÜ 2023, 310: Schuh und Jacke.

1099 BGH JA 2015, 709; BGH NStZ 2023, 410; BayObLG NStZ 2023, 500.

1100 BGHSt 22, 235 (Stoß vor eine Wand).

1101 BGH NStZ-RR 2014, 167 (Kopfnuss).

1102 BGH NStZ 2006, 572; BGH NStZ 2007, 405; BGH NJW 2010, 2968; BGH StV 2013, 438; BGH NStZ 2016, 407; a.A. Stam NStZ 2016, 713; BGH RÜ 2019, 576, 578.

1103 BGH HRRS 2014 Nr. 117; BGH NStZ 2014, 36 f.; BGH RÜ 2015, 103.

1104 BGH NJW 1978, 1206; anders bei Verwendung durch einen Heilpraktiker, BGH NStZ 1987, 174; BGH NStZ 2021, 368 (str.).

1105 OLG Karlsruhe RÜ 2022, 511; BGH RÜ 2024, 323.

fährliche Werkzeuge handelt. Für den indizierten Eingriff dürfte nichts anderes gelten.

3. Mittels eines hinterlistigen Überfalls

Überfall ist ein plötzlicher, unvorhergesehener Angriff. **Hinterlist** setzt ein planmäßiges Vorgehen unter Verdeckung der wahren Absichten voraus, um dem Opfer die Verteidigung gegen den Überfall zu erschweren.[1106] Dies kann auch bei nur bedingtem Vorsatz der Fall sein.[1107] Das bloße Ausnutzen eines Überraschungsmoments genügt dagegen allein noch nicht. **654**

Beispiele: Vortäuschen friedfertiger Absichten;[1108] heimliches Beibringen von K.O.-Tropfen.[1109]

4. Mit einem anderen Beteiligten gemeinschaftlich

Beteiligte in diesem Sinne sind nach der Rspr. gemäß § 28 Abs. 2 Mittäter, Anstifter und Gehilfen. Daher setzt der Tatbestand keine Mittäterschaft voraus. **Gemeinschaftlich** setzt vielmehr ein gefahrerhöhendes Zusammenwirken der Beteiligten am Tatort in einer Weise voraus, die dem Angegriffenen Flucht oder Verteidigung erschwert oder die Gefahr erheblicher Verletzungen steigert.[1110] Eine eigenhändige Mitwirkung an den Verletzungshandlungen ist nicht erforderlich. **655**

Beispiele: Verstellen des Fluchtweges; Zureichen von Werkzeugen.

Durch die Mitwirkung eines Anstifters oder Gehilfen gemäß Nr. 4 wird dieser aber nicht zum Mittäter![1111] Andererseits begründet eine Mittäterschaft kein gemeinschaftliches Handeln, solange die Beteiligten nicht zum Nachteil desselben Opfers zusammenwirken, sondern sich ihr Handeln jeweils nur gegen eines der Opfer richtet[1112] oder das Opfer sich jeweils nur einem Angreifer gegenüber sieht.[1113]

Ob der Tatbestand durch gemeinschaftliches Unterlassen zu verwirklichen ist, ist unter den *Strafsenaten* des BGH umstritten.[1114] Dafür wird die gefahrerhöhende Wirkung des gemeinsamen Tatplans angeführt, dagegen spricht, dass das auch für die gemeinschaftliche Begehung gelten müsste und es an der o.g. Gefahrerhöhung fehlt.

5. Mittels einer das Leben gefährdenden Behandlung

Nach einer Ansicht in der Lit. setzt diese Variante den Eintritt einer konkreten Lebensgefahr voraus. Demgegenüber genügt nach st.Rspr.,[1115] wenn die Misshandlung unter den konkreten Umständen **generell geeignet** ist, **das Leben des Opfers zu gefährden**. Hierfür spricht, dass auch die anderen Varianten als abstrakte Gefährdungsdelikte einzustufen sind und der Vergleich des Gesetzeswortlauts mit der Fassung der §§ 221 Abs. 1, 250 Abs. 2 Nr. 3b), 306b Abs. 2 Nr. 1, die eine konkrete Lebensgefahr voraussetzen. Maßgeblich sind die Umstände des Einzelfalls, also Art und Intensität der Misshandlung und welcher Körperteil betroffen ist. **656**

Beispiele: Wuchtige Schläge gegen den Kopf eines Säuglings; massive Schläge gegen den Kopf eines alkoholisierten Tatopfers; kräftige Schläge an den Kopf mit der Folge intensivmedizinischer Be-

1106 BGH NStZ 2012, 698.
1107 BGH RÜ 2021, 303.
1108 BGH NStZ 2004, 93; BGH NStZ 2005, 40.
1109 BGH NStZ 1992, 490.
1110 BGHSt 47, 383; BGH NStZ 2016, 595.
1111 BGH NStZ-RR 2009, 10.
1112 BGH NStZ 2015, 584; BGH NStZ 2017, 640; BGH RÜ 2017, 783.
1113 BGH NStZ-RR 2024, 77; BGH RÜ 2024, 263.
1114 Einerseits BGH RÜ 2024, 573, andererseits BGH RÜ 2024, 639.
1115 BGH NStZ 2013, 345; BGH RÜ 2019, 576, 579; BGH NStZ 2021, 107; BGH NStZ 2021, 368; BGH RÜ 2022, 643.

handlung;[1116] nicht aber ohne Weiteres ein wuchtiger Schlag, aufgrund dessen das Opfer das Gleichgewicht verliert oder kurzzeitig bewusstlos wird.[1117]

Nicht ausreichend ist dagegen, wenn nicht die Behandlung als solche, sondern erst die hierdurch ausgelöste Gefahr oder Verletzung lebensgefährlich war.

Beispiel:[1118] Stoßen des Opfers auf eine stark befahrene Fahrbahn und hierdurch verursachter Unfall.

Der Vorsatz braucht sich nur auf die die Gefährlichkeit begründenden Umstände zu beziehen. Ob der Täter die Misshandlung für gefährlich hält, ist unerheblich.[1119]

II. Strafzumessung

657 § 224 enthält a.E. eine Strafrahmenverschiebung für minder schwere Fälle.

D. Schwere Körperverletzung, § 226

658 Die schwere Körperverletzung stellt eine Erfolgsqualifikation gemäß § 18 und ein Verbrechen dar. Grundtatbestand kann eine Tat gemäß § 223 und § 224 sein. Zwischen dem Grunddelikt und der schweren Folge muss ein gefahrspezifischer Zusammenhang bestehen. Hier besteht der gleiche Streit wie bei § 227, nämlich die Frage, ob sich die schwere Folge aus dem Erfolg des Grunddelikts ergeben muss, oder – so die Rspr.[1120] – genügt, wenn sich die schwere Folge aus der Tathandlung des Grunddelikts ergeben hat, sofern sich in ihr deren tatbestandstypisches Risiko realisiert hat. Zur Strafbarkeit des Versuchs vgl. die Ausführungen zum Allgemeinen Teil, Rn. 265 ff.

Abs. 1 und Abs. 2 enthalten im Hinblick auf die unterschiedlichen Strafrahmen zwei verschiedene Qualifikationen:

I. Wissentliche oder beabsichtigte schwere Folge, Abs. 2

659 § 226 Abs. 2 erfasst den Fall, dass der Täter hinsichtlich der schweren Folgen wissentlich oder absichtlich handelt. Eine derartige Absicht wird durch einen bedingten Tötungsvorsatz nicht ausgeschlossen.[1121] Selbst bei direktem Tötungsvorsatz kann als dolus alternativus auch direkter Vorsatz hinsichtlich der schweren Folgen gemäß § 226 gegeben sein.[1122]

1116 BGH NStZ 2024, 285.

1117 BGH NStZ 2013, 345.

1118 BGH NStZ 2007, 34, 35; BGH NStZ 2010, 276.

1119 BGH NStZ 2024, 611.

1120 Vgl. Fischer § 226 Rn. 14.

1121 BGHSt 22, 249; BGH NJW 2001, 980; BGH HRRS 2012 Nr. 704.

1122 BGH RÜ 2002, 457; BGH NJW 2001, 980; BGH RÜ 2023, 709.

II. Fahrlässige oder bedingt vorsätzliche schwere Folge, Abs. 1

§ 226 Abs. 1 erfasst demgegenüber gemäß § 18 sowohl die fahrlässige als auch die bedingt vorsätzliche Verursachung der schweren Tatfolgen. **660**

Aufbauschema: Schwere Körperverletzung, § 226 Abs. 1

- Grundtatbestand gemäß § 223 Abs. 1 oder § 224 Abs. 1
- Erfolgsqualifikation
  - Verursachung einer schweren Folge durch das Grunddelikt
    Nr. 1: Verlust des Sehvermögens auf einem oder beiden Augen/des Gehörs/des Sprechvermögens/der Fortpflanzungsfähigkeit
    Nr. 2: Verlust oder Gebrauchsunfähigkeit eines wichtigen Körpergliedes
    Nr. 3: Dauernde erhebliche Entstellung/Verfallen in Siechtum/Lähmung/geistige Krankheit/Behinderung
  - Wenigstens fahrlässig, § 18
  - Gefahrspezifischer Zusammenhang von Grunddelikt und schwerer Folge
- Rechtswidrigkeit
- Schuld, insbesondere Fahrlässigkeitsschuld hinsichtlich der schweren Folge

III. Schwere Folgen gemäß § 226

Nr. 1 erfasst abschließend die Aufhebung besonders wichtiger Sinnes- und Körperfunktionen. Ein **Verlust** ist nicht erst dann anzunehmen, wenn diese Funktionen völlig aufgehoben sind. Auch wenn eine Restfunktion praktisch wertlos ist, ist der Tatbestand erfüllt. Dies muss für jede Funktion gesondert entschieden werden. Für das **Sehvermögen** gilt beispielsweise, dass eine Herabsetzung der Restsehfähigkeit auf unter 10 % einem Verlust gleichsteht.[1123] Dabei kommt es nicht darauf an, ob das Sehvermögen durch das Tragen einer Sehhilfe (z.B. Kontaktlinsen) wieder hergestellt werden kann.[1124] Das **Gehör** muss – anders als das Sehvermögen – auf beiden Seiten verloren sein. Die **Fortpflanzungsfähigkeit** braucht nicht vor der Tat bereits gegeben gewesen zu sein. Daher kann ihr Verlust auch Kinder treffen. **661**

Körperglieder i.S.d. **Nr. 2** sind Extremitäten, die mit dem Rumpf oder einem anderen Körperteil verbunden sind, also Arme, Beine und Finger. Umstritten ist, ob sie durch Gelenke mit dem Körper verbunden sein müssen. Innere Organe, mögen sie auch für den Organismus noch so bedeutend sein, werden nach der Rspr. nicht erfasst.[1125] Hierfür spricht der Gesetzeswortlaut. **662**

Für die **Wichtigkeit** wurde in der früheren Rspr. auf die Bedeutung des Gliedes für den Gesamtorganismus eines jeden Menschen abgestellt. Heute berücksichtigen Rspr.[1126] und h.Lit. für die Wichtigkeit auch individuelle Eigenschaften und Vorschädigungen des jeweiligen Opfers, sodass etwa die Zehen für einen Menschen ohne Hände als Greif- oder Schreibersatz wichtige Glieder sein können. Das Körperglied muss für das Funktionieren des Gesamtorganismus wichtig sein. Ihre Bedeutung unter sozialen Gesichtspunkten, z.B. für die Arbeitsfähigkeit und Berufsausübung, ist nicht maßgebend.

1123 BGH NStZ 2019, 198.
1124 BayObLG NStZ-RR 2004, 264.
1125 BGHSt 28, 100.
1126 BGHSt 51, 252, 255.

Unter **Verlust** ist die dauerhafte Abtrennung vom Körper zu verstehen. Die Möglichkeit eines Ersatzes durch Prothesen steht dem nicht entgegen. Die **Gebrauchsunfähigkeit** erfasst nicht jede Beeinträchtigung des Gebrauchs, sondern nur eine solche, die dem Verlust vergleichbar ist. Erforderlich ist daher der Ausfall so vieler Funktionen, dass das Glied faktisch unbrauchbar geworden ist.[1127] Die Gebrauchsunfähigkeit ist **dauernd**, wenn sie nicht ihrer Art nach nur vorübergehend, ihr Ende also im Voraus nicht zu bestimmen ist, und die Gebrauchsfähigkeit auch nicht mit zumutbaren medizinischen Maßnahmen wiederherzustellen ist.

Beispiel:[1128] Die chronische Versteifung eines Zeigefingers, der zwar noch in seiner Zeigefunktion verwendet werden kann, aber nicht mehr zum Greifen.

663 Eine **Entstellung** gemäß **Nr. 3** ist die Verunstaltung der äußeren Gesamterscheinung, auch wenn sie nicht stets, sondern nur in manchen Lebenssituationen äußerlich in Erscheinung tritt.[1129] **Erheblich** ist die Entstellung, wenn sie in ihren Auswirkungen für den Betroffenen mit den übrigen gesetzlich erfassten Folgen objektiv vergleichbar ist.[1130] **Dauernd** ist die Entstellung, wenn sie nicht nur vorübergehend ist. Ob zumutbare Korrekturen die Dauerhaftigkeit der Entstellung ausschließen, ist umstritten (s.o. Rn. 65).

Beispiel: Durch Verbrennungen verursachte Narben im Gesicht.[1131] Der Verlust von Vorderzähnen ist nicht dauerhaft, wenn sich das nachteilige Erscheinungsbild durch Zahnersatz hat beseitigen lassen.[1132]

Siechtum ist ein chronischer Krankheitszustand, der den Gesamtorganismus des Verletzten ergreift und ein Schwinden der Körper- oder Geisteskräfte und Hinfälligkeit zur Folge hat.[1133] **Lähmung** ist die erhebliche Beeinträchtigung der Bewegungsfähigkeit eines Körperteils, die den ganzen Körper in Mitleidenschaft zieht. **Geistige Krankheit** ist nicht dasselbe wie Schuldunfähigkeit gemäß § 20. Mit **Behinderung** ist nach dem Sachzusammenhang nur die geistige gemeint. Vom **Verfallen** ist auszugehen, wenn der Krankheitszustand nicht nur unerheblich oder vorübergehend ist.[1134]

Ist die schwere Folge zur Zeit der Urteilsfindung nicht schon endgültig eingetreten, hängt die Dauerhaftigkeit vom Vorliegen einer konkreten Heilungsprognose ab.[1135]

IV. Strafzumessung

664 § 226 Abs. 3 enthält für minder schwere Fälle der Absätze 1 und 2 jeweils eine Strafrahmenverschiebung.

E. Körperverletzung mit Todesfolge, § 227

665 Die Körperverletzung mit Todesfolge stellt den Prototyp des erfolgsqualifizierten Delikts dar. Grundtatbestand kann eine Körperverletzung gemäß §§ 223, 224, 225 oder § 226 sein. Für die Prüfung der Erfolgsqualifikation wird auf die entsprechenden Ausführungen zum Allgemeinen Teil verwiesen.

Abs. 2 enthält für minder schwere Fälle eine Strafrahmenverschiebung.

1127 BGH NStZ 2014, 213.

1128 BGHSt 51, 252, 255.

1129 BGHSt 17, 163.

1130 BGH NStZ 2006, 686; BGH NStZ 2015, 266; BGH NStZ-RR 2020, 136.

1131 BGH NStZ 2010, 690.

1132 BGHSt 24, 315.

1133 BGH RÜ 2023, 709.

1134 BGH NStZ 2018, 102; s. auch Fischer § 226 Rn. 10–13.

1135 BGH RÜ 2020, 167, 170.

F. Fahrlässige Körperverletzung, § 229

§ 229 ist – wie auch § 222 – ein Prototyp des fahrlässigen Erfolgsdelikts. Auf die diesbezüglichen Ausführungen im Allgemeinen Teil wird an dieser Stelle verwiesen. 666

G. Körperverletzung im Amt, § 340

§ 340 ist als Sonderdelikt für Amtsträger i.S.d. § 11 Abs. 1 Nr. 2 eine Qualifikation gegenüber § 223 Abs. 1 und eine Erweiterung der Strafbarkeit in Fällen der §§ 224–227, 229 auf das Begehenlassen. 667

I. Tatbestand

Tathandlung ist neben der **Begehung** in unmittelbarer und Mittäterschaft das **Begehenlassen einer Körperverletzung**. Darunter ist nach h.M.[1136] die mittelbare Täterschaft, Anstiftung und Beihilfe zur Körperverletzung sowie das garantenpflichtwidrige Unterlassen des Einschreitens gegen eine Körperverletzung zu verstehen. Damit entfallen die Strafmilderungen gemäß § 13 Abs. 2 und § 27 Abs. 2 S. 2. 668

Die Begehung während der Ausübung seines Dienstes setzt neben dem zeitlichen auch einen sachlichen Zusammenhang mit der Dienstausübung derart voraus, dass sich die Tat als Missbrauch der Amtsgewalt darstellt.

Beispiele: Körperliche Züchtigung eines Schülers durch Lehrer,[1137] körperliche Durchsetzung eines Platzverweises.[1138] Nicht dagegen: Rechtswidrige Heilbehandlung durch einen in öffentlichem Krankenhaus als Amtsträger tätigen Arzt.

Das Handeln **in Beziehung auf seinen Dienst** setzt gleichfalls einen sachlichen Zusammenhang mit der Dienstausübung unter Missbrauch der Amtsgewalt voraus. Dieser kann aber gerade außerhalb des Dienstes in der Anmaßung dienstlichen Auftretens liegen. Ein rein subjektiver Bezug zur Dienstausübung genügt nicht.

Der subjektive Tatbestand setzt **Vorsatz** voraus.

II. Rechtswidrigkeit

Eine Rechtfertigung kommt in erster Linie nach **öffentlich-rechtlichen Eingriffsnormen** sowie den Regeln über die Anwendung **unmittelbaren Zwangs** in Betracht. Darüber hinaus kommt, da Abs. 3 auch auf § 228 verweist, auch eine **rechtfertigende Einwilligung** in dessen Grenzen in Betracht. 669

III. Teilnahme

Im Fall der Beteiligung an § 340 Abs. 1 und 2 gilt § 28 Abs. 2 hinsichtlich der Amtsträgerstellung; ein außenstehender Teilnehmer ist daher nach § 223 schuldig zu sprechen und zu bestrafen. Ob dies auch bei Beteiligung an Abs. 3 gilt, ist umstritten.[1139] Da die Amtsträgerstellung hier keine strafschärfende Wirkung hat, ist § 28 Abs. 2 seinem Wortlaut nach nicht anwendbar. 670

1136 S. Fischer § 340 Rn. 2b m.w.N.

1137 BGH NStZ 1993, 591.

1138 BGH NStZ 2010, 151.

1139 S. hierzu Fischer § 340 Rn. 7.

H. Beteiligung an einer Schlägerei, § 231

671 Der Tatbestand des § 231 ist ein abstraktes Gefährdungsdelikt zum Schutz des allgemeinen Interesses an der Verhütung von Schlägereien wegen der damit regelmäßig einhergehenden Eskalationsgefahren.

Aufbauschema: Beteiligung an einer Schlägerei, § 231
■ Tatbestand ▪ Schlägerei oder von mehreren verübter Angriff ▪ Beteiligung ▪ Vorsatz ■ Objektive Strafbarkeitsbedingung: Verursachung des Todes eines Menschen oder einer schweren Körperverletzung ■ Rechtswidrigkeit ■ Schuld

I. Tatbestand

672 **Schlägerei** ist eine mit wechselseitigen Tätlichkeiten verbundene Auseinandersetzung von mindestens drei Personen. Das ist auch dann der Fall, wenn die Tätlichkeiten nacheinander jeweils nur von zweien der Beteiligten ausgehen, solange noch ein hinreichender räumlich-zeitlicher Zusammenhang der Tätlichkeiten besteht.[1140] **Angriff mehrerer** ist eine auf die körperliche Unversehrtheit eines Dritten abzielende Einwirkung mindestens zweier Beteiligter mit gleichem Angriffswillen und gleicher Angriffsrichtung, ohne dass diese Mittäter sein müssten. Die **Beteiligung** erfasst jede parteiergreifende Unterstützung,[1141] also auch das Anfeuern oder Zureichen von Werkzeugen, nicht nur das eigenhändige Schlagen.

Subjektive Voraussetzung ist **Vorsatz** hinsichtlich dieser Umstände.

Die Verursachung der schweren Tatfolge stellt eine **objektive Bedingung der Strafbarkeit** dar, auf die der Vorsatz sich folglich nicht zu erstrecken braucht. Die schwere Tatfolge muss **durch die Schlägerei bzw. den Angriff verursacht** worden sein. Entstand die Schlägerei erst nach der Verursachung oder endete sie bereits vorher, ist diese Voraussetzung nicht erfüllt.

Umstritten ist, ob ein **zeitlicher Zusammenhang zwischen Verursachung** der schweren Folge **und der Beteiligung** bestehen muss. Nach der Rspr.[1142] erfüllt sowohl die Beteiligung vor als auch diejenige nach der Verursachung der schweren Folge den Tatbestand. Hierfür spricht, dass es sich bei der Verursachung der schweren Tatfolge lediglich um eine objektive Strafbarkeitsbedingung handelt, und dass andernfalls praktische Beweisschwierigkeiten hinsichtlich des zeitlichen Zusammenhangs eine Verurteilung wegen § 231 regelmäßig ausschließen würden.

Die schwere Tatfolge braucht als objektive Strafbarkeitsbedingung nicht durch eine rechtswidrige Handlung verursacht zu sein. Auch der Beteiligte, den die schwere Folge getroffen hat, ist nach § 231 strafbar, selbst wenn er sie sich selbst zugefügt hat.

1140 BGH RÜ 2014, 165; BGH NStZ 2023, 235.
1141 BGHSt 31, 127; 33, 102.
1142 BGHSt 14, 132; 16, 130.

II. Rechtswidrigkeit und Schuld

Gemäß § 231 Abs. 2 kann auch die Beteiligung an einer Schlägerei gerechtfertigt oder entschuldigt sein. Solange aber auch nur eine Beteiligungshandlung weder gerechtfertigt noch entschuldigt ist, bleibt es bei der Strafbarkeit der Beteiligung. **673**

Eine rechtfertigende Einwilligung scheidet nach dem Schutzzweck des Gesetzes aus.

3. Abschnitt: Nötigung, Bedrohung und Freiheitsberaubung

A. Nötigung, § 240

Der Tatbestand der Nötigung schützt die Freiheit der Willensbildung und -betätigung. Gemäß § 374 Abs. 1 Nr. 5 StPO handelt es sich um ein Privatklagedelikt. **674**

Aufbauschema: Nötigung, § 240

- Tatbestand
  - Gewalt oder Drohung mit einem empfindlichen Übel
  - Nötigungserfolg
  - Nötigungsspezifischer Zusammenhang
  - Vorsatz
- Rechtswidrigkeit gemäß Abs. 2
  - Fehlen von Rechtfertigungsgründen
  - Ggf. Verwerflichkeit der Zweck/Mittel-Relation
- Schuld
- Regelbeispiele für besonders schwere Fälle gemäß Abs. 4

I. Tatbestand

Tathandlung kann Gewalt oder eine Drohung mit einem empfindlichen Übel sein. **675**

Gewalt ist die Entfaltung nicht notwendig erheblicher physischer Kraft, um zur Überwindung eines erwarteten oder tatsächlich geleisteten Widerstandes körperlichen Zwang oder solchen seelischen Zwang auszuüben, den das Opfer körperlich empfindet.[1143] Körperlich wird ein psychischer Zwang dann empfunden, wenn das Opfer ihm gar nicht, nur mit erheblicher Kraftentfaltung oder in unzumutbarer Weise begegnen kann.[1144] Geht von der bloßen körperlichen Anwesenheit ein nur psychischer Zwang aus, handelt es sich nicht um Gewalt,[1145] anders jedoch, wenn hiervon ein physisches Hindernis ausgeht.[1146] Die h.M. unterscheidet die willensbeugende Gewalt (vis compulsiva) und die eine Willensbildung oder -betätigung ausschließende Gewalt (vis absoluta). Diese braucht das Opfer nicht als solche zu empfinden, daher kann auch ein Bewusstloser genötigt werden.[1147] Gewalt gegen Sachen ist nach der Rspr. tatbestandsmäßig, wenn sie sich mittelbar körperlich auf den Genötigten auswirkt.[1148]

1143 BVerfG RÜ 2007, 303 zum dichten Auffahren im Straßenverkehr.
1144 BGHSt 23, 126 f.; BGH NJW 1982, 189; BGH RÜ 2022, 27 (Abbruch einer Veranstaltung durch Lärm).
1145 BVerfGE 92, 1, 14 ff. zu Sitzblockaden.
1146 BVerfGE 104, 92; BVerfG NJW 2002, 1031.
1147 BGHSt 4, 211.
1148 Vgl. Nachweise bei Anstötz § 240 Rn. 25.

Beispiele:[1149] Ein- oder Aussperren durch Verschließen von Türen; Straßen- und Gleissperren, auch mit Fahrzeugen; Beibringen von Betäubungsmitteln; Aushängen von Fenstern und Abstellen der Energiezufuhr; Wegnahme von Krücken und anderen Hilfsmitteln; Ausscheren, Verdrängen von und Blockieren der Überholspur; scharfes Abbremsen und dichtes Auffahren.

Als Folge der Rspr. des BVerfG zur Strafbarkeit von Sitzblockaden hat sich die sog. Zweite-Reihe-Rspr. des BGH[1150] entwickelt: Hiernach stellt eine Sitzblockade im Straßenverkehr eine mittelbar-täterschaftliche Anwendung von Gewalt gegenüber den nachfolgenden Kfz-Führern durch den im Nötigungsnotstand handelnden ersten Kfz-Führer als Tatmittler dar.

Gewalt ist auch durch garantenpflichtwidriges Unterlassen der Abwendung physisch wirkenden Zwangs möglich.

676 Eine **Drohung** ist das Inaussichtstellen von Nachteilen, auf deren Eintritt der Drohende sich Einfluss zuschreibt, für den Fall, dass sich das Opfer nicht fügt.[1151] Die Abhängigkeit vom Einfluss des Drohenden unterscheidet die Drohung von der Warnung. Durch das „Zuschreiben" wird auch die Scheindrohung erfasst. Daher kommt es nicht darauf an, ob der Drohende in der Lage oder willens ist, das Übel auch tatsächlich zuzufügen, solange dem Opfer die Drohung nur ernsthaft erscheinen soll.[1152] Soll das Übel durch einen Dritten zugefügt werden, kommt es darauf an, ob der Drohende sich hierauf Einfluss zuschreibt. Ein **empfindliches Übel** ist dann anzunehmen, wenn es auch einen objektiven Dritten in der Lage des Opfers zu motivieren geeignet war,[1153] es sei denn, von dem Opfer war zu erwarten, dem Ansinnen des Täters in besonnener Selbstbehauptung standzuhalten.[1154]

Danach kann auch ein anwaltliches Mahnschreiben unter Androhung einer Strafanzeige eine Drohung mit einem empfindlichen Übel sein.[1155] Die Drohung mit dem Abbruch einer Beziehung, um das Opfer zu einer sexuellen Handlung zu nötigen, dürfte dagegen nicht tatbestandsmäßig sein.[1156]

Entgegen Teilen der Lit. erfasst der Tatbestand nach st.Rspr. und h.M. auch die **Drohung mit einem Unterlassen**, selbst wenn der Drohende nicht rechtlich verpflichtet ist, zu tun, was er zu unterlassen droht.[1157] Dafür spricht, dass auch die Tatbestandsmäßigkeit der Drohung mit einem Tun nicht davon abhängt, ob dieses erlaubt, geboten oder verboten ist, und die Strafwürdigkeit der Anwendung des Zwangs letztlich von der Empfindlichkeit des Übels und der Verwerflichkeit der Zweck-Mittel-Relation anhängt.

677 Eine **Dreiecksnötigung** kommt dann in Betracht, wenn das Übel nicht dem zu Nötigenden, sondern einem Dritten zugefügt bzw. zuzufügen angedroht wird. Voraussetzung ist hierfür nur ein Näheverhältnis zwischen dem Dritten und dem zu Nötigenden, aufgrund dessen der Letztere die Gewalt bzw. Drohung für sich als Zwangslage empfindet.[1158] Danach kann auch die Drohung mit einer Selbsttötung tatbestandsmäßig sein.[1159]

1149 Vgl. Anstötz § 240 Rn. 23 ff.

1150 BGHSt 41, 182; BVerfG RÜ 2011, 300.

1151 BGHSt 16, 386.

1152 BGHSt 23, 296.

1153 BGH NStZ 1987, 223.

1154 BGHSt 31, 195, 201; BGH NStZ 1992, 278; BGH NStZ 2014, 149, 151.

1155 BGH RÜ 2014, 102.

1156 A.A. OLG Karlsruhe RÜ 2019, 433.

1157 BGHSt 31, 195, 201; BGHSt 44, 251; OLG Oldenburg NStZ 2008, 691; OLG Köln RÜ 2024, 571.

1158 Anstötz § 240 Rn. 26 und 37.

1159 OLG Hamm NStZ 1995, 548.

Taterfolg ist jedes Verhalten des Opfers, unabhängig davon, ob es den Anforderungen an den strafrechtlichen Handlungsbegriff entspricht, soweit es sich nicht in der Hinnahme des Nötigungsmittels erschöpft. Für den Erfolgseintritt ist nicht erforderlich, dass das Opfer sich in vollem Umfang dem Zwang beugt. Es genügt, wenn das Opfer mit der aufgezwungenen Handlung beginnt.[1160] Das bloße Versprechen, dies zu tun, genügt dagegen noch nicht.[1161] In diesem Fall kommt ein Versuch gemäß Abs. 3 in Betracht. 678

Zwischen Tathandlung und -erfolg muss ein **nötigungsspezifischer Zusammenhang**, also ein Motivationszusammenhang derart bestehen, dass sich das Opfer dem Zwang gerade deshalb beugt, um das zugefügte bzw. angedrohte Übel zu vermeiden. Handelt das Opfer aus anderen Gründen, kommt nur ein Versuch gemäß Abs. 3 in Betracht. 679

Der **subjektive Tatbestand** setzt nach st.Rspr. Vorsatz voraus. Umstritten ist, ob darüber hinaus Absicht hinsichtlich des Nötigungserfolges erforderlich ist. Dies wird in der Lit. zum Teil generell, zum Teil auch nur in Fällen von Gewalt gegen Sachen vorausgesetzt. Nach der Rspr. einiger OLGe zur Nötigung im Straßenverkehr[1162] ist ein Verkehrsverstoß nur im Falle zielgerichteten Handelns als Nötigung anzusehen. Nach der bisherigen Rspr. des BGH[1163] kommt es hierauf nicht an. Dafür spricht, dass solches Verhalten nicht stets von anderen Tatbeständen erfasst wird und eine derartige Einschränkung daher dem Zweck eines möglichst weitreichenden Schutzes der Handlungsfreiheit widerspräche. 680

II. Rechtswidrigkeit, Abs. 2

Die Rechtswidrigkeitsklausel des Abs. 2 ist in der Weise zu prüfen, dass zunächst das Eingreifen in Betracht kommender Rechtfertigungsgründe erörtert wird, da eine gerechtfertigte Handlung niemals verwerflich sein kann. Liegen keine Rechtfertigungsgründe vor, ist auf die Verwerflichkeit der Zweck-Mittel-Relation einzugehen. 681

Begrifflich ist unter der Verwerflichkeit nach der Rspr.[1164] ein „erhöhter Grad sittlicher Missbilligung" zu verstehen. Maßgeblich sind nicht moralische, sondern **rechtlich-soziale Maßstäbe**, um den Tatbestand auf strafwürdige Fälle zu beschränken. Zu beachten ist, dass es im Ergebnis auf die Verwerflichkeit des **Verhältnisses von Mittel und Zweck** ankommt, sodass sich die Rechtswidrigkeit auch aus der sachwidrigen Verbindung von Mittel und Zweck (mangelnde Konnexität) ergeben kann, wenn diese für sich gesehen sozialadäquat erscheinen.

Beispiel: Drohung mit der Veranlassung von Abschiebemaßnahmen gegen einen Ausländer zur Beitreibung einer Forderung.[1165]

Die Entscheidung über die Verwerflichkeit setzt eine **Gesamtwürdigung der Umstände** der Tat voraus.[1166] Dabei kann auch von Bedeutung sein, ob mit der Tat **Grundrechte** ausgeübt wurden.[1167] Jedoch haben die mit der Tat ggf. verfolgten Motive und (politischen) Ziele außer Betracht zu bleiben.[1168]

1160 BGH NStZ 1987, 71; BGH NStZ 2004, 442; BGH RÜ 2020, 310, 311.

1161 BGH RÜ 2012, 647.

1162 OLG Hamm NStZ 2009, 213; OLG Düsseldorf NStZ 2008, 38; OLG Koblenz NStZ 2011, 443; OLG Brandenburg NStZ-RR 2014, 25; a.A. OLG Stuttgart NJW 1995, 2647; OLG Köln NZV 2000, 99.

1163 BGHSt 5, 245; BGH NJW 1984, 439.

1164 Vgl. Nachweise bei Anstötz § 240 Rn. 41.

1165 OLG Düsseldorf NStZ-RR 1996, 6.

1166 BVerfG NJW 2002, 1031, 1034.

1167 BVerfG RÜ 2012, 300.

1168 BGHSt 35, 270.

Die Anwendung von **Gewalt** hat entgegen verbreiteter Darstellung nicht stets eine Indizwirkung für die Verwerflichkeit.[1169] Die Anwendung körperlicher Gewalt stellt jedoch eine Anmaßung des staatlichen Gewaltmonopols dar und ist daher im Regelfall als verwerflich anzusehen.[1170]

Für die Fälle der **Drohung mit Unterlassen** hat die Rspr.[1171] eine Art status-quo-Kriterium entwickelt: Die Verwerflichkeit scheidet aus, wenn dem Betroffenen nur ein Vorteil entgeht, ist aber zu bejahen, wenn er eine Einbuße erleidet.

Für **Sitzblockaden im Straßenverkehr**[1172] kommt es auf Umfang, Intensität, Dauer und Auswirkungen auf Dritte an.

In Fällen der **Verkehrsnötigung**[1173] sind Geschwindigkeit, Gefährdung, Dauer und Rücksichtslosigkeit gegenüber den Interessen der anderen Verkehrsteilnehmer maßgeblich.

III. Strafzumessung

682 § 240 Abs. 4 enthält Regelbeispiele für besonders schwere Fälle. Hier ist insbesondere folgendes zu beachten:

Ein **Missbrauch von Befugnissen als Amtsträger** liegt vor, wenn der Täter die ihm aufgrund seines Amtes grundsätzlich zustehende Befugnis zur Ausübung von Zwang für eine Nötigung missbraucht. Ein Missbrauch seiner **Stellung als Amtsträger** liegt vor, wenn ihm diese den Zugang zum Opfer ermöglicht, die Anwendung des Zwangs aber nicht mehr von der Amtsstellung gedeckt ist, z.B. bei Ausnutzung der irrigen Annahme des Opfers, der Täter sei zur Ausübung des Zwangs berechtigt.

B. Bedrohung, § 241

683 § 241 schützt den individuellen Rechtsfrieden. Es handelt sich – mit Ausnahme von Abs. 4 – um ein Privatklagedelikt (§ 374 Abs. 1 Nr. 5 StPO). Ein Strafantragserfordernis besteht nur, wenn die angedrohte Tat strafantragsbedürftig ist (Abs. 5).

Gemäß Abs. 1 genügt die Bedrohung mit einer rechtswidrigen Tat gegen die sexuelle Selbstbestimmung, die körperliche Unversehrtheit, die persönliche Freiheit oder gegen eine Sache von bedeutendem Wert. Für das Merkmal „Sache von bedeutendem Wert" sollte auf die zu § 315c geltenden Grundsätze zurückgegriffen werden. Danach kommt es auf einen drohenden Sachschaden von mehr als 750 € an. Bei Bedrohung mit einem Verbrechen ist nach Abs. 2 der Strafrahmen auf bis zu zwei Jahre Freiheitsstrafe erhöht. **Bedrohung** ist das Inaussichtstellen einer entsprechenden Tat, das beim Opfer den Eindruck der Ernstlichkeit erwecken soll und hierzu tatsächlich geeignet ist. Die **Täuschung** über ein bevorstehendes Verbrechen gegen den Adressaten oder eine ihm **nahestehende Person** (vgl. § 35 Abs. 1) ist nunmehr in Abs. 3 geregelt. Erforderlich ist, dass das fragliche Verbrechen tatsächlich nicht bevorsteht und als vom Täuschenden unabhängig dargestellt wird. Abs. 4 enthält eine Qualifikation, wenn die Tat öffentlich, in einer Versammlung oder durch Verbreiten eines Inhalts (§ 11 Abs. 3) begangen wird.

1169 BVerfG NJW 1987, 43; BGHSt 34, 71; BGH RÜ 2022, 27.

1170 BGHSt 39, 137; BGHSt 44, 303.

1171 BGHSt 44, 68, 75.

1172 BVerfGE 73, 257; 76, 217; zur Bewertung der Straßenblockaden von Klimaaktivisten vgl. Rieck/Long Bui RÜ 2023, 378; Erb NStZ 2023, 577 und Zimmermann/Griesar JuS 2023, 401.

1173 BayObLG NStZ 1992, 271; NJW 1995, 2646; NJW 2002, 628.

Gegenüber §§ 240 und 113 sowie anderen Delikten mit Nötigungselementen tritt die Bedrohung nach bisherige Rspr.[1174] zurück, wenn sie das Mittel zur Nötigung oder deren Versuch ist. Die neuere Rspr.[1175] tendiert im Fall von § 241 Abs. 2 zur Annahme von Tateinheit.

C. Freiheitsberaubung, § 239

Der Tatbestand der Freiheitsberaubung schützt ausschließlich die Freiheit der Fortbewegung, also das Recht, seinen Aufenthaltsort zu verlassen. Darunter ist nach Rspr. und h.Lit. die potenzielle Fortbewegungsfreiheit zu verstehen.[1176] Daher kommt es nicht darauf an, ob der Tat ein aktueller Fortbewegungswille entgegenstand. Wer jedoch nicht in der Lage ist, sich aus eigener Kraft fortzubewegen, wie Kleinstkinder oder Schwerstbehinderte, oder einen natürlichen Fortbewegungswillen zu bilden, wie Bewusstlose oder sinnlos Betrunkene, ist nicht taugliches Opfer. **684**

I. Grundtatbestand

Zur Vollendung genügt jeder nicht nur ganz vorübergehende Ausschluss der Fortbewegung. Eine Beeinträchtigung, wie sie z.B. mit Prügeleien einhergeht, genügt daher nicht.[1177] Die Zustimmung des Betroffenen schließt als Einverständnis bereits den Tatbestand aus. Das durch List erschlichene Einverständnis ist jedoch nach (umstrittener) Rspr. des BGH[1178] unwirksam. **685**

Die Tathandlung des **Einsperrens** setzt voraus, dem Opfer das Verlassen eines umschlossenen Raums durch äußere Vorkehrungen unmöglich zu machen. Jemanden **auf andere Weise der Freiheit zu berauben** setzt voraus, durch andere Zwangsmittel die Fortbewegung unmöglich zu machen. Die bloße Erschwerung oder Beschränkung der Fortbewegung[1179] genügt nicht. Auch genügt nicht jede Art von Zwang, sondern nur ein solcher, über den sich Opfer nur unter Inkaufnahme einer Gefahr für Leib oder Leben hinwegsetzen könnte. Daher reicht nicht jede Drohung mit einem empfindlichen Übel,[1180] wohl aber die Hinderung am Verlassen eines Kfz durch schnelles Fahren.[1181] **686**

Die Annahme, eine Verkehrsblockade könne zur Freiheitsberaubung der betroffenen Kfz-Führer führen, weil diese während der Dauer ihr Fahrzeug nicht verlassen dürften,[1182] dürfte daher zu weit gehen.

Auch die Anwendung einer List durch das Vorspiegeln von Fortbewegungshindernissen genügt nach h.M., da dies in § 234 als Tatmittel ausdrücklich erwähnt ist.

Auch durch garantenpflichtwidriges Unterlassen der Beseitigung eines Fortbewegungshindernisses kann die Tat begangen werden. Nicht selten ist auch der Fall der Begehung in mittelbarer Täterschaft durch rechtmäßig handelnde staatliche Organe aufgrund falscher Anschuldigungen.

Der subjektive Tatbestand setzt wenigstens bedingten **Vorsatz** voraus.

1174 BGHSt 48, 322; BGH NStZ 2019, 472.
1175 BGH RÜ 2023, 231.
1176 BGHSt 14, 316; 32, 183; BGH NJW 2022, 2422.
1177 BGH NStZ 2003, 371.
1178 BGH NJW 2022, 2422.
1179 BGH RÜ 2015, 512.
1180 BGH NJW 1993, 1807.
1181 BGH NStZ 1992, 34.
1182 Vgl. Kaerkes HRRS 2024, 16.

II. Qualifikationen

687 § 239 Abs. 3 Nr. 2 und Abs. 4 enthalten **Erfolgsqualifikationen** des Abs. 1. Daher genügt gemäß § 18 die fahrlässige Verwirklichung der qualifizierenden Umstände. Ferner muss sich in der schweren Folge gerade das der Freiheitsberaubung spezifisch anhaftende Risiko verwirklicht haben. Das gilt auch für Abs. 4, soweit dort eine während der Tat begangene Handlung zum Tod des Opfers geführt haben kann.

Beispiele: Kälte, mangelnde Versorgung, Fluchtversuch des Opfers.

Für den Aufbau gelten die Erläuterungen zu §§ 226, 227 entsprechend.

Ob dies auch für die „über eine Woche dauernde Freiheitsberaubung"[1183] gemäß Abs. 3 Nr. 1 gilt, ist umstritten. Hält man § 18 nach dem Wortlaut für unanwendbar,[1184] setzt diese Variante gemäß § 15 Vorsatz voraus.

III. Strafzumessung

688 Abs. 5 enthält Strafrahmenverschiebungen für minder schwere Fälle von Abs. 3 u. 4.

IV. Konkurrenzen

689 Das Verhältnis zur Nötigung und solchen Tatbeständen, die Nötigungsmittel voraussetzen, ist ambivalent: Geht es dem Täter nur um die Freiheitsberaubung, treten §§ 240 und 241 zurück.[1185] Ist die Freiheitsberaubung Mittel zur Nötigung, tritt sie zurück.[1186] Geht die Freiheitsberaubung in diesem Fall über das zur Nötigung notwendige Maß hinaus, besteht Tateinheit gemäß § 52.[1187]

Die Freiheitsberaubung kann eine Klammerwirkung für die während ihrer Dauer begangenen Delikte begründen.[1188]

4. Abschnitt: Straftaten gegen die Ehre, §§ 185 ff.

A. Besondere Verfahrensvoraussetzungen

690 Alle Beleidigungsdelikte der §§ 185 ff. sind grundsätzlich – entgegen dem scheinbar nur auf § 185 bezogenen Wortlaut des § 194 Abs. 1 S. 1 – **Antragsdelikte.**[1189]

691 Ferner sind die Beleidigungsdelikte überwiegend nach § 374 Abs. 1 Nr. 2 StPO **Privatklagedelikte**. Sie werden auch bei Vorliegen eines wirksamen Strafantrages und bei hinreichendem Tatverdacht durch die Staatsanwaltschaft nur angeklagt, wenn ein **öffentliches Interesse** an der Erhebung der öffentlichen Klage besteht, § 376 StPO. Das ist im verfahrensrechtlichen Gutachten darzulegen. Nach Nr. 229 Abs. 1 S. 2 RiStBV besteht ein öffentliches Interesse in der Regel nur, wenn eine **wesentliche Ehrkränkung** vorliegt. Erforderlich ist dafür nach Nr. 86 RiStBV, dass der Rechtsfrieden über den Lebenskreis des Verletzten hinaus gestört wird und die Strafverfolgung ein gegenwärtiges Anliegen der Allgemeinheit ist. Nach Nr. 232 RiStBV wird das öffentliche Interesse regelmäßig auch bei **Beleidigungen von Justizangehörigen** im Zusammenhang mit ihrer Diensttätigkeit zu bejahen sein, wenn der Strafantrag vom Dienstvorgesetzten nach § 194 Abs. 3 gestellt worden ist.

1183 So die Tenorierung nach BGH, Beschl. v. 04.03.2009 – 2 StR 578/08, BeckRS 2009, 9311.

1184 So Anstötz § 239 Rn. 15a m.w.N. zur Gegenansicht.

1185 BGH RÜ 2021, 642.

1186 BGH NStZ 2019, 410.

1187 BGH RÜ 2018, 506.

1188 BGH RÜ 2012, 509.

1189 Fischer § 194 Rn. 2.

Das **öffentliche Interesse besteht** nach Nr. 229 Abs. 1 S. 1 RiStBV dagegen **nicht**, wenn es sich nur um eine unwesentliche Ehrenkränkung handelt, wie z.B. Familienzwistigkeiten, Hausklatsch oder Wirtshausstreitigkeiten. Hier ist, wenn nur Ehrverletzungsdelikte und andere Privatklagedelikte infrage kommen, auf den Privatklageweg zu verweisen, Nr. 87 Abs. 1 S. 1 RiStBV.[1190]

B. Schutzumfang

Alle Ehrdelikte sind Vorsatztaten. Eine Versuchsstrafandrohung existiert nicht. **692**

Neu ist die Regelung des § 192a, der verhetzende Beleidigung zum Schließen von Strafbarkeitslücken im Bereich von §§ 130, 185 unter Strafe stellt.

Nach dem überwiegend vertretenen sog. normativ-faktischen Ehrbegriff bezieht sich der strafrechtliche Schutz sowohl auf die äußere Ehre, d.h. auf den guten Ruf als auch auf die innere Ehre – also den persönlichen Achtungsanspruch.[1191]

Die **Verleumdung** gemäß **§ 187 Hs. 1** und **üble Nachrede** gemäß **§ 186 Hs. 1** stellen die äußere Ehrverletzung durch Behaupten oder Verbreiten ehrenrühriger Tatsachen gegenüber einem Dritten und in Beziehung auf den Ehrträger unter Strafe, wobei es bei § 186 genügt, dass die Tatsache nicht erweislich wahr ist, während sie bei § 187 wider besseres Wissen falsch sein muss. Verleumdung und üble Nachrede sind **qualifiziert**, wenn sie öffentlich, in einer Versammlung oder durch Verbreiten eines Inhalts (§ 11 Abs. 3) begangen werden, **§§ 186 Hs. 2, 187 Hs. 2**. Diese Taten sind **nochmals qualifiziert**, wenn sie **gegen Personen** gerichtet sind, die **im politischen Leben** stehen, **§ 188**.

Die **Beleidigung** gemäß **§ 185 Alt. 1** erfasst alle unwahren ehrenrührigen Tatsachenäußerungen gegenüber dem Ehrträger selbst, ferner alle Missachtenskundgaben durch negative Werturteile gegenüber Dritten in Beziehung auf den Ehrträger sowie gegenüber dem Ehrträger selbst. Die Beleidigung ist **qualifiziert**, wenn sie öffentlich, in einer Versammlung, durch Verbreiten von Inhalten oder mittels einer **Tätlichkeit** begangen wird, **§ 185 Alt. 2**. Ausnahmsweise kann auch die Äußerung einer wahren Tatsache nach **§ 192** als Beleidigung strafbar sein, wenn sich dies aus der Form oder den Umständen der Äußerung ergibt, sog. **Formalbeleidigung**.[1192]

C. Tatsachen und Werturteile

Für die Frage, ob § 185 oder §§ 186, 187 erfüllt sind, ist die Unterscheidung zwischen Tatsachen und Werturteilen maßgeblich. Denn die üble Nachrede (§ 186) und Verleumdung (§ 187) setzen die Behauptung oder Verbreitung von Tatsachen voraus, während die Beleidigung (§ 185) eine Meinungsäußerung oder eine Tatsachenbehauptung gegenüber dem Opfer voraussetzt. **693**

Tatsachen sind Ereignisse, Vorgänge oder Zustände der Außen- oder Innenwelt, die in der Vergangenheit oder Gegenwart liegen und deshalb dem Beweis zugänglich sind.[1193] Ob die Tatsache unwahr (§§ 187, 185) oder nicht erweislich wahr (§ 186) ist, ist im Rahmen der Wahrheitsermittlung von Amts wegen aufzuklären.[1194] Eine Sonderregelung enthält **§ 190**: Ist die behauptete oder verbreitete Tatsache eine Straftat, ist der Beweis der Wahrheit als erbracht anzusehen, wenn der Betroffene wegen die-

1190 Zur Verfahrensweise beim Zusammentreffen mit Offizialdelikten, AS-Skript Die staatsanwaltliche Assessorklausur (2023), Rn. 181 f.

1191 Fischer § 186 Rn. 3 m.w.N.

1192 Vgl. BGHSt 27, 290.

1193 Fischer § 186 Rn. 2.

1194 Fischer § 186 Rn. 11.

ser Tat rechtskräftig verurteilt worden ist (S. 1); der Wahrheitsbeweis ist ausgeschlossen, wenn der Betroffene wegen der Straftat vor der Äußerung rechtskräftig freigesprochen worden ist (S. 2).

694 **Werturteile** sind alle Äußerungen, die durch Elemente der Stellungnahme, des Dafürhaltens oder Meinens geprägt sind und deren Richtigkeit oder Unrichtigkeit Sache persönlicher Überzeugung ist. Sie sind mangels überprüfbarer Tatsachen nicht dem Wahrheitsbeweis zugänglich.[1195]

695 Bei mehrdeutigen Äußerungen oder solchen, die Tatsachen und Wertungen enthalten, kommt es in erster Linie auf den Sinnzusammenhang an, wobei im Zweifel bei mehrdeutigen Aussagen eher eine Meinung anzunehmen ist.[1196]

Beispiele für Werturteile:

- „Soldaten sind Mörder“[1197]
- „Sie alter Nazi!“[1199]

Beispiele für Tatsachenbehauptungen:

- „Dieser Arzt führt rechtswidrige Abtreibungen durch.“[1198]
- „Der Richter fälscht vorsätzlich das Protokoll.“[1200]

D. Tathandlungen

696 Eine Ehrverletzung nach den §§ 185 ff. erfordert immer eine Kommunikation des unmittelbar ehrmindernden Gedankeninhalts nach außen. Bei der üblen Nachrede und der Verleumdung muss der Täter die herabsetzende Tatsache **behaupten**, mithin als Gegenstand eigenen Wissens darstellen, oder **verbreiten**, sie also weitergeben, ohne sich mit ihrem Inhalt zu identifizieren. Bei der Beleidigung ist die Art der Kundgabe unerheblich. Sie kann verbal, schriftlich, durch Körpersprache (z.B. Zeigen des „Stinkefingers“) oder auch durch einen körperlichen Angriff (z.B. Anspucken, Ohrfeige) erfolgen. Möglich ist auch eine Kundgabe in mittelbarer Täterschaft, z.B. durch die Zwischenschaltung eines schuldunfähigen Kindes als Boten.[1201]

697 Eine Kundgabe ist zu verneinen, wenn die Äußerung tatsächlich oder rechtlich keine Außenwirkung entfaltet hat. Aus diesem Grund unterfallen reine Selbstgespräche – auch dann, wenn sie von Dritten mit angehört werden – sowie Äußerungen gegenüber schweigeverpflichteten Vertrauenspersonen oder solche im engsten Familien- und Angehörigenkreis sowie gegenüber sonstigen eng vertrauten Personen (sog. **beleidigungsfreie Sphäre**) nicht den Ehrverletzungsdelikten.[1202]

E. Ehrträger

698 Geschützter Ehrträger ist zunächst jeder **lebende Mensch**. Richtet sich der Angriff gegen einen Verstorbenen, ist **§ 189** die abschließende Sonderregelung und verlangt eine Verunglimpfung, also eine grobe und schwerwiegende Herabsetzung.

699 Aus § 194 Abs. 3 S. 2, Abs. 4 folgt nach h.M., dass auch **Personengesamtheiten** passiv beleidigungsfähig sind. Voraussetzung ist, dass ihnen Individualitätscharakter zukommt. Dies ist nur der Fall, wenn sie von der Allgemeinheit genau abgrenzbar sind, eine rechtlich anerkannte Funktion erfüllen sowie einen einheitlichen Willen bilden können.[1203] Das ist z.B. zu bejahen für Gewerkschaften, Aktiengesellschaften, mangels klarer Abgrenzbarkeit aber nicht für „die Polizei“ oder „die Ausländer“.

1195 Vgl. BVerfG RÜ 2016, 576; Fischer § 186 Rn. 3.

1196 Vgl. BVerfGE 93, 266, 289; Fischer § 186 Rn. 3a.

1197 BVerfG NJW 1994, 2943.

1198 OLG Karlsruhe NJW 2005, 612, 613.

1199 OLG Düsseldorf NJW 1970, 905.

1200 KG, Beschl. v. 31.07.2015 – (1) 161 Ss 131/15 (8/15), BeckRS 2015, 20945.

1201 Fischer § 185 Rn. 7.

1202 BVerfG NJW 2007, 1194, 1195 m.w.N.; KG RÜ 2020, 783.

1203 BGHSt 6, 186; Fischer vor §§ 185–200 Rn. 12 mit Beispielen.

Auch wenn eine Personengemeinschaft diese Eigenschaften nicht aufweist, kann hinter der Kollektivbezeichnung eine Beleidigung von Personen liegen, die zu diesem Kollektiv gehören.[1204] Eine solche **Individualbeleidigung durch eine Sammelbezeichnung** kann in zwei Varianten erfolgen: 700

Zielt die Äußerung **nur auf einen oder einzelne Mitglieder der Gruppe** ab, setzt die Strafbarkeit nach §§ 185 ff. voraus, dass die Gruppe einen verhältnismäßig kleinen, in Bezug auf die Individualität seiner Mitglieder überschaubaren Personenkreis umfasst, z.B.: „Fünf Beamte im Ausländeramt der Stadt X sind bestechlich!" 701

Sollen mit der Äußerung **sämtliche Mitglieder einer bestimmten Gemeinschaft** getroffen werden, kommt eine Strafbarkeit nur in Betracht, wenn sich die bezeichnete Personengruppe aufgrund bestimmter Merkmale so deutlich aus der Allgemeinheit abhebt, dass der Kreis der Betroffenen klar abgegrenzt ist. Dies ist ausführlich zu begründen. 702

Klausurwichtiges Beispiel hierfür ist das Tragen von T-Shirts mit der Abkürzung A.C.A.B. („All Cops Are Bastards") oder FCK CPS („Fuck Cops"), wahrgenommen durch einen Polizeibeamten bei einer Streifenfahrt. In einem Gutachten zur Vorbereitung einer staatsanwaltlichen Abschlussverfügung würde man im Zusammenhang mit § 185 etwa folgendermaßen formulieren:[1205] 703

„Gegen eine hinreichende Abgrenzung spricht der weitreichende Wortlaut der gewählten Abkürzung. Schon aus der englischen Formulierung ‚All Cops' könnte man schließen, dass die Aussage sämtliche Polizisten der Welt erfasst. Von derartigen Werturteilen ohne Personenbezug kann bei dieser Betrachtung ein einzelnes dem Kollektiv angehöriges Individuum nicht betroffen sein.

Eine vornehmlich in der Rspr. vertretene Ansicht berücksichtigt, unter welchen Einzelfallumständen die Parole zum Ausdruck gebracht wird. Eine für die Annahme einer Beleidigung einzelner Polizeibeamter genügende Individualisierung und Konkretisierung liegt dann nur vor, wenn aus dem Inhalt und den Umständen der herabsetzenden Äußerung ein zeitlicher und örtlicher Zusammenhang mit einem bestimmten Vorkommnis erkennbar ist und aus dem Sinngehalt der Äußerung deutlich wird, dass eine persönlich, örtlich oder in sonstiger Weise hinreichend abgrenzbare Gruppe von Polizeibeamten, so etwa die Beamten eines bestimmten polizeilichen Einsatzes oder einer bestimmten polizeilichen Einrichtung, getroffen werden sollen. Gegenüber Polizeibeamten, die – wie hier – nur im Zusammenhang mit ihrer allgemeinen Diensttätigkeit den ‚A.C.A.B.' Schriftzug wahrnehmen, liegt dagegen ohne eine zusätzliche, auf die Begründung einer individuellen Kommunikationsbeziehung gerichtete objektive Geste des Täters keine Beleidigung vor.

Nach allen Ansichten scheidet damit eine Beleidigung vorliegend aus."

Eine hinreichende Konkretisierung auf einzelne Personen kann sich aber durch „Zur-Schau-Stellen" der Buchstabenfolge ergeben. Dazu genügt noch nicht die Erwartung, dass Polizeibeamte anwesend sein dürften, oder die Weigerung, den entsprechenden Slogan auf eine polizeiliche Anordnung hin zu entfernen. Wer jedoch ehrverletzende Äußerungen „ostentativ" und „nachgerade paradierend" bewusst vor einzelnen Polizeibeamten zur Schau stellt, berührt nicht nur einen unbestimmten Personenkreis, sondern greift die Ehre Einzelner an.[1206] 704

1204 Vgl. dazu BVerfG RÜ 2016, 576, 577; BGHSt 14, 48; 19, 235; Fischer vor §§ 185–200 Rn. 9 f.

1205 Vgl. BVerfG RÜ 2015, 435; RÜ 2016, 576, 577.

1206 Vgl. BVerfG NJW 2017, 2607; BVerfG RÜ 2021, 234.

F. Rechtfertigung

705 **§ 193** ist ein spezieller Rechtfertigungsgrund; besondere Bedeutung hat hierbei die **Wahrnehmung berechtigter Interessen**. Dieser Rechtfertigungsgrund gilt nur bei negativen Werturteilen und nicht erweislich wahren herabsetzenden Tatsachenäußerungen, denn ein Recht zur bewussten Lüge (§ 187) wird von der h.M. grundsätzlich abgelehnt. Ob § 193 im jeweiligen Einzelfall eingreift, kann nur nach einer Gesamtabwägung und Angemessenheitsprüfung aller Umstände beantwortet werden. Zu berücksichtigen sind dabei auch die Grundrechte der Meinungsfreiheit, Pressefreiheit und Kunstfreiheit.[1207] Eine Rechtfertigung scheidet aber bei Wertungsexzessen, bloßer Schmähkritik und bei Angriffen auf die Menschenwürde des Opfers sowie bloßen Formalbeleidigungen aus.[1208] Dabei versteht das BVerfG den Begriff „Formalbeleidigung" in diesem Zusammenhang als Verwendung von nach allgemeiner Auffassung besonders krassen, aus sich heraus herabwürdigenden Schimpfwörtern, etwa aus der Fäkalsprache.[1209]

G. Absehen von Strafe

706 Nach **§ 199** kann das Gericht von Strafe absehen und bei entsprechender Erwartung die Staatsanwaltschaft mit Zustimmung des zuständigen Gerichts das Verfahren gemäß § 153b Abs. 1 StPO einstellen, wenn die Beleidigung auf der Stelle erwidert wird.

5. Abschnitt: Straßenverkehrsdelikte

707 Als Delikte der Alltagskriminalität sind die Straßenverkehrsdelikte in Assessorklausuren besonders beliebt. Wichtigste Strafnorm ist **§ 315c,** Gefährdung des Straßenverkehrs durch fahruntüchtige Fahrzeugführer (Abs. 1 Nr. 1) oder durch abschließend aufgezählte grob verkehrswidrige und rücksichtslose Verkehrsverstöße (Abs. 1 Nr. 2). Formell subsidiär ist **§ 316**, der bereits das Führen eines Fahrzeuges im Zustand rauschmittelbedingter Fahruntüchtigkeit unter Strafe stellt.

Handlungen, die von außen auf die Sicherheit des Straßenverkehrs einwirken, erfasst **§ 315b.** Unter besonderen Voraussetzungen können auch Verhaltensweisen aus dem fließenden Verkehr als sog. Inneneingriffe dem Tatbestand unterfallen. § 315b Abs. 3 qualifiziert (nur) die Vorsatztat des Abs. 1 zum Verbrechen, wenn die zusätzlichen Voraussetzungen des § 315 Abs. 3 erfüllt sind (was allzu häufig in Klausuren übersehen wird).

Immer beliebter in Examensklausuren wird das Verbotene Kraftfahrzeugrennen in der Form des sog. Einzelrasens (**§ 315d** Abs. 1 Nr. 3).

Häufig kommt es durch verkehrswidriges Verhalten zu einem Unfall und anschließender Unfallflucht. Das unerlaubte Entfernen vom Unfallort nach **§ 142** ist deshalb im weiteren Sinne ebenfalls ein Straßenverkehrsdelikt, auch wenn es sich nicht um eine gemeingefährliche Tat handelt. Vielmehr dient § 142 dem Schutz der Beweisinteressen Unfallgeschädigter zur Durchsetzung ihrer zivilrechtlichen Ansprüche und ist damit ein Vermögensgefährdungsdelikt.

Die wichtigsten Verkehrs-Strafvorschriften außerhalb des StGB sind: **Fahren ohne Fahrerlaubnis** gemäß § 21 StVG, **Kennzeichenmissbrauch** nach § 22 StVG und **Fahrzeuggebrauch ohne Haftpflichtversicherung** gemäß § 6 PflVG.

1207 BVerfG, Beschl. v. 04.04.2024 – 1 BvR 820/24, BeckRS 2024, 6239; vgl. zur „Machtkritik" OLG Dresden RÜ 2023, 584.

1208 BVerfG RÜ 2020, 593; weiterführend Fischer § 193 Rn. 17 ff.

1209 BVerfG RÜ 2020, 593.

Aus dem Allgemeinen Teil werden bei Verkehrsdelikten regelmäßig die **Entziehung der Fahrerlaubnis gemäß §§ 69 ff.** bzw. **das Fahrverbot gemäß § 44** bedeutsam.[1210] 708

Besondere Strafverfolgungsvoraussetzungen bestehen nicht.

> Die Straßenverkehrsdelikte gelten nur im **öffentlichen Straßenverkehr**, also auf einer zumindest faktisch für jedermann zugänglichen Verkehrsfläche (genauer dazu unten Rn. 711). Vorsicht ist also geboten, wenn sich die Tat auf einem abgezäunten Betriebsgelände, in einer privaten Tiefgarage oder in sonst nicht für jedermann zugänglichen Bereichen abgespielt hat.

A. Gefährdung des Straßenverkehrs gemäß § 315c

§ 315c regelt ein konkretes Gefährdungsdelikt, wobei die reine Vorsatztat nach § 315c 709
Abs. 1 selten ist. In der Praxis dominiert das vorsätzliche oder fahrlässige Führen eines Fahrzeuges in alkoholbedingter Fahruntüchtigkeit bei fahrlässiger Herbeiführung der konkreten Gefährdung, § 315c Abs. 1 Nr. 1a i.V.m. Abs. 3. Weiterhin kommt als Gefährdungshandlung eine (oder mehrere) der sog. **sieben Todsünden im Straßenverkehr** nach § 315c Abs. 1 Nr. 2 in Betracht.

> § 315c enthält in den beiden Nummern von Abs. 1 zwei selbstständige Tatbestände, die in der Klausur getrennt zu prüfen sind.

I. Gefährdung durch Fahruntüchtigkeit

Aufbauschema: Vorsätzliche/Fahrlässige Gefährdung des Straßenverkehrs, § 315c Abs. 1 Nr. 1a/b i.V.m. Abs. 3 710

- Tatbestand
  - Tatausführung im (öffentlichen) Straßenverkehr
  - Tathandlung: Führen eines Fahrzeuges im Zustand der Fahruntüchtigkeit, entweder durch Rauschmittelgenuss oder infolge geistiger bzw. körperlicher Mängel
  - Konkrete Gefährdung eines anderen Menschen oder fremder Sachen von bedeutendem Wert
  - Kausalität und gefahrspezifischer Zusammenhang zwischen der Tathandlung und der Gefährdung
  - Vorwerfbarkeit
    - Vorsatz hinsichtlich der Fahruntüchtigkeit und Fahrlässigkeit bezüglich der Gefährdung (Abs. 1 Nr. 1a/b i.V.m. Abs. 3 Nr. 1)
    - Fahrlässigkeit hinsichtlich der Fahruntüchtigkeit und hinsichtlich der Gefährdung (Abs. 1 Nr. 1a/b i.V.m. Abs. 3 Nr. 2)
- Rechtswidrigkeit
- Schuld

1210 Dazu AS-Skript Die staatsanwaltliche Assessorklausur (2023), Rn. 157.

1. Tatausführung im öffentlichen Straßenverkehr

711 Der Begriff des Straßenverkehrs i.S.d. §§ 315b ff. entspricht dem des StVG und bezieht sich auf Vorgänge im öffentlichen Verkehrsraum. Erfasst werden zum einen alle Verkehrsflächen, die nach öffentlichem Wegerecht dem allgemeinen Verkehr **gewidmet** sind (z.B. Straßen, Plätze, Brücken, Fußwege). Ein Verkehrsraum ist darüber hinaus auch dann öffentlich, wenn er ohne Rücksicht auf eine Widmung und ungeachtet der Eigentumsverhältnisse entweder **ausdrücklich oder mit stillschweigender Duldung des Verfügungsberechtigten für jedermann oder aber zumindest für eine allgemein bestimmte größere Personengruppe zur Benutzung zugelassen ist** und auch tatsächlich so genutzt wird.[1211] Für die Frage, ob eine Duldung des Verfügungsberechtigten vorliegt, ist nicht auf dessen inneren Willen, sondern auf die für etwaige Besucher erkennbaren äußeren Umstände (Zufahrtssperren, Schranken, Ketten, Verbotsschilder etc.) abzustellen. Eine Verkehrsfläche kann zeitweilig „öffentlich" und zu anderen Zeiten „nicht-öffentlich" sein. Die Zugehörigkeit einer Fläche zum öffentlichen Verkehrsraum endet mit einer eindeutigen, äußerlich manifestierten Handlung des Verfügungsberechtigten, die unmissverständlich erkennbar macht, dass ein öffentlicher Verkehr nicht (mehr) geduldet wird.[1212] Ob die konkrete Gefährdung in oder außerhalb der öffentlichen Verkehrsfläche eintritt, ist unerheblich, wobei sich das Opfer im Zeitpunkt des unmittelbaren Ansetzens durch den Täter noch im öffentlichen Verkehrsraum aufgehalten haben muss.[1213]

2. Tathandlung: Führen eines Fahrzeuges im fahruntüchtigen Zustand

712 „**Fahrzeug**" ist in Anlehnung an das Straßenverkehrsrecht (§ 24 StVO) nicht nur ein Kraftfahrzeug, sondern auch ein Fahrrad. Inline-Skates sind keine Fahrzeuge,[1214] jedoch fallen E-Roller unter den Fahrzeugbegriff.[1215]

Der Täter **führt** ein Fahrzeug, wenn er es unter bestimmungsgemäßer Anwendung seiner Antriebskräfte allein- oder mitverantwortlich in Bewegung setzt oder das Fahrzeug unter Handhabung seiner technischen Vorrichtungen während der Fahrbewegung ganz oder zum Teil lenkt.[1216] Das Abrollenlassen eines Pkw auf einer Gefällestrecke reicht aus, nicht aber das bloße Anlassen des Motors eines Kfz. Das Erfordernis des Führens macht die Tat zu einem eigenhändigen Delikt; eine mittelbar täterschaftliche oder mittäterschaftliche Zurechnung über § 25 Abs. 1 Alt. 2, Abs. 2 ist damit ausgeschlossen.

713 Die zum Tatzeitpunkt erforderliche **Fahruntüchtigkeit** setzt voraus, dass der Fahrzeugführer nicht in der Lage ist, eine längere Strecke so zu steuern, dass er den Anforderungen des Straßenverkehrs – und zwar auch bei plötzlichem Auftreten schwieriger Verkehrslagen – so gewachsen ist, wie man es von einem durchschnittlichen Fahrzeugführer erwarten kann.[1217] Bei § 315c Abs. 1 Nr. 1a muss sich die Fahruntüchtigkeit aus dem Genuss **alkoholischer Getränke oder anderer Rauschmittel** ergeben. Für den Hauptanwendungsfall der alkoholbedingten Beeinträchtigung wird Fahruntauglichkeit ab einem bestimmten Grad der Blutalkoholkonzentration unwiderlegbar vermutet. Für alle Kraftfahrzeugführer (auch für Fahrer von E-Scootern)[1218]

1211 Fischer § 315b Rn. 3.
1212 BGH RÜ 2013, 433.
1213 BGH NStZ-RR 2012, 185.
1214 BGHZ 150, 201.
1215 Vgl. auch zur Strafbarkeit eines alkoholisierten Segway-Fahrers OLG Hamburg NJOZ 2018, 249.
1216 Fischer § 315c Rn. 3a.
1217 Fischer § 315c Rn. 4.
1218 BayObLG RÜ 2020, 785.

liegt dieser Grenzwert der sog. **absoluten Fahruntüchtigkeit** bei 1,1 ‰,[1219] für Fahrradfahrer bei 1,6 ‰.[1220] Die Alkoholisierung ergibt sich in aller Regel aufgrund einer Rückrechnung auf den Tatzeitpunkt (s. dazu oben Rn. 189).

Auch schon ab einer Blutalkoholkonzentration von 0,3 ‰ kann ein Fahrzeugführer **relativ fahruntüchtig** sein, wenn zusätzliche Umstände vorliegen, wie Ausfallerscheinungen, ungewöhnliches oder besonders riskantes Fahrverhalten.[1221] Für die Annahme der Fahruntüchtigkeit aufgrund anderer berauschender Mittel (z.B. Drogen) bestehen derzeit keine vergleichbaren wissenschaftlichen Grenzwerte. Erforderlich ist in diesen Fällen ein über den bloßen positiven Blutwirkstoffbefund hinausgehender Nachweis der Fahrunsicherheit aufgrund von rauschbedingten Ausfallerscheinungen im konkreten Einzelfall.[1222]

Die Fahruntüchtigkeit kann sich auch aus **geistigen oder körperlichen Mängeln** ergeben, § 315c Abs. 1 Nr. 1b. Dazu müssen im Aktenauszug ausdrückliche Hinweise auf derartige Einschränkungen enthalten sein, z.B. auf eine erhebliche Übermüdung.[1223] **714**

3. Konkrete Gefährdung eines anderen Menschen oder fremder Sachen von bedeutendem Wert

„**Anderer**" ist jeder von der Person des Täters verschiedene lebende Mensch, sofern er kein Tatbeteiligter ist.[1224] **715**

Fremde Sache von bedeutendem Wert ist jeder im Eigentum eines anderen als des Täters stehende Gegenstand, der einen bedeutenden Verkehrswert hat. Entgegen einer starken Auffassung im Schrifttum, die die Wertuntergrenze für das Merkmal „bedeutend" bei 1.300 € zieht, setzt der BGH die Wertuntergrenze bei **750 €** an.[1225] **716**

Als Gefährdungsobjekt scheidet das vom Täter geführte Fahrzeug nach h.M. aus, und zwar auch dann, wenn es in fremdem Eigentum steht, weil das Mittel der Fremdgefährdung nicht zugleich Objekt dieser Gefährdung sein kann.[1226] **717**

Eine **konkrete Gefährdung** liegt vor, wenn es zu einer Schädigung oder zu einem Beinaheunfall ohne Schaden gekommen ist.[1227] Wenn ein Schaden tatsächlich eintritt, begründet dies ohne Weiteres eine konkrete Gefährdung.[1228] Das Merkmal „von bedeutendem Wert" wird auch auf den Gefährdungsumfang bezogen, sodass ein Substanzschaden mindestens in Höhe von 750 € gedroht haben muss.[1229] **718**

4. Kausalität und gefahrspezifischer Zusammenhang zwischen der Tathandlung und der Gefährdung

Die konkrete Gefährdung muss „dadurch", d.h. gerade durch das verbotene Verhalten herbeigeführt worden sein. Über die bloße Kausalität hinaus wird dafür ein gefahrspezifischer Zusammenhang verlangt. Demzufolge muss sich für eine Strafbarkeit **719**

1219 BGHSt 37, 89.

1220 Fischer § 316 Rn. 27 m.w.N.

1221 BGHSt 19, 243; Fischer § 316 Rn. 31.

1222 Vgl. BGHSt 44, 219; Fischer § 316 Rn. 39 m.w.N.; BGH, Beschl. v. 02.08.2022 – 4 StR 231/22, BeckRS 2022, 20794.

1223 Vgl. Fischer § 315c Rn. 4a.

1224 BGH NStZ 2013, 167 m.w.N.; Fischer § 315c Rn. 15b m.w.N. auch zur Gegenauffassung.

1225 BGH RÜ 2011, 173.

1226 BGHSt 27, 40, 43; Fischer § 315c Rn. 15c m.w.N. auch zur Gegenauffassung.

1227 BGH, Beschl. v. 02.02.2023 – 4 StR 293/22, BeckRS 2023, 3906.

1228 Fischer § 315c Rn. 15a.

1229 BGH NStZ 2010, 216, 217; Fischer § 315 Rn. 16b.

aus § 315c Abs. 1 Nr. 1a/b (ggf. i.V.m. Abs. 3) die typische Gefährlichkeit der Fahruntüchtigkeit in der konkreten Gefährdung realisiert haben.[1230] Daran fehlt es, wenn das Gefährdungsgeschehen auf anderen Umständen beruht, wie z.B. einem Fahrzeugdefekt oder einer Ölspur auf der Straße.

Vorsicht, wenn es nach dem Sachverständigengutachten oder einem polizeilichen Ermittlungsvermerk in der Akte heißt, dass der Unfall/die Gefahrensituation auch für einen nüchternen Fahrer mit derselben, bei Fahrtüchtigkeit erlaubten Geschwindigkeit, nicht vermeidbar gewesen wäre.

Die Rspr. vergleicht in diesem Fall bei der Frage nach einer Strafbarkeit aus § 222 oder § 229 nicht den alkoholisierten Fahrer mit einem nüchternen Fahrer, sondern fragt, ob die Gefahrenlage bei einer der Alkoholisierung des Täters entsprechend reduzierten Geschwindigkeit vermeidbar gewesen wäre![1231] Bei der Prüfung von § 315c – wenn der (Beinahe-)Unfall auch einem Nüchternen passiert wäre – ist festzustellen, dass der innere Zusammenhang nicht zwischen der Alkoholisierung und der konkreten Gefährdung bestand, sondern – insoweit nicht zur tatbestandlichen Bejahung ausreichend – auf der Nichtanpassung der Geschwindigkeit an die individuellen Fahrfähigkeiten.

5. Vorwerfbarkeit

a) Grundfall: Abs. 1 Nr. 1a/b

720 Sowohl hinsichtlich der Fahruntüchtigkeit als auch hinsichtlich der konkreten Gefährdung muss der Täter zumindest mit Eventualvorsatz handeln, was in der Praxis jedoch nur schwer nachweisbar ist.

In der Klausur kommt es beim Vorsatz hinsichtlich der Fahruntüchtigkeit häufig auf eine genaue Beweiswürdigung an. Dabei gibt es keinen Erfahrungssatz, dass ab einem bestimmten BAK-Wert Vorsatz vorliegt. Anzeichen für vorsätzliches Handeln können aber z.B. sein: Einschlägige Vorstrafe, Trinken in „Fahrbereitschaft", warnende Äußerungen Dritter, „heimliches" Befahren von Schleichwegen; Zäsurwirkung eines Unfalls oder schweren Fahrfehlers.[1232]

b) Vorsatz-Fahrlässigkeit, Abs. 1 Nr. 1a/b i.V.m. Abs. 3 Nr. 1

721 Neben dem bedingten Vorsatz hinsichtlich der Fahruntüchtigkeit muss der Täter die Gefahr fahrlässig verursachen. Bei entsprechendem Vorsatz muss der Täter in aller Regel damit rechnen, dass andere Verkehrsteilnehmer durch die Trunkenheitsfahrt gefährdet werden können.

Die Vorsatz-Fahrlässigkeitskombination ist nach § 11 Abs. 2 eine teilnahmefähige Haupttat!

1230 Fischer § 315c Rn. 16.

1231 BGH RÜ 2013, 231.

1232 Ausführlich zum Vorsatz bzgl. der Fahruntüchtigkeit: Fischer § 316 Rn. 44 ff.

c) Fahrlässigkeit-Fahrlässigkeit, Abs. 1 Nr. 1a/b i.V.m. Abs. 3 Nr. 2

An die Fahrlässigkeit hinsichtlich der eigenen Fahruntüchtigkeit sind aufgrund der allgemeinen Kenntnisse von Gefahren der Trunkenheit im Verkehr keine hohen Anforderungen zu stellen. Jeder verhält sich fahrlässig, der weiß oder wissen kann, dass er Alkohol in einem die Fahrtüchtigkeit beeinträchtigenden Maß zu sich genommen hat und trotzdem nicht die eigene Fahrtüchtigkeit in Zweifel zieht. Wer seine eigene Fahruntüchtigkeit hätte erkennen können, wird in aller Regel auch vorhersehen können, dass es infolgedessen zu unfallkritischen Situationen kommen kann. 722

6. Rechtfertigung

Eine Einwilligung des Gefährdungsopfers in den konkreten Gefahrerfolg hat nach h.M. **keine rechtfertigende Wirkung**, da § 315c nicht Individualinteressen schützt, sondern vorrangig die allgemeine Verkehrssicherheit, die nicht zur Disposition des Gefährdeten steht.[1233] 723

7. Schuld

Der die Fahruntüchtigkeit begründende Alkoholisierungsgrad oder Rauschzustand kann zugleich die Schuldfähigkeit erheblich mindern oder sogar ausschließen, vgl. §§ 20, 21. Die Rückrechnung des nachträglich festgestellten BAK-Wertes muss hier in dubio pro reo – anders als auf Tatbestandsebene – von höchstmöglichen Werten ausgehen (s. dazu oben Rn. 188 ff.). 724

Im Fall der Schuldunfähigkeit kann die Tat nur noch als Vollrausch gemäß § 323a bestraft werden. Die Grundsätze der **actio libera in causa** sind nach der Rspr., die hierfür die Vorverlagerungstheorie heranzieht, **nicht anwendbar**.[1234] Bei verhaltensgebundenen Delikten wie § 315c beginnt das tatbestandsmäßige Verhalten erst mit dem Beginn der verbotenen Handlung, aber noch nicht mit seiner Verursachung durch Herbeiführung der Schuldunfähigkeit. 725

8. Konkurrenzen

Zwischen der Gefährdung des Straßenverkehrs und dem unerlaubten Entfernen vom Unfallort nach § 142 besteht Tateinheit gemäß § 52, sofern erst im Verlauf der Flucht die Verstöße nach § 315c begangen werden. Dagegen ist von Tatmehrheit i.S.d. § 53 auszugehen, wenn sich die Gefährdung des Straßenverkehrs in einem Unfall realisiert hat und der Täter sich von diesem Unfallort unerlaubt entfernt. Jedes Unfallgeschehen unterbricht zudem grundsätzlich eine Trunkenheitsfahrt mit der Folge, dass mit der Weiterfahrt wieder eine neue, tatmehrheitliche Trunkenheitsfahrt begangen wird.[1235] 726

Zwischen § 315c Abs. 1 Nr. 1a/b und § 315c Abs. 1 Nr. 2 kann Tateinheit bestehen,[1236] von § 315b Abs. 1 wird § 315c Abs. 1 grundsätzlich verdrängt.[1237]

9. Beteiligung

§ 315c ist **eigenhändiges Delikt**. Mittelbare Täterschaft ist daher nicht möglich, Mittäterschaft kommt nur infrage, wenn die fragliche Person selbst die Lenk-, Antriebs- 727

1233 BGHSt 23, 261; Fischer § 315c Rn. 17 m.w.N. auch zur Gegenauffassung.

1234 BGHSt 42, 235.

1235 Vgl. Fischer § 316 Rn. 56.

1236 Fischer § 315c Rn. 23.

1237 Einzelheiten bei Fischer § 315c Rn. 24.

und Bremskräfte des Fahrzeuges mitbeherrscht. **Teilnahme** an § 315c Abs. 1 ist ohne Weiteres möglich. Handelt es sich um eine Vorsatz-Fahrlässigkeitskombination gemäß § 315c Abs. 1 Nr. 1a i.V.m. Abs. 3 Nr. 1, folgt die Teilnahmefähigkeit aus § 11 Abs. 2. Erforderlich ist dann, dass der Teilnehmer hinsichtlich des Vorsatzteils der Haupttat selbst Vorsatz besessen hat; hinsichtlich des Eintritts der konkreten Gefahr ist wenigstens eigene Fahrlässigkeit erforderlich. Dieses Ergebnis folgt nach überwiegender Ansicht nicht aus § 18, weil diese Vorschrift nicht für die strafbegründenden, sondern nur die strafschärfenden Vorsatz-Fahrlässigkeits-Kombinationen (Erfolgsqualifikationen) gilt, wohl aber aus § 29.[1238]

II. Gefährdung durch Verkehrsverstoß

728 Besonders gefährliche Regelverstöße im Straßenverkehr sind enumerativ in § 315c Abs. 1 Nr. 2 aufgeführt.[1239] In objektiver Hinsicht muss der Täter den Regelverstoß **grob verkehrswidrig** begehen. Damit ist ein besonders schwerer Verstoß gegen Verkehrsvorschriften bezeichnet, der nicht bei jedem im Katalog genannten Fehlverhalten vorliegt und nicht ohne weiteres durch den Eintritt eines Gefahrerfolgs oder Schadens begründet werden kann.[1240] Zusätzlich muss der Täter **rücksichtslos** handeln. Die Einordnung dieses Merkmals ist nicht abschließend geklärt. Teilweise wird es dem subjektiven Tatbestand zugeordnet,[1241] teilweise als schuldsteigerndes Gesinnungsmerkmal verstanden.[1242] Rücksichtslos handelt, wer sich aus eigensüchtigen Gründen über seine Pflichten gegenüber anderen Verkehrsteilnehmern hinwegsetzt oder aus Gleichgültigkeit Bedenken gegen sein Verhalten nicht aufkommen lässt. Ein rücksichtsloses Verhalten kann damit sowohl bei vorsätzlichen, als auch bei fahrlässigen Verstößen gegen § 315c Abs. 1 Nr. 2 vorliegen.[1243] Es muss ein **Gefahrerfolg** wie bei der alkoholbedingten Fahruntüchtigkeit eintreten, wobei auch hier die Gefahr in einem inneren Zusammenhang zum Verkehrsverstoß stehen muss, also nicht nur bei Gelegenheit eines Verstoßes eintreten darf.[1244] § 315c Abs. 3 findet auch bei § 315c Abs. 1 Nr. 2 Anwendung.

B. Trunkenheit im Verkehr gemäß § 316

729 § 316 knüpft die Strafbarkeit allein an das Führen eines Fahrzeuges im öffentlichen Straßenverkehr im Zustand rauschmittelbedingter Fahruntüchtigkeit, bei Vorsatz nach Abs. 1 und bei Fahrlässigkeit nach Abs. 2. Insofern gilt dasselbe wie bei § 315c. Anders als dort ist bei § 316 keine konkrete Gefährdung erforderlich. § 316 ist formell subsidiär gegenüber § 315c und daher nachrangig zu prüfen.

C. Gefährliche Eingriffe in den Straßenverkehr, § 315b

730 Auch § 315b ist konkretes Gefährdungsdelikt mit verschiedenen Stufen der Vorwerfbarkeit. In den Klausuren ist meist nur die reine Vorsatztat zu diskutieren.

> Bei Bejahung des Grundtatbestandes als Vorsatztat ist i.d.R. auch die Qualifikation des § 315b Abs. 3 i.V.m. § 315 Abs. 3 erfüllt!

1238 Vgl. Fischer § 18 Rn. 5.
1239 Einzelheiten bei Fischer § 315c Rn. 5a ff.
1240 Fischer § 315c Rn. 13, 19b.
1241 Vgl. KG NStZ-RR 2008, 257, 258.
1242 Vgl. BGH NJW 1962, 2165, 2166.
1243 Fischer § 315c Rn. 14 m.w.N.
1244 Fischer § 315c Rn. 16.

Aufbauschema: Vorsätzlicher Eingriff in den Straßenverkehr, § 315b Abs. 1

- Tatbestand
  - Beeinträchtigung der Sicherheit des Straßenverkehrs
  - Tathandlung:
    - Außeneingriff / ausnahmsweise Inneneingriff
    - unter Verwirklichung einer der Tatmodalitäten nach Nr. 1–3
  - Konkrete Gefährdung eines anderen Menschen oder fremder Sachen von bedeutendem Wert
  - Kausalität und gefahrspezifischer Zusammenhang zwischen der Tathandlung und der Gefährdung
  - Vorsatz hinsichtlich der Tathandlung und bezüglich der Gefährdung
- Rechtswidrigkeit
- Schuld

I. Beeinträchtigung der Sicherheit des Straßenverkehrs

Dieses Merkmal setzt der Tat als gemeingefährliches Delikt örtliche und persönlich-zeitliche Grenzen. Örtlich muss sich die Tat im **öffentlichen Verkehrsraum** abgespielt haben. Insofern gilt dasselbe wie bei den §§ 315c, 316 (s.o. Rn. 711). In zeitlicher und persönlicher Hinsicht ist ein ausreichender Bezug zur Verkehrssicherheit darüber hinaus nur gegeben, wenn sich **Täter und Tatopfer im Zeitpunkt des Versuchsbeginns** im öffentlichen Verkehrsraum befinden.[1245] Ist dies der Fall, kann die Gefährdung selbst auch außerhalb einer öffentlichen Verkehrsfläche eintreten. 731

II. Tathandlung: Außeneingriff/ausnahmsweise Inneneingriff unter Verwirklichung einer der Tatmodalitäten nach Nr. 1–3

1. Außeneingriff

Regelanwendungsfälle des § 315b sind Verhaltensweisen, die von außen auf den Straßenverkehr einwirken. Liegt ein solcher Außeneingriff vor, braucht nur geprüft zu werden, ob der Täter eine konkrete Gefahr durch eine der Tathandlungen nach den Nrn. 1–3[1246] geschaffen hat. 732

a) § 315b Abs. 1 Nr. 1 nennt **die Zerstörung, Beschädigung oder Beseitigung von Anlagen oder Fahrzeugen**. Unter „Anlagen" sind feste und auf Dauer berechnete Einrichtungen zu verstehen, die dem Straßenverkehr dienen (z.B. Ampeln und Straßenschilder). Eine Fahrzeugbeschädigung liegt z.B. in dem Durchschneiden von Bremsschläuchen. 733

b) Weitere Tathandlung ist das **Bereiten eines Hindernisses** nach § 315b Abs. 1 Nr. 2. Hierunter fällt jede Einwirkung auf den Straßenkörper, die geeignet ist, den reibungslosen Verkehrsablauf zu hemmen oder zu gefährden, z.B. durch das Legen großer Gegenstände auf die Fahrbahn oder das Spannen eines Drahtes. 734

c) Schließlich unterfällt nach § 315b Abs. 1 Nr. 3 auch ein den vorgenannten Varianten **ähnlicher, ebenso gefährlicher Eingriff** dem Tatbestand. Diese Generalklausel ist nicht abschließend. Erfasst werden von ihr sowohl z.B. Steinwürfe von einer Brücke auf die Autobahn wie auch das Geben falscher Zeichen oder Signale. 735

1245 BGH RÜ 2012, 107.

1246 Im Einzelnen Fischer § 315b Rn. 6 ff.

736 Eine Tatbegehung durch garantenpflichtwidriges Unterlassen ist nach h.M. möglich, z.B. in der Variante des § 315b Abs. 1 Nr. 2 durch das pflichtwidrige Nichtbeseitigen eines durch Unfall geschaffenen Hindernisses.[1247]

2. Inneneingriff

737 Verhaltensweisen aus dem fließenden Verkehr sind grundsätzlich nur dann als Verkehrsdelikt strafbar, wenn sie dem Katalog des § 315c unterfallen. Ausnahmsweise ist § 315b auch auf Vorgänge innerhalb des ruhenden oder fließenden Verkehrs anwendbar, wenn der Täter einen Verkehrsvorgang in **verkehrsfeindlicher Absicht pervertiert und Schädigungsvorsatz** hat.[1248] Gefährdungsvorsatz genügt hier nicht!

738 Dieses Problem wird in sehr vielen Assessorklausuren im Zusammenhang mit dem gezielten Zufahren auf Amtsträger relevant. Klausurbeispiel:

Der Beschuldigte B ist mit seinem Auto hupend auf den Zeugen, Gerichtsvollzieher G, zugefahren, um die Pfändung des Pkw zu verhindern. Nach seiner Aussage hat er gehofft, dass G zur Seite springt.

Hier dürfen §§ 113, 114 neben § 288 nicht vergessen werden. Die Ausführungen zu § 315b Abs. 1 Nr. 3 lesen sich etwa wie folgt:

„B könnte eines gefährlichen Eingriffs in den Straßenverkehr gemäß § 315b Abs. 1 Nr. 3 hinreichend verdächtig sein, indem er mit dem Auto auf G zufuhr.

a) Dann müsste hierdurch die Sicherheit des Straßenverkehrs beeinträchtigt worden sein. Das setzt voraus, dass sich das Geschehen im öffentlichen Verkehrsraum abgespielt hat, und zwar zu einer Zeit, als sich Opfer und Täter dort aufhielten. B und G befanden sich auf einer dem öffentlichen Verkehr gewidmeten Straße, als B sein Auto beschleunigte. Die Sicherheit des Straßenverkehrs war damit berührt.

b) Fraglich ist, ob das Zufahren auf G einen ‚ähnlichen ebenso gefährlichen Eingriff' i.S.d. § 315b Abs. 1 Nr. 3 darstellt.

aa) In Abgrenzung zu § 315c, der abschließend besonders schweres Fehlverhalten im fließenden Verkehr erfasst, ist der Anwendungsbereich des § 315b grundsätzlich auf Handlungen beschränkt, die von außen auf den fließenden Verkehr einwirken. Ein solcher Außeneingriff lag hier aber nicht vor, weil B seinen Pkw im Straßenverkehr bewegte.

bb) Die Sperrwirkung wird aber durchbrochen, wenn der Täter als Verkehrsteilnehmer einen Verkehrsvorgang zu einem Eingriff in den Straßenverkehr pervertiert. Objektiv setzt ein solcher Inneneingriff eine grobe Einwirkung auf den Straßenverkehr voraus, die hier in dem beschleunigenden Zufahren auf G zu sehen ist. Subjektiv sind eine verkehrsfeindliche Absicht sowie Schädigungsvorsatz erforderlich; bloßer Gefährdungsvorsatz genügt nicht.

Der Beschuldigte B hat sich eingelassen, er habe den G nicht verletzen wollen. Für die Richtigkeit dieser Einlassung spricht, dass der Tatplan der Vollstreckungsvereitelung nur eine Flucht vor G und nicht dessen Verletzung notwendig machte. Zudem zeigt das Hupen, dass B den G nur veranlassen wollte, zur Seite zu springen. B ist damit nicht nachzuweisen, dass er eine Verletzung des G zumindest billigend in Kauf genommen hat. Mangels Schädigungsvorsatz liegt kein tatbestandsmäßiger Inneneingriff vor. "

1247 Fischer § 315b Rn. 15.

1248 Zum Ganzen m.w.N. Fischer § 315b Rn. 9 ff.

III. Konkrete Gefährdung eines anderen Menschen oder fremder Sachen von bedeutendem Wert

Die Handlung des Täters muss auch bei § 315b zu einer konkreten Gefahr für Leib oder Leben eines anderen Menschen bzw. einer fremden Sache von bedeutendem Wert führen (s.o. Rn. 715 ff.). Auch hier gilt, dass das Tatfahrzeug oder Tatbeteiligte als Gefährdungsobjekt bzw. -opfer ausscheiden. **739**

IV. Kausalität und gefahrspezifischer Zusammenhang zwischen der Tathandlung und der Gefährdung

Die Gefährdung kann mit der durch die Tathandlung bewirkten Beeinträchtigung der Straßenverkehrssicherheit in einer Handlung zusammenfallen, denn der mehraktige Tatbestandsaufbau verlangt keine zeitliche Zäsur.[1249] Erforderlich ist nur, dass in irgendeiner Weise die für den Straßenverkehr **typischen Fortbewegungskräfte** die konkrete Gefährdung mitbewirkt haben.[1250] Daran fehlt es etwa, wenn aus einem fahrenden Auto auf ein anderes geschossen und dabei die Seitenfläche beschädigt wird, soweit nicht durch diesen Schaden eine weitere verkehrsspezifische Gefährdung eintritt.[1251] **740**

D. Verbotene Kraftfahrzeugrennen, § 315d

Seit Oktober 2017 sind verbotene Kraftfahrzeugrennen im öffentlichen Straßenverkehr durch § 315d unter Strafe gestellt. Der Grundtatbestand in § 315d Abs. 1 enthält drei Tathandlungen: das **Ausrichten** oder **Durchführen** eines nicht erlaubten Kraftfahrzeugrennens (Abs. 1 Nr. 1) bzw. die **Teilnahme daran als Führer** eines Kraftfahrzeuges (Abs. 1 Nr. 2) sowie die **verkehrswidrige Geschwindigkeitsüberschreitung** mit dem Ziel eine „höchstmögliche Geschwindigkeit" zu erreichen (Abs. 1 Nr. 3), das sog. Einzelrasen.[1252] **741**

Kraftfahrzeugrennen sind Wettbewerbe zwischen wenigstens zwei Kraftfahrzeugführern, bei denen es zumindest auch darum geht, mit dem Kraftfahrzeug über eine nicht unerhebliche Wegstrecke eine höhere Geschwindigkeit als der andere oder die anderen teilnehmenden Kraftfahrzeugführer zu erreichen. Dabei macht es keinen Unterschied, ob die Teilnehmer zueinander in Bezug auf die Höchstgeschwindigkeit, die höchste Durchschnittsgeschwindigkeit oder die schnellste Beschleunigung in Konkurrenz treten.[1253] Für das **Einzelrasen** kommt es auf die Absicht an, über eine nicht ganz unerhebliche Wegstrecke die **relativ höchst mögliche Maximalgeschwindigkeit** zu erreichen, die sich nach dem subjektiven Geschwindigkeitsempfinden, der Verkehrslage und den Witterungsbedingungen bestimmt.[1254] Es genügt, dass die Absicht ein notwendiges Zwischenziel ist, z.B. wenn der Täter das Endziel hat, vor der Polizei zu flüchten.[1255] Die Geschwindigkeitsüberschreitung muss zudem **grob verkehrswidrig** und **rücksichtslos** geschehen (s.o. Rn. 728). **742**

Kommt es zur **vorsätzlichen** Verursachung einer Gefahr für Leib und Leben eines anderen Menschen oder für fremde Sachen von bedeutendem Wert (vgl. die entsprechenden Regelungen in §§ 315b Abs. 1, 315c Abs. 1), ist die Tat nach § 315d Abs. 1 **743**

1249 BGHSt 48, 119.

1250 BGH RÜ 2022, 171.

1251 BGH RÜ 2009, 33 und in Abgrenzung dazu beim Treffer auf die „Stirnseite" BGH RÜ 2024, 514.

1252 Vgl. zur Verfassungsmäßigkeit von § 315d Abs. 1 Nr. 3 BVerfG NJW 2022, 1160.

1253 BGH NStZ 2022, 292.

1254 BGH StV 2021, 502; BGH RÜ 2021, 577: „möglichst hohe" ist nicht „höchstmögliche" Geschwindigkeit; lesenswert zu sog. Donuts im Straßenverkehr BGH RÜ 2023, 21.

1255 BGH RÜ 2021, 305.

Nr. 2 oder 3 gemäß § 315d Abs. 2 qualifiziert, wobei Abs. 4 eine Vorsatz-Fahrlässigkeits-Kombination für diese Fälle regelt. Bei § 315d Abs. 2 wird allerdings – abweichend von der h.M. zu §§ 315b, 315c – teilweise vertreten, dass auch Beteiligte am Renngeschehen geschützt sind.[1256] Eine **Erfolgsqualifikation** enthält Abs. 5, wenn in den Fällen des § 315d Abs. 2 durch die Tat der Tod oder die schwere Gesundheitsschädigung eines anderen Menschen oder eine Gesundheitsschädigung einer großen Zahl von Menschen verursacht wird.[1257] Fahrlässigkeit hinsichtlich der genannten schweren Folgen genügt, § 18. Durch das Erfordernis des Vorsatzes hinsichtlich des Gefahrerfolges ist der Anwendungsbereich der Erfolgsqualifikation jedoch begrenzt.

744 Im prozessualen Gutachten ist zu beachten, dass die zur Tat benutzten Kraftfahrzeuge nach § 315f **eingezogen** und dazu nach § 111b Abs. 1 StPO beschlagnahmt werden können.

E. Unerlaubtes Entfernen vom Unfallort, § 142

745 § 142 ist ein Sonderdelikt, das nur durch Unfallbeteiligte – legaldefiniert in Abs. 5 – täterschaftlich verwirklicht werden kann. Es gibt keine Versuchsstrafdrohung. Fahrlässiges Verhalten ist nicht unter Strafe gestellt. Zu unterscheiden sind das Begehungsdelikt des unerlaubten Entfernens vom Unfallort nach Abs. 1 und das echte Unterlassungsdelikt der Nichtnachholung der Feststellungen gemäß Abs. 2. Auf das letztere kommt es nur an, wenn der Täter nicht aus Abs. 1 strafbar ist. Voraussetzung ist dann aber, dass er den Unfallort entweder nach Ablauf der Wartefrist oder/und gerechtfertigt oder entschuldigt verlässt. Die Strafbarkeit nach § 142 Abs. 1 und Abs. 2 schließen sich gegenseitig aus, eine Wahlfeststellung ist aber möglich.

Aufbauschema: Unerlaubtes Entfernen vom Unfallort, § 142 Abs. 1

- Tatbestand
  - Unfall im Straßenverkehr
  - Täter: Unfallbeteiligter nach Abs. 5
  - Tathandlung:
    - Sichentfernen vom Unfallort
    - bei Anwesenheit feststellungsbereiter Personen unter Verletzung der Anwesenheits- und Feststellungsduldungspflicht (Nr. 1)
    - bei Nichtanwesenheit feststellungsbereiter Personen unter Verletzung der Wartepflicht (Nr. 2)
  - Vorsatz
- Rechtswidrigkeit
- Schuld
- Keine tätige Reue bei „Parkunfällen", Abs. 4

1256 Fischer § 315d Rn. 22.

1257 Vgl. zur Verantwortlichkeit eines Rennteilnehmers für die Todesfolge BGH RÜ 2022, 165.

Aufbauschema: Nichtnachholung der Feststellungen, § 142 Abs. 2

- Tatbestand
  - Unfall im Straßenverkehr
  - Täter: Unfallbeteiligter nach Abs. 5
  - Tatsituation:
    - nach Sichentfernen vom Unfallort nach Ablauf der Wartefrist (Nr. 1)
    - nach berechtigtem/entschuldigtem Sichentfernen vom Unfallort (Nr. 2)
  - Unterlassen unverzüglicher Nachholung der gebotenen Feststellungen
  - Vorsatz
- Rechtswidrigkeit
- Schuld
- Keine tätige Reue bei „Parkunfällen", Abs. 4

I. Unfall im Straßenverkehr

Alle Varianten setzen einen „Unfall im Straßenverkehr" voraus. Darunter versteht man ein plötzliches Ereignis im öffentlichen Straßenverkehr, das zu einem nicht völlig unerheblichen und beweissicherungsbedürftigen Personen- oder Sachschaden führt und auf typischen Gefahren des Straßenverkehrs beruht.[1258] Öffentlicher Straßenverkehr ist auch hier jede Fläche, die dem öffentlichen Verkehr gewidmet ist oder faktisch von der Allgemeinheit zum Straßenverkehr benutzt wird. Die Untergrenze für einen Sachschaden liegt bei 25 €.[1259] An der Beweissicherungsbedürftigkeit fehlt es, wenn nur ein Eigenschaden des Betroffenen vorliegt. Typische Verkehrsgefahren sind solche, die bei typischer Nutzung der Verkehrsfläche, wie Fortbewegung, Be- und Entladung entstehen. Dazu gehören auch Unfälle zwischen Fußgängern oder Beschädigungen durch Einkaufswagen auf Supermarktparkplätzen.[1260] 746

Streitig ist, ob ein vorsätzlicher **Aggressionsakt**, etwa das Rammen eines Polizeifahrzeugs mit dem eigenen Kfz zum Zwecke der Flucht, zu den typischen Verkehrsgefahren gehört.[1261] Formulierungsvorschlag:

„Nach einer Ansicht ist ein vorsätzlicher Schädigungsakt ein ‚Anschlag', aber kein ‚Unfall'. Nach dem nemo-tenetur-Grundsatz dürfe kein Vorsatztäter dazu gezwungen werden, am Tatort zu verbleiben und – wenn auch nur für die Beweissicherung zivilrechtlicher Ansprüche – an seiner eigenen Überführung mitzuwirken. Danach lag hier kein Unfall vor, da der Beschuldigte vorsätzlich das beschädigte Fahrzeug rammte.

Die h.M. lässt es dagegen genügen, dass sich das Geschehen zumindest aus Sicht eines Beteiligten als ungewolltes Ereignis unter Realisierung verkehrstypischer Gefahren darstellt. Daran fehlt es, wenn alle Beteiligten mit der Schädigung einverstanden sind oder schon nach dem äußeren Erscheinungsbild das Verhalten nicht auf einem allgemeinen Verkehrsrisiko beruht, sondern Ausdruck einer deliktischen Planung ist. Für diese Auffassung spricht, dass es wertungswidersprüchlich wäre, dem fahrlässigen Unfallverursacher eine Feststellungs- bzw. Wartepflicht aufzuerlegen, während der vorsätzlich Schädigende straflos den Schädigungsort verlassen

1258 Fischer § 142 Rn. 7.

1259 Fischer § 142 Rn. 11.

1260 Fischer § 142 Rn. 9 m.w.N. auch zur Gegenauffassung.

1261 BGHSt 24, 382; BGH RÜ 2002, 121; Fischer § 142 Rn 13.

könnte. Durch die Einschränkung auf verkehrstypische Gefahren, also solche, die mit der Teilnahme am Straßenverkehr zusammenhängen, wird der Zusammenhang mit dem Straßenverkehr gewährleistet. Das Rammen war Teil der Fortbewegung des Beschuldigten im öffentlichen Straßenraum, sodass sich trotz des Schädigungsvorsatzes noch eine verkehrstypische Gefahr realisierte. Somit lag ein Unfall vor."

II. Unfallbeteiligter

747 Täter kann nur derjenige sein, dessen Verhalten – auch Unterlassen – nach den Umständen, also dem gesamten zum Unfall führenden Lebensvorgang, zur Verursachung des Unfalls beigetragen haben kann. Nur er ist Unfallbeteiligter i.S.d. § 142 Abs. 5 (insbesondere der Fahrzeugführer, aber auch sein regelwidrig handelnder Beifahrer). Es genügt die Möglichkeit der Kausalität, auf ein Verschulden kommt es nicht an.

III. Voraussetzungen des § 142 Abs. 1

748 Tathandlung des § 142 Abs. 1 ist das **unberechtigte, vorsätzliche Sichentfernen vom Unfallort**, d.h. von der Stelle, an der sich der Schadensfall ereignet hat, sowie, abhängig von der jeweiligen Verkehrssituation, deren unmittelbarer Umgebung. Das Sichentfernen ist wörtlich als körperliches Verlassen der räumlichen Grenzen des Unfallortes zu verstehen. Damit wird zugleich vorausgesetzt, dass sich der Täter zum Zeitpunkt des Unfalls an der Stelle des schädigenden Ereignisses aufgehalten hat.[1262]

1. Nr. 1: Sichentfernen bei Anwesenheit Feststellungsberechtigter

749 Unerlaubt und damit tatbestandlich nach der Nr. 1 ist das Sichentfernen, wenn der Unfallbeteiligte sich **trotz Anwesenheit feststellungsbereiter Personen** entfernt, bevor er zugunsten anderer Unfallbeteiligter oder Geschädigter die wahrheitsgemäße Feststellung seiner Person, seines Fahrzeuges und der Art seiner Beteiligung – durch seine Anwesenheit (sog. passive Feststellungsduldungspflicht) und die Angabe, dass er am Unfall beteiligt sei (sog. aktive Vorstellungspflicht) – ermöglicht. Zu den feststellungsbereiten Personen gehören neben den Geschädigten andere Unfallbeteiligte, Polizeibeamte, aber auch unbeteiligte Dritte, sofern sie erkennbar bereit sind, zugunsten der Berechtigten Feststellungen zu treffen und weiterzugeben.[1263]

Den Unfallbeteiligten trifft keine allgemeine Pflicht, die Aufklärung des Unfalls durch weitere Erklärungen oder eine aktive Mitwirkung bei den Feststellungen zu fördern oder sich gar selbst einer Straftat zu bezichtigen. Er hat aber eine „Vorstellungspflicht", d.h. er muss offenlegen, dass er Unfallbeteiligter ist. Der Tatbestand ist nicht erfüllt, wenn alle Berechtigten auf Feststellungen verzichten, soweit der Verzicht nicht durch Täuschung erschlichen worden ist.[1264] Hat der Unfallbeteiligte seine Feststellungspflicht erfüllt, darf er den Unfallort verlassen (und ist dann auch nicht mehr aus § 142 Abs. 2 strafbar).

750 Es ist nicht erforderlich, dass feststellungsberechtigte Personen noch am Unfallort anwesend sind, wenn sich der Täter von dort entfernt, sondern der Täter muss sich entfernen, „bevor" er die gebotenen Feststellungen ermöglicht hat. Für die Verletzung der Vorstellungspflicht ist es ohne Bedeutung, in welcher Reihenfolge die Unfallbeteiligten

1262 Vgl. Fischer § 142 Rn. 16.
1263 Fischer § 142 Rn. 24.
1264 Fischer § 142 Rn. 31, 31a.

den Unfallort verlassen und ob der Täter im Zeitpunkt seines Sichentfernens die Pflicht noch gegenüber einer anwesenden Person hätte erfüllen können. Daher liegt § 142 Abs. 1 Nr. 1 auch vor, wenn der Täter sich **als Letzter vom Unfallort entfernt**.[1265]

2. Nr. 2: Verletzung der Wartepflicht

Strafbar macht sich der Unfallbeteiligte nach § 142 Abs. 1 Nr. 2 auch dann, wenn er nach dem Schadensereignis **nicht eine angemessene Zeit** auf das Erscheinen feststellungsbereiter Personen am Unfallort **wartet**. Die Länge der angemessenen Wartezeit – die bei mindestens zehn Minuten beginnt – bestimmt sich nach den konkreten Umständen des Einzelfalls unter Beachtung der Zumutbarkeit.[1266] Wesentliche Kriterien dafür sind die Intensität des Schadens, der Eintritt eines Personen- oder Sachschadens, die Uhrzeit des Unfalls, die Verkehrsdichte und auch die Witterung. Die Wartepflicht kann nicht durch Hinterlassen der Anschrift mittels eines Zettels oder durch eine spätere telefonische Benachrichtigung ersetzt, sondern allenfalls verkürzt werden.[1267] **751**

3. Vorsatz

Der subjektive Tatbestand setzt in allen Varianten zumindest bedingten Vorsatz voraus. Hat der Täter das Unfallgeschehen nicht wahrgenommen oder irrt er sich über sonstige Umstände, die seine Feststellungs-, Vorstellungs- oder Wartepflicht begründen, handelt er wegen eines Tatumstandsirrtums nach § 16 vorsatzlos. **752**

> Beschuldigte lassen sich sehr häufig ein, das Geräusch bei der Beschädigung eines anderen Fahrzeugs nicht gehört zu haben. Das ist in aller Regel nicht glaubhaft, da schon geringfügige Abweichungen vom Normalgeräusch des Fahrzeugbetriebes akustisch wahrgenommen werden. Nur in Ausnahmefällen (z.B. Lkw beschädigt mit der hinteren Ecke eines Aufliegers ein anderes Fahrzeug, Hagel oder Gewitter) kann die akustische Wahrnehmbarkeit gestört sein.

IV. Voraussetzungen des § 142 Abs. 2

Nach § 142 Abs. 2 kann sich der Unfallbeteiligte auch strafbar machen, wenn er den Unfallort verlassen hatte, ohne aus § 142 Abs. 1 strafbar zu sein, und er die **erforderlichen Feststellungen nicht unverzüglich nachholt**. Die Straflosigkeit muss darauf beruhen, dass der Unfallbeteiligte den Unfallort entweder nach Ablauf der Wartefrist (Nr. 1) oder berechtigt oder entschuldigt verlassen hatte (Nr. 2). **753**

„Berechtigtes" Sichentfernen liegt vor, wenn der Täter den Unfallort aus Notstand gemäß § 34, in rechtfertigender Pflichtenkollision oder mit mutmaßlicher Einwilligung des Geschädigten zu dessen Rettung verlässt.[1268] **754**

„Entschuldigtes" Sichentfernen ist etwa gegeben, wenn der Täter nach § 35 Abs. 1 entschuldigt oder seine Schuldfähigkeit durch einen Unfallschock nach § 20 ausgeschlossen ist.[1269] Rauschbedingte Schuldunfähigkeit ist nach h.M. kein Fall des § 142 Abs. 2 Nr. 2, da der Täter dann nicht insgesamt straflos ist.[1270]

1265 BGH RÜ 2018, 641, 642.

1266 S. im Einzelnen mit Beispielen Fischer § 142 Rn. 36.

1267 Vgl. Fischer § 142 Rn. 37.

1268 Vgl. Fischer § 142 Rn. 46.

1269 Fischer § 142 Rn. 47.

1270 Fischer § 142 Rn. 48 m.w.N.

755 Das Sichentfernen setzt einen willensgetragenen Beitrag des Unfallbeteiligten voraus. Wer bewusstlos in einem Rettungswagen abtransportiert wird, entfernt sich daher nicht, sondern „wird entfernt". Der Gerettete macht sich dann weder nach § 142 Abs. 1 noch nach § 142 Abs. 2 strafbar.

Bei Irrtumsfällen gilt Folgendes: Hat der Täter den Unfallort schon in Unkenntnis des Unfallereignisses verlassen, entsteht hieraus keine Nachholungspflicht, da es gegen das Analogieverbot verstieße, unvorsätzliches Handeln mit vorsätzlich-berechtigtem oder vorsätzlich-entschuldigtem gleichzusetzen.[1271] Befand sich der Täter in einem Erlaubnistatbestandsirrtum, darf er nicht besser stehen, als wenn der Rechtfertigungsgrund tatsächlich vorgelegen hätte; deshalb wird die Nachholungspflicht hier unabhängig vom Streit über die Behandlung des Erlaubnistatbestandsirrtums bejaht.[1272] Befand sich der Täter in einem unvermeidbaren Verbotsirrtum, Erlaubnisirrtum oder Entschuldigungstatbestandsirrtum, handelte er nach § 17 S. 1 oder § 35 Abs. 2 ohne Schuld, sodass ihn die Nachholungspflicht trifft.[1273] Waren diese Irrtümer vermeidbar, ist der Täter ohnehin aus § 142 Abs. 1 strafbar, sodass § 142 Abs. 2 wegen der Exklusivität der Tatbestände nicht eingreift.

756 Der Nachholungspflicht aus § 142 Abs. 2 genügt, wer – sobald es ihm möglich ist – z.B. dem Geschädigten oder der Polizei seine Anschrift, seinen Aufenthalt, das Kennzeichen und den Fahrzeugstandort mitteilt und sein Fahrzeug zu unverzüglichen Feststellungen für eine ihm zumutbare Zeit zur Verfügung hält, vgl. § 142 Abs. 3. Die absichtliche nachträgliche Vereitelung von Feststellungen, z.B. durch das Entfernen von Unfallspuren, steht diesem Erfordernis nach § 142 Abs. 3 S. 2 entgegen.

6. Abschnitt: Vollrausch und unterlassene Hilfeleistung

A. Vollrausch, § 323a

757 **§ 323a** ist ein abstraktes Gefährdungsdelikt und **Auffangtatbestand** für die Bestrafung desjenigen, der im Rauschzustand Straftaten begangen hat, dafür aber wegen seiner rauschbedingten Schuldunfähigkeit (§ 20) unmittelbar nicht zur Verantwortung gezogen werden kann. Soweit eine rechtswidrige Tat im Rausch ganz fehlt oder eine Bestrafung unmittelbar daraus möglich ist – bei verhaltensneutralen Fahrlässigkeitstaten durch Anknüpfung an ein Fehlverhalten vor Eintritt der Schuldunfähigkeit, bei anderen Delikten mithilfe der Rechtsfigur der actio libera in causa (s.o. Rn. 192) –, besteht kein Strafbedürfnis für § 323a. Konstruktiv erreicht der Gesetzgeber dies dadurch, dass die im Rausch begangene, aber rauschbedingt nicht strafbare rechtswidrige Tat **objektive Strafbarkeitsbedingung des § 323a Abs. 1** ist. Zwischen den einzelnen Rauschtaten müssen keine Konkurrenzen gebildet werden, denn sie sind, sofern sie während desselben Rausches begangen worden sind, nur unselbstständige **Bestandteile einer einzigen Vollrauschtat**.[1274] Die Strafe darf nicht schwerer sein als die Strafe, die für die im Rausch begangene Tat angedroht wird, § 323a Abs. 2. Kann die Rauschtat nur auf Antrag verfolgt werden, bedarf es auch für § 323a eines Strafantrags, § 323a Abs. 3.

Da der Täter im Zeitpunkt der Begehung der Rauschtat selbst schuldunfähig ist, kann der Vollrauschtatbestand nur an das **vorsätzliche** oder **fahrlässige** „Sichversetzen" in einen Rausch anknüpfen. Strafgrund ist die **Gemeingefährlichkeit** rauschmittel-

1271 Vgl. BVerfG RÜ 2007, 254.

1272 Fischer § 142 Rn. 50.

1273 Fischer § 142 Rn. 50.

1274 Vgl. BGH StV 1990, 404.

bedingter Unfähigkeit zur Selbstkontrolle. Wegen des reflexiven Charakters der Tathandlung liegt zudem ein **eigenhändiges Delikt** vor, an dem aber nach h.M. eine Teilnahme uneingeschränkt möglich ist.[1275]

Klausurrelevant ist der Vollrausch meist im Zusammenhang mit den Verkehrsdelikten. Wird der Täter dann aus § 323a angeklagt oder verurteilt, darf **§ 69 Abs. 2 Nr. 4** nicht vergessen werden, wonach auch bei Vollrausch mit §§ 315c, 315d, 316, 142 als Rauschtaten eine Entziehung der Fahrerlaubnis in der Regel angezeigt ist.

Aufbauschema: Vollrausch, § 323a

- Erstreckung der Strafverfolgungsvoraussetzungen der Rauschtat auch auf Vollrausch
- Tatbestand
  - Sichversetzen in einen Rausch
  - Vorsatz/Fahrlässigkeit
- Rauschtat als objektive Strafbarkeitsbedingung
- Rechtswidrigkeit des Sichberauschens
- Schuld des Sichberauschens

I. Rausch durch alkoholische Getränke oder andere berauschende Mittel

Mittel der Berauschung ist i.d.R. Alkohol. Für den Rausch ist der erforderliche Schwe- **758**
regrad der Bewusstseinstrübung entscheidend. Konsens besteht darüber, dass ein **Rausch jedenfalls dann vorliegt, wenn sicher ist, dass der Täter durch Alkohol oder andere Rauschmittel vermindert schuldfähig i.S.v. § 21 war und möglicherweise schuldunfähig i.S.v. § 20 gewesen sein kann.**[1276]

In **Aktenfällen** kann die Frage auftauchen, ob ein Rausch auch dann angenommen **759**
werden kann, wenn der Täter zwar offensichtlich alkoholisiert war (Schwanken und Lallen), die **Schuldunfähigkeit aber nicht sicher**, sondern ebenso möglich ist wie die uneingeschränkte Schuldfähigkeit des Täters.

Hier ist zunächst zu prüfen, ob nach dem Zweifelssatz bei höchstmöglicher Alkoholisierung eine Bestrafung aus den im Zustand der Bewusstseinsstörung begangenen Delikten möglich ist. Ist dies wegen § 20 zu verneinen und scheidet auch eine Bestrafung unter Berücksichtigung der actio libera in causa aus, ist § 323a zu prüfen. Hier ist – unter nochmaliger Anwendung des Zweifelssatzes – von dem niedrigsten Blutalkoholwert auszugehen und festzustellen, dass die uneingeschränkte Schuldfähigkeit des Täters nicht auszuschließen ist. Hier wird der wichtigste Streit zu § 323a bedeutsam.[1277] In der Klausur könnten Sie wie folgt formulieren:

„Eine Meinung trennt zwischen dem Tatbestandsmerkmal ‚Rausch' und der auf die Rauschtat bezogenen ‚nicht auszuschließenden' Schuldunfähigkeit. Der Rausch müsse bewiesen werden, die Schuldunfähigkeit dagegen nicht. Danach genügt für das Tatbestandsmerkmal ‚Rausch' jede rauschmittelbedingte Herabsetzung der

1275 S. zum Streit Fischer § 323a Rn. 20.

1276 BGHSt 32, 48; BGH NStZ 1989, 365; BGH RÜ 2024, 386.

1277 Gegen die Anwendbarkeit von § 323a, wenn die Grenze der Schuldunfähigkeit nicht sicher erreicht wurde: OLG Karlsruhe NJW 2004, 3356 f.; a.A. Fischer § 323a Rn. 11c.

psycho-physischen Gesamtleistungsfähigkeit mit der Folge, dass der Täter sich nicht mehr richtig zu steuern vermag. Danach lag ein Rausch schon wegen der nachweisbaren Störung des Beschuldigten in Bezug auf Bewegungskoordination und Sprache (Schwanken und Lallen) vor.

Die h.M. hält jedoch überzeugend daran fest, dass zumindest der Bereich der verminderten Schuldfähigkeit nach § 21 sicher erreicht sein muss. Denn der Rausch i.S.v. § 323a Abs. 1 erfordert mehr als die bloße Herabsetzung der Leistungsfähigkeit oder Beeinträchtigung des Urteilsvermögens, und schon wegen des Bestimmtheitsgebots muss eine klare Untergrenze herangezogen werden. Weiterhin passt es nicht zum Vollrauschtatbestand, dass der Täter möglicherweise voll schuldfähig gehandelt hat. Da somit schon ein Rausch nicht nachzuweisen ist, scheidet ein hinreichender Tatverdacht für § 323a Abs. 1 aus."

Es schließt sich die Feststellung an, dass zwischen dem möglicherweise verwirklichten Vollrausch und der gleichermaßen möglichen Tat im Rausch mangels rechtsethischer und psychologischer Vergleichbarkeit auch keine echte bzw. ungleichartige Wahlfeststellung möglich ist.[1278]

II. Vorsatz und Fahrlässigkeit

760 Der Täter muss sich vorsätzlich oder fahrlässig in den Rausch versetzen, bedingter Vorsatz genügt. Fahrlässiges Sichberauschen liegt vor, wenn der Täter in vorwerfbarer Weise nicht bedacht hat, dass der Genuss alkoholischer Getränke oder anderer berauschender Mittel einen Rauschzustand verursachen könnte.[1279]

761 Die im **Rausch begangene konkrete Straftat** muss als objektive Strafbarkeitsbedingung für den Täter weder gewollt noch vorhersehbar gewesen sein. Um aber dem Schuldprinzip zu genügen, verlangen Rspr. und h.M. zumindest, dass der Täter wusste oder hätte wissen können, dass er im Rausch **irgendwelche** kriminellen Handlungen begehen könnte.[1280]

III. Objektive Strafbarkeitsbedingung: Rauschtat

762 **Rauschtat** ist ein Verhalten, das den objektiven und subjektiven Tatbestand einer verfolgbaren Vorsatz- oder Fahrlässigkeitsstraftat rechtswidrig verwirklicht und auch schuldhaft wäre, wenn der Täter nicht vermindert schuldfähig, möglicherweise sogar schuldunfähig wäre.

763 Eine Rauschtat entfällt also, wenn ein Merkmal des objektiven oder subjektiven Tatbestandes nicht gegeben ist, wenn kein strafbarer Versuch vorliegt, wenn der Rauschtäter gerechtfertigt handelt oder wenn ein Entschuldigungsgrund eingreift.[1281] Auch bei Strafausschließungsgründen (z.B. § 258 Abs. 5) oder Strafaufhebungsgründen (Rücktritt nach § 24) und bei Verfolgungsverjährung fehlt die Rauschtat.[1282]

764 Bei **Irrtumsfällen** wird differenziert: Handelt der Berauschte in einem Tatumstands- oder Erlaubnistatbestandsirrtum, entfällt eine vorsätzlich begangene Rauschtat, gleichviel ob der jeweilige Irrtum auch einem Nüchternen unterlaufen wäre oder auf dem Rausch beruht.[1283] Sofern tatbestandlich möglich, kommt in solchen Fällen aber eine Fahrlässigkeitstat in Betracht.

1278 Vgl. BGHSt 9, 390; OLG Karlsruhe NJW 2004, 3356, 3357.

1279 Fischer § 323a Rn. 16.

1280 Vgl. BGHSt 10, 247; OLG Hamm RÜ 2008, 38; Fischer § 323a Rn. 19.

1281 Fischer § 323a Rn. 7, 8.

1282 Fischer § 323a Rn. 8a.

1283 Vgl. BGHSt 18, 237; Fischer § 323a Rn. 7.

Schuldrelevante Irrtümer, wie z.B. ein unvermeidbarer Verbots- oder Erlaubnisirrtum (§ 17), ein Entschuldigungstatbestandsirrtum (§ 35 Abs. 2) oder ein Notwehrexzess (§ 33), werden nur dann berücksichtigt, wenn sie dem Täter auch ohne den Rausch unterlaufen wären.[1284]

B. Unterlassene Hilfeleistung; Behinderung von hilfeleistenden Personen, § 323c

In § 323c Abs. 1 ist ein echtes Unterlassungsdelikt geregelt, während § 323c Abs. 2 ein Begehungsdelikt enthält. **765**

> Klausurrelevant ist § 323c vor allem bei akuten Notlagen einzelner Personen in der Variante des „Unglücksfalles". § 323c Abs. 1 ist i.d.R. nicht gutachterlich zu prüfen, wenn eine vorrangige Strafbarkeit wegen eines Begehungsdelikts, eines spezielleren echten Unterlassungsdelikts oder – bei Vorliegen einer Garantenpflicht – eines unechten Unterlassungsdelikts gegeben ist.

I. Unterlassene Hilfeleistung, § 323c Abs. 1

1. Unglücksfall

Unglücksfall ist ein **plötzlich eintretendes Ereignis, das eine erhebliche Gefahr für Personen oder Sachen mit sich bringt oder zu bringen droht.**[1285] **766**

Ob die Gefahrensituation auf einem menschlich unbeeinflussten Geschehen beruht oder von einem Dritten vorsätzlich oder fahrlässig herbeigeführt worden ist, ist unerheblich. Auch eine Straftat mit dem Risiko erheblicher Schäden oder ein Selbsttötungsversuch können einen Unglücksfall darstellen,[1286] wobei bei einem eigenverantwortlichen Selbsttötungsversuch der Sterbewunsch die Zumutbarkeit der Hilfeleistung ausschließt.[1287]

Zur Beurteilung, ob ein Unglücksfall vorliegt, greift die Rspr. auf eine **objektivierte ex-ante-Sicht** zurück.[1288] Demnach genügt die irrige Annahme des Unterlassenden nicht. Jedoch wird der Unglücksfall nicht dadurch ausgeschlossen, dass sich später herausstellt, dass Hilfe tatsächlich nicht erforderlich war.[1289]

Immer muss die **Gefahr weiterer Schäden** bestehen, sodass der Unglücksfall im rechtlichen Sinne **abgeschlossen ist, wenn der Verletzte bereits tot ist**[1290] oder ein Unfall bloßen Sachschaden zur Folge hat, ohne dass weitere Gefahren für Personen oder Sachen gegeben sind.[1291] **767**

2. Unterlassen der erforderlichen und zumutbaren Hilfeleistung

Hilfeleistung ist jede Tätigkeit, die aus objektiver Sicht geeignet ist, den drohenden Schaden abzuwenden oder wesentlich zu mindern.[1292] Die Erforderlichkeit be- **768**

1284 Vgl. Fischer § 323a Rn. 8.
1285 BGHSt 6, 147, 152.
1286 BGH NStZ-RR 2017, 212; Fischer § 323c Rn. 5.
1287 BGH RÜ 2019, 706, 710.
1288 OLG Hamm RÜ 2021, 31.
1289 Vgl. Fischer § 323c Rn. 9 m.w.N.
1290 BGH NStZ 2000, 414, 415.
1291 Vgl. BGH NJW 1954, 728.
1292 Fischer § 323c Rn. 11a.

stimmt sich ebenfalls aus einer objektiven ex-ante-Sicht.[1293] Erforderlich ist die Hilfe, die die besten Chancen zur Schadensabwendung bzw. Beseitigung der Gefahr bietet. In der Regel ist sofort zu helfen, um die Rettungschancen nicht zu mindern.[1294] Eine Hilfeleistung ist nicht **erforderlich**, wenn der Betroffene sich in ausreichender Weise selbst helfen kann, er freiverantwortlich fremde Hilfe ablehnt oder wenn dritte Personen bereits wirksame Hilfe leisten.

Die Hilfeleistung ist insbesondere dann nicht **zumutbar**, wenn sie eine erhebliche eigene Gefahr oder eine Verletzung wichtiger anderer Pflichten des Helfenden begründet. Die Gefahr der Strafverfolgung wegen möglicher Verursachung des Unglücksfalls und die gerechtfertigte Verursachung des Unglücksfalls in Notwehr führen i.d.R. nicht zur Unzumutbarkeit.[1295]

3. Vorsatz

769 Bedingter Vorsatz genügt. Verkennt der Täter die Unglückssituation oder glaubt er, die von ihm geleistete Hilfe sei ausreichend, um drohenden Schaden abzuwenden, handelt er im Tatumstandsirrtum.[1296]

II. Behinderung von hilfeleistenden Personen

770 Seit 2017 erfasst § 323c Abs. 2 die Behinderung anderer Personen, die bei einem Unglücksfall usw. nach § 323c Abs. 1 helfen bzw. helfen wollen, durch aktives Tun. Das Behindern ist an keine bestimmte Tathandlung gebunden, muss aber zeitweilig zu einem **Behinderungserfolg** führen.[1297] Übersehen Sie bei einem Behindern von Rettungskräften z.B. durch Gewalt nicht die Regelung des § 115 Abs. 3!

7. Abschnitt: Brandstiftungsdelikte

A. Überblick

771 §§ 306, 306a Abs. 1 und § 306a Abs. 2 sind die drei Kerntatbestände der Brandstiftungsdelikte und als Verbrechen ausgestaltet. Sie haben aber jeweils ganz unterschiedliche Schutzrichtungen.

§ 306 knüpft an **fremde Tatobjekte** an und ist deshalb Spezialfall einer Sachbeschädigung und **nicht** der Grundtatbestand der Brandstiftungsdelikte.[1298] Es gibt vielmehr zwei Grundtatbestände, die in § 306a geregelt sind, wobei die beiden Absätze jeweils einen eigenständigen Tatbestand enthalten. **§ 306a Abs. 1** bestraft allein die Brandstiftung oder brandgefahrbedingte Zerstörung von Objekten, die dem Aufenthalt von Menschen dienen, und ist deshalb ein abstrakt gemeingefährliches Delikt. **§ 306a Abs. 2** knüpft an die Tatobjekte des § 306 an, aber **unabhängig von den Eigentumsverhältnissen** daran, und verlangt zusätzlich die konkrete Gesundheitsgefährdung für einen anderen. Diese Vorschrift ist konkretes Gefährdungs- und Individualschutzdelikt.

RÜ-Video 12/20

Frühzeitiges Löschen des Brandes ermöglicht gemäß § 306e als tätige Reue eine Strafmilderung oder sogar Absehen von Strafe. Bei einer besonders schweren Brand-

1293 OLG Hamm RÜ 2021, 31.
1294 BGHSt 14, 213, 216.
1295 Fischer § 323c Rn. 16.
1296 Fischer § 323c Rn. 31.
1297 Fischer § 323c Rn. 20 f.; OLG Hamm RÜ 2022, 374.
1298 Fischer § 306 Rn. 1.

stiftung nach § 306b Abs. 2 Nr. 1 genügt für die tätige Reue auch das Retten der gefährdeten Person, auch wenn es dem Täter nicht gelingt, den Brand zu löschen.[1299]

Fahrlässigkeitsvarianten enthält § 306d. Unabhängig vom Eintritt eines Brandes oder einer tätigen Reue kann schon die vorsätzliche oder fahrlässige Herbeiführung von Brandgefahr an bestimmten Objekten nach § 306f strafbar sein.

Vorsatzqualifikation des § 306a ist **§ 306b Abs. 2**, die besonders schwere Brandstiftung. **Erfolgsqualifikationen** der §§ 306 und 306a sind die besonders schwere Brandstiftung nach **§ 306b Abs. 1** und die Brandstiftung mit Todesfolge nach **§ 306c.**

Besondere Strafverfolgungsvoraussetzungen bestehen nicht.

Aus dem Bereich der Vermögensdelikte sind die **§§ 303, 305 (Sachbeschädigung,** 772
Bauwerkzerstörung) häufig mitverwirklicht, treten aber hinter § 306 aus Gründen der Spezialität zurück. Zwischen Sachbeschädigungsdelikten und § 306a besteht Tateinheit,[1300] da § 306a den Angriff auf fremdes Eigentum nicht abbildet.

Erstrebt der Täter durch die Brandstiftung an einem versicherten Objekt für sich oder einen Dritten die Brandversicherungssumme, verwirklicht er tateinheitlich einen **Versicherungsmissbrauch** gemäß **§ 265 Abs. 1**. Kommt es später zur unberechtigten Schadensmeldung, liegt darin ein besonders schwerer **Betrugsversuch** zulasten der Versicherungsgesellschaft gemäß **§ 263 Abs. 1, 3 S. 2 Nr. 5**. Dieser verdrängt den vorangegangenen Versicherungsmissbrauch als formell subsidiär, da die Brandstiftung und spätere Schadensmeldung eine Tat im prozessualen Sinne sind und der Begriff der Tat in der Subsidiaritätsklausel des § 265 prozessual ausgelegt wird.[1301]

Nicht zu vergessen ist je nach Fallkonstellation das absolute Antragsdelikt des **Hausfriedensbruchs** gemäß **§ 123**.

Die Tathandlungen aller Brandstiftungsdelikte sind identisch: Der Täter muss entwe- 773
der das jeweilige Schutzobjekt in Brand setzen oder durch eine Brandlegung ganz oder teilweise zerstören.

In Brand gesetzt ist ein Gegenstand, wenn ein nicht völlig unwesentlicher Bestandteil derart vom Feuer ergriffen ist, dass er auch nach Entfernen oder Erlöschen des Zündstoffs selbstständig weiterbrennen kann.[1302] Das Brennen des Zündstoffs allein genügt nicht. Andererseits ist es auch nicht erforderlich, dass das gesamte Tatobjekt in Flammen steht. Es genügt, wenn ein für den bestimmungsgemäßen Gebrauch wesentlicher Bestandteil vom Feuer erfasst ist (z.B. der Fußboden oder das hölzerne Treppengeländer). Auch ein Inbrandsetzen durch Unterlassen ist möglich, wenn der Garant pflichtwidrig die Möglichkeit verstreichen lässt, das selbstständige Übergreifen eines Brandherds auf das geschützte Tatobjekt zu verhindern.[1303]

Die Tathandlung der ganz oder teilweisen Zerstörung durch Brandlegung er- 774
fasst Objektschädigungen, die nicht auf dem eigentlichen Brennen des Gegenstands beruhen.[1304] Es genügt, dass der Täter durch Einsatz eines Brandmittels mit thermischem Zerstörungspotenzial eine **brandtypische Gefahr** geschaffen hat, die statt zu einem offenen Brand zu einer vollständigen oder teilweisen Funktionsaufhe-

1299 BGH RÜ 2020, 716, 718 mit RÜ-Video 12/20 unter t1p.de/owyi.
1300 Fischer § 306a Rn. 15.
1301 BGHSt 45, 211, 213.
1302 Fischer § 306 Rn. 14 m.w.N.
1303 Vgl. Fischer § 306 Rn. 18.
1304 S. zum Ganzen BGHSt 48, 14, 15 ff.

bung des Tatobjektes geführt hat.[1305] Einschlägig sind insbesondere Zerstörungen durch Explosionen, Verpuffung, Verrußung, Gas- und Hitzeentwicklungen, Schwelbrand und auch Löschmittel. Der Versuch des Inbrandsetzens kann also eine vollendete Brandstiftung in Form der zerstörerischen Brandlegung begründen. Für ein teilweises Zerstören ist wie bei den §§ 305, 305a erforderlich, dass das Tatobjekt als selbstständige Untereinheit wenigstens für einzelne Funktionen – für eine nicht nur unbeträchtliche Zeit – unbrauchbar gemacht wird; die teilweise Zerstörung muss dabei „von Gewicht" sein.[1306] Ob die Funktionsbeeinträchtigung eingetreten ist, hängt von dem dem Tatobjekt konkret zugewiesenen Zweck ab (bei einem gewerblichen Zwecken dienenden Gebäude nicht gleichlaufend mit einem Wohngebäude).

775 Brennt das Tatobjekt vollständig ab, verwirklicht der Täter beide Handlungsmodalitäten. Dennoch liegt dann nur eine Gesetzesverletzung in Form einer tatbestandlichen Bewertungseinheit vor.[1307]

B. Brandstiftung, § 306

776

Aufbauschema: Brandstiftung, § 306

- Tatbestand
  - fremdes Tatobjekt i.S.d. Abs. 1 Nr. 1–6
  - Tathandlungen
    - Alt. 1: Inbrandsetzen
    - Alt. 2: durch Brandlegung ganz/teilweise zerstören
  - Vorsatz
- Rechtswidrigkeit
- Schuld

Die Tatobjekte sind im Katalog der Nrn. 1–6 abschließend aufgezählt. Es geht um Gegenstände, deren Inbrandsetzung typischerweise hohe Schäden verursacht oder die von allgemeiner oder gesellschaftlicher Bedeutung sind. Hauptfall von § 306 ist das Gebäude, also ein durch Wände und Dach begrenztes, mit dem Erdboden verbundenes Bauwerk, das von Menschen betreten werden kann; auch Rohbauten sind erfasst.[1308] Die übrigen Tatobjekte sind angesichts der Strafandrohung eng auszulegen.[1309]

777 Da die Sachen **„fremd"** sein, also im Eigentum eines anderen stehen müssen, kann der Eigentümer der in Brand gesetzten Sache das Delikt schon tatbestandlich nicht verwirklichen. Die ausdrückliche oder konkludente Einwilligung des Eigentümers der betroffenen Sache rechtfertigt die Tat.[1310]

Beeinträchtigt der Täter durch eine Brandstiftungshandlung mehrere unterschiedliche Tatobjekte nach § 306, liegt nur eine Brandstiftungstat vor, auch wenn die Objekte unterschiedlichen Eigentümern gehören.[1311]

1305 Vgl. zur Zerstörung eines bereits teilweise zerstörten Gebäudes durch Brandlegung BGH RÜ 2021, 787.

1306 BGHSt 48, 14, 19 ff.

1307 Vgl. BGH, Beschl. v. 25.02.2003 – 1 StR 474/02, BeckRS 2003, 2849.

1308 BGHSt 6, 108 f.; Fischer § 306 Rn. 3.

1309 Fischer § 306 Rn. 11; vgl. aber zu Warenlagern und -vorräten BGH RÜ 2019, 234.

1310 Fischer § 306 Rn. 20 f.

1311 BGH, Beschl. v. 25.02.2003 – 1 StR 474/02, BeckRS 2003, 2849.

C. (Gemeingefährliche) schwere Brandstiftung, § 306a Abs. 1

Aufbauschema: Schwere Brandstiftung, § 306a Abs. 1 778

- Tatbestand
  - Tatobjekt i.S.d. Abs. 1 Nr. 1–3 (unabhängig vom Eigentum)
  - Tathandlungen
    - Alt. 1: Inbrandsetzen
    - Alt. 2: durch Brandlegung ganz/teilweise zerstören
  - Vorsatz
- Rechtswidrigkeit
- Schuld

Tatbestandlich handelt, wer eine dem **Wohnen von Menschen dienende Räumlichkeit** (Nr. 1, mithin auch Schiffe, Hütten und Wohnzelte), ein der Religionsausübung dienendes Gebäude (Nr. 2, z.B. eine Kirche) oder eine **Räumlichkeit, die zeitweise dem Aufenthalt von Menschen dient, zu einer Zeit, in der Menschen sich dort aufzuhalten pflegen** (Nr. 3, z.B. ein Supermarkt zu Öffnungszeiten),[1312] in Brand setzt oder durch Brandlegung ganz oder teilweise zerstört. Auf das Eigentum an den in Brand gesetzten Objekten kommt es nicht an. § 306a Abs. 1 erfasst als abstraktes Gefährdungsdelikt auch die Brandstiftung an tätereigenen Objekten.

Da über die Wohnungseigenschaft allein die tatsächliche Lage entscheidet, kann der Wohnzweck durch bloßen Realakt wieder aufgehoben werden. Eine solche **Entwidmung** kann nach h.M. auch darin liegen, dass der bisherige Besitzer – sei es der Eigentümer oder besitzberechtigte Mieter oder Pächter – das Gebäude in Brand setzt,[1313] selbst wenn er es im Fall eines Fehlschlags der Brandstiftung weiterbenutzen will.[1314] Benutzen mehrere Erwachsene ein Gebäude als Wohnung, müssen alle den Wohnzweck aufgeben, um eine Entwidmung annehmen zu können.[1315]

Hat sich der **Täter vorher vergewissert**, dass eine Gefährdung von Menschen auszuschließen ist, kann die Vermutung der Gemeingefährlichkeit nur bei einräumigen, leicht überschaubaren Objekten widerlegt sein und zum Ausschluss des Tatbestandes führen.[1316]

Eine rechtfertigende Einwilligung durch den Eigentümer des in Brand gesetzten Gebäudes ist nicht möglich, da das Schutzgut des § 306a – Schutz der Allgemeinheit vor Brandgefahren in Räumlichkeiten, die von Menschen betreten werden – der Disposition des Einzelnen entzogen ist.[1317] 779

Es kommt häufig vor, dass das Tatobjekt ein äußerlich einheitliches Gebäude ist, das aber sowohl zu gewerblichen Zwecken als auch zu Wohnzwecken genutzt wird. Brennt ein wesentlicher Bestandteil eines solchen **gemischt genutzten Gebäudes**, ist die Tat nach § 306a Abs. 1 Nr. 1 Alt. 1 vollendet, auch wenn lediglich ein nicht zur Wohnung von Menschen dienender Gebäudeteil betroffen ist, das Feuer sich von dort aber auf die als Wohnung genutzten Teile hätte ausbreiten können.[1318] Geht es um die Tatvariante der **ganz oder teilweisen Gebäudezerstörung durch Brandle-** 780

1312 Vgl. zum Lagerraum als Tatobjekt BGH RÜ 2022, 583, 584.
1313 BGHSt 10, 215; 16, 394; BGH StV 2005, 391; BGH, Beschl. v. 07.06.2023 – 4 StR 128/23, BeckRS 2023, 21487.
1314 BGH NStZ 2001, 577.
1315 BGH NStZ 1988, 71; NStZ 1992, 541; StV 2022, 442.
1316 Vgl. Fischer § 306a Rn. 2a.
1317 Fischer § 306a Rn. 12.
1318 BGH NStZ-RR 2010, 279.

gung, muss die Unbrauchbarkeit einen solchen Teil betreffen, der für das nach dem jeweiligen Tatbestand vorausgesetzte Objekt funktionsspezifisch ist. Das bedeutet: Bei § 306 Abs. 1 Nr. 1 und § 306a Abs. 2 genügt es für die Tatvollendung, wenn nur ein für die Funktion „Gebäude" wesentlicher Teil unbrauchbar wird, z.B. ein Keller. Geht es aber um § 306a Abs. 1, muss die Funktion eines zu Wohnzwecken dienenden Gebäudeteils aufgehoben sein. Dazu gehören Kellerräume i.d.R. nicht![1319]

D. (Gesundheitsgefährdende) schwere Brandstiftung, § 306a Abs. 2

781

Aufbauschema: Schwere Brandstiftung, § 306a Abs. 2

- Tatbestand
  - Tatobjekt i.S.d. § 306 Abs. 1 Nr. 1–6 (unabhängig vom Eigentum)
  - Tathandlungen
    - Alt. 1: Inbrandsetzen
    - Alt. 2: durch Brandlegung ganz/teilweise zerstören
  - dadurch (konkrete) Gefahr der Gesundheitsschädigung eines anderen
  - Vorsatz
- Rechtswidrigkeit
- Schuld

Der Täter muss einen in § 306 Abs. 1 Nrn. 1–6 bezeichneten Gegenstand in Brand setzen oder ganz bzw. teilweise durch Brandlegung zerstören. Die Sache muss – anders als bei § 306 – bei § 306a Abs. 2 nicht fremd sein, sodass auch eigene oder herrenlose Objekte erfasst werden.

782 Durch die Brandstiftung muss der Täter einen anderen Menschen in die konkrete Gefahr einer Gesundheitsschädigung bringen. Der Brandstifter selbst kann als Täter nicht zugleich Opfer dieser Norm sein, wohl aber, im Rahmen der allgemeinen Zurechenbarkeit, freiwillige und berufliche Retter, z.B. Feuerwehrleute, die sich erst nach der Entstehung des Brandes der Feuergefahr aussetzen.[1320] Erforderlich ist ein tatbestandsspezifischer Gefahrzusammenhang zwischen Inbrandsetzung bzw. Brandlegung und der konkreten Gefahr, d.h. es muss sich das der Brandstiftungshandlung anhaftende Risiko verwirklichen. Dazu genügt bereits der Versuch der Brandstiftung.[1321] Die Brandstiftungshandlung und die konkrete Gefährdung müssen vom Vorsatz des Täters umfasst sein.[1322]

Nach überwiegender Auffassung schließt die Einwilligung des an der eigenen Gesundheit Gefährdeten in die konkrete Gefahr die Rechtswidrigkeit der Tat aus.[1323]

E. Besonders schwere Brandstiftung, § 306b

783 Aufbauend auf §§ 306, 306a Abs. 1 und Abs. 2 fasst die besonders schwere Brandstiftung nach § 306b unterschiedliche Qualifikationsvarianten zusammen.

I. Abs. 1

784 § 306b Abs. 1 erfasst die Verursachung einer **schweren Gesundheitsschädigung** (z.B. einer ernsten langwierigen Krankheit, einer erheblichen Beeinträchtigung der

1319 Vgl. BGH RÜ 2013, 371; RÜ 2018, 783, 784 f.
1320 Vgl. Fischer § 306c Rn. 4.
1321 Fischer § 306a Rn. 11.
1322 Fischer § 306a Rn. 13.
1323 Fischer § 306a Rn. 12.

Arbeitskraft) eines anderen Menschen oder einer – nicht notwendigerweise schweren – Gesundheitsschädigung einer **großen Zahl von Menschen** (nach BGH: jedenfalls 12 Personen)[1324] durch eine einfache oder schwere Brandstiftung. Es handelt sich hierbei um eine **Erfolgsqualifikation**, sodass nach § 18 Fahrlässigkeit hinsichtlich der schweren Folge genügt.

II. Abs. 2

Die drei Qualifikationen des § 306b Abs. 2 setzen die tatbestandliche Verwirklichung des § 306a voraus, und zwar entweder dessen Abs. 1 oder aber dessen Abs. 2. Eine einfache Brandstiftung nach § 306 genügt also nicht. **785**

§ 306b Abs. 2 Nr. 1 ist verwirklicht, wenn der Täter durch die Tat einen anderen Menschen in die **Gefahr des Todes** bringt. Die aktive Formulierung im Gesetz belegt, dass der Eintritt der konkreten Todesgefahr vom Vorsatz des Täters umfasst sein muss. Es handelt sich also um eine **echte vorsatzbedürftige Qualifikation**,[1325] § 18 ist nicht anwendbar. **786**

§ 306b Abs. 2 Nr. 2 setzt voraus, dass der Täter in der Absicht handelt, eine andere Straftat zu ermöglichen oder zu verdecken. **787**

Klausurrelevant ist die Konstellation, dass der Beschuldigte (B) durch die Brandlegung Geld aus der Brandversicherung erstrebt. Es fragt sich dann, ob die Zieltaten der §§ 265 und 263 „andere" Straftaten i.S.d. § 306b sind.[1326] Die Lösung könnte wie folgt lauten:

„B könnte auch wegen besonders schwerer Brandstiftung nach § 306b Abs. 2 Nr. 2 hinreichend verdächtig sein. Dann müsste er in der Absicht gehandelt haben, durch das Inbrandsetzen des Hauses eine ‚andere Straftat' zu ermöglichen.

1. Soweit sein Ziel nachweisbar darauf gerichtet war, hierdurch einen Versicherungsmissbrauch nach § 265 zu begehen, liegt zwar eine selbstständige Straftat vor. Da sich diese Tat jedoch vollständig in Tathandlung und Erfolg mit der Brandlegung selbst deckt, handelt es sich hierbei nicht um eine ‚andere' Straftat.

2. Infrage kommt aber ein Betrug zulasten der Versicherung gemäß § 263 als beabsichtigte Zieltat.

a) B wollte durch eine spätere Schadensmeldung schlüssig zum Ausdruck bringen, Anspruchsberechtigter der Brandversicherungssumme zu sein, obwohl der Anspruch gemäß § 81 VVG wegen seiner eigenen vorsätzlichen Tatverursachung nicht bestanden hätte. Er wollte also den zuständigen Sachbearbeiter der Versicherungsgesellschaft täuschen, in einen Irrtum versetzen und zu einer vermögensschädigenden Verfügung durch Auszahlung der Brandversicherungssumme bringen. Hierdurch wollte sich B rechtswidrig und stoffgleich bereichern. Die Voraussetzungen des Betruges waren also von der Vorstellung des B umfasst.

b) Hierbei hätte es sich insofern um eine ‚andere' Straftat gehandelt, als die Brandstiftung und die Täuschungshandlung nicht vollständig deckungsgleich gewesen wären, sondern auf zwei verschiedenen Handlungen beruht hätten. Die Brandstiftung als Vortäuschung eines Versicherungsfalles war aus der Sicht des B auch das Mittel für die Ermöglichung des Betruges.

1324 BGH, Beschl. v. 05.11.2024 – 5 StR 406/24, BeckRS 2024, 40563.

1325 BGH NStZ-RR 2013, 137; Fischer § 306b Rn. 7.

1326 Bejahend: BGHSt 45, 211; verneinend: Fischer § 306b Rn. 9 ff.; vgl. zur „Repräsentantenhaftung": BGH, Beschl. v. 13.02.2024 – 4 StR 293/23, BeckRS 2024, 4107.

c) Umstritten ist aber, ob ein Betrug gegenüber der Versicherung überhaupt taugliche Zieltat des § 306b Abs. 2 Nr. 2 sein kann.

aa) Dies wird vielfach verneint. Die erhebliche Strafverschärfung des § 306b Abs. 2 Nr. 2 sei nur dann verhältnismäßig, wenn ein Täter des § 306a Abs. 1 gerade die spezifischen Auswirkungen der durch den Brand entstandenen oder gewollten Gemeingefahr zur Begehung der anderen Tat habe ausnutzen wollen.

bb) Dieser engen Auffassung ist mit der Rspr. jedoch nicht zu folgen. Es genügt, dass der Täter bei der Brandstiftung die Absicht hat, zu einem späteren Zeitpunkt einen Betrug zum Nachteil der Brandversicherung zu begehen. Denn Grund einer Strafschärfung kann – wie auch die Ermöglichungsabsicht in § 211 zeigt – die Verknüpfung einer Straftat mit weiterem Unrecht, das der Täter erst später verwirklichen will, sein.

B hatte danach wegen des Ziels, die Versicherung zu betrügen, die Absicht, eine andere Straftat zu ermöglichen. Er ist wegen besonders schwerer Brandstiftung nach § 306b Abs. 2 Nr. 2 hinreichend verdächtig."

788 Auch **§ 306b Abs. 2 Nr. 3** ist eine echte vorsatzbedürftige Qualifikation, die dann verwirklicht ist, wenn der Täter zusätzlich das **Löschen des Brandes verhindert oder erschwert**. Das kann auch durch ein vorheriges oder nachträgliches Zerstören von Löschgeräten oder Brandmeldeeinrichtungen oder Versperren des Zugangs zum Brandherd geschehen. Die Rspr. verlangt für das „Erschweren", dass das Handeln des Täters auch zu einer nachweislichen Verzögerung der Löscharbeiten führt.[1327]

F. Brandstiftung mit Todesfolge gemäß § 306c

789 Die Brandstiftung mit Todesfolge ist eine weitere Erfolgsqualifikation i.S.d. § 18, die einschränkend verlangt, dass der Täter die schwere Folge wenigstens leichtfertig verursacht hat. Zwingende Voraussetzung ist auch hier eine vorsätzliche Brandstiftung nach §§ 306–306b. Ob sich die getötete Person schon während der Brandlegung an der Brandstelle aufgehalten hat oder erst später hinzugekommen ist, spielt auch hier (s.o. Rn. 782 zu § 306a) keine Rolle.

G. Fahrlässige Brandstiftung gemäß § 306d

790 Die vier Varianten des § 306d entsprechen den jeweiligen Vorsatzdelikten (s.o. bei den jeweiligen Tatbeständen). Problematisch sind aber die unterschiedlichen Strafrahmen, die schon innerhalb der Norm und auch im Verhältnis zu den Vorsatzdelikten der §§ 306, 306a nicht aufeinander abgestimmt sind. Dies würde bei der üblichen Anwendung der geltenden Konkurrenzregeln dazu führen, dass gesteigertes Unrecht geringer zu bestrafen wäre, weil materiell subsidiäre Brandstiftungsvarianten höhere Strafrahmen vorweisen als die sie verdrängenden Delikte, z.B. im Verhältnis von § 306 zu § 306d Abs. 1 Var. 3. Dieser Wertungswiderspruch lässt sich nur durch die Annahme von Tateinheit gemäß § 52 ausgleichen.[1328]

8. Abschnitt: Urkundsdelikte

791 Die **Urkundenfälschung** nach § 267 ist für die Assessorklausuren bei den Urkundsdelikten die wichtigste Vorschrift. Hier finden sich in den Akten die verschiedensten Anwendungsfälle. Den Grundtatbestand bildet § 267 Abs. 1.

1327 BGH RÜ 2013, 511.

1328 Vgl. dazu Fischer § 306d Rn. 6.

§ 267 Abs. 4 qualifiziert die kumulativ gewerbs- und bandenmäßige Urkundenfälschung zum Verbrechen.

§ 267 Abs. 3 enthält als Strafzumessungsregel einen Regelbeispielskatalog für besonders schwere Fälle.

Beachten Sie, dass § 152a gegenüber § 267 die speziellere Strafvorschrift ist, wenn sich die Fälschung auf einen Wechsel oder Scheck bezieht. Ist das Tatobjekt der Fälschung sogar eine Kredit- oder Maestro-Karte, also eine Zahlungskarte mit Garantiefunktion, ist der Verbrechenstatbestand des § 152b vorrangig.

Die **Fälschung technischer Aufzeichnungen, § 268**, ein Tatbestand, der früher bei Fahrtenschreiber-Manipulationen relevant wurde, ist seit Digitalisierung dieser Geräte nur selten in der Praxis erfüllt. Hier genügt es zu wissen, wo die Grenzen der Strafnorm liegen.

Da sich die Kommunikation und das rechtsgeschäftliche Handeln heute weitgehend ins Internet verschoben haben, gewinnt die **Fälschung beweiserheblicher Daten** gemäß **§ 269** an Bedeutung.

Ferner ist **§ 270** zu berücksichtigen. Die Vorschrift ist kein Tatbestand, sondern nur eine Gleichstellungsklausel: Dort, wo die Urkundsdelikte von Täuschung im Rechtsverkehr sprechen – in der Regel als subjektives Tatbestandsmerkmal –, ist dies nach § 270 auch erfüllt, wenn es anstelle dessen um eine fälschliche Beeinflussung eines Datenverarbeitungsvorgangs geht.

Die **Urkundenunterdrückung, § 274**, erlangt nur dann selbstständige Bedeutung, wenn kein Fälschungsdelikt erfüllt ist, denn dahinter tritt § 274 als typische Begleittat zurück.[1329]

Bei den Delikten zum Schutz **öffentlicher Urkunden, §§ 271, 348**, ist wichtig zu wissen, was überhaupt eine öffentliche Urkunde ist und wie weit der öffentliche Glaube an die Inhaltsrichtigkeit reicht.[1330]

Im Zusammenhang mit „Corona" war streitig, ob dass Ausstellen und Gebrauchen eines Attests zur Befreiung von der Maskenpflicht ohne ärztliche Untersuchung strafbar ist.[1331] Ebenso war umstritten, ob und wie die Herstellung von Blankett-Impfausweisen und die Vorlage von gefälschten Impfausweisen in einer Apotheke zu bestrafen ist.[1332]

Besondere Strafverfolgungsvoraussetzungen bestehen für die Urkundsdelikte nicht.

Die Fälschungsdelikte erfassen durchgängig als selbstständig strafbare Modalität das **„Herstellen"**, als weitere Modalität das **„Verfälschen"** und schließlich das **„Gebrauchmachen"**. 792

Fälscher und Verwender des Falsifikats müssen also nicht personengleich sein. Ist aber derjenige, der das Falsifikat hergestellt, identisch mit demjenigen, der es gebraucht hat, und war der Gebrauch bloße Verwirklichung der schon bei der Herstellung vorhandenen Absicht, **bilden beide Varianten eine tatbestandliche Bewertungseinheit und damit ein einziges (mehraktiges) Delikt.**[1333]

1329 BGH RÜ 2020, 100, 101 f.

1330 Vgl. zur Reichweite der erhöhten Beweiskraft BGH RÜ 2025, 91.

1331 Vgl. zum Streitstand BGH RÜ 2022, 306 f.

1332 Vgl. BGH RÜ 2023, 624.

1333 BGH NStZ 2018, 205; Fischer § 267 Rn. 58 m.w.N.

Da eine Urkundenfälschung in der Regel geschieht, um einen unberechtigten Vermögensvorteil zu erlangen, wird praktisch immer **Betrug** gemäß **§ 263** relevant. Dessen Ausführung, die Täuschungshandlung, deckt sich dann mit dem Gebrauchmachen des Falsifikats. Sind auch die übrigen Betrugsvoraussetzungen erfüllt, steht § 263 in Tateinheit zu dem Urkundsdelikt. Auch sonst kann die Urkundenfälschung bei einem andauernden Gebrauchen andere Delikte zur Tateinheit „verklammern", wenn zwischen wenigstens einem selbstständigen anderen Delikt und der Urkundenfälschung zumindest annähernde Wertgleichheit besteht oder das verklammernde Delikt das schwerste ist.[1334]

A. Urkundenfälschung gemäß § 267

793

Aufbauschema: Urkundenfälschung, § 267

- Tatbestand
  - 1. Mod.: Herstellen einer unechten Urkunde
  - 2. Mod.: Verfälschen einer echten Urkunde
  - 3. Mod.: Gebrauchmachen von einer unechten/verfälschten Urkunde
  - Vorsatz
  - Täuschungswille im Rechtsverkehr
- Rechtswidrigkeit
- Schuld

I. Urkunde

Urkunde i.S.d. § 267 ist jede **Verkörperung einer allgemeinen oder wenigstens für die Beteiligten verständlichen menschlichen Gedankenerklärung, die geeignet und bestimmt ist, eine außerhalb ihrer selbst liegende Tatsache im Rechtsverkehr zu beweisen, und die einen Aussteller wenigstens für Eingeweihte erkennen lässt.**[1335]

794 Die **Verkörperung** verlangt eine mit einer körperlichen Sache relativ fest verbundene **Gedankenerklärung** (Perpetuierungsfunktion). Diese fehlt bei reinen Augenscheinsobjekten (z.B. Blutflecken, Fußabdrücken), technischen Aufzeichnungen und unausgefüllten Blanketten. Die Fixierung der Erklärung verlangt nur eine gewisse Festigkeit, sodass auch mit Bleistift geschriebene Erklärungen Urkundscharakter besitzen. Der Gedankeninhalt muss visuell wahrnehmbar sein. Deswegen unterfallen Tonträger und Daten nicht dem Urkundsbegriff. Nicht erforderlich ist, dass sich der gedankliche Inhalt der Urkunde vollständig aus dieser selbst ergibt, wie es bei Schriftstücken der Fall ist. Vielmehr können auch Beweiszeichen ausreichen, also verkürzte Erklärungen, deren Inhalt sich erst im Zusammenhang mit einem Gegenstand ergibt, an dem das Zeichen angebracht ist, z.B. Künstlersignatur.[1336]

795 Die **Beweiseignung** des Tatobjektes muss sich auf eine rechtlich erhebliche Tatsache beziehen. Diese rechtliche Relevanz wird durch eine etwaige Nichtigkeit des dokumentierten Vorganges, z.B. eines Vertrages oder einer Willenserklärung, nicht ausgeschlossen.

1334 BGH RÜ 2014, 372; BGH RÜ 2020, 578.

1335 BGH NStZ-RR 2020, 373; vgl. Fischer § 267 Rn. 3.

1336 Fischer § 267 Rn. 5 f.

Als subjektive Komponente bedarf es darüber hinaus einer **Beweisbestimmung**, d.h. eines durch beliebigen Akt nach außen getretenen Willens, die Gedankenerklärung als Beweismittel im Rechtsverkehr einzusetzen.[1337] Diese Bestimmung kann der Urkunde schon bei ihrer Herstellung beigelegt worden seien (sog. Absichtsurkunde, z.B. ein Zeugnis oder eine Quittung). Möglich sind auch eine nachträgliche Beweisbestimmung durch den ursprünglichen Aussteller oder Dritte (sog. Zufallsurkunde, z.B. eine private Notiz nach deren Beschlagnahme für ein Strafverfahren) sowie eine Änderung der ursprünglichen Beweisrichtung. Das Kriterium des Beweises einer außerhalb der Urkunde selbst liegenden Tatsache schließt den Urkundscharakter von bloßen Kenn-, Unterscheidungs- und Wertzeichen (z.B. Garderobennummer, Firmenlogo, Steuer- und Gerichtsmarken) im Gegensatz zu Beweiszeichen aus. **796**

Die notwendige Garantiefunktion weist die verkörperte Erklärung nur auf, wenn sie eine bestimmte Person als ihren **Aussteller** erkennen lässt. Unter „Aussteller" versteht man nicht den körperlichen Hersteller der Urkunde, sondern denjenigen, der geistig für die Erklärung einsteht.[1338] Erforderlich und auch ausreichend hierfür ist der auf der Urkunde basierende äußere Anschein, eine hinreichend individualisierbare – nicht notwendig tatsächlich existente – Person stehe hinter der Erklärung. An der Ausstellererkennbarkeit fehlt es bei der sog. offenen Anonymität, d.h. bei fehlendem Hinweis auf den Aussteller oder bei einer ohne Weiteres erkennbaren Benutzung eines Decknamens. Der Gebrauch eines Allerweltnamens (z.B. Müller, Schulze) schließt die Urkundseigenschaft nur dann aus, wenn nach den Umständen offensichtlich ist, dass die Identität des Urhebers verborgen bleiben soll (sog. verdeckte Anonymität).[1339] **797**

II. Sonderformen

Besondere **Klausurbedeutung** haben Fälschungen an oder mit **Fotokopien, Fax- oder Scanausdrucken**. **798**

Solchen Reproduktionen mangelt es nach h.M. grundsätzlich an der erforderlichen Garantiefunktion für die Richtigkeit des Inhaltes, weil sie nicht selbst die Erklärungen des Ausstellers verkörpern, sondern lediglich eine bildliche Wiedergabe der in einem anderen Schriftstück verkörperten Erklärung darstellen.[1340] Ausnahmsweise können **Fotokopien und nach umstrittener Ansicht auch Telefaxschreiben zur strafrechtlichen Urkunde „aufrücken", wenn der Täter mit der Reproduktion den Anschein einer Originalurkunde erweckt und sie als eine von dem angeblichen Aussteller herrührende Urschrift ausgeben will.**[1341] Bleibt aber immer noch erkennbar, dass der Informationsträger eine Fotokopie, ein Scan oder ein Fax ist, scheidet eine Urkundenfälschung aus.[1342]

Zum mittelbaren Gebrauchen der unechten oder verfälschten Urkunde durch Vorlage der (erkennbaren) Kopie s. unten Rn. 808.

Von einer **zusammengesetzten Urkunde** spricht man, wenn eine – oft verkürzte – Gedankenerklärung mit einem Augenscheinsobjekt fest verbunden ist und der Inhalt der Gedankenerklärung sich auf das Augenscheinsobjekt bezieht.[1343] In diesem Fall **799**

1337 S. zum Ganzen Fischer § 267 Rn. 12 ff.

1338 BGHSt 13, 385; Fischer § 267 Rn. 11.

1339 Vgl. Fischer § 267 Rn. 11.

1340 BGH NJW 2016, 884, 886; Fischer § 267 Rn. 19 m.w.N.

1341 Fischer § 267 Rn. 20.

1342 BGH, Beschl. v. 04.05.2023 – 5 StR 38/23, BeckRS 2023, 11908; vgl. auch zur Abschrift eines Urteils: OLG Hamm RÜ 2016, 431.

1343 BGHSt 45, 197, 200; OLG Karlsruhe RÜ 2019, 785.

bilden der Schriftteil und das Augenscheinsobjekt eine Beweiseinheit, die von den §§ 267 ff. geschützt wird. Urkundenverfälschung liegt nicht nur vor, wenn Inhaltsänderungen am Schriftteil vorgenommen werden, sondern auch dann, wenn das Bezugsobjekt ausgetauscht wird.[1344]

800 **Klausurhäufigste Fälle: Bekleben einer Kaufsache mit dem Preisschild oder einem Strichcode einer anderen Kaufsache;[1345] Anbringen eines abgestempelten Nummernschildes an ein anderes Kraftfahrzeug.**

801 Eine **Gesamturkunde** liegt vor bei einer körperlichen Zusammenfassung von Einzelurkunden, durch die eine neue, über den Inhalt der Einzelteile hinausgehende Vollständigkeits- und Abgeschlossenheitserklärung entsteht (z.B. Gerichts- oder Personalakte). Durch das Beseitigen oder Hinzufügen einzelner Erklärungen kann die Gesamturkunde verfälscht werden.[1346]

III. Tathandlungen

1. Herstellen einer unechten Urkunde, 1. Var.

802 Hier ist die unechte Urkunde Tatprodukt.

a) „Unecht" ist eine Urkunde dann, wenn darin über die Identität des (geistigen) Ausstellers getäuscht wird. Der Person, die als Aussteller aus der Urkunde hervorgeht, muss eine rechtserhebliche Erklärung untergeschoben werden, bezüglich derer sie kein Erklärungsbewusstsein hatte.[1347]

> Der umgekehrte Fall, dass sich der Täter zum Aussteller einer Gedankenerklärung macht, die gar nicht von ihm stammt („geistiger Diebstahl") ist keine Urkundenfälschung. Auch liegt keine Urkundenfälschung vor, wenn jemand eine schriftliche Erklärung unter seinem Namen abgibt, die nur inhaltlich nicht richtig ist („schriftliche Lüge").

Für das „Herstellen" genügt jede zurechenbare – nicht notwendig eigenhändige – Verursachung der Existenz der unechten Urkunde.

803 **b) Besonders klausurrelevante Sachverhalte:**

804 **aa) Der Beschuldigte B benutzt für eine Warenbestellung seinen eigenen Namen, verändert aber seine Wohnanschrift und sein Geburtsdatum und erschwindelt auf diese Weise Waren bei einem Versandhaus.**

Im Rahmen von § 267 stellt sich die Frage, ob der Bestellschein eine unechte Urkunde ist.[1348] Formulierungsvorschlag:

> „Grundsätzlich ist der Name einer Person deren primäres Identitätsmerkmal im Rechtsverkehr. Eine mit dem richtigen Namen unterschriebene Urkunde kann gleichwohl unecht sein, wenn damit der Eindruck erweckt werden soll, die Urkunde stamme von einer anderen Person als derjenigen, die sie tatsächlich hergestellt hat. Die Anschrift einer Person stellt grundsätzlich kein für die Identifizierung geeignetes Merkmal mit selbstständiger Bedeutung für die Identitätsbestimmung dar. Eine

1344 Fischer § 267 Rn. 35.
1345 Vgl. OLG Karlsruhe RÜ 2019, 785.
1346 Fischer § 267 Rn. 23, 35.
1347 Fischer § 267 Rn. 27 ff.
1348 Vgl. zum Folgenden BGHSt 40, 203, 207.

insoweit bewusst unrichtige Angabe erschwert zwar den Rechtsverkehr, ist aber keine Identitätstäuschung i.S.d. § 267, da nicht vorgegeben wird, der Aussteller sei eine andere Person als diejenige, die nach dem Wortlaut der Urkunde als solche erscheint.

Etwas anderes muss aber für die Fälle gelten, in denen das Rechtsgeschäft mittels Datenverarbeitungsanlagen abgewickelt wird: Insoweit ist maßgebliches Kriterium, ob aufgrund der vorhandenen Daten diese Person bereits erfasst ist. Wenn eine andere Anschrift angegeben wird, gilt der Besteller als neuer Kunde. Insoweit sind Familienname, Vorname, Geburtsdatum und Anschrift Unterscheidungskriterien von gleichem Gewicht und gleicher Bedeutung.

In Verbindung mit der neuen Wohnadresse und dem veränderten Geburtsdatum entstand bei der Eingabe der Kundendaten in die elektronische Kundendatei der Eindruck, es handele sich bei B um einen neuen Kunden, weshalb die Waren an ihn versandt wurden. Trotz des Umstandes, dass B die Bestellung mit seinem eigenen Namen unterschrieben hat, hat er über seine Identität getäuscht. Demzufolge handelt es sich bei dem Bestellschein um eine unechte Urkunde."

bb) Der Beschuldigte veranlasst den Namensträger zu einer Unterschrift unter eine Erklärung, die dieser nicht will. 805

Hier kommt die Herstellung einer unechten Urkunde in mittelbarer Täterschaft mit dem Namensträger als Werkzeug infrage. Voraussetzung ist jedoch, dass die Urkunde, die von dem Namensträger unterschrieben worden ist, auch unecht ist. Unecht ist die Urkunde, wenn die in der Urkunde verkörperte Erklärung dem Unterzeichner nicht zugerechnet werden kann. Eine Zurechnung ist möglich, wenn die Ausstellung mit Erklärungswillen vorgenommen worden ist. Bei der durch Täuschung erschlichenen Unterschrift ist zu differenzieren:

Ist dem Unterschreibenden nicht bewusst, dass er **überhaupt eine beweiserhebliche Erklärung abgibt**, fehlt der Erklärungswille und die Urkunde ist unecht.[1349]

Weiß der Unterschreibende hingegen, dass er etwas Rechtserhebliches unterzeichnet, und wird ihm dabei lediglich der Inhalt der konkreten Erklärung verschleiert, ist der Erklärungswille zu bejahen. Die Urkunde ist dann echt und beinhaltet nur eine nach § 267 straflose Lüge.[1350]

cc) Der Beschuldigte „vertritt" den Namensträger in unzulässiger Weise. 806

Zeichnet der Vertreter mit dem **fremden Namen und ist schon die Vertretung als solche unzulässig**, weil es sich um ein höchstpersönliches Rechtsgeschäft handelt (Prüfungsarbeit, eidesstattliche Versicherung, Lebenslauf, Testament), liegt auch bei vorheriger Gestattung durch den Namensträger eine Urkundenfälschung vor.[1351]

Unterzeichnet der Vertreter **mit seinem eigenen Namen und Vertretungszusatz für eine natürliche Person**, liegt aber keine Vertretungsmacht vor, so ist keine Urkundenfälschung gegeben. Nach Ansicht des BGH verweist die Urkunde in solchen Fällen nicht auf den Vertretenen, sondern auf den Vertreter als Aussteller, sodass keine Identitätstäuschung, sondern nur eine straflose schriftliche Lüge über das Vertretungsverhältnis vorliegt.[1352]

1349 Vgl. Fischer § 267 Rn. 28.

1350 Vgl. Fischer § 267 Rn. 28.

1351 Vgl. Fischer § 267 Rn. 28.

1352 BGH NJW 1993, 491; anders bei Handeln für eine Behörde oder ein Handelsunternehmen, vgl. BGHSt 17, 11.

2. Verfälschen einer echten Urkunde, 2. Var.

807 Für das **„Verfälschen"** muss vor der Tat eine echte Urkunde existieren. Erfasst wird jede nachträgliche Veränderung des gedanklichen Inhalts einer echten Urkunde, durch die der Anschein erweckt wird, als habe der Aussteller die Erklärung mit dem Inhalt abgegeben, den die Urkunde erst durch die Verfälschung erlangt hat. Maßgeblich ist die Änderung der Beweisrichtung, z.B. durch die Beseitigung von Teilen der ursprünglichen Erklärung.[1353]

Auch der ursprüngliche Aussteller selbst kann nach h.M. die Urkunde in strafbarer Weise verfälschen, nachdem er sie bereits dem Rechtsverkehr zugänglich gemacht oder die Abänderungsbefugnis über sie verloren hat.[1354]

3. Gebrauchmachen von einer unechten oder verfälschten Urkunde, 3. Var.

808 Nach der 3. Var. des § 267 macht sich auch strafbar, wer eine unechte oder verfälschte Urkunde im Sinne der vorgenannten Modalitäten **gebraucht**. Dafür muss er das Falsifikat dem Täuschungsadressaten so zugänglich machen, dass dieser die Urkunde wahrnehmen kann, z.B. durch Vorlegen, Übergeben oder Veröffentlichen.[1355] Dabei muss die Urkunde so in den Machtbereich des zu Täuschenden gelangen, dass er Einsicht nehmen kann. Ob es tatsächlich zur Kenntnisnahme gekommen ist, spielt keine Rolle. Der tatbestandliche Gebrauch eines Falsifikates kann nach der Rspr. auch durch Verwendung von Kopien oder Abschriften des Objektes gegenüber dem Fälschungsadressaten erfolgen.[1356]

4. Subjektiver Tatbestand

809 In subjektiver Hinsicht setzt § 267 in allen Varianten neben einem zumindest bedingten Tatvorsatz ein Handeln **zur Täuschung des Rechtsverkehrs** voraus. Zur Zeit der Tathandlung muss der Täter zumindest als sichere Folge erkennen, dass ein anderer durch die unechte oder verfälschte Urkunde zu einem rechtserheblichen Verhalten veranlasst werden soll.[1357]

B. Fälschung technischer Aufzeichnungen gemäß § 268

810 § 268 ist strukturverwandt mit der Urkundenfälschung nach § 267 und dient der Sicherheit und Zuverlässigkeit des Verkehrs mit maschinell erstellten Informationen.

I. Technische Aufzeichnung

811 **„Technische Aufzeichnung"** ist nach der Legaldefinition in § 268 Abs. 2 eine Darstellung von Daten, Mess- oder Rechenwerten, Zuständen oder Geschehensabläufen, die durch ein technisches Gerät ganz oder zum Teil selbsttätig bewirkt wird, den Gegenstand der Aufzeichnung allgemein oder für Eingeweihte erkennen lässt und zum Beweis einer rechtlich erheblichen Tatsache bestimmt ist, gleichviel ob hier die Bestimmung schon bei der Aufzeichnung oder erst später gegeben wird. Hinsichtlich der durch das technische Gerät bewirkten Darstellung ist erforderlich, dass die Information auf einem **vom Gerät abtrennbaren Stück** verkörpert ist, z.B. ein EKG-Dia-

1353 BGHSt 45, 197, 201 f.

1354 Fischer § 267 Rn. 34.

1355 BGHSt 36, 65; Fischer § 267 Rn. 37.

1356 BGH NJW 2016, 884, 886 m.w.N.; RÜ 2020, 787, 789. Vgl. auch zu elektronischen Übersendung eines Scans: BGH RÜ 2020, 712.

1357 Fischer § 267 Rn. 42 f.

grammblatt.[1358] Somit fallen bloße Anzeigegeräte (z.B. Stromzähler) aus dem Anwendungsbereich des § 268 heraus. Das selbsttätig bewirkende Aufzeichnen setzt einen, zumindest teilweise, automatisierten Aufzeichnungsvorgang voraus, der den Aufzeichnungsinhalt **mit neuem Informationsgehalt** erzeugt. Reine Reproduktionen der Außenwelt, wie z.B. Fotografien oder Filme, sind daher keine tauglichen Tatobjekte des § 268, es sei denn, diese geben über die Reproduktion hinaus zusätzliche, selbsttätig bewirkte Informationen wieder, wie z.B. Datum, Uhrzeit und Geschwindigkeit eines Kraftfahrzeuges auf dem Foto einer Überwachungskamera.[1359]

II. Tathandlungen

Die Begehungsvarianten der Fälschung technischer Aufzeichnungen decken sich weitgehend mit denen der Urkundenfälschung. Zu beachten ist aber der **maschinenspezifische Unechtheitsbegriff** in § 268. Danach ist eine technische Aufzeichnung unecht, wenn sie nicht aus einem in seinem automatisierten Ablauf unberührten Herstellungsvorgang stammt, obwohl sie diesen Eindruck erweckt. Verfälscht ist eine technische Aufzeichnung, die in beweiserheblicher Weise verändert wird, z.B. durch manuelle Ergänzungen eines Kontoauszuges. Nach § 268 Abs. 3 sind störende Einwirkungen auf den Aufzeichnungsvorgang, die das Aufzeichnungsergebnis beeinflussen, der Herstellungsvariante gleichgestellt. Erfasst werden so auch Eingriffe in den Funktionsablauf des Aufzeichnungsgerätes, durch die das Aufzeichnungsergebnis objektiv unrichtig wird. Danach macht sich z.B. strafbar, wer den Schreibstift eines mechanischen Fahrtenschreibers verbiegt oder eine gerätefremde Tachografenscheibe einlegt und so eine geringere Geschwindigkeit aufzeichnen lässt.[1360] **812**

Nicht erfasst werden aber z.B. die Verhinderung oder der Abbruch des Aufzeichnungsvorgangs, das Ausnutzen eines Eigendefekts des Gerätes und bloße Inputmanipulationen, d.h. die Eingabe unrichtiger Aufzeichnungsvoraussetzungen.

III. Subjektiver Tatbestand

Für die Anforderungen an den Vorsatz, die Versuchsstrafandrohung, das Zusammentreffen von Fälschen und Gebrauchen, die Regelbeispiele und Qualifikationen gelten die Ausführungen zu Urkundenfälschungen entsprechend, vgl. auch § 268 Abs. 4, Abs. 5. **813**

C. Fälschung beweiserheblicher Daten gemäß § 269

Geschütztes Rechtsgut des § 269 ist die Sicherheit und Zuverlässigkeit des Rechts- und Beweisverkehrs bezogen auf den Umgang mit beweiserheblichen Daten. **814**

„**Daten**" i.S.d. § 269 sind alle Informationen, die Gegenstand eines Datenverarbeitungsvorgangs sein können und die entweder bei der Tathandlung elektronisch, magnetisch oder sonst nicht unmittelbar wahrnehmbar gespeichert werden oder schon waren. **„Beweiserheblich"** sind diese, wenn sie dazu bestimmt sind, bei einer Verarbeitung im Rechtsverkehr als Beweisdaten für rechtlich erhebliche Tatsachen benutzt zu werden.[1361]

Diese Daten müssen vom Täter gespeichert, verändert oder gebraucht worden sein. Eine „Veränderung" im vorgenannten Sinne liegt z.B. auch dann vor, wenn eine abte- **815**

1358 Fischer § 268 Rn. 4.

1359 Vgl. Fischer § 268 Rn. 10.

1360 Fischer § 268 Rn. 22.

1361 Fischer § 269 Rn. 4; BGH RÜ 2023, 576.

lefonierte Telefonkarte wiederaufgeladen wird.[1362] Unter „Gebrauch" ist auch hier das Zugänglichmachen der Daten zu verstehen. Dies kann auch durch die Eingabe in eine EDV-Anlage erfolgen; eine tatsächliche Kenntnisnahme durch den Empfänger ist hierfür nicht erforderlich.

816 Die Tathandlung muss bewirken, dass bei hypothetischer körperlicher Wahrnehmung der Daten eine unechte oder verfälschte Urkunde vorliegen würde.

817 Für die Anforderungen an den Vorsatz, die Versuchsstrafandrohung, das Zusammentreffen von Fälschen und Gebrauchen, die Regelbeispiele und Qualifikationen gelten die Ausführungen zur Urkundenfälschung entsprechend, vgl. auch § 269 Abs. 2, Abs. 3. Im subjektiven Tatbestand ist § 270 zu beachten, wonach die fälschliche Beeinflussung einer Datenverarbeitung der Täuschung im Rechtsverkehr gleichsteht.

D. Urkundenunterdrückung gemäß § 274

818 Geschütztes Rechtsgut des § 274 Abs. 1 Nrn. 1, 2 ist das Recht, mit Urkunden, technischen Aufzeichnungen und Daten Beweis im Rechtsverkehr erbringen zu können. Taugliche Tatobjekte des § 274 Abs. 1 Nrn. 1, 2 können daher nur **echte Urkunden, technische Aufzeichnungen und Daten** sein.[1363]

Eine nach § 274 Abs. 1 Nr. 1 strafbare Urkundenunterdrückung begeht, wer eine Urkunde i.S.d. § 267 oder technische Aufzeichnung i.S.d. § 268, welche ihm entweder überhaupt **nicht oder nicht ausschließlich gehört**, in der Absicht, einem anderen einen Nachteil zuzufügen, **vernichtet, beschädigt oder unterdrückt**. Das „nicht oder nicht ausschließlich Gehören" ist nur dann gegeben, wenn einem Dritten das Beweisführungsrecht zusteht; auf die zivilrechtlichen Eigentumsverhältnisse an dem Tatobjekt kommt es nicht an.[1364] Das Unterdrücken setzt voraus, dass zumindest vorübergehend eine Benutzung des Tatobjektes zu Beweiszwecken durch den Befugten verhindert wird.[1365]

Strafbar ist nach Abs. 1 Nr. 2 der Norm auch das Löschen, Unterdrücken, Unbrauchbarmachen oder Verändern von beweiserheblichen Daten i.S.d. § 202a, über die der Täter nicht ausschließlich verfügen darf.

Der subjektive Tatbestand erfordert ein Handeln zumindest mit dolus eventualis. Zusätzlich muss der Täter wegen der erforderlichen **Nachteilszufügungsabsicht** den direkten Vorsatz hinsichtlich der Beeinträchtigung fremder Rechte besitzen, die auf der Vorenthaltung des Beweismittels in einer aktuellen Beweissituation beruhen.[1366] Die Vereitelung eines staatlichen Straf- oder Bußgeldanspruchs stellt keinen solchen Nachteil dar.[1367]

Nach neuerer Rspr. ist die Wegnahme einer Geldbörse, in der sich auch Ausweispapiere und Bankkarten befinden, keine Urkundenunterdrückung.[1368]

1362 Vgl. BGH NStZ-RR 2003, 265, 266.

1363 BGH, Beschl. v. 27.09.2007 – 5 StR 171/07, BeckRS 2007, 17605.

1364 Fischer § 274 Rn. 3.

1365 Fischer § 274 Rn. 6.

1366 Fischer § 274 Rn. 9, 9a.

1367 BGH NStZ-RR 2011, 276 f.

1368 OLG Hamm RÜ 2021, 33.

9. Abschnitt: Straftaten zum Schutz der Strafverfolgung

Die Vereitelung einer drohenden Strafe oder Maßnahme wegen einer rechtswidrigen Tat erfassen die §§ 258, 258a. Die §§ 164, 145d bestrafen das Irreführen der Strafverfolgungsorgane. 819

Häufig ergibt sich der Anfangsverdacht für solche Taten durch falsche Zeugenaussagen in Bezug auf eine andere Tat. Ist diese andere Tat der Gegenstand der Assessorklausur, genügt ein kurzer Hinweis auf den neuen Anfangsverdacht und auf die Notwendigkeit der Einleitung eines weiteren Ermittlungsverfahrens im verfahrensrechtlichen Teil des Gutachtens zur Hauptsache. Bei Falschangaben von Zeugen vor Gericht sind neben den §§ 258, 164, 145d stets die uneidliche Falschaussage gemäß § 153 oder sogar der Meineid nach § 154 von Bedeutung.

Von den verschiedenen Varianten der Strafvereitelung – Strafverfolgungsvereitelung nach § 258 Abs. 1, Strafvollstreckungsvereitelung nach § 258 Abs. 2, Strafvereitelung im Amt gemäß § 258a – braucht man für die Assessorprüfung nur die Grundzüge des § 258 Abs. 1 zu kennen. Während § 258 die persönliche Begünstigung regelt, beachten Sie für die sachliche Begünstigung § 257!

Bei der falschen Verdächtigung geht es meist um die Bezichtigung einer Straftat nach § 164 Abs. 1, aber auch die falsche Verdächtigung wegen einer Ordnungswidrigkeit wird über § 164 Abs. 2 erfasst. Das Vortäuschen einer Straftat nach § 145d findet aufgrund der formellen Subsidiarität häufig im Ergebnis keine Anwendung. Relevant ist vor allem das Täuschen über eine begangene Tat oder über Beteiligte daran, § 145d Abs. 1 Nr. 1, Abs. 2 Nr. 1.

Besondere Strafverfolgungsvoraussetzungen bestehen nicht.

A. Strafverfolgungsvereitelung gemäß § 258 Abs. 1

Aufbauschema: Strafverfolgungsvereitelung, § 258 Abs. 1 820

- Tatbestand
  - Rechtswidrige (Straf-)Tat eines anderen
  - Tathandlung: ganz/teilweise Vereiteln der Verhängung einer Strafe oder Maßnahme
  - Vorsatz
  - Absicht/Wissentlichkeit der Vereitelung
- Rechtswidrigkeit
- Schuld
- Persönliche Strafausschlüsse:
  - Wille zu gleichzeitiger Selbst- und Fremdbegünstigung, Abs. 5
  - Strafvereitelung zugunsten Angehöriger, Abs. 6

I. Vortat

Die Strafverfolgungsvereitelung verlangt als Vortat eine **rechtswidrige und verfolgbare Straftat eines anderen**, aus der im konkreten Fall eine Strafe oder Maßnahme (§ 11 Abs. 1 Nr. 8) – nicht aber nur eine Einstellung gegen Geldauflagen nach § 153a StPO – zu erwarten ist. Anschlusstäter und Vortäter müssen personenverschieden sein. Die Vereitelungshandlung zu eigenen Gunsten ist schon nicht tatbestandsmäßig. 821

II. Ganz oder teilweise Vereitelung

822 Ein endgültiger Vereitelungserfolg (z.B. durch Herbeiführung der Strafverfolgungsverjährung) ist nicht erforderlich; schon die **zeitweise Vereitelung über eine geraume Zeit reicht aus.**[1369] Vereitelung „zum Teil" ist die Verursachung einer milderen Bestrafung, z.B. wegen Diebstahls anstelle des tatsächlich begangenen Raubes. Wie die Vereitelung geschieht, ist gleichgültig. Häufige Handlungen sind beispielsweise das Verbergen des Täters, falsche Angaben gegenüber Strafverfolgungsorganen oder das Beseitigen von Tatspuren. Nicht ausreichend ist aber das schlichte Verpflegen oder Versorgen des flüchtigen Vortattäters.

823 Möglich ist eine Tatbegehung durch **Unterlassen** nur dann, wenn eine Rechtspflicht zur Mitwirkung an der Strafverfolgung besteht. Eine solche Pflicht besteht bei Privatpersonen grundsätzlich nicht.[1370] Nach der Rspr. folgt aber für Zeugen eine Garantenpflicht aus der grundsätzlichen Pflicht, wahrheitsgemäße und vollständige Angaben zu machen, soweit kein gesetzlicher Weigerungsgrund vorliegt, vgl. § 70 StPO; §§ 153 ff.[1371] Bei Amtsträgern, insbesondere Polizeibeamten und Staatsanwälten, wägt die h.M. bei außerdienstlicher Kenntniserlangung zwischen dem Schutz des Privatbereichs des Amtsträgers und dem öffentlichen Interesse an der Strafverfolgung ab. Danach besteht eine Handlungspflicht nur dann, wenn der Vortat ein besonderes Gewicht zukommt und die strafbare Handlung während der Dienstausübung fortwirkt. Das kann außerhalb der in § 138 aufgezählten Delikte nur bei schweren Straftaten der Fall sein, wie z.B. schweren Körperverletzungen, erheblichen Straftaten gegen die Umwelt sowie bei Delikten mit hohem wirtschaftlichen Schaden oder besonderem Unrechtsgehalt.[1372]

824 Besonderheiten sind bei **Verteidigern im Rahmen ihrer Mandatsausübung** zu beachten. Deren prozessual zulässiges Handeln ist Teil eines rechtsstaatlichen Strafverfahrens und deshalb keine tatbestandsmäßige Strafvereitelung. Also darf ein Verteidiger trotz Kenntnis von der Schuld seines Mandanten auf einen Freispruch hinwirken, Aussagepersonen über ihr zustehendes Schweigerecht aufklären und die Berufung darauf anraten; er darf seinem Mandanten auch Kopien der Ermittlungsakte überlassen. Die Strafbarkeitsschwelle des § 258 Abs. 1 ist aber überschritten, wenn der Verteidiger wissentlich die Unwahrheit sagt oder die Willensentschließungsfreiheit von Zeugen durch Täuschung oder Einschüchterung beeinträchtigt.[1373]

Ein unzulässiges Verhalten liegt auch vor, wenn ein Strafverteidiger die Beschlagnahme von Geschäftsunterlagen, für die kein Beschlagnahmeverbot besteht, verhindert, indem er sie in seinen Kanzleiräumen aufbewahrt und den Besitz gegenüber den Strafverfolgungsbehörden abstreitet. Das Mandatsverhältnis dient nicht dazu, gesuchten Beweisgegenständen „Asyl" zu gewähren.[1374]

III. Subjektiver Tatbestand

825 Für den subjektiven Tatbestand genügt hinsichtlich der Vortat dolus eventualis. Die Vereitelungshandlung muss absichtlich oder wissentlich geschehen sein.

1369 Was unter „geraumer Zeit" zu verstehen ist, wird kontrovers diskutiert. Hierbei werden Zeiträume bis zu drei Wochen genannt, vgl. Fischer § 258 Rn. 8.

1370 MüKo-Cramer § 258 Rn. 22.

1371 OLG Hamm RÜ 2018, 431; zur Gegenauffassung vgl. Fischer § 258 Rn. 11.

1372 Vgl. dazu Fischer § 258a Rn. 4a.

1373 BGHSt 38, 345, 348; BGH NStZ 1999, 188, 189.

1374 BGH RÜ 2018, 712, 713.

IV. Persönliche Strafausschlüsse

Straflos ist nach § 258 Abs. 5 die Fremdbegünstigung, wenn hierdurch eine Eigenbegünstigung bewirkt werden soll. Aus § 258 Abs. 5 bzw. aus dem Strafgrund der Teilnahme, da der Vortäter selbst durch eigenes Handeln das Rechtsgut nicht angreifen kann, folgt zudem die Straflosigkeit für die vom Vortatbeteiligten begangene Anstiftung zu der ihn begünstigenden Strafvereitelung.[1375] Ein persönlicher Strafausschluss gilt ferner nach § 258 Abs. 6 bei der Strafvereitelung zugunsten eines Angehörigen i.S.d. § 11 Abs. 1 Nr. 1. 826

B. Falsche Verdächtigung gemäß § 164 Abs. 1

827

Aufbauschema: Falschverdächtigung, § 164 Abs. 1
■ Tatbestand ▪ Adressat: Behörde/für Anzeigen zuständige Stelle/Öffentlichkeit ▪ Objektiv unrichtige Verdächtigung eines anderen wegen einer Straftat/Dienstpflichtverletzung ▪ Vorsatz; insbesondere Wissentlichkeit der Unrichtigkeit ▪ Absicht, behördliches Verfahren/andere behördliche Maßnahme herbeizuführen oder fortdauern zu lassen ■ Rechtswidrigkeit ■ Schuld

I. Adressat

Die Verdächtigung muss vor einer Behörde, vor einem Amtsträger (insbesondere Polizei, § 158 StPO) oder militärischen Vorgesetzten oder öffentlich, d.h. vor einem größeren, durch persönliche Beziehungen nicht verbundenen Personenkreis (z.B. in einer Versammlung), erfolgt sein. 828

II. Verdächtigen

„Verdächtigen" i.S.d. § 164 Abs. 1 ist das Hervorrufen eines Verdachts oder das Umlenken bzw. Verstärken eines bereits bestehenden Verdachts gegen eine tatsächlich existierende Person.[1376] 829

Dies kann durch die ausdrückliche oder konkludente Behauptung von Tatsachen geschehen, aber auch durch die Schaffung einer Verdacht erregenden Beweislage (Hauptfall: durch das Unterschieben von falschem Beweismaterial).[1377] Der Täter muss die Behauptung als eigene Tatsachenbehauptung darstellen, bei der Weitergabe einer fremden Verdächtigung muss er sich diese zumindest zu eigen machen.

Die verdächtigte Person muss **vom Täter personenverschieden** sein, die Selbstbezichtigung ist also schon nicht tatbestandsmäßig (dann aber ggf. § 145d). Bezichtigt jemand sich auf Veranlassung eines anderen selbst, liegt keine mittelbare Täterschaft des Veranlassers vor, wenn der Selbstbezichtigende weiß, was er tut.[1378] 830

1375 Vgl. BayObLG NJW 1978, 2563; Fischer § 258 Rn. 36.

1376 Vgl. OLG Stuttgart RÜ 2018, 306.

1377 Fischer § 164 Rn. 3.

1378 OLG Stuttgart NJW 2017, 1971; RÜ 2018, 306, 308; a.A. OLG Stuttgart RÜ 2015, 713.

831 Wegen der **Selbstbelastungsfreiheit** (nemo tenetur se ipsum accusare) ist eine tatbestandliche Verdächtigung zu verneinen, wenn sich das Verhalten des Täters in der Leugnung der eigenen Täterschaft erschöpft, auch wenn damit notwendigerweise eine andere Person belastet wird. Dies soll nach umstrittener Auffassung sogar gelten, wenn diese Konsequenz für den zu Unrecht Verdächtigten offen ausgesprochen wird.[1379] Die Grenze der Straflosigkeit wegen Selbstbegünstigung ist aber überschritten bei kollusivem Zusammenwirken von Verdächtigtem und Verdächtigendem, ferner bei aktiver Umlenkung des Verdachts mittels falscher Beweise bzw. Erstattung einer Strafanzeige.

832 Die Verdächtigung muss sich auf eine **rechtswidrige Tat**, mithin auf ein Verhalten beziehen, das einem Straftatbestand unterfällt, nicht aber notwendigerweise schuldhaft begangen sein muss. Ordnungswidrigkeiten werden nicht von § 164 Abs. 1, jedoch von § 164 Abs. 2 erfasst.

833 Die Verdächtigung muss zudem **objektiv unwahr** sein. Entscheidend dafür ist, dass der Verdacht in seinem wesentlichen Inhalt unrichtig ist, sodass Aufbauschungen einer tatsächlich begangenen Tat, die den Deliktscharakter nicht verändern, sondern lediglich das Strafmaß beeinflussen können, unerheblich sind. Nach BGH greift § 164 Abs. 1 zudem nur ein, wenn die Verdächtigung **im Ergebnis einen Unschuldigen** trifft und insoweit falsch ist. Wird also ein Schuldiger mit falschen Beweismitteln belastet, soll hierin keine Falschverdächtigung liegen.[1380]

III. Subjektiver Tatbestand

834 Hinsichtlich der Unrichtigkeit der Beschuldigung muss der Täter mit sicherem Wissen handeln. Erforderlich ist darüber hinaus seine Absicht, das Verfahren oder die Maßnahmen gegen den Verdächtigen herbeizuführen oder fortdauern zu lassen. Es genügt das Bewusstsein, dass das Verfahren notwendige Folge der Verdächtigung ist.[1381]

IV. Keine Einwilligung

835 Die Einwilligung des Denunzierten erzeugt nach h.M. keine rechtfertigende Wirkung, da das vorrangig geschützte Rechtsgut der Norm – die staatliche Rechtspflege – nicht zu seiner Disposition steht.[1382]

C. Vortäuschen einer Straftat gemäß § 145d Abs. 1 Nr. 1, Abs. 2 Nr. 1

I. Adressat

836 Tauglicher Adressat der Täuschung ist in allen Begehungsvarianten entweder eine Behörde oder aber eine sonstige zur Entgegennahme von Anzeigen zuständige Stelle, insbesondere Polizei, Staatsanwaltschaft oder Gericht (vgl. § 158 Abs. 1 StPO).

II. Vortäuschen einer Tat

837 Tathandlung des § 145d Abs. 1 Nr. 1 ist das Vortäuschen einer **tatsächlich nicht begangenen rechtswidrigen (Straf-)Tat**. Bei einer tatsächlich begangenen Tat liegt ein Vortäuschen im Sinne der Norm vor, wenn das tatsächliche Geschehen gegen-

---

1379 Zum Streit m.w.N. Fischer § 164 Rn. 3a.

1380 BGHSt 35, 52.

1381 Fischer § 164 Rn. 13.

1382 Fischer § 164 Rn. 14 m.w.N.

über dem Vorgetäuschten nicht ins Gewicht fällt oder aufgrund der Vortäuschung ein völlig anderes Gepräge erhält. Dies gilt auch in Bezug auf umfangreichere Ermittlungstätigkeiten.

„Vortäuschen" bedeutet Erregen oder Verstärken des Verdachts der Tatbegehung. Dies kann wie bei § 164 Abs. 1 durch Tatsachenbehauptung oder durch Schaffung von Beweismitteln geschehen, die auf die nicht begangene Tat hindeuten und zur Kenntnis der Strafverfolgungsbehörden gebracht werden.[1383] Das bloße Übertreiben einer tatsächlich begangenen Tat genügt nicht. Maßgeblich ist, dass der Umfang der erforderlichen Ermittlungsmaßnahmen hinsichtlich des vorgetäuschten Delikts erheblich gesteigert wird. Ein Indiz dafür ist, wenn durch die Täuschung aus einem Antrags- bzw. Privatklagedelikt ein Offizialdelikt oder ein begangenes Vergehen durch die falschen Angaben zu einem Verbrechen gesteigert wird.[1384]

Die Vortäuschung muss geeignet sein, ein Eingreifen der staatlichen Verfolgungsbehörden zu veranlassen. Eine tatsächliche Tätigkeit der Strafverfolgungsorgane infolge der Täuschung ist für die Tatvollendung aber nicht erforderlich.

III. Täuschung über Beteiligte einer Tat

Für § 145d Abs. 2 Nr. 1 wird vorausgesetzt, dass der Täter die Strafverfolgungsbehörden über den Beteiligten an einer tatsächlich begangenen rechtswidrigen Tat zu täuschen sucht.[1385] **838**

IV. Teleologische Beschränkungen

Durch den Schutzzweck der Norm, nämlich die unnütze Inanspruchnahme der Verfolgungsbehörden zu verhindern, wird der Tatbestand teleologisch reduziert. So unterfällt ein Täuschungsverhalten des Täters dann nicht dem Tatbestand, wenn es sich im Rahmen der prozessual zulässigen Selbstentlastung bewegt. Das gilt auch dann, wenn der Täter hierdurch die Ermittlungen in eine falsche Richtung lenkt.[1386] Nach h.M. reicht zudem die bloße Erschwerung der Ermittlungstätigkeit in Bezug auf den Täter ohne Verdachtsumlenkung auf eine andere (unschuldige) Person für die Tatbestandsverwirklichung nicht aus.[1387] Auch eine wahrheitswidrige Selbstbezichtigung ist straflos, wenn die behauptete Beteiligung des Täters kein strafbares Verhalten begründen kann. **839**

V. Subjektiver Tatbestand

Für den subjektiven Tatbestand ist dolus directus 2. Grades hinsichtlich der Täuschung erforderlich, im Übrigen reicht dolus eventualis aus. Der Täter muss also sicher wissen, dass eine rechtswidrige Tat nicht vorliegt (§ 145d Abs. 1 Nr. 1) bzw. dass seine Angaben bezüglich des Beteiligten unwahr sind (§ 145d Abs. 2 Nr. 1). **840**

VI. Formelle Subsidiarität

Nach der formellen Subsidiaritätsklausel der Norm, die sich auch auf den Abs. 2 bezieht, tritt die Tat nach § 145d hinter einer mitverwirklichten Falschverdächtigung (§ 164) oder Strafvereitelung (§§ 258, 258a) zurück. Das gilt aber nur, wenn der Täter **841**

1383 Vgl. Fischer § 145d Rn. 5.

1384 Vgl. im Einzelnen Fischer § 145d Rn. 5a, 5b m.w.N.

1385 Vgl. Fischer § 145d Rn. 7 f. m.w.N. auch zur Gegenauffassung, die keine tatsächlich begangene Straftat verlangt.

1386 Vgl. Fischer § 145d Rn. 9.

1387 Fischer § 145d Rn. 9 m.w.N.

diese Strafe aus dem anderen Delikt auch verwirkt hat, also nicht soweit ein persönlicher Strafausschließungsgrund, z.B. nach § 258 Abs. 5, zu seinen Gunsten greift.[1388]

10. Abschnitt: Aussagedelikte

842 Die §§ 153 ff. sind in Assessorklausuren vergleichsweise selten. Die Akte beginnt typischerweise mit einem Einleitungsvermerk unter Bezugnahme auf das Sitzungsprotokoll und auf das Urteil aus dem anderen Hauptverfahren, in dem die Falschaussage geschehen sein soll, vgl. § 183 GVG i.V.m. Nr. 136 RiStBV. Zeugen- und Beschuldigtenvernehmungen schließen sich an.

Die Aussagedelikte schützen primär die Rechtspflege in ihrer Aufgabe der Wahrheitsfindung, die für eine Entscheidung erforderlichen Tatsachen wahrheitsgemäß festzustellen. Ob es tatsächlich zu einem unrichtigen Beweisergebnis und einer falschen Entscheidung gekommen ist, ist für die Tatbestandsverwirklichung unerheblich. Die Aussagedelikte sind damit abstrakte Gefährdungsdelikte.

Kerntatbestände für **Zeugen und Sachverständige** sind die falsche **uneidliche Aussage** gemäß **§ 153** und der **Meineid** gemäß **§ 154**, wobei letztere Norm für Zeugen und Sachverständige eine Qualifikation darstellt.

Der Versuch der uneidlichen Falschaussage ist nicht unter Strafe gestellt; auch eine fahrlässige Falschaussage ist nicht strafbar.

Der Versuch des Meineides ist schon wegen des Verbrechenscharakters der Tat nach §§ 12 Abs. 1, 23 Abs. 1 strafbar. Der **fahrlässige Falscheid** ist nach **§ 161** strafbar.

Die falsche Versicherung an Eides statt gemäß § 156, ebenfalls als Fahrlässigkeitstat strafbar nach § 161, spielt in Assessorklausuren keine besondere Rolle.

843 Für eine Einstellung im Ermittlungsverfahren nach § 153b StPO und für die Strafzumessung im Fall einer Verurteilung kann es bedeutsam sein, dass der Täter die Unwahrheit gesagt hat, um von sich oder einem Angehörigen die Gefahr der Strafverfolgung abzuwenden, sog. **Aussagenotstand** gemäß **§ 157** oder die Falschaussage **rechtzeitig berichtigt hat, § 158**. Zu weiteren Strafmilderungsgründen wegen Verfahrensfehlern s.u. Rn. 850.

A. Besonderheiten der Beteiligung

844 Die Aussagedelikte sind eigenhändige Delikte, Täter können nur Aussagepersonen selbst sein. Daher sind Mittäterschaft und mittelbare Täterschaft nicht möglich.[1389]

Den strukturell der mittelbaren Täterschaft nahestehenden Fall, dass der Zeuge zu einer unvorsätzlich falschen Aussage gebracht wird, erfasst **§ 160** als **Verleitung zur Falschaussage**. Strafbar aus vollendetem § 160 ist der Verleitende nach h.M. auch dann, wenn die Aussageperson entgegen seiner Annahme vorsätzlich die Unwahrheit sagt. Es genügt hiernach, dass sich der Täter eine unvorsätzlich handelnde Aussageperson nur vorgestellt hat.[1390]

Eine Teilnahme an den Aussagedelikten durch aktives Tun Außenstehender ist uneingeschränkt möglich. Für den Teilnehmer soll nach Ansicht des BGH **§ 28 Abs. 1** nicht gelten, da die aus der Stellung als Zeuge und Sachverständiger erwachsende Wahrheitspflicht rechtsgutbezogen und nicht persönlicher Natur sei.[1391]

1388 Fischer § 145d Rn. 17.

1389 Fischer vor § 153 Rn. 2.

1390 Vgl. zur h.M. und zur Gegenauffassung, die dann nur Versuch nach § 160 Abs. 2 bejaht, Fischer § 160 Rn. 7. m.w.N.

1391 BGH RÜ 2024, 631; Fischer vor § 153 Rn. 2.

Beihilfe durch Unterlassen kann auch eine Prozesspartei verwirklichen, wenn sie aus Ingerenz die Gefahr der späteren Falschaussage geschaffen hat. Nach der Rspr. ist dies der Fall, wenn der Unterlassende den Aussagenden in eine prozessunangemessene, besondere Gefahr der Falschaussage gebracht hat, z.B. durch die Benennung des bisher unbekannten Täters als Entlastungszeuge.[1392]

B. Strafbarkeit im Vorfeld von Aussagedelikten

Ist es nicht zur Falschaussage oder zu einem Versuch des Meineids – mit Beginn des Nachsprechens der Eidesformel – gekommen, ist der **Zeuge/Sachverständige** nur strafbar, wenn er sich zu einem **Meineid** bereiterklärt hat (§ 30 Abs. 2 Var. 1) und nicht von diesem Versuch der Beteiligung nach § 31 Abs. 1 Nr. 2, Abs. 2 zurückgetreten ist. **845**

Der **Veranlasser** eines geplanten **Meineides** kann sich nach § 30 Abs. 1 wegen versuchter Anstiftung und Kettenanstiftung sowie gemäß § 30 Abs. 2 Var. 2 wegen Annahme des Erbietens strafbar machen.

Geht es um eine **vorsätzliche Falschaussage** als geplante Haupttat, erlaubt **§ 159** die Anwendung von § 30 Abs. 1 – und der Rücktrittsregel des § 31 Abs. 1 Nr. 1, Abs. 2 – auf die versuchte Anstiftung, nach seinem eindeutigen Wortlaut aber nicht auch auf die versuchte Kettenanstiftung. § 159 soll nach umstrittener Auffassung auch dann ausgeschlossen sein, wenn die geplante Haupttat, so wie der Angestiftete sie begehen sollte, nur zu einem untauglichen Versuch hätte führen können.[1393]

C. Falsche uneidliche Aussage, § 153

I. Adressat

Tauglicher **Adressat** der uneidlichen Falschaussage sind neben inländischen Gerichten auch bestimmte internationale Gerichte und nationale parlamentarische Untersuchungsausschüsse. Adressat sind dagegen nicht Polizei und Staatsanwaltschaft, da diese nicht zur Abnahme von Eiden befugt sind, wie der Umkehrschluss aus § 161a Abs. 1 S. 3 StPO belegt. **846**

II. Aussage

Unter **Aussage** versteht man die mündliche Wiedergabe von Tatsachen, mithin vergangenen oder gegenwärtigen Ereignissen oder Zuständen in der Außenwelt oder im Inneren des Menschen, und allgemein bekannten Rechtsbegriffen (z.B. Kauf, Miete).[1394] Mit Abschluss der Aussage ist die Tat vollendet.[1395] Ab diesem Zeitpunkt kommt nur tätige Reue durch rechtzeitige Berichtigung gemäß § 158 infrage. Eine Aussage ist abgeschlossen, wenn der Richter zu erkennen gibt, dass über den Vernehmungsgegenstand von dem Zeugen keine weitere Auskunft erwartet wird. Dieselbe Aussage kann sich daher über mehrere Termine erstrecken; möglich ist auch, dass in derselben Verhandlung mehrere abgeschlossene Aussagen desselben Zeugen vorliegen.[1396] **847**

1392 Vgl. OLG Hamm NStZ 1993, 82; Fischer § 153 Rn. 16.

1393 Vgl. zu den verschiedenen Ansichten Fischer § 159 Rn. 6.

1394 Fischer § 153 Rn. 3.

1395 Fischer § 153 Rn. 10.

1396 BGHSt 4, 172, 177.

III. Falschheit der Aussage

848 Eine Aussage ist **falsch**, wenn sie in einem Punkt, auf den sich die Wahrheitspflicht bezieht, unrichtig ist. Eine Bindung an die Beweiswürdigung eines Strafurteils in der Sache, in der die Falschaussage erfolgt sein soll, besteht nicht. Lässt sich bei mehreren, sich widersprechenden Aussagen nicht feststellen, welche Aussage falsch ist, kommt eine unechte/gleichartige Wahlfeststellung bzw. Tatsachenalternativität in Betracht.[1397] Falsche Spontanaussagen, die nicht zum Beweisthema gehören und die nicht erfragt wurden, erfasst § 153 nicht.[1398] Das nicht offen gelegte Verschweigen vernehmungsgegenständlicher Umstände ist aber Teil der Gesamtaussage und kann diese falsch machen.[1399]

849 Bezugsgegenstand für die Feststellung der Unwahrheit ist nach der in st.Rspr. vertretenen **objektiven Theorie**[1400] bei äußeren Tatsachen die objektive Wirklichkeit, bei inneren Tatsachen das wiedergegebene subjektive Erlebnisbild des Aussagenden.

Die vom Schrifttum vertretene **subjektive Theorie** will die Falschheit dagegen generell danach bestimmen, inwieweit sie vom subjektiven Erinnerungsbild des Aussagenden abweicht. Diese Theorie ist jedoch schwerlich mit dem Gesetz vereinbar, da insbesondere eine fahrlässige (beeidete) Falschaussage gemäß § 161, also eine Aussage, die unbewusst vom subjektiven Erlebnisbild abweicht, kaum vorkommt. Plausibler wird § 161, wenn man darauf abstellt, dass der Zeuge objektiv die Unwahrheit gesagt hat, weil er nicht richtig nachgedacht hat.[1401]

Die ebenfalls im Schrifttum vertretene **Pflichtentheorie** stellt darauf ab, ob der Aussagende nach kritischer Prüfung seines Erinnerungsvermögens sein Vorstellungsbild oder „Wissen" zu dem Beweisthema mit allen Zweifeln oder ihm ernst erscheinenden Vorbehalten wiedergibt. Eine Aussage ist danach falsch, wenn sie nicht pflichtgemäß ist. Die Pflichtentheorie steht im Widerspruch zum Gesetzeswortlaut. Die §§ 153 ff. setzen keine pflichtwidrige, sondern eine „falsche" Aussage voraus. Pflichtwidrig falsch wird die Aussage erst im Fall des § 161.

IV. Auswirkungen von Verfahrensfehlern

850 Eine beliebte Streitfrage ist, welche Auswirkungen Verfahrensfehler beim Zustandekommen der Aussage auf die Strafbarkeit aus § 153 haben.[1402] Fälle sind häufig die fehlende Belehrung nach § 52 Abs. 3 StPO.[1403]

Formulierungsbeispiel:

„Der Beschuldigte hat in der Hauptverhandlung gegen den früheren Angeklagten erklärt, er sei während der Tatzeit mit ihm zusammen gewesen. Diese Erklärung wird durch die Zeugen ... widerlegt. Sie ist damit falsch.

Fraglich ist dennoch, ob überhaupt eine Falschaussage i.S.v. § 153 vorliegt.

Nach dem Sitzungsprotokoll und der dienstlichen Erklärung des Vorsitzenden ist der Beschuldigte vor seiner Zeugenvernehmung nicht über das ihm als Angehöriger des seinerzeitigen Angeklagten zustehende Zeugnisverweigerungsrecht be-

---

1397 Vgl. dazu AS-Skript Die staatsanwaltliche Assessorklausur (2023), Rn. 149.

1398 BGHSt 25, 244, 246.

1399 Vgl. Fischer § 153 Rn. 10.

1400 Grundlegend BGHSt 7, 147, 148; Fischer § 153 Rn. 4 m.w.N.

1401 Vgl. zur subjektiven Theorie m.w.N. und zu den Gegenargumenten Fischer § 153 Rn. 5.

1402 Vgl. Fischer § 153 Rn. 12.

1403 Vgl. BGH StV 2004, 482.

lehrt worden, § 52 StPO. Dieser Verfahrensmangel wiegt so schwer, dass die Aussage im Prozess gegen den früheren Angeklagten nicht verwertet werden durfte.

Teilweise wird bei einem Beweisverwertungsverbot eine Strafbarkeit nach § 153 abgelehnt. Wenn die Funktion der Aussagedelikte darin bestehe, die Wahrheitsfindung in einem rechtsstaatlichen Verfahren zu sichern, könnten Aussagen, die in jenem Verfahren gar nicht verwertet werden dürfen, die Wahrheitsfindung auch nicht gefährden.

Die Rspr. sieht dies hingegen zutreffend anders. Die prozessuale Wahrheitspflicht einerseits und Verwertbarkeit andererseits betreffen zwei verschiedene Rechtssphären, nämlich die des Zeugen und die des Angeklagten. Wer beides miteinander vermischt, begründet für den Zeugen einen Freiraum zur Lüge, obwohl dieser bei richtiger Anwendung der Prozessregeln allenfalls ein Recht zum Schweigen gehabt hätte. Die prozessuale Unverwertbarkeit ist dem Gericht zudem oft gar nicht bekannt, sodass eine Falschaussage trotz ihrer Unverwertbarkeit doch Einfluss auf eine Entscheidung nehmen könnte. Der Verfahrensfehler ist daher allenfalls auf Strafzumessungsebene durch eine Strafmilderung zu berücksichtigen."

V. Vorsatz

Der Tatvorsatz muss sich auf die Falschheit der Aussage wie auch auf die Zuständig- **851**
keit des betreffenden Adressaten zur eidlichen Vernehmung beziehen.

D. Meineid, § 154

I. Falsches Schwören

Der Meineid ist hinsichtlich der Angaben von Zeugen und Sachverständigen eine **852**
Qualifikation der falschen uneidlichen Aussage und verdrängt diese auch auf Konkurrenzebene. Für die eidliche Parteivernehmung im Zivilprozess (§ 452 ZPO) ist § 154 strafbegründend, weil sich Parteien im Zivilprozess nicht aus § 153 strafbar machen können.

Vom Tatbestand erfasst ist die formalisierte Beteuerung der Wahrheit einer Falschaussage, auf die sich in der konkreten Situation die Wahrheitspflicht erstreckt. Erfasst werden alle Arten von Eiden und eidesgleichen Bekräftigung i.S.d. § 155. Für den Regelfall des Nacheides (§ 59 StPO) ist die Tat erst mit der Beendigung des Schwurs vollendet. Der Versuch beginnt beim Nacheid nicht schon mit der Falschaussage, sondern erst mit dem Beginn des Nachsprechens der Eidesformel.[1404]

II. Verfahrensfehler bei der Eidesabnahme

Hier setzt sich der schon bei § 153 dargestellte Streit zwischen Tatbestands- und **853**
Strafzumessungslösung fort,[1405] wobei § 154 jedenfalls dann ausgeschlossen ist, wenn im konkreten Verfahren eine eidliche Vernehmung schlechthin unzulässig ist.[1406]

Hauptfall ist die Vereidigung eines nach § 60 Nr. 1 StPO eidesunmündigen, noch nicht **854**
18 Jahre alten Zeugen.

1404 BGHSt 1, 241, 243.

1405 Vgl. Fischer § 154 Rn. 20.

1406 BGH RÜ 2020, 509.

Formulieren könnte man wie folgt:

„Teile der Lit. nehmen schon wegen der Verfahrenswidrigkeit der Eidesabnahme Unverwertbarkeit der Aussage als eidliche Aussage und als materielle Folge daraus Straflosigkeit aus § 154 an. Andere sehen in § 60 Nr. 1 StPO die unwiderlegbare Vermutung dafür, dass dem Eidesunmündigen das Verständnis vom Wesen und der Bedeutung des Eides gefehlt habe. Nach beiden Auffassungen scheidet eine Strafbarkeit aus Meineid aus. Es bleibt bei einer Strafbarkeit aus uneidlicher Falschaussage.

Rspr. und h.M. gehen zutreffend davon aus, dass auch ein Eidesunmündiger einen Meineid begehen kann. Es ist nicht einzusehen, dass ein Jugendlicher, der die Bedeutung der Wahrheitspflicht nach § 3 JGG begreift, nicht auch soll begreifen können, dass ein Verstoß gegen diese Pflicht schwerere Missbilligung verdient, wenn der Täter die Wahrheit seiner falschen Aussage in besonders feierlicher Form bekräftigt hat."

11. Abschnitt: Straftaten gegen die Zwangsvollstreckung

855 In Assessorklausuren durchaus nicht selten sind Fälle, in denen der Täter die **Pfändung oder zwangsweise Verwertung einer Sache** zu verhindern sucht.

Ist die Sache im Gewahrsam des Vollstreckungsschuldners verblieben, aber durch Anlegung eines Pfandsiegels wirksam in Beschlag genommen, liegt ein **Siegelbruch** nach **§ 136 Abs. 2** vor, wenn der Täter das Siegel beseitigt. Tateinheitlich damit ist **Urkundenunterdrückung** gemäß **§ 274 Abs. 1 Nr. 1** hinsichtlich der zusammengesetzten Urkunde der Pfandsache mit dem Pfandsiegel gegeben.[1407] Schafft der Täter die gepfändete Sache zur Seite, sind auch noch **Verstrickungsbruch** nach **§ 136 Abs. 1** und **Vollstreckungsvereitelung nach § 288** (Antragsdelikt) in Tateinheit verwirklicht.

Befindet sich die gepfändete Sache bereits in der **Pfandkammer**, so kommen **Verwahrungsbruch** gemäß **§ 133 Abs. 1** sowie das Antragsdelikt der **Pfandkehr** nach **§ 289** wegen Vereitelung des Pfändungspfandrechts infrage.

12. Abschnitt: Straftaten zum Schutz der Verwaltung

856 Die wichtigsten Tatbestände sind die **Amtsanmaßung** gemäß **§ 132**, der **Widerstand gegen Vollstreckungsbeamte** gemäß **§ 113**, der **tätliche Angriff auf Vollstreckungsbeamte** gemäß **§ 114** sowie die **Korruptionsdelikte** gemäß **§§ 331 ff.**

Besondere Strafverfolgungsvoraussetzungen bestehen für keines dieser Delikte.

A. Amtsanmaßung, § 132

857 Dieses Delikt darf nicht vergessen werden, wenn der Täter als vermeintlicher Polizeibeamter oder Gerichtsvollzieher Dinge „beschlagnahmt". Dann sind oft auch **§ 132a, Missbrauch von Titeln, Berufsbezeichnungen und Abzeichen**, **§ 267, Urkundenfälschung** (bei Vorlage eines gefälschten Ausweises) und **§ 242, Diebstahl** (durch Gewahrsamserlangung unter dem Druck der Beschlagnahme) einschlägig.

Der Tatbestand trennt zwischen zwei Alternativen, wobei die Alt. 1 nach h.M. Spezialfall gegenüber der Alt. 2 ist.[1408] Die Norm ist kein eigenhändiges Delikt.[1409]

1407 BGH NStZ 1996, 229.

1408 Fischer § 132 Rn. 7 m.w.N.

1409 BGH, Beschl. v. 11.05.2021 – 5 StR 30/21, BeckRS 2021, 21353.

Die **Alt. 1** verlangt, dass sich der Täter **unbefugt mit der Ausübung eines öffentlichen Amtes befasst** haben muss. Erforderlich dafür ist zweierlei: Der Täter muss sich ausdrücklich oder schlüssig als Inhaber eines inländischen öffentlichen Amtes ausgeben und er muss eine in dem Tätigkeitsbereich dieses angemaßten Amtes liegende Handlung vornehmen, sodass ein objektiver Betrachter den Eindruck bekommen kann, das fragliche Handeln sei Handeln eines bundesdeutschen Amtsträgers.[1410] Hauptfall ist die Pfändung oder Beschlagnahme einer Sache. **858**

Für die **Alt. 2** kommt es nur darauf an, dass der Täter eine **Handlung vornimmt, welche nur kraft eines öffentlichen Amtes vorgenommen werden darf**. Auf das Vorspiegeln einer Amtsbefugnis kommt es nicht an. Entscheidend ist aber auch hier, dass nach außen der Eindruck erweckt wird, es liege amtliches Handeln eines bundesdeutschen Hoheitsträgers vor.[1411] Ein Beispiel ist das Aufstellen von Verkehrszeichen durch Privatpersonen, jedoch genügt es nicht, dass sog. Reichsbürger Dokumente für das „Deutsche Reich" ausstellen.[1412] **859**

B. Schutz staatlicher Dienst und Vollstreckungstätigkeit

I. Widerstand gegen Vollstreckungsbeamte, § 113

860

Prüfschema: Widerstand gegen Vollstreckungsbeamte, § 113

- Tatbestand:
  - Tatopfer: Vollstreckungsamtsträger (oder nach § 115 gleichgestellte Person)
  - Tatsituation: Bei Vornahme einer Diensthandlung
  - Tathandlung: Widerstandleisten
    - 1. Fall: mit Gewalt
    - 2. Fall: durch Drohung mit Gewalt
  - Vorsatz
- Rechtmäßigkeit der Diensthandlung, § 113 Abs. 3
- Rechtswidrigkeit
- Schuld, spezieller Schuldausschluss nach § 113 Abs. 4 S. 2 Hs. 1
- Fakultative Strafmilderung/Absehen von Strafe nach § 113 Abs. 4 S. 2 Hs. 2
- Besonders schwerer Fall mit Regelbeispielen, § 113 Abs. 2 S. 2

§ 113 ist in allen Fällen zu prüfen, in denen gegen Polizeibeamte oder Gerichtsvollzieher bei Vornahme einer Vollstreckungshandlung Widerstand geleistet wird. Innerhalb ihres Anwendungsbereichs verdrängt § 113 als Spezialregel § 240, und zwar sowohl dann, wenn § 113 erfüllt ist als auch dann, wenn § 113 mangels Rechtmäßigkeit der Diensthandlung gemäß § 113 Abs. 3 S. 1 ausgeschlossen ist. **861**

Nötigung gemäß **§ 240** ist bei Vollstreckungs-Amtsträgern dagegen anzuwenden, **862**

- wenn diese zu etwas anderem als der Nichtvornahme einer bestimmten Diensthandlung gezwungen werden sollen;
- wenn der Täter zur Verhinderung einer Diensthandlung Zwangsmittel unterhalb der Schwelle des § 113 anwendet, wobei dann – nach allerdings umstrittener An-

---

1410 Vgl. zum Erfordernis des Eindrucks staatlichen Handelns BGH NStZ 2022, 540.

1411 BGH NJW 1994, 180; Fischer § 132 Rn. 10 m.w.N.

1412 Vgl. OLG München NStZ-RR 2010, 73; OLG Stuttgart NStZ 2007, 527, 528.

sicht – zugunsten des Widerstand Leistenden § 113 Abs. 3 und 4 im Rahmen der Nötigung zu berücksichtigen sind;[1413]

- wenn der Täter nicht weiß oder nur irrig annimmt, einem Vollstreckungs-Amtsträger Widerstand zu leisten.

1. Tatopfer

863 Die Tat muss sich gegen **Amtsträger** (§ 11 Abs. 1 Nr. 2) oder **Soldaten der Bundeswehr** (§ 1 Abs. 1 SG) **richten, soweit diese Personen zur Vollstreckung von Gesetzen, Rechtsverordnungen, Urteilen, Gerichtsbeschlüssen oder Verfügungen berufen sind**.

Durch § 115 wird der Kreis der von §§ 113, 114 geschützten Personen erweitert. Genannt sind in § 115 Abs. 1 Nicht-Amtsträger, die die Rechte und Pflichten eines Polizeibeamten haben oder die Ermittlungspersonen der Staatsanwaltschaft sind. Dies sind vor allem Jagdschutzberechtigte, vgl. § 25 Abs. 2 S. 1 BJagdG.[1414] Weiterhin sind auch Privatpersonen, die von Amtsträgern als Hilfspersonen hinzugezogen werden, durch §§ 113, 114 geschützt, Abs. 2. Dazu gehören etwa von der Polizei beauftragte Abschleppkräfte, nicht aber freiwillige Helfer. Abs. 3 erstreckt §§ 113, 114 bei Unglücksfällen, gemeiner Gefahr oder Not zudem auf Angehörige der Feuerwehr, des Katastrophenschutzes, des Rettungsdienstes, des ärztlichen Notdienstes oder einer Notaufnahme.[1415]

2. Tatsituation

864 Der Amtsträger muss sich **bei der Vornahme einer solchen Diensthandlung** befunden haben. Erforderlich ist eine **konkrete Vollstreckungshandlung**, also eine solche, die auf die Verwirklichung des auf den Einzelfall anzuwendenden, notfalls durch Zwang durchzusetzenden Staatswillens gerichtet ist.[1416] Dazu gehören z.B. Anhaltegebote eines Polizeibeamten bei allgemeinen Verkehrskontrollen,[1417] nicht aber die Streifenfahrt.[1418] Bei der Vollstreckungshandlung befindet sich der Beamte, wenn die Vollstreckungshandlung unmittelbar bevorsteht oder bereits begonnen hat, aber noch nicht beendet ist.[1419]

3. Tathandlungen

865 Tathandlung ist entweder das Widerstandleisten mit Gewalt oder durch Drohung mit Gewalt. Täter kann nach h.M. jedermann sein, also auch der nicht unmittelbar von der Vollstreckung Betroffene.

866 **Widerstand i.S.d. Alt. 1 ist jede aktive Tätigkeit gegenüber dem Vollstreckungsbeamten, die die Durchführung einer Maßnahme verhindern oder erschweren soll.**[1420] Auf den Erfolg der Handlung kommt es nicht an.

Gewalt als Widerstandsmittel ist nur die durch tätiges Handeln gegen die Person des Vollstreckenden gerichtete Kraftentfaltung. Der erforderliche Körperlichkeitsbezug

---

1413 OLG Hamm NStZ 1995, 547, 548; kritisch Fischer § 113 Rn. 2a.

1414 Fischer § 115 Rn. 2.

1415 Vgl. Fischer § 115 Rn. 5.

1416 Fischer § 113 Rn. 7.

1417 BGHSt 25, 313.

1418 Fischer § 113 Rn. 8.

1419 Fischer § 113 Rn. 7a.

1420 BGHSt 18, 133.

kann auch über Sachen vermittelt werden. Passiver Widerstand oder nur psychischer Zwang scheiden aber bei § 113 nach allgemeiner Ansicht aus.[1421]

Auch die **Drohung mit Gewalt** ist taugliches Widerstandsmittel. Der Drohungsbegriff entspricht dem des § 240 Abs. 1, wobei sich auch die Drohung bei § 113 Abs. 1 gegen die Vollstreckungshandlung richten muss.

4. Vorsatz

Bezüglich der genannten Tatumstände muss der Täter vorsätzlich handeln, wobei Eventualvorsatz genügt. **867**

5. Rechtmäßigkeit der Diensthandlung

a) Nach § 113 Abs. 3 S. 1 ist die Tat als Widerstand gegen Vollstreckungsbeamte **nicht strafbar, wenn die Diensthandlung nicht rechtmäßig war**. Aus § 113 Abs. 3 S. 2 und aus der speziellen Irrtumsregel des § 113 Abs. 4 folgt, dass die **Rechtmäßigkeit der Diensthandlung dem Vorsatzerfordernis entzogen ist**. **868**

Die h.M. befürwortet einen **speziellen strafrechtlichen Rechtmäßigkeitsbegriff** mit reduziertem Prüfungsumfang der hoheitlichen Maßnahme.[1422] Damit soll erreicht werden, dass einerseits der Beamte bei geringfügigen, zur verwaltungsrechtlichen Rechtswidrigkeit führenden Fehlern nicht schutzlos steht, andererseits der Bürger nicht zur Duldung der Konsequenzen jedes Rechtsirrtums gezwungen ist. **869**

Rechtmäßig ist eine Diensthandlung nach h.M., wenn der Amtsträger **sachlich und örtlich zuständig** ist, die **wesentlichen Förmlichkeiten** des Ob und Wie der fraglichen Maßnahme beachtet und ein etwa bestehendes **Ermessen pflichtgemäß** ausübt.[1423]

Ein **Irrtum des Amtsträgers auf Tatsachenebene** ist unschädlich, wenn er aufgrund vorheriger pflichtgemäßer Prüfung zur Annahme gelangen durfte, die Voraussetzungen für das Einschreiten seien gegeben.[1424] Bei Befehls- oder Auftragsverhältnissen muss eine für den Amtsträger verbindliche, nicht offensichtlich rechtswidrige Weisung vorgelegen haben, die der Beamte seinerseits in gesetzlicher Weise vollziehen muss.[1425] Bei der Vollstreckung einer Entscheidung mit Außenwirkung (Urteile, Beschlüsse, Verwaltungsakte) ist die Vollstreckungshandlung schon durch deren Tatbestandswirkung gedeckt; die inhaltliche Richtigkeit der zugrunde liegenden Entscheidung wird bei der Feststellung der Rechtmäßigkeit der Vollstreckungshandlung nicht mehr geprüft.[1426] **870**

b) Sehr klausurwichtige Beispiele: **871**

Die **Vollstreckung eines Haftbefehls** setzt das Aushändigen des Haftbefehls nach § 802g ZPO oder nach § 114a StPO voraus.

Nach § 163b Abs. 1 S. 2 StPO darf ein wegen einer Straftat Verdächtiger zur **Identitätsfeststellung** nur dann festgehalten werden, wenn diese sonst nicht oder nur unter erheblichen Schwierigkeiten möglich ist. Eine Mitnahme zur Wache ist rechtswidrig, wenn der Betroffene einen gültigen Personalausweis vorlegen kann, dessen Echt-

---

1421 Fischer § 113 Rn. 23.

1422 BVerfG NVwZ 2007, 1180, 1181; BGHSt 21, 363; BGH RÜ 2015, 644.

1423 Ausführlich Fischer § 113 Rn. 11 ff. m.w.N.

1424 BGH RÜ 2015, 644, 645.

1425 BGHSt 4, 110, 161; 24, 125.

1426 KG, Beschl. v. 06.10.2005 – 1 Ss 261/05, BeckRS 2006, 05845.

heit nicht zweifelhaft ist und dessen Bild auch offensichtlich den Betroffenen zeigt.[1427] Vor der Durchsuchung zur Identitätsfeststellung nach § 163b Abs. 1 S. 3 StPO ist der Betroffene über den Tatvorwurf zu belehren.[1428]

Die **Durchsuchung bei einem Unverdächtigen** zur Ergreifung eines Beschuldigten ist nach § 103 Abs. 1 S. 1 StPO rechtswidrig, wenn keine **konkreten Hinweise**, sondern nur Vermutungen darüber vorliegen, dass sich der Gesuchte in der Wohnung aufhält.[1429] Auch das Hinzuziehen von Zeugen bei Wohnungsdurchsuchungen ist nach § 105 Abs. 2 StPO eine wesentliche Förmlichkeit.[1430]

Auch eine nach § 81a StPO rechtmäßig angeordnete **Blutentnahme** wird rechtswidrig, wenn diese unter Verletzung des Verhältnismäßigkeitsgrundsatzes ohne vorherige Androhung im Wege unmittelbaren Zwangs durchgesetzt wird.[1431]

Ist die Diensthandlung rechtswidrig, so ist nicht nur die Strafbarkeit aus § 113 ausgeschlossen. In dem Amtsmissbrauch liegt auch ein rechtswidriger Angriff des Beamten, der zur **Notwehr** gemäß § 32 berechtigen kann. Im Rahmen der Gebotenheit ist aber der Rechtsgedanke des § 113 Abs. 4 S. 2 zu berücksichtigen (Zumutbarkeit von Rechtsbehelfen). Das kann dazu führen, dass der Betroffene nur kurzzeitige Beeinträchtigungen seiner Fortbewegungsfreiheit hinnehmen und den Rechtsweg einschlagen muss. Verletzungen des Amtsträgers sind dann nicht mehr gerechtfertigt.[1432]

6. Schuldausschließende Irrtümer

872 Hält der Täter seinen Widerstand für erlaubt, weil er **irrtümlich die Rechtswidrigkeit der Diensthandlung annimmt**, ist dieser Irrtum an der insoweit § 17 verdrängenden Sonderregel des § 113 Abs. 4 zu messen: **Die Schuld entfällt nur, wenn der Irrtum unvermeidbar ist und es dem Täter nach den ihm bekannten Umständen auch unzumutbar ist, sich mit Rechtsbehelfen gegen die vermeintlich rechtswidrige Diensthandlung zu wehren.** Für die Frage der **Vermeidbarkeit** gelten dieselben Grundsätze wie bei § 17. Hinsichtlich der **Unzumutbarkeit** ist darauf abzustellen, ob bei Verzicht auf Widerstand ein nicht wiedergutzumachender Schaden oder ein Zuspätkommen rechtlicher Hilfe zu befürchten ist.[1433]

7. Regelbeispiele für besonders schwere Fälle

873 **„Waffe"** i.S.d. **Abs. 2 S. 2 Nr. 1 Alt. 1** kann nur ein seiner Zweckbestimmung nach als gefährliches Angriffs- oder Verteidigungsmittel dienender Gegenstand sein.[1434] Durch das 44. StrÄndG ist das Regelbeispiel auch auf das Beisichführen **gefährlicher Werkzeuge** ausgedehnt worden, wobei eine Verwendungsabsicht nicht mehr erforderlich ist und bei der Bestimmung die gleichen Probleme auftauchen wie bei §§ 244 Abs. 1 Nr. 1a, 250 Abs. 1 Nr. 1a (s.o. Rn. 398 ff.). Damit kann das Zweckentfremden eines Alltagsgegenstandes, insbesondere ein Kfz, das der Täter spontan gegen den Amtsträger einsetzt, das Regelbeispiel erfüllen.

1427 Vgl. BVerfG NStZ 2011, 529, 530.

1428 KG NJW 2002, 3789.

1429 OLG Düsseldorf StraFo 2008, 237.

1430 BGH NJW 2007, 930.

1431 OLG Dresden NJW 2001, 3643; RÜ 2002, 78.

1432 OLG Hamm NStZ-RR 2009, 271.

1433 BGHSt 21, 334, 366.

1434 BVerfG NJW 2008, 3627.

Nr. 2 setzt eine **Gewalttätigkeit** (i.S.v. § 125) voraus, die zu einer **konkreten Gefahr des Todes oder einer schweren Gesundheitsschädigung** führt; der Täter muss Gefährdungsvorsatz haben.[1435]

Seit 2017 ist in **Nr. 3** zudem die **gemeinschaftliche Begehung** mit einem anderen Beteiligten als Regelbeispiel ausgestaltet. Mittäterschaft ist – wie bei § 224 Abs. 1 Nr. 4 – nicht erforderlich, aber die tatbestandsspezifische Gefahr muss durch die Beteiligung konkret gesteigert werden.[1436]

II. Tätlicher Angriff auf Vollstreckungsbeamte, § 114

Seit 2017 ist der **tätliche Angriff** auf Vollstreckungsbeamte in § 114 geregelt, wobei ein höherer Strafrahmen als bei dem Widerstandleisten nach § 113 Abs. 1 gilt. Der geschützte Personenkreis ist, auch hinsichtlich der Erweiterungen durch § 115, identisch mit dem des § 113. Abweichend ist nicht erforderlich, dass sich der Amtsträger bei einer Vollstreckungshandlung befindet, sondern es genügt, dass der tätliche Angriff während einer **Diensthandlung** passiert. Dieser Begriff geht über die Vollstreckungshandlung hinaus und erfasst auch die schlichte Ausübung des Dienstes, wie etwa allgemeine Streifenfahrten.[1437] **874**

Tätlicher Angriff ist eine mit feindseligem Willen unmittelbar auf den Körper des Beamten oder Soldaten zielende Einwirkung. Eine körperliche Berührung oder auch nur ein darauf zielender Vorsatz des Täters ist nicht erforderlich. Eine restriktive Interpretation ist nach der Rspr. auch angesichts der erhöhten Strafandrohung nicht erforderlich.[1438] Der Angriff muss sich nicht gegen die Diensthandlung richten, sondern eine allgemeine Feindseligkeit, die sich allein gegen den Amtsträger richtet, genügt.[1439] **875**

Für besonders schwere Fälle gilt nach § 114 Abs. 2 der Regelbeispielskatalog des § 113 Abs. 2 entsprechend. Wenn die Diensthandlung zugleich eine Vollstreckungshandlung ist, gilt gemäß § 114 Abs. 3 auch § 113 Abs. 3 und 4 entsprechend, sodass dann die Rechtmäßigkeit der Diensthandlung Bedingung für die Strafbarkeit ist. Zwischen § 113 und § 114 besteht Tateinheit, da die Taten sich gegen unterschiedliche Rechtsgüter richten.[1440] **876**

Gleiches gilt im Verhältnis zur Körperverletzung, selbst wenn diese nur versucht ist.[1441]

13. Abschnitt: Korruptionsdelikte, §§ 331 ff.

Die §§ 331 ff. spielen in der Praxis eine nicht unbedeutende Rolle und können durchaus in Assessorklausuren auftauchen, deshalb sollten sich die Referendare und Referendarinnen mit den Grundzügen vertraut machen. **877**

Die §§ 331 ff. bestrafen als reine Vorsatztaten alle Handlungen, die darauf gerichtet sind, staatliche Tätigkeit zu erkaufen (Vorteilsgeber) oder staatliche Tätigkeit käuflich zu stellen (Amtsträger).

Für den Vorteilsgeber ist dies als **Bestechung (§ 334)** oder als **Vorteilsgewährung (§ 333)** strafbar. Für den Amtsträger existieren spiegelbildlich die Tatbestände der **Bestechlichkeit (§ 332)** und der **Vorteilsannahme (§ 331)**. Ist ein **Richter** an der Un-

1435 BGHSt 26, 176.

1436 Fischer § 113 Rn. 39.

1437 Fischer § 114 Rn. 4.

1438 BGH RÜ 2024, 512; BGH RÜ 2020, 582; OLG Hamm RÜ 2019, 373, 375.

1439 Fischer § 114 Rn. 5.

1440 BGH RÜ 2020, 582.

1441 BGH RÜ 2020, 582.

rechtsvereinbarung beteiligt, so sind die §§ 331–334 jeweils in ihrem Abs. 2 qualifiziert. **§ 335** enthält eine Strafrahmenerweiterung für besonders schwere Fälle der Bestechlichkeit und Bestechung mit Regelbeispielskatalog.

Bestechlichkeit und Bestechung im geschäftlichen Verkehr werden von **§ 299** unter Strafe gestellt. Hierfür ist grundsätzlich ein Strafantrag erforderlich, wenn nicht die Staatsanwaltschaft das besondere öffentliche Interesse an der Strafverfolgung bejaht (§ 301). **Bestechlichkeit und Bestechung im Gesundheitsweisen** hat der Gesetzgeber in den **§§ 299a, 299b** eigens normiert, nachdem der große Strafsenat des BGH im Jahr 2012 entschieden hatte, dass niedergelassene Vertragsärzte weder Beauftragte nach § 299 noch Amtsträger i.S.d. §§ 331 ff. sind.[1442] **§ 300** regelt besonders schwere Fälle für die §§ 299–299b.

Die Wählerbestechung ist in § 108b sowie die Bestechlichkeit und Bestechung von Mandatsträgern in § 108e geregelt.

I. Täterkreis

1. Amtsträger bei Bestechlichkeit und Vorteilsannahme

878 Taugliche Täter der §§ 331, 332 als echte Sonderdelikte sind **Amtsträger, Europäische Amtsträger** oder **für den öffentlichen Dienst besonders Verpflichtete**.

Der Begriff des Amtsträgers ist in § 11 Abs. 1 Nr. 2, der des Europäischen Amtsträgers in § 11 Abs. 1 Nr. 2a und der für den öffentlichen Dienst besonders Verpflichteten in § 11 Abs. 1 Nr. 4 legaldefiniert. § 335a erweitert diesen Personenkreis um bestimmte ausländische und internationale Bedienstete.

Richter, bei denen die Qualifikationstatbestände der zweiten Absätze gelten, werden in § 11 Abs. 1 Nr. 3 definiert.

879 Problematisch ist insbesondere, wann nach § 11 Abs. 1 Nr. 2c eine Person sonst dazu bestellt ist, bei einer Behörde oder sonstigen Stellen oder in deren Auftrag Aufgaben der öffentlichen Verwaltung wahrzunehmen hat (z.B. bei Geschäftsführern von GmbHs oder Vorstände von AGs im Alleinbesitz öffentlich-rechtlicher Körperschaften). Folgende **Leitlinien** haben sich herausgebildet:[1443]

Zu den **öffentlichen Aufgaben** gehört neben der **Eingriffs-** und der **Fiskalverwaltung** auch die **daseinsvorsorgende Leistungsverwaltung**. Nicht erfasst werden rein mechanische Dienstverrichtungen (wie Reinigungsdienste oder Schreibarbeiten). Ebenso wenig genügen rein erwerbswirtschaftliche Tätigkeiten.[1444]

Eine **sonstige Stelle** ist eine behördenähnliche Institution, die auch in privatrechtlicher Organisationsform befugt ist, bei der Ausführung von Gesetzen mitzuwirken. Handelt es sich um eine juristische Person des Privatrechts, müssen aber Merkmale vorliegen, die eine Gleichstellung mit einer Behörde rechtfertigen. Bei einer Gesamtbetrachtung muss sie als „**verlängerter Arm des Staates**" erscheinen. In die Gesamtbetrachtung sind alle wesentlichen Merkmale der Gesellschaft einzubeziehen, namentlich ob sie im **Eigentum der öffentlichen Hand** steht, ob sie **gewerblich tätig** ist und mit anderen im **Wettbewerb** steht, ob ihre Tätigkeit – unmittelbar oder mittelbar – **aus öffentlichen Mitteln finanziert** wird und in welchem Umfang **staatliche Steuerungs- und Einflussmöglichkeiten** bestehen.[1445]

1442 BGH RÜ 2012, 505.

1443 Vgl. BGHSt 43, 96, 101 ff.; 43, 370, 372 ff.; BGH RÜ 2004, 78; weiterführend Fischer § 11 Rn. 17 ff.

1444 Im Einzelnen Fischer § 11 Rn. 22 ff.

1445 BGHSt 56, 97.

Zur Wahrnehmung dieser Aufgaben bestellt ist, wer entweder durch eine längerfristige vertragliche Bindung oder durch einen (auch formfrei möglichen) Bestellungsakt organisatorisch an eine Behörde angebunden und als Träger besonderer Verhaltenspflichten erkennbar ist.

2. Jedermann bei Bestechung und Vorteilsgewährung

§§ 333 und 334 sind Allgemeindelikte. Täter kann jedermann sein. Begünstigte müssen aber Amtsträger, europäische Amtsträger, für den öffentlichen Dienst besonders Verpflichtete oder Soldaten der Bundeswehr sein. Auch insoweit ist die Erweiterung auf bestimmte ausländische und internationale Bedienstete in § 335a zu beachten. 880

II. Vorteil

Vorteil ist jede Zuwendung, auf die der Vorteilsempfänger keinen Rechtsanspruch hat und die seine wirtschaftliche, rechtliche oder auch nur persönliche Lage, wenn auch nur mittelbar, objektiv messbar verbessert.[1446] 881

Materielle Vorteile sind in der Regel Geld- oder Sachgeschenke. Immaterielle Vorteile können z.B. gesellschaftliche Einladungen und Sexualkontakte sein.[1447]

Nicht tatbestandsmäßig sind Besserstellungen im Rahmen der **Sozialadäquanz**. Die Rechtspraxis zieht dabei aber sehr enge Grenzen: Entspricht der dem Amtsträger zufließende Vorteil den Regeln der Höflichkeit und der sozialen Stellung des Amtsträgers, so ist der Tatbestand nicht erfüllt, selbst wenn der Vorteil im Zusammenhang mit einer Diensthandlung steht. Hierunter fallen jedoch nur ganz geringwertige Aufmerksamkeiten aus gegebenen Anlässen.[1448] Alles, was wertmäßig über ein Trinkgeld oder ein Anstandsgeschenk hinausgeht, ist tatbestandsmäßig.

Der Vorteil muss nicht dem Amtsträger selbst zugutekommen. Ausreichend sind auch **drittnützige Vorteile**, z.B. für Personenvereinigungen wie etwa Parteien.[1449]

III. Zweck der Zuwendung

Der entscheidende Unterschied zwischen den Deliktspaaren Bestechung/Bestechlichkeit einerseits und Vorteilsgewährung/Vorteilsannahme andererseits besteht in dem Zweck der Zuwendung. In beiden Fällen geht es jedoch um eine innere Verknüpfung des Vorteils und der Dienstausübung, die allgemein als **Unrechtsvereinbarung** bezeichnet wird.[1450] Dazu genügt allerdings schon eine stillschweigende Übereinkunft der Beteiligten.[1451] 882

1. Pflichtwidrige Diensthandlung bei den §§ 332, 334

Bei der **Bestechung/Bestechlichkeit** muss es immer um eine konkrete, tatsächlich **in der Vergangenheit vorgenommene oder zukünftige pflichtwidrige Diensthandlung** gehen, wobei ausreichend ist, dass die dienstliche Tätigkeit in ihrem sachlichen Gehalt erkennbar und festgelegt ist.[1452] Dabei stellt **§ 336** das Unterlassen der Vornahme der Diensthandlung gleich. **Diensthandlung** ist jede Handlung, die in den 883

1446 Vgl. BGHSt 31, 264, 279.
1447 BGH NJW 1989, 914.
1448 BGH RÜ 2003, 80.
1449 BGH RÜ 2023, 581.
1450 Fischer § 331 Rn. 21.
1451 Fischer § 331 Rn. 23.
1452 BGH RÜ 2020, 648, 649.

Kreis der Pflichten gehört, die der Amtsperson übertragen sind, und die von ihr in dienstlicher Eigenschaft vorgenommen wird.[1453] **Pflichtwidrig** ist die Diensthandlung, wenn sie gegen Gesetze, Verwaltungsvorschriften, Richtlinien, allgemeine Dienstanweisungen oder Weisungen eines Vorgesetzten verstößt.[1454] Entscheidend ist, dass der Täter eine Handlung vornimmt, die ihm gerade seine amtliche Stellung ermöglicht.

Die Vornahme der **zukünftigen Diensthandlung** – das folgt aus **§ 332 Abs. 3** – ist für die Tatbestandsverwirklichung nicht erforderlich. Vielmehr genügt es bei gebundenem Handeln, dass der Amtsträger seine Bereitschaft gezeigt hat, bei der in Aussicht genommenen Handlung seine Pflichten zu verletzen (Abs. 3 Nr. 1) oder sich bei einer Ermessenshandlung durch den Vorteil beeinflussen zu lassen (Abs. 3 Nr. 2). Spiegelbildlich dazu braucht der Vorteilsgeber gemäß **§ 334 Abs. 3** bei einer zukünftigen Diensthandlung den Amtsträger nur zu bestimmen versucht haben, seine Pflichten zu verletzen (Abs. 3 Nr. 1) oder sich bei einer Ermessensentscheidung durch den Vorteil beeinflussen zu lassen (Abs. 3 Nr. 2).

2. Dienstausübung bei den §§ 331, 333

884 Im Gegensatz zu den §§ 332, 334 muss bei der Vorteilsannahme und -gewährung keine konkrete Diensthandlung im Beziehungsverhältnis zum Vorteil stehen.[1455] Es reicht also eine „gelockerte" Unrechtsvereinbarung.[1456] Den Beteiligten muss nur klar sein, dass der Vorteil **„für die Dienstausübung"** fließen soll. Es genügt also, wenn irgendein Zusammenhang zwischen Vorteil und Amt besteht.[1457] Dadurch soll schon das Vorfeld der Korruption strafrechtlich erfasst werden, bei dem noch gar keine konkrete Diensthandlung ins Auge gefasst war (oder dies nicht nachweisbar ist!), sondern erst noch das „Anfüttern" des Amtsträgers oder die „Schaffung einer guten Atmosphäre".[1458]

Da die Dienstausübung kein rechtswidriges oder pflichtwidriges Verhalten beinhaltet, ist es sogar strafbar, wenn ein Amtsträger sich im Nachhinein für sein korrektes Verhalten belohnen lässt, sofern das Zugewendete nicht nach § 331 Abs. 3 genehmigt wird.[1459]

IV. Tathandlungen

1. Fordern, Sichversprechenlassen, Annehmen bei Bestechlichkeit und Vorteilsannahme

885 Für den **Amtsträger** ist **Tathandlung: Fordern** als das einseitige Verlangen einer Leistung, **Sichversprechenlassen** als die Annahme des Angebots von noch zu erbringenden Vorteilen, und das **Annehmen** als die tatsächliche Entgegennahme des Vorteils.[1460] Mehrere Tathandlungen in Bezug auf denselben Vorteil bilden eine tatbestandliche Bewertungseinheit.

1453 BGHSt 31, 264, 280.

1454 Fischer § 332 Rn. 8.

1455 BGH, Urt. v. 31.08.2023 – 5 StR 447/22, BeckRS 2023, 22445.

1456 Fischer § 331 Rn. 22, 24.

1457 Fischer § 331 Rn. 6.

1458 Vgl. Fischer § 331 Rn. 23.

1459 Vgl. Fischer 331 Rn. 25a.

1460 Vgl. Fischer § 331 Rn. 18 ff.

2. Anbieten, Versprechen, Gewähren bei Bestechung und Vorteilsgewährung

Die Tathandlungen sind für den Vorteilsgeber spiegelbildlich zum Vorteilsempfänger formuliert: **Anbieten** ist die Offerte auf Abschluss der Unrechtsvereinbarung, **Versprechen** ist die Zusicherung des Vorteils und **Gewähren** ist die tatsächliche Zuwendung an den Amtsträger.[1461] **886**

V. Erlaubnis nach § 331 Abs. 3

Die vor der Tat erteilte Zustimmung der zuständigen Behörde, § 331 Abs. 3 Alt. 1 wirkt nach h.M. als **Rechtfertigungsgrund**.[1462] Die nachträgliche Genehmigung nach unverzüglicher Anzeige beseitigt ebenfalls die Strafbarkeit, Abs. 3 Alt. 2. Da eine Rückwirkung im Strafrecht nicht gilt, ist aber nicht die Genehmigung selbst der Erlaubnissatz, sondern die mutmaßliche Zustimmung unter der Voraussetzung der Genehmigungsfähigkeit der Zuwendung.[1463] Eine entsprechende Regelung findet sich in § 333 Abs. 3. **887**

1461 Vgl. Fischer § 333 Rn. 3, 4.
1462 Fischer § 331 Rn. 35.
1463 Vgl. Fischer § 331 Rn. 36.

Stichwortverzeichnis

Die Zahlen verweisen auf die Randnummern.